afety Management Education in Life

생활 속의 안전교육론

최기남·강영숙

도서출판 진영사

생활 속의 안전교육론(Safety Management Education in Life)

최기남 · 강영숙

2019년 08월 27일 초판 인쇄
2019년 08월 29일 초판 발행
발행인 박 진 영
발행처 도서출판 진영사
인천광역시 부평구 갈산동 185번지 풍진빌딩 303호
전화 : 032)505-4207
팩스 : 032)505-4206
E-mail : 0183734207@hanmail.net
등록 : 122-91-77317

ISBN 978-89-6541-449-0 93350
값 28,000원

머 리 말

과학, 의료, 교통, 통신 등 현대사회의 다양한 분야의 첨단과학기술과 그 혜택들에 익숙해 진 우리는 오히려 일상 속에서 많은 안전위협에 노출되고 있다는 사실을 간과하고 있다. 현대사회의 다양한 위협들을 미리 예방하거나 안전하게 관리하지 못하면 우리들의 생명, 신체, 재산, 국가 및 조직 등의 생존과 많은 기능수행에 큰 피해와 혼란을 가져오게 된다.

현대사회의 위험은 끊임없이 변하기 때문에 안전교육도 시대나 상황에 따라 변해야 하며 안전관리에 들이는 비용과 노력이 계속 달라질 수 있음에 대해 이해하고 계획할 수 있어야 한다.

우리의 귀중한 생명을 보호하고 안전을 추구하려는 노력은 국가의 제도, 정책과 함께 사회 전반적인 질서의식과 타인을 먼저 배려하는 민주시민의식, 공동체의식, 자기책임의식도 함께 성장해야 하는 것이다. 즉 안전관리는 모든 사람의 책임이며 생활 영역에서 자신 및 타인의 안전 활동을 할 필요가 있으므로 가장 먼저 안전의식과 수단을 더욱 강화하기 위한 안전교육의 중요성을 깨닫고 국가적(제도적). 사회적, 개인적으로 안전교육에 집중을 기하여야만 한다.

안전교육은 단순히 사고의 원인이나 안전수칙을 가르칠 뿐만 아니라 안전을 위해 필요한 사항을 이해시키는 안전지식의 교육, 위험요소를 예측하고 미리 예방하거나 신중히 행동하는 정서나 의식, 안전문화 및 태도의 교육, 안전하게 행동할 수 있는 기능의 교육이 함께 포함되는 교육이라고 할 수 있다. 안전교육을 효과적으로 하기 위해서는, 안전의 중요성을 인식시키고 학교나 사회에서 인명존중의 정신을 구체적인 행동을 통해 표현하는 것에 대해서 이해와 훈련을 갖도록 할 필요가 있다.

그동안 개별법에 의해 부분별로 이루어지던 국민 안전교육은 2016년 '국민 안전교육 진흥 기본법'을 제정하여 국민이 안전에 대한 중요성을 인식하고 각종 재난 및 안전사고 발생 시 이에 효과적으로 대처할 수 있도록 안전에 대한 지식이나 기능을 습득하는 교육을 체계적으로 시행하도록 하고 있다.

따라서 본서는 생활 속에서 발생하는 각종 사고 및 위협요소에 대한 안전교육 및 안전의식 제고를 위한 기초적인 교육 자료로 사용하고자 구성하였다.

일상생활에서 우리의 안전을 위협하는 위협요소가 너무나 광범위하여 본서의 내용을 구성함에 있어서 일부만 다루었고 구성상 미비한 점이 많으나 앞으로 계속 노력하여 보완해 나갈 것임을 약속드린다.

그동안 학문적으로 도움을 주신 존경하는 교수님들과 이 책이 완성되기까지 늘 성의를 다하여 연구하도록 힘을 실어 주시고 훌륭한 책으로 만들어 주신 도서출판 진영사 사장님 이하 직원들께 깊은 감사의 말씀을 드린다.

2019년 09월

저자 드림

목 차

제1장 안전교육의 개요

제2장 가정폭력과 안전

제3장 데이트폭력과 안전

제4장 사이버(Cyber)폭력과 안전

제5장 학교폭력과 안전

제6장 성폭력(성범죄)과 안전

제7장 중독과 안전

제8장 가정 안전

제9장 스트레스관리

제10장 생활제품과 안전

제11장 폭염 안전

제12장 생활 속의 응급대처

제13장 화재안전

제14장 교통안전

제15장 해외에서의 안전

제1장

안전교육의 개요

1. 안전과 사고의 이해
2. 안전교육(Safety Education)
3. 안전문화(Safety Culture)

Chapter 01 안전교육의 개요

1. 안전과 사고의 이해

1) 안전의 개념

안전(Safe, Safety)의 개념은 매우 다양한데 우선 일반적, 포괄적인 개념은 위험이 생기거나 사고가 날 염려가 없는 상태를 의미한다.

안전(安全)의 동양적 의미는 安이 (갓머리 部)+ 女로서 여자가 집에 있다는 뜻으로 정서적인 안정을 뜻하며, 全은 八 + 王으로 나라의 위계질서를 상징하는 王이 궁궐에 앉아 위엄을 갖추고 있는 상태로서 질서가 유지되는 것을 뜻한다.

또한 안전은 재난이나 위험이 상존하지 않는 것을 의미할 뿐만 아니라 인간이 위해를 받거나 또는 받을 걱정이 없는 것, 사물이 손해나 또는 그 우려가 없는 것을 말하는 것이다.

안전한 상태란 위험 원인이 없는 상태 또는 위험 원인이 있더라도 인간 또는 생활환경이 위해를 받는 일이 없도록 대책이 세워져 있고, 그런 사실이 확인된 상태를 뜻한다. 따라서 안전은 인간의 정신적·육체적 위험의 가능성을 없애고 사고 및 위험 여건을 제거하는 것을 목적으로 하는 인간의 내·외면적 행동(이성, 이념, 물리적 상태 등)에서 발생하는 상태를 뜻하는 것이다.

2) Safety와 Security의 비교[1)]

영어의 "Safety"와 "Security"는 일반적으로 포괄적인 안전의 의미로 쓰이며 동의

1) 변상호, 안전의 개념과 특성에 따른 그 관리적 성향의 차이에 관한 이해, 2014년 겨울호, 소방안전지, 소방안전협회. http://blog.daum.net/noelson/16637463.

어로 쓰이기도 하지만 이 두개의 단어는 세부적으로는 안전개념으로서 다른 특성이 있다.

Security의 의미는 안보(安保) 또는 보안(保安)이라는 의미로 무언가 안전(Safety)하지 않은 것을 안전(secure)하도록 보호해야 함을 뜻한다(Charles G Oakes, 2012)[2]. 즉 Security는 인간의 악의적인 행동으로 인한 피해를 예방하고 감소시키며 적절히 대응하는 것이며, 반면에 Safety는 안전사고, 인적재난, 자연재해와 같은 우발적 피해를 예방하고 감소시키기 위해 적절히 대응하는 것으로 구분할 수 있다.

〈표 1-1〉의 'Security와 Safety의 개념적 특성'을 비교해 보면 Security는 피해의 원인이 인간의 악의적이고 고의적인 행위의 결과로 인한 것이라는 점에서 사람들의 뜻과 상관없이 우발적인 사고로부터 자신의 보호라는 Safety의 개념과 구분할 수 있다.

〈표 1-1〉 Safety와 Security의 개념적 특성[3]

구 분	Security	Safety
대상유형	인간의 의도적인 적대행위 - 침략, 테러, 간첩, 범죄행위	인간의 의사에 반한 사고 - 안전사고, 인적재난, 자연재해
대응방식	침략·침입·적대행위에 대한 방어	관리부실 및 개인과실 방지
책임소재	거시적: 국가, 정부 미시적: 개인, 단체	개인우선→단체→정부 (정부는 사회공공안전의 보호책임)
정부역할	적대행위 방어, 대처, 처벌	안전관리, 안전교육, 지도, 계몽 부실관리 규제, 유사 시 구조 대응

*자료: 변상호(2014), 전게서, p.113

Security 중 국방, 치안, 정보 등의 국가 안보(National Security)는 침략, 테러, 간첩, 범죄행위와 같이 인간의 고의적인 적대행위로 인한 국가적 위기상황에서 국

2) Oakes, Charles G, (2012), Safety versus Security in Fire Protection Planning", The American Institute of Architects; Knowledge Communities, May 2009, Retrieved on June 22, 2011.

3) 변상호(2014), 「재난과 재난관리정책의 재해석에 기반한 '재난대응 수행원칙'의 도출과 검증」, 한국행정학보(제48권 제2호), p.113.

가적인 거시적 가치를 보호하기 위한 것이다. 따라서 고의적인 위협이나 적대행위를 방어하는 거시적인 안보 및 보안을 지키는 책임은 우선적으로 공권력을 가진 국가에 있다. 또한 정부는 절도, 폭행 등 미시적인 위협으로부터 대처하고 범법자를 체포하여 처벌하는 일을 하지만 위해행위에 대하여 보안은 개인에게도 책임이 따른다. 그러나 개인의 자기방어 대비책은 법 테두리 안에서 극히 제한적이기 때문에 개인들은 자신의 생명과 재산 등의 보호와 안전 확보를 위해선 정부의 Security기능에 더욱 의존적일 수밖에 없다.

반면에 화재사고, 교통사고, 산업재해 등과 같은 개인적인 과실이나 시스템의 고장, 노후 및 불량, 관리부실 등 사람들의 비의도적인 문제로 인하여 신체적, 재산적 피해가 발생하는 위험(Hazard)으로부터 미시적인 가치의 보호를 뜻하는 안전(Safety)은 개인적 책임이 가장 우선 시 된다. 정부는 사회공공안전의 보호책임을 수행하기 위하여 개인 또는 기업이 안전(Safety)을 잘 관리하고 있는지를 점검하고 부실관리의 규제를 통하여 안전관리를 지도해야 한다. 아울러 사람들이 위험으로부터 자신의 안전(Safety)을 보호할 수 있도록 안전체험, 안전상식 등의 학습을 쌓도록 지도하고 계몽할 수 있다. 또한 개인 또는 기업의 대처능력을 벗어난 인적사고, 자연재해 등 대형재난에 대비하여 국가차원의 안전관리(National Safety)를 위하여 정부 또는 지방자치단체는 사람들의 생명과 재산을 보호해 줄 수 있는 구조대, 소방대 등과 같이 만약의 사태에 대비할 수 있는 정부의 역할과 장치가 충분히 준비되어 있어야 한다.

3) 사고(Accident)의 이해

(1) 사고의 개념

사고는 인간에게는 위험의 상태로 인해서 사람의 신체, 사고, 이상, 정신, 정서, 재산 등 많은 부분에서 심각한 결과를 초래하게 된다.

미국안전회의(National Safety Council)에서 정의한 사고의 의미는 '인간을 사망·손상케 하거나 재산에 손실을 주는 예측치 못한 사건'이라고 기술하였고, 세계보건기구(WHO)는 '첫눈으로 보고 그것을 상해라고 알 수 있는 예기치 못한 사건'이라고 정의하였다. 그러나 이 두 정의에서는 육안으로 보는 것, 인체의 사망과 손상 및 재산의 손실만을 주로 의미하고 있기 때문에 정신적 질환의 유발, 심리적 이상상태 및 눈으로 식별할 수 없는 체내의 문제 등은 찾아 볼 수 없기 때문에 올바른 정의라고는 할 수 없다.

즉 사고는 동상, 화상, 정신이상, 신체, 그리고 그 인생이 지향하는 삶의 목표달성에 저해 요인이 되는 병질의 것이나 외상 등을 막론하고 말할 수 있는 것이다.

따라서 사고는 그 타고난 체질과 정기, 정서와 이념을 통해 추구하는 목표달성을 저해하는 인간의 내면세계와 외면상의 모든 손실을 망라한다고 정의할 수 있다.

전통적으로 안전을 위하여 다음과 같은 2가지 방법으로 사고를 다루어 왔다.

- **사고방지책(accident prevention):**

예기치 않게 발생하는 사고요소들을 제거하는 방법이며, 예를 들면 가정에서 화재위험에 대해 조절하는 것으로, 전기소켓이 지나치게 과열되지 않도록 하는 것, 창고에 화재잠재성 물질들을 미리 적절하게 집밖에 저장하는 것 등을 말한다.

- **사고의 감소(accident mitigation):**

예기치 않은 사건에 의해 초래되는 손해를 줄이는 방법의 개발을 말하며 가정에서 화재소화기, 연탄가스탐지기 등을 설치하며 유사 시 탈출계획을 수립하는 것들을 포함한다. 사고감소를 위한 노력은 사고요소를 막는 것이 아니라 그 요소를 조절해서 안전한 결과를 갖게 하는 것이다.[4)]

(2) 사고의 분류

① 인적사고와 물적사고

- **인적사고 :**

사고의 발생이 직접 사람에 상해를 입히는 것으로 이것을 사람의 동작에 의한 사고, 물건의 운동에 의한 사고, 접촉 흡수에 의한 사고의 3종류로 분류할 수 있

4) 권봉안 · 정순광, “청소년 수련원의 실태조사를 통한 안전교육 필요성의 고찰”, 「청소년 안전교육 실천방법모색」, 201년도 하계학술세미나, 2001, pp.52~53.

으며 전도(넘어짐, 미끄러짐, 발걸림 등), 추락(떨어짐), 충돌(부딪히는 경우), 협착(狹窄: 틈새에 끼임, 말려들음), 격돌(激突 : 비래물(飛來物)이나 회전체가 부딪히는 경우), 압중(壓重 : 중량물이나 낙하물 밑에 깔리는 경우), 감전, 중독(中毒),질식 등

- **물적사고 :**

간접적으로 사람의 상해에 관련되는 것이 많지만, 가령 상해가 일어나지 않아도 사고로 취급해야 하는 것도 있다.

물적사고는 결과로서 생산설비시설 등의 파괴, 소괴(燒壞), 오손(汚損) 등의 손실을 초래하여 생산정지라는 큰 경제적 손실을 초래한다. 물적사고의 분류는 폭발, 화재, 파괴, 분출(噴出), 누설, 절단, 비산, 낙하, 붕괴, 도괴(倒壞), 부식, 탈선, 누전, 정전, 기타.

이와 같은 물적사고 또는 인적사고는 우연히 발생하는 경우가 없다. 사고의 발생에는 반드시 원인이 있고, 그 원인을 제거함에 따라 사고의 발생을 방지할 수 있는 것이다. 사고의 개념을 피해와 명료하게 구분해서 생각한다면 피해의 발생은 우연에 의한 것이며 사고의 발생은 우연한 것이 아니고 확실한 원인에 의해서 발생하는 것이다. 따라서 사고의 발생을 예측한다면 그에 대한 방지대책도 사전에 제시가 가능한 것이다.

② 자연적 재해와 인위적 재해

- **자연적 재해**

천재(天災)라 불리는 재해로 미연에 방지하는 것이 불가능하므로 되도록 빨리 예견하여 피해를 최소한으로 줄이는 대책을 수립해야 한다.

- 지진, 태풍, 홍수, 번개, 이상기온, 가뭄, 적설, 동결 등

- **인위적 재해**

인재는 대부분 인간의 과실이나 부주의로 인해 발생하며 예방이 가능하다.

- 공장재해 : 공장, 사업장, 연구소 등의 화재 및 폭발, 노동상해, 공업중독,

직업병, 기기장치 고장 또는 파괴, 공장의 공해 등
- 광산재해 : 광산의 낙반재해, 갱내 화재, 가스폭발 및 중독, 탄진(炭塵)폭발, 석탄 자연발화, 광해(鑛害) 등
- 교통재해 : 차량충돌, 탈선 및 전복, 위험물의 수송사고 등
- 항공재해 : 항공기 추락 및 폭발 등
- 선박재해(해난) : 선박화재, 폭발, 충돌, 침몰, 좌초, 표류사고 등
- 도시화재 : 도시의 주택, 점포 등 건물의 화재 및 소화활동에 따른 파괴와 손해
- 도시공해 : 도시가정의 난방, 지동차 소음 및 배기, 생활하수구 등에 의한 환경 오염 등
- 가정재해 : 가정생활에 따른 중독, 질식, 추락 등
- 공공재해(군중재해) : 특정장소에 모여 있는 군중에 의한 재해[5]

(3) 안전사고

안전사고란 안전 교육의 미비 또는 부주의로 일어나는 사고를 말하며, 고의성이 없는 어떤 불안전한 행동이나 상태가 선행되어 작업에 지장을 주거나 작업능률을 저하시키며, 직접 또는 간접적으로 인명이나 재산의 손실을 가져올 수 있는 사건을 말한다.

안전사고는 가정, 교육기관, 기타 우리의 생활환경 어느 곳이라도 안전하지 못하거나 부모나 교사의 안전 지도 본인이 안전에 대해 소홀할 때 일어날 수 있다. 따라서 이러한 우발사고는 질병과 마찬가지로 예측 가능한 범위 안에서 발생하며 성인의 철저한 사전대책이나 감독에 의해 관리될 수 있다는 특징이 있다.

우발적인 사고를 예방하기 위한 방법은 크게 두 가지로 사고가 일어날 수 있는 환경적 요인을 개선하는 것과 사고를 유발할 수 있는 인간의 행동을 교육을 통해 변화시키는 것이다.

5) 김용수 · 김창은 · 심종칠, 『안전공학론』, 한올출판사, 1998, pp.41~44.

① 안전사고 분류

- 인적사고 : 사고발생이 직접 사람에게 상해를 주는 것

가) 사람의 동작에 의한 사고 : 추락, 충돌, 협착, 전도, 무리한 동작 등

나) 물체의 운동에 의한 사고 : 위험물 낙하, 비래, 토사나 구조물 붕괴 등

다) 접촉, 흡수에 의한 사고 : 감전, 이상온도 접촉, 유해물 접촉 등

- 물적사고 : 상해는 발생되지 않더라도 경제적 손실을 초래한 사고

– 화재, 폭발, 파열 등

② 안전사고 발생원인

〈표 1-2〉 사고의 직접적 원인

불안전한 행동(인적 요인)	불안전한 상태(물적 요인)
위험 장소 접근	물체 자체의 결함
안전장치의 기능 제거	안전 방호 장치 결함
복장·보호구의 잘못 사용	복장·보호구의 결함
기계·기구의 잘못 사용	물체의 배치 및 작업 장소 결함
운전 중인 기계장치의 손질	작업 환경의 결함
불안전한 속도 조작 및 위험물 취급 부주의	생산 공정의 결함
불안전한 상태 방치, 불안전한 자세 및 동작	경계 표시·설비의 결함, 기타

〈표 1-3〉 사고의 간접 원인

기술적 원인	교육적 원인	관리상 원인
건물·기계 장치 설계 불량	안전 의식의 부족	안전 관리 조직 결함
구조·재료의 부적합	안전 수칙의 오해	안전 수칙 미 제정
생산 공정의 부적당	경험·훈련의 미숙	작업준비 불충분
점검·정비 보존 불량	작업 방법의 교육 불충분 유해 위험 작업의 교육 불충분	인원배치 부적당 작업지시 부적당

- 인적 요인
  - 심리적 요인 : 망각, 고민, 집착, 판단 착오 등
  - 생리적 요인 : 피로 누적, 수면 부족, 신체 기능 저하, 고령 등
  - 환경적 요인 : 직장 내 대인 관계, 리더십 결여, 팀워크 결여 등
- 설비 요인 : 기계 설비 결함, 정비 및 점검 미흡
- 작업적 요인 : 작업정보 및 방법의 부적절, 작업공간 부족, 작업환경 부적합 등
- 관리적 요인 : 안전관리 및 교육 · 훈련부족, 적성배치불충분, 건강관리 불량 등

(4) 하인리히법칙(Heinrich's Law: 1:29:300)

하인리히 법칙(Heinrich's Law)[6]이란 사고원인의 상관성에 대해 통계적 수치로 표현한 것으로 대형사고가 발생하기 전에 그와 관련된 수많은 경미한 사고와 징후들이 반드시 존재한다는 것을 밝힌 법칙이다.

〈표 1-4〉 하인리히 법칙

1	29	300
중대사고 (Major incident)	경미사고 (Miner incident)	사소한 사고 및 전조 (Near misses)

큰 사고는 우연히 또는 어느 순간 갑작스럽게 발생하는 것이 아니라 그 이전에 반드시 경미한 사고들이 반복되는 과정 속에서 발생한다는 것을 실증적으로 밝힌 것으로, 큰 사고가 일어나기 전 일정 기간 동안 여러 번의 경고성 징후와 전조들이 있다는 사실을 입증하였다. 다시 말하면 큰 재해는 항상 사소한 것들을 방치할 때 발생하는 것으로 큰 사고의 대책 뿐 만 아니라 부각되지 않는 중간

6) 1931년 허버트 윌리엄 하인리히(Herbert William Heinrich)가 펴낸 「산업재해 예방 : 과학적 접근 Industrial Accident Prevention : A Scientific Approach」 이라는 책에서 소개된 법칙이다. 이 책이 출간되었을 당시 미국의 트래블러스 보험사(Travelers Insurance Company)라는 노재보험회사(勞災保險會社)의 부장을 하고 있던 H. W. 하인리히가 사고(事故) · 재해(災害)에 대한 자료에서 철저한 조사를 수행한 데이터에서 확립한 법칙으로, 즉, 큰 사고의 이면에는 중간 사고가 29건, 사소한 작은 사고가 300건 발생하고 있다고 하는 법칙으로, 운전사고(運轉事故)에도 적용된다고 한다.

사고(中事故) · 작은 사고(小事故)에 대한 해석도 필요로 하며, 사소한 문제가 발생하였을 때 이를 면밀히 살펴 그 원인을 파악하고 잘못된 점을 시정하면 대형사고나 실패를 방지할 수 있지만, 징후가 있음에도 이를 무시하고 방치하면 돌이킬 수 없는 대형사고로 번질 수 있다는 것을 경고한다.

업무 성격상 수많은 사고 통계를 접했던 하인리히는 산업재해 사례 분석을 통해 하나의 통계적 법칙을 발견하였다. 그것은 바로 산업재해가 발생하여 중상자가 1명 나오면 그 전에 같은 원인으로 발생한 경상자가 29명, 같은 원인으로 부상을 당할 확률이 300이라는 것으로, 즉 큰 재해와 작은 재해 그리고 사소한 사고의 발생 비율이 1:29:300이라는 것이다. 하인리히 법칙은 노동현장에서의 재해뿐만 아니라 각종 사고나 재난, 또는 사회적 · 경제적 · 개인적 위기나 실패와 관련된 법칙으로 확장되어 해석되고 있다.[7]

2. 안전교육(Safety Education)

1) 안전교육의 개념

교육(Education)은 인간이 삶을 영위하는데 필요한 행위를 가르치고 배우는 과정이며 수단으로서 교육은 인간형성의 과정이며, 사회개조의 수단으로 바람직한 인간을 형성하여 개인생활 · 가정생활 · 사회생활에서 보다 행복하고 가치있는 나날을 보내게 하며 나아가 사회발전을 꾀하는 작용인 것이다.

또한 교육의 목적은 교육이 나아가야 할 기본적인 방향 또는 지침을 일컫는 말로 교육의 모든 활동 · 조직 · 운영은 교육목적이 지니는 방향에 따라 행하여져야 할 것이며, 이 방향은 궁극적으로 이상적인 인간상을 형성하는 데 있으며, 그것은 그 사회의 목적 및 가치관과 불가분의 관계를 맺지 않으면 안 된다.

합리성, 능률성, 자동성, 편리성 등을 추구하는 현대 사회에서의 특성은 불가피하게 교통사고, 안전사고, 공해 사고 등을 유발하게 되며, 본의 아니게 고귀한 생

7) 네이버백과사전, http://100.naver.com/100.nhn?docid=927751(검색일: 2012.01.10)

명을 희생시키거나 상해를 입게 한다.

따라서 안전 교육이란 최대의 노력을 다해서 이러한 희생을 줄이기 위한 예방적인 목적을 갖는다. 예방적인 의미를 강조하는 관점에서 안전 교육의 개념을 정리해보면 다음과 같다.

- 안전교육이란 일반적으로 안전을 위협하는 여러 요소로부터 건강한 생활을 유지하기 위한 적극적인 방법으로서 사고의 위험을 사전에 방지하여 사고율을 줄이고, 사고에 대한 대책을 마련하여 그 피해를 줄이기 위한 방법을 주된 내용으로 하는 교육을 의미한다.
- 안전교육은 각종 위험 사태를 미연에 방지하기 위해 필요한 지식과 안전에 대한 바람직한 행동의 변화와 태도, 능력 및 기능 등을 습득하고 기르는 것을 목표로 하는 일련의 교육과정이다.
- 안전교육이란 평소의 생활을 통하여 신체적 부상이나 때로는 생명을 위협할 수도 있는 모든 요인을 미리 알려주고 사전에 예방하게 함으로써 한사람의 생명도 잃지 않고, 한사람도 다치는 일이 없도록 하는 교육이다.

이러한 예방적인 개념과 함께 안전 교육을 실시하기 위한 경험 내용을 포함시킨 정의를 살펴보면 다음과 같다.

- 안전교육이란 상해, 사망 또는 재산의 피해를 일으키는 불의의 사고를 예방하는 것으로서 안전행동에 기여하는 습관, 기능, 태도 및 지식에 긍정적으로 영향을 미치는 경험의 총체(한국교육개발원, 1995)이다. 즉, 안전 교육에는 안전을 위해 필요한 사항을 이해시키는 지식의 교육, 위험요소를 예측하고 미리 예방하거나 신중히 행동하는 태도의 교육, 안전하게 행동할 수 있는 기능의 교육이 함께 포함되는 교육이라고 할 수 있다.
- 안전교육은 교육이라는 수단을 통하여 일상생활에서 개인 및 집단의 안전에 필요한 지식, 기능, 태도 등을 이해시키고 자신과 타인의 생명을 존중하며, 안전한 생활을 영위할 수 있는 습관을 형성시키는 것이다. 즉, 개인과 집단의 안전성을 최고로 발달시키는 교육이며 근본적으로는 인간생명의 존엄성을 인식시키는 것이다.

- **Florio의 안전교육 정의**

첫째, 안전교육은 일상생활 전 영역에서 안전을 위해 필요한 사항 등에 관해서 이해시키고, 안전의 규칙을 지키며, 안전하게 행동할 수 있는 능력을 기르는 것이다.

둘째, 일상생활 속에 잠재해 있는 위험을 예측해서 항상 안전상의 위험을 확인하고, 정확한 판단으로 안전하게 행동할 수 있는 태도와 능력을 기르는 것이다.

셋째, 자신이나 타인의 안전생활을 존중하고 학교, 가정, 지역사회 등에서 안전하게 역할을 수행할 수 있는 태도와 능력을 기르는 것이다.

즉 안전교육은 일상생활에서 일어나는 사고를 미연에 방지하고, 불의의 재해나 돌발적인 사태가 발생했을 때에는 생명을 지키기 위해서 취해야 할 심신 양면의 행동을 지도할 목적으로 실시하는 교육을 말한다.[8)]

즉, 재해나 사고의 예방 및 그 피해를 최소한으로 줄일 수 있도록 신체 상해나 건강장애의 원인 · 예방 · 위험의 제거 등에 관한 지도, 안전에 대한 지적(知的)이해와 지도를 통하여 실천 능력을 높일 것을 목적으로 한다.

- **'국민안전교육진흥기본법[9)]'의 안전교육개념**

'안전교육'이란 '국민이 안전에 대한 중요성을 인식하고 각종 재난 및 안전사고 발생 시 이에 효과적으로 대처할 수 있도록 안전에 대한 지식이나 기능을 습득하는 교육'이라고 정의하였다.

안전교육을 넓은 뜻으로 해석하면, 지진 · 풍수해와 같은 자연현상이 끼치는 사고나 재해의 예방도 포함되지만, 학교나 사회의 교육법이나 가정에서 국토보전대책까지 다룰 수 없기 때문에, 재해가 발생했을 때의 행동지침을 가르치는 정도에 그칠 수밖에 없다.

학교나 사회에서 실시하는 안전교육의 내용으로는 일반적으로 교통사고, 가정 내 사고, 화재, 실험 · 실습의 사고, 수학여행이나 레크리에이션의 사고, 유희나 완구에 의한 사고, 체육경기의 사고와 지진 · 풍수해와 같은 자연재해가 발생했을

---

8) 네이버백과사전 http://100.naver.com/100.nhn?docid=106968(검색일:2012.01.07)

9) 우리나라 국민의 안전교육 진흥에 필요한 사항을 규정한 '국민안전교육진흥기본법(약칭:안전교육법, 2017년 7.26일 시행)' 제2조

때의 행동지침 등이다. 그 밖에 가정에서의 안전 교육, 직장 지역에서의 안전 교육 등이 있으며 기계적 장애, 전기 · 약품 · 가스 · 화재 따위에 의한 장애 등 안전을 위협하는 모든 것에 대한 안전 교육을 생각할 수 있다.

따라서 각종 사고를 방지하기 위해서는 안전시설과 설비를 완비하는 일 뿐만 아니라 사고에 대한 부모나 교사의 올바른 인식이 중요하다. 그러나 무엇보다도 중요한 것은 사고에 대한 유아기부터 전 생애를 통하여 자신의 바른 인식과 사고를 예방하기 위한 철저한 안전교육일 것이다. 교육을 통해 얻어진 지식이나 태도는 단순한 지시나 감독에 의한 것보다 영구적인 효과를 갖게 되므로 특히 유아나 학생들을 대상으로 한 안전교육은 매우 중요하다.

사고 예방을 위한 안전교육은 어렸을 때부터 시작하는 것이 효과적이므로 안전에 관한 올바른 지식과 태도를 유아기부터 확립시킴으로써 위험 예지 능력 및 이에 대처할 수 있는 능력과 태도를 길러 주어야 할 것이다.

2) 안전교육의 유형

(1) 지식교육

- 재해발생의 원리를 통한 안전의식 향상
- 작업에 필요한 안전규정 및 기준 습득

(2) 기능교육

- 안전작업 기능 향상
- 위험 예측 및 방호장치 관리 기능

(3) 태도교육

- 표준작업방법 습관화
- 지시전달 확인 등 태도의 습관화

3) 안전교육의 원리[10)]

안전교육의 원리는 다음과 같이 크게 네 가지로 분류하여 생각해 볼 수 있다.

〈표 1-5〉 안전교육의 원리

구분	내용
일회성의 원리	• 단1회의 교육일지라도 실시 여부에 따라 생존과 사망을 결정
지역적 특수성의 원리	• 지형, 산업, 인구구조 등 지역적 특수성을 고려한 교육 실시
인성교육의 원리	• 인격에 관한 교육, 타인의 생명을 존중하고 복지에 관심
실천의 원리	• 교육을 통하여 안전태도 및 습관 형성 • 잠재적 위험상황을 예측하고 올바른 대처능력 및 기술 습득

(1) 일회성의 원리

모근 교육에서는 직접 경험을 하는 것이 교육의 효과가 가장 높으나 안전과 관련 된 사고(Accident)는 직접 경험할 수 있는 것이 아니므로 안전교육은 시행착오로 는 배울 수 없는 지식이다. 그러나 안전사고와 관련하여 단 1회의 교육이라도 그 실시 여부에 따라 생존과 사망을 결정할 수 있는 특성이 있다.

(2) 지역적 특수성의 원리

안전교육은 지형, 산업, 인구구조 등 지역적 특수성을 고려하여 그 지역에 맞는 교육을 실시하여야 한다. 예를 들면 해변 지역에서는 수상안전을, 복잡한 교통구조를 가진 도심에서는 그 환경에 맞는 교통안전을 강조하여 실시할 수 있다.

(3) 인성교육의 원리

안전교육은 자신의 생명 및 안전뿐만 아니라 타인의 생명과 안전도 존중할 수 있도록 해야 하는 교육으로 스스로 및 타인을 존중하고 타인의 안녕과 복지에도 관심을 갖도록 하는 인격에 관한 교육이며 인성교육이 수반되어야 한다.

10) 국민안전처, 생애주기별 안전교육길잡이 지도서 제1권, p.9.

(4) 실천의 원리

안전교육은 지식의 전달 뿐만 아니라 이를 통하여 안전태도, 안전에 필수적인 습관을 형성할 수 있어야 한다. 또한 안전지식과 태도를 바탕으로 잠재적인 위험상황을 예측할 수 있고 올바른 대처기술을 습득할 수 있도록 하는 실천교육이 반드시 수반되어야 한다.

4) 생애주기별 안전교육

안전교육은 인간을 인간답게 살아갈 수 있도록 하는 가장 기초적이며 중요하고 필수적인 학습이다. 급속한 산업의 발달과 문명의 다양한 발전으로 인간의 삶의 질과 편리함은 빠른 속도로 증가하고 있지만, 이러한 긍정적인 발전과 함께 과거에는 일어나지 않았던 새로운 안전사고와 질병들이 개인의 안전과 우리사회의 안전을 위협하고 있는 것이 현대사회의 문제점으로 대두되고 있다. 또한, 저출산 고령화 사회를 맞아 건강하고 행복한 삶과 100세 시대의 삶을 대비하기 위해 평생교육적 차원에서 생애주기를 고려한 안전평생학습의 중요성은 강조되어야 한다. '건강하고 행복한 삶'을 추구하는 안전교육과 "전생에 걸쳐 배움을 추구"하는 평생교육의 만남을 통해 국민의 삶의 질을 지속적으로 보존하고 증진할 뿐만 아니라 인적, 경제적 손실을 미연에 예방하고 축소함으로써 국가경쟁력 수준을 높이고 결과적으로 100세 시대 사회 번영을 이끄는 선진복지국가로 가기 위한 결정적인 요인이다.

이처럼 안전사고에 예방과 축소를 위해 안전과 관련된 교육이 가장 우선시되어야 함에도 불구하고 우리사회의 안전교육현실은 관례적이고 형식적으로 이루어져 그 실효성을 담보하기 어렵다는 비판을 받아오고 있다.

개인의 안전의식과 안전교육의 미흡은 우리사회의 안전 불감증을 형성하게 되며 이는 크고 작은 안전사고로 이어지게 된다. 이러한 악순환 고리를 끊기 위한 가장 효율적이고 효과적인 대안 중 하나가 바로 안전교육이다. 안전교육이 평생교육적 차원에서 이루어져 생애주기별 및 사회현황의 특성과 요구를 반영하고 시간적, 공간적, 경제적 형편을 고려한 학습체계를 갖추어, 언제 어디서든지 학습

할 수 있는 안전보건 평생학습 문화가 확산될 수 있도록 우리사회는 노력해야 한다.

우리나라는 그동안 다양한 안전정책이 추진 중에 있음에도 불구하고 기존의 존재하고 있는 아동·청소년 대상의 안전교육관련 법과 제도의 중첩으로 인한 혼란성, 학습자 특성을 고려한 실제적인 교육과정과 전문 인력 및 시설이 부족하다는 문제점, 권고사항일 뿐 강제적 제제 조치가 없는 점들을 보완하지 못한다면 여전히 정책으로서만 존재할 뿐 그 실제적인 효과를 기대하기는 어렵다는 비판에서 자유롭지 못할 것이다.

세월호 사건이후 신설된 국민안전처는 2015년 3월 '안전혁신 마스터플랜' 발표하였으며, 5대 전략 100대 과제를 제시하고 추진하면서 특히, 안전교육과 관련된 전략으로 '생활 속 안전문화 확산' 정책을 추진하였으며, 대표적인 결과물로 '생애주기별 안전교육 지도(Korean Age-specific Safety Education Map, KASEM)'를 개발하여 추진계획을 세우고 있다.

개발된 생애주기별 안전교육 지도를 살펴보면, 생애주기별 학습해야하는 5개 분야(생활안전, 교통안전, 자연재난 안전, 사회기반 체계안전, 범죄안전, 보건안전)와 각 영역과 세부영역으로 분류하였으며, 생애주기별(영유아기, 아동기, 청소년기, 청년기, 성인기, 노년기), 교육수준별(Level 1~4)로 구분하여 각각의 주제를 제시하고 체계화하여 개인이 성장단계별 특성에 따라 갖추어야 할 안전역량을 충족할 수 있도록 하는 안전지식을 충족시키는 분야별 안전교육을 의미한다.

그러나 이러한 국가적 추진에도 불구하고 여러 가지 문제점이 있지만 우리가 반드시 주목해야할 것은 새로운 정책을 내놓는 것보다, 구체적이고 실현가능한 효과를 담보할 수 있는 대안마련과 추진이 더욱 중요한 것을 알 수 있다. 기존의 우리사회의 안전의식의 미흡과 안전 불감증의 심화로 인하여 발생된 세월호 대형 참사 등 크고 작은 안전사고를 교훈삼아 체계적인 안전교육을 통한 안전문화 확산으로 안전사고를 예방해야 한다.[11]

---

11) 정현민, 우리나라 안전교육 동향과 과제, http://cafe.daum.net/skinscubahq/MVky/53?q=%EA%B5%AD%EB%AF%BC%EC%95%88%EC%A0%84%EC%B2%98%20%EC%83%9D%EC%95%A0%EC%A3%BC%EA%B8%B0%EB%B3%84%20%EC%95%88%EC%A0%84%EA%B5%90%EC%9C%A1(검색: 2019.7.19)

(1) 영유아기(0~5세: 안전교육 의존기)

- 신체적 변화와 발달이 가장 왕성한 시기이나 신체적 · 정신적 미성숙으로 "보호자"에게 절대적으로 의존
- 새로운 상황에의 적응능력, 응급상황에 대한 대처와 판단능력의 미숙
- 보호자의 안전교육을 신뢰하고 모방하는 행동이 나타나므로 보호자를 대상으로 한 안전교육 필요

(2) 아동기(6~12세: 안전교육 준비기)

- 행동의 허용기준을 배우며 이 기준에 따라서 행동하고 기준과 원칙을 어길 때 죄책감을 느낌
- 또래 집단을 형성하여 사회적 상호작용을 시작하는 시기이므로 부모에게 의존해오던 안전교육을 학교라는 사회집단을 통해 구체화시킴
- 학교에서 아동의 안전교육이 좀 더 성장할 수 있도록 준비시키는 과정 필요

(3) 청소년기(13~18세: 안전교육 성숙기)

- 청소년은 만19세 미만으로서, 아동기에서 성인기로 이행되는 시기이며 생물학적으로도 성숙하는 시기
- 집단 및 개인 정체성이 발달하고 사건의 시작과 결과의 연관성을 생각하는 과학적 사고와 논리적 사고 역량이 증가
- 소속 집단의 규범을 이해하고 자신의 가치관에 대해 신념을 갖고 행동할 수 있어 아동기 안전개념이 좀 더 성숙될 수 있음

(4) 청년기(19~29세: 안전교육 독립기)

- 가족 이외의 다른 사람과 어울리며 예의를 익히고 사회적 기술을 터득함으로써 사회적 집단의 일원으로 독립하는 시기
- 자율성을 획득하고 심신의 성숙이 안정되는 시기, 사회적 책임과 수행에 대한 열정이 풍만하여 안전에 대한 스스로의 책임과 의무를 중요하게 생각

- 가족과 사회의 구성원으로서 안전을 스스로 실천하며 타인에게 교육시킬 수 있는 자기주도적 안전교육 필요

(5) 성인기(30~64세: 안전교육 확대기 / 성찰기)

❑ 성인기(30~49세): 안전교육 확대기

- 자신의 정체감을 확립하고 직업을 결정하며 결혼과 함께 자녀를 양육하는 시기
- 자기만의 독립된 안전수칙과 축적된 학습경험을 지역사회 및 가정으로 확대하여 교육하고 실천할 수 있음

❑ 성인기(50~64세): 안전교육 성찰기

- 과거 삶을 돌아보며 성찰하는 시기로 미래를 위해 긍정적 유산을 남기며 자신이 받은 혜택을 사회로 환원함으로써 다음 세대를 선도하려는 특징
- 지금까지의 안전교육에 대한 구체적인 성찰을 수행할 수 있도록 독려하고 칭찬하는 안전교육의 기회 제공 필요

(6) 노년기(65세 이상: 안전교육 유지기)

- 자신은 물론 친구나 가족 간 긍정적인 관계를 유지하는 시기
- 인지능력의 변화, 만성질환 등으로 일상생활활동에 제한을 받고 자신을 보호할 수 있는 능력이 감소하여 안전에 대한 취약성이 증가
- 안전에 대한 새로운 교육을 준비하는 것보다 기존의 안전 지식과 실천을 유지할 수 있도록 반복학습 필요[12)]

3. 안전문화(Safety Culture)

우리나라는 1960년대 이후부터 경제개발 정책을 추진하여 한강의 기적이라고 불리는 눈부신 경제성장을 이룩하였다. 그러나 성장우선주의 정책과정에서 안전

12) 국민안전처, http://kasem.safekorea.go.kr/ptl/fms/main.do?menu_pk=M016200&menu_key=form

비용은 무시되기 일쑤였다. 즉, 눈앞의 성과에만 급급한 나머지 안전은 뒷전으로 밀리고 "빨리빨리"란 말이 우리나라를 상징하는 말처럼 되어버렸을 정도로 우리 국민들 사이에는 조급증이 널리 유포되었다.

그 결과 성수대교와 삼풍백화점 붕괴, 경기 화성 씨랜드 등을 비롯하여 최근 몇 년 사이 태안 해병대 캠프사고, 세월호 침몰사고, 마우나 리조트 붕괴사고 등 소중한 목숨을 앗아간 안타까운 참사는 대부분 후진국형 안전사고로서 엄청난 사회적 비용이 지불되었다. 즉 우리나라에서는 1995년 이전까지는 안전문화에 대한 인식 부족과 민간주도의 비체계적인 활동만을 펼쳤으나, 사회 곳곳의 다양한 대형안전사고. 붕괴사고 발생이후, 안전에 대한 국민의 관심이 고조되면서 정부 주도의 안전관련 법령이 제정되고 효율적인 협력체제 구축을 위한 노력 등이 시작되었다.

최근 대형사고의 재발방지대책에는 반드시라고 말할 정도로 '안전문화의 조성'이라는 말이 자주 거론된다. 안전문화는 최고경영자부터 제일선까지 공공조직이나 기업 전체의 행동원리로 확립해 가는 것이라고 한다.

1) 안전문화의 개념

'안전문화'라는 말이 일반적으로 사용되기 시작한 것은 1986년 체르노빌 원자력 발전소 사고 직후에 개최된 국제원자력안전자문위원회의 회의에서 원자력발전소의 대형사고를 방지하기 위해서는 '안전문화의 고양'이 가장 중요하다고 결론 내렸을 때부터라고 말해지고 있다.

그 후 ILO는 1997년에 지속가능하고 공평한 성장을 위해서는 세계에서 합의한 기술, 품질기준, 관리 등을 조화한 '안전문화'가 필요하다고 표명하였고, 또 ILO-OSHMS 가이드라인 인사말에서도 안전문화의 용어를 사용한 바 있다.[13)]

안전문화라는 용어는 1986년 소련 체르노빌 원자력 누출사고에 따른 원자력안전자문단(INSAG)의 보고서(Post Accident Review Meeting on the Cher Accident)에서 처음 사용되었다. 국제원자력자문단은 안전문화의 의미를 "조직과 개인의 자세와

13) 안전저널(http://www.anjunj.com)

품성이 결집된 것으로 모든 개인의 헌신과 책임이 요구되는 것이다." 라고 했으며, CCPS(미국화학공업협회)에서는 "공정안전관리를 정확히 실시하기 위해 모든 구성원이 공동으로 안전의식을 가지고 참여하는 것이다." 라고 하였다. 즉 개인과 조직의 안전에 관한 자세와 의식, 규제의 필요성에 따른 행동의 일원화가 필요한 차원에서 의미를 부여하고 있다. 이들이 내세우는 안전문화지침으로는 첫째, 본질적으로 의문을 제기하는 자세를 가져야 하고, 둘째, 자만의 방지와 최상에 대한 의지를 가져야 하며, 셋째, 책임의식과 조직의 규제능력 함양이다.'

안전문화란 안전제일의 가치관이 모든 활동 속에서 의식 관행이 안전으로 체질화되고 또한, 인간의 존엄성과 가치의 구체적 실현을 위한 행동양식과 사고방식, 태도 등의 총체적 의미이다.

산업안전분야에서 안전문화(Safety Culture)란 사업자나 개인이 작업 환경에서 '안전'이라는 목표에 도달하는 방식의 하나로써 "안전에 관하여 근로자들이 공유하는 태도나 신념, 인식, 가치관"을 통칭하는 개념이다.[14)]

그러나 안전문화에는 여전히 모호한 측면이 있고 그 개념에 대해 국제적으로 합의가 이루어져 있다고 말하기는 어렵다. 그런 만큼 안전문화를 구체화하려는 노력이 뒤따르지 않으면 안전문화는 자칫 의식개조론으로 흐르거나 메아리 없는 공허한 외침으로 끝날 수도 있다. 안전문화의 콘텐츠를 채우는 작업이 중요한 이유가 여기에 있다. 보통 우리들은 무엇인가를 의식한 순간에 그 무언가에 대해 접근할 건지 떨어질 건지 무시할 건지 등의 대응을 판단하고 있다. 즉, 의식하는 것이 다음의 행동, 자기방위의 단서가 된다. 안전도 동일하다. 의식한 순간에 위험수준은 훨씬 저하된다. 결국 안전의 반대는 무의식이다. 그렇다면 위험의 요소를 놓치지 않고 의식하는, 알아차리는 그러한 감성이 넘치는 것이야말로 안전문화가 정착되어 있는 상태라고 할 수 있다.

안전문화는 한마디로 '지키는 것', '의식하는 것', '전하는 것', '바꾸는 것'이라는 4가지 요소로 집약할 수 있다. 안전문화에 관한 문헌에 설명되어 있는 안전문화의 개념은 대략적으로 다음과 같이 정리될 수 있다.

첫째, 먼저 룰(rule)을 '지키는' 문화가 정착되어 있어야 한다. 아무리 우수한 룰

14) 위키백과, https://ko.wikipedia.org/wiki/%EC%95%88%EC%A0%84_%EB%AC%B8%ED%99%94(2017.12.4.)

이라도 지키지 않으면 아무 소용이 없다. 이를 위해서는 납득할 수 있는 최고경영자의 방침에 의해 왜(why) 룰을 지켜야 하는지가 이해되어 있는 것이 전제가 된다. 이 최고경영자의 방침은 위에서 그저 바라보는 시선이 아니라, 최고경영자 자신이 선두에 서고 전원이 노력하는 그러한 자세가 아니면 전원이 납득하여 룰을 지키는 마음의 공유로 연결되지 않는다. 물론 지키지 않는 룰은 없애거나 수정하는 용기도 필요하다.

두 번째는 이상함이나 위험함을 '의식하는' 감성이 전원에게 가득 차 있어야 한다. 회사에서 상식으로 통하는 것이 비상식인 경우도 얼마든지 있을 수 있으므로, 이상함을 의식하고 그것을 말하는 용기, 의식하기 일보 전에 왜 이렇게 되어 있는가를 생각하는 습관이 몸에 배어 있는 것이 필요하다. 의식하기 위해서는 지식이 필요하고, 이를 위해서는 교육, 학습이 필요하다.

세 번째는 '전하는' 것이 습관화되어 있어야 한다. 의식한 것을 전하는 것, 지적 · 제안된 것을 진지하게 받아들이는 자세가 당연하게 여겨지는 것이 중요하다. 이것이 되지 않으면 모처럼 낸 용기도 중도에 끝나버린다. 아차사고발굴활동도 활발히 제안되는 것뿐만 아니라 그것을 모두가 생각하는 습관의 정착도 함께 요구된다.

네 번째가 '변한다'고 하는 적극적이고 유연한 분위기이다. 의식한 것이 전달되어 모두가 납득할 수 있으면 거기에서 변화시켜 가는 것이 진보이다. 이것이 한층 심화된 의식을 낳는 토양이 되고, 그 반복에 의해 안전문화가 육성되어 간다. 결국, 안전문화가 조성되어 있는 상태란 정비된 조직분위기 속에서 적극적인 커뮤니케이션과 대응이 이루어지는 상태라고 말할 수 있다. 안전문화가 추상적인 구호 수준을 넘어서려면 안전문화의 구체적인 의미를 충분히 이해하는 것이 필요하다. 안전문화가 잘 조성되어 있는 대표적인 회사로는 듀퐁사를 예로 들 수 있다. 듀퐁사가 오래 전부터 안전보건방침과 목표를 표명하고 10대 원칙을 설정하여 실천하는 등 회사 전체적으로 노력을 하는 모습은 우리들이 안전문화를 생각하는 데 있어 반드시 참고해야 할 사례이다.[15)]

안전문화운동의 3대 기본원칙인 행동양식의 변화, 안전제일의 가치관 정립, 안

---

15) 안전저널, http://www.anjunj.com

전의식의 무의식적 표출을 바탕으로 안전문화를 조성하고 홍보매체 등을 통해 안전에 관한 사회여론을 조성하는 것이다. 안전문화를 이루기 위해서는 본질적으로 의문을 제기하는 자세, 적당주의를 배제하는 자세, 개인의 책임감 고양, 안전으로 충만 된 사고방식 등을 통해 국민생활의 전반에 안전에 관한 태도 관행 의식을 체질화해야 한다.

2) 안전의식(safety consciouseness)

인간의 생활이나 작업시스템에서 잠재적으로 생기는 인간의 실수(error)나 잘못(mistake)의 직접적인 원인은 주로 지식부족이나 지각(知覺)의 잘못, 주의의 방심 등의 소질(素質)적 특성 레벨에서 발생하지만 그것은 또 안전에 대한 의식 상태에 좌우된다고 생각한다.

안전의식이란 근로자가 잠재적으로 가지고 있는 안전에 대한 관심이 구체적인 행동과 실천으로 나타나는 정도를 말한다. 안전에 대해 지식으로서가 아니라 실천하고 실행하는 정도에 따라 통상적으로 '안전의식이 강하다 또는 약하다'라고 말한다. 안전의식은 국민성에서도 유래하지만 평소의 안전에 대한 교육과 훈련에 의해서 형성되는 후천적, 습관적인 부분이 많다. 안전 확보의 열의와 신념이 행동화될 때 비로소 안전의식(morale)이 있다고 말한다. 안전의식은 개인의 자발적 의지이며, 이러한 의지의 발로가 곧 안전규칙의 존중이다. 재해의 원인중 인적요인의 가장 중요한 부분이 안전의식의 유무라고 할 수 있다.[16)]

즉 안전의식이란 작업상의 안전을 유지·증진시키려면 어떻게 하면 되는지의 지식을 가지고(인지적 성분), 그것들을 실천하는 것이 기업, 고객, 동료, 가족 그리고 자기 자신의 복리에 있어서 중요하고 바람직하다는 것을 판단하고(가치적 정서적 성분), 그 위에 안전측면의 행동을 취하려고 하는 의사(意思), 의욕(意慾), 행동력(행동의 지적 성분)이 있는 상태를 말한다. 평소의 안전교육·훈련에 의해서 형성되는 후천(後天)적, 습관(習慣)적인 것이 많다. 따라서 안전교육은 구체적으로 이해되고 실천할 의욕을 환기시키는 것이 되어야 한다.

---

16) 실무노동용어사전, 2014, (주)중앙경제

따라서 종업원의 안전의식이 높거나 낮다고 말하는 경우 그것은 지식의 측면인지, 가치판단의 것인지 또는 의지(意志)의 측면인지를 명확하게 할 필요가 있다. 그렇게 하면 대책도 쉬워진다.

안전의식은 자신의 업무(직무)에 대해서 적극적으로 대처하는 자세이며 일정한 보수(報酬)에 대한 기대가 실현된 정도와 소속된 직장이나 상사나 선배, 동료들에 대한 신뢰감, 애착, 친근감 등의 동일화(同一化) 정도에 따라 결정된다. 여기서 말하는 보수란 급료 등의 금전적인 것만이 아니고 다른 사람으로부터의 인정받는 것, 작업의 흥미, 일하는 보람, 성장(成長)감, 달성감 등도 포함된다.[17]

3) 안전조치

우리 일상생활 중에서 안전의 목적을 달성하기 위해 접근하는 방법으로서 가장 바람직한 것은 여러 가지 형태로 존재하는 위험들을 근원적으로 제거해 주는 것이다.

그러나 이들 위험은 대부분 여러 가지의 형태로 존재하고 있어서 이것들을 근원적으로 제거하는 것은 쉽지가 않다. 따라서 근원적으로 위험을 제거하는 것이 곤란한 경우에는 이러한 위험이 전재함으로써 사고가 발생할 가능성이 어느 정도인가를 예측하여 어떠한 방법으로 이 사고의 위험성을 감소시킬 것인가 하는 것이 중요한 관점으로 대두된다. 사고발생의 가증성인 위험성이 감소되면 상대적으로 안전성이 증가하기 때문에 그만큼 사고방지와 재해예방의 효과를 얻을 수 있게 되는 것이다.

(1) 근원적 안전조치

이것은 위험에너지의 양을 위험하지 않은 정도로만 사용하든가 또는 위험원을 구조적 · 성능적으로 변형 또는 대체하여서 처음부터 위험하지 않도록 해 주는 조치로서, System을 설계하는 과정에서 Fail Safe와 Fool Proof의 개념이 기본적으로 포함되도록 안전설계를 하는 조치라 할 수 있다. 인간의 불안전한 행동이 어느

17) 산업안전대사전, 최상복, 2004. 5. 10. 도서출판 골드,

정도 존재하더라도 설비측면에서 근원적으로 안전을 어느 정도 유지해 주기 때문에, 안전에서는 가장 바람직한 안전조치로 보고 있고 또 적극 권장하고 있는 조치이다. 그러나 이 조치는 많은 설비투자를 요구하는 부담이 있다.

(2) 방호적 안전조치

근원적인 안전조치가 매우 곤란할 때, 그 다음으로 취할 수 있는 안전조치이다. 이것은 위험에너지에 대해서 격리와 차단의 기본개념으로 접근하는 방법이다. 이것은 위험에너지가 노출되는 부분을 덮개로 덮거나, 가드, 울타리 등으로 막아서 작업자나 다른 기계 · 설비가 서로 접촉하지 못하도록 하거나 또는 안전장치를 부착하여 에너지의 상태가 위험한 상황으로 되는 것이 감지되면 기계 · 설비나 공정이 정지하도록 하여 안전을 유지하는 방법 등을 말하며 현재 우리나라의 각종 작업현장에서 널리 활용되고 있는 안전조치이다. 그러나 방호적 조치의 결점은 기계나 설비를 수리정비하기 위해 이러한 방호조치를 자주 탈착하는 경우, 작업이 끝난 후 다시 조립하는 것을 생략하여 위험을 그대로 노출시키는 경우가 많다는 점이다. 따라서 안전점검을 실시할 때에는 바로 이러한 부분들을 철저히 점검하는 것이 필요하다.

(3) 보호적 안전조치

위의 두 가지 조치가 모두 곤란할 경우, 마지막으로 취할 수 있는 안전조치는 보호적인 안전조치로서, 이것은 작업자에게 각종 보호장구를 착용하도록 하는 것이다. 그러나 보호장구의 착용은 습관이 들이지 않은 사람에게는 상당히 불편을 주기 때문에 보호장구를 착용하고 작업을 하거나 활동을 한다는 것은 습관이 들 때까지의 상당한 노력이 없이는 어려운 일이다. 따라서 가능한 보호장구가 필요 없는 작업장을 만들기 위해 노력하여야 하며, 이러한 노력으로도 도저히 해결할 수 없어 보호장구를 착용할 수밖에 없는 상황이 되면 모든 가능한 방법을 총동원하여 작업자들이 보호장구를 착용하고 작업에 임하도록 하여야 한다.

(4) 표시적 안전조치

위의 세 가지의 안전조치는 위험도를 낮출 수 있는 직접적인 안전조치이지만, 이와는 달리 위험을 직접 통제하지는 않지만 이에 못지않은 중요한 안전조치가 있는데 그것은 다름 아닌 간접적인 안전조치로서의 표시적 안전조치이다. 위험을 확인하기 어려운 장소나 착각하기 쉬운 곳, 또는 발견 된 위험이 당분간 방치될 수밖에 없는 상황이 전개되었을 때에는 이에 대한 위험을 다른 사람에게 알릴 수 있도록 하는 안전표지나 경고표지를 설치한다. 사람은 자신을 보호하려는 자기방어 본능이 있기 때문에 위험이 있다는 것을 알려만 주어도 바로 안전한 행동을 하려고 한다.

안전표지 및 경고표지에는 위험에 대한 표지뿐만 아니라 주의, 지시, 안내 등의 표지도 있으며, 이러한 각종 표지들은 안전교육의 역할을 대신할 수도 있는 중요한 의미를 함께 가지고 있다. 그러나 이러한 안전표지는 시간이 지나면 그 효과가 떨어져 버리기 때문에, 그 이전에 위험자체를 통제하는 직접적인 안전조치를 반드시 강구해야 한다.[18]

18) 김두현 · 김상철, 「생활과 안전」, 도서출판 동화기술, 2003, pp.16~17.

❑ 교육목표

○ 안전의 개념에 대해 설명한다.

○ 사고의 개념에 대해 설명한다.

○ 안전사고의 발생 원인에 대해 설명한다.

○ 하인리히법칙에 대해 설명한다.

○ 안전교육의 개념과 유형에 대해 설명한다.

○ 안전교육의 원칙에 대해 설명한다.

○ 생애주기별 안전교육에 대해 설명한다.

○ 안전교육관련법을 검색하고 설명한다.

○ 안전조치의 뜻과 유형에 대해 설명한다.

○ 안전문화에 대해 설명한다.

○ 안전교육에 관한 사회적 이슈나 논점에 대해 분석하고 설명한다.

○ 최근 발생한 안전사고사례를 분석하고 문제점을 설명한다.

제2장

가정폭력과 안전

1. 가정폭력의 의미
2. 가정폭력의 유형
3. 가정폭력의 원인
4. 가정폭력의 일반적 특성
5. 가정폭력가해자와 피해자의 특성
6. 가정폭력의 영향
7. 가정폭력 예방 및 대처요령
8. 가정폭력 정책 및 프로그램

Chapter 02 가정폭력과 안전

1. 가정폭력의 의미

가정폭력방지법에서의 가정폭력(domestic violence, family violence)이라 함은 가정구성원 사이의 신체적, 정신적, 재산상의 피해를 수반하는 행위를 말하며 가정구성원 사이의 모든 폭력을 포괄하고 있다. 즉, 남편의 아내에 대한 폭력, 자녀의 부모에 대한 폭력, 형제간의 폭력, 아내의 남편에 대한 폭력 등 가족 간의 모든 폭력을 망라한다. 가정폭력의 범주는 직접적인 폭행, 상해, 신체적 · 정서적 · 성적 학대, 상습범, 유기, 명예훼손, 협박, 감금, 체포, 학대, 아동혹사 등과 아울러 심한욕설과 같은 언어적 폭력(폭언) 및 의심과 같은 정신적 폭력도 포함된다. 상대방의 경제적 자유를 박탈하거나 상대방의 의견을 무시하고 본인의 의견을 강요하는 행위도 가정 폭력에 포함된다.

가정 폭력은 피해자와 가해자가 함께 생활하고 있다는 측면에서 일반적인 폭력과 다르며, 피해자뿐만 아니라 가족 전체에 영향을 미치기 때문에 피해가 심각하며, 가정을 해체시키는 원인이 되기도 한다. 또한 자녀들에게는 적응장애나 행동장애 등으로 나타나고, 학교폭력으로 전이되어 사회문제로 발전한다. 한편 기존의 윤리의식 붕괴와 배금주의의 만연 등으로, 자녀에 의한 부모에 대한 폭력현상도 드물지 않게 발생하고 있다. 가정 폭력은 한 번 발생하면 대부분 다시 일어나므로 폭력이 처음 발생했을 때 적극적으로 대처하는 자세가 중요하다.[1]

여기서 가족구성원이란 현재의 관계뿐만 아니라 전배우자와 동거하는 친족까지의 모든 실질적 관계를 의미한다.

- 배우자(사실상 혼인관계에 있는 자를 포함) 또는 배우자관계에 있었던 자
- 자기 또는 배우자와 직계존비속 관계(사실상의 양친자관계를 포함)에 있거나

1) http://100.daum.net/encyclopedia/view/43XXXXX00010

있었던 자

- 계부모와 자의관계 또는 적모와 서자의 관계에 있거나 있었던 자
- 동거하는 친족관계에 있는 자[2)]

2. 가정폭력의 유형

가정폭력은 가정에서 일어나는 내적인 문제이기 때문에 쉽사리 은폐되고, 피해자가 밖으로 드러내어 도움을 청하지도 않고, 참고 살면서 폭력을 계속 당할 수 있다는 것에 문제의 심각성이 있다. 이렇게 문제를 감추고 있는 사이에 폭력은 계속 자행되어지고 점점 더 심해져 가는 것이다.

가정폭력의 피해 대상은 주로 아내, 아동, 노인 등 사회경제적, 약자로 그 폐해 상황 역시 매우 심각하다. 가정폭력 중에서도 아내폭력은 가족해체의 직접적인 원인이 되며 다른 가족구성원에게도 장기적이고 심각한 영향을 미친다는 특성을 갖고 있다. 가정폭력의 범주는 형법상 폭행, 상해, 유기, 학대, 아동혹사, 체포, 감금, 협박, 강요, 공갈, 명예훼손, 죽은 자의 명예훼손, 출판물 등에 의한 명예훼손, 모욕, 주거 신체 수색, 재물손괴, 아동복지법상 아동에게 구걸을 시키거나 아동을 이용하여 구걸하는 행위, 위 형법범중 다른 법률에 의하여 가중 처벌되는 죄 등이다.

최근에는 부부간에 강간 등에 대해서도 폭력성을 인정한 사례가 있어 부부간에도 성폭력이 인정되고 있는 추세이다.

1) 가해자와 피해자에 따른 폭력의 유형

가정폭력의 피해 대상은 주로 아내, 아동, 노인 등 사회경제적 약자들인데, 가정폭력을 가해자와 피해자라는 기준으로 보게 되면 다음과 같은 유형으로 나눌 수 있다.

---

2) 가정폭력특례법 제2조

(1) 부부폭력

남편이 아내에게, 아내가 남편에게 행사하는 폭력으로, 남편이 아내에게 행사하는 아내구타 유형의 부부폭력이 가장 빈번하다. 가정폭력 중에서도 아내폭력은 가족해체의 직접적인 원인이 되며 다른 가족구성원에게도 장기적이고 심각한 영향을 미친다. 특히 아내폭력은 목을 조른다거나, 옷을 벗기고 마구 때리거나 심지어 칼이나 흉기로 위협, 찌르거나 때리는 등 그 폭행의 정도가 매우 잔인하다. 물론 최근에는 경제력을 잃은 남편에게 아내가 폭행을 하는 등 매 맞는 남편들이 늘어나고 있다.

(2) 자녀폭력(아동폭력)

부모가 자녀에게 행사하는 폭력으로, 부모가 자녀에게 행하는 체벌 등 아동들에게 행해지는 신체적 학대, 정서적 학대, 성적 학대가 갈수록 심각해지고 있다. 한 통계에 의하면 자녀를 구타하는 부모들의 경우 부부폭력이 나타난 경우가 47.2%로 부모 폭력과 아동구타와 매우 상관성이 높은 것을 알 수 있다. 자녀폭력의 경우 힘없고 대항하지 못하는 자녀들이 부모의 화풀이로 학대당하는 경우가 많다. 이렇게 학대를 받으며 자라는 아동은 학교에서 왕따를 당하거나 학교폭력의 가해자가 되기도 하며, 학대아동의 3분의1이 정신지체나 뇌손상을 보이고 또 이들이 성장해 부모가 되어서는 자신의 자녀들을 학대하는 폭력부모가 되기 쉽다.

(3) 노인폭력

노인에 대한 폭력의 경우, 나이가 들고 은퇴를 하면서 경제력이 떨어지고 가정이나 사회에서 은퇴하면서 지위와 권위를 상실하고 신체적으로도 약한 노인들이 폭력의 희생이 되는 경우가 많다. 노인들은 여러 형태의 폭력을 당하면서도 수치심 때문에 주위 사람들에게 잘 알리지 않기에 문제가 더 심각해진다. 최근 학대받고 자살하는 노인의 증가 현상이 늘러나고 있지만, 가정 안에서 혹은 사회적으로 은폐되고 있다.

(4) 부모폭력

자녀가 부모에게 폭력을 행사하는 유형으로, 폭력을 당한 부모들은 그래도 내 자식인데 하는 마음이나 내가 잘못 키워서 자녀가 그렇게 되었다는 마음이나 죄책감에 그 고통을 감추고 감내하는 경우가 많이 있다.

(5) 기타

형제가 형제에게 행사하는 형제폭력으로, 특히 남자 형제가 여자 형제에게 행하는 근친상간이 많이 일어나고 있으나, 드러나지 않고 그늘에 가려져있고, 이외에도 고부간에 일어나는 며느리 학대 등이 있다.

2) 폭력 행위에 따른 폭력의 유형

흔히들 가정폭력은 신체적 폭력만을 생각하는 경우가 많은데, 폭력이라 함은 흔히 말하는 구타(battering) 뿐만 아니라 모든 형태의 학대(abuse)를 포함한다.

"구타(battering)란 신체적인 폭력을 말하는 것인데 비해, 학대(abuse)란 사회적 고립, 가정에 구속, 경제적 박탈, 언어적 폭언 및 경멸과 같이 신체적 폭력과 언어적, 정신적·심리적 폭력, 성적 폭력 등 구타보다 포괄적인 개념"을 말한다. 쉽게 말하면, 신체에 행하는 물리적인 폭력(신체학대) 뿐만 아니라, 성폭력(성적학대), 정서적 학대, 그리고 유기(태만, 의무 불이행)등 모든 형태의 학대행위가 가정폭력 행위이다.

아래에 가정폭력에 사용되는 구체적인 행위나 행동들을 유형에 따라 나누어 열거한다.

(1) 신체적(육체적) 학대

일반적으로 가정폭력 하면 가장 먼저 떠오르는 폭력 행위다. 물리적인 힘이나 도구를 이용하여 남의 몸을 직접 때리는 것 외에 물건을 집어던지거나 남의 몸을 꽉 움켜쥐는 것 역시 신체적인 폭력에 해당한다. 신체적 학대의 행위에는 구타가 가장 대표적이며 구타 행위에는 주먹질, 손, 발, 물건, 무기를 사용을 사용하여 때리는 행위, 발로 차는 행위, 밀치는 행위, 떼미는 행위, 꼬집는 행위, 뺨을 때리는 행위, 사지를 비트는 행위, 머리카락 등을 쥐고 흔드는 행위, 물어뜯는 행위, 마구 두들겨 패는 행위, 목을 조르는 행위, 옷을 벗기고 때리는 행위, 칼이나 흉기로 위협하거나 찌르는 행위, 담배 불로 지지는 행위 등이다. 이외에 가재도구나 가구를 집어 던지거나 부수는 행위, 문을 잠가놓고 나가거나 골방 등에 가두어 놓는 행위가 있다.

(2) 정신적 학대

신체적 폭력의 경우 대부분은 어떤 것이 신체적 폭력인지 알 수 있지만, 정서적인 학대가 정확히 어떠한 것인지는 가해자도 피해자도 알 수 없다. 사회적 지위 등의 높은 쪽이 상대적으로 낮은 쪽에게 가하는 경우가 많다. 폭언, 무시, 모욕과 같은 언어적 폭력으로 남의 기분을 상하게 하는 것과 더불어 상대를 직접 때리지 않아도 때리려고 위협하거나 물건을 던지거나 부수는 것 역시 정서적인 학대에 포함한다. 또한 상대방을 고립시키거나 의심하는 것 역시 이에 해당한다.

- 비웃거나 희롱하는 행위
- 무시하거나 업신여기는 행위
- 피해자의 의사결정권을 침해하는 행위
- 강요하는 행위
- 다른 사람이나 사회로 부터 격리시키는 행위,
- 자유의 제한, 위협, 경멸하는 말투로 모욕을 주거나 수치감을 느끼게 하는 행위
- 말로 괴롭히거나 귀찮게 하는 행위
- 열등하고 무능력하다고 비난하는 행위
- 큰 소리로 소리 지르거나 비난하는 행위
- 대화를 거부하는 행위
- 우선권의 남용(남자, 연장자, 강자, 가족관계)
- 언어폭력을 이용해 공격, 협박, 위협하는 행위 등이 많이 일어나는데, 구체적인 예를 든다면, 사랑, 보호, 관심을 부인하는 말, 버리겠다는 위협, 자해하겠

다는 위협, 자살위협, 가족관계를 끊겠다고 위협하는 행위, 애완동물이나 좋아하는 것을 해치겠다고 말하거나 협박하는 등의 위협이 자주 행해진다.

(3) 경제적 학대

경제력이 있는 쪽이 상대적으로 경제력이 낮거나 없는 쪽에 가하는 경우가 많다.

- 타인의 마음에 상처를 주는 자해의 행위(약물, 음주, 빚, 도박),
- 훔치거나 가족의 소유물을 손상시키는 행위
- 강요된 의존성
- 타인의 필요와 원하는 것을 부인하는 행위
- 생활비의 지출을 지나치게 간섭하거니 통제하거나 주지 않는 행위
- 끼니를 주지 않는 행위
- 아파도 병원에 데려가지 않는 행위
- 동의 없이 임의로 재산을 처분하거나 생활비 지출을 일일이 보고하게 하는 행위
- 가정구성원의 소득, 재산, 임금을 가로채거나 임의로 사용하는 행위
- 재산에 관한 법률적 권리를 침해하는 행위
- 재산의 사용 또는 관리에 대한 결정 통제행위
- 금액에 상관없이 허락 없는 금전사용 금지행위 등

(4) 성적학대

- 원하지 않는 성행위를 강요하는 행위
- 상대방의 몸을 동의없이 만지고 애무하고 움켜쥐고 꼬집는 등의 행위
- 자신의 성기나 이물질을 상대방의 동의 없이 넣는 행위
- 구강성교, 항문성교 등 기타 유사 성교를 강요하는 행위 등이 자주 일어나는 성적인 폭력의 행동이다.

2013년 이전까지는 남편의 성교 청구권을 인정하여 성폭력으로 처벌하지 않는 반면, 대신 이 과정에서 이뤄지는 폭행, 협박을 별도로 기소하여 처벌하는 것이 일반적이었으나, 대법원의 판결에 따라 이후에는 부부 간 성폭력 역시 처벌하게

되었다.

하지만 부부성폭력이 인정하는 범위는 많지 않고 성관계 거부는 이혼으로 맞대응할 수 있다

위에 열거한 모든 유형의 행위는 그것이 아무리 사소한 행위라고 해도 폭력행위이다. 그리고 이 모든 폭력은 힘의 남용이며 타인을 통제하려는 행위이다.

(5) 방임

주로 나이 든 부모 혹은 어린 자식에게 가하는 경우가 많다.

- 신체의 장애, 정신적 장애, 노환 등의 이유로 끼니를 스스로 해결할 수 없는 가족 구성원에게 끼니를 주지 않는 행위. 다만 굶어 죽기 직전 등 극단적인 상황인데도 끼니를 챙겨주지 않는다면 범죄가 된다. 예를 들어 고향에 부모를 두고 상경한 자식이 부모의 안부를 수시로 확인하지 않아 부모가 굶어죽었다면, 자식에게는 존속에 대한 유기치사죄가 성립한다.
- 불결한 생활환경에 장시간 놔두는 행위
- 교육을 시키지 않는 행위
- 아파도 병원에 데려가지 않는 행위 등

3. 가정폭력의 원인

(1) 가족에서의 모델링

집에서 아이들이 폭력을 목격했을 때 아이들은 폭력을 허용된 행위로 믿는다.

부모로부터 아이들은 "나에게 상처를 주는 사람은 때려도 된다"라는 직접적 메시지를 갖는다.

(2) 사회화

미디어, 교육 시스템, 종교기관, 제도, 법, 문화 등을 통해 우리는 사회화되고, 그 과정에서 폭력을 부추기는 전통적인 가부장적 성 역할의 규범을 학습한다.

(3) 긍정적 강화로서의 폭력

폭력행위가 부정적 결과(예: 감옥, 이혼)없이 긍정적 보상만 준다면 폭력의 재시도는 쉽게 이루어질 것이다.

(4) 폭력에 관한 우리의 법과 사회의 메시지

일반 범죄와 비교하여 가족에게 폭력을 행사하는 것은 사회적으로도 심각한 범죄로 다루어지지 않는다.

(5) 여성에 대한 억압

우리 사회의 권력구조(경찰, 법, 관례, 돈)는 일반적으로 힘이 있는 남성을 선호하고 힘없는 여성을 억압한다.

(6) 감정표현 기술의 부족

가해자들은 그들의 감정을 표현하거나 부부관계에서 그들이 원하는 것을 표현하는 능력이 부족하다.

(7) 감정의 제한

대부분의 폭력적인 남편들은 내면의 섬세한 감정을 읽지 못하고 분노의 감정으로 모든 감정을 포장한다.

(8) 분노와 폭력간의 관계

폭력적인 남편들은 종종 분노(감정)와 폭력(행동)을 구분하지 못한다. 이 두 가지를 서로 연관시켜 폭력 없이 화를 낼 수 없다고 생각한다.

(9) 스트레스와 폭력의 관계

많은 남성들은 스트레스와 긴장을 풀기 위해 또 그들의 폭력을 정당화하기 위해 "흠 잡을 만한 사건"을 찾는다.[3)]

4. 가정폭력의 일반적 특성

가정폭력의 특성은 다양하지만 그 가운데 가장 두드러진 것은 다음과 같이 정리할 수 있다.

(1) 은폐성

가정폭력은 개개인의 가정 안에서 일어나는 사적인 문제이고, 이 문제가 외부로 노출되지 않는다. 이런 특성 때문에 당사자들이 외부세계에 도움을 청하지 않는 한 적절한 개입이나 치료, 예방 시기를 놓쳐버리게 된다. 폭력의 피해자들은 '맞을 짓을 했으니 맞지'라고 하는 한국 사회의 전통적인 통념과 스스로의 자책감, 혹은 그래도 내 가족인데 하는 생각으로 인해 외부에 알려 도움을 요청하는 경우가 드물다. 또 사회적으로도 가정 폭력은 남의 가정의 내적인 문제로 넘겨버리는 경우가 많다. 경찰은 과거에는 가정문제로 생각하여 관계하지 않았으나 제금은 그렇지 않다. 이런 상황 속에서 가정폭력은 남들에게는 가려진 채로 피해자들은 반복적이고 지속적으로 폭력에 희생 되는 것이다.

(2) 주기적 반복성(상습성)

가정폭력은 장기적이고 반복적으로 행해진다. 폭력적인 유대관계는 재생산된다. 폭력이 일어나기 전의 긴장형성기에서 폭력 유발기로 그리고 사랑의 회복기로 들어갔다가 다시 긴장형성기로 넘어가는 악순환이 반복된다. 폭력이 반복될수록 폭력의 주기가 빨라진다.

❑ 가정폭력의 순환 단계

• **1단계: 긴장형성기**(Tention Building)

긴장 구축의 단계로 가족 구성원 간에 긴장이 형성되는 단계이다. 부부나 자녀간에 긴장이 쌓이게 되고, 말이나 감정적인 학대, 경미한 구타나 기타 폭행의 행위가 시작되는 단계이다. 가해자는 쌓인 분노와 좌절감을 푸는 목표로 여성과 어

3) 출처: 영동가족폭력상담소, http://cafe.daum.net/YDFC8482/K0Sd/7

느 때는 아이들을 대상으로 삼는다. 이 단계에서 아내나 아이들은 폭력을 행사하는 남편이 원하는 방법을 따르려고 노력하고, 자신의 행동을 교정하므로 남편의 폭력을 피하려고 노력한다. 가족들은 폭력을 휘두르는 가해자를 기쁘게 하기 위해 최선을 다해 노력하며 살얼음판을 걷는 기분으로 지낸다. 결국 피해자는 실패자같이 느끼게 되고 최선의 노력도 충분치 않으며 자신이 그를 화나게 만들었다고 믿는다. 어떤 방법이든 자신들이 당하는 폭력에 대해 자신이 책임을 느끼게 된다.

- **2단계 폭력유발기**(Battering Incident)

폭력적 공격 혹은 폭발의 단계이다. 이 단계에서는 갑작스런 폭력행위가 행해지고, 언제 어떠한 형태로 폭력이 일어날지 어떤 사고가 생길지 예측할 수 없는 폭발의 단계이다. 하루에서 일주일 간의간격을 주고 폭력이 자주 일어나며, 이 단계에서는 경찰에 연락해 도움을 청하고, 안전한 장소로 피신을 해야 하는 단계이다. 보통 이 단계에서 피해자는 깊은 충격에 빠지거나 현실을 부인하는 등의 반응을 보인다.

- **3단계사랑의 회복기**(Honeymoon)

위로의 단계로, 폭력을 행했던 학대자가 친절을 베풀고, 사랑을 표현하고, 미안하다고 다시는 그런 일이 없을 것이라고 사과를 하고 변화를 약속한다. 혹은 관심이 많고 사랑이 넘치며 간곡하게 도움이 필요한 듯이 행동한다. 학대자로부터 잠깐 동안은 어떤 특권을 가질 수 있기 때문에 이것을 긍정적인 표시로 본다. 그러나 폭력사건의 원인을 다시 가족 탓으로 돌리기 시작하고 또한 폭력이 일어났던 것을 부정하며 학대가 심했던 상태도 축소화시키기도 한다. 폭력이 잠잠해진 이 조용한 단계는 시간이 지남에 따라 점점 짧아진다. 가정 폭력은 이처럼 일정한 주기가 있으며 처음에는 간헐적으로 발생하던 폭력 행위가 점점 시간이 지나면서 습관화되고, 주기가 빨라지며, 폭력의 정도도 더 파괴적이고 폭력적으로 발전된다.

〈표 2-1〉 가정폭력의 순서 및 순환성

단계	특징	부정반응
긴장 형성단계	• 무시, 멸시, 비난시작	• 학대의 원인을 일, 술, 스트레스 등 외부적 원인으로 귀인
폭발단계	• 긴장고조, 이성 잃고 공격하기 시작 • 밀고 잡아당기는 것으로 시작 • 뺨 때리기, 머리 잡아당기기 • 발로 차기, 주먹으로 때리기 • 몽둥이, 칼 등의 흉기 사용 • 경찰을 부르거나 이웃에게 도움 청함 • 직접 대항	• 상처를 부인하거나 숨기고 축소 • 자신은 쉽게 상처받는다며 변명 • 경찰의 도움, 의료적 처치를 요청하지 않음 • 외부적 귀인, 강제적 성행위에 대해서도 남편이기 때문이라며 문제 삼지 않음 • 남편도 아내를 비난하거나 상처를 주려고 한 것이 아니라 가르치려 했다고 변명, 자신의 행동을 당연 시 함
화해단계	• 조용하고 가라앉은 상태 • 상처를 치료해주고 보상하려 애씀 • 도망가지 않을까, 자신을 싫어하지 않을까 하는 두려운 마음을 갖기도 함 • 평소보다 더 부드럽고 열정적으로 사랑해 주며, 다시는 그러지 않겠다고 약속, 피해자도(예: 아내) 그렇게 믿고 싶어 함 - 남편은 '당신 없이는 못살아' 라는 의존적인 태도, 아내는 저사람은 나없이 못산다는 생각을 함	• 아내는 상처를 숨기거나 원래 약했다, 오래전부터 아파왔다 등으로 덮어버림 • 자신을 지키는 방법이라고 생각, 남편에 대한 꿈을 버리지 못하고 노력하겠다는 약속을 믿음 • 다시는 그런일이 없을 것이라는 자신의 생각을 믿음

(3) 세대 전수성

폭력을 경험한 자녀는 이후 특정 상황에서 폭력을 행사한다.

가정폭력은 세대 간으로 전이되는 경우가 상당히 많아 폭력의 악순환의 고리를 형성한다는 데 심각성이 있다.

폭력가해자의 50% 이상이 훈육이나 교육의 명목과는 상관없이 아이들을 구타하고 있으며 가정폭력을 경험한 아이들이 자라서 다시 가정폭력을 자행하는 가해자가 되는 경우가 상당히 있음을 알 수 있다.

(4) 연속성

가정폭력은 시간이 갈수록 폭력의 유형이 다양화되고 그 정도가 심화되는데 가벼운 구타로 시작해 연속적으로 심각한 수준까지 발전한다.

아내에 대한 폭력은 자녀 혹은 친정식구에 대한 폭력으로 이어진다.

지속적으로 가정폭력에 시달리게 되면 신체적 손상은 물론이고, 외상 후 '스트레스 장애' 등 정신질환에 시달리게 되며, 폭력에 대한 공포와 학습된 무력감에 젖어 가정폭력으로부터 탈출하는 것이 불가능하다고 믿게 된다.

또한 가정폭력 피해자는 자기의 존엄성이 약해지기 때문에 독립할 정신적 능력을 결여하고 폭력적인 가정에 안주하게 되고, 폭력으로 받는 정신적 스트레스를 해소하지 못하여 다른 범죄로서 이를 해결하려고 한다.[4]

5. 가정폭력가해자와 피해자의 특성

1) 폭력남성 가해자의 특성

가정폭력을 행하는 남자들이 특별히 정해져 있는 것은 아니지만, 그들의 특성을 간단하게 정리해 보면 다음과 같다.

---

4) 출처: 가정폭력상담소, www.holyhouse.org

〈표 2-2〉 폭력 남성 가해자의 일반적 특징

구분	특징
가족배경	보통 부모에 의해 학습된 경우가 많음
성격	자존감이 낮고 과잉 의존성향이 짙으며, 분노조절이 잘 안됨
관계	의사표현이 서툴 경우 폭력을 가할 경우가 크며, 병적 질투심, 의심, 음주와 약물과의 관계도 큼
부정	보통 배우자나 사회를 탓하고 책임을 회피하며, 폭력이 만성화 되며 점점 심해짐

(1) 충동적 남성증후군(compulsive musculin syndrome)

자신의 남성적인 면에 대해 불안해한다. 즉 자신들 내면의 여성적인 면을 부인하려고 하며 여성적인 면을 극복하고 남성적인 면을 강조하려고 한다. 폭력 남성들은 대중 앞에서, 전문직들 사이에서, 교회 내에서나, 지역사회에서는 친절함을 보이지만 가정에서는 자신의 우위성을 유지하고 통제하는 위치에서 배우자인 부인에 대하여 잔인하다. 기대에 미치지 못하거나, 부인으로서의 순종적인 역할을 잘 하지 못하면 부인으로서의 태만하다고 말하며 벌을 줄 권리가 있다고 생각한다.

사회나 조직의 가부장적인 체제는 남성들에 대한 고정관념과 우선권을 갖게 하였으며 가부장체제의 남성 우월주의와 성차별이 가해자인 남자들의 이름을 지적하는 일을 불가능하게 만들고 있어 고정관념을 깨지 않는 한 문제가 해결될 수 없는 것이다. 폭력의 뿌리나 가정폭력의 역학은 누가 가정의 책임자이고 어떤 영향을 주는 형태인가에 따라 다르다.

(2) 감정의 억압

가부장적 문화 속의 남자들은 거칠고 감정을 숨겨야 된다는 “남자다움”에 대한 잘못된 인식을 가지고 살아왔다. “대장부는.., 남자는..,남자가..., 남자다운 남자는 울지 않는다.”라는 말을 들으며 자라는 남자들은 살아가면서 자신의 감정이나 생각을 말로 표현하는데 어려움을 가진다. 표정이 없이 말하고, 행동하고; 무표정해야 함을 배웠다. 마음속에 감추고 내놓지 않는 남자를 남자다운 사람으로 취급하였으며 반대로 여자 같은 남자아이들은 sissy (여자 같은 남자아이, 겁쟁이), wimp (무기력한 사람, 겁쟁이, 겁쟁이 같이 행동하는)로 불렸으며 남자들의 사회, 집단으로부터 따돌림 당했다.

그런 가운데 공식 석상에서는 표현을 잘하지만 슬픔, 상처, 실망, 후회, 부적당하다는 감정, 연약함 같은 감정의 표현을 잘 못한다. 반면에 분노를 폭발함으로 자신의 감정을 표현한다. 남자들은 정서적 표현에 관한 한 진공 상태에 있다. 남자는 일생을 통하여 남자에 대한 잘못된 인식을 듣고 보면서 살아왔다. 그렇게 행동을 안하면 주위의 비난과 벌을 받았다.

(3) 전적인 의존성

배우자에 대한 의존성은 구타당하는 여성의 사회적인 접촉을 못하게 하고, 계속 임신을 시키고, 다른 곳에 관심을 주는 것을 싫어한다.

그럼 이런 특성을 가진 남자들이 어떤 이유로 폭력을 행사하는 것일까?

가해자들이 부인을 구타하는 이유를 정리해 보면 다음과 같다.

- 자신의 가족에 대한 부양자로서의 "부적합"
- 여성에게서 위협을 느낌.
- 무시 받았다는 느낌-그들에게 주어진 역할이 없고, 중요하지 않고, 무가치하다는 느낌.
- 어떤 점에서는 공포, 장래에 대하여 두려워함. 절망의 상태에서 의기소침.
- 사랑하는 사람을 잘 해줄수 없다는 좌절과 분노.
- 여성들의 낮은 자존심과 남녀의 역할에 대한 혼동이 여성들에 대한 폭력에 공헌함.
- 여성들이 자신들의 위치를 자신들의 삶이 특별하고 중요하다고 느끼는 남자보다 낮게 놓음으로 불필요한 사건을 만들어내고 있다.

2) 폭력을 당하는 아내의 특징

가정폭력을 당하는 아내들의 특성을 살펴보자.

- 아내의 자라온 성장과정, 부모와의 관계, 성격, 결혼과정이 구타에 미치는 영향이 크다.
- 대부분 부모가 일찍 이혼하거나 별거하는 등 결손가정, 붕괴된 가정에서 자란 아내가 많다. 이들의 2%는 부모의 구타를 받고 자라왔고, 아버지로부터 성적유혹과 학대를 받아왔다. 매 맞는 아내의 어머니도 약 50%는 구타당한 아내였다.
- 폭력 가정생활에 대한 반항과 두려움으로 일찍 가출하기도 하며, 폭력가정에서 빨리 탈출하고 싶은 충동에 경솔하게 결혼하기도 한다.
- 부모가 반대하는 결혼, 결혼 전 임신으로 원치 않는 결혼, 강간당한 후에 결혼, 학비, 생활비 원조에 대한 보답으로의 결혼 등으로 전통적이고 정상적이 아닌 경우가 많다.
- 어려서부터 폭력을 보거나 당하면서 자란 여성은 복종적이고 무기력해진다. 결단력이 상실된 상태로 체념, 폭력에 의한 노예가 된다.
- 자존심이 결여되면서 수동적인 태도를 가지고, 자신은 어떠한 일도할 수 없다고 믿으며 자신의 행동을 변화시켜야만 남편이 때리는 행동이 교정될 수 있다고 믿는다. 자기 파괴적인 행동으로 나타나며 죄책감으로 고통을 받으며 살아가게 된다. 만성적으로 침묵을 지키고 사는 아내는 치료를 받을 기회가 없고 주체성을 갖기 어렵다.
- 구타에 대한 공포, 당혹, 분노, 적개심, 불안, 초조, 우울과 더불어서 자학, 무력감을 나타내며 정신신체장애도 일으킨다.

그럼 과연 폭력의 피해 여성들이 폭력적인 환경에서 벗어나지 못하는 이유 즉 집을 떠나지 못하는 이유는 무엇인가? 이를 살펴보면 다음과 같다.

- 가해자에 대한 두려움 (자신, 가족, 친구, 이웃에 대한 해로운 행동을 할까봐).
- 일생을 의존적 삶을 살아왔으므로 독립할 수 없다는 자신에 대한 무능력을 갖기 때문.

- 결혼을 성공시키지 못했다는 데에 대한 죄의식과 수치의식.
- 일시적인 "honeymoon phase" 두 사람 사이에 "사랑의 관계"를 갖는 시기로서 구타는 중지되고 부부관계가 만회되는 것 같이 보이므로 희망을 가지고 여성들은 남편을 잃는 것을 원하지 않는다.
- 여성들의 "사랑에 대한 갈망"이 여성들을 집에 머물게되고 더 악화되는 환경에 빠지게 됨.
- 경제적인 압박
- 매 맞는 여성이라는 꼬리표가 싫고 두려워서.
- 남자들은 그렇게 태어났다고 믿으며, "잠시 그러다 말겠지" 라는 잘못된 생각을 가지고 있기 때문.
- 자신은 가치가 없고 부적절한 실패자라는 의식,
- 남편의 협박과 "남편은 그러나 나 없이는 못살아" 하는, "남편은 내가 없으면 아무것도 할 수 없을 것" 이라는 불쌍한 마음과 "내가 남편을 그렇게 만들었다"는 죄의식.
- 교육, 직업, 기술, 자신에 대한 믿음, 생존이나 면접에 대한 자신감의 결여.

6. 가정폭력의 영향

1) 피해자에게 미치는 영향

- 우울증: 반복적인 구타로 인해 자존심의 손상이 심하다. 적개심을 표현하지 못하고 억압해야 하며 스스로에 대한 모멸과 자괴심에 의해 우울증에 빠지는 경우가 많다.
- 자살
- 불안장애

  남편이 귀가할 시간이면 공포에 떨고 남편을 생각나게 하는 옷차림, 장소에도 가슴이 철렁 내려앉는다. 쉽게 예민해지고 매사에 경계하고 조심스러워진다. 가슴이 두근거리고 손이 떨리며 식은땀이 난다. 숨이 차고 가슴이 답답하다. 충격 후 스트레스성 장애가 생기기도 한다.

- 신체장애, 화병
  가정 폭력에 짓눌린 답답한 마음으로 마음대신 몸이 우는 신체화장애로 나타난다. 가슴에 덩어리가 앉아 있는 것 같은 느낌, 소화 장애, 두통 등을 유발하기도 하는데, 가정폭력은 마음의 병이 되며 이는 만병의 근원이 된다.
- 분노, 복수심과 또 다른 폭력
  계속 매를 맞던 아내가 술 취해 잠든 남편을 살해하기도 한다.
- 자존감의 상실, 자기비하, 자신감의 소멸, 결단력의 감소, 무기력, 좌절감, 무력감, 열등감
- 악몽, 몽유병, 야뇨증, 수면장애. 궤양, 식사장애, 식용부진, 구토

2) 자녀에 대한 영향

폭력이 이루어지는 가정에서 자란 인격형성기의 자녀들은 가정 내에서의 폭력을 경험함으로써 건전한 인격형성에 지장을 받을 뿐만 아니라 폭력행사를 학습하게 되고 심리적 안정감을 상실하게 된다. 아이들의 행동이 퇴행적이 될 수 있으며 물체나 동물, 형제, 친구들에게 폭력적인 행동을 할 것이다.

이런 가정에서 자란 아이들은 어른이 되어서 그렇지 않은 사람보다 더 폭력을 행사할 가능성이 높다.

- 정서적 : 죄책감, 수치감, 두려움, 혼란, 분노, 우울증(절망감), 낮은 자아존중감, 부담감, 학교공포증 혹은 거부증, 비행 행동, 학습장애를 보이거나 자살하기도 한다. 느낌에 대하여 잘 말하지 않으려 하고 타인을 믿지 못한다.
- 행동적 : 일상행동의 불안, 사회적 철수, 학교거부, 공격적, 수동적 행동, 방어행동, 집중력 결여, 약물이나 알코올에 의존하기도하고, 비행, 가출, 살인, 자살 등을 기도하도록 만든다.
- 신체적 : 두통, 복통, 천식 등의 신체장애, 감기에 자주 걸림, 발달장애, 육체적 고통에 무반응, 피곤
- 사회적 : 고립, 대인관계유지 기술의 부족, 신뢰감 형성의 어려움, 갈등해결 기술의 부족

- 인지적 : 폭력에 책임을 가짐, 자신이 원하는 것을 얻기 위해, 가까운 이들을 때려도 괜찮다는 생각, 전통적인 성역할 태도
- 가정폭력의 대물림: 통계에 의하면 폭력을 행하는 남편의 70% 이상이 폭력 가정에서 자라나 어렸을 때부터 아버지가 어머니를 때리는 것을 보고 자랐다고 한다. 즉 가정폭력이라는 쇠사슬을 대물림하는 것이다. 남자 아이들의 경우 자라서 폭력 남편이 될 가능성이 높고 여자아이들 같은 경우는 남성혐오증, 남성기피증을 보일 수 있다.[5]

3) 가해자에게 미치는 영향

- 폭력행사에 대한 죄책감, 수치심 등을 느끼기도 하지만 폭력의 정도가 심해지며, 폭력을 당연시 여겨 피해자 및 가족의 고통에 대해 무디게 된다.
- 가정에서의 친밀감. 신뢰감을 상실하고, 법적 처벌을 받게 된다.

4) 사회에 미치는 영향

가정폭력은 가정이나 자녀뿐만 아니라 지역사회에도 영향을 미치게 된다. 사회도 집단안정감을 상실하게 되고 사회 구성원들은 분노와 긴장감을 느끼며 많은 사람들이 이런 일이 발생하면 숨기는 것이 안전하다고 믿으면서 고립되는 경향이 있다.

---

5) 위드마음연구소,
http://cafe.daum.net/Busansamsammt./MJOn/37?q=%EA%B0%80%EC%A0%95%ED%8F%AD%EB%A0%A5%EC%9D%98%20%EC%9C%A0%ED%98%95

7. 가정폭력 예방 및 대처요령

1) 가정폭력 일반적 예방요령

- 상대방을 소유, 통제하려 하지 않는다.
- 평등한 관계, 인식 노력하기
- 평등한 가정 분위기 만들기
- 성역할 고정관념 버리기
- 구성원 간 서로 소통하기
- 어떠한 상황에서도 폭력은 사용하지 않아야 한다.
- 자녀들에게 매를 들기 전에 다시 한 번 생각한다.
- 평소 폭력적인 말과 행동을 삼가 하고 존중의 언어를 사용한다.
- 비폭력적인 가정규칙을 세운다.
- 남이 폭력을 사용하는 것을 보면 제지한다.
- 가까운 경찰서와 가정폭력 상담기관의 전화번호를 메모해 둔다.
- 심각한 폭력이 일어나는 위기상황인 경우 바로 1366, 112로 신고한다.
- 경찰은 가정폭력 신고가 들어오면 즉각 출동한다.
- 의사나 간호사는 가정폭력 피해자를 위한 적절한 조치를 취해 준다.
- 가정 내 폭력을 호소하는 지인에게는 상담기관을 안내해 준다.
- 가족 간의 대화를 통해 서로 존중하고 이해하도록 노력한다.
- 위급할 경우 피신할 곳이 있는 지 주변에 도움을 요청할 곳을 미리 알아본다.
- 위급하여 피신할 경우 당분간의 생활비를 마련하여 피신한다.
- 자녀문제에 관한 대책을 미리 강구한다.[6)]

2) 가해자와 동거 시 대처요령

- 폭력 발생 시 모든 가능한 피난 경로
  (예 : 문, 1층 창문, 지하실 출구, 계단)등을 미리 계획해둔다.

6) 출처: 여성가족부 홈페이지, 대통령직속여성특별위원회

- 피난 시 무엇을 가지고 갈 것인지 미리 생각해 두고,
  (주민등록증, 운전면허증, 학교나 진료 기록, 돈, 통장, 신용카드, 집 열쇠, 자동차열쇠, 사무실 열쇠, 자동차등록서류, 약을 복용하는 경우 약, 옷, 여권, 이혼서류, 임대서류, 자신이 재산을 증명할 수 있는 서류, 차용서류나 기록, 보험서류, 주소록, 개인적으로 중요한 사진, 보석 등)
- 자녀에게 중요한 장난감, 이불 등 중요한 짐은 미리 꾸려서 집안에 감춰두거나 믿을 만한 친지에게 맡겨둔다.
- 피난 시 지원받을 수 있는 친지의 집, 쉼터, 호텔이나 모텔 등 안전을 보장하는 대피처를 확보해 둔다.
- 자신을 위한 예금통장을 따로 만들고, 믿을 만한 친지에게 통장을 맡겨둔다.
- 부엌, 차고, 외부 출입문이 없는 작은 공간과 같이 잠재적 무기가 될 수 있는 곳에서는 가해자와 논쟁하지 않는다.
- 위기 시 도움 받을 긴급전화번호(여성긴급 전화 1361, 아동학대신고 : 1391번, 파출소나 경찰서, 구급차, 긴급전화, 의사, 친구, 상담소, 보호소, 쉼터)를 알아두고, 자녀나 다른 가족들에게도 알려준다.
- 상담전화를 통하여 피해자를 위한 서비스 및 법적 권리에 대한 정보를 얻는다.
- 친한 사람들에게 만약 집에서 폭행을 당하고 있다고 의심되는 소리가 나면 경찰에게 폭력 신고를 해달라고 부탁한다.
- 매달 자신이 마련한 안전 대비책을 점검한다.

3) 구타가 발생하고 있을 때

- 112에 신고하여 경찰의 도움을 받는다.
- 피해자는 가정보호사건이나 형사사건으로 처벌을 요구할 수 있으며 가해자와의 격리를 강력히 요구할 수 있다.
- 여성긴급전화 1366으로 도움을 요청한다. 가해자와의 격리 요구 시 가정폭력피해여성보호시설을 이용할 수 있으며 상담을 받을 수 있다.
- 평소 구타가 자주 발생하고 있었다면 주민등록증, 통장, 현금 등을 챙겨 두

었다가 구타상황을 피하여 나올 시 들고 나올 수 있도록 조치한다.

- 병원치료를 받고, 구타사진을 찍어두며(얼굴이 나오게) 집안의 집기가 부서진 상태라면 부서진 가재도구를 그대로 놓고 날짜가 나오게 사진을 찍는다(병원치료를 받으면 진단서는 나중에도 발급받을 수 있다). 가정폭력으로 고소를 할 경우나 폭력을 사유로 이혼할 경우 증거자료가 필요하다.
- 구타 발생 후 친정이나 이웃에게 폭력사실을 알린다.
  - 첫 구타에 강력히 대응한다.
  - 주변에 남편의 구타를 즉각 알린다.
  - 빨리 피하고 경찰이나 가정폭력상담소에 도움을 요청한다.
  - 평소에 주민등록증, 운전면허증, 비상금, 비상열쇠, 의료보험카드, 진단서나 치료확인서, 옷가지 등을 준비해 두거나 가까운 친구, 친척집에 맡겨둔다.

4) 가해자와 별거 시 대처요령

- 열쇠를 바꾼다. 현관문은 철이나 금속으로 된 재질로 바꾸고 보안장치나 화재예방감지 장치를 설치하며, 집밖에는 밝은 조명을 설치한다.
- 특정인을 정하여 그 사람에게 가해자와의 관계가 끝났음을 알리고, 만약 가해자가 피해자나 아이들 주위에 나타나면 경찰에 신고해 줄 것을 부탁한다.
- 아이들을 돌봐주는 사람들(탁아소, 유치원, 학원, 학교, 교습소)에게 아이들을 데리고 가는 일을 막도록 한다.
- 직장 동료 중 적어도 한 사람에게는 자신이 처한 상태를 말하여 가해자가 전화를 걸어오면 바꾸어주지 않도록 한다.
- 가해자와 함께 갔던 은행, 가게 등을 미리 생각하여 그곳을 피하도록 한다.
  법적인 보호를 받을 수 있는 사람을 생각해 두고 법적 절차에 필요한 서류를 1부는 자신이, 1부는 복사하여 주위의 친구에게 맡겨놓는다.
- 만약 외로워서 아무리 나쁜 관계라도 다시 돌아가고 싶다면
  미리 도움을 구할 사람이나 상담, 보호소를 생각해두고 준비한다.[7]

7) 출처: 대통령 직속 여성위원회,
http://blog.naver.com/PostView.nhn?blogId=lkpartners&logNo=220358509953

5) 가정폭력에 대한 잘못된 통념 깨기

2013년 부부폭력 발생률 5.5% 중 대부분은 폭력이 발생했을 때 주위에 도움을 요청하지 않았다. 요청한 경우에도 가정이나 친구가 그 대상이었고 경찰은 1.3%에 불과했는데 폭력이 심각하지 않다고 생각이 들어서, 집안일이 알려지는 게 창피하다는 것들이 그 이유였다. 자녀폭력발생 역시 46.1%로 특히 정서적 폭력이 심각한 수준이었는데 가정폭력은 왜 지속적으로 발생하는 것일까? 부부갈등, 경제문제, 학대 경험 등 여러 이유가 있겠지만 당사자와 주변인들에게 큰 영향을 미치는 것이 있다. 바로 가정폭력에 대한 사회적 인식인데 잘못된 사회적 인식은 고정관념이나 편견을 당연하게 수용하도록 하는 문제점을 갖고 있다. 그렇다면 가정폭력에 대한 잘못된 통념이나 사회적 인식은 어떤 것이 있을까?

- 부부싸움은 칼로 물 베기이며 사소한 싸움이다.
- 아내나 자식은 내 마음대로 할 수 있고 잘못하면 때려서라도 가르쳐야 한다.
- 남의 집안 문제에는 끼어들어서는 안 되며 가정폭력은 사회나 국가가 개입할 문제가 아니다.
- 가정폭력은 낮은 사회계층에 많다.
- 가해자 대부분은 성격이상자이거나 정신병자들이다.
- 가해자들의 대부분은 알코올중독자이다.
- 가해자 중에는 의처증이 많다.
- 남편은 스트레스가 쌓여서 아내를 구타한다.
- 사랑하기 때문에 때린다.
- 가해자가 마음만 먹으면 폭력행위는 교정될 수 있다.
- 아내가 좀 더 잘해 주면 남편의 폭력은 없어질 것이다.
- 가정폭력은 피해자가 맞을 만한 상황 에서 맞는 것이다.

가정폭력은 일반적인 폭력이자 범죄이다. 어떤 이유로든 정당화 될 수 없다. 사람은 누구나 독립적이고 주체적인 인격으로 존중받아야 하는데도 친밀한 관계라는 이유로 폭력을 통해 가족을 통제하거나 지배하려고 하는 것이다. 만약 경찰들이 가정폭력에 대해 잘못된 인식을 가지고 있다면, 가정폭력 사건에 개입하지 않거나 불공정한 판단을 하게 된다. 범죄행위인 가정폭력. 잘못된 고정관념에서 벗어나 공정한 수사를 진행해야 하며, 범죄자에 대한 합당한 처벌과 피해자에 대한 지원과 보호가 함께 행해질 때 가정폭력에 대한 잘못된 사회인식 또한 변화될 수 있는 것이다.[8)]

8. 가정폭력 정책 및 프로그램

가정폭력은 기존의 윤리와 가치관이 붕괴하면서 들어선 황금만능의 배금주의가 주요 원인으로 지적되고 있고, 자녀가 나이든 부모를 구타하거나 살해하는 사례도 연달아 발생하고 있는데, 가장 시급한 것은 사회적인 인식이 전환되어야 함은 물론 법적으로 가해자에게 좀 더 엄격한 처벌이 필요하다.

한국에서는 1997년 '가정폭력방지 및 피해자보호 등에 관한 법률'을 제정, 실행에 들어갔지만 아직도 가정폭력을 범죄로 인식하지 않고 가정에서 일어나는 사적인 갈등 정도로 치부하는 사회의 인식이 가정폭력을 해소하는 데 가장 큰 걸림돌이 되고 있는 실정이다. 가정폭력 문제의 해소를 위해서는 가정폭력에 대한 인식의 변화를 위한 의식교육과 홍보를 강화하고, 경찰 · 검찰 의료기관의 관계자 교육을 강화하는 한편 서비스 연계체제의 강화도 필요하다.

1) 가정폭력 범죄의 처벌 등에 관한 특례법(약칭:가정폭력처벌법)

국가는 가정 폭력을 예방하고 가정 폭력의 피해자를 보호 · 지원하기 위한 목적으로 「가정 폭력 방지 및 피해자 보호 등에 관한 법률」을 마련하고 있다. 이 법은 가정폭력범죄의 형사처벌 절차에 관한 특례를 정하고 가정폭력범죄를 범한 사람에 대하여 환경의 조정과 성행(性行)의 교정을 위한 보호처분을 함으로써 가정폭력범죄로 파괴된 가정의 평화와 안정을 회복하고 건강한 가정을 가꾸며 피해자와 가족구성원의 인권을 보호함을 목적으로 한다.[9)]

---

8) 여성가족부, http://www.mogef.go.kr/oe/olb/oe_olb_s002d.do?mid=etc605&div2=406&bbtSn=704898
9) 가정폭력범죄의 처벌 등에 관한 특례법 (약칭: 가정폭력처벌법) 제1조

이 법에 의하여 국가와 지자체는 가정 폭력 관련 상담소와 가정 폭력 피해자 보호 시설을 육성·지원하고 있으며, 각 학교에서는 가정 폭력의 예방에 필요한 교육을 시행하고 있다. 가정 폭력을 예방하기 위해서는 먼저 가정 폭력에 대한 인식이 전환되고 신고 의식이 강화되어야 한다. 「가정 폭력 범죄의 처벌 등에 관한 특례법」에 따르면 누구든지 가정 폭력 범죄를 알게 된 때에는 이를 수사 기관에 신고할 수 있다.

2) 피해자보호명령제도

(1) 응급조치(제5조)

진행 중인 가정 폭력 범죄에 대하여 신고를 받은 경찰은 즉시 현장에 임하여 폭력 행위 제지, 범죄 수사, 보호 시설이나 의료 기관으로 피해자 인도 등의 조치를 하여야 한다.

(2) 임시 조치(제8조)

피해자를 보호할 필요가 있을 때에는 가해자 퇴거, 피해자의 주거·직장 등에서 100미터 이내 접근 금지 등의 임시 조치를 할 수 있다.

(3) 긴급 임시 조치(제8조2)

검사의 직권 또는 사법 경찰관의 신청에 의해 법원에 청구된 후 조치가 취해지는 기존의 임시 조치를 보완한 것으로, 사법 경찰관의 직권이나 피해자의 신청에 의해 먼저 임시 조치를 취할 수 있다.

(4) 보호처분(제40조 제1항)

판사는 보호 처분이 필요하다고 인정하는 경우 행위자가 피해자에게 접근하는 행위나 피해자에 대한 친권 행사를 제한할 수 있다.

〈표 2-3〉 피해자보호명령제도

경찰	검찰	피해자
• 응급조치: 폭력행위의 제지 - 가해자와 분리 면담 - 상담소, 보호시설, 의료기관 연계 • 긴급임시조치 - 폭력 재발 우려 및 긴급한 경우 - 주거 등에서 가해자 격리 - 주거, 직장 100m내 접근 금지 - 전화, 이메일 등 접근 금지	• 임시조치 - 폭력 재발 우려 시 경찰(신청)→검사(청구)→법원(결정) - 주거 등에서 가해자 격리 - 의료기관에 치료위탁 - 유치장(구치소) 유치 결정	• 가정폭력피해자 보호명령제도 - 피해자가 직접 관할 법원에 신청 - 가해자를 주거로부터 격리, 접근 금지 등 보호명령 청구

2) 가정폭력 방지 및 피해자 지원 체계

(1) 개요

- 가정폭력 피해자 보호지원은 가정폭력 피해자(폭력피해 이주여성 포함)에게 상담, 의료, 법률, 보호, 숙식 등 지원서비스 제공을 통한 건강한 사회인으로 복귀 및 자립지원
- 신청절차 및 방법
  - 여성긴급전화 문의 후 신청 1366
  - 이주여성은 다누리콜센터 문의 1577-1366
- 추진근거
  - 가정폭력방지 및 피해자보호 등에 관한 법률 제4조, 제7조, 제13조
- 사업수행기관
  - 여성긴급전화 1366센터
  - 가정폭력 상담소

- 가정폭력 피해자 보호시설
- 폭력피해 이주여성 보호시설

● 추진체계[10)]

〈표 2-4〉 가정폭력피해자 추진체계

구분	내용
❑ 여성긴급전화 1366	- 365일 24시간 위기개입 상담(초기지원) - 긴급피난처 운영 : 7일 이내 긴급보호 - 지역관련기관 연계(쉼터, 법률, 의료 등)
❑ 경찰 112	- 가정폭력 현장 출동 - 응급조치 및 긴급임시조치 - 사건 접수 및 상담
❑ 가정폭력상담소	- 가정폭력상담(평일 오전9시~오후6시) - 피해자 치료프로그램 운영 - 가해자 교정 및 치료프로그램 운영 - 부부 및 집단상담 - 가정폭력전문상담원 양성 교육 - 관련 기관 연계(쉼터, 법률, 의료등)
❑ 가정폭력피해자보호시설	- 자녀와 함께 생활(의식주 무료 제공) - 지속적인 상담, 법률지원 - 학습지원(비밀전학 등), 의료지원서비스 - 자립지원(취업연계, 직업훈련 등)

*출처: 여성가족부

(2) 지원내용

① 가정폭력 피해 상담

피해자와 그 가족은 가정폭력 전문 상담기관을 통해 가정폭력 전반에 관한 내용을 상담 받을 수 있다. 가정폭력 상담소에서는 가정폭력 관련 상담뿐만 아니라 가해자 교정치료, 가정폭력 예방교육 등의 프로그램을 운영하고 있다. 가정폭력 상담소는 여성가족부에서 위탁 운영하는 여성 긴급전화를 비롯해 경찰청 및 각종 단체 등에서 운영한다.

10) 여성가족부, http://www.mogef.go.kr/cs/wvs/cs_wvs_f002.do

- 여성긴급전화: 국번 없이 1366
- 한국여성의전화: 02-2263-6464
- 안전Dream 아동 여성 장애인 경찰지원센터: 국번 없이 117
- 한국남성의전화: 02-2653-9337
- 건강가정지원센터: 1577-9337
- 한국가정법률상담소: 1644-7077

❑ 여성긴급전화 1366

가정폭력·성폭력·성매매 등으로 긴급한 구조·보호 또는 상담을 필요로 하는 여성들이 언제라도 전화로 피해상담을 받을 수 있도록 전국적으로 통일된 국번 없는 특수전화 1366번을 365일 24시간 운영하여 피해자에 대하여 1차 긴급 상담, 서비스연계(의료기관, 상담기관, 법률구조기관, 보호시설 등) 등 위기개입 서비스 제공

※ 광역자치단체 단위로 1개소씩 전국 16개 시, 도에 설치

- 피해자 긴급 구호 및 서비스 연계
- 피해 유형별 시설 안내
- 상담 긴급 피난처 운영

❑ 가정폭력 상담소

가정폭력의 피해를 신고 받거나 이에 관한 상담, 가정폭력으로 인하여 정상적인 가정생활 및 사회생활이 어렵거나 기타 긴급히 보호가 필요한 피해자에 대해 임시보호를 하거나 의료기관 또는 가정폭력 피해자 보호시설로의 인도

- 상담, 보호 시설 인도, 가해자교정·치료 프로그램, 예방 교육

〈표 2-5〉 지역별 가정폭력 상담소 설치 현황('18.6.30.기준)

구분	서울	부산	대구	인천	광주	대전	울산	경기	강원	충북	충남	전북	전남	경북	경남	제주	세종
상담소 (개소)	17 (3)	11 (5)	5 (2)	8 (1)	9 (1)	6 (1)	4 (2)	40 (3)	11 (6)	6 (2)	12 (4)	7 (1)	10 (1)	22 (5)	14 -	4 (2)	1 (1)

※합계 : 207(40)
※( )는 가정폭력·성폭력 통합상담소 수임
※출처: 여성가족부

② 가정폭력 피해자 보호시설

가정폭력 피해자를 일시보호(숙식제공)하고 가정폭력 피해자의 신체적 · 정신적 안정 및 가정 복귀 지원, 자활지원 등

〈표 2-6〉 지역별 가정폭력 피해자시설 현황('18.6.30.기준)

구분	합계	서울	부산	대구	인천	광주	대전	울산	경기	강원	충북	충남	전북	전남	경북	경남	제주
가정폭력 피해자 보호시설 (개소)	66	11	3	3	1	4	1	1	12	5	3	4	4	4	2	6	2
※출처: 여성가족부																	

③ 가정폭력 피해자 치료

가정폭력 피해로 말미암아 신체적 · 정신적 치료가 있어야 하는 가정폭력 피해자에 대한 치료비 지원

- **치료보호 범위**
  - 보건에 관한 상담 및 지도
  - 신체적 · 정신적 피해에 대한 치료
  - 임산부의 심리적 안정을 위한 각종 치료프로그램의 시행 등 정신치료
  - 임산부 및 태아보호를 위한 검사 및 치료
  - 가정폭력피해자 가정의 신생아에 관한 의료

④ 가정폭력 피해자 피해회복 및 재발 방지

- 가정폭력피해자 치료 · 회복 프로그램 :가정폭력 피해자 및 동반아동의 치유를 통한 자존감 회복 및 온전한 사회인으로의 복귀를 도모
- 가정폭력 가해자 교정 · 치료 프로그램 : 상습, 반복, 대물림되는 특성이 있는 가정폭력 가해자들의 성행교정을 통한 가정폭력의 재발 방지

⑤ 여성폭력피해자 주거 지원시설

- 가정폭력 피해여성들의 자립을 지원하고 사회적응 여건을 조성하기 위하여 피해여성과 그 가족들이 생활할 수 있는 주거공간 제공

⑥ 가정폭력 피해자 무료법률지원(상담 및 구조)

가족 내외적 환경의 변화와 갈등 등으로 가정폭력 피해가 증가하고 있으나 대부분 피해여성은 여성폭력에 대한 사회적 무관심, 낮은 사회·경제적 지위로 인한 법률지식의 부족 및 무자력 등으로 자신의 권익을 지키지 못하는 인권 사각지대에 놓여있음. 이에 피해자에 대하여 무료로 법률구조를 지원함으로써 스스로 방어·보호 능력이 부족한 피해자의 권익 보호를 강화

- 수행기관
  - 대한법률구조공단 전국 18개 지부 및 39개 출장소 : 132
  - 한국가정법률 상담소, 본부 및 전국 31개 지부 : 1644-7077
  - 대한변협법률구조재단 : 02)3476-6515

⑦ 폭력피해 이주여성 보호·지원(보호시설)

가정폭력·성폭력·성매매 등 피해 이주여성 및 동반아동을 일시적으로 보호하고, 의료·법률 지원, 치료회복프로그램, 주거 제공, 직업훈련 등을 통한 인권 보호 및 자립지원

3) 신고 및 고소

가정폭력범죄에 대해서는 피해자 이외에는 누구든지 수사기관에 신고할 수 있다.

그리고 아동상담소, 특례법에 의한 상담소 보호시설의 상담원 및 의료기관 등의 장 및 그 종사자는 가정폭력범죄를 알게 된 경우에는 이를 신고할 의무가 있다.

그리고 피해자의 법정대리인이 폭력행위자인 경우 또는 폭력행위자와 공동하여 가정폭력이 이루어진 곳을 관할하는 수사기관에 고소를 할 수도 있다.

가정폭력으로 고소장을 작성할 때는, 최근의 가정폭력뿐 아니라 그 전에 있었던 가정폭력이나 혹은 피해자와 가해자와의 관계 등에 관하여 고소장에 자세히 기재함으로써 이번의 폭력이 우발적이거나 일회적인 아님을 강조할 필요가 있고, 상해진단서나 소견서, 멍들거나 다친 부위의 사진 등을 고소장에 첨부하는 것이 좋다. 만일 가정폭력을 신고하였음에도 불구하고 사법경찰관리가 현장에 출동하지 않거나 출동하더라도 '부부싸움'이라는 이유로 원만히 해결할 것을 권하고는 그냥 돌아가는 등 무성의하거나 부적절한 태도를 보인다면 경찰청이나 검찰청, 여성특별위원회, 1366 등에 진정 혹은 신고를 하거나, 사법경찰관리를 직무유기 등으로 형사 고소 할 수 있다. 가정폭력으로 수사기관에 고소장을 제출하였음에도 불구하고 상당한 기간이 지나도록 수사기관에서 아무런 조사나 조치도 취하지 않는다면 직접 담당 수사관을 찾아가 그 사건이 어떻게 처리되고 있는지 언제쯤 조사를 할 것인지 등에 대하여 알아보고 조속한 조치를 취할 것을 촉구해야 한다.

검사 또는 법원은 사건의 성질, 동기 및 결과, 가해자의 성행 등을 고려하여 '가정폭력범죄의 처벌 등에 관한 특례법'에 따른 보호처분이 필요한 경우 가정보호사건으로 처리할 수 있다. 또한 가정폭력범죄의 재발될 우려가 있는 경우 검사의 직권 또는 경찰의 신청에 의해 법원에 가해자의 접근금지와 같은 임시조치를 청구할 수 있다.

고소는 경찰이나 검사에게 구술이나 서면으로 할 수 있다(형사소송법 제237조 제1항). 고소할 때 다음과 같은 입증자료가 있으면 유리하다.

- 가정폭력 피해 상담사실 확인서(가정폭력 상담소 또는 보호시설 등에서 발급)
- 진단서(가정폭력에 의한 상해임을 증명할 수 있는 2주 이상의 상해진단서, 진단서 또는 소견서)
- 증거 사진 및 목격자의 확인서
- 그 밖에 피해 사실을 입증할 수 있는 서류

❑ 교육목표

○ 가정폭력의 개념을 설명한다.

○ 가정폭력의 유형에 대해 설명한다.

○ 가정폭력의 특징에 대해 설명한다.

○ 가정폭력의 남성폭력자(가해자)에 대한 특징을 설명한다.

○ 폭력을 당하는 아내의 특징에 대해 설명한다.

○ 가정폭력의 영향에 대해 설명한다.

○ 가정폭력의 일반적인 예방요령이나 대처법에 대해 설명한다.

○ 가정폭력의 순환성에 대해 설명한다.

○ 피해자보호명령제도에 대해 설명한다.

○ 가정폭력 방지 및 피해자 지원기관에 대해 설명한다.

○ 가정폭력 예방 및 대처요령에 대해 설명한다.

○ 가정폭력 관련 법률을 검색, 분석하고 설명한다.

○ 가정폭력예방 및 대처 관련 사이트를 검색, 분석하고 설명한다.

○ 가정폭력과 관련된 사회적 이슈나 논점에 대해 설명한다.

제 3 장

데이트폭력과 안전

1. 데이트폭력의 개요
2. 데이트폭력의 피해실태
3. 데이트폭력 처벌
4. 데이트폭력 예방 및 대응 요령

Chapter 03 데이트폭력과 안전

1. 데이트폭력의 개요

1) 데이트폭력의 개념

데이트폭력(Dating Violence, dating abuse)이란 연인 관계나 호감을 가지고 만나는 관계에서 한 사람이 일방적으로 상대방에게 행하는 신체적, 정서적, 언어적, 경제적, 성적 폭력 등 폭력을 아우르는 개념으로 가정폭력과 마찬가지로 '친밀한 파트너에 대한 폭력(Intimate partner violence)'에 해당한다.

데이트폭력은 데이트 상대로부터 폭언이나 폭행, 욕설, 인격모독, 정신적 괴롭힘, 성관계사실이나 데이트비용을 빌미로 지속적인 만남을 강요하거나 협박하는 등의 신체적 침해와 신체적 피해, 정신적 피해를 일으키는 총체적 폭력행위를 말한다.

2) 데이트폭력의 특징

데이트폭력은 친밀한 관계(배우자, 연인 등)에서 발생하는 폭력이라는 점이 가장 큰 특징이며 특성상 사적인 문제로 치부하는 경향이 있어 더 큰 피해로 이어지는 사례가 많다.

대부분의 나라에서 1980년대 이후에서야 인간의 기본권과 인권 등의 문제로 인식하기 시작하였다. 특히 여성이 피해자가 되는 사례가 많아 '여성을 대상으로 한 폭력(Violence against women)'의 하나로 보기도 한다.

데이트폭력은 재범률이 높고 반복적으로 나타나는 것이 특징이다. 특히 폭력이 반복되면서 강도가 심해져 살인으로 이어지는 사례도 있다는 점에서 피해가 심각하다. 2016년 발간한 한국형사정책연구원 연구보고서에 따르면 2005년부터 2014년까지 연인에게 살해당한 경우가 전체 살인범죄의 10% 정도를 차지하는 것으로 나타났다.(대검찰청 「범죄분석」 통계 기준) 연인 관계에서 데이트폭력이 있었던 경우 결혼하면 가정폭력으로 이어질 가능성도 있다.

피해자가 법적 대응을 하기 어렵다는 특성도 있다. 연인 관계의 특성상 피해자가 폭력 사실을 인지하기 어려운 경우가 많기 때문이다. 폭력 사실을 인지하더라도 가해자가 피해자의 정보를 많이 가지고 있어 보복 범죄를 두려워하는 측면도 있다. 데이트 폭력은 인종, 연령, 성별, 경제수준, 사회계층을 막론하고 발생한다.

특히 최근에는 이별 후 상대에 대한 집착이나 분노 등을 억누르지 못하고 상해를 입히거나 나아가 숨지게 하는 사례까지 빈번하게 발생하면서, 사회적 이슈가 되기도 했다. 이러한 데이트 폭력으로 인해 정신적·육체적 피해를 받는 이들이 늘어나고 이것이 공론화되면서 자신이 데이트 폭력을 당했다는 사실을 미처 깨닫지 못했다가 시간이 지난 후 깨닫게 되는 경향이 있다. 집이나 주변인, 개인정보 등이 노출된 상황에서 피해자가 가해자와의 관계를 정리하거나 법적 대응을 하기가 쉽지 않다. 이런 이유로 많은 피해자가 가해자의 폭력이 심해질까 두려워 참는 경우가 많으며 신고율도 매우 낮은 편이다. 연인 관계에서 일어난 폭력을 사적 영역으로 생각하는 사회적 인식도 해결을 어렵게 만드는 요인이다.

3) 데이트폭력의 유형

데이트폭력은 크게 상대에 대한 통제, 성적폭력, 언어폭력, 정서적 폭력, 경제적 폭력, 물리적(신체적) 폭력 등으로 구분할 수 있다. 애정을 전제로 폭력이 행해지는 사례가 많아 피해자가 폭력을 인지하기 어려운 측면이 있다. 가해자가 피해자의 행동이나 태도를 폭력의 원인으로 지목하며 폭력을 정당화하기도 한다.

- 비난과 무시
- 고함과 욕설
- 신체폭력 및 상해
- 성추행 및 성폭행

- 사생활 감시 및 통제
- 유인 및 감금
- 디지털 데이트 폭력
- 경제적 및 사회적 피해
- 기타, 데이트 관계 및 이별 후에도 지속되는 모든 폭력행위

(1) 행동 통제

상대에 대한 감시와 통제는 데이트폭력의 가장 흔한 형태다. '한국여성의전화'가 2016년 9월 데이트 관계 경험이 있는 만 18세 이상 성인을 대상으로 진행한 설문조사에 따르면 데이트 관계에서 폭력피해 경험이 있다고 응답한 여성의 62%가 통제피해를 경험한 것으로 나타났다.

데이트폭력 가해자는 피해자의 인간관계와 생활반경을 제한하고 통제하려는 경우가 많다. 누구와 있는지 항상 확인하거나 휴대폰이나 이메일, SNS 등을 점검하는 행위, 통화가 될 때까지 계속 전화하기, 옷차림 제한, 친구들을 못 만나게 하거나 다른 상대를 만나는지 의심하고 다른 사람과 통화를 못하게 하는 행위, 일정을 확인하고 간섭하거나 모임 활동 등을 못하게 하는 행위 등이 대표적이다. 결과적으로 피해자는 가족과 친구들로부터 고립되며 데이트폭력에 대한 도움을 받기 어려워지는 경우가 많다.

(2) 정서적 폭력

정서적 폭력은 언어적 폭력과 심리적 폭력을 포함한 개념이다. 언어적 폭력으로는 상대에게 욕을 하거나 모욕하기, 비난하거나 책임전가를 하는 행위, 고함, 위협, 악의에 찬 말 등이 있다. 심리적 폭력으로는 발을 세게 구르거나 문을 세게 닫는 행위, 상대방 소유물을 만지거나 부수는 행위 등이 있다. 죽이거나 때리겠다는 협박, 빌려간 돈을 갚지 않는 행위 등도 마찬가지다. 상대방이 자신을 만나주지 않거나 헤어질 경우 자살하겠다고 위협하거나 자해하는 행위 등으로 상대에게 심리적 위협을 가하는 것도 데이트폭력에 해당한다.

(3) 신체적 폭력

상대의 뺨을 때리거나 발로 차는 행위, 팔을 비틀거나 꼬집기, 머리채 잡기, 세게 밀치는 행위 등은 모두 물리적(신체적) 폭력에 해당한다. 거칠게 밀거나 힘껏 움켜잡는 행동, 목을 조르는 행위 역시 마찬가지다. 물건을 던지거나 흉기로 위협, 뜨거운 물이나 불로 화상을 입히는 행위 등도 신체적 폭력에 해당한다. 일부 가해자는 상대방의 반려동물에게 폭력을 행사하거나 죽이는 행위 등으로 폭력을 행사하기도 한다.

(4) 성적 폭력

상대방의 동의 없는 스킨십(성희롱)과 성관계(성폭력)를 말한다. 사귀고 있거나 호감을 느끼는 관계에서 상대방의 동의 없이 일방적으로 이뤄진 성관계를 데이트 강간이라 한다. 피해자가 만취한 상황을 악용하거나 약물을 사용하는 경우가 대표적이다. 물리적 폭력을 쓰거나 위협을 통해 관계를 맺는 경우도 있다. 상대가 원하지 않은 방식으로 성관계를 맺은 경우도 마찬가지다. 그러나 상대가 동의하지 않았는데도 연인 관계라는 이유로 자신의 행동이 성폭력이라고 생각하지 않는 경우가 많다. 같은 이유로 피해자가 피해 사실을 제대로 인지하지 못할 수도 있다.

2. 데이트폭력의 피해실태

데이트 폭력은 연인 간 사생활과 범죄 사이의 사각지대에 놓여 있다. 서로 믿고 의지하던 연인 간 사소한 다툼이 선을 넘을 때 순식간에 끔찍한 범죄로 이어지고 만다. 단순한 연인 간 다툼 수준을 넘은 '데이트 폭력'은 갈수록 상황이 심각해지는 추세이며, 한국에서 연인 관계를 경험한 여성의 절반 정도가 데이트폭력을 겪는 것으로 알려졌다.

한국형사정책연구원 연구보고서(2016년)에 따르면 여성과 남성 각각 2,000명을 대상으로 데이트 폭력 피해 및 가해 실태를 조사한 결과 전체 여성 응답자의

76%가 상대 남자로부터 통제경험을 당한 것으로 조사되었다.

유형별로는 심리적·정서적 폭력피해가 35.2%, 성추행피해 35.5%, 성폭력피해 20.3%, 신체적 폭력피해 19.4%, 상해피해는 6.8%로 나타났다. 통제행동을 제외하면 여성 응답자의 절반 이상인 53.5%(1,070명)가 적어도 한 유형의 데이트폭력 피해를 경험한 것으로 나타났다. 한 유형이라도 피해 경험이 있는 경우는 80.3%(1,605명)로 전체 여성 응답자의 4분의 3 정도가 데이트폭력 피해 경험이 있었다.

'한국 여성의 전화'는 2016년 가정폭력·성폭력상담소로 접수된 초기상담 중 데이트폭력 상담이 25.4%를 차지했다고 발표 했다. 또한, 한국여성의전화가 데이트 관계 경험이 있는 만 18세 이상 성인을 대상으로 진행한 온라인 설문조사(2016년)에서는 전체 답변자 중 여성 61.6%가 최근 데이트 관계에서 폭력피해 경험이 있다고 응답했다. 유형별로는 여성 응답자의 62%가 통제피해를 경험했으며 성적 폭력 피해 48.8%, 언어·정서·경제적 폭력 피해 45.9%, 신체적 폭력 피해가 18.5% 순으로 나타났다. 모든 유형의 폭력피해 경험이 있다고 답한 비율은 11.5%였다.

2017년 11월, 서울시여성가족재단 연구 결과 데이트폭력 피해자 절반이 상대와 결혼, 결혼하면 17%가 가정폭력에 시달린다는 결과가 나왔다.

2017년 11월 서울에 사는 20세 이상 60세 이하 여성 2000명을 대상으로 온라인 설문조사를 했더니 88.5%가 데이트폭력을 경험했다고 응답했다. 데이트폭력 피해자 중 46.4%는 상대방과 결혼했고, 이 중 17.4%는 가정폭력을 당한 것으로 나타났다.

폭력의 유형 중 성적 폭력으로는 '내가 원하지 않는데 얼굴, 팔, 다리 등 몸을 만짐'(44.2%), '나의 의사에 상관없이 가슴, 엉덩이 또는 성기를 만짐'(41.2%) 항목의 응답률이 높았다. 원치 않는 성관계 동영상이나 나체 사진을 찍었다는 경우도 13.8% 있었다.

행동을 통제하는 유형의 데이트폭력을 당한 경우 '누구와 있는지 항상 확인했다'가 62.4%로 가장 많았고 '옷차림 간섭·제한'이 56.8%로 뒤를 이었다. 언어·정서·경제적 폭력은 화가 나서 발을 세게 구르거나 문을 세게 닫고(42.5%) 안 좋은 일이 생기면 "너 때문이야"이라는 말을 한다(42.2%)는 사례가 많았다.

신체적 폭력은 팔목이나 몸을 힘껏 움켜잡는 경우가 35%로 가장 많았다. '심하게 때리거나 목을 조름'(14.3%), '상대의 폭행으로 인해 병원 치료'(13.9%), '칼(가위) 등의 흉기로 상해'(11.6%) 등 폭력의 정도가 심한 경우도 10%를 넘었다.

여성들은 데이트폭력을 당하고서도 절반 이상이 별다른 조처를 하지 않은 것으로 나타났다. 신체적 폭력을 겪고도 경찰에 신고했다는 응답은 9.1%에 그쳤다. 헤어졌다는 응답이 20.6%, 가족 · 친구 등에게 알리고 도움을 청했다는 응답은 19.7%였다.

경찰에 신고하지 않은 이유로는 '신고나 고소할 정도로 피해가 심각하지 않아서', '개인적으로 해결할 수 있을 것 같아서'라는 응답이 많았다. 피해의 심각성을 알고 있었지만 주변에 알려지는 것이 싫거나 도움이 될 것 같지 않아서 지원 기관을 이용하지 않았다는 응답도 나왔다.

여성들은 데이트폭력의 원인으로 '가해자에 대한 미약한 처벌'(58.7%), '여성혐오 분위기 확산'(11.9%)을 꼽았다. 데이트폭력 예방을 위한 정책으로는 '가해자에 대한 법적 조치 강화'(73%)가 필요하다는 요구가 많았다.[1)]

또한 경찰청 통계에 따르면 2017년 한 해 동안 데이트폭력사범이 10,303명 을 기록했고, 전년도에 비해서 19%(1,936명) 증가하였으며, 그 유형면에서도 폭행상해 7,552건, 체포, 감금, 협박은 1,189건, 살인미수는 67건에 달한다.[2)]

3. 데이트폭력 처벌

1) 한국

한국에서 데이트폭력은 통상적인 폭력 범죄로 처벌한다. 가정폭력이나 성폭력이 「가정폭력범죄의 처벌 등에 관한 특례법」이나 「성폭력범죄의 처벌 등에 관한 특례법」으로 제재 받는 것과 달리 데이트폭력에 대한 처벌법은 별도로 존재하지 않기 때문이다. 따라서 데이트폭력은 개별 사건의 특성에 따라 「형법」, 「성폭력범죄의 처벌 등에 관한 특례법」, 「경범죄 처벌법」 등을 적용하고 있다. 스토킹의

1) 출처: 중앙일보] "데이트폭력, 실태조사 결과 가정폭력으로 이어지더라" , https://news.joins.com/article/22328861(검색: 2019.7.27.)

2) 출처: https://smartsmpa.tistory.com/4222 [스마트 서울경찰]

경우 경범죄처벌법으로 처벌하고 있으나 10만 원 이하의 벌금이나 구류, 과료의 형으로 규정되어 있어 범죄 억제 효과가 미미하다는 비판을 받고 있다.

데이트폭력에 관한 수사기관이나 사법기관의 인식이 부족한 것도 처벌을 어렵게 하는 요인이다. 또한, 폭력 상황이 사적인 공간에서 일어나는 경우가 많아 증거 부족이 되는 경우도 많다. 이런 이유로 데이트폭력을 가정폭력의 연장선에서 처벌할 수 있게 하거나 관련법을 제정해야 한다는 의견이 대두하고 있다. 특히 재범률이 높은 데이트폭력의 특성상 피해자를 가해자와 분리하여 보호할 수 있는 시스템이 함께 도입되어야 하며 수사기관, 사법기관을 포함해 일반 시민들에게 데이트폭력에 대한 인식 교육이 이뤄져야 한다는 의견도 있다.[3)]

2) 영국

영국은 1990년대 중반부터 민관 합동으로 가정폭력 대처 시스템을 마련했으며 2000년대 이후로는 가정폭력 개념에 데이트폭력을 추가하였다. 2009년 전과가 있던 전 연인에게 살해당한 클레어 우드(Clare Wood)의 사건을 계기로 일명 클레어법이라 불리는 '가정폭력 정보공개 청구제도(Domestic violence diclosure scheme)'가 도입되었다. 클레어법은 개인이 배우자나 파트너가 가정폭력이나 폭력 전과가 있는지를 확인하기 위해 경찰에 정보공개를 요청할 수 있는 제도다. 가정폭력이나 데이트폭력의 잠재적 피해자를 보호하는 것을 목적으로 한다.

3) 미국

연방법인 여성폭력방지법을 통해 여성폭력방지사무소를 설립하고 성폭력 가해자에 대한 총기소지 제한, 검사, 판사, 변호인 등의 인식 교육 등을 진행하고 있다. 또한, 핫라인을 설치하고 거주지 지원을 확대하여 피해자와 가해자를 분리하고 피해자를 보호하는 데 중점을 두고 있다.

---

3) daum 백과, http://100.daum.net/encyclopedia/view/47XXXXXd1388(검색: 2019.7.22.)

4) 세계보건기구(WHO) 지침

세계보건기구(WHO)는 2013년 〈친밀한 관계에서의 파트너에 의한 폭행과 여성에 대한 성범죄에 대한 대응 : WHO의 치료와 정책 지침서〉를 발간하여 의료기관이 데이트폭력 및 가정폭력, 성폭력 피해 여성에게 적절하게 응대할 수 있도록 안내하고 있다. 해당 지침서에서는 배우자나 파트너에게 폭력을 당한 것으로 보이는 여성이 의료기관을 방문했을 경우 파트너폭력을 당했는지 질문하고 폭력 사실이 확인될 경우 피해 진술을 강요하지 않는 선에서 피해자에게 필요한 초기 지원을 즉각적으로 제공할 것 등의 내용을 담고 있다.

4. 데이트폭력 예방 및 대응 요령

데이트폭력의 예방 및 대응을 위해서는 국가적 제도가 뒷받침되어야 하겠지만 개인적 차원에서도 그 위험성을 깨닫고 단호하게 대처하는 자세가 중요하다.

연인에게 난폭한 기질이나 집착하는 징조가 보이면 이를 강하게 거부해야하며 같은 행동을 계속 반복할 경우, 단호하게 헤어져야한다. 이성친구가 난폭한 행동을 하면 '경찰에 신고하겠다'고 강하게 말해야한다. 이럴 때 강하게 말하지 못하거나 봐주면 데이트 폭력의 강도가 점점 심해진다. 데이트 폭력은 초기에 바로 잡는 것이 중요하다.

1) 데이트폭력 위험신호

데이트 폭력의 가해자의 특징은 대표적으로 집착, 소유욕, 존중하지 않는 태도를 들 수 있고 대체적으로 다음과 같은 특징이 있다.

- 신체적 폭력을 휘두르는 사람
- 질투가 심하다(과도한 질투심은 데이트 폭력의 전조증상일 수 있다)
- 음주 후 폭력성이 두드러진다(음주 후 폭력성은 데이트 폭력으로 이어질 가능성이 크다)
- 나의 의견을 무시한다(갈등의 원인을 피해자의 탓으로 돌리는 경향이 있다)

- 모든 의사결정을 자기마음대로 한다.
- 친구나 가족을 납득할 수 없는 이유로 못 만나게 한다.
- 내 옷차림이나 외모를 비난하고 간섭하려고 한다.
- 계속 문자를 보내거나 전화하고 즉각 답하지 않으면 위협감이 느껴진다.
- 나의 스마트폰, 온라인 계정 아이디나 비번을 요구하고 공유를 요구한다.
- 자신의 요구를 거절하면 무조건 화를 낸다.
- 나의 실수를 공개적으로 망신주고 수치심을 느끼게 한다.
- 가해자가 원하지 않는 행동을 했을 때 자살, 자해 하겠다고 위협한다(가해자는 피해자와의 관계를 은밀하게 이루어지도록 유도하고 피해자의 인적 네트워크를 단절시키려고 하는 경향이 있다)[4]
- 큰 소리로 호통을 친다.
- 통화내역이나 문자 등 휴대전화를 체크한다.
- 날마다 만나자고 하거나, 기다리지 말라는 데도 기다린다.
- 만날 때마다 스킨십이나 성관계를 요구한다.
- 내 과거를 끈질기게 캐묻는다.
- 헤어지면 죽어버리겠다고 한다.
- 둘이 있을 때는 폭력적이지만, 다른 사람과 함께 있으면 태도가 달라진다.
- 싸우다가 외진 길에 나를 버려두고 간 적이 있다.
- 문을 발로 차거나 물건을 던진다.
- 동물학대를 한 적이 있다.
- 과거 부모에게 학대당한 적이 있다.
- 음주에 대해 관대하거나 술 마시길 강요한다.
- 불법약물을 사용한 적이 있다.

2) 폭력적 관계를 끝낼 때 해야 할 일

- 데이트폭력이 발생하면 안전을 위해 일단 안전한 곳으로 피한다.

4) 출처: https://smartsmpa.tistory.com/4222 [스마트 서울경찰]

- 위급상황 발생 시 연락할 사람을 사전에 정해놓는다.
- 폭력을 당할시 큰 소리를 내어 주위에 도움을 요청한다.
- 폭력적인 행동이 있었을 때의 일들을 날짜별로 기록해 둔다.
- 혼자는 상대방을 만나지 않도록 한다.
- 학교 혹은 직장, 혹은 길거리에서라도 혼자 있는 것을 삼가 한다.
- 번거로워도 집과 학교 혹은 직장에 오고 가는 시간과 길을 자주 바꾼다.
- 다른 사람들에게 어디를 가고 언제 돌아올 것을 이야기 해 놓는다.
- 상대방을 만났을 때나 다시 폭력을 행사하면 어떻게 대응할까를 생각해 보고 연습해 본다.

3) 증거물 확보

- 상대방이 폭력(언어적, 경제적, 성적, 신체적 등)을 행사한 날짜와 시간 등 사건일지를 자세하게 기록하고, 문자나 대화녹음 등 증거를 남겨 둔다.
- 몸의 상처나 폭력의 흔적을 사진으로 찍어두고 병원 진료를 받아 둔다.
- 분실의 위험을 대비해 증거물을 안전한 곳(속옷 등의 증거물은 코팅되지 않은 종이봉투)에 별고 보관하는 것이 좋다.
- 의학적인 증거는 48시간 안에 수집이 가능하므로 몸을 씻지 말고 바로 병원으로 가야 한다.
- 성병 등의 감염이나 임신을 피하기 위한 조치(응급피임약 72시간 이내 복용)는 반드시 필요하다.

4) 신고 및 전문기관에 도움 요청

데이트폭력 피해자들은 폭력이 발생하기 전에는 가해자와 연인관계라는 특성상 개인이 감당해야할 몫으로 생각해 신고에 소극적인 태도를 보인다.

그러나 데이트폭력은 폭행 · 상해 · 살인 · 성범죄 등 강력 범죄로 발전할 가능성이 높기 때문에 초기부터 적극 신고할 필요가 있다.

경찰통계자료에 의하면 데이트폭력으로 형사 입건된 피의자가 2016년 8367명,

2017년 1만 303명, 2018년에 총 1만 245명으로 집계되었다.

하지만 신고건수는 2016년 9364건에서 2017년 1만 4163명, 2018년 1만 8671명으로 점차 늘고 있는 상황에서 여전히 연간 1만여건이 발생하고 강력 범죄로 이어질 수 있어 피의자에 대한 엄정수사와 피해자 보호가 필요하다.

데이트폭력에 대한 경찰의 대응 의지를 보면 신고 대상자에 대해 범행 동기와 피해 정도, 전과뿐만 아니라 미신고 여죄, 재발 가능성 등도 수사하며, 피해자에 대해서는 정당방위 적용 여부 등을 적극적으로 검토하기로 했다.

아울러 피해자를 상대로 보복범죄를 방지하기 위해 스마트워치를 제공하고 주거지 순찰을 강화하면서 사후 관찰 등 맞춤형 신변보호 활동을 진행한다는 계획이다.

또 피해자 전담 경찰관을 통해 전문기관에 연계하거나 긴급생계비 · 치료비를 지원하는 등의 지원도 병행하기로 했다.

가해자의 경우 신고 된 범죄의 범행동기 · 피해정도 · 전과뿐만 아니라 신고되지 않은 여죄 등에 대해서도 종합적으로 수사할 계획이다.[5)]

- '스마트폰 국민제보' 앱 : 사진과 동영상 등 증거자료 첨부도 가능
- 112에도 신고 가능
- 여성폭력 사이버 상담신고센터
  : 365일 24시간 이용 가능하며 게시판 상담은 물론 상담원과의 1:1 실시간 채팅으로 상담 가능
- 여성긴급전화 (국번없이 1366, 휴대폰으로는 지역번호 +1366)
  : 24시간 여성폭력 상담 및 연계: 데이트 폭력 피해 상담과 대응 방법을 안내받을 수 있으며, 피해상황에 따라 성폭력상담소 전문기관이나 법률의료지원기관으로 연계 지원 받을 수 있음
- 한국여성의전화 (02-3156-5400)
  : 전화상담, 이메일 상담, 면접상담 가능, 면접상담은 예약 필요
  매주 월요일은 사무실에서 무료법률상담을 받을 수 있음
- 서울 해바라기 센터 (본관 02-3672-0365, 별관 02-745-0366)
  : 의료 및 상담지원, 진료비용 국가부담

5) 조이뉴스24, http://www.inews24.com/view/1189315(검색: 2019.7.27.)

❑ 교육목표

○ 데이트폭력의 개념을 설명한다.

○ 데이트폭력의 특징에 대해 설명한다.

○ 데이트폭력의 유형에 대해 설명한다.

○ 우리나라의 데이트폭력 처벌 규정과 문제점에 대해 설명한다.

○ 데이트폭력 예방요령에 대해 설명한다.

○ 데이트폭력 위험신호에 대해 설명한다.

○ 데이트폭력 시 신고 및 도움을 받을 수 있는 전문기관에 대해 설명한다.

○ 데이트폭력 예방 및 대처와 관련된 기관 사이트를 검색, 분석하고 설명한다.

○ 데이트폭력 관련 최근 이슈와 논점에 대해 조사하고 설명한다.

제 4 장

사이버폭력과 안전

1. 사이버폭력의 개요
2. 사이버폭력의 실태
3. 사이버폭력 예방 및 대처요령

Chapter 04 사이버(Cyber)폭력과 안전

1. 사이버폭력의 개요

최근 사이버공간은 스마트폰의 발달로 인해 모바일로 확장되면서 더욱 접근하기 쉬워졌고, 사이버 공간에서의 익명성과 밀폐성은 윤리적 의식과 태도가 견지되지 않으면 인격침해, 명예훼손, 사생활 침해 등으로 사회적으로 더욱 큰 문제로 대두되고 있다.[1)]

사이버폭력은 인터넷을 기반으로 한 SNS에서 불특정다수를 대상으로 빠른 시간 내에 광범위하게 유포되므로 그 피해가 막대하다. 특히 청소년들 사이에서 벌어지는 사이버폭력으로 인한 피해는 언론에 자주 등장할 정도로 매우 심각한 실정이다.

1) 사이버폭력의 개념

사이버폭력은 사이버범죄의 다른 말로 인터넷과 관련된 기술상 사이버 공간에서 다양한 형태로 타인에게 피해를 일으키는 모든 행위를 말한다.

즉 사이버폭력이란 인터넷, 휴대전화 등 정보통신기기를 이용하여 부호나 문자, 음향, 사진, 동영상 등을 통해 타인에게 지속적이고 반복적으로 심리적 공격을 가하거나 타인의 개인정보 또는 허위사실을 유포하여 상대방이 고통을 느끼도록 하는 일체의 행위를 말한다.

신체적 폭력을 수반하는 전통적인 폭력과는 달리 그 형태가 다양하다. 문자로 상대방을 직접 험담하는 것뿐만 아니라 특정인을 비하하는 글·이미지·동영상 혹은 개인 신상 정보를 유포하는 행위, 단체 채팅방에 계속 초대하거나 초대 후

1) 출처: https://if-blog.tistory.com/3136 [교육부 공식 블로그]

집단적으로 나가버리는 행위 등 다양한 형태로 이루어진다.

사이버 폭력은 카카오톡, 페이스북 같은 프로그램이나 그냥 온라인 등에서 몇 명을 향해 다수의 사람들이 욕설 등의 폭력으로 괴롭히는 방법. 욕설은 기본이고 인신공격 및 협박까지 쓰이는데, 신체적 상처는 거의 없지만 상대에게 심각한 정신적 트라우마를 입힐 수 있다.

'사이버폭력'이라는 용어와 함께 사이버 불링이라는 용어도 많이 사용되고 있어 이에 대한 이해가 필요하다. 사이버 불링을 이해하기 위해서는 불링(bullying)이라는 용어를 먼저 이해할 필요가 있다. 불링은 Olweus(1993)에 의해 제시된 개념으로 명확한 불법 행위는 아니지만 모욕, 따돌림, 협박, 갈취 등과 같이 사소하지만 특정인을 대상으로 지속적·반복적·의도적으로 그리고 힘의 불균형 상태에서 가해지는 행위로 정의 하고 있다. 개별 가해 행동 그 자체로서는 심각한 것이 아니어서 사소한 것으로 비칠 수도 있으나 피해자는 가해행위가 지속되기 때문에 가해 행위 그 자체에서 오는 피해보다도 가해행위가 발생할 것이라는 공포나 불안감이 더 큰 피해를 초래할 수 있다. 불링의 또 다른 특징은 아는 사람사이에 발생한다는 것이며 불특정인을 대상으로 하는 길거리 폭력과는 달리 학교나 직장 등 집단생활을 하는 공간에서 상급자나 강자가 하급자 혹은 약자에 대한 힘의 과시 수단으로 진행되는 경우가 많다. 따라서 사이버 불링은 학교나 직장 등 집단생활을 하는 동료들 간 사이버 공간에서 가해지는 괴롭힘 행위라고 할 수 있다. 그러나 많은 사이버 폭력은 인터넷 공간에서 만나는 모르는 사람들 간에 발생하는 경우가 많으므로 사이버 불링은 사이버 폭력의 한 유형에 불과하다. 방송통신위원회와 한국정보화진흥원이 조사한 2017년 사이버폭력 실태조사 결과에 의하면 성인의 경우 인터넷 ID만 알뿐 누구인지 모르는 사람에게 당한 피해는 51.0%, 게임이나 채팅 카페 등 온라인에서 알게 된 사람에게 당한 피해는 34.3%, 그리고 친구, 동료, 지인 등으로 부터 당한 피해는 30.0%로 모르는 사람에게 당한 경우가 더 많았다. 학생집단의 경우에도 언어폭력을 당한 피해자를 살펴보면, 인터넷 ID만 알뿐 누구인지 모르는 사람에게 당한 피해는 58.4%, 내가 평소에 알고 있던 사람에게 당한 피해는 35.3%, 같은 학교 친구/선후배 28.2%, 다른 학교에 다니는 친구/선후배 10.4%로 여전히 모르는 사람에게 당하는 비율이 높았다. 그리고 그렇다고 알고 있는 사람이 안전한 것은 아니다.[2)]

2) 사이버폭력의 특성

사이버 공간이라는 특성으로 인해 일반 폭력과는 다른 양상을 가지므로 이에 대한 이해가 필요하다.

사이버폭력이란 시공간 제약이 없는 것이 특징이며 익명성과 접근의 용이함으로 다수의 가해자가 손쉽게 폭력에 가담할 수 있는 가해행위의 집단성을 가지고 있다. 빠른 전파성, 무한 복제성의 성격을 띠고 있어 소문이나 허위사실 등이 빠르게 퍼져나가 개인에게 큰 치명타를 주게 된다.

그리고 인터넷상에 사이버폭력에 관해서 노출된 내용의 완전한 삭제가 어렵기 때문에 평생을 이 내용에 대해 고통 받으며, 상대방과 얼굴을 직접 대면하지 않는 점을 이용해서 괴롭힐 수 있어 점점 더 가혹해지고 있다.

따라서 가해자는 피해자의 고통을 직접 눈으로 확인할 수 없기 때문에 죄책감이나 자신이 가해행위를 한다는 생각을 못할 수도 있다. 또한 익명성은 자신의 가해행위가 드러나지 않을 것이라는 믿음을 준다. 하지만 유포된 글이나 이미지나 동영상은 쉽게 유포되고 쉽게 지울 수 없어 피해자의 고통은 가중된다. 물리적 힘이 요구되는 전통적 폭력에서는 가해자와 피해자간 구분이 있었으나 사이버 공간에서는 피해자와 가해자가 중첩될 수 있으며 물리적 힘이 부족하더라도 기술사용 능력이 뛰어난 사람은 사이버 공간에서 가해자가 될 수도 있다. 이런 특성 때문에 사이버 폭력이 전통적 폭력보다 더 피해가 크며 일상화 될 수 있다.

(1) 비대면성, 익명성

사이버 폭력은 사이버 공간이라는 장소의 특성에 그 원인이 있다. 사이버 공간은 비대면성과 익명성이라는 특징을 가지고 있다. 사이버 공간에서는 행위자들의 얼굴이 드러나지 않아 가해자를 찾기 어렵고 자신도 모르게 많은 내용이 진행된 이후에 사실을 알게 되는 경우가 많으며, 어떻게 사실이 알려졌는지 모르는 경우도 많다. 그 결과 범죄자들은 비대면성에 기대어 보다 과격하고 대범하게 행동하

---

2) https://ko.wikipedia.org/wiki/%EC%82%AC%EC%9D%B4%EB%B2%84_%ED%8F%AD%EB%A0%A5(검색: 2019.8.4.)

게 되며, 또한 사이버 공간에서 자신의 신분을 드러내지 않고 활동할 수 있으며 타인의 인적 사항이나 ID를 도용할 수 있다. 이러한 익명성 덕분에 사람들이 범죄의 유혹에 빠지기 쉽다.

아직 도덕적 가치관이 확립되지 않은 아이들은 죄책감 없이 익명성이라는 가면 뒤에 숨어 친구에게 거친 언어를 사용한다. 이러한 사이버 언어폭력의 초기에는 뚜렷한 악의가 있어 그렇다기보다, 새로운 공간에 자신의 흔적을 남기고 싶은 욕구와 친구에게 장난을 걸고 싶은 욕구가 그 시작이므로 사이버 폭력에 따른 초기 교육이 선행될 필요가 여기에 있다.[3)]

(2) 시공간의 제약이 없음

사이버공간은 국경이 없으므로, 피해자들은 시공간의 제약 없이 언제나 피해에 노출될 수 있고, 가해자들이 어디서나 공격을 가할 수 있으며, 누가 시작했는지 어떤 사람이 가해자인지 경계가 모호하여 일일이 책임을 묻고 처벌하는데 한계가 있을 수 있다.[4)]

이러한 공간적 특성에 따라 사이버 폭력은 폭력의 가해자를 쉽게 구별하기 어렵고, 폭력의 횟수가 광역적이고 반복적이며, 통제 없이 무분별하게 행사되고 있고, 그로 인한 피해의 강도가 강력하다는 특성이 있다. 새로운 기술의 발달로 인해 새로운 형태의 사이버(모바일)폭력이 발생하는 것도 주목할 부분이다.[5)]

(3) 집단공격성

사이버폭력은 집단적인 공격양상을 보인다. 사이버공간에서는 수많은 사람들의 퍼나르기, 댓글 등으로 상처를 줄 수 있으며, 나도 모르게 집단의식에 사로잡혀 사이버 따돌림과 같은 집단행동에 빠질 수 있다.

---

3) 출처: https://if-blog.tistory.com/3136 [교육부 공식 블로그]

4) http://blog.naver.com/PostView.nhn?blogId=super1927&logNo=220213905223&parentCategoryNo=&categoryNo=&viewDate=&isShowPopularPosts=false&from=postView(검색: 2019.8.2.)

5) 출처: https://if-blog.tistory.com/3136 [교육부 공식 블로그]

(4) 피해의 확산성

사이버공간의 특성상 누구나 쉽게 정보를 주고받을 수 있어 급속하게 피해가 확산되어 그 피해는 매우 클 수 있다.

(5) 기록 잔존으로 원상복구가 어려움

사이버 공간에서 한 번 전파된 사진이나 동영상, 이미지 등은 사라지지 않는다. 그래서 사건이 발생하면 피해자가 지속적으로 상처를 받게 된다.

3) 사이버폭력의 유형

(1) 가해행위의 유형 분류[6]

① 사이버 언어폭력

인터넷, 휴대폰 문자 서비스 등을 통해 욕설, 거친 언어, 인신 공격적 발언 등을 하는 행위

② 사이버 명예훼손

사실여부에 상관없이 다른 사람/기관의 명예를 훼손하는 글을 인터넷, SNS 등에 올려 아무나(불특정다수) 볼 수 있게 하는 행위

③ 사이버 스토킹

특정인이 원치 않음에도 반복적으로 공포감, 불안감을 유발하는 이메일이나 쪽지를 보내거나, 블로그/미니홈피, SNS 등에 방문하여 댓글 등의 흔적을 남기는 행위

④ 사이버 성폭력

특정인을 대상으로 성적인 묘사 혹은 성적 비하 발언, 성차별적 욕설 등 성적

6) 출처: 방송통신위원회, https://kcc.go.kr/tsi/etc/search/search/ASC_integrationsearch.jsp?page=A10010000

불쾌감을 느낄 수 있는 내용을 인터넷이나 휴대폰을 통해 게시하거나 음란한 동영상, 사진을 퍼뜨리는 행위

⑤ 신상정보 유출

개인의 프라이버시에 해당하는 내용을 언급 또는 게재하거나 신상 정보(이름, 거주지, 재학 중인 학교 등)를 유포시키는 행위

⑥ 사이버 따돌림

인터넷 대화방이나 스마트폰 카카오톡 등에서 상대방을 따돌리거나 안티 활동을 하는 행위

⑦ 사이버 갈취

온라인상에서 사이버 머니, 스마트폰 데이터, 게임 아이템 등을 강제로 뺏는 행위

⑧ 사이버 강요

인터넷에서 다른 사람에게 그 사람이 원치 않는 말/행동을 하도록 강요하거나 심부름을 시키는 행위

(2) 가해 이유에 따른 분류

① 자기분노형

생활의 불만 및 긴장을 타인에 대한 공격으로 해소하는 유형

② 보복형

자신에게 가해행위를 한 타인을 찾아서 공격하는 유형

③ 온라인 가해형

오프라인에서는 못 나서면서도 사이버공간에서 쉬운 표적을 찾아서 공격하는 유형

④ 자기과시형

집단 앞에서 자기를 과시하기 위한 유형

⑤ 심술궂은 가해자형

타인의 주목을 끌거나 재미를 위해 타인을 괴롭히는 유형

⑥ 동조형

아무런 생각 없이 타인을 따라서 폭력에 가담하는 유형 등이 있을 수 있다.

가해 이유 별로 다른 대응책이 개발되어야 하기 때문에 사이버 폭력 예방 프로그램 개발을 위해서는 가해 이유에 대한 고찰이 중요하다.

방송통신위원회와 한국정보화진흥원이 조사한 2017년 사이버폭력 실태조사 보고서에 의하면 학생의 사이버 폭력 가해 이유로는 상대방이 싫어서(42.2%), 상대방에 보복하기 위해(40.0%), 재미나 장난으로(23.8%), 의견이 달라서(15.2%), 주변에서 하기 때문에(6.2%)로 조사되었으며(47쪽), 성인의 사이버 폭력 가해 이유로는 상대방에 보복하기 위해서(35.9%), 상대방이 싫어서(33.7%), 주변에서 하기 때문에(27.5%), 의견이 달라서(27.2%), 재미나 장난으로(18.1%) 등으로 조사되었다(88쪽). 따라서 이런 이유들을 체계적으로 분류하고 대상별로 어떻게 달라지는 가를 고찰한 후 각 집단의 특성별로 차별화된 대응 프로그램의 개발이 필요하다.[7)]

2. 사이버폭력의 실태

사이버 폭력 문제는 남녀노소를 가리지 않고 누구나 잠재적 피해자가 될 수 있으며 실제 피해 사례도 점차 증가하고 있다.

방송통신위원회와 한국정보화진흥원이 실시한 '2018년 사이버폭력 실태조사' 결과 사이버폭력 경험률이 32.8%로 인터넷이용자 10명 중 3명은 사이버폭력 가해

7) 위키백과, https://ko.wikipedia.org/wiki/%EC%82%AC%EC%9D%B4%EB%B2%84_%ED%8F%AD%EB%A0%A5(2019.8.2.)

(21.6%) 또는 피해(24.7%)를 경험한 것으로 나타났다.

2018년 10월 2일부터 11월 23일까지 총 7,562명(학생, 일반성인, 교사, 학부모)을 대상으로 사이버폭력 가해 및 피해 경험에 대해 8개의 유형별(언어폭력, 명예훼손, 스토킹, 성폭력, 신상정보유출, 따돌림, 갈취, 강요)로 구분하여 조사한 결과 '17년(26.0%) 대비 6.8%p 증가한 것으로 분석되었다.

1) 대상별 경험률

학생은 29.5%, 성인은 43.1%가 사이버폭력 경험이 있다고 응답하여 2017년 대비 학생 4.7%p, 성인 13.3%p가 증가한 것으로 성인의 증가 폭이 더 높게 나타났으며, 학생의 경우 중학생이, 성인의 경우는 특히 20대가 사이버폭력 경험이 상대적으로 많은 것으로 조사되었다.

2) 유형별 경험률

학생과 성인의 가해와 피해 경험 모두에서 '언어폭력'이 가장 높게 나타났다. 학생의 경우, 언어폭력(가해 경험 19.3%, 피해 경험 18.7%)을 제외한 유형의 경험은 5% 내외인 반면, 성인은 언어폭력 외의 유형에 대한 가해 또는 피해 경험이 10%대에서 많게는 20%대로 집계되어 상대적으로 더 다양한 유형의 사이버폭력 경험이 있는 것으로 조사 되었다.

3) 사이버폭력 공간

가해행동 공간은 학생과 성인 모두 '채팅, 메신저'(학생:53.1%, 성인:34.0%)인 경우가 가장 많았으며, 피해를 경험한 공간 역시 가해 경험 공간과 유사하나 성인의 경우, '이메일, 문자 메시지'를 통한 피해 경험(성인:29.3%)이 더 높은 것으로 나타났다.

4) 가해이유

① 상대방이 먼저 그런 행동을 해서(학생:43.1%, 성인:30.4%),
② 상대방에게 화가 나서(학생:35.7%, 성인:31.2%)가 많았다

5) 가해 후 심리

① 미안하고 후회스러움'(학생:53.2%, 성인:53.6%)
② 문제가 생길까 봐 걱정됨(학생:48.9%, 성인:54.1%) 등의 답변이 많아 가해 행동에 대한 문제 인식 수준은 높은 것으로 나타나 사이버폭력 예방 및 올바른 인터넷 이용 교육을 통해 개선될 수 있는 것으로 조사되었다.

방송통신위원회는 이번 실태조사 결과를 통해 청소년 대상 교육은 물론 사이버폭력 경험이 높게 나타난 성인 대상 교육을 더욱 강화하는 한편, 실태조사를 통해 사이버폭력의 실태를 진단하고 조사결과를 바탕으로 건전한 인터넷 이용문화 조성과 사이버폭력 예방을 위한 콘텐츠 개발 및 교육 홍보 등을 지속적으로 확대 추진해 나갈 것이라고 밝혔다.[8)]

3. 사이버폭력 예방 및 대처요령

사이버 폭력 예방 및 방지를 위해서는 많은 기관들이 노력을 하고 있다. 한국정보화진흥원은 사이버폭력을 예방하고 올바른 인터넷 이용습관 확립을 위해 전국민(유아, 초중등, 성인, 학부모, 교사 등)을 대상으로 인터넷윤리교육을 실시하고 있다. 이와 함께 동요 및 음악제, 콘텐츠 및 교수 학습지도안 공모, 아름다운 인터넷 세상(아인세) 캠페인 등 다양한 활동을 하고 있으며 아울러 사이버 폭력 예방을 위한 다양한 교재도 개발하여 보급하고 있다. 이 밖에 민간단체 활동으로

8) 방송통신위원회, "2018년 사이버폭력 실태조사 결과 발표"
https://tip.daum.net/question/109420350?q=%EA%B0%80%EC%A0%95%ED%8F%AD%EB%A0%A5+%EC%8B%A4%ED%83%9C%EC%A1%B0%EC%82%AC+%EA%B2%B0%EA%B3%BC

는 인폴루션제로와 같은 단체에서 싱가포르에서 진행하는 www.izhero.org 등이 있다.[9)]

1) 사이버폭력의 일반적 예방 요령

사이버폭력 예방 을 위해서는 근본적인 해결을 위한 우선적으로 개개인의 책임감, 올바른 사이버 윤리의식이 중요하며 모두가 사이버공간을 올바른 목적으로 이용해야 할 것이다.

(1) 네티켓

사이버 공간에서 더 많은 사람들이 서로에게 예의를 갖추며, 자유롭게 정보를 얻고 생각을 표현할 수 있도록 하기 위해서는 인터넷을 사용하는 사람들이 예절을 지켜나가는 것이 가장 중요하다.

- (상대방의 입장을 먼저 생각하라) 사이버공간에서 글이나 사진, 동영상 등을 올리기 전에 상대방이 어떻게 받아들일지를 먼저 생각한다.
- (상대방을 존중하라) 사이버공간에서 상대방을 존중해야 나도 존중받는다는 사실을 명심한다.
- (사과하라) 사이버공간에서 내 말과 행동 때문에 상대방이 기분 상했다고 하면 바로 사과한다.
- (신중하라) 사이버공간에서 한번 뱉은 말은 주워 담을 수 없으니 늘 신중하게 활동한다.
- (필요시에만 공개하라) 사이버공간에서는 꼭 필요한 경우에만 나의 개인정보나 사진을 공개한다.
- (정직하라) 사이버공간에서 자신의 나이, 성별, 신분 등을 속이려 하지 않는다.
- (상대방을 보호하라) 사이버공간에서 상대방의 사생활이나 명예를 지켜준다.
- (음란물 등을 배포하지 말라) 사이버공간에서 음란한 사진이나 영상을 보여주거나 배포하지 않는다.

---

9) https://ko.wikipedia.org/wiki/%EC%82%AC%EC%9D%B4%EB%B2%84_%ED%8F%AD%EB%A0%A5(검색:2019.8.4.)

- (욕설 등을 사용하지 말라) 사이버공간에서 장난이라도 욕설이나 비속어 또는 오해할 수 있는 표현을 사용하지 않는다.
- (거짓 내용을 유포하지 말라) 사이버공간에서 거짓된 내용이나 개인의 사생활에 대한 내용을 함부로 올리거나 퍼 나르지 않는다.
- (외모나 신체에 대해 비난하지 말라) 사이버공간에서는 다른 사람의 외모나 신체에 관한 농담이나 비난을 하지 않는다.[10)]

(2) 사이버 폭력 가해자가 되지 않기 위해 주의할 점

- 음란한 용어나 욕설이 포함된 ID나 닉네임을 사용하지 않는다.
- 도메인에 타인의 명의나 닉네임을 도용하지 않는다.
- 바른 언어를 사용한다.
- 장난이 타인에 대한 범죄가 될 수 있음을 기억한다.
- 논쟁이 발생할 경우 절제할 줄 안다.
- 현실 생활에서처럼 상대방을 존중한다.

(3) 사이버 폭력 피해자가 되지 않기 위해 주의할 점

- 중성 ID를 사용하자.
- 개인정보를 철저히 관리하자.
- 원하지 않는 메일에 답변하지 말고, 필터링 소프트웨어를 사용하자.
- 온라인 대화 시 상대방을 주의하자.
- 온라인에서의 만남을 오프라인으로 확대하는데 주의하자.
- 상대방의 성적유혹에 반응하지 말자.
- 내용선별 프로그램을 이용하자.[11)]

---

10) 출처: 정보통신윤리위원회, www.kiscom.or.kr.

11) https://tip.daum.net/question/110804368?q=%EC%82%AC%EC%9D%B4%EB%B2%84+%ED%8F%AD%EB%A0%A5+%EC% 98%88%EB%B0%A9%EB%B2%95

(4) 올바른 댓글문화를 위한 교육 방안[12)]

① 악플러들의 심리 상태 교육

- 피해의식과 열등감
- 상대를 흠집 내어 상대적 우월감 고취
- 자신의 나쁜 행동을 인식 못함
- 타인과의 교류를 하지 않음

② 악플로 인한 피해 사례 교육

- 악플로 인한 사례 분석(유명연예인 등 사회적 이슈)
- 악플로 인한 우울증과 심적 고통

③ 악플을 달지 않는 방법 교육

- 나와 다른 의견 존중하기
- 악플이 범죄라는 것을 인식하기
- 목적 없는 비방이 아닌 올바른 비판능력 키우기

2) 사이버폭력 예방을 위한 가정의 역할

(1) 자녀에 대한 사이버폭력 예방 요령

- 자녀에게 사이버상의 상대방을 현실에서처럼 존중하도록 알려준다.
- 평소에 대화를 통해 자녀들이 바른 언어습관을 기르도록 한다.
- 자녀와 사이버폭력이나 다른 온라인 이슈에 대해 규칙적으로 대화한다.
- 자녀가 사이버 상에서 부모의 주민번호를 사용하지 않도록(혹은 알지 못하도록)하며, 신용카드 관리를 철저히 한다.
- 컴퓨터는 집 내부의 공용장소인 거실에 두어 가족들이 함께 사용하고 사용시간을 정해놓는다.

---

12) 출처: 미디어이슈 : 사이버 폭력의 종류와 예방법|작성자 배재대학교, http://blog.naver.com/PostView.nhn?blogId=paichaiuniv&logNo=221300262501(검색: 2019.7.27)

- 자녀의 온라인 활동에 관심을 갖고 무엇을 하는지를 주의 깊게 살핀다.
- 자녀의 컴퓨터 이외의 활동을 하도록 도와준다.
- 컴퓨터와 스마트폰 사용법을 익히고, 자녀들의 무분별한 사용이나 오락용 도구로 사용하는 것을 제한한다.
- 사이버 폭력 신고 절차와 피해 조력 기관을 알아둔다.
- 피해를 당하거나 피해를 알게 된 경우 자녀에게 직접 해결하려 들지 말고 주변 어른들과 상의할 것을 강조한다.
- 사이버폭력 발생 시 언제든 부모님이 든든한 지지자가 됨을 알려 준다.
- 유해정보가 발견되면 즉시 신고하고, 컴퓨터와 스마트폰에 음란폭력물 차단 프로그램과 언어폭력 경고메시지 수신 서비스를 설치한다.

※ 음란폭력물 차단 프로그램

컴퓨터: (greeninet.or.kr) / 스마트폰: 스마트보안관(스마트보안관.kr)

※ 언어폭력 경고메시지 수신서비스

모바일 가디언: http://www.mguardian.co.kr

(2) 사이버폭력 피해 의심징후(주의해야 할 자녀의 행동)

- 핸드폰, 컴퓨터를 볼 때 긴장하거나 신경질적이고 물어보면 말하는 것을 꺼려한다.
- 성격이 조급해지고 난폭해진다.
- 학교 활동에 흥미를 잃었다.
- 집으로 돌아왔을 때 슬퍼 보이거나 침울해 보인다.
- 두통, 복통 혹은 식욕상실 등 건강상의 문제를 자주 얘기한다.
- 식습관, 잠자는 습관이 바뀌고 악몽을 꾼다.
- 자존감, 자부심이 없어 보인다.
- 갑자기 가족들로부터 멀어지려고 한다.
- 몰래 디스켓이나 색깔이 다른 CD-ROM을 보관한다.
- 가족이 갑자기 방에 들어가면 컴퓨터를 끄거나 화면을 바꾼다.
- 부모의 동의 없이 신용카드를 인터넷상에서 사용하거나 주소, 전화번호, 학

교, 이름 등 개인신상정보를 웹상에 공개한다.

- 인터넷을 통해 알게 된 사람을 만나려고 시도한다.
- 이유 없이 밤늦게까지 컴퓨터를 사용한다.

3) 사이버폭력 예방을 위한 학교의 역할

(1) 주의해야할 학생의 행동

- 인터넷을 활용한 실습시간에 딴 짓을 하거나 외진 곳의 좌석을 택한다.
- 수업시간 내내 모니터에 눈길이 가있는 학생의 행동을 유의한다.
- 식사를 거르거나 학교 등교나 중요한 일들을 자주 잊곤 한다.
- 친구를 사귀는 것에 서투른 행동양식을 보인다.
- 수업교재를 잘 준비해 오지 않고 수업시간에 엎드려 자는 경우가 빈번하다.

(2) 교사의 역할[13)]

- 통신사용 지침을 만들어 올바른 통신습관을 기를 수 있도록 교육한다.
- 학교 자체적으로 네티켓을 제정하여 교육하고 준수하도록 한다.
- 정보화교육의 일환으로 '사이버 날'을 정하여 운영한다.
- 통신언어와 표준어법을 비교하는 학습지도를 실시한다.
- 비밀번호나 ID에 영문이나 한글, 특수부호, 숫자 등을 섞어 사용하도록 권유한다.
- 개인정보의 오남용은 개인의 프라이버시를 침해하는 중대한 범법행위임을 인지시킨다.
- 불법복제 소프트웨어를 사용하지 말고 정품을 사용하도록 모범을 보인다.
- 가상공간의 바이러스 유포는 궁극적으로 자신에게 피해가 돌아가는 행위임을 주지시킨다.
- 모니터링 활동과 정보감시단 동아리를 조직하여 운영, 활동하도록 한다.

---

13) http://cafe.daum.net/new-eduguide/IDag/25?q=%EC%82%AC%EC%9D%B4%EB%B2%84%20%E%8F%AD%EB%A0%A5%20%EC%98%88%EB%B0%A9%EB%B2%95(검색: 2019. 8.5)

(3) 학교의 예방 및 대처요령

현대에는 학교폭력의 논란이 커짐에 따라 직접적인 폭력을 행사하기보다, 사이버 폭력이 유행하고 있다. 사이버 폭력의 대부분은 학교 밖에서 발생하거나 교사들이 인지하기 어려운 상황에서 발생하기 때문에 학교에서 사이버 폭력 대응에 둔감할 수 있다.

그러나 많은 발표 자료나 연구 결과들에 따르면 평소 학교에서 생활 태도가 좋고 학교만족도가 높은 경우 사이버 폭력 등에 노출될 가능성이 적다고 한다.

학생이 학교생활을 즐거워하거나 원만한 교우 관계를 유지하면 학교만족도가 높고 이러한 학생은 사이버 불링 가해에 참여할 확률이 낮다. 따라서 사이버 폭력에 대한 적극적 대응을 위해서는 학교 내에서 학생의 생활습관이나 교우관계에서 관심을 가지고 지속적으로 관찰을 해야 사이버 폭력을 사전에 예방할 수 있다.

① 학교의 예방수칙 마련

학생이 평소 사이버 폭력에 대한 인식을 공고히 하고, 사이버 폭력을 당했을 때 적극적 대응을 하기 위해서는 학교에서 평소 사이버 폭력에 대한 예방 수칙 등을 마련하고 상시적으로 교육해야 한다.

② 학생의 자정력을 갖는 프로그램

사이버 폭력 문제의 해결은 아이들 스스로 자신의 언어생활이나 습관 등에 대한 고찰을 통해 타인과 나의 생각과 태도가 왜 다른지, 나의 말과 행동이 타인에게 어떠한 상처와 피해를 줄 수 있는지에 대한 인식을 하게 할 필요가 있다.

영국은 청소년들이 직접 멘토로 활동하면서 또래 친구의 상담을 돕고 문제 해결을 위해 노력하는 '사이버멘토제도'가 있다. 사이버멘토에게 사이버 폭력에 대한 개념이나 신고 요령 등을 교육하면 학생들도 사이버 폭력의 심각성에 대해 인식을 같이하고 이 문제를 자체적으로 해결할 수 있도록 도울 수 있다(이창호 · 김경희, 2013).

이때 학교와 교사는 예방 교육을 주도적으로 하기보다는 한걸음 뒤에 물러나 아이들이 스스로 올바른 방향으로 사안을 판단하고 이끌어 나가고 있는지 지켜봐 주고 아이들의 판단에 조언을 하는 형태의 프로그램들을 운영해 나가야 한다.

③ 학교 성격에 맞는 교육 프로그램 개발

현행 사이버 폭력 예방 교육 프로그램의 경우 대부분 교육부에서 기본 가이드라인을 제공하면 각 시·도 교육청에서 이에 따라 세부 지도안을 마련하고 각 학교에서 프로그램을 운영하는 시스템으로 이루어지고 있다. 하지만 지역과 학교 여건에 따라 운영 가능한 프로그램은 상당 부분 제한될 수밖에 없다.

따라서 학교의 여건과 상황에 맞는 프로그램 개발에 대한 전폭적 지원이 필요하다.

④ 학생의 사회성 강화 중심교육 실시

대부분의 아이들이 사이버 폭력을 대수롭지 않은 문제로 생각하고 있고, 다른 학생이 피해를 입는 경우를 보더라도 지나치는 경우가 많았다(이승현·노성호, 2013).

학생 스스로가 평상시 학급생활을 하면서 모든 학생이 사이버 폭력 예방을 위해 앞장서야 한다는 인식을 강화하고, 사이버 폭력 문제에 예민해져 적극 대처할 수 있는 사회 풍토를 만들어야 한다.

평소 학교에서 사이버 폭력은 참을 필요가 없는 것이므로 가족이나 교사에게 적극적으로 알리고 상담을 받도록 지도하는 등 꾸준히 교육해야 한다.

또 사안이 발생하면 가해 학생과 피해 학생 스스로 자신의 문제를 들여다보고 대화의 장을 열도록 하는 문화를 조성해야 한다.

(4) 사이버폭력에 대한 학교의 사후 대처 요령

사이버 폭력이 발생했을 때는 사안에 대한 즉각적인 대응이 필요하다.

학교가 즉각 사안 문제에 반응하고 신속하게 처리하면 피해 학생과 가해 학생 모두 사안 처리를 신뢰할 수 있고, 갈등을 조기에 진압할 수 있다.

교사 대부분이 신체적 폭력에는 민감하고 신속하게 반응하는 반면, 사이버 폭력은 학교가 아닌 장소에서 수시로 이루어지므로 증거가 없거나 목격자가 없는 경우가 많아 피해 사실을 확정하기 어렵다.

또한 피해 사실과 가해 사실의 차이가 많이 나는 경우도 있어 피해자의 피해 감정이 과도한 것으로 판단하는 예가 많다. 이로 인해 피해 학생과 그 학부모의 불만이 최고로 고조된 이후에 학교에서 사안에 접근하는 경우가 많아 사안이 쉽사리 해결되지 않고 교사와 학부모도 갈등을 겪게 된다.

따라서 사이버 폭력에 대한 교사의 인식 전환이 상당 부분 고양될 필요가 있다.

최근 몇 년 전부터 인터넷이나 스마트폰 이용 방법 등이 급속도로 다양해지면서 이를 이용한 사이버 폭력 유형도 다양해지고 있다. 학생 대부분이 스마트폰을 소지하고 있고, 이들 대다수가 스마트폰을 이용한 사이버 폭력 등의 가해 · 피해 경험이 있는 것으로 보고되고 있다(이승현 · 노성 호, 2013).

이에 대한 교사의 관심과 인식이 적으면 피해 학생이 상당 시간 지속적으로 피해를 당한 이후에나 학교에서 사태를 해결하게 되는 문제가 생긴다.

따라서 다양한 매체를 통한 청소년의 언어활동에 대한 이해 및 교육을 통해 청소년의 언어문화를 이해하고, 다양한 매체를 통해 사이버 폭력의 가능성에 대하여 예의주시하고 신속하게 대응할 필요가 있다.[14]

4) 사이버폭력 예방을 위한 사회의 역할[15]

- 건전한 정보문화 확산에 노력한다.
- 사이버공간에서 철저하게 실명제가 되도록 한다.
- 국가에서는 사이버폭력 전담부서의 전문 인력을 확충하여 가해자에 대한 확실한 법적 처벌을 해야 한다.
- 사이버공간에서의 폭력을 심각한 우리들의 문제로 인식하도록 시민의식을 바꿔나가야 한다.
- '사이버폴리스'제도를 만들어 언어폭력을 일삼는 자는 회원자격을 박탈하여 사이트를 이용할 수 없게 한다.
- 사이버공간에 대한 자율적 감시와 비판활동에 적극 참여한다.

---

14) http://blog.naver.com/PostView.nhn?blogId=imi99&logNo=220842381730

15) http://cafe.daum.net/new-eduguide/IDag/25?q=%EC%82%AC%EC%9D%B4%EB%B2%84%20%E%8F%AD%EB%A0%A5%20%EC%98%88%EB%B0%A9%EB%B2%95(검색: 2019.7.28)

- 사업주의 책임강화와 사법기관의 대응을 강화하여 적극적으로 대처한다.
- 학교공동체, 가정공동체, 사회공동체의식을 회복하도록 한다.
- '내뱉는 독백'체제에서 '함께하는 대화'로 네트워크 대화의 구조를 개선한다.

5) 사이버 공간에서의 예절

(1) 소셜 네트워크 서비스(SNS) 사용 시의 예절

- 실시간으로 마주 보고 이야기하는 마음가짐으로 임한다.
- 처음 참여하면 그동안 진행된 대화의 내용과 분위기를 파악할 때까지 기다리는 것이 좋다.
- 최종 전송키를 누르기 전에 자신이 입력한 글자를 확인하고 상대 입장을 고려한다.
- 유언비어, 속어, 욕설 등의 표현은 삼간다.
- 상호 비방의 내용이나 타인의 명예를 훼손할 우려가 있는 내용은 금지한다.
- 개인에게 보내야 할 메시지가 전체에게 가지 않도록 주의한다.
- 말머리를 활용하여 전체 내용을 미리 알 수 있도록 한다.
- 각국의 다양한 이용자를 고려하여 문화 차이에서 오해를 불러일으킬 수 있는 표현은 삼간다.
- 과격한 말투의 메시지는 피한다.
- 팔로워는 전파된 글을 사용할 때 출처를 밝히고, 글을 가져가는 원본 글에 가져간다는 사실을 알린다.
- 팔로잉을 할 때 해당 사람에게 인사 메시지를 보내어 해당 사실을 알린다.
- 상대방이 인사 글이나 가입 추천 글을 보냈을 때에 원하지 않는 경우라도 거절 의사를 밝히는 답글을 보낸다.
- 상대방의 동의 없이 상대방의 자료나 정보를 광고나 홍보 등의 용도로 악용하지 않는다.
- 동시에 여러 사람이 볼 수 있는 대화 내용이므로 이에 적합한 표현과 일부 개인적인 사생활 침해가 되는 내용은 전송하지 않는다.

- 여러 사람의 시간을 낭비하지 않게 필요한 내용을 전송한다.
- 자신이 많은 수의 회원을 확보한 파워 블로거나 팔로어일 경우에도 우상화 심리가 생기지 않도록 자신의 회원에 대한 배려가 있어야 한다.

(2) 채팅할 때의 예절

- 마주 보고 이야기하는 마음가짐으로 임한다.
- 만나고 헤어질 때에는 인사를 한다.
- 대화방에 처음 들어가면 먼저 지금까지 진행된 대화의 내용과 분위기를 파악하는 것이 좋다.
- Enter 키를 누르기 전에 한 번 더 생각한다. 즉, 다른 사람이 당신을 느끼고 평가하는 것은 오로지 당신이 타자하고 있는 글자에 따른다는 것을 항상 명심해야 한다.
- 동시에 여러 사람과 이야기할 때에는 상대방을 혼동하지 않도록 조심한다.
- 지극히 개인적인 이야기나 주장은 피한다.
- 광고, 홍보 등 이름 알리기만을 목적으로 악용하지 않는다.
- 유언비어, 속어와 욕설 게재는 삼간다.
- 상호 비방의 내용이나 타인의 명예를 훼손할 우려가 있는 내용은 금한다.

(3) 게시판을 사용할 때의 예절

- 게시판의 글은 명확하고 간결하게 쓴다.
- 게시물의 내용에 알맞은 제목을 사용한다.
- 문법에 맞는 표현과 올바른 맞춤법을 사용한다.
- 타인의 인격과 사생활을 존중하고 보호하며, 자신의 정보도 철저히 관리한다.
- 건전한 정보를 제공하고 올바르게 사용한다.
- 다른 사람이 올린 글에 대해 지나친 반박은 삼간다.
- 사실무근의 내용은 올리지 않는다.
- 자기의 생각만을 고집함으로써 상대방에게 불쾌감을 주지 않도록 배려한다.

(4) 모바일 기기를 사용할 때의 예절

- 마주 보고 이야기하는 마음으로 통화한다.
- 상대방의 통화 실수에 대해 친절을 베푼다.
- 전화를 잘못 걸면 반드시 사과한다.
- 도서관, 강의실, 수업 시간, 회의, 병원, 연주회 등의 장소에서는 전원을 끈다.
- 대중교통을 이용할 때에는 주위 사람에게 피해가 가지 않도록 사용한다.[16)]

6) 사이버폭력 대처 요령

- 사이버폭력 피해 시 해당 메시지나 게시물을 캡쳐하여 보관하고, 발생한 날짜와 시간, 상황을 메모해두는 것이 좋다.
- 폭력적인 콘텐츠에 대해 사이트 관리자에게 피해 사실을 알리거나 블라인드 처리를 요구할 수도 있다.
- 자신의 개인정보가 타인에 의해 노출되었다면, 한국인터넷진흥원의 개인정보 침해 신고센터에, 그 외 명예훼손, 모욕, 스토킹 등을 당한 경우, 방송통신심의위원회의 원스톱 인터넷구제센터를 통해 상담을 받고, 신고까지 할 수 있다. 학교폭력과 연계한 사이버폭력의 경우, 학교에 이 사실을 알리고, 적절한 조치를 교사와 의논할 수 있다.
- 모르는 사이트에서 채팅을 하거나 사진을 주고받지 않는다.
- 상대방의 글에 감정적으로 대응하지 않는다.
- 가해자의 행위중단 및 원하지 않는다는 의사를 분명히 밝힌다.
- 혼자서 해결하려하지 말고 주위에 도움을 청한다(부모님, 학교선생님, 전문기관).
- 원하지 않는 메일, 쪽지, 메신저 등에는 답변하지 말고 보복대응 하지 않는다.
- 사이버폭력을 당하는 것이 자신의 탓이 아니므로 자책하지 않는다.
- 대화 시 상대방의 무리한 요구에 응하지 않는다.
- 피해사실에 대해 공개 자료를 수집해야 한다.

16) 다음백과, http://100.daum.net/encyclopedia/view/24XXXXX87437

- 사이버 테러 대응기관에 피해구제를 요청한다.
- 정보통신사업자에게 해당 글의 삭제를 요청한다.
- 발생된 사이버 폭력에 대하여 시스템관리자 및 경찰 등에 신고한다.
- 해당 범죄에 대한 가해자를 형사고발 할 수 있다.
- 손해배상책임을 묻는다.[17)]

❑ 정보통신윤리위원회에 상담, 신고 요청

- 불법 · 청소년유해정보신고센터
- 홈페이지 : http://www.singo.or.kr
- 전 화 : 02-3415-0112

※ 정보통신윤리위원회 심의 결과에 따라 이용자에 대한 경고, 해당정보의 삭제, 이용자에 대한 이용정지 및 이용해지 등의 시정요구를 통해 도움을 받을 수 있다.

❑ 사이트 운영자에게 해당 글의 삭제를 요청

해당 글이 게시된 사이트의 운영자에게 직접 해당 정보의 삭제를 요구하거나 반박문을 게재해 줄 것을 요청할 수 있다.

※ 각 사이트의 고객센터 또는 권리침해신고센터를 통하여 요청할 수 있다.

❑ 관할 경찰서, 사이버테러대응센터를 통하여 경찰수사 의뢰

- 사이버 테러 대응센터
- 홈페이지 : http://cyberbureau.police.go.kr
- 전 화 : 02-3939-112

---

17) https://tip.daum.net/question/110804368?q=%EC%82%AC%EC%9D%B4%EB%B2%84+%ED%8AD%EB%A0%A5+%EC%98%88%EB%B0%A9%EB%B2%95

❑ 교육목표

○ 사이버폭력의 개념을 설명한다.

○ 사이버폭력의 특징과 유형에 대해 설명한다.

○ 사이버폭력의 일반적 예방요령에 대해 설명한다.

○ 사이버폭력 예방을 위한 부모의 역할에 대해 설명한다.

○ 사이버폭력 예방을 위한 학교 및 교사의 역할에 대해 설명한다.

○ 사이버폭력 예방을 위한 사회적 역할에 대해 설명한다.

○ 사이버폭력의 대처요령에 대해 설명한다.

○ 사이버폭력 관련 법률을 검색, 분석하고 설명한다.

○ 사이버폭력 관련 사회적 이슈나 사례 및 논점에 대해 설명한다.

○ 사이버폭력 관련 사이트 검색, 분석하고 설명한다.

제5장

학교폭력과 안전

1. 학교폭력의 개요
2. 학교폭력의 유형
3. 학교폭력의 원인
4. 학교폭력 예방 요령
5. 학교폭력 대처요령

Chapter 05 학교폭력과 안전

1. 학교폭력의 개요

1) 학교폭력의 정의

학교폭력이란 학교에서 학생을 대상으로 한 폭행, 따돌림, 심부름 성폭력 등 신체, 정신, 재산상의 피해를 주는 행위를 의미하지만, 학교폭력의 내용에 대한 시각이 조금씩 다르다.

첫째, 폭력이 일어나는 장소다.

학생들이 학교에서 경험하는 폭력뿐만 아니라 가정이나 학교 밖에서 일어나는 폭력도 그것이 학생들에게 영향을 미치는 것이라면 학교폭력으로 보아야 한다는 광의적인 개념이 있는가 하면, 학교폭력의 범위를 학교 내에서 발생하는 폭력이나 학교 주변과 등하굣길에서 발생하는 폭력으로 한정하기도 한다.

둘째, 학교폭력의 주체가 되는 가해자와 피해자다.

우리나라보다 학교폭력 문제가 더욱 심각한 미국의 경우에는 학생들 간의 폭력뿐만 아니라 교직원들에 대한 학생의 폭력도 학교폭력의 범위에 포함시키는 경향이 있지만, 우리나라의 경우에는 교사에 대한 학생의 폭력 빈도가 상대적으로 적기 때문에 학교폭력에 관한 대부분의 연구에서는 이를 포함시키지 않고 있다가 최근 들어서 교사에 대한 학생의 폭력을 학교폭력의 유형에 포함시키는 경우도 있다.

셋째, 어떤 행위를 학교폭력으로 간주할 것인가의 문제다.

일반적으로 폭력은 타인 또는 타인의 재산에 해를 입히기 위한 물리적인 힘의 행사, 또는 타인에게 극심한 신체적인 고통이나 상해를 가할 의도나 그러한 의도를 인식하고 행한 행위라고 정의하고 있지만, 학교폭력의 경우에는 가해자가 타인에게 해를 끼치려는 의도를 가진 어떠한 행동도 폭력으로 간주할 수 있다.

「학교폭력 예방 및 대책에 관한 법률」[1]에 규정된 학교폭력의 정의는 "학교 내외에서 학생을 대상으로 발생한 상해, 폭행, 감금, 협박, 약취 · 유인, 명예회손 · 모욕, 공갈, 강요 · 강제적인 심부름 및 성폭력, 따돌림, 사이버 따돌림, 정보통신망을 이용한 음란 · 폭력 정보 등에 의하여 신체 · 정신 또는 재산상의 피해를 수반하는 행위"다.

이 법률에서 규정하고 있는 학교폭력의 행위 개념에 대한 의미를 살펴보면 다음과 같다.

- 상해: 신체의 완전성을 해하는 것으로 남의 몸에 상처를 내어 해를 입히는 것
- 폭행: 학생 간 발생하는 폭행으로 해당 사안은 교원이 해결해야 하고, 당사자 간 분쟁을 교육적 차원에서 조정하기 위해서는 다소 구체성을 띠어야 하기 때문에 형법상 협의의 개념인 '사람의 신체에 대한 유형력의 행사'로 해석(형법상 폭행죄에 해당하는 협의의 개념)
- 감금: 장소 이전의 자유를 침해하는 행위를 말하는 것으로 신체 그 자체를 구속하지 않고, 다만 일정한 장소에서 나오지 못하게 하는 일이 그 성립 조건임
- 협박: 상대방의 반항을 불가능하게 하거나 곤란하게 할 정도는 아니라도 상대방이 현실로 공포심을 느낄 수 있을 정도의 해악의 고지가 있는 경우(형법상 협의의 개념)
- 약취: 폭행 또는 협박으로 사람의 현재의 상태에서 자기 또는 제3자의 실력적 지배하에 두는 것
- 유인: 허위의 사실을 가지고 상대방을 착오에 빠뜨리게 하거나 감언이설(甘言利說)로 상대방을 현혹시켜 판단을 바르게 할 수 없게 된 사람을 자기 또는 제3자의 실력적 지배 내에 옮기는 행위
- 명예훼손: 특정 또는 불특정 다수가 인식할 수 있는 상태에서 진실한 사실이나 허위의 사실을 적시하여 그 사람의 평판이나 사회적 가치를 떨어뜨리는 행위

1) 「학교폭력 예방 및 대책에 관한 법률」 제2조 제1항

- 모욕: 공연히(불특정 또는 다수인이 인식할 수 있는 상태) 사실을 적시하지 아니하고 사람에 대하여 경멸의 의사 표시를 하는 행위
- 공갈: 재물을 교부받거나 재산상의 이득을 취득하기 위하여 폭행 또는 협박으로 공포심을 일으키는 행위
- 강요: 특정인에게 하기 싫은 일을 억지로 또는 강제로 하는 행위
- 강제적인 심부름: 특정인에게 강제적으로 심부름을 시키는 행위
- 성폭력: 성욕의 흥분, 자극 또는 만족을 목적으로 하는 행위로서 상대방에게 폭행과 협박을 하면서 신체적인 접촉을 하거나 성행위를 강제로 하는 것
- 따돌림: 특정인이나 특정 집단의 학생들을 대상으로 지속적이거나 반복적으로 신체적 또는 심리적 공격을 가하여 상대방이 고통을 느끼도록 하는 일체의 행위
- 사이버 따돌림: 인터넷, 휴대전화 등 정보통신기기를 이용하여 학생들이 특정 학생을 대상으로 지속적·반복적으로 심리적 공격을 가하거나, 특정 학생과 관련된 개인 정보 또는 허위 사실을 유포하여 상대방이 고통을 느끼도록 하는 일체의 행위
- 재물손괴: 「민법」상 재물은 유체물(동산, 부동산) 또는 전기 기타 관리 가능한 자연력을 말하며, 「형법」상으로는 유체물 및 관리할 수 있는 동력을 말하고, 손괴죄는 재물만을 객체로 함(손괴란 재물에 직접 유형력을 행사하여 그 이용 가능성을 침해하는 것임)
- 정보통신망을 이용한 음란·폭력 정보: 특정인에 대하여 모욕적인 언사나 욕설·허위의 글이나 사생활에 관한 사실을 인터넷 게시판에 올리거나 인터넷상이나 휴대전화를 통해 성적 수치심을 주는 음란한 대화를 강요하거나 위협이 되는 문자나 동영상을 보내어 정신적 피해를 주는 일체의 행위

따라서 학교폭력이란 교내 또는 교외에서 학생을 대상으로 발생하는 부정적인 의도를 지닌 신체적·물리적·심리적 공격 및 폭력행동으로, 한명 또는 여러 명의 학생이 힘의 불균형 상황 하에서 자기보다 약한 상대나 집단의 암묵적인 규칙을 어긴 자를 폭행, 협박, 따돌림, 등에 의하여 신체적·정신적 또는 재산상의 피해를 수반하는 행위라 정의할 수 있다.

다시 말하면, 힘의 우위에 있는 개인 또는 패거리들이 주위 학생들에 대해 언어적 위협, 놀림, 소지품 은닉, 따돌림, 집단에 의한 무시, 신체적 폭력, 성추행, 금품갈취는 물론 기물손괴 등의 행동을 하고, 공포분위기를 조성함으로써 주위 학생들이 심리적인 소외감과 극도의 불안감을 겪고, 신체적인 상처와 물리적인 손해를 감수하고 있는 상태라면 학교폭력이 발생된 것으로 볼 수 있다.

비록 타인의 입장에서 볼 때 하찮은 놀림이나 대수롭지 않은 행동일지라도 그것을 당하는 사람이 그로 인해 심리적 또는 행동적 불편함을 느끼면 그것 역시 엄연한 폭력행위가 된다.[2)]

2) 학교폭력의 특성

대체로 학교폭력으로 규정할 수 있는 행동에는 세 가지 특성이 있다. 다음의 세 가지 항목 중 하나 이상의 요건이 성립된다면, 그 행동은 학교폭력이라고 볼 수 있다.

- 고의성(intentional): 실수가 아닌 고의적으로 해를 입히거나 괴롭히는 말과 행동
- 반복성(repeated): 어쩌다 한번 일어난 행동이 아니고, 반복적으로 되풀이되는 행동
- 힘의 불균형(imbalance): 힘이 더 센 학생이 약한 학생을, 상급생이 하급생을, 다수의 학생이 한두 명 소수의 학생을 괴롭히는 것

3) 학교폭력의 구성 집단

- 가해자
- 피해자
- 주변인(bystander): 조력자, 강화자, 방관자로 분류
  - 조력자: 가해자보다는 덜 주도적이지만 학교폭력의 현장에서 가해자를 도와 가해행위를 도와주는 학생집단

2) http://cafe.daum.net/goodwl/OJZT/1?q=%ED%95%99%EA%B5%90%ED%8F%AD%EB%A0%A5%EC%9D%98%20%EC%A0%95%EC%9D%98

- 강화자: 가해활동을 직접 하지는 않지만, 구경꾼을 모아오거나, 가해학생을 자극하는 등의 행위를 하여 학교폭력의 가해상황을 더 강화하는 학생집단
- 방관자: 가해자, 피해자, 조력자, 강화자를 뺀 나머지 모든 학생을 일컫는 개념으로, 학교 현장에서 가장 많은 수를 차지한다.

학교폭력이 일어나는 상황에 있으면서도 방관하고 묵인하는 태도를 갖는데, 방관의 이유는 다양하게 존재한다.(내가 나서면 나까지 보복을 당할까봐, 관심이 없어서, 내가 도와준다고 바뀔 것이 없기 때문에 등)

2. 학교폭력의 유형3)

1) 신체적 폭력

- 신체를 손, 발로 때리는 등 고통을 가하는 행위(상해, 폭행)
- 강제 또는 속여서 일정한 장소로 유인하거나, 강제로 가두어 두는 행위
- 장난을 빙자한 꼬집기, 때리기, 힘껏 밀치기 등 상대학생이 폭력으로 인식할 수 있는 행위

2) 언어적 폭력

- 상대방의 명예를 훼손하는 말을 하거나 인터넷, SNS등으로 퍼뜨리는 행위(명예훼손, 모욕)[내용이 진실이라고 하더라도 범죄에 해당하며, 허위인 경우에는 형법상 허위사실유포에 의한 명예훼손에 해당하므로 가중처벌 됩니다]
- 신체 등에 해를 끼칠듯한 언행(죽을래? 등)과 문자메세지 등으로 겁을 주는 행위(협박)

3) http://blog.naver.com/PostView.nhn?blogId=lawhojin&logNo=221200651512

3) 금품갈취

- 돌려줄 생각이 없으면서 돈, 물품 등을 요구하는 행위
- 일부러 다른 학생의 물건을 망가뜨리는 행위
- 돈을 걷어오라고 하는 행위

4) 강요

- 속칭 빵 셔틀, 와이파이 셔틀, 게임 대행, 심부름 강요 등 상대방에게 의무없는 일을 하게 하는 행위

5) 따돌림

- 집단적으로 상대방을 의도적, 반복적으로 피하는 행위
- 단체로 놀리거나, 다른 학생들과 어울리지 못하도록 막는 행위

6) 성폭력

- 성행위를 강제하거나 유사 성행위 등 성적 모멸감을 느끼도록 신체적 접촉을 하는 행위
- 성적인 말과 행동으로 상대방이 성적 굴욕감, 수치감을 느끼도록 하는 행위

7) 사이버폭력

- 모욕적 언사나 욕설, 허위사실, 개인의 사생활 등을 인터넷 게시판, 채팅, SNS등에 올리는 행위
- 정보통신망을 통해 성적 수치심을 주거나, 폭력적인 문자, 그림, 동영상을 유포하는 행위

3. 학교폭력의 원인

학교폭력은 한 가지 원인에 의해 발생하는 경우는 극히 드물고 여러 가지 원인이 복합적으로 작용하여 발생하는 경우가 대부분이다. 또한 학교폭력은 그 정도나 양상이 갈수록 다양해지고 예측할 수 없는 상황에서 돌발적으로 발생하고 있기 때문에 그 정확한 원인을 찾기 어렵다.

학교 폭력의 원인은 당사자인 가해 학생의 반사회적인 성향과 폭력적 성향의 문제가 가장 크다고 할 수 있겠지만 간단하게 말할 수 없으며 그 원인요소인 개인 내면의 인성 문제, 가정 문제, 동료학생간의 관계문제, 사회적 환경적 요소 등 매우 복합적이다.[4]

여기서는 학교폭력의 일반적인 발생 원인을 아래와 같이 분류 할 수 있다.

1) 개인적 요인

비행학생의 가장 큰 개인적 특성은 충동성과 공격성에 있다. 생물학적 원인으로 전두엽 실행기능에 문제가 생기면 공격적, 부적절한 언어적 신체적 행동을 통제하는 능력이 부족하다.

또한 개인의 장애(품행장애, 반항성 장애, 주의결핍 및 과잉행동장애)가 원인이 될 수 있다. 이런 원인으로 사회적으로 잘 적응하지 못하고 폭력에서 자신을 보호할 수 있는 능력이 부족하면 표적이 되기도 하는데 반대로 이 원인이 공격적인 방법으로 표출되면 가해 청소년이 되기도 한다.

이런 개인적 특성은 청소년기에 한번 형성이 되면 쉽게 바꿀 수가 없기 때문에 더욱 더 문제가 되고 있다.

2) 가정적 요인

인격이 형성되어야 할 시기에 제대로 된 가정교육을 받지 못한 학생일수록 감정의 조절력과 표현방법을 제대로 익히지 못해 학교폭력 가해자가 되는 경우가

4) 충청타임즈, 2018.07.30. http://www.cctimes.kr/news/articleView.html?idxno=539234#08W8

있다. 가정환경이 학교 폭력과 직접적으로 연결되기 보다는 장기적으로 보았을 때 자녀가 삐뚤어진 성향으로 자라날 확률이 높다고 판단되기 때문에 가정교육의 중요성이 더욱더 대두되고 있다.

- 부모의 갈등, 가족구성원간의 갈등, 가정의 경제적인 빈곤, 부모의 범죄성향 등이 영향을 미침

3) 학교요인 : 학교교육의 역기능적 요소들

과밀한 학급 또는 학생 수, 폭력회피 능력의 제한, 분노, 거부, 불만 등을 야기 시킬 수 있는 행동의 제약, 순응의 요구, 폭력행위를 유발하기 쉬운 건물 구조, 교사의 무관심, 학교의 미온적인 대응, 학교에 대한 지역사회의 무관심, 통솔력과 지도력의 부재

4) 지역사회요인

- 학교 주변의 유해환경(불량 주택지, 빈민가, 오락실, 유흥업소, 노래방, 게임방 등)
- 청소년들의 호기심 자극하고 유흥비에 대한 욕구
- 금품갈취 유도
- 성인들이 청소년비행을 방관 묵인

5) 자본주의 사회풍조

정의, 도덕, 질서, 희생, 청렴 등의 정신적인 가치보다 돈과 쾌락을 더 중요시 여기는 사회 풍조와 돈과 쾌락만을 좇는 어른들의 모습을 보면서 아이들도 어른들과 똑같이 변해갈 수밖에 없다. 돈을 중시하는 사회 풍조는 수많은 맞벌이 부부를 만들었고, 아이들을 늦은 시간까지 방치할 수밖에 없는 상황에 빠지게 되었다.

6) 아이들에 대한 무관심

학교폭력의 가해자와 피해자 학생들에 대한 무관심이 학교폭력을 더욱 부추기고 있는 것이다. 부모들은 생업에 바빠서 교사들은 자신의 업무에 바빠서 아이들이 진정 고민하고 있는 것이 무엇이며 아이들끼리 어떻게 지내고 있는지 자세하게 살피고자 하지 않는다.

7) 환경적 요소와의 상호작용

학교폭력은 여러 가지 환경적인 요인의 상호작용에 따라 다른 문제를 야기하기도 한다. 즉, 본인의 성격이 온순하고 내성적이라고 할지라도 함께 다니는 친구들이 폭력과 폭언을 일삼는다면 자신도 그렇게 변할 수가 있고, 또한 반대로 폭력적인 성향이 있는 청소년도 부모님과의 친밀도를 높여 가정에 애착을 갖게 한다면 문제행동 유발환경에 노출되어도 충동적 행동을 억제 할 수 있게 되는 것이다.

8) 가정, 학교, 사회에서 폭력에 대한 직접 경험

학생들은 성장해 가면서 가정에서 부모로 부터, 학교에서 선생님으로 부터, 사회에서 불량배나 어른으로 부터 폭력을 당해 왔다. 학교 폭력은 가해자와 피해자가 무관하지 않으며 긴밀한 관계를 유지하고 있다.

피해 폭력을 당한 경험이 있는 경우에는 피해자가 자기 스스로 폭력을 행사할 수가 있으며 가족으로 부터 학대나 폭행을 받은 경험이 있거나 지역사회 내에서 폭력에 노출된 상황에서 자라난 청소년은 폭력 행사 빈도가 높게 나타났다. 가정, 학교, 사회로 부터 폭력을 경험하며 성장한 학생의 경우 그것이 폭력 발생의 원인이 되고 있다.

9) 매체를 통한 폭력의 간접 경험

청소년기 이전부터 T.V, 영화, PC 등의 영상매체나 폭력묘사 만화와 소설 등의 인쇄매체를 자주 접촉하면서 성장한 학생은 폭력 행사 빈도가 높게 나타나고 있다. 학생들의 성장과정에서 매체로부터 폭력 행사를 간접 경험한 학생이 폭력 행사가 많아 폭력 발생의 원인이 되고 있다.

10) 학생들의 문화시설과 여가 프로그램 부족

학교에서 친구, 선배, 후배와 이야기를 나누고 공동 활동을 전개하여 상호간의 신뢰를 쌓지 못하므로 소속감의 연대가 형성되지 않고 우정과 인정이 생성되지 않는 현실이다. 이종복 교수의 연구 조사 결과에서 학교 폭력 근절 대책으로 조사 학생의 76%가 학교 내의 여가 프로그램과 청소년을 위한 문화시설을 확충하는 것이 학교 폭력을 근절시킬 수 있는 예방책이라고 응답한 결과를 보더라고 학생 문화시설 부족과 학생들의 여가 프로그램 부족이 학생 폭력 발생의 한가지 원인이 되고 있다.

11) 개인과 집단의 대립에서 오는 소외감

학생들은 학교 안에서 다양한 생활을 하는 가운데 발생되는 대립 문제를 해결하지 못하므로 소외감이 생기고 이 소외감에 의해서 폭력이 발생되기도 한다. 이를 테면 친구에 대하여 차별의식을 갖거나 편견을 갖기도 하고 멋대로 행동하는 학생은 그렇지 않은 사람과 대립하게 되며 이 과정에서 소외감이 생기기 마련이다. 특히, 한 개의 학교에 평균 1-2개의 폭력 집단이 있는데 이들과 대다수 학생과의 대립에서 소외감을 느끼게 된다.[5)]

5) http://tip.daum.net/question/39432390?q=%ED%95%99%EA%B5%90%ED%8F%AD%EB%A0%A5%EC%9D%98+%EC%9B%90%EC%9D%B8

4. 학교폭력 예방 요령

학생의 생활 영역은 가정-학교-사회의 세 영역으로 구성되어 있어서 상호 간에 중첩되는 부분이 넓다. 때문에 학교폭력은 가정과 학교, 사회 영역에 걸쳐 이루어지는 것이며, 이 때문에 학교폭력의 예방과 대책은 언제나 세 영역에서 똑 같은 비중으로 강구되어야 한다. 청소년기는 한참 자라나는 감수성이 예민한 시기이기 때문에, 학교폭력은 신체적 충동에 의해 우발적으로 일어나는 경우가 많다. 따라서 학교폭력에 대한 예방 및 처벌은 도덕성과 가치관의 문제로 생기는 성인의 폭력과 구별해 교육적 차원에서 선도하는 방향으로 이루어져야 한다.

학교폭력예방을 위한 대책은 가정, 학교, 지역사회, 정부, 청소년단체 등의 측면에서 볼 수 있다.

1) 가정의 측면

- 첫째, 부모들의 올바른 가정교육관을 가져야 한다.
- 둘째, 부모의 올바른 가치관으로 건전한 가정 분위기를 조성해야 한다.
- 셋째, 부모는 자녀와의 대화를 통한 교육을 해야 한다.

2) 학교의 측면

- 첫째, 학교상담의 기능을 강화하기 위해 학교사회사업의 도입이 필요하다. 폭력 청소년들을 이해하기 위해서 초·중등학교 차원에서 학교 상담실을 개설하고 프로그램 개발과 동시에 효율적인 운영이 이루어져야 한다. 또한 감정통제 훈련, 의사소통 훈련, 인간관계 개선 프로그램 등의 교육이 이루어져야 한다. 특히 학부모와 지역사회 주민들의 자원봉사자로서의 상담원 활동에 적극적 참여가 요구되고 있다. 왜냐하면 청소년들이 매일 접촉하는 교사들보다는 별도의 상담자를 선호하고 있기 때문이다.
- 둘째, 현행 학교 여건이 어려워도 폭력 청소년을 학교에서 퇴학시켜서는 안된다. 부득이 퇴학당했을 때 퇴학을 재심할 수 있는 퇴학재심청구제도와 같

은 제도의 도입이 필요하다.

- 셋째, 부모교육도 필요하다. 즉, 부모들이 자신과 자녀에 대한 긍정적인 자아상 확립하고, 자녀를 과잉보호하는데서 탈피하며, 부모 자녀간의 대화 기회를 확대할 수 있는 기술 등을 교육하는 부모교육이 필요하다.

3) 지역사회의 측면

- 첫째, 인간 중심적인 가치관의 확산이 필요하다.
- 둘째, 유해환경의 정화가 요구된다.
- 셋째, 지역공동체 생활기능을 복원 또는 강화시켜야 한다.
- 넷째, 대중매체의 폭력에 대한 자율규제가 요구된다.

4) 정부의 측면

- 첫째, 유해환경을 대폭 정비하고 청소년 단체에 대한 지원을 강화해야 한다.
- 둘째, 음악감상실, 미술관, 도서관, 공연장 등과 같은 청소년문화 공간을 확충해야 한다.
- 셋째, 청소년관련 공무원들을 전문직화해야 한다.

5) 청소년단체

- 첫째, 청소년들의 고민이 일차적으로 또래집단과 공유되므로 예방 차원에서 또래 상담 지도자 양성 프로그램을 실시한다.
- 둘째, 회관중심의 프로그램보다는 현장방문활동이 필요하며 거리 청소년활동가의 역할이 필요하다. 더불어 이러한 현장 방문 지도자 양성 프로그램이 필요하다.
- 셋째, 전국적 차원에서 단체들이 연대하여 학교폭력을 이해할 수 있는 연구가 이루어져야 할 것이다.
- 넷째, 폭력 학교, 더 넓게는 비행 학교들을 돕기 위해 지역사회의 다양한 조

직들이 지원망을 형성하여 공동으로 운영하는 것이 필요하다.

이제는 온 사회가 나서서 관심을 갖고 모두가 나서지 않으면 학교폭력의 감소는 절대 이루어지지 않을 것이며, 애정과 관심 속에서 단속과 지도가 이루어져야 진정한 학교폭력 예방이 될 것이다.

6) 교사 측 예방요령

- 수시로 다양한 방법을 이용하여 학생 개인의 행동발달상황 및 교우관계 파악
- 학생들에게 생명의 존귀함, 상호 인권(인격) 존중, 역지사지(易地思之), 책임 및 준법의식 등을 인식시키고 신상필벌(信賞必罰)을 적절히 적용
- 항상 내 자녀나 친·인척도 폭력의 가·피해자가 될 수 있음을 인식
- 학생들의 사소한 폭력 또는 장난이라도 약자 입장에서는 심각한 폭력이 될 수 있음을 교육
- 폭력 피해를 당할 때에는 자신감을 가지고 대화로 당당히 맞서되, 어려울 경우 자리를 피한 후 반드시 선생님이나 부모님 또는 친구 등에게 알리도록 지도
- 폭력피해 우려자에 대해서는 함께 행동할 친구를 만들어 주고, 등?하교시 가급적 큰길을 이용하되, 필요할 경우 부모님과의 동행 권유
- 상담을 필요로 학생에 대해서는 학교차원에서 지도가 이루어질 수 있도록 관련 교원과 협의하여 공동지도
- 체벌보다는 웃는 얼굴, 온정적인 말, 사랑으로 대함
- 평소에 모욕적인 말투, 잘난 체하는 행동, 유별난 용의·복장 등에 대한 지도
- 누군가로부터 원치 않는 유혹을 받거나, 위협을 느끼면 선생님이나 부모님 또는 경찰 등에 알리도록 함
- 청소년 유해업소의 출입이나 불필요하게 시내를 배회하지 않도록 지도
- 조퇴자나 결석자에 대한 사유 확인·지도
- 학생들과의 면담, 이메일, 편지, 전화 등을 통한 수시 상담·조언
- 학생·학부모들에게 관련 신고망 및 대처 요령 홍보

7) 폭력피해자기 되지 않으려면

우선 자신의 감정을 표현할 수 있도록 교사, 학부모가 도와주어야 하며, 관련된 사람들이 도와주어서 효과적인 대처능력을 키워주도록 한다.

- 부모, 교사에게 알리고 협박문자 등을 보여준다.
- 자신에게 함부로 행동하지 못하도록 단호하게 행동한다.
- 문제를 공개적으로 해결해서 다른 피해를 사전에 막는다.
- 자신의 힘으로 사전행동을 하여 성장 동력을 키운다.
- 폭력으로 맞서지 않는다. 폭력으로 맞서면 함께 처벌되므로, 도움을 요청하고 신고해야 한다.
- 큰소리로 위험을 알리고 도망가도록 한다. 말이 아니라 실제 행동하는 법을 교육받아야 한다.
- 집단폭력에는 개입하지 말고 자리를 피하고 신고해야 한다. 무리가 있는 곳은 기웃거리지 않도록 한다.

5. 학교폭력 대처요령

1) 폭력발생 시 교사의 대처요령

- 사안 발생 시 즉시 학교장과 학부모에게 알리고, 치료가 필요하다고 판단될 때에는 신속히 병원으로 이송
- 진상조사 및 해결책 모색 시 가해자, 피해자에 대한 인권(인격)존중과 학습권 보호
- 피해자 결석 시 피해자 위문 등 성의있는 자세 필요
  - 필요시 학교담당 경찰관과 협의
  - 사안 해결 위한 임시전담팀(Task force) 구성 · 운영
- 사안의 투명한 처리로 오해 발생 예방
- 또 다른 피해 예방을 위해 가 · 피해자의 노출 삼가

- 가해자 · 피해자 측과 대화 시 언행을 조심하며, 한쪽의 주장에 치우치지 않도록 주의
- 증거가 될 만한 정보는 확보하며, 조사 및 상담결과는 반드시 기록
- 가해 · 피해 학생은 각각 별도로 상담하며, 누구와 먼저 상담함이 좋을 것인지는 사안에 따라 판단
- 상황에 따라서는 가해학생 또는 피해학생 보호 차원에서 부모와의 협의 하에 교육적 조치
- 가해 학생에 대해서는 교육적 차원에서 신속히 처리하되, 학생의 인권이나 학습권에 대한 민원이 발생하지 않도록 신중히 조치
- 가해자 선도(교육)를 위해 필요시 가해자 부모와 협의하여 전문기관 등에 위탁

2) 학교폭력 발생 시 대처 요령

(1) 학교폭력 발생 전 징후

- 이사 가자고 조르거나 전학, 자퇴하고 검정고시를 보겠다고 한다.
- 결석, 지각, 가출이 잦아짐
- 용돈을 자주 요구하고 도벽이 생김
- 학교 가는 것을 두려워한다.
- 이유없이 가출한다.
- 부모지갑에서 돈을 훔치거나 여기저기서 돈을 빌린다.[6]

(2) 가해학생이 앞으로 해야 할 일

가해학생에게는 진심으로 반성하고 화해할 기회를 주도록 한다.

- 폭행한 사실을 인정하고 진심으로 미안함을 느끼도록 한다.
- 맞은 친구의 입장을 생각하며 진심으로 반성하고 사과한다.
- 처벌을 수용하고 다시는 하지 않겠다고 다짐한다.
- 앞으로는 폭력을 말리는 사람이 되겠다고 맹세한다.

6) 학교폭력 예방과 지혜로운 대처방법, 국가평생교육진흥원 학부모지원센터, p.11, www.parents.go.kr

(3) 피해학생을 위해 부모가 할일

합리적인 대처로 자녀에게 건강한 자생력을 길러주며, 분노와 처벌보다는 치유와 성장의 기회로 삼는다.

- 자신의 문제를 해결해 내는 대처능력
- 다양한 가치 속에서 공존하며 살아가는 능력
- 용서와 관용을 베푸는 성숙한 자세
- 스스로 해내고 칭찬받아 자신감 회복

(4) 가해학생 부모가 할 일

자녀가 잘못을 수용하고 반성하고 새롭게 성장하는 기회를 제공해 주자.

가해학생과 부모는 책임을 져야 한다.

- 사실을 확인하고 잘못된 행동을 인정하기
- 피해학생에게 사과하고 신체적, 정신적 회복 도와주기
- 자녀가 친구, 부모관계를 회복하도록 노력하기
- 스스로 책임지는 자세, 타인을 수용하는 마음 배우기[7)]

(5) 학교폭력대책자치위원회

① 소집

학교폭력 사건이 신고 또는 고발되면 사건의 조사, 학교폭력 피해학생에 대한 보호 및 학교폭력 가해학생에 대한 선도 조치를 위해 자치위원회가 소집된다.[8)]

자치위원회가 소집되는 경우는 아래와 같다.

- 자치위원회 재적위원 4분의 1 이상이 요청하는 경우
- 학교의 장이 요청하는 경우
- 학교폭력피해학생 또는 그 보호자가 요청하는 경우
- 학교폭력이 발생한 사실을 신고 받거나 보고받은 경우

---

7) 학교폭력 예방과 지혜로운 대처방법, 국가평생교육진흥원 학부모지원센터, p.11, www.parents.go.kr.
8) 「학교폭력예방 및 대책에 관한 법률」 제13조제2항.

- 가해학생이 협박 또는 보복한 사실을 신고 받거나 보고받은 경우
- 그 밖에 위원장이 필요하다고 인정하는 경우

학교폭력자치위원회는 심의를 진행하기 전에 해당 사건에 대한 진상을 명확하게 파악하기 위해서 학교의 장 및 피해학생 또는 피해학생의 보호자는 심의 전에 교감, 전문상담교사, 보건교사 및 책임교사 등으로 구성된 학교폭력문제를 담당하는 전담기구에 가해 및 피해 사실 여부를 확인하도록 할 수 있고, 전담기구는 학교의 장 및 자치위원회에 가해 및 피해 사실 여부에 관하여 확인한 사항을 보고해야 한다.

② 심의내용

각 학교에는 학교폭력대책자치위원회가 설치되어 있으며, 이 위원회에서는 학교폭력과 관련한 다음과 같은 사항을 심의한다.[9)]

- 학교폭력의 예방 및 대책수립을 위한 학교 체제 구축
- 피해학생의 보호
- 가해학생에 대한 선도 및 징계
- 피해학생과 가해학생 사이의 분쟁조정
- 학교폭력의 예방 및 대책과 관련해서 학교폭력 문제를 담당하는 책임교사 또는 학생회의 대표가 건의하는 사항

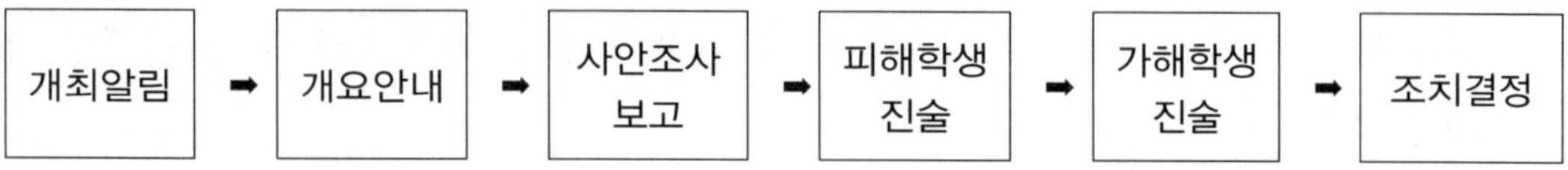

③ 피해학생보호조치

학교폭력자치위원회가 피해학생에게 취할 수 있는 보호조치는 다음과 같다. 이 조치는 상황에 따라 여러 개를 동시에 적용할 수도 있다(「학교폭력예방 및 대책에 관한 법률」 제16조제1항 각 호의 내용).

---

9) 「학교폭력예방 및 대책에 관한 법률」제12조 및 「학교폭력예방 및 대책에 관한 법률 시행령」 제13조 제2항.

- **심리상담 및 조언**

학교폭력으로 받은 정신적 · 심리적 충격으로부터 회복할 수 있도록 하기 위해 학교 내의 전문상담교사나 학교폭력 관련 기관의 전문가에게 심리상담 및 조언을 받도록 함

- **일시보호**

지속적인 학교폭력이나 보복의 우려가 있는 경우에 청소년 쉼터, 피해학생보호센터 등에서 일시적으로 보호를 받을 수 있도록 함

- **치료 및 치료를 위한 요양**

학교폭력으로 발생한 신체적 · 정신적 피해를 치료하기 위해서 학교에 출석하지 않고 의료기관 등에서 치료를 받거나 요양할 수 있도록 함

- **학급교체**

지속적인 학교폭력의 불안감에서 벗어나도록 하기 위해서 피해학생을 동일 학교 내의 다른 학급으로 옮기도록 함

- **그 밖에 피해학생의 보호를 위해 필요한 조치**

피해학생의 보호를 위해 필요하다고 판단되는 조치를 실시함

등하교시 교사 또는 경찰의 보호동행, 학교폭력 관련 전문기관 등과 연계한 의료 · 법률 지원 등

④ 가해학생징계

자치위원회가 가해학생에 대해 할 수 있는 처분은 다음과 같으며, 이 조치는 상황에 따라서 여러 개가 동시에 부과될 수도 있다(「학교폭력예방 및 대책에 관한 법률」 제17조제1항 각 호의 내용).

- **피해학생에 대한 서면사과**

가해학생이 피해학생에게 사과편지 등을 써서 화해할 수 있도록 함

• **피해학생 및 신고 · 고발 학생에 대한 접촉, 협박 및 보복행위의 금지**

가해학생이 피해학생 및 신고 · 고발 학생에게 접근하는 것을 막아 폭력이나 협박, 보복행위를 더 이상 할 수 없도록 함

• **학교에서의 봉사**

교내 청소, 교사업무보조 등 교내에서 일정시간 동안 봉사하도록 함

• **사회봉사**

지역의 교통안내, 요양기관 봉사, 지역 청소 등 교외에서 일정시간 동안 봉사하도록 함

• **학내외 전문가에 의한 특별 교육이수 또는 심리치료**

교내의 전문상담교사나 교외의 학교폭력 관련 전문가에게 특별 교육을 이수하게 하거나 심리치료를 받도록 함

• **출석정지**

피해학생과 가해학생을 격리시켜 피해학생을 보호하고 가해학생이 반성할 수 있도록 가해학생이 학교에 출석하지 못하게 함

• **학급교체**

가해학생을 피해학생으로부터 격리시켜 더 이상의 폭력행위를 막고 피해학생이 불안감을 느끼지 않도록 가해학생을 동일 학교 내의 다른 학급으로 옮기도록 함

• **강제전학**

지속적인 폭력행위가 단절될 수 있도록 가해학생이 다른 학교로 전학 가도록 함

• **퇴학처분**

학생의 신분을 상실시킴

또한 자치위원회는 가해학생에 대한 조치를 결정할 때 다음의 사항을 고려한다.[10)]

– 가해학생이 행사한 학교폭력의 심각성 · 지속성 · 고의성

- 가해학생의 반성 정도
- 해당 조치로 인한 가해학생의 선도 가능성
- 가해학생 및 보호자와 피해학생 및 보호자 간의 화해의 정도
- 피해학생이 장애학생인지 여부

⑤ 비밀누설금지

학교폭력 조사와 관련된 업무를 수행하거나 수행했던 사람은 그 직무로 인해서 알게 된 비밀 또는 피해학생 · 가해학생 및 신고자 · 고발자와 관련된 자료를 누설해서는 안 된다.[11]

비밀의 구체적인 범위는 다음과 같다.

- 학교폭력 피해학생과 가해학생 개인 및 가족의 성명, 주민등록번호 및 주소 등 개인정보에 관한 사항
- 학교폭력 피해학생과 가해학생에 대한 심의 · 의결과 관련된 개인별 발언 내용
- 그 밖에 외부로 누설될 경우 분쟁당사자 간에 논란을 일으킬 우려가 있음이 명백한 사항

이를 위반하면 1년 이하의 징역 또는 1천만 원 이하의 벌금에 처해진다.[12]

(6) 학교폭력 대응 정부정책

- 정부에서는 학교폭력에 대한 전반적인 문제를 다루기 위해 「학교폭력예방 및 대책에 관한 법률」을 제정 · 시행중에 있으며, 학교폭력 피해학생의 보호, 가해학생의 선도 · 교육 및 분쟁조정에 관한 사항을 규정하고 있다.
- 학교폭력의 피해학생은 학교(자치위원회)에 가해학생에 대한 조치와 피해자 본인의 보호요청을 할 수 있으며, 가해자, 그 감독의무자 및 학교 등을 상대로 손해(치료비 및 위자료 등)에 대한 배상을 청구할 수 있다.

---

10) 「학교폭력예방 및 대책에 관한 법률」 제17조제1항 및 「학교폭력예방 및 대책에 관한 법률 시행령」 제19조

11) 「학교폭력예방 및 대책에 관한 법률」 제21조제1항, 「학교폭력예방 및 대책에 관한 법률 시행령」 제33조제1호 및 제3호).

12) 「학교폭력예방 및 대책에 관한 법률」 제22조제1항.

- 피해학생은 117신고, 고소 등을 통해 가해학생에 대한 형사처벌을 요구할 수 있으며, 수사를 통해 범죄 혐의가 인정될 경우 가해학생은 형벌이나 소년법상 보호처분을 받을 수 있다.
- 현재 경찰에서는 각 학교마다 학교전담경찰관(SPO)을 배치하고 있다.
- 학교에서는 학교폭력자치위원회가 설치되어 운영되고 있다.
- 학교폭력 상담 및 신고센터는 117전화상담, 1388청소년 긴급전화, 위센터(www.wee.go.kr), 청소년사이버상담센터(www.cyber1388.kr)도 있다.

이와 같은 정부의 많은 노력에도 불구하고, 학교폭력은 여전히 증가하고 있으며, 피해자 보호대책은 매우 미흡한 상황이다.

- '학교폭력방지센터'는 뜻 있는 시민들이 모여서 만든 단체다. 학교폭력의 원인을 분석하고, 어떻게 하면 효율적인 대응방안을 만들 수 있느냐를 연구하고 있다.

그리고 학교폭력 피해자들과 보호자들을 만나 개별적인 사건에 대해 가장 효율적인 대처를 할 수 있는 방안을 강구하고 있다.

❑ 참고 사항

- 학교폭력 신고 전화
  - 교육청 관리 1588-7179, 기타 (검찰 1588-2828, 경찰 112 등)
- 학교, 시 · 도교육청 홈페이지
- 경찰청학교폭력상담신고센터(http://www.police.go.kr/center/cyber)
- 사이버테러대응센터(http://www.police.go.kr/ctrc/ctrc_main.htm)
- 정보통신윤리위원회(http://www.gender.or.kr)
- 한국청소년 상담원(http://www.kyci.or.kr)[13)]

13) http://cafe.daum.net/bogunclub/JSva/161?q=%EC%82%AC%EC%9D%B4%EB%B2%84%ED%8F%AD%EB%A0%A5%20%EC%98%88%EB%B0%A9%20%2C%20%EB%8C%80%EC%B2%98%EC%9A%94%EB%A0%B9(검색: 2019.7.23)

〈표 5-1〉 가해자의 처벌과 책임

10세부터 처벌, 14세부터 형사처벌 가능	▶	10세부터 소년법으로 처벌, 14세부터 성인과 같은 처벌
가해부모 교육 실시	▶	가해부모는 교육을 받아야 한다. 불이행 시 300만원 이하의 과태료
소송비, 치료비의 등의 비용 부담은 부모 책임	▶	자녀가 미성년자일 때 저지른 사고와 관련된 발생비용은 부모가 지급해야 한다.
성인이 되면 가해학생의 책임	▶	부모가 아무런 재산이 없다면 자녀가 법적 성인 되었을 때 그 책임을 져야 한다.
※ 참고: 학교폭력 예방과 지혜로운 대처방법, 국가평생교육진흥원 학부모지원센터, p.21, www.parents.go.kr		

❑ 교육목표

○ 학교폭력의 의미를 설명한다.

○ 학교폭력의 특징과 유형에 대해 설명한다.

○ 학교폭력의 원인에 대해 설명한다.

○ 우리나라의 학교폭력 처벌 규정과 문제점에 대해 설명한다.

○ 학교폭력 예방요령에 대해 설명하시오.

○ 학교 시 신고 및 도움을 받을 수 있는 전문기관을 설명한다.

○ 학교폭력 대처요령에 대해 설명한다.

○ 학교폭력대책자치위원회에 대해 설명한다.

○ 학교폭력 관련 최근 사회적 이슈에 대해 조사하고 분석한다.

제 6 장

성폭력(성범죄)과 안전

1. 성폭력의 연원 및 변천
2. 성폭력의 개념
3. 성폭력의 유형
4. 성폭력(성범죄)의 원인
5. 성폭력 피해
6. 성폭력 예방교육
7. 성폭력 대처 요령

Chapter 06 성폭력(성범죄)과 안전

1. 성폭력의 연원 및 변천

성폭력은 1980년대 사회 전체적으로 국가 공권력에 의한 폭력이 만연하던 시기부터 가시화되었다. 노동운동에 대한 탄압의 분위기 속에 1986년 부천 성고문 사건, 뒤이어 1987년 전남 고흥에서 경찰에 의한 임신여성 성폭행 사건을 비롯하여 일련의 성폭력 사건이 발생하면서 성폭력에 대한 사회적 관심이 증가했다.

이런 분위기 속에서 1983년 '한국여성의전화'가 개소하여 아내구타, 강간 등 여성에 대한 폭력 문제를 사회적 이슈로 다루면서 '성의 폭력'이라는 개념으로 등장하기 시작했다. 초기에는 여성에 대한 차별이 폭력적으로 나타난 것으로 파악하면서 성폭력을 여성에 대한 폭력으로 접근했다. 1990년대를 지나면서 노동운동, 민주화운동과 연관되지 않는 성폭력이 발생하면서 성폭력은 '여성의 성(sexuality)에 대한 폭력'으로 인식되었다. 한국성폭력상담소와 함께 법 제정 논의가 시작되었고, 여성운동 진영에서 '성적 자기결정권'의 내용을 포함하고자 했으나 받아들여지지 않은 채, '성적인 함의를 갖는 폭력'을 주된 처벌대상으로 삼는 것으로 1994년 '성폭력범죄의처벌및피해자보호등에관한법률'(성폭력특별법)이 제정되었다.

성폭력은 80년대 이전까지 (부녀자)의 '정조에 관한 죄'로 여성 개인보다 남편이나 가족의 명예를 실추시키는 사안으로 접근되었다. 그러나 여성운동 진영에서 이 개념을 적용함으로써 '정조'에 국한된 강간사안보다 범위를 확대하여 인신매매, 아내구타도 포함하는 것으로 변화되었다. 동시에 혼인관계 내의 부녀자에 국한되는 문제가 아닌 점도 강조되어 전체 여성에 대한 전반적인 폭력으로 해석이 확대되었다.

그러나 성적인(sexual) 폭력이 젠더, 즉 여성에 대해서만 행해지는 폭력으로 국한되면, 군대나 감옥에서 발생하는 남성들 간의 성폭력, 남성 유아에 대한 어른의 성폭력 등을 포괄하지 못하는 한계가 노출되었다. 따라서 성폭력이 여성에게만 국한되어 진행되는 것이 아닌 측면을 포함하기 위해 남녀 간에 발생하는 성적인 폭력의 내용 뿐 아니라 동성 간에 발생하는 내용까지 포함하여, 성추행, 강간, 강간미수, 조직문화의 위계 구조 내에서 발생하는 성희롱, 어린이 성추행 등이 개념에 포함되는 것으로 변화되었다. 1994년 법률제정 이후, 현실 개념이 법률 적용에서 구체화되지 못하는 문제점으로 인해 지속적인 개정안을 통해 구체적 내용과 처벌 조항이 변화되고 있다.

성폭력을 단순한 폭력의 문제에 국한하거나 여성에 대한 문제로 국한하지 않고 인간 존재의 성적 권리를 침해하는 것으로 사회적 인식을 바꾸기 위한 노력이 지속되고 있다. 한 예로 여성의 피해자화를 강조하는 것을 넘어서기 위해 '생존자' 개념을 도입하기도 하는 등, 다양한 층위의 경험들을 성찰하여 여성을 비롯한 개인들이 성적 주체로 존중받지 못하는 것이 문제의 근원임을 사회가 인식할 수 있도록 하는 운동이 지속되고 있다.

성폭력 개념은 이를 통해 사회에서 간과된 중요한 측면이 성찰되는 계기를 마련했다. 개념의 성립이 여성운동의 노력과 더불어 법률제정으로 연결되면서 구체적인 사례들에 대한 법적 조처가 취해지는 계기가 마련되었다. 법이나 사회의 인식이 아직은 개인의 성적 자기결정권의 개념을 온전히 받아들이는 수준에 미치지 못하고 있으나, 계속되는 법 개정을 통해 남성 중심문화, 성 차별화된 구조가 성폭력을 양산하는 기반이 되고 있음을 알리면서 사회의 인식 개선에 영향을 미치고 있다.[1)]

2. 성폭력의 개념

1) 성폭력의 정의

성폭력(sexual violence)이란 성(sexual)과 폭력(violence)의 합성어로, 성폭력은 상

1) https://100.daum.net/encyclopedia/view/14XXE0068196(검색:2019.8.13.)

대방의 의사에 반하는 성적 행동을 하거나 강요하는 것으로서, 성적 자기결정권을 침해하고 성적 수치심과 혐오감을 유발 하는 모든 신체적, 언어적, 정신적 행위를 의미한다.

즉 성폭력은 성을 매개로 강제적으로 행사하는 모든 신체적, 언어적, 정신적 폭력이라는 점, 성적 자기결정권 침해, 상대방의 의사에 반하는 행위라는 것이 중요하다.

성폭력의 정의에 대해서는 심리적, 사회문화적, 법적, 여성학적 등의 다양한 측면에서 규정되고 있으며, 성폭력의 유형이나 범위에 있어서도 그 견해에 다소 차이가 있지만 성폭력을 규정짓는 가장 중요한 요인은 개인의 성적 자기결정의 자유를 침해하였는지에 대한 행위의 강제성 유무에서 규정된다고 하겠다.

그리고 이러한 성폭력에 대한 개념도 점차 확대되어 과거 강간 중심적 개념정의에서 다양한 유형의 성적 공격 행위를 포함하는 개념으로 발전되었다.

성폭력은 성희롱, 성추행(강제추행), 성폭행(강간) 등 성(性)에 관련한 범죄를 전부 아우르는 개념으로, 언어적 성희롱과 음란성 메시지, 불법촬영 등 상대방의 의사에 반해 가해지는 모든 신체적·정신적 폭력을 포함한다. 또한, 일상생활에서 막연히 느끼는 불안이나 공포, 행동의 제약도 넓은 의미에서 성폭력에 해당할 수 있다. 성폭력은 피해자에게 주는 심각한 인권 문제로, 세부적인 법적 기준은 지역이나 나라마다 다르다.

형법 및 성폭력범죄의 처벌 등에 관한 특례법은 강간, 강간미수, 강제추행, 특수강간, 준강간, 유사강간, 공중밀집장소에서의 추행, 성적 목적을 위한 공공장소 침입, 통신매체를 이용한 음란행위, 카메라 등을 이용한 촬영 등을 처벌하도록 하고 있다.

아동·청소년의 성보호에 관한 법률은 19세 미만의 아동과 청소년을 보호하고 13세 미만의 아동 대상 가해자를 가중 처벌할 수 있도록 하고 있다.

2) 성희롱, 성추행, 성폭행 비교

(1) 성희롱

성적 언행으로 상대방에게 불쾌감과 혐오감을 느끼게 하는 행위. 성적 언행에 거부하거나 불쾌감을 드러냈다는 이유로 고용 등에서 불이익을 주는 행위도 포함하는 개념이다. 법에서는 주로 노동관계를 전제로 지위를 이용하거나 업무와 관련해 성적 언행을 하거나 그에 불응했다는 이유로 고용 상 불이익을 주는 행위를 일컫는다. 노동관계 이외로는 공공장소에서의 성희롱과 아동, 노인, 장애인 등 사회적 약자에 대한 성희롱을 금지하고 있다. 공공장소에서의 불법촬영도 성희롱에 해당한다.

❑ 국가인권위원회법 제2조 제3호

- 성희롱행위란 업무, 고용, 그 밖의 관계에서 공공기관의 종사자, 사용자 또는 근로자가 그 직위를 이용하거나 업무 등과 관련해 성적 언동 등으로 성적 굴욕감 또는 혐오감을 느끼게 하거나 성적 언동 또는 그 밖의 요구 등에 따르지 않는다는 이유로 고용상의 불이익을 주는 것을 말한다.

(2) 성추행

추행(醜行)이란 가해자가 성욕의 흥분이나 만족을 얻는 것을 목적 등의 이유로 상대방의 성적 자유를 침해하는 행위 전반을 일컫는다. 「형법」에서는 폭행이나 협박으로 강제추행을 한 사람을 강제추행죄로 처벌하고 있다. 폭행이란 법률상 용어로, 사람에게 신체적·정신적 고통을 주어 유형력을 행사하는 행위를 말한다. 또한, 강제로 술을 먹이거나 약물을 사용한 경우도 폭행으로 판단할 수 있다. 단, 직·간접적 성기 결합이나 삽입이 있다면 강제추행죄가 아닌 강간죄나 유사강간죄로 처벌한다. 폭행·협박의 기준이 엄격한 강간죄와 달리 강제추행죄의 폭행은 상대방의 의사를 억압할 정도가 아니더라도 성립할 수 있다.

- **형법 제298조(강제추행)**

폭행 또는 협박으로 사람에 대하여 추행을 한 자는 10년 이하의 징역 또는 1천500만 원 이하의 벌금에 처한다.

- **형법 제299조(준강간, 준강제추행)**

사람의 심신상실 또는 항거불능의 상태를 이용하여 간음 또는 추행을 한 자는 제297조(강간), 제297조의2(유사강간) 및 제298조(강제추행)의 예에 의한다.

(3) 성폭행

상대방의 동의 없이 일방적으로 성관계를 맺는 행위다. 피해자에게 심각한 정신적·육체적 피해를 주는 성폭력으로 한국에서는 「형법」, 「성폭력범죄의 처벌 등에 관한 특례법」 등에 따라 처벌하고 있다. 과거에는 남성이 여성에게 가한 성폭행만을 강간죄로 인정했으나 2013년 관련 법률이 개정되면서 강간죄의 객체가 '부녀'에서 '사람'으로 정정되었다. 또한, 과거에는 부부간 강간죄가 성립하지 않았으나 2013년 대법원이 전원합의체 판결을 통해 혼인 관계가 유지되더라도 부부 사이의 강간죄가 성립한다고 판시했다)

「형법」 상 강간죄 기준이 너무 엄격하다는 비판이 있다. 한국 형법에서는 폭행이나 협박을 동반해 상대방의 반항을 현저히 곤란하게 할 정도여야만 강간죄가 성립하는 것으로 판단하기 때문이다. 따라서 피해자가 동의하지 않은 성관계였음이 명백하더라도 수치심과 두려움 등으로 적극적으로 저항하지 못했다는 이유로 강간죄가 성립하지 않은 판례가 많다. 또한, 강간죄의 판단 기준을 '동의'가 아닌 '저항'에 둠으로써 피해자가 자신이 얼마나 저항했는지를 증명해야 하는 상황에 놓이게 되는 것도 문제로 지적된다. 결과적으로 가해자가 아닌 피해자를 중심으로 재판하게 되면서, 2차 피해가 발생한 가능성이 커지기 때문이다.[2)]

2) 다음백과, http://100.daum.net/encyclopedia/view/b12s0985a

3. 성폭력의 유형

1) 성폭력범죄의 법적 규정

성폭력 범죄란 성희롱이나 성추행, 성폭행 등을 모두 포괄하는 개념으로 '성을 매개로 상대방의 의사에 반해 이뤄지는 모든 가해행위'를 뜻한다.

따라서 성폭력범죄는 기존 형법에 규정된 성폭력범죄, 성폭력특별법에서 새로 규정한 성폭력범죄, 다른 법률에 의하여 가중 처벌되는 성폭력범죄를 모두 말할 수 있다.

- 성폭행(강간, 준강간, 유사강간)
- 성추행(강제추행, 준강제추행)
- 통신매체이용음란
- 카메라 등 이용 촬영
- 성희롱

(1) 강간

법적으로 '강간'이란 "폭행이나 협박으로 반항할 수 없게 의사를 억압하고는 강제로 사람을 간음하는 행위"를 말한다. 대개 강간이라 함은 인간이 인간을 강제로 간음하는 경우를 의미한다.

(2) 준강간, 준강제추행

준강간(準强姦)은 사람의 심신상실 또는 항거불능의 상태를 이용하여 간음 또는 추행함으로써 성립하는 범죄이다. 폭행 또는 협박의 방법으로 간음 또는 추행한 것은 아니지만 심신상실 또는 항거불능의 상태를 이용하여 같은 결과를 초래한 때에 이를 강간 또는 강제추행죄와 같이 처벌하는 것이다.

본죄의 보호법익은 성적 자유라고 이해되고 있다. 그러나 본죄의 객체는 대부분 성적 자유를 가지지 못한 사람이므로, 엄격히 말하면 본죄는 성적 자유를 가지지 못한 사람이 성욕의 객체나 도구가 되는 것으로부터 보호하는 데 그 취지가 있다.

본죄는 간음 또는 추행이라는 하나의 행위로 이루어지는 범죄이다. 그러므로 본죄의 불법은 간음 또는 추행을 스스로 실행하는 데에 있다. 즉, 본죄는 준강간죄인가 준강제추행죄인가를 묻지 않고 모두 자수범이라고 해석해야 한다. 따라서 본죄는 스스로 간음 또는 추행을 행한 자만이 정범이 될 수 있으며, 간접정범에 의하여 본죄를 범할 수는 없다. 준강간죄는 간음을 대상으로 하므로 자고 있는 배우자와는 관계를 가질 수 있다는 해석도 있다. 단, 부부 간에도 강간죄는 성립한다.

(3) 유사강간

강간과 유사하게 강제적으로 맺는 유사성행위이다. 그동안 강간죄는 질 내 삽입만을 대상으로 하면서 애널강간이나 오랄강간은 처벌되지 못하고 강제추행으로 처벌을 받았다. 이에 따라 동성 성폭행 등은 가볍게 처벌받는 문제가 제기되었다. 한국에서는 2006년 성폭력특별법에서 피해자가 아동, 청소년인 경우에 도입하였고, 2013년 6월 19일 형법과 군형법에서도 도입되었다.

(4) 강제추행(强制醜行)

폭행 또는 협박으로 사람을 추행하여 성립하는 범죄(형법 제298조)이다. 일반적으로 성추행으로 일컫는 행위를 범죄로 정한 것으로 법률상의 용어다. 사람의 성적 자유 내지 성적 자기결정의 자유를 보호하기 위한 기본적 구성요건이다.

주체와 객체를 불문하므로 여자도 본죄의 단독정범이 될 수 있는가 하면 남자도 강제추행의 객체가 될 수 있다. 즉, 동성추행의 경우에도 본 죄가 성립한다. 종래의 학설은 부부관계의 특수성을 고려하여 법률상의 배우자에 대하여는 강요죄만 성립하는 것으로 봤으나, 부부간에 강간죄가 성립한다면 당연히 강제추행죄도 성립한다고 봐야 할 것이다.[3)]

3) https://namu.wiki/w/%EC%A4%80%EA%B0%95%EA%B0%84(검색: 2019.8.14.)

(5) 통신매체이용음란죄

광의의 성폭력의 하나로 자기 또는 타인의 성적 욕망을 유발하거나 만족시킬 목적으로 통신매체를 통하여 성적 수치심이나 혐오감을 일으키는 말, 음향, 글, 그림, 영상 또는 물건을 상대방에게 도달케 하는 죄를 말한다. 법의 개정 속도에 비해 법률 교육이 미비해서 이런 죄가 있는지조차 모르는 사람들이 많으나, 이 죄를 지으면 성범죄자가 된다.

보호법익은 일반적 인격권, 사회의 건전한 성풍속, 그리고 '성적 자기결정권에 반하여, 성적 수치심을 일으키는 그림 등을 개인의 의사에 반하여 접하지 않을 권리'이며, 따라서 연인 관계 등에서 서로의 합의와 애정 하에 통신매체를 사용한 것은 해당되지 않는다.

(6) 카메라등이용촬용죄(도촬)

카메라나 그 밖에 이와 유사한 기능을 갖춘 기계장치를 이용하여 성적 욕망 또는 수치심을 유발할 수 있는 다른 사람의 신체를 그 의사에 반하여 촬영하거나 그 촬영물을 반포·판매·임대·제공 또는 공공연하게 전시·상영한 자는 5년 이하의 징역 또는 3천만원 이하의 벌금에 처한다.(성폭력범죄의 처벌 등에 관한 특례법 제14조)

(7) 성희롱

성적 언행으로 상대방에게 불쾌감과 혐오감을 느끼게 하는 행위. 성적 언행에 거부하거나 불쾌감을 드러냈다는 이유로 고용 등에서 불이익을 주는 행위도 포함하는 개념이다. 성희롱에 대한 법적 정의 및 관련 규정은 1996년 여성발전기본법(현행 양성평등기본법)에서 처음 법제화되면서 이루어졌다. 이 법은 성희롱의 개념을 명시하고 국가와 지방자치단체, 사업주 등에게 성희롱 예방 조치를 취할 의무를 부과했다. 이어서 2014년 이후 국가인권위원회법 및 남녀고용평등과 일·가정 양립 지원에 관한 법률(이하 '고용평등법'이라 한다.)에 '성희롱'에 대한 내용이 규정되었다.

2) 대상별 유형

(1) 어린이 성폭력

13세 미만의 어린이에 대한 성폭력을 말하며 어린이 성폭력은 성인에 대한 믿음을 파괴하고 더 나아가 인간에 대한 신뢰를 상실케 하고 배신감을 갖게 한다는 점에서 심각한 범죄행위이다. 유형별로 다음과 같은 것들이 있다.

- 신체접촉이 일어나지 않은 성폭력 : 말로 희롱하는 것, 피해자의 옷을 벗기는 일, 피해자 앞에서 옷을 벗거나 자위행위를 하는 일.
- 성기 이외에 성적 접촉을 한 성폭력 : 피해자의 몸을 만지는 일, 가해자의 몸을 만지게 하는 일.
- 성기뿐 아니라 몸에 성적 접촉을 한 성폭룍 : 피해자의 성기를 만지는 일, 가해자의 성기를 만지게 하는 일.
- 가해자의 성기를 피해자 허벅지 사이에 끼우게 하는 것.
- 피해자의 입에 가해자의 성기를 삽입하는 것.
- 피해자의 질, 항문에 가해자의 손가락이나 이물질을 삽입하는 것.
- 어린이에게 약물이나 술을 먹이고, 때리면서 동시에 위의 여러 성폭력도 함께 하는 것.

(2) 친족 성폭력

친족 성폭력은 가족, 친척, 인척관계 내에서 일어나는 강제적인 성적 행동을 의미한다. 일반적으로 친부나 의부 그리고 형제자매, 삼촌, 사촌, 이모부, 고모부 그리고 시부모나 할아버지에 의해 발생한다. 친족 성폭력은 피해자와 가해자가 공동으로 거주하거나 일상적으로 대면하게 되어 있어 피해가 일회적이지 않고 지속적이라는 점이 특징이다. 특히 친족 성폭력은 가해자가 자신의 욕구를 충족시키기 위해 물리적인 힘이나 권력 또는 연령이나 가족 내 지위가 주는 권위 등을 이용한다.

친족 성폭력은 친족 성폭력을 피해자와 가해자가 오랫동안 같은 공간에서 머물러야 하는 특성상 보통 어린 시절부터 시작되어 청소년기, 성인이 되어서도 지속적으로 성폭력 피해를 경험하게 될 수 있으므로 가족 중에 가해자가 있다면 빨리 피해자와 분리시켜야 한다. 피해자는 가장 신뢰하는 사람에게 피해를 입기 때문에 신체적, 심리적, 사회적으로 더욱 심각한 후유증과 어려움을 겪게 된다.

(3) 데이트 성폭력

데이트 중에 상대방이 원하지 않는 성적인 행동을 하거나 강요하는 것을 말한다. 데이트 성폭력은 상대방의 의사를 제대로 확인하지 않아 발생하는 경우가 많고 서로 좋아하는 감정을 가지고 있기 때문에 피해자와 가해자 모두 성폭력이라고 인식하지 못하기도 한다. 하지만 신뢰를 바탕으로 한 관계에서의 성폭력이기 때문에 피해자의 상처는 더욱 크다.

실제 데이트 성폭력은 상당히 많이 발생하는 편인데 '한국여성의전화'에 따르면 2007~2008년 이뤄진 성폭력 피해 상담 가운데 가해자가 데이트 상대자인 경우가 총 954건의 상담 가운데 275(25.3%)건으로 가장 많았다. 또한 2009년 9월부터 한 달간 서울 지역 11개 대학 796명(여성 61.85%, 남성 38.2%)의 학생을 대상으로 설문조사를 실시한 결과, 10명 중 4명꼴로 데이트 중 강간, 성관계 강요, 원치 않은 신체 접촉 혹은 음담패설 등 성폭력을 경험했다고 나타났다. 성폭력이 있었지만 관계를 유지하는 이유에 대해, 여성 응답자의 절반은 '항상 그러는 것은 아니어서'라고 대답한 반면, 남성의 45.9%는 '사귀는 사이에서 자연스러운 일이므로'라고 대답해 성별 간 인식차를 드러냈다.[4)]

일반적으로, 사회적으로 요구되는 전통적인 여성성과 남성성이 데이트성폭력을 발생시키는 한 요인이 된다. 남성들은 아주 어린 나이에서부터 강하고 공격적이 되도록 교육받아 옴에 따라 성적으로도 강하고 그들의 남성성의 한 부분으로서의 성적인 만족감을 얻어야 한다는 점을 계속해서 주입받을 수 있다.

여성과 남성사이의 의사소통의 불일치도 문제가 된다. 여성은 단지 친절하게 행동했을 뿐인데 남성은 이 친근함을 "성관계를 해도 좋다"라는 신호로 잘못 해석하기도 한다.

데이트성폭력은 단순히 한 순간의 열정에 의한 범죄가 아니라 그것은 한 여성

---

4) https://rain.re.kr/50

과 한 남성의 인간적인 관계를 파괴하는 것이다. 다른 사람을 존중하는 사람은 상대가 원하지 않는 것을 하도록 강요하지 않는다.

(4) 스토킹

스토킹은 상대방이 원치 않는데도 불구하고 계속해서 쫓아다니며 일방적인 연락을 하는 행위로 명백한 성폭력이다. 스토킹은 사생활 침해는 물론 피해자에게 극도의 공포와 불안감을 일으킬 수 있다.

만나줄 것을 요구하거나 두 사람사이의 일을 공개하겠다고 협박하거나 반복적으로 연락하는 것 등 정신적, 신체적으로 괴롭히는 것이 해당한다. 사랑의 표현이나 구애로 보는 경우가 많지만 스토킹은 피해자의 인권을 침해하는 심각한 성폭력 범죄이다.

(5) 사이버 성폭력

정보통신망의 채팅, 이메일, 쪽지 등을 통해 음란한 이야기와 장면을 보게 함으로써, 성적 수치심이나 위협을 느끼게 하는 행위는 사이버 성폭력으로 분류된다. 사이버 성폭력 역시 오프라인과 마찬가지로 성적자기결정권 침해와 안전한 환경에서 활동할 권리를 침해하는 범죄 행위이다.

(6) 공공장소 내 성폭력

주로, 지하철이나 버스에서 일어나며 사람들이 많은 공공장소에서 발생하는 성폭력을 말한다. 사람들이 많은 장소에서 여성들에게 몸을 부딪치거나 다리를 벌리고 앉아서 옆 사람에게 피해를 주는 행위, 타인에게 몸을 고의적으로 비비는 행위가 대표적이다. 이런 행위는 성추행이기도 하며 상대방에게 강한 불쾌감을 느끼게 한다.

(7) 장애인 성폭력

장애인 성폭력은 피해자가 어떤 장애유형을 가졌는지, 가족과 지역공동체 환경은 어떠한지, 사회문화를 어떻게 경험했느냐에 따라 사례별로 다양한 특성을 보인다. 특히 일부 장애유형에서 성폭력 피해가 지속적으로 나타나는 것은 가해자가 피해자의 상황을 잘 알고 있는 주변인인 경우가 많아 1회에서 그치지 않고 지속적이고 상습적으로 발생하기 때문이다. 실제 장애인 성폭력 피해사실이 피해자 본인이 직접 신고하기보다 가까운 주변인에게 피해사실을 조심스럽게 털어놓으면서 사건이 밝혀지는 경우가 많다. 그러나 가해자가 집요하게 협박하거나 비밀보장을 강요하기 때문에 피해사실을 말하는데 어려움을 겪는다.

(8) 2차 가해

1차 가해는 가해자가 피해자에게 행한 직접적인 가해라고 하면 2차 가해는 성폭력 사건을 둘러싼 사회적 시선이나 피해자를 대하는 태도로 인해 피해자에게 또 다른 피해를 주는 것을 말한다. 예를 들면 피해자의 행동이나 옷차림을 문제삼아 피해자에게 책임을 묻는 것, 성폭력 사건을 신고·고소했을 때 조사과정에서 성경험 등을 질문함으로써 피해자에게 또 다른 고통을 주는 것 등을 2차가해라고 할 수 있다.

(9) 학내 성폭력

학내 성폭력은 학교라는 공간에서 교사나 교수, 선배 등의 관계에서 발생하는 성폭력을 말한다. 학내 성폭력은 평소 친분이 있고 신뢰관계에 있는 상대에게서 발생한다.[5)]

(10) 직장 내 성희롱

직장내 성희롱이란 직장상사, 동료, 계열사 직원 등이 채용과정이나 근무기간 중에 상대방의 의사에 반하여 행하는 성적인 언동으로 피해자에게 성적인 불쾌감을 주는 것을 말한다. 직장내 성희롱이나 성폭력은 분위기를 위한 농담정도로 여겨지기도 하지만 피해자들에게는 안전한 일터를 위협받게 됨으로써 경제활동과 관련된 생존권에도 위협을 주는 심각한 범죄이다.

---

5) https://rain.re.kr/50

(11) 군대 내 성폭력

군대내의 계급의 힘을 이용하여 성폭력이 일어나고 있는 것으로 군대는 특수한 조직으로 일반사회보다 신고하기가 쉽지 않고 그 처벌 또한 가벼우며 군형법이 동성애를 처벌하기 위한 법위주로 되어 있어 가해자를 처벌하기가 쉽지 않다.

4. 성폭력(성범죄)의 원인

1) 개인적 원인

(1) 충동에 대한 자제력 부족

강간 범죄자의 연령분포를 보면 20대 초반까지가 상당히 많은 부분을 차지하고 있는데 이는 신체적으로도 성욕이 왕성하며 순간적 충동이 강간으로까지 이어질 수 있는 가능성도 높은 시기이기 때문이다.[6)]

(2) 충동의 저변에 깔려 있는 복합적인 개인의 감정 상태

성범죄를 저지를 당시 쉽게 분류하기 어려운 여러 가지 감정이 엉켜져 있다는 것이다. 그로쓰(Groth)는 강간의 유형으로 분노의 표출로서의 강간, 힘을 행사하기 위한 강간 그리고 가학증적인 강간을 제시하고 있는데, 이러한 강간유형의 분류는 강간이 분노의 감정, 힘을 행사하고 싶은 욕구, 가학증 등의 복합적인 감정들에 의해 일어나고 있음을 말해준다.[7)]

2) 사회 환경적 원인

(1) 청소년에 대한 건전한 성교육 부족.

청소년 시기는 성에 대한 막연한 호기심을 가질 수 있는 시기인데, 학교에서의

6) 심영희 외, "성폭력의 실태 및 대책에 관한 연구", 한국형사정책연구원, 1990, pp.256~258.
7) 최인섭 · 전영실, "강간범죄의 실태에 관한 연구", 한국형사정책연구원, 1992, p.183.

성교육은 남녀의 신체구조나 생리현상 등 생물학적인 성지식 전달 차원에 머물러 있는 것이 우리의 현실이다.

이러한 현실로 인해 우리사회는 성에 대한 가치나 성적 행동에 대해 생각해 보는 열린 교육이 이루어지지 않고 있다. 특히 청소년의 경우 잡지나 포르노 비디오 등에서 보여주는 과장되고 가학적인 성과 또래집단에 떠도는 잘못된 성 지식을 여과하지 않고 받아들임으로써 이들은 의식조차 느끼지 못한 채 성폭력을 행하게 된다.

(2) 외설적인 영상매체

폭력성을 담은 비디오 등의 불건전한 매체 및 여성에 대한 공격이 학습될 수 있는 사회적 메커니즘의 영향으로 볼 수 있다.

특히 강간범죄 가해자의 연령층이 점차 연소화 되어 가고 있는데, 이들은 분별력과 자제력이 부족하므로 이러한 것들에 접하는 것이 순간적인 충동을 일으키게 할 수도 있기 때문이다.

(3) 전반적인 사회의 가치관 혼란

사회의 구성원들을 이끌어 줄 수 있는 올바른 가치관이 제대로 정립되어 있지 않은 사회적 상황이 궁극적으로는 성범죄의 원인이 된다고 볼 수도 있을 것이다.

(4) 우리 사회에 존재하는 강간에 대한 잘못된 통념

- 강간에 대한 통념으로 강간범죄의 피해자가 죄책감을 느끼게 되며 이와 더불어 여성의 순결, 정절을 상당히 중요하게 생각하고 있으므로 강간범죄의 피해자는 수치심을 느끼게 되고 신고하기를 꺼리는 것을 이용하여 범행 등을 하는 경우가 있다.
- 특히 강도강간의 경우 피해자가 신고하는 것을 막기 위해 강간하는 예들이 있는데, 이는 여성의 수치심과 강간당한 여성에게 비난과 책임을 묻는 우리 사회의 통념을 이용한 것으로 볼 수 있다.

(5) 친구집단의 영향

- 성범죄자 중 친한 친구 중에 범죄를 저지른 사람이 있다고 응답한 비율이 46%로써 비교적 높게 나타났다.
- 강간한 동기가 친구들과 어울린 분위기 때문이었고, 강간행위도 친구를 통해서 알게 되었다고 응답한 사람들이 제일 많은 것으로 보아 친구집단의 영향도 성범죄의 원인이 되고 있음을 알 수 있다.

(6) 성의 이중윤리와 차별적인 사회구조

- 우리사회는 여성이나 어린이를 남성이나 어른에 비해 낮은 존재, 함부로 대해도 되는 존재로 여기고 있다.
- 가정뿐만 아니라 직장, 사회에서도 지배와 복종의 위계관계에 놓이게 됨으로써 여성은 남성들의 성적 폭력에 쉽게 노출되고 있다.
- 이러한 성 차별적인 사회분위기는 성폭력을 부추길 뿐만 아니라 남성에게 성폭력을 허용하게 만들고 나아가 성폭력을 한 경우에도 면죄부를 주게 된다.
- 성적인 자유를 허용하는 남성 중심적인 성규범
- 성폭행을 가해도 남성다운 행동으로 여기거나 한때 저지를 수 있는 실수로 관대히 넘기는 반면 여성은 아름다움과 순종을 덕목으로 삼음
- 순결을 지키기 위해 항상 몸조심을 해야 한다고 강조함
- 유순하고 순종적인 여성일수록 성폭력피해를 많이 당한다. 따라서 여성과 남성은 성의 동등한 주체가 되어야 한다.
- 순결은 남녀 모두에게 중요하다.
- 여성은 평소에 좋고 싫음에 대한 자기주장을 하는 훈련이 필요하다.

(7) 왜곡된 성문화와 성교육의 부재

- 성에 대한 정보를 거의 친구, 잡지, 비디오 등을 통해 비공식적으로 얻는다. 이러한 정보들은(특히 저질 출판물, 음란 비디오물) 성을 왜곡시키고 성을 놀이나 쾌락의 도구로 전락시킴

- 성교육을 통해 과학적이고 체계적으로 제대로 아는 것이 중요하다.
- 성은 남성과 여성, 정신과 육체를 통합하는 편안하고 기본 인간관계이며, 상대방에 대한 인격적인 관심이나 정서적인 배려, 예의, 책임감을 갖는 것이 진정한 성의 가치임을 교육받아야 한다.
- 한 살이라도 더 어린 여자를 옆에 앉히고 술을 마시려는 남자들, 그것 을 부추기는 향락, 퇴폐문화.
- 건강하고 정상적인 성관계보다는 비정상적이고 변태적인 성행위를 보여주는 음란물.
- 여성의 가치를 오직 '성'으로 다루는 광고와 영화 등 왜곡된 성문화는 여성을 성적 대상, 성폭력의 대상으로 만들고 있다.

(8) 의사소통의 불일치

- 우리사회에서 남성은 성에 관해서 적극적이고 과장된 표현을 하더라도 용납되지만 여성의 경우는 성에 대해서 무지하고 소극적일 것이 기대된다.
- 이러한 성문화에서 남성과 여성이 솔직한 의사소통이 이루어질 수 없다.
  예컨대 성폭력과 같은 위기상황에서 여성이 거부하는 의사표현을 해도 남성은 이것을 여성들이 흔히 사용하는 내숭 정도로 인식해서 긍정적인 대답으로 인식해 버리는 경향이 있다.

(9) 성폭력에 대한 사법계의 인식부족

- 경찰이나 검찰의 조사과정에서 성폭력에 대한 잘못된 통념들을 수용하고 있는 형사나 검사는 남성의 입장에서 사건을 바라보고 처리하기 때문에 피해여성은 오히려 자신이 죄인이 된 느낌을 받는 경우가 많다.
  따라서 성폭력피해자는 고소를 하고 나서 겪는 이중의 고통을 못 이겨 고소를 취하하거나 아예 고소를 하지 못하게 된다.
- 결국 성폭력에 대한 사법계의 인식부족으로 인하여 피해자는 피해사실을 은폐하거나 법을 통한 해결을 포기하게 되고 가해자는 또다시 성폭력을 반복하게 되는 결과를 낳게 된다.

5. 성폭력 피해

성폭력은 피해자에 대한 사회적 편견 때문에 밝히기를 어려워하는 경향이 있어 정확한 실태를 파악하기가 어렵다. 다만 신고율이나 상담 통계 등의 분석을 통해 실태를 추정해볼 수 있다. 한국여성의전화는 2018년 3월 여성인권상담소의 2017년도 상담을 분석한 결과, 전체 상담(2,055건) 중에서 성폭력에 관한 상담이 총 869건(29.5%)으로 가장 높게 나타났다고 밝혔다.

가정폭력이나 데이트폭력, 스토킹 등 다른 범죄와 성폭력을 함께 경험하는 사례도 많았다. 가정폭력 사례 중에서 성폭력을 함께 경험한 사례는 129건(15.6%), 데이트폭력 사례에서 성폭력이 동반된 경우는 206건(50.6%), 스토킹을 함께 경험한 사례는 126건(31%)으로 나타났다. 한국여성의전화는 2017년 여성인권상담소의 전체 상담 사례의 80%가 가정폭력, 성폭력, 데이트폭력, 스토킹 상담이었으며 이때 피해자는 하나의 유형에 국한하지 않고 여러 폭력 형태를 복합적으로 경험한 것으로 보인다고 설명했다.

대검찰청이 발표한 〈2017 범죄분석〉에 따르면 지난 10년(2007~2016) 동안 성폭력 범죄 발생 건수가 2배 가까이 증가한 것으로 나타났다. 해당 기간의 인구 10만 명 당 발생비는 95.1% 정도다. 특히 강제추행 범죄가 증가했으며 카메라 등을 이용한 불법촬영 등 새로운 유형의 범죄도 빠르게 증가한 것으로 나타났다. 또한, 성폭력에 대한 인식이 달라지면서 신고율이 높아진 것도 원인으로 보인다.

하위 유형으로 세분하면 강간 범죄는 2009년 22.6%로 최고치를 기록했다가 2016년 18.4%로 감소했다. 반대로 강제추행 범죄는 2007년 37.3%에서 2016년 48.8%로 증가해 전체 성폭력 범죄에서 가장 높은 비율을 차지했다. 10년 간 가장 빠르게 증가한 성폭력 범죄는 카메라를 이용한 불법촬영이다. 2007년 전체 3.9%였으나 2015년 24.9%까지 증가했다가 2016년에 17.9%로 감소했다. 2016년 기준으로도 2007년보다 4배 이상 증가한 수치다.

1) 피해자에게 미치는 영향

성폭력 피해자는 정신적·육체적으로 큰 피해를 받는다. 단, 피해 유형과 정도, 가해자와의 관계, 피해자 개인의 성격과 주변 환경 등에 따라 피해 직후의 반응이나 회복하는 데 필요한 시간 등에서 많은 차이가 있다. 가해자가 자신의 우월한 지위를 이용해 저지르는 권력형 성폭력의 경우에는 피해자가 가해자에게 매몰차게 대하지 못하는 경우도 많다. 가해자를 고발하거나 비난할 경우 권력 차이로 인해 피해자가 오히려 불이익을 받게 되기 때문이다.

친밀한 관계에서 일어난 성폭력의 경우 피해자가 피해 사실을 인지하지 못할 수도 있다. 아동이나 청소년을 대상의 성범죄 가해자는 성폭력을 쉽게 만들고 피해자의 폭로를 어렵게 만들기 위해 먼저 친밀한 관계를 맺어두는 그루밍 수법을 사용하기도 한다.

(1) 신체적 피해

성폭력으로 인한 신체적 피해로는 원치 않는 임신과 성병, 성기 감염, 낙태, 상해 등이 있다. 또한, 심리적 문제로 인해 편두통이나 위장 장애, 피로, 폭식 혹은 식욕부진 등이 나타날 수 있다.

(2) 심리적 · 정신적 피해

성폭력 피해자 대부분이 불안이나 우울, 불쾌감, 공포심, 혼란스러움, 후회, 자책 등을 경험한다. 특히 성폭력의 원인을 피해자에게 돌리는 성차별적 사회에서는 피해자가 오히려 죄책감을 느끼게 되는 경우도 많다. 피해자는 트라우마로 인해 외상 후 스트레스 장애나 공황장애, 우울증 등의 정신과 질환을 겪기도 하며 심한 경우 자살에 이를 수 있다. 성폭력으로 인한 심리적 피해는 피해 정도와 개인 특성, 환경에 따라 짧게는 며칠에서 길게는 수년 혹은 평생 지속할 수 있다.

- 두려움과 공포에 떨어 남자를 싫어하거나 무서워하게 된다.
- 심한 우울과 좌절, 불안감을 느끼게 된다.
- 적개심, 복수심, 분노와 배신감등 여러 가지 심리적 후유증 겪는다.

- 순결을 잃었다는 고통에 시달리다가 정신질환을 일으키기도 한다.
- 장래 결혼 생활에 어려움을 갖게 된다.
- 인간관계에 지장을 받는다.

(3) 2차 피해

성폭력에 대한 편견이 강한 사회일수록 피해자가 주변으로부터 2차 피해를 받을 가능성이 크다. 2차 피해란 성폭력 사건(1차 피해)이 발생한 뒤 이를 해결하는 과정에서 일어나는 문제들을 일컫는다. 수사나 재판 과정에서 경찰이나 검찰이 편견에 의해 피해자의 말을 불신하거나 언론이 사건을 선정적으로 표현하는 경우 등이 해당한다.

성폭력의 원인을 제공했다는 피해자에게서 찾는 잘못된 인식도 문제로 지적된다. 사건 당시 피해자의 옷차림을 지적하거나 왜 피하지 않았냐며 비난하는 행위 등이 대표적이다. 특히 성폭력에 대한 그릇된 통념을 그대로 내면화한 가족이나 주변 사람들이 피해자가 어려움을 극복할 수 있도록 돕기보다는 피해자의 행실을 의심하거나 비난할 경우 또 다른 정신적 피해를 초래할 수 있다. 이런 생각이 만연할수록 피해자가 피해 사실을 신고하기 어려워진다.[8)]

2) 가해자 측면

- 범법자로의 낙인 (청소년 범죄의 30%)
- 왜곡적인 성의식 ,성문화 유지(인간중심적인 성이 아닌 폭력적인 성 인식, 성인이 되어도 대등한 성의식을 갖기 어려움)
- 가해자 가족 : 상심, 절망, 아들에 대한 배신감
- 현실 : 처벌(정학, 퇴학 등) 중심의 대책뿐

8) 다음백과, http://100.daum.net/encyclopedia/view/b12s0985a(검색:2019.8.13.)

3) 사회적 피해

- 미혼모 발생 : 10대 임신의 증가
- 심리적, 신체적 남성에 대한 피해의식
- 낙태 증가 : 특히 자궁이 미발달된 청소년은 후유증이 심각(죄책감, 우울증, 불안, 불임)
- 가해자의 협박과 돈 요구에 시달리는 수도 있다.
- 직장 내 피해자인 경우 직장을 잃을 수도 있다.

6. 성폭력 예방교육

1) 성인 성폭력 일반적 예방요령

(1) 성인지감수성 훈련

- 동의하지 않는 성적접촉이 범죄임을 인식한다.
- 성별특성을 이해하고 상대를 배려한다.
- 개인의 차이와 다양성을 존중한다.
- 폭력에 대한 민감성을 갖는다.

(2) 자기표현과 소통훈련

- 상대방의 침묵은 동의가 아니며, 'No'는 그대로 No로 수용한다.
- 동료, 상사에게 'No'라고 말하기 어렵다는 것을 이해하고 강요하지 않는다.
- 평소 자연스럽게 자신의 감정과 생각을 표현한다.

(3) 신뢰간계 구축훈련

- 상대방의 사적인 영역을 존중한다.
- 성폭력 예방교육에 적극적으로 참여한다.
- 편안한 직장근무환경 조성을 위해 노력한다.

(4) 기타 일상적 예방요령

- 밤늦은 시간에 외출하거나 이성 친구와 같이 있지 않는다.
- 자신이 가는 곳이나 있는 곳을 가족이나 주변에 알린다.
- 인적이 드문 곳이나 어두운 골목길에 가지 않는다.
- 유흥업소 근처에 가지 않는다.
- 남의 차에 함부로 타지 않는다.
- 평소 규칙적인 운동과 체력 단련, 호신술 등을 통해 위급 상황에 대처하는 정신적, 육체적인 힘과 자신감을 기른다.

2) 아동성폭력 예방 교육

어린 시절 성적 호기심은 정상적인 것이다. 그러나 어린이들은 자신의 성적호기심과 잘못된 성행위를 구분할 인지적 능력이 발달하지 않았기 때문에 무엇보다 성에 대한 올바른 교육과 예방이 중요하다.

아동에 대한 성폭력은 나이가 어린 아이들의 인성뿐 아니라 꿈을 앗아 가는 세상에서 가장 무서운 범죄 중 하나이다. 아이들 스스로 위험한 상황으로부터 소중한 자신의 몸을 지킬 수 있도록 예방 교육을 철저히 하는 것이 중요하다.. '예방'은 아무리 강조해도 지나치지 않은 것이므로 성폭력 예방 부모교육을 통해 아이들의 소중한 몸과 꿈과 희망을 지켜주도록 한다.

❑ '좋은 접촉'과 '나쁜 접촉'을 구별하고, 이를 표현할 수 있도록 가르쳐 준다.

나쁜 접촉으로 인한 나쁜 느낌이 들거나 어떠한 느낌인지 잘 모를 애매한 경우에도 반드시 부모나 교사 등 자신이 신뢰하는 어른에게 꼭 이야기를 하도록 가르쳐 준다. 낯선 혹은 아는 사람이 신체의 어디라도 만지려 할 때 주위에 사람이 있으면 소리를 질러서 도움을 받도록 하고 가능한 한 빨리 도망치도록 한다.

아이들의 싫은 느낌에는 확실히 '싫어요'라고 말할 수 있도록 좋은 느낌과 싫은 느낌을 구체적으로 알려 준다.

엄마가 뽀뽀할 때와 모르는 아저씨가 뽀뽀할 때, 엄마가 옷을 벗겨 줄때와 동네아저씨가 바지를 벗길 때 등 확실하고 구체적인 상황을 예를 들어 알려준다.

❑ '좋은 비밀'과 '나쁜 비밀'의 차이를 알려준다.

비밀이 드러났을 때 또는 다른 사람에게 이야기를 하게 될 때 기분이 좋아지는 것은 좋은 비밀이며, 부모 등 가족에게 말하지 말아야 하거나 말하지 말라고 강요를 받은 비밀은 나쁜 비밀임을 구분하고, 나쁜 비밀은 반드시 부모나 교사 등 아동이 신뢰하는 사람에게 말하도록 가르쳐 준다.

❑ 부모와 일상생활에서 아동의 감정과 경험에 대해 자주 대화를 갖도록 한다.

성폭력 예방을 위해 가장 중요한 것은 아동이 일상생활에서 자기표현을 많이 하도록 하는 것이다. 중요한 것은 강요가 아니라 관심을 통해 아동과 신뢰관계를 구축하는 것으로 자신이 신뢰하는 사람에게 어떠한 이야기라도 해도 된다는 것을 알려주어야 한다. 대화와 소통이 원활한 관계는 아이들이 성폭력 상황에서 조기에 도움을 요청할 수 있다.

❑ '인터넷이나 스마트폰을 성범죄로부터 안전하게 사용할 수 있도록 교육이 필요하다. 특히, 온라인 이용 중 처음 알게 된 사람을 오프라인에서 만나서는 안 됩니다.

온라인에서의 정보와 다른 사람일 수 있습니다.

❑ '남이 자신의 몸을 함부로 만질 수 없다는 것을 알려준다.

스스로의 몸은 매우 소중한 것이며, 특히 속옷 안에 있는 신체는 너무 소중해서 다른 사람이 함부로 만질 수 없다는 것을 인지 할 수 있도록 가르쳐주도록 한다.

❑ '정확한 표현으로 알려주도록 한다.

'낯선 사람'을 따라가면 안 된다고 가르치게 되면 '낯선'의 의미가 애매하다. 처음 보는 사람이 어떠한 제안을 해도 따라가지 말고, 동네에서 몇 번 본 어른들이라고 해도 '엄마 허락 없이는' 따라가서는 안 된다고 설명해 준다. 한 예로 도움을 요청하며 교묘하게 접근하는 어른들이 있으니, 그런 어른들을 만나면, 도움을 줄 수 있는 다른 어른을 찾아가라고 말하도록 알려주도록 한다.

❑ '싫어요'라고 확실하게 말할 수 있도록 도와준다.

아동성폭력은 처음 보는 사람보다 이웃, 가까운 사람에게 더 많이 일어나기 때문에 아이는 가까운 사람에게 '싫다'라고 표현하는 것을 어려워한다. '싫어요'라고 확실히 이야기하는 방법을 가르치는 것이 도움이 된다.

'싫어요'라고 거부의사를 밝혔는데도 계속적으로 싫은 느낌을 준다면, 큰 소리를 지르라고 가르친다.

❑ '낯선 사람이나 잘 모르는 사람이 차에 타라고 할 경우

누구인지 왜 그러는지 확실히 알기 전에는 절대로 타서는 안 된다.

❑ 친구들하고 놀러 나갈 때

부모님께 어디에 가는지 주소와 전화번호를 알리고 누구와 함께 가는지, 언제 돌아오는지를 알려야 한다.

❑ 집안에서의 유의사항

- 도와 줄 수 있는 이웃의 전화번호를 알아둔다.
- 현관, 창문 등을 반드시 잠가야 합니다.
- 밤에 혼자 있을 때는 여럿이 있는 것처럼 등을 모두 켜둡니다.

❑ 집 밖에서의 유의사항

- 외출할 때 편한 신발과 복장을 착용하도록 한다.
- 낯선 사람의 과잉 친절은 받아들이지 않도록 한다.
- 인적이 드문 곳, 어두운 골목길을 피합니다. -공중화장실을 사용할 때는 친구나 어른과 함께 갑니다.
- 위험에 처하게 되면 신속하게 사람들이 있는 곳으로 피합니다.
- 호각 등 신호를 낼 수 있는 것을 휴대하고 다닌다.

❑ 엘리베이터 이용 시 주의사항

- 엘리베이터를 탈 때 이상한 사람이 기다리는 것처럼 여겨지면 타지 않는다.
- 수상하고 낯선 사람과 단 둘이서 엘리베이터를 타지 않는다.
- 조금이라도 의심이 들면 즉시 내린다.
- 이상한 행동을 하면 머뭇거리지 않고 거부, 반항해야 한다.
  (신속하고 단호한 거부나 반항은 가해자를 놀라게 하는 효과가 있다.)

3) 교육적 예방 대책

"성"은 가르쳐 주지 않아도 자라면서 자연히 알게 되는 것이라는 생각에서 벗어나야 한다. 오히려 우리의 자녀들은 자극적이고 타락한 성적인 매체에 무방비로 노출되어 있으므로 해서 퇴폐·향락적인 사회 환경에 의해 성에 관한 지식을 왜곡되게 습득하고 있다. 그러나 오늘날 도처에 편안한 사회적·윤리적 환경으로부터 청소년을 분리시키기는 어렵다. 따라서 청소년들 스스로가 유해환경에 비판적으로 대응할 수 있도록 능력을 길러주어야 한다.

특히 여성들을 대상으로 피해가능성이 높은 상황에 대하여 충분히 인식을 할 수 있도록 하고, 각종 범죄가 발생할 수 있는 상황을 최대로 회피할 수 있도록 관련 사회단체에서 적극적으로 교육하여야 할 것이다. 보다 적극적인 의미에서 자기방어 기술의 습득은 여성으로 하여금 신체적으로 뿐만 아니라 정신적으로도 자신감을 가질수 있게 하며 또한 범죄에 대해서도 자신감을 갖고 대처할 수 있게 함으로써 성범죄의 피해를 줄일 수 있는 방법이 될 수 있다.

부모가 자녀의 일차적인 성교육 책임자다. 하지만 대부분의 부모들이 적절한 성교육을 하지 못하고 있으므로 이를 학교가 이차적으로 할 수밖에 없는 상황이다. 이는 미국을 위시한 구 유럽도 마찬가지다. 미국에서도 학교에서 정식으로 성교육을 교과목으로 가르치기 시작한 것은 비교적 최근의 일이다.

성교육의 내용은 아동 및 청소년들의 발달정도에 알맞은 내용이어야 하며, 자기 존중감, 가족관계, 친구관계, 성에 대한 가치관, 이성교제에 있어서 의사소통 기술, 의사결정 기술 등을 포함해야 한다.

성교육의 목적은 성인이 되었을 때 원활하고 건강한 성생활을 할 수 있도록 준비시키는 데 있다. 이때 성교육은 긍정적 성가치관을 확립시키고, 아동 및 청소년들이 필요로 하는 성지식과 정보를 알려줌으로써 주체적이며 건강한 성 활동을 할 수 있도록 도와주어야 한다.

많은 학부모들은 성교육을 통해 청소년들이 오히려 성에 대해 더 많은 호기심이 생겨서 결과적으로 문란한 성행동을 초래할 것이라는 우려를 갖고 있지만, 수많은 연구결과에 의하면 그러한 우려는 기우라는 것이 밝혀졌다. 오히려 성교육을 받음으로써 첫 성경험을 연기하는 효과를 가져왔으며, 성병에 걸리는 확률과 원하지 않는 임신을 하는 비율도 훨씬 낮아졌다는 보고가 있다. 또한 성교육을 받은 청소년 들이 성병 예방조치를 잘 취하는 것으로 나타났다. 따라서 단순히 순결교육만 시키는 것은 별로 효과가 없으므로 학교에서의 성교육의 내용은 다음과 같은 내용들을 포함시켜야 한다.

(1) 학교의 성교육 방법

- 해부학적 생물학적 지식만 전달하는 교육은 피할 것
- 올바른 성의식과 성행동에 대한 정보 전달을 할 것
- 올바른 성가치관에 대해 토론식으로 접근할 것
- 실제 이성 관계 상황을 설정하여 서로 의사소통과 협상, 거절기술 등을 연습할 기회를 갖도록 해줄 것
- 성병에 감염되거나 원하지 않는 임신 위험이 있는 성행동을 제시하면서 이를 예방할 수 있는 가능성에 대해 토론식으로 가르칠 것
- 다양한 시청각 자료를 활용해서 학생들의 흥미를 유발시킬 것
- 성행동에 대해 전문훈련을 받은 교사가 교육을 할 것

(2) 성교육 시 전달해야할 정보들

- 인간의 성과, 성장발달, 출산에 대한 지식
- 신체 성 기관에 대한 해부학적, 생리학적 지식
- 자위행동(masturbation)에 대한 지식
- 가족생활과 임신 및 출산에 대한 지식
- 부부생활 및 부모역할에 대한 지식
- 성행위와 남녀 간의 성 반응에 대한 지식
- 이성애와 동성애에 대한 지식
- 피임과 낙태에 대한 여러 가지 지식
- 성폭력과 성 피해 후유증에 대한 지식
- 에이즈를 포함한 각종 성병들에 대한 지식

(3) 성행동과 관련된 기본적 가치관들

- 성은 자연스런 것이며 삶의 중요한 부분이다.
- 모든 사람은 성적이며, 성은 건강한 것이다.
- 성은 신체적, 윤리적, 사회적, 정신적, 심리적 그리고 정서적 차원을 갖고 있다.
- 모든 사람은 각자의 존엄성과 가치를 지니고 있다.
- 청소년들은 자신을 독특하고 가치있는 존재로 여겨야 한다.
- 모든 개인은 각자 다양한 방법으로 성행동을 한다. 따라서 상대방에게 피해를 주지 않는 한 타인의 자유로운 성행동 방식을 그대로 인정해주어야 한다. 타인에게 절대로 성행위를 강요해서는 안 된다.
- 성을 대가로 돈이나 어떤 무엇이든 주고받아서는 안 된다. 성의 상품화는 성을 타락시키게 되고, 결국 인간성의 타락을 초래하고 만다.
- 모든 어린이들은 사랑으로 보살핌을 받아야 한다. 어린이를 성적인 대상으로 삼아서는 안 된다.
- 성행동은 반드시 책임이 뒤따른다. 무책임한 성행동은 삼가야 한다.
- 아동 및 청소년들은 부모나 책임있는 어른들로부터 성교육을 받음으로써 성장에 도움을 받을 수 있다.
- 청소년들이 자연스럽게 성에 대해 탐색할 수 있도록 보호해주어야 한다.
- 청소년들은 성인이 되어가는 과정에서 성에 대한 올바른 가치관을 형성해야 한다.
- 청소년들이 너무 조기에 성행동을 하게 되면 인격발달에 저해가 된다.
- 순결 자체가 절대적으로 중요한 것은 아니다. 순결에는 신체적인 순결과 정신적인 순결이 있다. 정신적인 순결이 더 중요하다.
- 순결은 빼앗거나 빼앗길 수 있는 것이 아니다. 순결은 물건이 아니기 때문이다. 진정으로 사랑하는 사람과 성관계를 맺는 것이 순결이다. 순결은 없어지는 것이 아니라 오히려 자라나는 것이다. 한때 순결하지 못했던 사람도 새로운 마음으로 상대를 대하고 진정으로 사랑하는 마음을 갖게 되면 그것이 순결이다. 한마디로 순결이란 한 아름다운 영혼이 다른 영혼을 순수하게 사랑하는 마음자세를 뜻한다.

(4) 대인관계 및 이성교제 기술과 관련된 사항들

- 대인관계 의사소통 기술훈련 및 습득(상호 존중적, 지지적이며 친밀한 관계 형성, 적절한 의사소통과 상대방의 이해수용)
- 의사결정 기술의 훈련 및 개발(관계신청과 관계맺음, 성행동과 관련된 의사결정 기술, 관계정리 기술)
- 자기주장 기술의 훈련 및 개발(자기감정과 욕구의 표현, 부당한 요구의 거절, 도움요청 기술)
- 상호존중적 태도 개발(상대방의 감정과 욕구에 주의기울임, 상대방을 정서적으로 배려하는 태도, 상호 정서적, 신체적으로 보호하는 태도, 안전한 성관계를 위한 배려)

(5) 성행동과 관련된 사실들

- 인간의 일차적 성기관은 남성이나 여성의 경우 모두 대뇌이다. 즉, 어떻게 생각하고 어떻게 느끼느냐에 따라 성의 체험은 달라지며 또한 그로 말미암아 성행동도 달라진다.
- 성은 단순히 육체적인 행위가 아니다. 성은 서로의 깊은 정서적 관계를 토대로 이루어진다. 서로 깊은 정서적 관계가 없으면서 행해지는 것은 기계적 운동일 뿐 이다. 그런 행위는 서로 간에 아무런 의미를 가져다주지 못하고 공허하다.
- 성은 쌍방이 원하는 관계에 의해서 이루어질 때 자연스럽다. 어느 한쪽의 의사를 무시한 채 이루어지는 성관계는 서로 간에 불만을 낳게 되고, 결국은 서로를 소 외 시키고 만다.
- 남성이 더 강한 성적 욕구를 지니고 있다는 주장은 편견이다. 실제로 성 욕구는 남녀의 차이가 없다. 단지 여성은 성욕구가 행동으로 나타날 수 있기까지 좀 더 많은 장애물을 넘어야 한다. 즉, 심리적으로 좀 더 안정감을 느낄 수 있는 여건이 마련되어야만 자연스럽게 성행동을 할 수 있다.
- 성 욕구는 단지 신체적인 상태에 의해서만 결정되는 것이 아니다. 스트레스나 심리적 불안정감, 경제적인 어려움, 자녀문제, 신체 건강상태, 그 순간의

분위기 등 에 의해 복합적으로 영향을 받는다.

- 성관계의 절대적 횟수가 중요한 것은 아니다. 성관계 횟수에 대해 그리고 질에 대해 서로가 어떻게 느끼느냐가 훨씬 더 중요하다. 서로에게 맞는 횟수와 서로 에게 맞는 방법을 찾으면 충분하다. 절대적인 기준이 있는 것이 아니다.
- 성은 스포츠 시합이 아니다. 따라서 오르가즘에 도달하는 것을 절대적 목표로 삼을 필요가 없다. 성을 통하여 서로가 더 가까워지고 친밀해지는 느낌을 받으면 그것으로 진정한 목표는 달성되는 것이다. 오르가즘에 도달하는 것을 절대적 목표로 삼다 보면 열등감과 불안감 그리고 불만족을 느끼게 된다. 많은 여성들은 오르가즘에 도달하지 않고도 성생활에 대해 충분히 만족을 느낀다.
- 멋있는 몸매나 완벽한 신체구조를 가져야만 성적으로 매력이 있을 것이라는 생각도 편견이다. 성관계는 몸이 하는 것이 아니라 서로의 마음으로 하는 것이다. 말 그대로 성관계는 관계이다. 따라서 서로의 관계를 어떻게 만들어 가는지, 그리고 어떻게 지각하느냐에 따라 성은 전혀 다르게 체험된다.
- 성교의 시간이 길어야 만족스러울 것이라는 생각도 편견이다. 통계적으로 평균적인 남성은 실제 성기삽입 후 2분~4분 안에 사정을 한다. 전희를 통해 사전의 준비가 잘된 경우 그 시간 내에 충분히 서로가 오르가즘에 도달할 수 있다. 그러나 70% 정도의 여성들은 남성이 아무리 오래 동안 그리고 숙련된 기술로 성교를 해도 오르가즘에 도달하지 못한다. 그것은 남성이 여성의 반응을 잘 이해하지 못하기 때문이다. 이는 여성의 성 반응에 대해 물어보고 서로 대화를 나눔으로써 해결이 가능하다.
- 파트너가 서로를 즐겁게 해주지만 각자 성적인 만족감에 도달하는 것은 궁극적으로 각자의 책임이다. 그리고 파트너가 자기를 만족시킬 수 있도록 자신의 신체감각이나 감정에 대해 말해주는 것도 각자의 책임이다.
- 성관계를 할 때 남성이 먼저 흥분하고 여성은 천천히 흥분한다는 것도 항상 그런 것은 아니다. 어떤 여성들은 남성보다 빨리 흥분하고 오르가즘에 도달하는데 그것도 역시 정상이다.
- 남자들은 상대방에 대한 정서적인 느낌이 없이도 성관계를 할 수 있다는 말도 더 이상 사실이 아니다. 1970년대에는 59% 의 남성들이 상대방에 대한 감

정 없이는 성관계를 할 수 없다고 대답한데 반해, 1990년대에 와서는 비율이 훨씬 더 높아져서 71%의 남성들이 상대방에 대한 감정없이는 성관계를 할 수 없다고 대답했다.

- 남성의 발기불능에 대해 흔히 여성이 자신의 매력이 상실되었다고 생각해 죄책감을 느끼는데, 무조건 그럴 필요는 없다. 40대가 되면 90%의 남성들이 최소한 한 번의 발기불능을 경험한다고 한다. 대부분 스트레스나 개인적 문제 때문이며 시간이 지나면서 자연스럽게 해소되므로 그다지 걱정할 필요가 없다.
- 성교를 하지 않아도 얼마든지 서로의 사랑을 나눌 방법이 있다. 성교에 너무 집착할 필요는 없다. 서로 포옹한다거나 애무와 키스를 통해서도 얼마든지 만족스런 성관계를 할 수 있다.
- 불행하게도 많은 부부들은 결혼한 지 몇십년이 되어도 서로의 성관계에 대해 솔직한 대화를 나누지 않는다. 그 결과 늘 같은 패턴의 행위만 되풀이함으로써 기계적이 되어버린다. 서로 대화를 통해 더 창조적이고 만족스런 관계를 만 들어가야 한다. 관계를 향상시키기 위해서는 서로 투자를 해야만 한다.
- 부부간에 성문제가 있으면 숨기지 말고 이를 솔직히 인정하고 전문가를 찾아 도움을 받아야 한다. 문제를 숨기고 덮으면 점점 문제가 커지고 마침내 파국을 맞게 되기 때문이다. 때로는 서로 문제가 있다는 사실을 밖으로 표현하고 인정하기만 해도 도움이 되는 경우가 있다.
- 결혼한 사람들은 자위(masturbation)를 하지 않는다는 것도 잘못된 인식이다. 많은 사람들에게 자위는 금지된 화제인 것 같다. 남자 청소년들의 자위행위는 비교적 관용되는 편이지만, 여자 청소년이나 결혼한 사람들 혹은 나이 많은 사람들의 경우는 터부시되는 경향이 있다. 하지만 실제로는 거의 대부분의 사람들이 자위를 하고 있으며 이는 자연스런 행동이다. 1990년의 킨제이 보고서에 의하면 94%의 남성과 70%의 여성이 자위를 한다고 한다. 또 다른 보고서에 의 하면 50대 남성의 66%와 50대 여성들의 47%가 정기적으로 자위를 한다고 한 다. 전문가들은 이런 행위를 정상적인 것으로 본다. 자위는 긴장을 해소시키는 효과가 있으며, 성적인 흥미가 적은 배우자를 가진 사람에게 대체적인 만족감을 가져다준다. 또한 자위는 배우자와 성관계를 할 때

대체적인 수단으로 사용될 수도 있다. 또한 파트너가 성관계를 할 수 없는 상황일 때도 활용될 수 있다.

- 노인들도 성생활을 할 수 있다. 많은 노인들은 성생활에 흥미를 느끼며 실제로 성관계를 자주하는 것으로 나타났다. 그리고 노인들은 성생활이 자신들의 삶에서 매우 중요하다고 말한다. 여성노인들은 남성노인들보다 성적으로 더 능력이 많이 남아 있으며, 실제로 50대 60대에 들어서 성을 더 즐길 수 있게 되었다고 말하는 사람도 많다. 한편, 남자노인들은 발기를 하는데 좀더 직접적인 자극을 필요로 한다. 그러자면 여성이 좀 더 적극적이 되어야 하는데 그렇지 못한 경우가 많기 때문에 이 부분에 있어서 여성은 새롭게 역할학습을 할 필요가 있다.

(6) 성행동과 관련된 의사소통

- 현재 상대방과의 신체접촉 수준이 정서적으로 받아들일 수 있는 수준인지 아니면 거북하거나 싫은지를 반드시 상대방에게 알릴 것. 그렇지 않으면 상대방은 당신이 동의하는 것으로 오해할 수 있다.
- 말하고 나서 이제 어느 수준에서 신체접촉을 계속할지, 아니면 접촉을 그만하고 싶은지에 대해 서로 분명한 의사소통을 할 것
- 성관계를 강요받는 느낌이 든다면 반드시 이것에 대해 서로 대화할 것
- 성관계를 갖고 난 뒤에 서로의 관계가 어떻게 될지에 대해 미리 서로 생각해보고 대화해 볼 것. 즉, 아무 생각없이 행동하지 말고 미리 결과에 대해 생각해보고 행동할 것
- 성관계를 맺은 뒤의 자신에 대해 그리고 상대방에 대해 서로가 어떻게 느낄지에 대해서도 미리 생각해 서로 대화해볼 것
- 성행동을 할지에 대해서 충분히 생각해보고 나서 자신의 결정을 상대방에게 말해줄 것
- 성행동을 하기 전에 임신가능성과 성병감염 가능성에 대해서도 대화해볼 것
- 상대방의 강압에 의해 성관계를 맺는 것이 아닌지 생각해보고 대화해볼 것
- 심리적 불안 (가령, 상대방의 요구를 들어주지 않으면 관계가 끝날 것이라는

두려움 혹은 상대방에 대한 동정 등)에 의해 성관계를 가지려는 것은 아닌지 서로 대화해 볼 것

- 성교 이외의 방법으로 서로 친밀감을 나눌 수는 없는지 대화해 볼 것
- 현재 서로의 정서적 관계가 성교를 할 수 있는 정도의 깊은 관계인지 대화해 볼 것
- 성행동과 관련해서 미리 준비한 자료를 상대방과 함께 읽으면서 서로 대화해 볼 것
- 자신이 하고 싶지 않을 때는 함부로 성관계를 시도하지 말 것
- 과거에 성경험을 가진 적이 있다고 하더라도 지금 시점에서 다시 순결을 지킬 것인지는 항상 새롭게 결정할 수 있다는 사실을 명심할 것
- 성행위에 앞서 약물을 복용하거나 술을 마시지 말 것. 그렇게 함으로써 성행동을 선택하는 결정을 올바로 내릴 수 없게 되기 때문이다. 뿐만 아니라 술을 마신 후에 성관계를 가지면 성병에 감염될 가능성이 훨씬 더 높아지기 때문이다.
- 위의 사항들을 사전에 생각해보고 친구들과 함께 역할연기 연습을 통하여 실제 상황에서 잘 대처할 수 있도록 미리 연습을 해볼 것

(7) 임신 및 성병 예방 방법

① 성관계 절제

성관계 절제는 임신을 예방하는 가장 안전하고 확실한 방법이다. 서로 사랑하는 사람들 간에 서로의 정서적 관계가 깊어짐에 따라 점차 깊은 신체적 접촉을 갖는 것은 자연스런 일이다. 그러나 성교는 임신을 초래할 수 있으므로 서로가 아이를 가질 준비가 되지 않은 상태라면 절제가 좋은 방법이다. 한편, 성관계의 절제는 반드시 임신예방 차원에서만 필요한 것이 아니다. 서로 깊은 정서적인 유대관계도 없이 성관계를 갖는 것은 자신의 성을 소외시키고 왜곡시키는 행위가 되기 때문에 좀 더 깊은 정신적, 정서적 관계가 형성될 때까지 성관계를 절제하는 것이 좋다.

② 피임법

월경 주기를 이용한 방법, 피임 알약사용, 콘돔 사용, 루프 사용법 등이 있다. 하지만 가장 안전하고 경제적인 방법은 콘돔 사용법이다. 콘돔의 사용은 예방조치를 취하지 않는 경우보다 에이즈나 기타 성병을 1만 배 더 잘 예방하는 것으로 드러났다. 한편, 콘돔이 찢어지거나 불량품일 수 있으므로 사용에 주의를 기울여야 한다.

③ 응급피임법

강간을 당했거나 계획에 없던 성관계를 가졌을 경우 72시간 내에 응급피임약(emergency contraception pill)을 복용하면 된다. 가장 잘 알려진 ECP 요법으로는 Yuzpe 요법이 있다. 1974년 캐나다의 Albert Yuzpe 교수가 약효를 발표한 후 그의 이름을 따서 이렇게 불렸는데, 두 개의 알약으로 되어 있다. 이는 estrogen과 progestin 호르몬을 배합한 것이다. 성관계를 가진 후 72시간 내에 한 알을 복용하고 다시 12시간 후에 한 알을 복용한다. 1998년 9월에 FDA로부터 시판 허용이 됨.

피임성공률은 98%이며, 부작용은 메스꺼움과 구역질, 두통, 월경불순이 될 수 있다.

④ 응급 피임시술법

강간을 당했거나 계획에 없던 성관계를 가졌을 경우 5일 이내에 병원에 가서 질 내에 IUD를 삽입함으로써 응급피임을 할 수 있다. 본인이 원하면 이를 질 내에 남겨 둠으로써 10년 동안 안전한 피임을 할 수 있다. 혹은 본인의 요청에 따라 월경이 나온 뒤에 제거할 수 있다. 피임성공률은 99.9%이다.

4) 직장 성희롱 · 성폭력 방지 준칙

- 직원 모두는 상대방을 인격과 존엄성을 가진 존재, 함께 일하는 동료로 인정하고 평소 동료들 간에 존칭을 사용한다.
- 희롱 · 성폭력 예방교육에 적극 참여한다.

- 평소 직장 내에 성희롱·성폭력이 용납되지 않는 분위기를 조성하는데 힘쓴다.
- 공적 업무와 사적인 일을 명확히 구분하고, 자신의 지위를 이용하여 사적인 만남을 강요하지 않는다.
- 동료들 간의 음담패설에 참여하지 않는다.
- 직원의 외모나 사생활에 지나치게 간섭하지 않는다.
- 평소 타인과 불필요한 신체접촉을 자제하고, 사생활 침해소지가 있는 행동에 대해서는 먼저 상대방의 의사를 묻고 양해를 구한다.
- 회식자리나 야유회에서 직원에게 술을 따르게 하거나 춤을 강요하지 않는다.
- 직장에서 인터넷 음란사이트를 보지 않는다.
- 음란한 사진이나 그림을 붙이는 행위에 대해 이의를 제기한다.
- 상대가 자신의 성적 언동에 적극적으로 동의하지 아니하고 불쾌한 표정을 짓거나 자리를 피하는 등의 행동을 하면 이를 거부의사로 받아들이고 즉각 행동을 중지한다.
- 상대가 명시적인 의사표현을 하지 않는 경우 그것을 긍정의 의사로 오해하여서는 안 된다.
- 성희롱·성폭력으로 인한 불쾌한 감정은 분명히 표현한다. 불분명한 대응은 상대의 오해를 불러올 수 있다.
- 성희롱·성폭력을 당한 동료를 비난하지 않고 공동으로 대처한다.
- 부하직원을 '딸 같다', '아들 같다' 하면서 쓰다듬거나 안마를 요구하는 등의 신체접촉을 하지 않는다.
  - 부하직원을 칭찬할 때 쓰다듬거나 가볍게 치는 행위도 성희롱·성폭력으로 오해 받을 소지가 있으므로 그런 행동은 신중을 기해야 한다.
- 자신이 관리하는 영역에서 성희롱·성폭력이 발생하지 않도록 예방에 힘쓰고, 일단 성희롱·성폭력이 발생하면 지체 없이 대응조치 등 대책을 적극 수립·시행하여야 한다.
- 중재, 경고, 징계 등의 조치이후 가해자가 보복이나 앙갚음을 하지 않도록 주시한다.
- 성희롱·성폭력을 당하면서도 이를 거부하지 못하는 피해자가 있으면 이에 적극 개입하여 중지시켜야 한다.

7. 성폭력 대처 요령

1) 성폭력 상황에서의 대처 요령

- 신체를 만지거나 성을 요구할 때에는 거부 의사를 분명하게 밝힌다.
- 수상한 사람이 쫓아올 때에는 큰 소리를 지르며 도움을 요청하고, 가능한 한 빨리 도망간다.
- 스프레이나 호루라기 등과 같은 호신 용품을 사용하여 적극 대항한다.
- 모르는 사람이 이상한 낌새를 보이며 접근하거나 유인하는 경우 그 자리를 피한다.

2) 성폭력을 당한 후 대처 요령

성폭력 사건이 일어났을 때 가장 먼저 해야 할 일은 '자신'을 중요하게 생각하고 돌보는 일이다. 성폭력이 범죄라고 인식하고 가해자의 범죄 행위에 대해 법적인 대응을 해야 한다. 성폭력은 성폭력 특별법, 형법, 청소년 성보호에 관한 법률 등에 의해 가해자에 대한 법적 처벌이 가능하다.

(1) 증거수집 및 보존

① 증거보존

- 가해자의 특징, 가해자와 관련하여 기억나는 모든 것을 상세하게 적어두기
- 구체적인 장소·시간·날짜·목격자, 자신의 대응, 가해자의 태도와 행위 등을 육하원칙에 따라 자세히 기록해 두는 것이 필요하다. 법적 절차를 밟을 경우 중요한 증거 자료가 된다.
- 피해 당시 입었던 옷은 습기가 차지 않도록 종이봉투에 잘 보관한다.
- 또한 피해 장소는 가해자 신체의 일부(지문, 모발, 분뇨, 정액, 땀 등)나 가해자가 가지고 있었던 물건(흉기, 명함, 라이터, 옷, 소지품 등)이 남아있을 수 있으므로 될 수 있는 한 그대로 보존해야 한다.

② 의학적 증거 채취

- 의학적 증거는 48시간 안에 진찰을 받아야 확보할 수 있으므로 몸을 씻지 않은 상태에서 즉시 병원에 가서 적절한 치료와 조치를 받는다.
- 진단서, 다친 부위 사진 찍어두기, 상처나 멍든 부위가 있는지 살펴보고 사진을 촬영하여 둔다.

(2) 적극적인 신고

피해 상황을 기록, 준비해 놓고 경찰에 신고한다. (☎ 1366, 1388)

(3) 전문 상담가의 도움

성폭력상담소 등 여성단체를 찾거나 법률전문가를 찾아 자신의 피해사실을 털어놓고 심리적, 의료적, 법적인 도움을 받는 것이 좋다.

- 경찰청 성매매 피해여성 긴급지원센터(국번없이 177)
- 여성부 여성긴급전화(국번없이 1366, 24시)
- 청소년 긴급지원센타(국번없이 1388)
- 한국여성의전화: 02-2263-6465 (평일 10시~17시)
- 한국성폭력상담소: 02-338-5801 (평일 10시~17시)
- 한국성폭력위기센터: 02-883-9284 (평일 10시~17시)

3) 성폭력범죄의 법적 대처방법

가해자를 고소하여 형사처벌을 받게 할 수도 있고, 민사소송을 통하여 손해배상을 받을 수도 있다.

(1) 신고 및 고소

성폭력범죄 중 친고죄를 제외한 범죄에 대해서는 누구든지 신고 또는 고소할 수 있다.

(2) 사건처리

성폭력범죄의 신고, 고소가 있으면 일차적으로 경찰이 수사를 하여 검찰에 송치한다. 검찰은 수사결과 성폭력범죄가 인정되는 경우 형사법원에 정식재판 또는 약식명령을 청구한다.

피해변상 시 합의금액 등은 후유증 문제 등도 고려하면서 전문가와 상담을 거친 후 결정하는 것이 좋으며, 합의가 되어 고소를 취하하면 다시 고소할 수 없으므로 합의 및 고소취하는 신중히 해야 한다.

형사절차에서 합의가 되지 않는 경우, 성폭력범죄로 인한 정신적 고통 등에 대하여 민사소송으로 손해배상을 청구할 수 있다.

(3) 성폭력범죄 처리절차에서의 피해자 보호

성폭력특별법은 성폭력피해자가 수사와 재판 과정에서 받게 되는 여러 인권침해문제를 최소화하기 위해 여러 가지 특례규정 마련

① 증인의 신변안전조치

② 불이익처분금지

③ 심리의 비공개

④ 신뢰관계자 동석규정

⑤ 신원과 사생활 비밀누설 금지

⑥ 피해자보호시설(성폭력 상담소, 열림터 등)

4) 성폭력 피해자 구제 지원제도

성폭력피해자들을 바라보는 사회적인 시선 때문에 1차 적인 피해보다 2차 피해로 인한 고통이 훨씬 크다고 한다.

성폭력 피해자들은 그 피해를 극복하고 회복할 수 있도록 도와주는 피해자 지원제도에 대해 알아보면 다음과 같다.

(1) 피해자 숙소 지원제도

- 성폭력의 경우 피해자가 알고 있는 면식범들인 경우가 있습니다.
- 이들은 피해자들의 이름, 주소, 전화번호 등 개인의 신상을 알고 있는 점이 많아서 피해자는 또 다른 피해를 걱정하며 하루하루를 불안하게 살아간다.
- 이에 불안한 피해자들을 위한 피해자 임시숙소를 제공하고 있다.
- 성폭력 피해자로서 조사를 마친 후에 '긴급쉼터' 등 보호시설 연계가 곤란한 피해자 가운데 임시 숙소가 필요한 피해자 또는 그 외 범죄 피해자 중 임시 숙소가 긴급히 필요하다고 판단되는 피해자에게는 경찰관서에서 선정한 숙박 업소에서 1일에서 최대 5일까지의 숙박비용을 제공한다.
- 이는 모두 각 경찰서 청문감사관실에 문의하시면 도움 받을 수 있다.
- 또한 성폭력 피해 상담 결과를 통하여 피해 사실이 인정되는 성폭력 피해자는 긴급 피난처 및 장기 보호시설로 인계하여 피해자에게 맞는 맞춤형 서비스를 제공한다.

(2) 피해자 의료지원제도

❑ 원스톱 의료센터

원스톱지원센터는 여성 및 학교폭력피해자에 대한 보호와 피해 회복을 위하여 운영되고 있다.

대구 서구 소재의 대구의료원을 비롯한 전국각지에 원스톱의료센터가 운영 중에 있습니다. 원스톱지원센터에서는 경찰관이 상주하며 피해자들의 수사지원 및 피해회복에 최선의 노력을 다하고 있다.

❑ 성폭력 피해자 회복 지원제도

'성폭력 방지 및 피해자 보호 등에 관한 법률'은 성폭력 피해자 및 가족에게 성폭력 피해로 인한 신체적, 정서적 치료와 낙태·출산, 성매매 감염 검사 등 의료비를 지원하고 있다. 지원신청은 피해자가 직접 해바라기센터나 성폭력상담소 등으로 신청하거나 담당경찰관에게 요구하면 된다.

❑ 긴급복지지원제도

긴급복지 지원 제도는 가구 구성원으로부터 성폭력을 당하거나 성폭력으로 중한 질병 또는 부상을 당한 경우 아래 기준을 충족하게 되면 각종 검사와 치료 등 의료서비스를 2회 300만원 이내에서 받을 수 있다.

(3) 피해자 심리지원제도

성폭력 피해자들의 가장 큰 고통은 마음의 상처가 가장 크기 때문에 이러한 피해자들의 상처를 회복시켜주기 위해서 경찰청에서는 피해자 회복을 위한 CARE팀을 운영하고 있다. CARE팀은 범죄 피해자의 신속한 회복을 위해 심리상담 · 정보제공 · 의료지원 연계 · 피해자 별 맞춤형 구제 방안을 제공하고 있다.

CARE팀 소속의 피해자전담경찰관은 미술치료 등 각종 심리 관련 자격증을 취득하여 피해자의 심리적 안정을 도모하는데 최선의 노력하고 있다.[9)]

9) 경찰청, http://polinlove.tistory.com/12022

❑ 교육목표

○ 성폭력의 의미를 설명한다.

○ 성폭력의 유형에 대해 설명한다.

○ 성폭력의 원인에 대해 설명한다.

○ 성폭력 처벌 규정과 문제점에 대해 설명한다.

○ 성폭력 예방요령에 대해 설명한다.

○ 성폭력 피해 시 신고 및 도움을 받을 수 있는 전문기관을 설명한다.

○ 성폭력 대처요령에 대해 설명하시오.

○ 사회적 이슈가 되었던 성폭력 사건에 대해 조사하고 설명한다.

○ 성폭력예방 및 처벌 관련 기관의 사이트를 검색하고 설명한다.

○ 성폭력 관련 법 규정을 검색, 분석하고 설명한다.

제 7 장

중독과 안전

1. 중독의 개요
2. 알코올 중독
3. 인터넷 · 게임 중독
4. 스마트폰 중독과 안전
5. 도박중독

Chapter 07 중독과 안전

1. 중독의 개요

현대사회에서 나타나는 심각한 문제 중의 하나가 여러 가지 중독현상이다.

중독이란 특정한 행위나 물질에 지나치게 의존하는 현상으로서 그것을 중단할 경우 다른 일상적인 생활에 곤란을 겪는 상태를 말한다.

알코올을 포함한 약물, 쇼핑, 게임, 도박, 섹스 등 다양한 대상에 중독현상을 보이는 사람들이 증가하고 있다.

중독 상태에 있는 사람들은 그 개인은 물론 가족들도 정상적인 생활이 불가능할 정도의 고통을 겪게 된다는 점에서 더욱 치료가 필요하며 사회적 예방대책이 실시되어야 한다.

1) 중독의 개념

중독(中毒, poisoning)은 주로 음식이나 약물의 독성으로 인해 신체에 기능장애가 일어나는 일을 의미하며 독물과 생체와의 접촉기간 · 증상이 나타나는 경과에 따라 만성중독과 급성중독으로 나누어진다. 만성중독에는 각성제 · 마약 · 시너 · 알코올 · 납 · 수은중독이 있으며, 급성중독에는 수면제 · 농약 중독 및 연탄가스 중독이 있다.

중독이하고 하면 유해물질에 의한 신체 증상인 중독(intoxication, 약물 중독)과 알코올, 마약과 같은 약물남용에 의한 정신적인 중독이 주로 문제되는 중독(addiction, 의존증)을 동시에 일컫는다. 약품을 이용할 수 없을 때 내성(tolerance)과 금단증상(withdrawal symptoms)을 일으키는데 이러한 물질에는 알코올, 담배, 마취제, 다량의 진정제가 포함된다. 최근에는 의학계에서는 약물의존(substance dependence)이라는 용어를 사용한다.[1)]

최근 중독에 대한 개념은 약물중독 혹은 물질중독의 개념을 넘어 도박, 인터넷, 게임, 스마트폰에 이르는 '행위중독(behavioral addiction)' 개념으로 확산되고 있다. 즉 의존증 혹은 중독현상이 약물이나 화학물질이 아니라 과도한 특정행위에 대한 집착이나 해당 행위를 하고자 하는 충동조절에 의해서도 발생한다는 것이다. 첨단 IT산업 등과 관련되어 빠르게 발전하는 인터넷, 스마트폰 등의 매체에 따른 새로운 행위중독에 전 세계적인 관심이 집중되고 있다. 예를 들어 병적 도박, 방화광, 도벽광의 경우 충동조절 장애의 일종으로 정신과적 진단명에 정식으로 쓰이고 있는 것이다. 그 외에 섹스, 운동, 쇼핑 같은 특정행위를 과도하게 해서 생기는 여러 문제의 특성과 치료에 대한 연구가 진행되고 있으며, 일부에서는 폭식증과 같은 식이장애도 행동중독의 일환으로 보기도 한다.

중독과 습관 사이에는 분명한 차이가 있다. '습관'의 개념 역시 특정부분의 자주 반복되는 행위이지만 중요한 것은 큰 문제없이 자신의 의지로 조절할 수 있는 것이다. 반면에 중독은 반복되던 어떤 행위를 문제없이 중단할 수 없다는 것이다. 다시 말해 자기통제가 가능한지의 여부가 습관과 중독의 결정적 차이라고 말할 수 있다.

2) 중독의 특징(핵심 요소)

(1) 집착

반복된 어떤 특정한 행위가 그 사람의 삶에서 매우 중요한 위치를 차지하게 되고, 그것에 대해서만 생각하고 느끼고 그것을 계속하기 위해서 노력한다. 즉 그 행위를 하지 않을 때에도 다음에 그것을 할 때 어떻게 할까 생각하고 있다.

(2) 기분변화

그 행동을 할 때 기분의 변화를 느낀다. 그리고 이것을 사회생활이나 마음의 갈등을 해결하기 위한 도구로 사용하기도 한다.

---

1) 다음백과사전, http://100.daum.net/encyclopedia/view/b20j0089a

(3) 내성

같은 정도의 만족감을 느끼기 위해 점점 더 양이나 많은 시간, 많은 양의 활동을 해야 한다.

(4) 금단

만일 그 행동을 하지 않거나 갑자기 그 행동량을 줄이게 되면 불쾌감이나 불안감, 짜증, 불면증의 증상이 생긴다.

(5) 갈등

반복된 특정 행동 때문에 그 행위를 하는 삶 주위의 인간관계, 사회관계가 나빠지고 많은 문제가 발생한다(실직, 가정파탄 등).

(6) 재발

중독된 행위를 끊거나 조절을 한 후 일정기간 후에라도 언제든지 어떤 문제가 생기면 같은 형태로 혹은 다른 형태로 재발이 가능하다.[2)]

2. 알코올 중독(알코올 의존증, Alcoholism)

알코올 중독 혹은 알코올 의존증(alcoholism)은 정신 질환으로 술과 같은 알코올음료에 의존증이 있어 정상적인 사회생활에 어려움이 있는 상태를 말한다. 알코올 의존증은 의학적으로 매우 심각한 질병으로 취급된다. 일반적으로 허용되는 양 이상의 음주를 하여 개인의 건강이나 사회적, 직업적 기능에 장애가 있음에도 불구하고 음주를 계속하는 경우를 알코올 중독이라 하고, 대개는 알코올 남용과 알코올 의존을 포함하여 말한다.

신체적으로 형성된 알코올의 금단증상을 피하기 위해 알코올을 계속 사용하게

2) http://cafe.daum.net/home0690/QwGy/62?q=%EC%A4%91%EB%8F%85%EC%9D%B4%EB%9E%80

되는 상태를 신체적 의존이라 하고, 알코올을 계속 사용함으로서 긴장과 감정적 불편을 해소하려는 현상을 심리적 의존이라 한다. 알코올 남용이란 사회적 또는 직업상의 기능장애를 초래하는 알코올의 병적인 사용, 즉 사회적 음주와는 상관 없이 알코올을 지속적으로 빈번히 마시는 것을 말한다.

알코올 중독은 우리나라는 물론 전 세계적으로도 널리 퍼진 질병이다. 술은 옛날부터 인간관계에서 빠질 수 없는 것이었으나, 마약으로도 악명이 높다.

한국은 알코올 중독자 숫자가 2백만 명이며, 한국 남성 중 25%는 알코올 중독을 경험한다. 2017년 10월 건강보험심사평가원의 자료에 따르면 10~19세 청소년 중 최근 5년간 알코올 중독으로 치료를 받은 인원은 7800명에 이르는 것으로 밝혀졌다. 청소년들의 첫 음주경험은 13세 전후로 나타났다

알코올중독증을 치료하기 위한 접근방법에는 대부분 알코올중독자가 자신의 질병을 인식하는 것이 필요하다. 그 이후의 치료계획은 알코올중독증의 원인과 정의에 따라 다르다. 치료법으로는 입원 프로그램, 심리학적인 일반 재활치료법, '익명의 알코올중독자 단체'(Anonymous Alcoholics)처럼 자신들이 조직한 자가 치료 모임, 안타부스(다이설피람)나 템포실(구연산첨가 칼슘사이아나마이드) 등의 금주약물의 사용, 비타민이나 호르몬 주사, 행동수정을 기초로 한 혐오요법 등이 있다.[3)]

1) 알코올 중독의 사회적인 문제

첫째. 사망률이 일반인에 비해 3배나 높으며, 특히 자살율도 매우 높다

둘째. 국가적으로 막대한 경제적 문제가 된다. 미국의 경우는 알코올중독 때문에 연간1167억불의 손실을 입고 있는데 우리나라는 미국보다 이 병이 더 많기 때문에 훨씬 심각하다.

셋째. 폭력범죄의 대다수가 술과 연관되어 있다. 술을 마시면 억제력이 약해지기 때문이다.

넷째. 술을 마시는 청소년들이 본드나 다른 마약을 할 가능성이 높아진다.

---

3) 다음백과사전, http://100.daum.net/encyclopedia/view/b14a3897a

2) 알코올 중독의 원인

누구나 걸릴 수 있지만 다음의 경우 잘 발생한다.

첫째. 술병에 잘 걸리는 체질은 유전된다. 따라서 부모나 친척 중 술병이 있는 분들을 각별히 조심해야 한다.

둘째. 수동적이고 내성적이며 화가 나도 겉으로 표현을 잘 안하고 열등감이 많은 성격에 흔하다.

셋째. 우울증, 불안증, 불면증 같은 신경성 장애가 있을 때 흔히 잘 발생한다.

넷째. 어려서부터 술에 대해 관대한 분위기에 속해 있거나 잘못한 일을 야단치지 않는 가정 분위기에서 자라났을 경우이다.

3) 알코올 중독 증상 종류

알코올중독의 기본양상은 알코올의 섭취에 의해 나타난 특수한 신경학적 또는 심리적 징후들과 행동의 변화들이다.

급성 중독 상태일 때 나타나는 신경학적 징후들로는 말이 또렷하지 못하고, 운동기능의 협응이 안되어 섬세한 일을 하지 못하고, 보행 시 비틀거리는 증상이 있으며, 주의력과 기억력의 장애가 온다.

심리적인 징후에 해당하는 것으로는 기분이 불안정하고 변덕스러우며 성적인 행동이나 공격적인 행동을 억제하기 어렵고, 말이 많아지는 것 등이 있다.

행동의 장애로는 싸움을 하거나 판단력의 손상, 사회적, 직업적 기능의 장애 및 책임을 완수하지 못하는 것 등을 볼 수 있다.

이러한 급성중독 상태의 지속시간은 마신 알코올의 양과 얼마나 빨리 마셨느냐에 따라 다른데 대개 술을 마신 후 수 시간에서부터 12시간 가량 지속된다.

(1) 정신적 질환

① 알코올 금단증상

장기간 지속적으로 술을 마시다가 갑자기 술을 중단했을 때 나타나는 징후로는 손이나 혀의 떨림 오심이나 구토, 무기력감, 나른함, 가슴이 뛰고 식은땀이 나는 것, 불안하거나 우울함, 구갈증, 두통, 수면장애, 악몽 등을 들 수 있다.

이 증후는 금주 후 곧바로 나타나서 대개 일주일 이내에 소실되는데, 간혹 간질발작이 나타날 수 있다.

② 알코올 금단선망

장기적인 알코올중독자가 갑자기 음주를 중단하거나 감량했을 때 나타나는 증상이다. 대개 5~15년 이상 술을 마셔 온 사람에게서 나타나는데 처음에는 불안, 초조, 식욕부진, 진전(떨림), 공포감에 의한 수면장애 등의 증상을 보인다.

다음으로 선망상태와 함께 자율신경기능 항진 증상이 있고, 진전, 망상, 환각, 안절부절 못하는 행동지남력 장애 등을 볼 수 있는데 특징적으로 이때 환각은 주로 환시(幻視)로 나타나 벌레나 괴물 같은 것들이 자신의 몸에 상처를 낸다고 느끼며 심한 공포감에 사로잡히기도 한다. 대개 경과는 음주 중단 후 1~3일째 시작해 5~7일에 해소된다. 심한 경우는 치료를 받지 않으면 사망하기도 한다.

③ 환각증

알코올의존이 있는 사람이 폭음을 중단 또는 감량한 후 보통 48시간 이내에 갖가지 환청을 듣게 되는 질환이다.

환청은 주로 목소리이며, 그 내용은 기분이 좋지 않거나 괴롭히는 것이 대부분이다.

대개 수 시간에서 수일간 지속되며 간혹 만성 경과로 가는 경우가 있는데 이럴 때에는 환청 이외에 피해망상 등이 같이 나타나서 정신분열증과 유사한 양상을 보인다.

④ 알코올성 건망증

지속적으로 과음을 하면 티아민(thiamine)이라고 하는 비타민이 결핍되기 쉬운데 이 때문에 오는 건망증후군이다.

주 증상은 건망증이며, 자기 주변의 시간, 공간, 인물 등에 대한 지남력의 장애

기억의 결핍된 부분에 엉뚱한 다른 삽화(기억)를 끼워 넣어 말하는 작화증, 말초신경장애 등을 보인다. 그 밖에 소뇌의 이상에 의한 운동실조증 등의 신경학적 장애가 나타날 수 있다.

⑤ 알코올성 치매

장기적으로 음주를 지속할 경우 위의 경우들과 같은 일시적인 중독증상 이외에 비교적 영구적인 상태인 치매가 발생할 수 있다.[4)]

⑥ 불면증

많은 알코올중독자들이 잠을 잘 자지 못하다보니 잠을 자기 위해 술을 마시는 경우가 흔하다.

그러나 분명한 것은 잠을 못자는 문제는 술 때문에 생기는 것이다. 술은 잠을 들게는 하지만 일반적으로 술에서 깨어남과 동시에 잠에서도 깨게 된다. 술은 잠이 들게 하는 것에 도움이 될 수 있지만 숙면에는 오히려 방해가 된다.

잠을 청할 목적으로 술을 지속적으로 마시게 되면 술을 마시지 않고서는 잠이 들지 않게 되는 상황에 빠지게 된다.

⑦ 우울증, 불안장애

우울증이나 불안증 때문에 술을 많이 마시다가 중독에 이르는 경우가 있고 반대로 알코올중독 상태가 지속되다 보니 우울증이나 불안장애가 야기된 경우도 있다. 술이 우울증상이나 불안증상을 단기간에 호전시키는 것처럼 착각을 들게 만들지만 술이 깨는 것과 함께 이런 증상들은 더욱 악화되게 된다.

알코올중독은 자신의 삶을 피폐하게 만들게 되는데 가족 간의 관계, 직장에서의 사회활동 등에 전반적인 문제를 야기 시키며 이것은 극복할 수 없는 한계처럼 환자들에게 다가와 우울증상이나 불안증상을 심각하게 만든다.

알코올중독 환자들은 자신의 정서적인 상태를 충분히 통제하지 못하고 충동적으로 변하기 때문에 주위 사람들에게 공격적인 행동을 하기도 하며 경우에 따라

4) http://blog.naver.com/PostView.nhn?blogId=dnqlszkd&logNo=221140490482

서는 자신에게도 폭력적으로 변한다. 알코올중독 환자들의 자살율은 일반인에 비해 두 배 이상 높다.

(2) 신체적 질환

알코올이 흡수되면 인체에 영향을 받지 않는 기관이 없는데 특히 간, 심혈관계, 췌장, 위장 등이 취약하다.

① 알코올과 간질환

- 알코올성 간염 : 지방간의 정도가 심해지면 알코올성 간염으로 진행되는데 이 경우 메스껍고 식욕이 떨어지며 구토증상이 발생하거나 황달 또는 열이 나기도 한다. 알코올성 간염의 경우에도 술을 끊고 건강한 생활을 하면 자연적으로 회복된다.
- 알코올성 간경변 : 일반적으로 간경화로 알려져 있는 간경변은 알코올에 의한 염증이 장기간 지속되어 발생된다. 간경변은 이미 간 조직이 그 역할을 잃어버린 상태로 정상적인 간으로 회복되지 못한다. 또 복수, 복막염, 간성뇌증, 정맥류, 암으로 진행되는 일이 흔하다.

② 알코올과 심혈관계질환

적당한 양의 음주는 심혈관계에 긍정적인 영향을 준다고 하지만 이때의 적당한 음주는 하루에 1 표준잔 내외의 술을 의미한다. 그이상의 술은 심혈관계에 도움이 되지 않는다. 알코올은 심장근육 자체에 병을 일으키게 되는데 이 경우 심장이 제대로 뛰지 않아 생기는 위급한 심장 질환이 발생할 수 있다. 알코올의존자에 있어 혈관 자체의 동맥경화증상이 심한 경우가 많으며 고혈압 등의 질환도 일반인데 비해 많이 발생한다.

③ 알코올과 췌장질환

췌장은 음식물의 소화에 필요한 효소를 만들어 내는 곳이다. 췌장에서 만들어 낸 효소들은 우리가 섭취한 모든 형태의 음식물을 흡수가 가능하도록 부수어 주는 역할을 한다. 반복된 과도한 음주는 췌장 세포를 파괴하고 췌장 주변의 염증을 유발합니다. 알코올 의존자에게 췌장염은 드물지 않게 발생하며 심한 복통 때문에 응급실에 방문하기도 한다. 췌장이 반복적으로 손상을 당하면 조그마한 스트레스나 과식만으로도 췌장염증이 악화되는 만성 췌장염으로 발전하기도 한다.

췌장 세포가 술에 의해 직접적으로 손상을 받으면 인슐린 생산에 영향을 받아 당뇨병이 발생할 수 있다.

④ 알코올과 위장질환

알코올은 섭취 후 구강과 식도점막에 염증을 유발한다. 이는 향후 암 발생의 위험을 높인다.

과도한 음주는 식도염을 유발하며 위산을 역류시키기도 하고, 또 위 점막을 파괴하는 작용을 하여 위궤양이나 위염을 일으키기도 한다. 알코올은 점막의 손상뿐 아니라 위 및 장의 원활한 운동을 방해하여 소화가 잘되지 않고 영양분 섭취에 문제를 유발하는 경우도 발생한다.

⑤ 임산부의 음주

임산부가 임신 중에 알코올을 섭취한 경우 알코올은 탯줄을 통해 뱃속으로 아이에게 전달되게 된다. 소량의 알코올이라도 탯줄을 통해 아이에게 전달되면 아이의 발육에는 치명적인 영향을 주게 된다. 임신한 여성이 지속적으로 음주할 경우 태아에서 소뇌증, 낮은 지능, 상, 하지와 심장의 이상, 두개 안면의 이상 등을 일으킬 수 있다.[5]

4) 알코올 중독 단계

(1) 전구증상

- 해방감을 위해 때때로 마신다.
- 해방감을 위해 매일 마신다.
- 알코올에 대한 내성의 증진

5) http://blog.naver.com/PostView.nhn?blogId=gksdlfp1&logNo=220577635743

(2) 진행성 증상

- 최초의 기억 상실
- 은밀한 음주
- 알코올 선취
- 꿀꺽꿀꺽 마신다.
- 음주에 대한 죄책감
- 음주에 대한 논의 회피
- 기억상실의 증가

(3) 중대한 위기 증세

- 음주 조절 능력의 상실
- 알코올중독에 대한 변명
- 사회적 압박감으로부터의 회피
- 과장된 태도
- 공격적 행동
- 끊임없는 가책
- 일시적 음주 중단
- 음주 습관의 변화
- 친구들을 피한다.
- 직장을 잃거나 그만 둔다
- 모든 행동을 알코올을 중심으로 한다.
- 외부 문제에 흥미를 잃는다.
- 자기연민
- 타인과의 교제를 싫어한다.
- 일시적 도피
- 가정생활의 변화
- 불합리한 원한
- 알코올 보급에 대한 관심

- 영양에 대한 무관심
- 입원
- 성적욕구의 감퇴
- 질투와 의처증
- 해장술을 마신다.

(4) 만성적 증세

- 장기적으로 취해있는 상태
- 인격의 타락
- 사고력장애
- 알코올에 의한 정신병
- 열등한 자들과 음주
- 화학제품을 마신다.
- 알코올 내성의 상실
- 막연한 공포
- 떨림
- 정신운동의 억제
- 음주에 대한 강박감
- 막연한 종교적 열망
- 구실을 못 찾음

5) 알코올중독 환자의 회복 여정

(1) 반항 · 자각(입원)

입원 시 알코올중독(의존증)환자임을 부정하다가, 점차 알코올 문제가 있음을 자각하게 된다. 이때 입원이나 치료 자체가 자신의 문제점을 강하게 의식화 시켜주는 이점을 제공한다.

(2) 시인 · 순응

환자의 태도가 변화하여 자신이 알코올중독환자라는 사실을 인정하게 된다. 문제를 시인하고 치료에 동의하지만 열성을 다하지 않는다. 자신이 온갖 노력을 하기보다는 "나를 한 번 고쳐보시오!" 하는 태도를 보인다.

(3) 수용

실제적인 호전을 보이고, 질병에 대한 치명적인 성질을 건강하게 이해하게 됩니다. 회복에 대한 책임이 자기 자신에게 있다는 진심어린 수용이 이루어지고, '내가 마시고 싶었기 때문에 마셨던 것'이라는 놀랄 만한 결론에 도달한다. 하지만, 질병의 만성적인 성질을 아직도 현실적으로 받아들이지 못하고 재발의 가능성에 경솔한 반응을 나타낸다.

(4) 항복

자신이 알코올을 극복할 수 있는 힘이 부족함을 자각합니다. '우리를 건강한 사람으로 회복시키는 더 큰 능력이 있다'는 것을 이해하고 위대한 힘에 항복한다. 진정한 인격적인 성숙이 이루어진다.

6) 알코올 중독환자의 가족 및 주변인의 대처요령

- 가족들도 알코올 중독 환자와 마찬가지로 정서적인 문제를 갖고 있다는 것을 인식해야 한다.
- 만약 가족이 감정적으로 너무나 상처를 받아 이제 그 상태에서 벗어나야 한다고 생각한다면 더 이상 지체하지 말고 실천해야 한다. 그 순간 환자는 뭔가를 결정할 수 있다.
- 지나치게 관심을 갖는 일은 오히려 환자에게 해롭다.
  환자는 모든 관심이 자신에게 집중되는 것을 이용하여 주변 사람들을 조종하려 한다. 따라서 감정적으로 초연해질 필요가 있다. 알코올 중독 환자가 화가 나고 불행감을 느낀다고 해서 가족까지 그런 감정을 가져야 할 필요는 없다.

- 자신의 인생을 잘 가꾸어 나가자.
  알코올 중독 환자가 겪는 정서적 갈등을 당신에게 전가시키는 것을 받아들여서는 안 된다. 당신 자신의 생활에 충실하고 편히 쉬기도 하며 외출도 하여 자신을 즐겁게 해야 한다.
- 당신 자신에게 좋은 것이 환자를 위해서도 유익하다.
  당신의 배우자인 알코올 중독 환자와 반드시 취미생활을 함께 해야 할 필요는 없다. 당신 혼자라도 새로운 삶을 위해서 노력하고 사람들과 어울려 지내는 것이 필요하다
- 전문가를 찾아가 상담하거나 가족 친목(알코올 중독 환자 가족들의 모임)에 참여하여 같은 어려움을 겪고 있는 사람들로부터 격려를 받고 용기를 얻으며 알코올 중독에 대해 배우자
- 자기 자신을 비난하지 말자.
  가족이 알코올 중독 환자를 만들지는 않았다. 환자가 당신을 비난하는 것은 술을 마시기 위한 이유와 핑계를 찾기 위해서이다.
- 알코올 중독 환자를 보호하고 구제하려는 것을 중단하자.
  당신은 알코올 중독 환자의 술을 끊게 할 수도, 치료해줄 수도 없다. 환자를 날마다 관찰하고 술 마시는 것을 통제하거나 환자의 인생을 조정하려고 하는 것은 효과가 없으며 오히려 당신만 더 큰 상처를 받게 된다.
- 알코올 중독 환자의 음주에 대한 동기나 이유를 나름대로 이해하려고 하는 노력을 중단하자.
  환자가 술을 마시는 이유를 계속 추궁하는 것은 거짓말을 할 수 있는 기회를 만드는 것이며 시간 낭비일 뿐이다. 경험이 풍부한 전문가들도 한마디로 말할 수 있는 정답은 없다. 대답이 없는 "왜"라는 질문을 계속하기보다 치료에 전념하자
- 환자를 위협하거나, 잔소리 하거나, 감언이설로 달래거나, 화를 내거나, 설교하는 것을 중단하고 알코올 중독 환자에게 자신의 감정에 대해 솔직하면서도 관심어린 태도로 이야기 하자
- 알코올 중독 환자가 술을 마신 결과 발생되는 고통들을 환자 자신도 느끼게

하자. 스스로가 자신의 상황이 악화되고 있으며 위기에 처해 있다는 사실을 깨닫도록 하자. 그래서 자신의 현실을 직시하도록 해주는 것이 술을 끊도록 결심하는데 도움이 된다.

- 알코올 중독 환자가 스스로 선택할 수 있도록 하자.
  "당신이 도움을 원한다면, 언제든지 곁에서 도와줄 수 있지만 계속 병을 악화시키고 싶다면 그것은 당신의 결정에 달렸다."라고 말하는 태도가 바람직하다.
- 당신의 사랑이나 보살핌을 필요로 하는 자녀들과 친구들이 있다는 사실을 기억하자.
  알코올 중독 환자에게 모든 신경을 쓰다보면 다른 사람에게 소홀해지기 쉬우나 당신 자신이나 다른 가족들에게 미치는 피해를 최소한 줄이기 위해 그들을 돌봐야 한다.
- 알코올 중독이라는 병에 대해 배우자.
  가족 자신이 알코올 중독이라는 병에 대한 지식이 있어야 가족의 문제에 대해 현명하게 대처할 수 있다. 전문가나 상담실 또는 가족 친목에 나가 교육을 받을 수 있는 기회를 찾자[6)]

7) 알코올 중독 선별 검사[7)]

알코올 중독의 진단은 각 문화권이나 민족마다 조금씩 다르며, 최근 우리 나라 문화실정에 맞는 국립정신병원형 알코올리즘 선별검사가 만들어져 이용되고 있다.

최근 6개월 동안 당신의 생활에서 해당되는 사항에 체크하시오. 아래 중 4가지 이상이 해당되면 알코올 중독의 가능성이 높으므로 전문의와 상의하여야 한다.

---

6) http://cafe.daum.net/csfsim2/AMQF/14493?q=%EC%A4%91%EB%8F%85%EC%9D%B4%EB%9E%80

7) http://tip.daum.net/question/89803886?q=%EC%95%8C%EC%BD%9C+%EA%B8%88%EB%8B%A8%ED%98%84%EC%83%81+7%EA%B0%80%EC%A7%80

〈표 7-1〉 알코올 중독 선별검사

① 자기연민에 잘 빠지며 술로 이를 해결하려한다.	
② 혼자 술 마시는 것을 좋아한다.	
③ 술 마신 다음날 해장술을 마신다.	
④ 취기가 오르면 술을 계속 마시고 싶은 생각이 지배적이다.	
⑤ 술을 마시고 싶은 충동이 일어나면 거의 참을 수 없다.	
⑥ 최근에 취중의 일을 기억하지 못하는 경우가 있다. (2회/6개월)	
⑦ 대인관계나 사회생활에 술이 해로웠다고 느낀다.	
⑧ 술로 인해 직업기능에 상당한 손상이 있다.	
⑨ 술로 인해 배우자가 나를 떠났거나 떠난다고 위협한다.	
⑩ 술이 깨면 진땀, 손 떨림, 불안이나 좌절 혹은 불면을 경험한다.	
⑪ 술이 깨면서 공포나 몸이 심하게 떨리는 것을 경험하거나 혹은 헛것을 보거나 헛소리를 들은 적이 있다.	
⑫술로 인해 생긴 문제로 치료받은 적이 있다.	
※ 결과 측정 : 4가지 이상이 해당되면 알코올 중독의 가능성이 높으므로 전문의와 상의할 필요가 있음	

〈표 7-2〉 한국형 알코올중독 자가 진단법

※ 다음 1-41번까지 문항을 읽어 보시고 "그렇다"하고 느끼면 ○표 해 주시기 바랍니다.	
1. 당신은 음주 문제로 부부싸움을 자주 하였습니까?	
2. 당신은 술을 마시고 가족(부모, 부인, 자녀)들을 폭행한 적이 있습니까?	
3. 당신은 술값으로 인하여 생활비의 일부분을 사용한 적이 있습니까?	
4. 술을 끊기 위하여 주술적(굿, 기도, 점)방법 등을 시도한 적이 있습니까?	
5. 당신은 음주 문제로 인하여 별거, 이혼한 적이 있습니까?	
6. 당신은 아침에 술을 마시고 출근 하였습니까?	
7. 술로 인하여 자주 결근을 하였습니까?	
8. 상사에게 음주 문제로 인하여 충고 또는 경고를 받은 적이 있습니까?	
9. 직장에서 접대를 이유로 해서 자주 술을 마셨습니까?	
10. 음주 문제로 인하여 직장에서 ?겨난 적이 있습니까?	
11. 당신의 술 문제를 감추기 위하여 다른 동료를 비난한 적이 있습니까?	
12. 술을 마시고 이웃 간에 사소한 일로 다툰 적이 자주 있습니까?	
13. 친목관계에 있어서 꼭 술을 필요로 합니까?	
14. 술좌석에서 다른 사람보다 더 많이 마시려고 노력합니까?	
15. 술로 인하여 친구들과 결별한 적이 있습니까?	
16. 당신은 손떨림(수전증)을 멈추기 위하여 술을 마십니까?	
17. 당신은 음주시의 행동을 기억하지 못합니까?	
18. 당신은 헛소리(환청), 헛것(환시)을 보고, 들은 적이 있습니까?	
19. 음주로 인하여 급격한 체중감소, 식은땀, 헛구역질을 경험한 적이 있습니까?	
20. 술로 인하여 치료를 받은 적이 있습니까?	
21. 술로써 모든 문제들을 해결하려고 합니까?	
22. 당신은 주위 사람들을 지나치게 의식하여 행동이 부자연스럽습니까?	
23. 음주 후 난폭한 성격으로 변합니까?	
24. 당신은 물건 또는 돈을 훔쳐서 술을 마신적이 있습니까?	
25. 당신은 술로 인하여 교통사고(경상, 중상)를 당한 적이 있습니까?	

26. 당신은 음주 후 행동으로 즉결 이상의 처벌을 받은 적이 있습니까?	
27. 당신은 음주 문제로 병원이나 진료소에 입원을 한적이 있습니까?	
28. 당신은 음주 문제로 인하여 다른 사람의 도움을 구한 적이 있습니까?	
29. 당신은 자신이 정상적으로 술을 마실 수 있다고 생각합니까?	
30. 당신은 술좌석에서 술을 조절할 수 없습니까?	
31. 당신은 술을 마시지 못하면 잠을 이루지 못합니까?	
32. 여러 사람(친구, 직장동료)들 보다 혼자서 술을 마시는 것을 좋아합니까?	
33. 당신은 술을 가족들 몰래 감추었다가 혼자 있을 때 마십니까?	
34. 당신은 술을 마시지 않으면 의욕이 없습니까?	
35. 당신은 음주 후 실현되지 않을 일들을 자주 상상해 봅니까?	
36. 당신은 음주 후의 성행위가 만족하다고 생각합니까?	
37. 당신은 음주 후 돈과 명예에 대하여 허세를 부립니까?	
38. 당신은 술을 마시면 식욕이 떨어집니까?	
39. 당신은 술을 마시지 못하면 불안하거나 공포에 사로 잡힙니까?	
40. 당신은 친구나 주위사람들에게 거짓말을 해서 술을 마신적이 있습니까?	
41. 당신은 매일 정해진 시간에 음주를 합니까?	
※ 결과 측정 : 5개-남용, 8개-초기, 10개-위기, 15개-만성, 20개-말기	

3. 인터넷 · 게임 중독(Internet game addict)

게임 중독이라고 규정할만한 진단 기준이 명확한 것은 아니지만 게임에 몰두하여 일상생활을 영위하지 못하는 심각한 문제가 발생하는 경우를 지칭한다. 인터넷을 이용하는 게임이 대부분이라 통칭하여 인터넷 중독이라고도 불린다.

인터넷 게임중독은 다른 중독과 마찬가지로 금단 증세와 내성을 보이는 경우에 의심해 볼 수 있다. 중독성이 강한 인터넷 게임을 장시간 사용하면서 시간 가는 줄 모르고 점점 더 많은 시간을 해야 만족이 되는 상태는 내성이 생긴 것을 의미하고, 동시에 잠시라도 인터넷 게임을 하지 않으면 불안, 초조해 지며 만사를 제치고 인터넷 게임을 해야만 하는 상황이 반복된다면 금단증상이 있는 것으로 판단된다.

내성 및 금단증상은 뇌기능에 이상이 생겨 스스로 절제력을 잃었을 때 흔히 관찰되는 증상으로 이러한 경우 뇌기능 검사를 비롯한 의학적 검사를 필요로 한다.

게임중독은 일상생활장애는 물론 현실적인 대인관계보다 게임을 통한 가상공간에서 만난 사람과의 관계에서 친밀감과 안정을 받고자 하는 욕구가 증가된다. 게임세계에는 신체적, 물리적 한계가 없는 데다 대부분 청소년들은 자기 스스로 절제하는데 미숙하고, 오히려 어른들에 의한 강제적 통제, 통금, 학교 야자, 돈이 없어서 PC방을 못가는 등 외부적이고 강제적인 요인에 의해 비자발적으로 통제를 받기에 게임을 마음껏 할 수 있는 환경이 되면 억눌린 것들을 한 번에 방출하는 경향이 강하다.

진단은 정신건강의학과 전문의의 면담 및 뇌기능 검사를 포함하는 신경심리학적 평가를 통하여 인터넷 중독 여부를 알아볼 수 있다. 우울증, 불안증, 대인공포증, 왕따, 주의력결핍 과잉행동장애, 가정불화가 있는 경우 인터넷 게임 중독의 위험은 크게 증가하고 또한 치료도 어려워진다. 따라서 집중력검사, 우울, 불안장애에 대한 검사 및 가족력 조사를 통하여 위험요소가 얼마나 존재하는지 알아보는 것도 매우 중요하다.

1) 일반적 증상

- 일상생활에서도 게임이 머릿속에서 떠나지 않는다.
- 잠을 줄이고 게임을 하거나, 일상생활에 지장이 있을 정도로 생활사이클과 리듬이 뒤틀려있다.
- 건강 문제를 안고 있다. 특히 시력과 수면부족, 만성피로와 비만. 피곤과 우울, 부정적인 정서를 갖고 있다.
- 실제 생활에 영향을 줘서 공부나 일을 제대로 끝마치거나 성과를 제대로 내지 못한다. 고질적인 의지박약으로, 곧 게임에 돌아오게 된다.
- 게임 외에는 노력하기가 귀찮다(귀차니즘).
- 약속을 잘 안 지킨다. 특히 잠 부족문제와 겹쳐 지각과 결석이 잦다.
- 위생 관념이 희박해진다. 머리도 잘 안 깎고, 샤워와 세수, 양치질도 귀찮아 한다.
- 자기관리와 외모관리에 소홀해지며(귀찮아함), 운동부족과 겹쳐 살이 찌기 쉽다.
- 자기관리 안됨, 게임 외에는 귀찮음, 외모관리가 안되니 사람 만나는 것도 자신감 떨어짐, 피로와 귀찮음으로 집에서 잘 안 나감 등의 시너지로 사회성이 점점 떨어지기 시작한다.[8)]

2) 원인

자극을 추구하는 것은 인간의 가장 기본적인 기능이다. 특히 자극이 이전에 접해 보지 못한 새로운 것이거나, 가변성이 있어서 어떻게 변화할지 잘 모르는 것일 경우에는 더욱 주목을 끌기 때문에 우리는 이런 자극에 더 집착하게 된다. 과거에는 이런 자극들이 우리의 생존과 관계있는 중요한 것인 경우가 많았다. 예컨대 낯선 사람은 우리의 적일 수도 있으므로 특히 주목하는 것이 요구되었다. 그러나 현대 사회가 되면서, 우리는 생존과 관계없는 다양한 자극의 홍수에 휩싸이게 되는데, 가장 대표적인 것이 바로 인터넷이다. 정보의 바다 인터넷에는 끊임

---

8) https://namu.wiki/w/%EA%B2%8C%EC%9E%84%20%EC%A4%91%EB%8F%85

없이 새로운 정보들이 출몰한다. 이 대부분은 우리에게 필요 없는 자극들이지만, 항상 새로운 것이기 때문에 우리는 본능적으로 여기에 주목하게 되고 끝없이 이 속을 헤매고 다니게 된다. 항상 상황이 바뀌면서 끊임없는 주목을 요구하는 온라인게임 역시 마찬가지다. 더구나 게임들은 새로운 아이템 획득, 등급 승진 등의 강력한 자극을 내세우면서 우리의 한정된 에너지를 거기에 투자하도록 만든다. 게임 개발자들은 사용자의 주목을 얻기 위해 항상 더 자극적인 것을 제공하기 위해 노력하는데, 바로 이것이 중독을 일으키는 덫이 되는 것이다.

한편, 우울감, 강박적 경향, 산만함과 집중력 저하, 충동성, 낮은 자존감, 사회적 불안감 등 다양한 종류의 정신과적 문제가 인터넷 중독과 관계된다. 특히 우울증은 인터넷 중독과 관련이 있다. 우울증 환자는 의욕, 흥미가 떨어져 평소에 하던 일상적인 활동을 하는데 어려움을 겪는다. 이런 사람들에게 인터넷은 적은 노력으로도 집중, 흥미를 유발할 수 있는 대상이 되어 일시적으로 우울과 무기력에서 벗어날 수 있게 해 준다. 따라서 이들은 다른 활동은 접어둔 채 인터넷에 몰두하게 되며 겉보기로는 인터넷 중독으로 보일 수 있다.

3) 게임중독의 영향 및 문제점

게임중독의 위험은 육체와 정신이 피폐되어가고 있음에도 어느 법적인 등급이나 인식이 없이 방치되어있는 환경 속에서 자신을 추스르기란 여간 힘든 일이 아니다. 또한 그들은 그 자체를 그리 심각하게 생각하지도 않는다. 평상시 그렇게 착실하고 온화한 성품이 게임 중독 이후로 과격하고 폭력적으로 변한다. 더 극한상황에는 사이버 상에 이루어지는 살인과 폭력을 현실로 옮겨 살인을 저지르는 예도 있는데 실로 무서운 일이 아닐 수 없다. 너무 게임에 몰두하여 사망한 일도 놀라운 사건인데 더 더욱 놀란 것은 게임에 몰두하는 많은 유저들이 하는 말(하고 싶은 게임을 죽도록 하다가 죽었으니 얼마나 행복하냐!)에 경악을 금치 못한다. 일단 게임 중독에 걸리면 주변의 하던 모든 일들도 정상적이 될 수 없다. 그에 따른 폐해로는 다음과 같은 것들이 있다.

– 수면부족, 체력저하, 시력저하, 두통, 근육경질(가만히 앉아서 장시간 움직이

지 않기 때문에 팔, 다리 등의 근육이 뭉쳐지게 된다), 기억력상실(대뇌변연계의 비활동으로 인한 기억력저하로 암기력 등이 크게 떨어짐), 창의/응용력상실, 성격의 폭력적 변화, 거짓말, 대리만족(현실에서 이루지 못한 일을 게임을 통해 이루려는 욕망), 현실도피, 금전적 손해, 시간적 손해(게임에 빠지면 시간의 망각현상이 오고 현실에서의 1시간이 게임에서는 10분정도밖에 느끼지 못함), 가정불화, 교우관계약화 등[9]

(1) 가상과 현실의 구분 및 현실적 자아 상실

가상 게임 세계는 현실 세계와는 달리 물리적 공간이 존재하지 않는 세계로서 현실적인 행위나 신체 접촉의 가능성이 존재 할 수 없다. 온라인 게임은 게임일 뿐 게임과 현실 간에는 분명한 거리가 있는 이유도 그것이다. 이런 측면에서 볼 때 이성적 사고에 기초한다면 현실과 가상간의 혼돈이 발생될 가능성이 미약해진다. 그러나 오늘날의 청소년 문화에 있어 가상과 현실의 구분이 소수의 경우 혼동의 상태에 빠지는 현상이 관찰된다. 게임 속의 전투가 현실적 감정을 자극하고 이것으로 인해 실재적 폭력이 발생하기도 한다. 가상현실에 대한 느낌이 일상적 삶에 영향을 주고 있는 것이다. 2000년도 초반에 한 중학교 남학생에 의해 발생하였던 여중생 엘리베이터 살해는 바로 이와 같은 혼동의 대표적인 경우로서 가상에서의 인간 살해가 던져주는 아무렇지도 않았던 허구적 느낌이 현실 속으로 투영된 것이라고 할 수 있다. 현실 속에서도 게임에서와 같이 인간에 대한 살해가 아무렇지 않을 것이라고 하는 순간적인 충동은 가상 게임에서의 자아가 현실적 자아를 혼란스럽게 한 결과이다. 더욱 심각한 점은 그것이 집단적 유행의 특성으로 전이되어질 수 있다는 데 있다. 혼돈의 사례가 증가한다든가 또는 이러한 모습들이 집단적 유형으로 발생한다면 그것은 사회적 수준에서 심각히 고려되어야 할 청소년 문화 정체성의 문제이기 때문이다.

9) http://cafe.daum.net/wldurdkehdtpsxj/EItC/94?q=%EA%B2%8C%EC%9E%84%20%EC%A4%91%EB%8F%85%EC%9D%B4%EB%9E%80

(2) 폭력 및 공격 성향 조장

현실에서의 외형적 또는 내재적 공격적 성향 및 폭력적 성향이 게임에 대한 적정한 몰입으로 해소될 수도 있겠지만, 그 정도가 지나치게 되고 또한 그러한 성향의 원인이 오랫동안 억압되어져 지속되어 온 경우 게임에서의 폭력성은 현실에서의 폭력적 행위로 재현될 수 있다. 가상 공간에서의 게임적 공격성이 게이머의 의식작용에 영향을 주어 폭력적 태도에 대해 도덕적 중요성을 감소시키게 되는, 즉 폭력의 부정성에 대해 무감각해지는 결과를 발생시킬 수 있다. 게임에서는 게이머 자신을 포함해서 모든 캐릭터가 죽었다 살아나는 등 삶과 죽음의 경계가 의미 없어진다. 단지 점수만이 이들의 중요한 지표가 되는 경우가 많다. 그렇기 때문에 장기간 게임을 반복해서 하게 되고 중독성의 차원으로 들어간 경우 게임과 현실을 구분하지 못하는 경우가 나타나게 되며 그 결과 현실에서의 폭력적 행위가 아무렇지도 않게 발생되어지기도 하는 것이다.

(3) 매체 의존성 강화, 물질주의 가치 강화 등에 의한 탈 인간화

게임을 하기 위해서는 컴퓨터가 있어야 하며, 온라인 게임의 경우에는 온라인 접속이 가능해야 한다. 또한 이들 조건을 충족하기 위해서는 기본적으로 돈이라고 하는 물질적 수단이 있어야 한다. 그러나 게임이나 온라인 접속 등은 오늘날 청소년들에게는 필수적인 일상생활과도 같은 유행성으로 인식되어져 있고 결국, 그들에게 있어 물질은 매우 중요한 삶의 조건으로 위치 지워지고 있다. 청소년들에게 있어 게임을 포함한 신매체들에 대한 의존성은 절대적인 상태로 자리 잡고 있다고 할 수 있으며, 물질에 대한 의존 역시 이와 동일하다고 하겠다. 결국, 게임에 중독 된 청소년의 경우 일상생활 속에서 모든 중요한 가치는 게임을 할 수 있는 물질적 도구들에 주어져 있으며 이는 곧 철학적인 의미에서 접근해 볼 때 탈 인간화의 모습이라고 표현할 수 있다.

(4) 충동적 행동

충동적 행위의 중요한 특징은 스스로의 욕구를 제어하지 못한다는 점에 있다. 게임에 중독되는 경우, 게임과의 관계가 여타 사회적 관계보다 강하고 또 대부분을 차지하기 때문에 자아간의 적절한 조화 관계의 형성에 문제가 발생하게 되며 결국 본능적 행위가 보다 많은 작용을 하게되어 행위의 충동성이 높아진다고 볼 수 있다. 더불어 게임의 중독성이 지니는 근본적 문제점 중의 하나가 앞서 제시한 바와 같이 조절 능력의 상실이라는 측면이기 때문에 자신의 충동성에 대한 조절이 어렵게 될 수 있다. 이는 게임에서만 나타나는 것이 아니라 현실 공간에서도 연계되어져 나타나기 때문에 여타 다른 문제 행동으로 전개되어질 가능성이 높은 부분이라고 할 수 있다.

(5) 사회부적응

사회적응은 현실 속에서 타인과의 적정한 관계에 의해 토대를 구성하게 되는 개념이다. 즉, 가족과 학교, 친구집단, 사회 등을 통해 타인과의 관계를 맺거나 끊기도 하는 등의 사회화 과정 전반을 거치면서 인간은 타인을 이해하게 되고 자신을 발견하게 된다. 그러나 게임에 중독된 경우에는 현실에서의 타인과의 관계가 배제되어짐에 따라 타인의 의미가 상실되고 타인에 대한 흥미 자체도 감소되어 대인관계를 통한 다양한 사회적 기능을 습득하지 못하게 되는 결과가 초래되어진다. 사회부적응이 발생되는 것이다. 집 또는 pc방에서 게임에만 몰두함으로써 이처럼 사회부적응 현상을 지니게 된 경우가 증가하고 있는 등 사회문제로 발전할 가능성을 지니고 있다.

(6) 게임에서의 대리 만족에 의한 현실적 공허감, 우울증 유발

게임에 중독된 경우 하나 또는 그 이상의 게임에 지속적으로 몰두함으로써 게임이 제시하고 있는 최대 목표를 달성하고자 한다. 대표적인 온라인 게임인 리니지나 바람의 나라에서와 같이 어느 정도 게임에서의 위상이 높아지게 되면 본인의 사람들을 가상 및 현실 공간에서 24시간 돌보아주어야 하며 혹시 있을지 모를 적군의 침입에 대비하여 아군의 힘을 강화하는데 힘을 쏟아부어야 한다. 그러나 많은 경우 이처럼 모든 노력을 경주하여 결국 최상의 위치에 올라갔다고 하여도 마지막에 남는 자신의 느낌은 공허감, 허무감, 우울감 등이라고 한다. 게임에 중독되어 게임의 모든 단계를 마스터 했을 때 비로소 게임은 게임일 뿐이라고 하는 현실적 의미를 알게 되며, 결국 허무와 공허, 우울 등의 감정에 빠지게 된다는 것이다. 게임의 최대 목표를 달성하기 전까지도 게이머는 이를 지키고 달성하기 위하여 지속적인 불안감을 경험하게 되며 심지어 이로 인하여 일상생활을 할 수 없는 상태에 이르기도 한다는 것이다. 게임 중독이 가져다준 게임의 현실적 욕망에 대한 대리만족이라고 하는 환상의 결과이다.

(7) 신체적 악영향

'마우스 신드롬'으로 불리는 누적 외상성 장애나 수근관 증후군이 나타날 수 있다. 누적 외상성 장애는 반복적으로 키보드나 마우스를 조작하면서 손과 팔의 신경, 힘줄, 연부조직, 근육 등에 생간 손상이 충분한 휴식을 취하지 못해 생기는 것으로 나중에는 반영구적인 기능장애가 나타난다. 게임을 장기간 오래 시행할 경우 의자에 앉아 있음으로 인해 요통, 견통, 손목 및 손가락 근육의 이상 등이 나타나게 되며, 안구 건조증, 시력 저하, 혈액 순환 장애, 소화 불량 등의 현상도 나타날 수 있다. 특히, 혈액 순환 장애는 심장혈관에 이상을 초래하여 돌연사를 초래하기도 하는 등 여타 신체적 악영향을 발생시키는 원인이 되기도 한다. 청소년의 경우에는 신체 발달이 활발하게 이루어져야하는 시기임에도 불구하고 영양 섭취의 저조와 상기 원인 등에 의하여 신체 발달이 정상적으로 진행되어지지 않을 수 있고, 또한 정서적 발달 및 지적 수준의 발달에도 커다란 문제가 야기될 수 있다.

(8) 게임 금단 현상

금단 현상이라는 것은 특정 행위에 대한 중독이 이루어졌을 경우 그로부터 벗어나기 위해 거치게 되는 탈 중독 현상의 대표적인 과정상 특징이다. 중독 대상에 따라 그 현상은 다양하게 나타날 수 있지만, 대부분 공통된 특징은 중독 된 행위를 하지 못하였을 때 불안하고 초조하며 환상이나 환영이 보이고 식욕이 저하되며 모든 일에 의욕이 저하되는 등의 현상들이다. 게임중독의 경우에도 이로부터 벗어나고자 할 때 위와 같은 금단 현상들이 발생하게 되는 등 심각한 심리적 문제로 발전되어질 수도 있다.

(9) 가족과의 대화 단절

게임 중독이 발생하면 앞서 살펴보았던 바와 같이 현실세계에서의 모든 사회적 관계가 중지되어지며, 따라서 가족들과의 대화 자체가 단절되어지는 경우가 발생한다. 가출을 하여 pc방에 머물 수도 있으며, 또는 자신의 방과 컴퓨터를 떠나지 않는 은둔형 행위가 발생할 수도 있다. 특히 청소년의 경우에는 대부분의 청소년 문제 행동들의 원인이 가족과의 의사소통 문제로부터 발생하고 있는 현실을 고려해볼 때 이와 같은 가족 대화의 단절은 매우 심각한 의미를 지닌다고 할 수 있다. 게임으로 인하여 가족과의 식사에도 참석하지 않고, 게임 이야기가 아니면 대화가 이루어지지 않는 등 중독자의 모든 인지 구조는 게임에만 고착되어지게 된다. 이런 경우, 결국 가족 간 대화 결여로 인한 오해 발생 및 가정 폭력 등 여타 심각한 가족 문제로 확대되어질 가능성이 있다.

(10) 학습 장애

게임에 투자하는 시간이 절대적으로 증가하고 모든 관심이 게임에 집중되어짐에 따라 심각한 학습 장애가 발생될 수 있다. 학교에 등교하더라도 학습 내용에는 흥미가 없기 때문에 게임에 관련된 잡지를 보거나 이야기를 하는 등 게임을 위한 부분에만 신경 쓰게 된다. 심각성이 증가하게 되면 등교를 거부하고 pc방 등에서 기거하며 게임을 하는 경우에 이루게도 된다. 이와 같은 본인의 행위에 대해 전문 게이머가 되겠다는 생각으로 합리화하기도 하지만, 결국 게임 중독으로 인하여 앞서 살펴보았던 다양한 문제들과 더불어 최소한의 기초적인 지식 습득도 이루어지지 않게 됨에 따라 심각한 정서적 문제가 발생하게 된다.

(11) 불평등적 성역할 강화

게임의 특성은 기본적으로 개인의 능력 이외에는 관심을 두지 않는 익명적 평등성에 있다. 그러나 게임의 구성에 있어 사회문화적 특성을 포함한 현실적 특성으로부터 영향을 받게 되는 부분이 명백히 존재하기 때문에 게임을 구성하고 있는 내용들을 보면 다분히 성차별적인 부분들이 다수 존재하고 있다. 예를 들면,

많은 게임에서의 주인공들은 남성이며 여성은 현실세계에서도 그러하듯이 남성을 치장하는 보조적 인물들로 그려지고 있고, 또한 남성에 비해 여성 캐릭터들의 노출이 심한 등 상품화된 여성성을 발견하게 된다는 것이다. 따라서 이와 같은 게임들에 장기간 몰입하는 경우 게이머들은 자신도 의식하지 못하는 상태에서 왜곡되어진 불평등적 성역할을 학습 받게 된다고 할 수 있다.[10)]

3) 인터넷(게임) 중독 치료 대상

- 해야 할 일들을 미루고 컴퓨터나 스마트폰 등을 계속 사용하고 있는 경우
- 현실과 사이버 공간의 판단이 어려운 경우
- 컴퓨터나 스마트폰 사용 문제로 학교나 가족 간의 문제가 생기는 경우
- 컴퓨터, 스마트폰 사용 시간을 스스로 조절하지 못하는 경우[11)]

4) 게임중독 예방 및 방지 대책

게임 중독은 다른 중독 작용처럼 호르몬과 뇌, 결국 우리 몸이 거기에 길들여져 버려서 자신의 의지나 생각과는 다르게 몸이 행동해버려 생기는 문제인 만큼 스스로 통제가 힘들다. 가장 큰 문제는 도파민과 관련된 뇌 보상체계가 게임 중심으로 재편되어 의사결정에 왜곡이 일어난다는 점이다. 이럴 때 일수록 게임 중독 전문상담가나 정신과 전문의처럼 전문가의 도움을 받는 것이 좋으며, 일단 본인이 스스로 문제를 자각하고 여기서 벗어나려는 생각과 의지가 있어야 한다.

(1) 게임이 아닌 다른 관심사, 인생의 목표를 찾아 매진해라

- 게임이 당신의 인생에 있어 제 1목표가 되어버리진 않았는가? 다른 목표가 생기고 거기에 매진하다보면 게임 말고도 하고 싶은 것들이 많아진다.

---

10) http://cafe.daum.net/az33/PY1v/79?q=%EC%A4%91%EB%8F%85%ED%98%84%EC%83%81%EC%9D%98%20%ED%8A%B9%EC%A7%95

11) http://blog.naver.com/PostView.nhn?blogId=631_6007&logNo=220954031468

② 어떤 게임을 얼마만큼 한다는 것

- 게임 사실을 알리고 통제와 관리감독을 해줄 사람을 찾아 부탁해라. 특히 부모님께 진솔하게 말씀드려라.(주변사람들이 관심을 가져야 한다.)
- 게임을 얼마만큼 하고 있다는 사실을 부끄러워서, 혼날까봐 주변에게 숨기고 몰래 하곤 하고, 당연히 이를 모르는 주변인들과 마찰이 생길 수밖에 없다. 자신을 잡아주는 사람이 있는 게 자기 의지로 끊는 것 보다 덜 어렵다. 주변인이 밤에 게임을 하는 사실도 정확히 모르고 있을 수 있다.

③ 게임을 하되, 규칙적이고 건강한 생활을 유지하는 가운데 한다.

밤새고, 게임하느라 다른 일을 미루거나, 잘 씻지도 않는 등의 행위는 지양한다. 게임도 건강한 취미로서 즐겨야 한다.

④ 환경과 마음가짐의 변화

인간은 환경이 달라지면 마음가짐이 새로워진다. 특히 신학기만 되면 공부를 열심히 해야겠다는 생각이 드는 것 하지만 한 달만 지나도 그런 거 없다가 되지만 도 새롭게 달라진 환경, 거기서 비롯되는 새로운 마음이 변화의 출발점이 될 수 있다. 본인의 활동 무대를 집과 컴퓨터 앞이 아닌 다른 곳으로 옮겨보자. 아르바이트를 새로 구하거나, 게임을 하는 대신 재미있는 책을 읽으러 도서관에 다니거나, 학교나 학과생활, 동아리 등에 더 열심히 다닌다거나. 다른 사람들과 함께할 수 있는 자리여야 한다.

⑤ 현실에서 다른 행복과 만족을 제공하는 다른 재미를 찾고 그에 몰두하자.

현실에서 노력하고, 현실에서 보상을 얻을 수 있는 것에 몰두하라. 무조건 컴퓨터가 아닌 집 밖에서 사람들과 함께하는 것이어야 한다. 대표적으로 친구를 만나 인간관계를 넓혀보는 것이다. 인간관계에서 오는 행복은 인간의 기본적인 욕구이자 행복이다. 사람들을 많이 만나고, 인간관계에서 만족을 얻어라. 많은 전문가들이 관계의 부족과 관계의 단절을 중독의 주 요인으로 삼았으며, 인간관계의 회복을 주 탈출수단으로 보았다. 당장 동아리나 동호회, 하다못해 친구들 무리라도 좋으니 게임을 대신할 무언가를 찾자. 무조건적으로 참는 건 그것대로 또 스트레스다.

⑥ 몸을 움직여야 한다.

환경을 바꾸고 행동(습관)을 바꾸는 게 달라져야 할 때 제일 중요한 점은 몸이 달라져야 한다. 기존 게임과 귀차니즘에 익숙해져있던 몸을 바꿔야한다. 힘들지만 노력하지 않으면 마음이 오래 안 간다. 작심삼일을 이겨내는 주요한 방법이 규칙적인 생활과 운동이다. 거창하게 헬스를 하는 게 아니라, 버스정거장 3코스 전에 내려서 걷는다던지, 저녁에 산책하는 것 정도의 가벼운 운동이 좋다.

⑦ 욕구불만의 원인을 찾는다.

게임 중독은 욕구충족이 원인이고, 현실도피적인 성격이 강하다. 만약 그런 경우라면 이 욕구불만의 원인을 찾아서 해소하라.

⑧ 인생의 목표가 아닌 즐기는 것만이 되어야 한다.

프로 게이머에게처럼 피곤하거나 귀찮고 지루한데도, 한계까지 몰아붙여 게임에서 뭘 얻으려 하는 게 목표가 아니라 스트레스 해소, 취미 본연의 목적을 달성하면, 그만둬야 한다. 많은 사람들이 이게 안 돼서 중독이 된다. 하지만 자신이 공부나 일에 집중해야 할 경우(재수 등) 즐기는 것 보단 그냥 멀리하고 한방에 확실히 끊고 거기는 두 번 다시 쳐다보지도 않는 게 답이다. 이럴 땐 주위에 게임을 끊겠음을 주변사람들에게 알리고 커뮤니티에 게임 접겠다는 공지도 많이 띄우고 갤러 생활도 접는다. 통제에 도움을 받아라.

⑨ 게임을 했으면, 그만큼 휴식시간도 보장.

각성상태에서 게임을 연속적으로 안 쉬고 하는 것을 피해야 한다. 분명 게임도 집중력과 몰입을 요하는 두뇌활동이고, 현란하고 빠르게 움직이는 모니터 속 화면들을 몇 시간이고 집중해서 보면 관절과 눈에 피로가 오기 마련이다. 하루에 3시간을 하기로 했으면 50분 게임하고 10분 쉬는 사이클을 정해둔다던지, 1시간을 하면 1시간을 휴식하는 등의 방식이다. 긴장과 피로도 풀어주고, 흥분상태를 진정시켜줄 겸 쉬는 시간을 보장해라.

⑩ 기타 방법 :

- 식사는 반드시 제때에 하도록 한다.
- 잠은 정해진 시간에 자도록 한다.
- 바깥에서 30분 이상 햇볕을 쬐도록 한다. 햇볕은 신체 면역기능을 향상시키고 마음을 안정시킨다.
- 가족이나 친구와 함께 하는 시간을 늘려준다. 게임은 남과 어울리는 것을 점점 어렵게 하므로 인간적 유대를 강화하는 시간이 필요하다.
- 1주일에 2회 이상 운동을 시킨다. 등산 농구와 같은 운동은 오랜 컴퓨터 작업으로 인한 자세 불균형을 예방하고 현실 세계에 대한 흥미를 돋워준다.[12)]

12) https://namu.wiki/w/%EA%B2%8C%EC%9E%84%20%EC%A4%91%EB%8F%85

5) 게임중독 테스트

〈표 7-3〉 게임중독 테스트

※ 다음 1-14번까지 문항에 따라 O, X로 체크하여 O의 개수를 합산	
꼭 해야 할 일이 없으면 거의 모든 시간을 게임하는데 보낸다.	
2. 게임을 하고 있지 않을 때에도 늘 게임에 관한 생각뿐이다.	
3. 게임으로 인해 건강이 나빠졌다.	
4. 밤새도록 게임을 하느라고 학교(일터)에서 졸립다.	
5. 게임 때문에 시험(업무)을 망친 적이 있다.	
6. 게임을 통해서는 내가 할 수 없는 할 수 있다고 느낀다.	
7. 게임에 관한 꿈을 꾼다.	
8. 컴퓨터를 켠 후 가장 먼저 게임을 시작한다.	
9. 게임을 하지 못할 때면 짜증이 나거나 화가 난다.	
10. 게임을 하는 것 때문에 가족들과 다투거나, 부모님으로부터 꾸중을 듣는다.	
11. 밥도 먹지 않고 밤새도록 게임에만 몰두한다.	
12. 게임을 하는 도중 주인공이 다치거나 죽으면 마치 내가 그런 느낌이 든다.	
13. 게임을 하다가 고함을 치는 경우가 많다.	
14. 내가 현실 생활보다는 게임에서 더 유능하다는 느낌이 든다.	
※테스트 결과 • 10~15개: 당신은 게임중독일 가능성이 많으므로 전문가와의 상의와 치료가 필요합니다. • 5~10개: 중독 주의보 발령!! 게임에 더 이상 빠지지 않도록 중독 예방 수칙을 꼼꼼히 지키도록 합니다. 컴퓨터 게임 때문에 생기는 문제점들을 살피고 현실세계에서 자주 어울리도록 노력해야 합니다. • 0~5개: 당신은 게임 중독으로부터 안전합니다. 하지만 방심은 금물. 앞으로 주의가 필요합니다. ※ 출처: http://blog.naver.com/PostView.nhn?blogId=tj3890&logNo=10135266309	

4. 스마트폰 중독과 안전

한국은 세계에서도 스마트폰 보급률이 세계에서 가장 높은 나라이다. 미국의 조사기관에 따르면 우리나라 스마트폰의 보급률은 67.6%이고 2위를 차지한 노르웨이의 56.6%보다 10% 앞섰을 정도로 높은 기록이다. 2010년 이후, 우리나라가 다른 나라보다 스마트폰의 보급률이 높아진 이유는 3G에 이어 4G 롱텀에볼루션 네트워크를 빠르게 구축하였기 때문이다. 덕분에 스마트폰은 더욱 더 대중화 되었고 현재는 성인뿐만 아니라 청소년 심지어는 초등학생까지 스마트폰을 이용하고 있다.

구글의 발표에 따르면 2016년도 기준으로 한국인들의 스마트폰 사용률은 91%로 높은데요. 데스크톱 PC와 노트북 등 컴퓨터의 사용률 73%보다 훨씬 높게 나타났습니다. 또한 시장 분석 기업이 발표를 한 2017년 모바일 애플리케이션 시장의 동향에 따르면 우리나라에서 한 사람이 설치를 한 앱의 수가 평균적으로 80개로, 아태지역 국가들 중 1위를 차지했는데요. 이는 스마트폰의 활용도가 높으며, 일상생활 속에서 스마트폰에 대한 의존도가 매우 높다는 것을 의미하기도 합니다.[13] 이처럼 스마트폰의 보급 확산, 인터넷 이용률의 증가와 콘텐츠의 다양화로 스마트폰은 생활 편의, 금융, 복지 등 모든 분야에서 누구나가 편리한 삶을 추구하는데 활용되고 일상생활에서 없어서는 안 될 필수 도구로 자리 잡으면서 한국사회에서는 많은 사람들이 스마트폰이 없는 일상을 생각하기 힘들 정도로 접속 상태에 빠져있다고 해도 과언이 아니다. 그렇게 되면서 등장한 단어가 바로 '스마트폰 중독'이다. 스마트폰은 우리에게 편리한 삶을 제공해주었지만 어디서나 쉽고 간편하고 그리고 빠르게 이용이 가능하다는 점 때문에 기존의 인터넷이나 휴대전화 중독보다 더 강한 중독을 내포하게 되었다.

스마트폰의 지나친 사용과 몰입은 이용자 스스로의 통제력을 잃게 만들어서 일상생활에 장애를 초래하며, 이에 의존하게 되어 사용하지 못할 경우 심각한 심리적 불안함을 느끼고, 가상공간에서 관계 형성을 추구하며 이를 더 편안하게 느끼게 되기 때문이라고 전문가는 말하고 있기 때문이다.

---

13) 수원 화성신문, 2018.05.28., http://www.esuwon.net/30034

그 이면에는 스마트폰 및 인터넷의 지나친 의존으로 인해 우울, 불안, 충동성, 과잉행동 등 심리적인 문제와 거북목증후군, 안구건조증 등 신체적 문제와 많은 중독현상이 나타나고 사회적으로도 다양한 사건, 사고로 이어지고 있어 사회적 관심이 증가하고 있다.

심지어 유아들에게도 스마트폰 증후군이 많이 생기고 있는 추세인데 심하게 떼쓰고 울다가도 스마트폰만 쥐여 주면 뚝 그치는 스마트폰을 아이 달래기용으로 쓰고 계신 경우를 많이 있다. 5세 이하의 어린아이들이 스마트폰에 반복적인 자극에 장시간 노출되면 우뇌가 발달해야 하는 직관적 사고기에 좌뇌가 과도하게 발달하여 좌우 뇌 균형이 깨진다고 한다.

1) 스마트폰 중독 개념

스마트폰 중독은 스마트폰 의존도가 매우 높아 중독에 이르는 것을 말하며, 스마트폰을 과다하게 사용하여 스마트폰 사용에 대한 금단과 내성을 지니고 있으며 이로 인하여 일상생활에 무리가 유발되는 것을 말한다.

한국정보화진흥원에서는 스마트폰의 중독 개념을 다음 4가지 구성요소로 제시하였다.

- 일상생활장애 : 스마트폰의 과도한 사용으로 일상생활을 제대로 수행하지 못해 문제를 일으키는 것
- 증상 : 스마트폰 사용이 중단되거나 감소하면 초조와 불안 또는 강박적 증상이 일어나는 것
- 내성 : 스마트폰을 이전보다 더 많이 사용해야 만족을 느끼게 되는 것
  즉 스마트폰을 점점 더 많은 시간 동안 사용하게 돼서 나중에는 더 많이 사용을 해도 만족감이 생기지 않는 상태를 말한다.
- 가상세계지향성 : 현실에서 보다 가상공간에서 관계를 더 편하게 생각하는 것[14]

14) http://happy212.hubweb.net/board/bbs/board.php?bo_table=tw4jq8novb&wr_id=9

2) 스마트폰 중독의 원인

(1) 접근성

스마트폰이 널리 보급되기 이전에는 가정에서 주로 컴퓨터나 TV를 사용하였기 때문에 사용 기간에 대한 제한도 비교적 수월하고 집 밖을 나서면 전자기기를 접할 가능성도 매우 적었다. 하지만, 손 안에 들어오는 스마트폰은 아이들이 언제 어디서나 휴대할 수 있다. 어디에서나 쉽게 스마트폰에 노출이 되고 가정에서, 또는 학교에서 스마트폰 사용을 제재하는 것이 힘들어졌다.

(2) 환경적

일상생활 속에서 아기를 키우다 보면 스마트폰을 안 보여주는 것이 생각보다 힘들다. 외식을 할 때나 엄마가 너무 힘들 때 스마트폰만 쥐여 주면 다른 어떤 것을 하는 것보다 아이가 집중하기 때문인데 잠깐씩 스마트폰을 보여주는 것은 큰 문제가 되지 않아도, 스마트폰 영상에 익숙해진 아이들이 집착을 보이거나 중독 증상을 나타내는 것이 문제가 되고 있다.

(3) 심리적

또래와의 유대감이 커지고 강한 자기주장을 나타내는 청소년의 시기에는 SNS 활동을 통한 관계 형성을 중요하게 생각하게 된다. 친구들 사이에서 소외되지 않기 위해 무작정 스마트폰을 사달라고 투정을 부리기도 하고, 더 좋은 게임 캐릭터를 얻기 위해서 스마트폰 사용시간을 늘리기도 하죠. 스마트폰 보급률이 80%를 넘어가는 시대에서 또래 친구들의 대화나 관심사가 모두 스마트폰에서 이루어지다 보니 무리에서 소외되지 않기 위해 스마트폰에 집착하는 것은 어쩔 수 없는 현상일지도 모른다.

(4) 발전하는 기술

점점 늘어나는 다양한 애플리케이션과 그 속에서 발전하는 여러 기능들은 아이들의 흥미를 쉽게 사로잡을 수 있다. 화질과 음향의 향상으로 더 자극적이고 박진감 넘치는 게임과 영상 등을 통해 스마트폰에 쉽게 질리지 않고 계속해서 더 많은 욕구를 가지게 되는 것이다.

3) 스마트폰 중독 유형

스마트폰 중독 유형에는 크게 다음의 유형이 있다.

❑ 정보검색 중독

자신에게 정말 필요한 것보다는 정보 수집 자체에 집착하여 강박적으로 웹사이트나 자료를 검색하는 경우

❑ 모바일 메신저중독

모바일 메신저를 통해 인간관계에 몰두하여 실제 인간관계를 등한시하는 경우

❑ SNS 중독

개인 홈페이지 인터넷 동호회 등을 운영하거나 소셜네트워크서비스를 사용하는데 과도하게 시간을 할애하는 경우

❑ 앱 중독

스마트폰에서 모바일 앱을 끊임없이 내려 받기에 빠진 경우

❑ 모바일 게임중독

스마트 기기를 통한 게임을 과다하게 사용하는 경우

❑ 모바일 성인용 콘텐츠 중독

포르노 등의 내용물을 담고 있는 모바일 콘텐츠를 강박적으로 계속 드나드는 경우

4) 스마트폰 중독 증후군

(1) 주의력 결핍 과잉행동장애 유발

영, 유아 및 아동처럼 뇌가 미성숙한 상태에서 스마트폰 게임이나 영상에 빠질 경우 자기 통제력이 줄어들 수 있으며 이로 인해 인지 기능에 부정적인 영향을 줄 수 있다. 특히 아이가 울 때 스마트폰으로 달래주는 것을 습관화할 경우 과잉행동, 충동성, 부주의로 정도가 높아지는 주의력 결핍 과잉행동장애를 불러일으킬 수 있다.

(2) 팝콘 브레인 형성

두뇌가 한창 발달 중인 영유아 시기 아기스마트폰 사용으로 강한 자극을 계속 받게 될 경우, 팝콘 브레인 현상으로 좌뇌만 발달하고 우측 전두엽 기능이 저하되면서 통합적인 사고 능력이 떨어질 수 있다.

팝콘 브레인 현상이란 팝콘이 기계 속에서 곧바로 튀어 오르는 것처럼 즉각적인 현상에만 반응하는 것을 말한다.

(3) 시력저하

시력발달이 활발히 이루어지는 영유아시기, 장시간 화려한 불빛을 보게 될 경우 눈에 과도한 자극을 주면서 시력발달에 부정적인 영향을 끼치게 된다.

특히 영, 유아시기는 스마트폰 화면으로 게임이나 영상 시청을 30분 이상 할 경우 근시가 급격하게 진행된다는 연구결과가 있는 만큼 시간 조절을 잘해 주는 것이 좋다.

(4) 안 좋은 자세

스마트폰을 하는 자세를 보면 엎드리거나 누워서 하는 경우가 많다. 이렇게 잘못된 자세가 아이 성장에 악영향을 미칠 뿐만 아니라 거북목증후군이나 어깨 통증, 허리 통증 등에 쉽게 노출될 수 있다.

(5) 성장 방해

영, 유아기나 청소년들이 스마트폰 사용 시 전자기기에서 방출되는 빛인 불빛인 블루 라이트는 수면 유도 호르몬인 멜라토닌 분비를 억제하기 때문에 숙면을 방해하게 된다. 수면 장애는 성장 지연뿐만 아니라 학습 장애, 정서 장애 등으로 악화될 수 있다.

(6) 디지털 격리 증후군

스마트폰을 소통할 때에는 편하지만 직접 만나서는 제대로 놀지 못하고 어색한 상태나 함께 있지만 각자 따로 스마트폰만 하면서 놀고 있는 모습 스마트폰을 손에서 놓을 수 없는 상태의 디지털 격리 증후군이 있다.[15]

5) 스마트폰 중독 예방요령

먼저 일상생활 속에서 스마트폰 중독을 예방할 수 있는 간단한 습관을 살펴보면 먼저 다음과 같은 것이 있다.

- ❑ 스마트폰을 사용하려는 이유를 확인해야 한다.
  편리함을 제공하기 위한 보조적인 수단에 불과한 스마트폰이 나의 하루 전부를 차지하고 있는 건 아닌지, 내가 이 기기를 쓰는 이유가 무엇인지 확실히 해야 한다.
- ❑ 앱은 현재 자신에게 있어서 가장 필요한 것만 다운 받도록 한다.
- ❑ 메시지, 문자, 통화 등에 대해 바로 답을 해야 한다는 강박관념을 버린다.
- ❑ 스마트폰이 아닌 다른 취미를 가지도록 한다(검색 대신 산책, 운동 등)
- ❑ 정기적으로 스마트폰 사용 습관을 점검하고 스스로 체크해본다(스마트폰 사용관리 앱 사용하기)
- ❑ 현재 자신 스스로가 스마트폰에 깊이 빠져있다는 인식이 필요하다.
- ❑ 특별한 이유가 없다면 액정화면을 보지 않는다.
- ❑ 급한 연락을 기다리고 있는 경우가 아니라면 스마트폰을 가급적 눈에 보이

15) http://blog.naver.com/PostView.nhn?blogId=zxcasd0001&logNo=221224664626

지 않는 곳에 둔다.

- ❑ 최신 유행정보에 관심을 덜 갖는 게 좋다.
- ❑ 운전 중에는 절대 스마트폰을 사용하지 않는다.
- ❑ 항상 스스로 경각심을 갖고 사용하자
- ❑ 생각 비우기
- ❑ 게임 지우기

  게임을 하느라 공부를 못하게 되거나 일을 미루게 되는 일이 반복되는데 게임을 지우고 다른 취미생활을 가지도록 한다.
- ❑ 소셜네트워크앱 알람 끄기

  SNS(인스타그램, 페이스북, 트위터등), 메신저(카카오톡, 라인등) 애플리케이션은 내가 작성한 글에 댓글이나 반응 등이 남겨지면 사용자에게 알림을 통해 상황을 알려준다. 물론, 즉시 응답해주는 것도 좋겠지만 이런 종류의 알림은 사용자가 현재하고 있는 일(또는 업무)를 방해할 수 있기 때문에 특정시간대에만 알림을 받도록 설정하거나 알림을 완전히 끄고 사용하는 것이 좋다.
- ❑ 부모가 자녀의 스마트폰 통제

  어린아이는 스스로 절제하는 능력이 매우 부족하기 때문에 스마트폰을 정해진 시간만큼 이용하도록 할 필요가 있다. 특히, 6세 미만의 아이들이 스마트폰의 일방적이고 반복적인 자극에 장시간 노출되면 우뇌가 발달해야하는 직관적 사고기에 좌뇌가 과도하게 발달하여 좌/우 뇌 균형이 깨져 주의가 산만해지거나, 한 가지 행동이나 물건에 집착하는 행동을 보일 수 있고 계속 진행될 경우 ADHD, 틱장애, 발달장애등으로 이어질 수 있으므로 주의해야 한다
- ❑ 전문가의 도움을 받는다.

  앞서 소개한 방법들이 생각만큼 잘 지켜지지 않고 있다고 생각된다면 심리상담센터 또는 정부에서 운영하는 스마트폰 중독 상담을 받아보거나, 프로그램에 참여하는 것도 하나의 대안이 될 수 있다.

  이렇듯, 스마트폰 중독은 자신도 모르는 사이에 되기 때문에 평소 스마트폰

을 사용하는 시간과 공간을 계획적으로 제한 할 필요가 있고 기회가 된다면 스마트폰을 집에 두고 등산, 여행 등 다녀오는 것도 스마트폰 중독 예방에 많은 도움이 됩니다.16)

6) 스마트폰 중독 진단 척도검사

자신이 혹시 스마트폰 중독은 아닌지 한번 직접 척도검사를 통해서 알아봅시다.

〈표 7-4〉 스마트폰중독 자가 진단

※ 다음 1-14번까지 문항에 따라 O, X로 체크하여 O의 개수를 합산	
1. 스마트폰 키패드가 쿼티(컴퓨터 자판 배열과 같은)키패드다.	
2. 스마트폰 글자 쓰는 속도가 남들보다 빠르다.	
3. 밥을 먹다가도 스마트폰 알림이 울리면 바로 확인한다.	
4. 스마트폰이 없으면 손이 떨리고 불안감을 느낀다.	
5. 스마트폰을 잃어버리면 친구를 잃은 느낌이다.	
6. 하루에 스마트폰을 2시간 이상 사용한다.	
7. 스마트폰에 설치한 앱이 30개 이상이며 대부분 사용한다.	
8. 화장실 갈 때도 스마트폰을 가지고 간다.	
9. 스마트폰을 보물 1호라고 생각한다.	
10. 스마트폰으로 쇼핑을 한 적이 하루 2회 이상 있다.	
※ 위 검사 중 체크항목이 8개 이상이면 중독, 5~7개는 중독 의심, 3~4개는 중독 위험군에 속한다고 한다. ● 출처 : http://no1class.tistory.com/775	

16) http://www.smartchoice.or.kr/smc/smartreport/ahhaview.do?sm_Seq=8647&searchType=tc&searchKeyword=&pg=1

〈표 7-5〉 청소년 스마트폰중독 자가진단 척도

번호	항 목	전혀 그렇지 않다	그렇지 않다	그렇다	매우 그렇다
1	스마트폰의 지나친 사용으로 학교성적이 떨어졌다.	1	2	3	4
2	가족이나 친구들과 함께 있는 것보다 스마트폰을 사용하고 있는 것이 더 즐겁다.	1	2	3	4
3	스마트폰을 사용할 수 없게 된다면 견디기 힘들 것이다.	1	2	3	4
4	스마트폰 사용시간을 줄이려고 해보았지만 실패한다.	1	2	3	4
5	스마트폰 사용으로 계획한 일(공부, 숙제 또는 학원수강 등)을 하기 어렵다.	1	2	3	4
6	스마트폰을 사용하지 못하면 온 세상을 잃은 것 같은 생각이 든다.	1	2	3	4
7	스마트폰이 없으면 안절부절 못하고 초조해진다.	1	2	3	4
8	스마트폰 사용시간을 스스로 조절할 수 있다.	4	3	2	1
9	수시로 스마트폰을 사용하다가 지적을 받은 적이 있다.	1	2	3	4
10	스마트폰이 없어도 불안하지 않다.	4	3	2	1
11	스마트폰을 사용할 때 그만해야지 라고 생각은 하면서도 계속한다.	1	2	3	4
12	스마트폰을 너무 자주 또는 오래한다고 가족이나 친구들로부터 불평을 들은 적이 있다.	1	2	3	4
13	스마트폰 사용이 지금 하고 있는 공부에 방해가 되지 않는다.	4	3	2	1
14	스마트폰을 사용할 수 없을 때 패닉상태에 빠진다.	1	2	3	4
15	스마트폰 사용에 많은 시간을 보내는 것이 습관화되었다.	1	2	3	4
※출처 : 한국정보화진흥원 인터넷중독대응센터(iapc.or.kr)2					

<table>
<tr><td rowspan="3">고위험
사용자군</td><td>• 총점 45점 이상</td></tr>
<tr><td>• 스마트폰 사용으로 인하여 일상생활에서 심각한 장애를 보이면서 내성 및 금단 현상이 나타난다.
• 스마트폰으로 이루어지는 대인관계가 대부분이며, 비도덕적 행위와 막연한 긍정적 기대가 있고 특정 앱이나 기능에 집착하는 특성을 보이기도 한다.
• 현실 생활에서도 습관적으로 사용하게 되며 스마트폰 없이는 한 순간도 견디기 힘들다고 느낀다. 따라서, 스마트폰 사용으로 인하여 학업이나 대인관계를 제대로 수행할 수 없으며 자신이 스마트폰 중독이라고 느낀다. 또한, 심리적으로 불안정감 및 대인관계 곤란감, 우울한 기분 등이 흔하며, 성격적으로 자기조절에 심각한 어려움을 보이며 무계획적인 충동성도 높은 편이다. 현실세계에서 사회적 관계에 문제가 있으며, 외로움을 느끼는 경우도 많다.</td></tr>
<tr><td>▶ 스마트폰 중독 경향성이 매우 높으므로 관련 기관의 전문적 지원과 도움이 요청된다.</td></tr>
<tr><td rowspan="3">잠재적
위험
사용자군</td><td>• 총점 42점 이상~44점 이하</td></tr>
<tr><td>• 고위험사용자군에 비해 경미한 수준이지만 일상생활에서 장애를 보이며, 필요이상으로 스마트폰 사용시간이 늘어나고 집착을 하게 된다.
• 학업에 어려움이 나타날 수 있으며, 심리적 불안정감을 보이지만 절반 정도는 자신이 아무 문제가 없다고 느낀다. 다분히 계획적이지 못하고 자기조절에 어려움을 보이며 자신감도 낮게 된다.</td></tr>
<tr><td>▶ 스마트폰 과다 사용의 위험을 깨닫고 스스로 조절하고 계획적인 사용을 하도록 노력한다. 스마트폰 중독에 대한 주의가 요망된다</td></tr>
<tr><td rowspan="3">일반
사용자군</td><td>• 총점 41점 이하</td></tr>
<tr><td>• 대부분이 스마트폰 중독문제가 없다고 느낀다.
• 심리적 정서문제나 성격적 특성에서도 특이한 문제를 보이지 않으며, 자기행동을 관리한다고 생각한다.
• 주변 사람들과의 대인관계에서도 자신이 충분한 지원을 얻을 수 있다고 느끼며, 심각한 외로움이나 곤란함을 느끼지 않는다.</td></tr>
<tr><td>▶ 때때로 스마트폰의 건전한 활용에 대하여 자기 점검을 지속적으로 수행한다.</td></tr>
</table>

5. 도박중독(gambling addiction)

도박이란 '불확실한 결과에 대해 돈을 걸고 하는 내기'를 말한다. 이런 의미에서는 승부를 걸고 하는 모든 내기는 비록 가볍다 해도 모두 도박에 속한다고 할 것이다. 물론 도박 자체가 문제가 아니고 일부의 사람들이 지나치게 몰입하는 것이 문제가 된다. 우리나라에서는 도박 자체를 불법으로 규정하고 있지만 합법적인 도박도 있는데 카지노(내국인은 강원랜드)를 비롯해서 경마, 경륜, 경정, 로또를 비롯한 복권, 스포츠 토토 등이 정부의 허가 하에 운영되고 있다.

그러나 지금 우리사회는 합법적인 도박은 물론이고 불법적인 도박이 크게 성행하고 있는데 한동안 큰 사회문제를 일으켰던 바다이야기, 스크린 경마를 비롯한 성인오락실, 오래 전부터 암암리에 성행하고 있던 각종 하우스, 그리고 최근에는 카지노바, 인터넷을 이용한 각종 도박이 주변에 널려있는 현실이다. 과거 성인 남성 위주의 도박에서 최근에는 여성 중독자의 비율이 늘고 있고 심지어는 청소년들도 무방비로 도박의 유혹에 노출되어 있어 큰 문제가 되고 있다.

다른 중독과 마찬가지로 도박중독도 치료가 쉽지 않다. 따라서 예방과 조기치료가 가장 중요하며 이를 위해서는 도박중독에 대한 사회나 가족들의 인식과 태도 변화가 무엇보다 시급하다.

본 장에서는 사람들이 도박에 왜 빠지는지, 어떻게 하면 치료가 될 수 있는지, 가족들은 어떻게 도와야 하는지 등에 대해서 살펴보기로 한다.

1) 도박(gambling)의 정의

도박이란 자신의 오산으로 예기치 못한 결과가 초래될 위험이 있어도 승산에 기대를 걸고 게임이나 시합, 또는 그 결과가 우연으로 결정되는 불확실한 사건 등에 내기를 하는 것을 말한다. 도박중독이란 자신의 의지로 도박을 조절할 수 있는 능력이 완전히 상실되어 자기 자신은 물론 가정과 사회의 도덕성을 파괴함과 동시에 재정상태의 파탄을 인식하지 못하고 도박에 몰입하는 것을 말한다. 도박중독은 정신의학에서는 비물질 관련 중독 장애의 하나로 술이나 마약과 같은 물질을 섭취하지 않지만 물질 관련 중독 장애에서 나타나는 유사한 행동을 보이는 것으로 행위중독이라고 한다. 예를 들어 내성 및 금단증상과 의존성이 있고 이로 인해 이차적인 문제가 발생하는데도 불구하고 그 행위를 지속하는 상태입니다. 도박중독은 정신의학에서는 '충동조절장애'의 일종으로, 자신이 아무리 절제를 하려고 해도 저항할 수 없는 충동으로 인해 지속적으로 반복적 행동을 하는 것으로 본다. 도박 중독의 특성으로는 도박행위를 자발적으로 통제할 수 있는 능력이 결여 또는 상실되고, 심리적으로 도박에 집착하는 의존성향을 보이며, 도박 금액이 증가하는 내성이 생기고, 도박을 하지 않으면 불안하거나 신경질적으로 변하는 금단 증세를 보이게 된다. 인터넷 환경의 발전으로 온라인을 통한 불법 도박이 큰 사회문제로 부각되기도 한다.[17)]

2) 도박중독의 특징적 증상

(1) 내성

도박중독의 특징적 증상은 내성과 금단증상으로 인한 조절 능력이 상실된다는 것이다. 내성이란 동일한 흥분을 얻기 위해 자극이 점차 강해져야 하는 것을 의미한다. 동일 자극으로는 더 이상 자극이 되지 않기 때문에 점차 강력한 자극을 찾는 것이다. 술꾼을 생각해 보면 이해가 쉽다. 처음에는 한 병만 마셔도 기분이 좋지만 시간이 갈수록 양이 늘게 되듯이 도박중독에서도 같은 현상이 나타난다. 도박에 거는 돈의 액수가 점점 더 커지면서 횟수도 증가하고 또한 점차로 더 강력한 자극을 줄 수 있는 심각한 도박에 빠져드는데 이를 내성이라고 한다.

(2) 금단증상

대부분의 도박중독자들은 어느 순간 자신에게 문제가 일어나고 있음을 느낀다. 이제 그만 해야지 결심하지만 대부분 실패로 돌아가는데 바로 금단증상 때문인데 도박을 하지 않으면 초조하고 불안하고 안절부절 못하게 된다. 그러나 다시 도박을 하는 순간 금단증상은 씻은 듯이 사라지고 만다. 이 단계가 되면 끊고 싶어도 의지대로 쉽지 않다.

---

17) 다음백과사전, http://100.daum.net/encyclopedia/view/145XXXXXX3050

진단에 있어 중요한 부분 가운데 하나는 바로 동반질환을 감별하는 일이다. 도박에 깊이 빠져 중독 상태에 있는 경우 반드시 정신과의사의 평가를 받는 것이 중요하다. 흔히 우울증을 비롯한 기분장애나 주의력 결핍, 성격장애나 다른 중독성 질환이 함께 있는 경우가 많고 이런 경우 치료적인 접근도 상당히 달라진다. 따라서 위의 진단기준에 해당이 되는 경우 반드시 정신과의사에게 진료를 받고 평가하는 것이 절제하기를 맹세하지만 돈을 따든 잃든 그만 두지 못한다.

(3) 기타 행위적인 특징

- 전에는 잃었지만 이번만은 많이 딸 수 있다는 환상에 빠진다.
- 도박에 미쳐 책임감을 상실한다.
- 과도한 술, 약물, 수면 등으로 현실을 도피하려 한다.
- 해야 할 일을 뒤로 미루거나 소홀히 한다.
- 가정이나 사회생활에 관심이 없어진다.
- 도박을 끊으려는 생각이 없고 도박 없는 삶은 불가능하다고 믿는다.
- 마음만 먹으면 자신의 의지로 도박을 끊을 수 있다고 장담하면서도 계속적으로 도박으로 인한 문제를 일으킨다.
- 도박으로 귀가시간이 늦어지고 밤샘이 잦아진다.
- 도박할 시간과 자금을 마련하기 위해 거짓말을 자주 한다.
- 급한 도박 빚 만 갚아주면 다시는 도박을 하지 않겠다고 맹세하고도 또 도박을 한다.

3) 도박중독의 원인

(1) 도박 자체의 요인

사람들은 왜 도박을 하는가에 대해 답을 하기는 쉽지 않다. 왜냐하면 여러 가지 복합적인 요인이 작용하고 있기 때문이다. 그러나 일반적으로 도박 자체가 주는 재미와 승부에서 이길 경우 발생하는 쾌감이 중요한 요인이 된다. 처음부터 돈을 따기 위해 도박을 하는 사람들은 거의 없다. 심심풀이, 재미와 호기심으로 시작했다가 이들 중 일부의 사람들이 중독에 빠지게 되는 것이다. 대부분의 중독자들은 초기에 돈을 따는 경험을 하는데 특히 크게 딴 경험이 있는 사람일수록 매우 주의가 필요하다. 이를 big win이라고 하는데 이게 머리에 기억으로 남아있어 비록 지금은 잃고 있지만 언젠가 모두 만회할 수 있다는 환상을 심어주는 경우가 많기 때문이다.

또한 도박은 쾌감뿐만 아니라 현실 도피적인 성향도 만족시켜준다. 사회적응의 어려움이나 고민, 불안과 같은 부정적 감정도 일시적이지만 회피할 수 있는 좋은 수단이 된다. 비록 일시적이고 부작용이 크지만 순간적 만족감을 주기 때문에 유혹을 이기기 어려운 것이다.

(2) 사회 환경적 요인

일반적으로 도박중독자의 비율은 전 인구의 1-2%정도로 알려져 있다. 그러나 나라와 지역에 따라 큰 편차를 보이는데 사회가 도박에 대해 허용적이며, 쉽게 접근이 가능할수록 중독자가 늘어나게 된다. 미국은 원주민이었던 인디언에게 경제적 도움을 주기 위해 인디언 보호구역에서 카지노를 운영하는 것을 허가하였다. 그런데 카지노를 중심으로 가까운 지역에 사는 사람들의 도박중독자 비율이 높아지는 것을 보더라도 그만큼 접근가능성은 중요한 요소 중 하나이다. 우리나라의 경우는 중독자 비율이 월등히 높게 나타나고 있는데 환경적 요인이 일조를 하는 것으로 보인다. 도박장이 생기면 이용하는 사람들이 늘게 되고 중독자의 수가 늘어나는 것은 당연한 사실이다.

또한 경제 위기로 실직자가 많고 건강하게 여가를 보내기 어려운 사회 환경도 중요한 요인이 된다. 어릴 때 도박을 접하는 것도 고 위험군이 될 수 있다. 특히 요즘처럼 인터넷 게임중독이 늘어난다면 향후 이 자녀들이 더 쉽게 다른 중독에 빠질 가능성이 있을 것으로 예상할 수 있다.

(3) 성격적 요인

누구나 도박에 빠질 수 있지만 특히 도박에 더 잘 빠지는 사람들이 있다. 임상적인 측면에서 보면 도박중독자를 크게 자극추구형과 현실도피/적응장애형으로 나눌 수 있다(학문적으로는 더 여러 유형으로 나눔).

① 자극 추구형

자극추구형 중독자들은 쉽게 말해 타고난 도박꾼이라고 말할 수 있다. 유전적인 성향이 강하기 때문에 어린 시절 발병하는 경향이 높다. 이들의 어린 시절 성장과정을 들어보면 어릴 때부터 내기를 좋아하고, 경쟁적이며, 호기심과 모험심이 많았다는 특징을 가지고 있다. 어릴 때 구슬치기, 딱지치기를 해서 지면 잠이 오지 않았다고 말하는 환자들이 흔히 있다. 다양한 종류의 도박을 하는 것도 특징적이다. 카지노, 경마 등 종류를 가리지 않고 즐기는 유형이다. 또한 도박 이외에도 다양한 형태의 중독에 빠질 가능성이 높은 사람들이다. 이들은 대개 무료함을 견디지 못하고 끊임없이 새로운 자극을 찾아 나서고 위험을 무릅쓰고 도전하는 경향이 있다. 에너지는 많은데 이 에너지의 방향이 잘못될 경우 쉽게 중독에 빠질 수 있는 유형이다. 이런 성향을 가진 사람들이 도박을 접하면 쉽게 중독에 이르게 될 가능성이 높다.

② 현실도피/적응장애형

현실도피/적응장애형은 우울, 불안 등의 정서적 측면, 스트레스와 관계가 많은 유형으로 볼 수 있다. 이들은 대개 늦은 나이에 도박을 시작하는 경향이 있고, 여성 도박중독자들이 흔히 이 유형에 속하는 경우가 많다. 이혼이나 가정적 문제, 우울과 불안 같은 환경적, 정서적 문제를 가지고 있는 경우도 많다. 도박을 하는 동안은 다른 일을 잊을 수 있기 때문에 쉽게 현실로 돌아오지 못하며, 또한 현실로 돌아온다 하더라도 엄청난 스트레스를 감당하지 못하고 다시 도박장으로 돌아가는 경우가 많다. 자극 추구형과 달리 스트레스를 회피하는 도구로 도박이 이용되는 것이다. 성격적으로도 내성적으로 대인관계가 적어 삶의 다른 재미를 모르고 살아온 사람 가운데 도박에 빠지는 경우가 많은데 바로 이런 유형의 사람들이다.

물론 실제로는 두 유형이 명확하게 구별되는 것은 아니지만, 치료방법을 정하기 위하여 어느 성향이 높은지를 평가하는 것이다. 초기 자극추구형으로 시작해서 오랜 기간 도박에 빠지면 서서히 현실 도피형으로 넘어가는 경우도 많이 있다. 도박으로 인해 직장 생활에도 문제가 생기고 친구사이도 서먹해 지는 등 여러가지 이유로 서서히 정서적 문제가 생기는데 이런 부정적 감정을 피하기 위해 도박을 지속하는 경우이다.

(4) 유전적, 생물학적 요인

도박중독에는 다른 중독과 마찬가지로 도파민, 세로토닌 및 노르에피네프린 등의 여러 신경전달물질이 관여하는 것으로 알려지고 있다. 쉽게 도파민이라는 물질 한가지로 설명해보기로 하면 술을 마시면 기분이 좋아지는 이유는 무엇일까요? 알코올이 혈액을 타고 뇌로 들어가서 측핵이라는 곳에서 도파민이라는 물질을 분비하게 만드는 데 이 물질이 바로 쾌감을 일으키는 물질이다. 도박의 승리시 오는 쾌감도 이에서 비롯되는 것이라고 할 수 있다. 그런데 똑같이 도박을 하지만 어떤 사람은 그냥 재미로 즐기고 어떤 사람은 깊이 빠지게 된다. 이런 차이가 이미 생물학적으로 결정된 것일 수도 있는데 일부 연구에서는 약간의 유전적 성향이 있다고 알려져 있다. 그러나 이런 유전적 성향을 가지고 있다고 해서 모두 중독에 빠지는 것은 아니기 때문에 환경적 요인도 중요하다고 볼 수 있다.[18]

4) 도박중독의 결과

- 오락의 재미보다는 죄책감에 시달린다.
- 주위 사람과 가족에게 따돌림을 받아 심히 외로워진다.
- 직장을 잃는다.
- 사회적으로 낙오
- 몸이 병든다.
- 우울증과 같은 정신질환에 걸린다.
- 가끔은 일시적으로 돈을 따기도 하나 결국 빚더미에 올라앉아 파산하게 된다.
- 신앙을 멀리하게 된다.
- 가정파탄 및 가족해체 등

18) 다음백과사전, http://100.daum.net/encyclopedia/view/145XXXXXX3050

5) 도박 중독 과정

(1) 승리단계

도박을 처음 접한 상태에서 돈을 따게 되면 큰 만족감과 함께 자만심이 들게 된다. 여기서 자신이 도박에 재능이 있다거나 운이 따른다는 생각을 하며 점점 도박 횟수와 투입하는 금액이 커지기 시작한다.

(2) 손실단계

도박의 확률은 대체로 업체 혹은 딜러 쪽이 유리하기 때문에 시행 횟수가 많아질수록 돈을 잃기 시작한다. 이 단계에서 도박에 몰두해 계속 도박에 대해서만 생각하며, 잃은 돈에 대한 미련과 집착이 심해지기 시작한다. 또한 한탕 크게 벌면 만회할 수 있다는 생각에 투입하는 돈이 증가한다. 이 단계만 와도 대인 관계에 갈등이 심해지며 금전적인 문제로 인해 지인이나 은행 등에서 돈을 빌리거나, 심하면 집을 팔아버리거나 회사 자금까지 횡령하는 사태까지 번지게 된다.

(3) 포기단계

경제적 문제의 발생과 대인 관계의 악화로 잠시 도박을 중단하게 된다. 잠시 나아지는 것 같지만 금단증상으로 인해 다시 도박을 하게 된다. 이 단계에서는 스스로의 의지로 도박을 중지할 수가 없다. 도박 말고는 아무 것도 생각할 수 없게 되므로 인간관계가 파탄나고 경제적으로도 돌이킬 수 없는 극단적인 상황에 처하게 된다.

(4) 절망단계

스스로의 삶을 포기하고 맹목적으로 도박을 벌인다. 이쯤 되면 인간으로서 생활이 불가능하다.[19)]

---

19) 위키백과, https://namu.wiki/w/%EB%8F%84%EB%B0%95%20%EC%A4%91%EB%8F%85

6) 도박중독 치료의 종류

대부분의 중독자들은 스스로 자신은 중독자가 아니라고 말한다. 이들이 스스로 중독자임을 인정하고 치료를 받기로 결심하는 것은 결코 쉬운 일이 아니다. 따라서, 도박중독의 효과적인 치료를 위해서는 약물치료와 함께 인지행동치료, 단도박 모임과 가족교육 등을 병합하는 것이 좋다.

(1) 약물치료

도박으로 인해 이차적으로 정서적 문제가 동반된 경우는 일시적으로 약물치료를 하는 것이 도움이 된다. 현재까지 도박중독에 효과가 있다고 알려진 약물들로는 항우울제의 일종인 선택적 세로토닌 재흡수 억제제와 갈망억제제(날트렉손, 아캄프로세이트) 등이 있다. 갈망억제제의 경우 도박 자체의 욕구를 줄여주는데 비교적 효과가 좋은 것으로 알려져 있어 성공적으로 도박을 끊는 경우도 있다. 실제 임상에서는 환자의 유형에 따라 각기 다른 약물을 사용할 수 도 있는데, 환자와의 면담과 성격검사, 심리검사 등을 통해 성격유형과 우울, 불안증상 등을 파악하여 약물을 선택하게 된다. 우울증이 심하거나 자살사고가 있을 경우 입원을 하는 것이 좋다.

(2) 인지행동치료

인지치료란 쉽게 말하면 잘못된 생각을 바로 잡아주는 치료입니다. 많은 도박중독자들은 "도박을 하면 많은 돈을 딸 수 있을 것이다"라는 잘못된 생각으로 인해 도박에 빠져 헤어 나오지 못하게 됩니다. 이러한 잘못된 생각을 교정하고 동시에 행동 조절 훈련 등을 함으로써 도박 중독을 치료 하는 것이 인지 행동 치료입니다. 실제 중독자들에게 도움이 되는 다양한 형태의 인지·행동치료적인 기법들을 소개하면 다음과 같습니다.

❑ 인지행동 치료 기법

① 당신은 중독자인가?

도박중독의 치료가 어려운 이유는 대부분의 도박중독자들이 스스로 중독자임을 인정하지 않고, 마음만 먹으면 끊을 수 있다고 믿기 때문이다. 그러나 한번 중독에 빠졌던 사람은 조절이 거의 불가능하다고 보는 것이 현명하다. 잠시 끊었다고 하더라도 언젠가는 내성으로 인해 원 상태로 돌아가기 때문에 어려운 것이다. 도박중독은 더 이상 단순한 의지의 문제가 아니라는 사실을 인지해야 한다. 중독은 치료가 필요한 병입니다. 스스로 조절할 수 없음을 깨닫는 것, 자신이 도박 앞에서 무력하다는 사실을 인정하는 것이 변화의 첫 걸음이다.

② 도박은 돈의 문제인가?

많은 중독자들이 도박을 돈의 문제로 이해하고 있다. 잃은 돈을 만회하기 위해서 도박을 한다는 것이다. 정말 사실일까? 돈을 다 회복하면 정말 그만둘까? 결론은 아니다. 도박은 결코 돈의 문제만은 아니라 승부가 주는 쾌감에 뇌가 중독되는 것이다. 돈은 보상으로 주어지는 것으로 중독성을 강하게 하는 부수적인 이유이며 분명히 돈을 딸 수 없다는 사실을 알아도 도박은 지속된다.

③ 도박으로 돈을 딸 수 있는가?

도박의 종류에 따라 약간씩의 차이가 있지만 도박의 결과는 전적으로 확률에 의해 결정된다. 100% 운에 의한 도박은 말할 것도 없고 기술이나 분석이 필요한 도박도 별 차이가 없다. 승률이 좀 높아지면 배당이 낮아지고 결과는 항상 일정하다. 뿐만 아니라 세상에는 나보다 더 잘하는 도박 전문가가 훨씬 많고 1년 내내 도박만 연구하고 분석하는 사람들도 많다. 그들이 결과적으로 항상 돈을 딸 수 있는지는 생각해 보시기 바랍니다. 또한 도박은 시간과의 싸움이기 때문에 일정시간 따는 기간이 있을 수 있지만 그 기간이 지나면 다시 잃는 시기가 오게 되어 있다.

④ 회피(36계전법)

급성기에 도박의 유혹을 이기는 가장 좋은 방법은 회피하는 것이다. 바로 36계 전법이다. 어떤 강력한 의지도 지속적 자극 앞에서는 무력할 뿐이다. 자신을 시험할 필요도 없고 작은 자극도 재발의 중요한 요인이 되기 때문에 따라서, 할 수 있다면 피해야 한다. 주머니에 돈이 있다면 당신은 이미 진 것이나 다름없다는 사실을 명심해야 한다. 유혹의 전화가 오는 경우도 마찬가지다. 치료의 궁극적인 목표는 환자의 내적 통제력을 통해 도박충동을 조절하고 더 나은 삶을 살도록 유도하는 것이지만 이를 위해서는 상당한 시간이 필요하다. 따라서 초기에는 반드시 도박을 할 수 없는 상황이 되도록 환경을 피하는 것이 중요하다.

⑤ 도박의 결과에 대해 스스로 책임지기

대부분의 도박중독자들은 채무의 결과에 대해 책임을 져 본적이 거의 없다. 큰 일이 생기면 자신은 피해 있고, 어머니나 아내 등 모든 가족이 나서서 해결하는 경우가 많다. 이젠 모든 결과를 스스로 감당한다는 자세를 가져야 한다. 가족들의 심정은 이해가 가지만 이러한 가족의 임시방편적인 도움은 오히려 환자가 지속적으로 도박에 몰입하게 하는 촉매제가 될 수 있기 때문에 도박의 결과에 대해 스스로 책임을 져야 한다.

⑥ 도박을 지속적으로 끊을 수 있는 대안 마련

어느 정도 치료 의지가 생기고 도박을 끊게 되었다면, 이를 지속적으로 유지하는 것이 더 중요하다. 중독은 흔히 90일 병이라고 하듯이 대개 큰 일이 생기면 도박 욕구도 떨어지고 결심도 단단히 하게 된다. 그러나 오래가지 않는 것이 문제이다. 치료가 어느 정도 진행이 되어 정신적인 긴장이 풀리고 어느 정도 스스로를 통제할 수 있다는 생각을 가지게 될 때 재발이 가장 많다. 따라서 가장 먼저 할 일은 도박 외의 대안을 찾는 일이다. 일단 시간 계획표를 작성하면 좋다. 예를 들어 경마나 경륜의 경우 주말이 문제가 되기 때문에 주말 시간활용 계획서를 작성하여 봉사, 운동, 독서 등의 생산적인 시간으로 채워질 수 있도록 하는 것이 좋다.

⑦ 운동으로 스트레스 관리

도박중독자들의 스트레스 관리는 일반적인 스트레스 관리 기법과 크게 다르지 않다. 다만 도박중독자들은 일반인에 비해 행동력, 실천력이 떨어지기 때문에 현실적으로 가능한, 실천 가능한 목표를 세우는 것이 중요하다. 대표적인 스트레스 이완요법으로 운동과 소속감 갖기가 있다. 적절한 운동은 도파민을 증가시켜 긴장을 줄이고 금단증상을 해결하는데 큰 도움이 된다. 또한 종교 활동, 친목모임 등 소속감을 가질 수 있는 활동을 하면 좋다. 도박중독자들과 가족은 서로에게 큰 스트레스를 받기 때문에 가족 간의 대화 기법, 중독자와 사는 법 등을 배우는 것도 도움이 된다.

⑧ 초점을 바꾸어라

도박을 하지 않는데 초점을 맞추기 보다는 도박 대신 무엇을 하는가에 초점을 맞추는 것이 좋다. 일단 도박을 끊게 되면 현실에 적응하는 문제로 중독자는 큰 스트레스를 받게 되는데 이때 어떻게 스트레스를 관리하는가 하는 것은 재발을 줄이는데 상당히 중요한 요인이 된다. 때로는 가족들의 지나친 기대감이 재발의 원인이 되기도 한다. 도박중독자 본인은 물론이고 가족들은 도박 행위에만 초점을 맞추지 말고 가정과 사회에 잘 적응할 수 있도록 돕는 것이 중요하다.

⑨ 단도박 친목모임

도박을 끊게 되면 중독자들은 이를 대체할 수 있는 다른 모임이 필요하다. 중독자들의 자발적인 모임인 한국 단도박 모임은 급성기는 물론이고 재활 및 재발방지에 중요한 역할을 하는 단체이다. 1984년 결성되어 서울 및 전국 각지에 50개 이상의 지부가 운영 중이다 (www.dandobak.co.kr, www.dandobak.or.kr). 자신과 같은 중독증의 문제를 가지고 있는 사람들의 모임이기 때문에 훨씬 거부감도 적고, 모임에 적응이 되어 역할을 맡게 되면 자기 존중감 향상에도 큰 도움이 된다. 특히 가족 모임이 활성화되어 있기 때문에 가족들의 스트레스 관리에도 큰 도움이 되므로 초기부터 반드시 병원치료와 함께 단도박 모임에 참여하는 것이 좋다.[20]

7) 도박중독 대처요령

(1) 문제 도박자 입장에서 해야 할 사항

- 자신에게 문제가 있음을 인정하고 도움을 요청한다.
- 도박의 기회를 멀리 한다.

20) 다음백과사전, http://100.daum.net/encyclopedia/view/145XXXXXX3050

- 자신의 체질과 기호에 알맞은 신체운동을 한다.
- 기도, 명상 및 건전한 신앙인들과 교제를 통하여 영적 성장을 .추구한다.
- 혼자 있지 않고 도박을 하지 않는 사람들과 시간을 같이 보낸다.
- 신용카드와 많은 현금을 소지하지 않는다.
- 조기에 상담자, 회복전문기관, 후원자 등과 의논한다.

(2) 가족이나 주위 사람들이 해야 할 일

- 회복은 여러 해 걸리고 치료 중에 굴곡이 있을 것을 예상한다.
- 외부의 도움을 받아서 중독자에게 다른 관심거리를 개발해 준다.
- 회복과정을 이해하고 그것이 가족에게 어떤 영향을 주는가를 안다.
- 집안에서 어떤 내기도 하지 말며 도박 관련 도구들을 모두 치운다.
- 중독자가 지킬 규칙과 요구사항은 간단명료하게 하고 문제들을 정직한 대화로 풀며 장황한 설명은 피한다.
- 먼저 회복되어가고 있는 일부 협심자를 친구로 사귀게 하며 그룹활동에 참여하게 한다.
- 중독 도박의 문제를 숨기지 말고 공동으로 대처해야 한다.
- 도박자가 도박할 돈을 구할 수 있는 출처를 공동으로 차단한다.
- 도박 중독자가 혼자 시간을 보내지 않도록 한다.
- 도박 중독자에게 전문적인 회복도움을 받도록 주선하고 권한다.
- 불법도박장이 아닌 건전한 오락에서 재미를 맛보게 한다.
- 신앙 성장을 위해 적극적으로 돕는다.

도박중독자는 가정과 직장은 억지로 유지하고 있으나 심한 도박 후유증으로 이미 정서적, 재정적, 법률적 문제를 안고 있어 언제 어떻게 될지 모르는 불안한 상태로 “치료받지 않으면 점점 병만 깊어” 가게 된다.

중독 도박은 “진행성 질병”이기 때문에 1년을 참다가 도박을 다시 해도 더 나빠지는 쪽으로만 진행된다.

자신은 그렇게 도박에 빠진 것이 아니라는 도박자의 말을 믿고 몇 년을 더 반복하기보다는 위 확인방법으로 문제가 있다고 생각되는 가족들은 상담이나 가족

모임 참여를 통하여 다른 가족들은 이럴 때 어떻게 하였는가를 보고 들으며 도박자를 회복으로 나오게 하는 준비를 해야 한다.

문제 도박의 경우도 다른 주요 질병과 같이 "조기 발견과 조기 회복치료가 최선"임을 명심해야 한다.[21)]

8) 도박중독 자가진단(미 정신의학협회 10가지 진단기준)

〈표 7-6〉 도박중독 자가 진단(미국정신의학협회 진단기준)

※ 다음 1-10번까지 문항에 따라 O로 체크하여 O의 개수를 합산	
1. 자주 도박이나 도박에 사용할 돈을 구하는 일에 전념한다.	
2. 도박흥분을 충족하기 위해서 더 큰 액수의 돈을 걸거나 더 긴 시간동안 도박을 계속 한다.	
3. 도박을 절제하거나 줄이거나 중단하려는 노력들이 거듭 실패한다.	
4. 도박을 줄이거나 중단할 경우에는 불안해하거나 성급함을 보인다.	
5. 문제들로부터 도피 또는 나쁜 감정에서 벗어나기 위해서 도박을 한다	
6. 돈을 잃은 다음에 잃은 돈을 다시 따기 위해서 도박을 하러 간다.	
7. 자신이 도박에 빠진 것을 감추기 위해서 가족, 치료사, 또는 다른 사람에게 거짓말을 한다.	
8. 도박 자금을 마련하기 위해서 부도수표, 사기, 절도, 또는 공금유용 등과 같은 불법행동을 자행한다.	
9. 도박 때문에 중요한 대인관계, 직장, 또는 교육 및 사회경력의 기회를 잃거나 망가진다.	
10. 도박으로 망가진 재정상태를 가족이 대신 해결해 줄 것을 기대하며 의존한다.	
※ 위 10가지 검사질문 중 5 가지증상 이상에 해당되면 회복치료가 필요하다. ● 출처 : http://werecovery.org/bynote/view.asp?tbl=cl_gamble&cate=&brd_idx=172&page=2&page10=1	

21) http://werecovery.org/bynote/view.asp?tbl=cl_gamble&cate=&brd_idx=172&page=2&page10=1

〈표 7-7〉 도박중독 자가 진단[22)]

1) 도박 때문에 회사나 학교생활에 지장을 받은 적이 있었는가? 2) 도박이 당신의 가정을 불행하게 만들었던 적이 있었는가? 3) 도박이 당신의 명예에 악영향을 끼친 적이 있었는가? 4) 도박을 하고나서 후회하거나 양심의 가책을 느낀 적이 있었는가? 5) 빚을 갚거나, 재정적 어려움을 해결하기 위한 목적으로 도박을 한 적이 있었는가? 6) 도박이 당신의 야망이나 능력을 저하시킨 적이 있었는가? 7) 돈을 많이 잃은 후, 수일 내로 다시 찾아가 손실을 꼭 만회해야겠다고 결심한 적이 있었는가? 8) 돈을 많이 딴 후, 다시 찾아가 더 많은 돈을 따야겠다는 자극을 받은 적이 있었가? 9) 가끔, 돈이 바닥날 때까지도 마지막 희망을 갖고 베팅을 하였는가? 10) 도박자금을 마련하기 위해 돈을 빌린 적이 있었는가? 11) 도박자금을 마련하기 위해 무엇이라도 팔아본 적이 있는가? 12) 다른 일반적인 소비에 도박자금을 사용하는 게 망설여진 적이 있는가? 13) 도박이 당신, 당신 가정의 행복에 소홀해 지도록 만든 적이 있었는가? 14) 계획했던 것보다 더 오랜 시간 도박을 한 적이 있는가? 15) 근심이나 걱정을 잊기 위해 도박을 한 적이 있었는가? 16) 도박자금을 마련하기 위해 부정적인 또는 불법적인 행동을 고려하거나 해본 적이 있는가? 17) 도박으로 인해 불면증에 시달려 본 적이 있는가? 18) 언쟁, 실망, 좌절 등이 도박의 충동을 불러일으킨 적이 있었는가? 19) 짧은 시간의 도박으로 대박을 터뜨리는 충동을 느낀 적이 있었는가? 20) 도박의 충격 때문에 자해나 자살을 생각해 본 적이 있었는가?
※ 위 문항 중에 4개 이상에 해당되는 경우 도박 중독은 아니지만 문제의 가능성이 있고, 7개 이상에 해당되는 경우는 도박중독의 가능성이 높다.

22) http://cafe.daum.net/kakyopachulbu/3vCz/961?q=%EB%8F%84%EB%B0%95%EC%A4%91%EB%8F%85%20%EA%B0%80%EC%A1%B1%EC%9D%B4%20%ED%95%B4%EC%95%BC%ED%95%A0

❑ 교육목표

- ○ 중독의 개념 및 특징에 대해 설명한다.
- ○ 알코올중독의 사회적문제(영향)에 대해 설명한다.
- ○ 알코올중독 증상의 종류에 대해 설명한다.
- ○ 알코올 중독환자의 가족 및 주변인의 대처요령에 대해 설명한다.
- ○ 알코올 중독 시 도움을 받을 수 있는 전문기관을 설명한다.
- ○ 게임중독의 영향 및 문제점에 대해 설명한다.
- ○ 인터넷(게임) 중독 치료 대상에 대해 설명한다.
- ○ 게임중독 예방대책에 대해 설명한다.
- ○ 스마트폰 중독의 원인에 대해 설명한다.
- ○ 스마트폰 중독의 증상(증후군)에 대해 설명한다.
- ○ 스마트폰 중독의 예방요령에 대해 설명한다.
- ○ 도박 중독의 특징 및 증상에 대해 설명한다.
- ○ 도박 중독의 대처요령에 대해 설명한다.
- ○ 중독 관련 기관의 사이트를 검색하고 분석한다.
- ○ 중독예방관련 법 규정을 검색하고 분석한다.
- ○ 중독 관련 사회적 이슈나 사건을 검색하고 분석한다.

제 8 장

가정 안전

1. 가정 안전의 개요
2. 가정안전수칙
3. 가정의 범죄 예방대책

Chapter 08 가정 안전

1. 가정 안전의 개요

1) 가정안전의 의의

가정은 가족 구성원이 서로 아껴 주고 보살펴 주는 삶의 보금자리이며, 사람에게 몸과 마음의 안정을 줄 수 있는 장소로서의 의의가 강조된다. 그러나 가장 안전하다고 여겨지는 가정에서 일어나는 사고는 대부분 가족의 무관심과 무지 및 주의를 기울이지 않거나 안전점검을 소홀히 해서 발생하기 때문에 조금만 관심을 갖고 주의한다면 소중한 가족이 다치는 것을 예방할 수 있다.

가정에서의 각종 사고는 예측할 수 없지만 여러 방법으로 사전에 예방할 수 있고, 사고에 따라 대처 요령을 미리 교육하고 습득하여 대처함으로써 그 피해를 줄일 수 있다. 특히 안전에 대한 의식은 단기적이기 보다는 장기적으로 형성된다는 점에서 어린 시절부터 가정에서는 체계적인 안전 교육을 실시하는 것이 중요하다.

2) 가정 안전사고의 주요 원인

한국소비자원이 2013년부터 2016년까지 3년간 소비자 위해 감시시스템(CISS)에 접수된 어린이 안전사고 동향을 분석한 결과, 어린이들의 안전사고 중 무려 58%가 가정에서 발생하고 있는 것으로 나타났다. 공원 및 놀이시설과 공공행정지역에서의 발생비율이 각각 8% 정도라는 점에 비춰보면 가정안전사고 비율이 얼마나 높은 지 알 수 있을 것이다. 더욱이 5세 이하 어린이의 경우도 가정 내 안전사고가 전체 사고의 절반을 차지하고 있는 것으로 분석되고 있다. 다시 말하면, 어린이들에게 가정은 우리가 생각하는 것만큼 안전한 공간이 아니다. 그렇다면,

어린이 가정안전 사고의 원인은 어디에 있을까. 그 원인을 살펴보면 보호자의 실수나 부주의에 의한 사고가 전체의 69.1%를 차지하고 있다. 이어 어린이의 실수나 부주의 17.8%, 시설물의 설치잘못 · 관리소홀 6.1%, 기계, 기구 물품 등의 결함 1.9%, 안전교육부재 5.1% 순이었다. 이 결과를 자세히 보면 어린이들이 잘못해서 발생하는 사고는 17.8%에 불과하고 나머지는 모두 우리 어른들 때문에 사고가 발생하고 있다는 것을 알 수 있다. 특히 보호자의 의한 사고가 70%에 달한다는 것은 가정안전사고를 위해 부모들이 적절한 행동을 하고 있지 못하다는 뜻이다. 그만큼 부모들이 자녀들을 위해 안전지식을 습득하고 행동해야 한다는 것이다.[1)]

가장 많이 발생하는 안전사고 유형도 시기별로 차이가 있었는데 영아기에는 침대 등에서 '추락하는 사고'가 절반에 가까운 48.9%를 차지했고, 막 걷기 시작하는 걸음마시기에는 바닥재 등에 의해 '미끄러지거나 넘어지는 사고'가 가장 빈번하게 발생했다. 더불어 영아기부터 꾸준히 발생하는 '이물질 삼킴 · 흡인 사고'도 걸음마기에 가장 많았다.

〈표 8-1〉 가정 내 안전사고의 유형과 원인

유 형	원 인
추락	• 집의 옥상이나 베란다 난간, 계단에서의 추락사고가 빈번하게 발생 (특히 계단 입구, 꼭대기 위험 큼) • 계단의 안전난간 상태와 파손 여부를 점검하는 것이 중요.
미끄러짐 넘어짐	• 방, 거실, 화장실, 주방 등에 기름이나 물이 흘러 있거나 바닥이 얼어서 미끄러운 경우 등의 사고 발생 • 걸려 넘어질 장애물이 실내나 집 주변에 잇는 경우 사고가 발생.
전기	• 각종 전열기구, 콘센트 등에 의한 전기쇼크, 전기화상 등이 발생할 수 있음 • 한 개의 콘센트에 여러 가지 전열기구가 문어발식으로 연결되어 있거나, 전열기구 코드의 손상, 접속부분의 마모, 열화상태가 심한 경우에 사고발생의 위험이 높다. • 전기배선 연결부분의 접속 상태, 배선의 불량 유무 등에 따라서도 사고가 발생할 수 있다.

1) 출처 : 안전저널(http://www.anjunj.com)

화재	• 인화성 물질이 방치되어 있거나, 완전히 연소되지 않은 연탄불이 인화성, 가연성 물질 근처에 버려져 있는 경우에 사고위험이 높다. • 겨울철 난방 기구에 연료를 주입할 때 사고 위험이 높다.
화상	• 가정 내 화상의 가장 심각한 위해요인은 끓는 물이나 수도꼭지를 통해 흐르는 뜨거운 물. • 온수 외에도 뜨거운 물이 든 머그컵, 커피잔 등으로 인한 화상문제도 심각하다. • 어린아이들은 가전제품의 전원코드를 입으로 접촉하여 화상을 입는 경우도 많다.
유독성 물질	• 어린이의 손이 닿는 곳에 유독성 물질이 있는 경우 사고위험이 높다. • 유독성 물질의 투명한 포장은 영·유아들에게 색색의 과자처럼 호기심을 자극한다. • 연탄아궁이와 연통(굴뚝)의 균열부분이 있을 때 사고가 발생할 수 있다.
협착·끼임	• 가구, 경첩, 현관문을 자동으로 닫는 도어클로우저(door closer) 등에서 협착이나 끼임 사고를 유발하는 가장 큰 원인임
기타	• 선풍기의 안전망 설치 여부, 날카로운 못이나 칼, 가위 등 다칠 위험이 있는 물체가 방치되어 있는 경우, 동전, 약품, 성냥, 라이터, 풍선, 비닐 등 아이들에게 유해하거나, 위험할 수 있는 물질이 잘 관리되어 있지 않은 경우에 사고가 발생할 수 있다. • 만1세 이하의 영아들에게는 푹신한 이불에서의 수면이 질식사를 유발할 수 있다.

3) 가정 안전사고발생 장소

외국의 조사에 따르면 1년 동안 가정 내 사고로 사망하는 어린이가 자동차 사고로 사망한 어린이의 절반에 이른다고 한다. 가정 내 안전사고는 특히 유아와 노인들에게서 많이 일어나므로, 어린이와 노인들이 함께 사는 가정은 특히 더 주의를 기울여야 한다.

가정 안전사고를 경험했다고 응답한 주부들 중 42%가 방, 19%가 거실에서 사고를 경험했다고 한다. 이밖에 화장실, 부엌, 계단에서도 빈번히 발생하고 있다. 주로 부딪히거나 낙상하는 경우(추락, 미끄러짐, 넘어짐) 신체 일부가 끼거나 찔림 베임 등으로 다치는 경우가 대부분이었다.

〈표 8-2〉 가정 안전사고 발생 장소

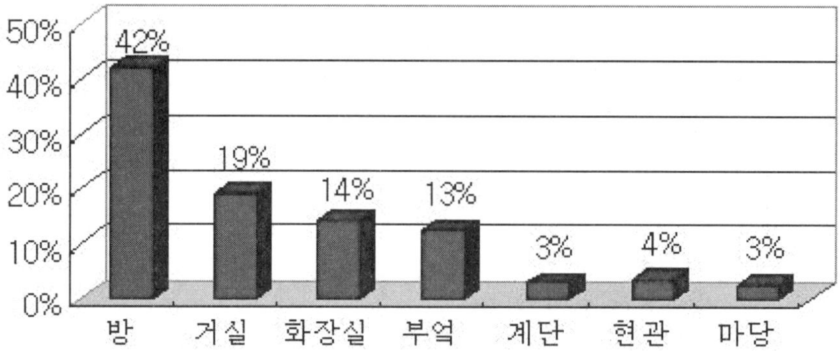

최근 3년 이내 가장 상해의 정도가 심했던 사고는 '넘어짐 및 미끄러짐' 사고가 92건, '낙상 및 추락'사고가 70건, '충돌' 사고가 69건으로 가장 높게 나타났으며, 사고장소는 '방' 165건, '거실, 마루' 62건, '화장실, 목욕탕' 57건으로 나타나 실내의 미끄러운 바닥이나 가구에서 어린이 안전사고가 많이 발생하는 것으로 조사되었다.

〈표 8-3〉 가정 안전사고 발생 유형

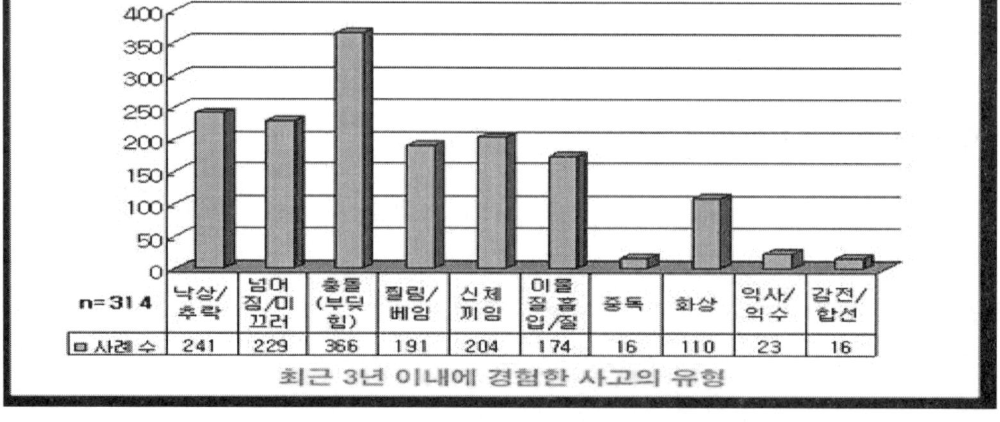

4) 가정 안전사고 예방 3단계

집안과 집 주위에서 발생하는 사고를 대비하기 위해 다음과 같은 3단계 방법을 습관화하면 가정안전대책 수립에 도움이 될 수 있다.

(1) 1단계 : 위험요소를 찾아 점검

가정에서 위험요소를 찾을 때는 다음과 같은 기본 사항을 참고한다.

① 사소하게 보이는 위험을 무시하지 않는다.
② 항상 더 안전한 방법에 대하여 생각해 본다.
③ 베임, 화상, 미끄러짐, 걸려 넘어짐, 추락, 감전, 유독성 물질, 익사, 스트레스, 정신적 상처 등의 각각의 일어날 수 있는 경우를 생각해봅니다. 그 다음에 각각의 사고를 일으킬 수 있는 것들이 있는지 점검합니다.

(2) 2단계 : 위험을 방지하고 대처하는 방법을 습득

위험요소를 발견하는 것만으로는 위험을 완전히 제거했다고 볼 수는 없다. 그러므로 평소에 가정 내에서 위험이 발견될 경우 다음 사항을 확인하면서 적절한 대처방법을 결정하고 신속하게 조치할 수 있도록 해야 한다.

① 발견된 위험요소를 단순히 제거하면 되는 것인가, 아니면 더 안전한 것으로 대체해야 하는 것인가?
② 수리하거나 수정하거나 격리해서 더 안전하게 할 수 있는가?
③ 아이들에게 주의시키고 가르쳐야 하는 부분은 무엇인가?

(3) 3단계 : 신속한 조치

비상 시 취할 사항을 미리 익히고 알아둔다.

위험을 발견하고 이에 대한 대처방법이 결정되면 오래 지체하지 않아야 한다. 위험을 무시하고 위험요소를 장기간 방치하면 위험이 사라진 것처럼 보이기 쉽기 때문에 위험을 인지하면 즉시 대책을 마련하고 신속히 조치하여 미리 대처하지 못해 사고를 당하는 일이 없도록 한다.

2. 가정안전수칙

1) 어린이 안전수칙

〈표 8-4〉 어린이를 위한 가정에서의 일반적 안전수칙

1	어린이를 장시간 혼자 두지 않는다.
2	전열기구, 위험한 물건 및 약품 등은 아이의 손이 닿지 않게 한다.
3	모든 전기코드는 수시로 점검한다.
4	미끄러운 곳, 위험한 곳을 미리 점검해 둔다.
5	유리문, 베란다 문, 창문 등에 주의한다.

2) 위치별 가정안전

(1) 방과 거실

거실은 어른들이 이용하는 공간이라 아이들이 놀기에는 적합하지 않다. 아이들이 안전하고 편안하게 해주기 위해서는 가능한 한 빈 공간을 많이 두는 것이 좋다.

테이블은 모서리가 날카로우면 이마를 찧을 염려가 있어 위험하다. 모서리를 둘러가면서 테이프를 여러 번 감아주거나 고무를 부드럽게 만든다. 유리로 된 테이블도 많은데 아주 좋지 않다. 또 테이블의 높이가 아이의 턱의 위치와 비슷해 턱을 찧어 입 안이나 입술에 상처를 입는 사고도 많아 주의하도록 한다. 아이들을 위해서라면 테이블이 없는 것이 가장 좋다.

카펫을 깔아두면 아이가 미끄러져 넘어질 염려가 없어 좋다. 그러나 카펫 중간에 구멍이 뚫려 있거나 실밥이 늘어져 있으면 걸려서 넘어지는 수가 있으니까 그때그때 손질을 한다. 또 카펫의 밑을 들추고 바닥의 이물질 등을 집어먹기도 해 청소를 할 때는 카펫을 들어내고 바닥까지 깨끗이 닦아낸다.

부엌이나 베란다로 통하는 문은 대부분 유리로 되어 있다.

투명한 유리일 경우에는 아이가 빈 공간인 줄 알고 부딪혀 깨지는 사고가 일

어나기도 한다. 이런 사고를 예방하기 위해서는 유리 위에 스티커를 붙여 물체가 있음을 확인시켜 준다.

① 부모가 알아야 할 안전수칙

- 응급상황을 대비해 119 등의 비상용 번호가 전화기 옆에 씌어있어야 한다.
- 책장이나 TV같은 무거운 가구들이 떨어지지 않게 잘 고정되어 있어야 하며, 높은 곳에 아이들의 시선을 그는 물건을 올려놓지 않는다. 어린이들이 높은 곳에 있는 물건을 꺼내기 위해 책장이나 장식장에 올라가다가 가구와 함께 넘어질 수 있기 때문이다.
- 전깃줄이 바닥에 끌려 발이 걸리는 것을 피하기 위해 벽에 붙여 두고 바닥에 걸려 넘어질 만한 물건은 항상 치워둔다. 젖은 손으로 전기선을 만지지 않도록 하며, 콘센트는 안전덮개가 있는 것으로 설치한다. 가전제품(선풍기, 전기다리미 등)은 사용 후 스위치를 반드시 끄고 콘센트에서 플러그를 꼭 뽑아 둔다.
- 난방기구나 히터, 선풍기에는 보호망을 설치하여 어린아이들의 손이 닿지 않도록 하고 만지면 안 된다는 것을 알려준다. 또한 텔레비젼의 뒷부분을 만지지 않도록 설치하고, 라디오, 레코드 등은 어린아이들의 손이 닿지 않는 곳에 두며 깨질 수 있는 물건도 아이들의 손이 닿지 않는 곳에 둔다.
- 가구는 재질이 부드럽고 모서리가 날카롭지 않아야 한다.
- 의약품이나 농약 등은 어린이 손이 닿지 않는 곳에 두어야 한다.
- 구급상자를 어린이 손이 닿지 않는 곳에 준비해 두고 있으며 심폐소생술을 할 줄 안다.
- 화재 발생 시 작동하는 감지기, 소화기가 있으며 제대로 작동하는지 매달 점검한다.
- 창이나 베란다에 어린이 호기심을 자극하는 장난감이나 물건을 두지 않는다. 아이들이 이것을 꺼내기 위해 기어 올라가 사고가 날 수 있다.
- 창문의 모양에 따라 안전 고리를 설치하고 2층의 창문에는 반드시 안전망이나 난간을 설치한다.
- 아이가 딛고 올라갈 수 있으므로 창 옆에 침대를 두거나 베란다 옆에 가구를 두지 않는다.

- 이층침대는 되도록 사용하지 않는 것이 좋다.
  침대의 높이는 어린이들이 혼자서 오르내릴 수 있을 정도가 좋으며, 충분한 높이의 보조난간을 설치한다.
- 벽에 무거운 물건을 걸지 않는다. 특히 어린아이의 손이 닿은 곳에는 아무것도 걸지 않는다. 그림 액자를 포함하여 벽에 걸린 무거운 물건이 안전하게 걸려 있는지 항상 점검한다.
- 타일이나 나무로 된 바닥은 표면이 미끄럽지 않도록 처리한다. 테이블의 날카로운 모서리는 플라스틱이나 천으로 씌워서 아이들이 다치지 않도록 한다.
- 아기가 자고 있거나 혼자 있을 때는 에어컨, 선풍기, 히터, 등을 켜 두지 않는다.
- 카펫이나 깔개는 아이들의 발에 걸려서 넘어지지 않도록 구멍이 나면 즉시 보수하고 끝이 말리지 않도록 한다.
- 침대의 모서리는 둥근 것이 좋고 침대의 난간은 아이들의 손이 끼이지 않도록 강한 걸쇠로 단단히 매어 준다. 안전난간 사이의 폭은 5~6cm 정도를 넘지 않는 것이 좋다.
- 철사, 가위, 송곳, 수저, 칼, 못, 바늘, 압정, 핀 등은 전기가 잘 통하는 물건이므로 콘센트 구멍에 꽂아서는 안 된다는 것을 아이들에게 알려 준다.
- 거실 탁자 위에 담배, 라이터나 성냥을 놓아두지 않는다.

② 지도 사항

- 가전제품의 뒤를 만지지 않도록 주의를 준다.
- 전기 콘센트를 손이나 전도체로 만지거나 장난치지 않도록 주의시킨다.
- 창틀, 식탁, 침대 등의 높은 곳에 올라가서 놀지 못하도록 한다.
- 장난감을 가지고 논 후에는 반드시 정리함에 정리하여 방과 마루를 어지럽히지 않도록 주의시킨다.
- 장롱이나 다른 수납장 안에 들어가지 않도록 가르친다.
- 젖은 손으로 전기선을 만지지 않도록 가르친다.
- 라이터나 성냥을 만지지 않도록 주의시킨다.

(2) 주방

주방에는 전기밥솥, 전자레인지, 토스터기, 커피포트 등 전기와 가스를 사용해 열을 발생시키는 것이 많다. 그러므로 특히 화재와 화상사고에 주의해야 한다.

① 부모가 알아야 할 안전수칙

- 전기밥솥이 아이의 손에 닿지 않는 곳에 두며, 전기 코드는 유아 손에 닿지 않는 곳에 배치하고 전깃줄은 길게 늘어놓지 않는다. 전기기구는 사용하지 않을 때는 반드시 플러그를 빼 둔다.
- 뜨거운 냄비를 손으로 들다가 화상을 입거나 너무 뜨거운 나머지 냄비를 들다가 놓쳤을 경우 내용물이 쏟아지면서 화상을 입게 된다. 또한 주전자나 냄비의 내용물이 끓으면서 생긴 수증기가 피부에 가벼운 화상을 입히기도 하므로 항상 주의하고 주전자의 입구 부분은 자기 몸의 반대쪽을 향하도록 해둔다. 후라이팬과 같이 손잡이가 긴 냄비를 놓을 때는 손잡이가 사람의 정면에 있지 않도록 배려하여 놓도록 해야 한다. 자칫 잘못하여 손잡이를 건드려 내용물을 엎지르는 일이 없도록 하기 위해서이다.
- 싱크대 문을 열고 닫을 때 아이들의 손가락이 문에 끼지 않도록 하고 모든 찬장과 서랍은 줄로 묶는 등의 잠금 장치를 하거나 어린아이들이 손쉽게 열 수 없는 버튼용 개폐 방지 손잡이를 부착한다.
- 어린아이가 가스레인지를 만지지 않도록 하며 항상 중간 밸브를 잠그고 가스 누설 자동 차단장치를 반드시 설치한다.
- 칼이나 포크, 가위, 채칼, 열려 있는 깡통 등 날카로운 물건은 어린이들의 손이 닿지 않는 곳에 보관하고 위험한 물건임을 아이들에게 알려주어 만지지 않도록 한다.
- 부엌바닥은 미끄럽지 않도록 왁스칠은 가능한 하지 말고, 물기가 있을 때는 즉시 닦는다.
- 식탁보는 아이가 잡아당기기 쉽게 늘어져있지 않다.
- 농약 등 유독 물질을 음료수병에 담거나 냉장고에 넣어두지 않는다.
- 어린아이들이 쓰레기통을 뒤질 수 있으므로 깡통 뚜껑은 안으로 집어넣어 양

옆으로 찌그러뜨리고 예리한 물건을 버릴 때는 매우 조심한다.

- 튀김 요리를 할 때는 아이들의 접근을 막도록 하며 기름을 식힐 때는 장소를 잘 선정하여 화상 사고를 미연에 방지하도록 한다.(튀김용 냄비 등은 바닥에 두지 않는다) 냄비가 얕으면 기름이 튀면서 화상을 입히거나 끓으면서 튀는 기름이 불에 인화하여 화재를 일으킬 수 있다. 만일 냄비에 불이 인화했을 때는 당황하지 말고 냄비뚜껑을 닫아 불을 차단 한 후에 불을 끄도록 한다. 당황하여 냄비를 들여 내다가 타고 있는 기름을 바닥에 엎지르면 대형화재가 발생하게 되므로 유의해야 한다.
- 엄마가 일하는 곳에 멀리 떨어진 곳에 어린아이의 놀이 장소를 마련하되 아이도 엄마를 마주볼 수 있고 엄마도 일하면서 아이를 살펴 볼 수 있는 장소를 선택한다.
- 부엌에는 비상용 소화기를 설치한다.

② 지도사항

- 칼이나 포크, 가위, 채칼 등 날카로운 물건을 만지지 않도록 가르친다.
- 부엌에 있는 가스레인지, 오븐 등 전열 기구에는 가까이 가지 않도록 주의시킨다.
- 조리 중에는 아이들이 부엌에 들어오지 않도록 가르친다.
- 전기밥솥으로 취사 중일 때는 접근하지 못하도록 하여 증기로 인한 화상사고를 예방한다.
- 냉장고에 들어가지 않도록 주의시킨다.

(3) 화장실 · 욕실

① 부모가 알아야 할 안전수칙

- 욕조의 물을 비워 두고, 물이 고여 있는 수세식 변기의 뚜껑을 닫아 둔다.
- 가장 뜨거운 물의 온도가 49℃이하가 되도록 조절되어 있어야 한다.
- 세안 용품이 있는 서랍장이 닫혀 있고 잠금 장치가 되어 있어야 한다.
- 전기 콘센트는 어린이 손에 닿지 않는 위치에 있어야 한다.

- 변기덮개 잠금 장치가 되어 있어야 한다.
- 비누 · 세제를 아이들 손이 닿는 바닥에 두지 않는다.
- 문턱과 바닥의 물기와 비눗기를 제거하고, 가급적 욕조에 샤워 커튼을 달아서 바닥에 물이 흐르지 않도록 한다. 욕실 신발은 바닥이 잘 미끄러지지 않는 것을 사용한다.
- 어린이나 노인이 있는 가정에서는 반드시 욕실 미끄럼 방지용 스티커를 욕실 바닥에 붙여 미끄럼사고를 사전에 방지한다.
- 욕실 청소 시 부식작용을 일으키는 염산은 사용하지 말고 욕실용 세제를 사용한다.
- 욕실 천정등과 같은 기구를 교체할 때는 바닥이 미끄러우므로 한 사람이 의자를 잡아주고 한사람은 작업에 임하도록 한다.
- 욕실 내부에는 날카로운 물건이나 단단한 물건을 놓아두지 않음으로서 미끄러질 경우에 부딪치거나 찔려서 일어나는 2차 사고를 예방할 수 있다.
- 타일에 못을 박을 때는 드릴을 사용하여 구멍을 뚫어야 못이 쉽게 들어가고, 못이 미끄러져 손이 찍히는 사고를 예방할 수 있다.
- 세면기를 손으로 누르거나 세면기 아이를 세면기에 세우는 등 체중을 싣는 행위를 하지 않는다.

② 지도사항

- 세면대에 매달리거나 변기뚜껑을 밟고 위에 올라가지 않도록 주의시킨다.
- 욕실 바닥에 장난감을 늘어놓고 놀지 않도록 주의시킨다.
- 뜨거운 수도꼭지를 만지지 않도록 주의시킨다.
- 전기제품을 만지지 못하도록 가르친다.
- 화장실에서 뛰거나 장난하지 않도록 주의시킨다.
- 세탁기를 만지지 못하도록 가르칩니다.
- 화장실의 세제들을 입에 대지 않도록 단단히 주의시킨다.
- 변기 안으로 머리를 들이밀지 않도록 가르친다.

(4) 베란다 · 창문

최근 아파트 실내 구조 변경 등으로 거실과 바깥을 연결하는 베란다를 없애는 경우에는 거실 창문을 통해 바로 추락할 수 있는 위험이 높다.

특히 어린이가 낮은 곳에 있다가 높은 곳으로 올라가면 새로운 시야를 경험하게 되고 감탄하게 된다. 이럴 때 아이들이 바깥경치를 구경하기 위해 몸의 상체를 지나치게 바깥으로 내미는 등 위험한 행동을 하지 않도록 조심하게 한다.

베란다는 밖이 보이는 곳이므로 아이들의 호기심을 자극하는 곳이다. 따라서 베란다에서 아이들이 물건을 놓고 올라가는 것을 막기 위해 발판이 될 수 있는 물건을 두지 않는다.

베란다나 창문에서 추락하게 되면 큰 부상을 당하거나 목숨을 잃을 수도 있다. 특히 어린이들이나 아기들이 모르고 올라갈 수도 있고 난간 사이에 빠져 추락할 수도 있으므로 어린이들이 베란다나 창문 가까이에서 장난하는 일이 없도록 주의해야 한다.

① 부모가 알아야 할 안전수칙

- 창문이나 베란다에는 창문 보호대나 난간을 반드시 설치한다. 이 때 난간의 한쪽을 개폐식으로 하여 비상시에도 대비한다. 베란다나 난간의 높이는 난간이 시작되는 바닥으로부터 최소한 110cm 이상으로 몸의 중심보다 난간이 높아야 한다. 난간세로대의 간격은 11cm 이하이면 안전하다고 본다. 머리가 빠져나가면 몸통도 빠질 수 있으므로 난간대의 간격이 머리의 크기보다 좁아야 한다.
- 베란다나 창문 주변에 침대나 가구를 비롯하여 받침대가 될 만한 가구나 물건을 두지 않는다. 침대나 가구가 창문 가까이 있거나, 침대의 높이가 창문과 같을 때에는 어린아이들이 침대 위에서 놀다가 창문으로 떨어질 수 있는 위험이 매우 높다.
- 베란다나 창문 위에는 아무 것도 올려두지 않는다.
- 베란다 문이나 창문에 잠금장치를 하여 아이가 혼자 문을 열 수 없도록 한다.
- 공기 순환을 위해 창문을 연다면 반드시 위에서부터 열도록 한다. 아래쪽의 창문을 열어야 할 경우에는 밑에서부터 10~13cm 정도만 열리게 학 안전장치를 한다.

② 지도사항

- 베란다나 창문 주위에서 아이가 혼자 놀지 못하도록 주의시킨다.
- 베란다나 창문 밖으로 상체를 내밀지 못하도록 주의시킨다.

(5) 현관

① 부모가 알아야 할 안전수칙

- 비나 눈이 오는 날은 특히 현관에 물기가 없도록 자주 닦아준다. 바닥이 미끄러워 넘어질 위험이 있다. 다소 물기가 있어도 미끄러지지 않는 고무매트 같은 깔개를 깔아두는 것도 한 방법이다.
- 현관은 항상 정돈된 상태로 유지하여 널려진 신발이나 가구들에 걸려 넘어지는 일이 없도록 한다.
- 현관문에 손이나 신체의 일부가 끼는 일이 없도록 주의한다. 손가락이 끼는 것을 방지하기 위해 문이 자동적으로 서서히 닫히게 되는 장치(도어체크)를 하거나 문이 닫히는 속도를 임의로 조정하여 사용한다.
- 현관에 아래에서 위로 발을 비추는 발 조명을 설치하면 불빛이 밖으로 새어 나가지도 않고 안전에 도움을 준다.

② 지도사항

- 집안에 들어올 때 현관에 신발을 가지런히 정리하도록 가르친다.
- 현관문을 여닫을 때 조심하도록 주의시킨다.
- 현관에 설치된 손잡이와 발 조명 스위치의 사용법과 위치를 알려준다.

(6) 계단

계단은 우리 환경에서 필수적이면서도 어린아이 의 안전을 위협하는 장소이기도 하다. 따라서 가정에서 계단을 설치할 때 안전 규칙을 준수함으로써 추락 사고를 방지할 수 있어야 하겠다.

① 부모가 알아야 할 안전수칙

- 계단의 경사는 위험을 피하기 위해서 적어도 45도 이하, 가능하면 35도 이하가 바람직하다. 계단 각 발판의 폭과 높이는 계단의 경사에 따라 조절되어야 한다. 그러나 일반적으로 한 발판의 높이는 약 20cm, 그 폭은 적어도 25cm는 되어야 한다.
- 계단이 끝나는 점까지 충분한 높이의 튼튼한 난간을 설치하며 추락의 위험을 방지한다. 계단에는 충분한 높이의 난간을 양쪽에 설치한다. 난간을 유아가 계단을 오르내릴 때 손잡이 역할을 하며 계단에서 넘어졌을 때도 보호대의 역할을 한다.
- 난간의 높이가 아이들의 중심보다 낮으면 추락의 위험이 있으므로 이상적인 난간의 높이를 제시한다면 110cm가 되도록 한다. 계단의 난간은 튼튼한지 수시로 점검한다. 난간 막대 사이의 간격을 11cm이상을 초과하지 않게 함으로써 어린아이의 머리가 난간 막대사이를 빠져 나가지 않게 한다. 머리가 빠져 나가면 몸도 자연히 빠져 나갈 수 있다.
- 계단의 표면이 미끄럽지 않도록 주의하고, 물기가 있을 경우 즉시 제거하고 왁스를 과도히 칠하지 않는다.
- 계단 마다 미끄럼 방지 틀을 설치하여 미끄러지는 사고를 예방한다.
- 계단은 항상 밝게 조명되어야 하며 불필요한 물체나 물이 흘러 있지 않아야 한다.
- 계단 위 음식물이나 물건으로 어지러워 미끄러지거나 걸려 넘어지지 않도록 계단과 계단주변을 항상 청결히 유지한다.
- 계단 옆의 벽에 어린이의 시선을 끌 수 있는 그림이나 사진을 걸지 않는다.
- 각 층을 잇는 계단에는 상하부에 문을 설치하고 필요하지 않을 때에는 문을 닫아둠으로써 어린아이가 계단에서 떨어지는 것을 방지한다.
- 높이가 다른 계단이나 너무 낡은 계단은 매우 위험하다. 계단의 높이가 다르거나 그 마모정도가 심한 상태라면 보수를 서둘러야 한다.
- 계단에 양탄자를 깔 경우에는 계단의 크기가 줄어든다. 또한 양탄자가 낡으면 낡은 천에 걸려 넘어질 수 있으므로 계단 표면에는 아무것도 깔지 않는

것이 좋다.

- 계단에 그림이나 사진을 놓을 경우 어린아이들의 시선이 그림에 끌리게 되므로 신체의 균형 감각이 상실될 수 있다. 따라서 계단 옆 벽면에는 그림이나 사진과 같은 장식물을 걸지 않는 것이 좋다.
- 어린이가 계단을 올라 갈 때 보호자는 반드시 아래쪽을 걸어간다.
- 계단에 날카로운 부위 등 위험이 없는지 수시로 점검한다.
- 우리나라에서는 가옥 구조의 특성상 지붕이나 옥상에서 추락하는 사고도 많이 발생하므로 실내에서 지붕이나 옥상과 통하는 문은 항상 잠근다.

② 지도사항

- 계단 주변에 장난감을 널어두거나 음식물을 흘리지 않도록 주의시킨다.
- 계단에서는 놀지 않도록 가르치고 또한 뛰어다니거나 장난을 하지 않도록 한다.
- 계단을 내려오면서 다른 사람과 이야기하거나 다른 일을 하지 않도록 지도한다.
- 계단을 내려올 때는 반드시 난간을 잡도록 하며 한 칸씩 내려오도록 가르친다.
- 어두울 때 계단을 이용할 경우 반드시 계단 조명을 사용하도록 가르친다.
- 주머니에 손을 넣고 계단을 오르내리지 않도록 주의시킨다.[2]
- 자기 발보다 큰 신발을 신거나, 신발의 끈을 매지 않은 채 계단을 오르내리지 않도록 한다.

(7) 실외 안전

① 엘리베이터

- 엘리베이터를 타고 내릴 때는 문이 완전히 열린 후 천천히 타고 내린다.
- 정원초과는 사고의 원인이 되므로 정원을 꼭 지키고, 실내에 부착된 유의사항을 잘 따르도록 한다.
- 엘리베이터를 타면 가고자 하는 층의 단추를 누르고 필요 이외의 버튼은 조

2) http://cafe.naver.com/presidentt.cafe

작하지 말아야 한다.

- 비상버튼은 엘리베이터에 이상이 생겼을 경우에만 누른다. 특히 아이들이 엘리베이터의 버튼을 마구 눌러 고장 나지 않도록 주의시키도록 한다.
- 노약자와 6세 이하 어린이는 가능한 보호자와 함께 동반하도록 한다.
- 버튼 사용 시는 무리한 충격을 주어 파손되지 않도록 주의한다.
- 화재 및 지진 등 천재지변 시에는 엘리베이터가 운전 불능으로 되는 경우가 있으며 이때에는 사용하지 않도록 한다.(비상용으로 승인되고 검사를 필한 엘리베이터에 한하여 비상용으로 사용이 가능함)
- 엘리베이터는 전기로 움직이고 있으므로 출입구 및 엘리베이터 내에 물이 흐르지 않도록 주의한다.
- 엘리베이터에서는 담배를 피우거나, 뛰지 말고, 정원이나 적재량을 초과하지 않도록 한다. 엘리베이터의 고장 및 사고를 일으킬 수 있기 때문이다.

② 아파트단지 내 도로 및 인도

- 아파트 입구에는 차량 출입을 통제하는 차단기가 설치된 곳도 있다. 차량이 통과할 때에 차단기가 올라가지 않은 상태에서 진입을 하게 되면 차량 및 차단기가 파손되므로 반드시 지급된 리모컨을 사용하거나, 주차관제용 카드를 차량전면에 부착하여 진입 시 자동으로 작동되도록 조치하거나 미작동시 수동으로 차단기를 올리도록 한다.
- 인도에 이삿짐 차량이 올라가지 않도록 한다. 차량의 무게로 인해 인도가 내려 앉으면 물이 고이거나 발이 빠져 안전사고가 일어날 수 있다. 눈이나 비가 올 때는 보행에 주의하고, 인도와 차도의 경계석이 눈, 비에 젖으면 미끄러질 수 있다.
- 단지 내에서 주행할 때에는 유아나 유모차, 노약자 등의 보행자에 주의하여 서행 운전하여야 한다.
- 아이들이 롤러스케이트, 킥보드, 인라인 스케이트(롤러블레이드), 스케이트보드, 자전거 등을 탈 때 헬멧, 무릎보호대 등의 안전장구를 갖추어 타도록 하며 주차장이나 차도에서는 절대 타지 않도록 지도한다.

③ 분수, 연못

분수대, 연못, 폭포 등에서 어린이들이 물놀이를 하거나 들어가지 못하게 한다. 전기시설이 있는 경우 감전사고의 우려가 있고, 유아는 익사 위험이 있다.

④ 지하주차장

- 지하주차장의 램프(진입로)는 차도이므로 이곳으로 보행하면 매우 위험하므로 보행 시 안전한 계단이나 엘리베이터를 이용하도록 한다.
- 주차나 차량운행 시에 서행하도록 하며, 특히 지하주차장의 바닥은 눈비 젖으면 미끄러우므로 주의한다.
- 지하주차장에서 아이들이 놀지 않도록 지도한다. 킥보드나 자전거를 타고 지하주차장으로 빠른 속도로 들어가다 보면, 갑자기 어두워지므로, 벽면이나 차량과 충돌하거나 하수트렌치에 바퀴가 끼어 넘어지거나 전복될 수 있다.
- 지하주차장과 같은 곳에는 각종 용도의 분전함이 많이 있는데 운전함을 열어놓았을 경우 만지지 못하도록 주의시키고 어린이들이 지하주차장. 각 동의 지하. 전기실, 옥상 등 공용부위에서 놀지 못하도록 지도한다.

⑤ 조형물 및 놀이터

- 아이들이 놀이터에서 혼자 놀지 않도록 부모들의 세심한 주의가 필요하다. 아이들이 그네를 타거나 미끄럼을 탈 때 주변 아이들과 충돌하지 않도록 주의를 준다.
- 놀이기구를 성인이 사용하면 쉽게 부서질 우려가 있으므로 성인들은 사용을 삼가 한다.
- 놀이기구들은 수시로 살펴보고, 나사가 헐거워지거나 파손된 것을 발견하면, 관리사무소에 연락하여 즉시 보수하도록 한다.
- 아이들이 단지 내의 조형물이나 시설물을 가지고 놀지 않도록 한다. 감상을 위한 조형물을 만지거나 올라타다가 다칠 우려가 있다.[3]

---

3) http://moa21.co.kr/www/index.html

3. 가정의 범죄 예방대책

최근 주택의 유형에도 큰 변화가 일고 있다. 단독주택이나 다세대 주택보다는 아파트가 건설되고 그 선호도 또한 극치에 이루고 있다. 그러나 단기간 대량으로 이러한 독립적인 집단주거단지가 건설되고 폐쇄적이고 획일적인 구조의 단지가 형성되면서 외부환경과의 단절 및 이웃주민과의 위화감이 조성되었고, 서두에 언급한 개인의 사생활을 중요시 여김에 따라 개인주의와 익명성으로 시민들이 범죄에 노출될 가능성이 높아졌다.

최근 도난사건의 유형은 특정 시간, 장소에 구분이 없고, 매우 지능화·흉포화하고 대담하게 이루어지는 것이 특징이다. 절도범들의 수법과 대상은 초저녁의 빈집털이가 두드러지며, 특히 아파트 등 다세대의 불이 꺼진 빈집이 표적이 되고 있다.

택배원, 검침원으로 가장하거나 주택매물 거래차 중개인과 동행한 후 재차 방문하여 강도로 돌변하는 사례와 부녀자들을 상대로 한 2인 이상이 탑승한 오토바이 등 차량을 이용한 날치기 사범도 자주 발생되고 있다.

주거침입이라 하면 주택이나 선박, 차량 등을 불문하고 사람이 먹고 자는 곳, 즉 사람이 거주하는 곳에 정당한 이유 없이 들어가는 것이다. 주택에 따른 정원이나 숙박업소의 방이나 사무실, 공장 등도 주거침입의 대상에 포함된다. 주거침입의 죄란, 사람의 주거·관리하는 건조물·선박·항공기 등 일정한 장소의 평온(平穩)과 안전을 침해하는 범죄이다. 이는 헌법 제 16조에서 주거의 불가침성을 선언하고 있으며 우리형법 제 36장에서 형법적 근거를 두고 있다.

이에 관하여 형법은 제 319조 제 1항에서 사람의 주거, 관리하는 건조물, 선박이나 항공기 또는 점유하는 방실에 침입하는 자는 3년 이하의 징역이나 500만원이하의 벌금에 처하고 퇴거요구를 받고 응하지 아니한 자 또한 같은 형에 처한다. 서울동부지방법원 2006. 4. 20. 선고 2006노 236 판결로 처형 범위를 살펴보면, 야간에 타인의 재물을 절취할 목적으로 사람의 주거에 침입한 경우에는 주거침입단계에서 이미 형법 제330조에서 규정한 야간주거침입절도죄라는 범죄행위의 실행에 착수한 것이라고 보아야 한다는 판결이다. 피고인은 다세대 주택에 들어가

출입문을 손으로 당겨 보았고, 문이 잠겨 있자 그 옆집을 차례로 확인 후 열려 있는 주택을 찾아 범행하였으며, 출입문을 부수거나 도구를 이용하여 강제로 열려는 의사가 전혀 없었어도, 구성요건의 일부를 실현하는 행위까지 요구하는 것은 아니고 범죄구성요건의 실현에 이르는 현실적 위험성을 포함하는 행위를 개시하는 것으로 족하다고 판결했다. 출입문이 열려 있으면 안으로 들어가겠다는 의사 아래 단지 출입문을 당겨 보는 행위 자체로 주거의 사실상 평온을 침해할 객관적인 위험성을 포함하는 행위를 한 것으로 볼 수 있어 외부적 장애요소로 인하여 이루지 못한 것으로 판단하여 당겨 보는 행위 자체만으로 야간주거침입절도죄에 위법했다 판결했다. 즉, 단순히 공간적 침범죄 외에도 침범시도자의 의도만으로 형을 감행 할 수 있음을 알 수 있는 판례이다. 따라서 주거침입에 대한 범죄유형과 사례를 통해 사전예방의 중요성을 설명하고 그에 대한 예방대책을 살펴본다.

1) 주거형태에 따른 범죄요인

(1) 다세대주택

한 건물에 다수의 세대가 거주할 수 있도록 주거공간이 별도로 분리 되어있는 주택[4]으로 다른 주거형태에 비해 우발적 혹은 범죄경험이 없는 초범의 경우에도 어렵지 않게 성공 할 수 있는 단순절도 등의 사례가 많이 발생한다.

사회 경제적인 관점으로 보았을 경우 ①빈곤층의 주거율이 높아 구체적인 경비시스템의 장착율 저하 ②범죄의 목표물이 될 수 있는 노인층, 생활대상자주거율 상승 ③친밀관계가 높은 장기간 거주자보다 이주율이 높아 이방인 거주 상승 등을 들 수 있다.[5]

주거환경의 경우 ①다수의 주택이 밀집되어 범죄의 재시도 가능 ②최종문(현관 및 창문)의 노출로 범죄자의 근접이 쉽고 ③주택 간의 거리가 좁아 범죄자의 이동을 용이하게 하며 ④좁은 골목 등으로 범죄 이동 동선이 숨겨져 있다는 것을 범죄요인으로 볼 수 있다.[6]

4) 네이버백과사전
5) 황선영, "GIS 활용한 범죄의 공간패턴 분석-주거침입절도를 사례로-", 경희대학교, 2001. p.57.
6) 허경미, "노인의 범죄피해 특징 및 대책에 관한 연구", 한국공안행정학회지 제17호, 2004, p.435.

(2) 단독주택

단독주택은 단일 가구(家口)를 위해서 단독택지에 건축하는 형식이다. 비교적 가족단위의 개체성이 잘 보존될 수 있고, 개인의 취향에 맞게 주거계획을 세울 수 있다. 대문과 정원이 개별 택지마다 이루어지며, 건물은 인접한 다른 건물과 일정한 거리 이상 떼어서 건축되어야 한다. 이 형식은 건축과 정원 등의 사유욕구(私有慾求)가 만족됨으로써 옥내외의 사생활이 가장 잘 보장되어 있으나, 그로 인해 담이 높아지고 외부와의 정보차단으로 범죄 발생 시 빠른 대응조치가 어렵다는 단점이 있다. 일반적으로 단독주택의 경우는 중상층의 비율이 높아 부유층을 겨냥한 전문적이고 계획적인 범죄가 많다.

(3) 아파트

한 채의 건물 안에 독립된 여러 세대가 살 수 있게 구조한 공동주택으로 주택건설촉진법에서는 5층 이상의 공동주택을 아파트라 규정하여 4층 이하의 연립주택과 구분하고 있다. 아파트는 단독주택을 여러 채 겹쳐 놓은 것인데, 슈퍼마켓·관리사무소·우체국·주차장·초등학교 등 공용시설의 이용으로 생활이 편리한 반면 공동생활에서 오는 여러 가지 불편, 생활습관에서 오는 불편(장독대·김장독 등), 유사시 예컨대 화재 발생 시의 대피 등 문제점이 지적되고 있는 주거형태이다.[7]

현재 아파트는 우리 국민 대다수가 가장 선호하는 주거형태로 나타나고 있다. 90년대부터 급격히 선호도가 높아지고 건설량도 급격히 증가하였다. 이에 따른 아파트 선호도의 중요한 선택요인은 범죄로부터의 안전성이다. 고층아파트의 경우 자전거 도난, 배달물 도난, 자동차 훼손 등 비 침입절도 혹은 재산피해는 고층에서 많았으나 주거침입절도는 저층에서 더 많은 것으로 나타났다.[8]

---

7) 네이버 백과사전

8) 김철주, "아파트 단지 범죄에 관한연구", 건국대학교, 2000. p.27.

2) 주거침입 방법 및 사례

주택을 대상으로 한 침입절도의 유형은 ①부재중인 주택에 침입하여 금품을 절취하는 빈집털이, ②잠든 야간에 주택에 숨어들어 금품을 절취하는 형태. 그리고 ③낮잠이나 목욕, 식사 혹은 식사준비 등을 하고 있는 사이에 주택에 침입하여 금품을 절취하는 형태 등 다양하지만 특히 빈집털이는 주택을 대상으로 한 침입절도 중에서도 가장 흔히 발생하며 범행수단이나 방법도 다른 형태에 비해 다양하다.

범행은 주로 평일에 발생하고 있는 것으로 나타났다. 평일에 범행을 하는 이유로는 가족들이 회사나 학교에 가서 집을 비우고 또 훔친 통장의 현금인출이 가능하기 때문이다. 이에 반해 휴일을 고르는 이유로는 가족끼리 외출하는 경우가 많다는 점을 들고 있다.

한편 침입절도는 압도적으로 맑은 날과 흐린 날에 저질러지는 것으로 나타났다. 피의자에 대한 설문조사에서도 같은 결과가 나왔다.

(1) 침입수단

침입수단은 베란다, 바깥계단, 담장이 가장 많으며, 차고, 사다리, 쓰레기통, 홈통, 가스관, 건축공사장 등의 발판, 전신주, 수도관 등을 이용하기도 한다.

- 전신주를 타고 올라가 이웃집의 2층 베란다를 통해 창문으로 침입
- 정원수를 타고 3층 베란다로 올라가 창문으로 침입
- 빗물받이 홈통을 타고 3층 베란다로 올라가 침입
- 인접한 빌딩공사장의 발판을 이용하여 2층 베란다로 침입
- 외벽 페인트공사를 위해 설치한 발판을 이용하여 4층 베란다를 통해 침입
- 창고에 넣어 둔 사다리로 2층으로 올라가 침입
- 블록 담을 발판으로 삼아 2층 베란다를 통해 침입
- 블록 담을 발판으로 삼아 2층 베란다 통해 침입

(2) 침입경로

현관을 통한 침입을 줄었으나 베란다나 거실 및 기타 장소의 창을 통한 침입이 증가하고 있다. 특히 거실, 응접실, 침실 등에 난 창문과, 그 밖에 부엌, 욕실, 화장실의 창문, 그리고 채광. 환기용 창을 통한 침입도 늘고 있다.

- 알루미늄 섀시 창문의 자물쇠를 부수고 침입
- 부엌 유리창에 셀로판테이프를 붙이고 돌로 깨부수고 침입
- 옥상에서 로프를 이용하여 창문으로 침입
- 홈통을 통해 베란다로 이동하여 유리창을 깨부수고 침입
- 욕실의 창틀을 드라이버로 부수고 실내에 침입
- 화장실 창문이나 욕실의 섀시 창문을 들어 올리고 침입

(3) 침입방법

침입방법은 주로 ①유리창을 깨고, ②현관열쇠를 찾아내서, ③문단속하지 않은 창, 배란다, ④현관의 자물쇠를 부수고, ⑤문단속하지 않은 현관을 통해 주로 침입하며 현관의 자물쇠를 열고문단속을 하지 않은 경우와 유리창을 깨고 들어간 사례가 대단히 많으며, 숨겨둔 열쇠를 찾아내어 현관을 통해 침입한 사례와 창문을 맨손으로 들어 올려 제거 한 후에 침입한 사례도 있었다. 실제로 피의자에 대한 설문에서도 유리창을 깨고 침입하거나 잠그지 않은 창과 베란다, 현관 등을 통해 침입한다는 대답이 많았다.

- 현관 옆의 가스미터기 상자 안에 숨겨 둔 현관의 열쇠를 찾아내어 침입
- 우편함, 우유배달상자(주머니), 화분 등에 숨겨둔 열쇠를 찾아내어 침입
- 훔친 보조키를 사용하여 침입(피해자는 열쇠가 없어졌음을 알고서도 자물쇠를 교환하지 않음)
- 현관문에 설치된 우편함에 손을 넣어 자물쇠를 열고 실내에 침입한 사례
  열쇠와 관련해서는 반드시 이사를 할 경우에 종전에 사용하던 자물쇠를 교체해야 한다는 사실이다. 이는 전에 살던 사람이 보조키를 만들어 두었을 경우를 대비한 것이다. 또한 보통사람이 생각해서 숨기는 장소 정도는 간단히 알아낸다는 점을 명심하여야 한다.

그리고 피해자에게 숨겨놓은 열쇠를 찾아내기 위해 수색하는 장소를 물은 결과, 우편함, 우유주머니, 신문함, 화분 밑, 문틀 위 등을 대답하고 있다.

(4) 부재 여부 판단기준 및 확인방법

범죄자들은 가족이 집안에 있는지 없는지를 어떻게 판단하는 방법으로는 ①커튼을 친 상태, ②실내조명, ③세탁물의 건조방법, ④전기미터기의 회전, ⑤유리창문에 작은 돌 던져보기 등이다.

그리고 구체적인 확인방법으로는 인터폰을 누르는 것이 가장 전형적인 방법이며, 그밖에 전화를 거는 방법을 취한다고 대답하고 있다.

인터폰을 눌러서 가족이 나오면 길을 묻거나 실재하지 않은 사람의 이름을 묻는다. 그리고 때로는 "자동차가 고장 나서 수리공장에 연락을 취하고 싶은데 전화 좀 쓸 수 있느냐?"고 부탁하여, 만약에 빌려 주면 방범설비, 경보기, 개 등이 있는지와 재물이 얼마나 있는지를 확인한다고 한다. 또한 조깅 차림으로 우편함에서 우편물을 꺼내 노크를 하였다가, 가족이 나오면 "길에 떨어져 있어서 가져왔다"고 대답하기도 한다. 조깅 차림이면 의심도 받지 않을뿐더러 민첩하게 도주할 수 있다는 것이다.

3) 주택 침입 범죄예방 요령

(1) 주택 주변 안전관리 요령

① 담장

밖으로부터 거동 수상한 그림자를 식별할 수 있을 정도의 높이가 바람직하다. 담이 높고 틈이 없이 블록으로 축조되어 있는 것, 나무를 빽빽이 심어서 안이 잘 들여다보이지 않는 담은 거동수상자를 식별할 수 없어서 바람직하지 않다.

또한 담장을 발판으로 하여 베란다로 오르거나 건너가는 등, 침입경로로 이용될 수 있으므로 가옥과의 간격과 높이 등에 배려할 필요가 있다.

② 정원수

몸을 숨길 장소를 제공하지 않도록 정원수를 잘 손질할 필요가 있다. 특히 줄기나 가지를 통해 베란다로 건너가는 경우가 있으므로, 가옥 쪽으로 뻗어있는 가지는 잘라두는 것이 좋다.

③ 전신주

전신주는 직접적인 침입경로가 될 뿐만 아니라 이웃집의 베란다를 거쳐서 침입하는 경우가 있다. 따라서 가옥으로 직접 건널 수 없는 거리만큼 떨어뜨려 설치하고, 간단하게 올라갈 수 없도록 높이 2미터까지 볼트(못)를 박지 않도록 관리기관에 신청할 필요가 있다.

④ 공사장의 발판

건축공장, 증개축 공사, 도장공사 등을 위해 설치되어 있는 공사용 발판은 침입경로로 이용되기 쉽다. 자신의 주택뿐만 아니라 인접한 건축물에 가설된 것도 이용될 수 있다. 특히 발판 쪽으로 난 출입구나 창문 등에는 문단속을 철저히 하고, 보조자물쇠를 설치하거나 경보장치 등을 설치할 필요가 있다.

⑤ 창고 · 차고의 지붕

창고 · 차고의 지붕은 베란다를 통해 침입할 경우의 발판으로 이용되는 경우가 많다. 창고나 차고의 지붕은 가급적 가옥에서 떨어뜨리거나, 베란다 혹은 창문으로부터 멀리 할 필요가 있다.

⑥ 사다리

창고에 넣어둔 사다리를 꺼내거나 근처 공사장 등의 사다리를 훔쳐서 사용하는 경우가 있다. 따라서 사다리는 문단속이 된 창고에 수납하거나 눈에 띄지 않는 곳에 놓아두고, 이동시킬 수 없도록 체인 등으로 고정시킬 필요가 있다.

⑦ 기타

에어컨의 실외기, 승용차의 지붕, 자전거의 안장, 빈 상자 등이 발판으로 상용되는 경우가 있다. 평소부터 관리 · 수납에 유의함과 아울러, 침입경로가 되는 창문과의 위치관계에 배려할 필요가 있다.

(2) 가옥의 벽면 · 옥상 · 베란다의 난간 안전관리요령

① 벽면의 홈통

배수관, 전화선 · 전선, 에어컨의 배관 등 노출되어 있는 벽면의 홈통이 침입수단으로 이용도는 경우가 많다. 베란다나 창문 등의 위치관계에 배려하고 손잡이나 발판이 될 만한 것을 설치하지 않도록 한다.

② 계단

계단의 중간부분으로부터 베란다나 거실로 건너가는 경우가 많다. 2 미터 정도는 간단히 건너뛰는 자가 있으므로, 침입경로가 되기 쉬운 장소와의 위치관계에 배려하고 펜스 등으로 방호할 필요가 있다. 또한 절도범인은 일반적으로 바깥계단을 선호하므로 바깥 계단이나 비상계단의 1층 부분은 거주자만이 이용할 수 있도록 조치를 취할 필요가 있다.

③ 옥상

옥상에서 홈통이나 로프를 이용하여 내려올 수 없도록 옥상의 난간을 개량할 필요가 있다. 또한 옥상에는 거주자라 할지라도 재해시나 피난시 이외에는 출입하지 못하도록 배려할 필요가 있다. 옥상에의 자유로운 출입은 범인의 침입을 용이하게 할 뿐만 아니라, 자살자나 거주자의 전락사고 등을 초래할 가능성이 있으므로 바람직하지 않다. 특히 최근에는 일조(日照) 등의 관계로 아파트의 상층부가 비스듬히 커트된 것을 흔히 볼 수 있다. 그러나 이러한 곳은 수직하강과는 달리 그다지 경험이 없는 자도 간단히 내려갈 수 있다고 하므로 주의 하여야 한다.

④ 베란다 난간

현관과 함께 베란다로 침입하는 경우가 대단히 많다. 가옥 주변의 정원수, 벽면의 홈통, 비상계단, 기타 구조물로부터 베란다로 건너와 침입할 뿐만 아니라, 이웃집의 베란다에서 건너오거나 윗 층에서 내려와 침입하는 경우도 있다. 그때 사용되는 것이 베란다의 난간이다. 베란다는 외부에서 들여다 볼 수 있는 타입이 바람직하다.

(3) 현관문 · 베란다의 창문 · 기타 안전관리

① 현관문

문단속을 하지 않은 결과 입을 피해를 방지하기 위해 자동도어로 하고, 체인 등의 보조자물쇠를 설치하는 것이 바람직하다. 현관문 주변에 햇빛을 투과시키기 위한 창문을 창이나 장식용 유리를 설치 한지 않도록 주의하며, 설치해야 할 경우에는 유리를 깨부수고 사람이 통과할 수 없을 정도의 넓이로 하며 또 손을 뻗어도 자물쇠에 닿지 않을 위치에 설치하여야 한다.

현관문에 우편함을 부착시킬 경우에는 손을 집어넣거나 공구를 사용해서 자물쇠를 열 수 없는 것을 고를 필요가 있다. 또한 현관문 주변의 벽을 부수고 손을 넣어 여는 경우가 있으므로 현관문 주위의 벽면강도까지도 배려할 필요가 있다.

또한 현관 주위에 열쇠를 숨겨놓는 것은 오히려 범인을 초대하는 것과 같은 행위이므로 주의 하여야 한다. 아울러 현관이나 우편함에 문패를 걸거나 성명을 기입하는 것은 범죄인이 전화번호를 확인하는데 이용되므로 피해야 한다. 그들은 문패 등을 통하여 전화번호부에서 전화번호를 알아내서 전화를 걸어 부재여부를 확인하기도 하기 때문이다. 또한 최근 자동응답 전화기가 널리 보급되어 부재중임을 가르쳐 주고 있다. 편리함과 위험성은 동전의 앞뒷면과 같이 항상 공존하고 있는 것이다.

② 출입문

유리 또는 알루미늄으로 만들어진 도어는 사용되지 않는 것이 바람직하다. 현관문이 아닌 출입문은 현관에 비해 경시되기 쉬우며, 간단한 자물쇠만을 부착시키는 경향이 있으나, 현관문에 버금가는 방범대책을 세워야 한다.

③ 베란다 · 거실 및 기타

베란다나 거실의 창문에는 합성유리 또는 복층(複層)유리를 사용하도록 하며, 거실 창문에는 보조자물쇠 외에 섀시도 함께 설치하는 것이 바람직하다. 또한 도로, 공지(空地), 주차장, 농지 등과 접한 그 밖의 창문은 충분히 주의하여 설치할 필요가 있다.

④ 기타 개구부(開口部)

환풍기를 제거하고 침입하는 경우가 있으므로 셔터가 부착된 환풍기를 사용하든가 사람이 출입할 수 없는 크기의 것을 설치하도록 한다. 머리만 들어가면 나머지는 간단히 침입할 수 있다고 호언하는 자도 있으므로 주의를 요한다.[9]

4) 공동주택의 범죄예방 요령

(1) 공동주택의 특성

- 전체 주택지역중 단독주택 재건축 및 지역 재개발 사업으로 아파트, 연립 등 공동주택 점유율의 급격한 증가.
- 아파트단지 내 다중 출입이 용이하고 특히 야간출입 통제곤란.
- 단독주택보다 상대적으로 안전하리라는 인식으로 입주자의 자위방범의식 미약.

(2) 범죄수법

① 아파트 개인세대별

- 대규모 단지의 경우, 익명성이 높아 침입범행 용이.
- 현관문만 잠그면 안전하리라는 방심을 틈타 빗물 배수통, 도시가스배관, 베란다 난간을 타고 3층 이상 아파트에도 창문으로 침입.
- 옥상에 침입 숨어 있다가 한밤중에 밧줄을 타고 내려와 창문으로 침입범행.

9) 박병식, “침입범죄와 주거안전” 박병식 한국안전교육학회지 제1권 제1호.

- 열린 문이나 창문을 통해서 또는 자물쇠를 부수거나 유리창을 깨고 침입.
- 맞벌이 등으로 집을 비운 것을 전화를 걸어 확인한 후 침입.
- 우편배달부, 방문객, 외판원, 동사무소 직원, 검침원(수도 · 전기 · 가스)을 가장 또는 관리실 경비원을 사칭 문을 열게 한 후 침입 범행.
- 만능키나 훔친 열쇠를 이용 침입

② 아파트 내부, 외부 공간

- 엘리베이터 내에서 동승한 여자를 위협, 강취하거나 동승한 어린이를 협박하여 침입 범행.
- 비상계단 공용공간에서 발생하는 범죄는 고층아파트일수록 많이 발생.
- 단지 내의 공원 놀이터 주차장 등에서 환각제 흡입, 패싸움, 성폭력, 금품갈취 행위 등 범죄용이.
- 주차장에서는 차량 및 카스테레오 도난 빈발.

5) 가정 안전 점검표

〈표 8-5〉 가정 안전 점검표[10]

<table>
<tr><th rowspan="3">분야</th><th rowspan="3">점검항목</th><th colspan="4">점검확인</th></tr>
<tr><th rowspan="2">양호</th><th rowspan="2">불량</th><th colspan="2" rowspan="2">이상 시 접수처</th></tr>
<tr></tr>
<tr><td rowspan="4">화재예방</td><td>위험성이 있는 물질 등의 방치 유무</td><td></td><td></td><td></td><td></td></tr>
<tr><td>가정용소화기 비치, 확인 및 소화전 작동요령은 숙지하였는가?</td><td></td><td></td><td></td><td></td></tr>
<tr><td>동절기 난로 사용 시 안전 조치</td><td></td><td></td><td></td><td></td></tr>
<tr><td>점화상태에서 주유는 하지 않는가?
평평한 바닥에서 주유를 하는가?
인화물질이 가까이 있지는 않는가?</td><td></td><td></td><td></td><td></td></tr>
</table>

10) 국민안전처, http://www.safekorea.go.kr/idsiSFK/136/menuMap.do?w2xPath=/idsiSFK/wq/sfk/cs/contents/prevent/SDIJKM5301.xml

전기사고 예방	전깃줄이 낡은 곳은 없는가?				
	집을 모두 비울 때는 각종 코드를 뽑아 두는가?				
	물 묻은 손으로 전기 코드를 만지지는 않는가?				
	1개의 콘센트에 전기전열기구에 문어발 식 접속을 하지않는가?				
가스폭발 예방	중간밸브는 완전히 잠겨 있는가?				
	가스통은 안전한 곳에 설치 되어 있는가?				
	가스통에서 가스레인지까지 연결부분은 주 1회 이상 비눗물을 발라 확인하는가?				
	가스폭발 위험성 및 폭발방지에 관한 요령을 숙지하고 있는가?				
안전사고 예방	어린이들이 손쉽게 접근할 수 있는 장소에 유해물질(성냥, 라이터, 칼, 약품 등)을 방치하지 않았는가?				
	선풍기에 안전망은 설치하였는가?				
	높은 곳에서 떨어질 위험이 있는 물건을 방치하지는 않았는가?				
	문, 책상, 가구 등의 날카로운 모서리에 안전 조치를 하였는가?				

❑ 교육목표

○ 가정 안전사고의 주요 원인에 대해 설명한다.

○ 가정 내 안전사고의 유형에 대해 설명한다.

○ 가정 내 안전사고의 예방 3단계에 대해 설명한다.

○ 가정 내 위치별 안전사고 예방을 위한 부모가 알아야 할 안전수칙에 대해 설명한다.

○ 주거형태에 따른 주택침입 범죄예방에 대해 설명한다.

○ 공동주택 범죄예방요령에 대해 설명한다.

○ 가정안전과 관련된 사회적 이슈나 논점에 대해 설명한다.

○ 가정안전과 관련된 제도나 법규정을 조사, 분석하고 설명한다.

제 9 장

스트레스관리

1. 스트레스의 개요
2. 연령 별 스트레스 특징
3. 스트레스관리

Chapter 09 스트레스관리

인간이 생활하는 곳에는 언제, 어디에서나 스트레스가 존재한다. 현대 사회에서는 예측 불가능한 각종변화, 날로 심각해져가는 자연환경의 파괴, 복잡한 사회구조 속에서 맺어지는 다양한 인간관계, 언제 닥쳐올지 모를 각종 재난과 질병으로부터의 위협 등 예전에는 예상도 못했던 새로운 스트레스가 늘어나고 있는 가운데 인간이 노출된 체 생활하고 있다.

그 중에는 가벼운 스트레스도 있고, 심한 것도 있으며, 적절히 경험하면 생애활력을 주며 도움이 되는 것이 있는가하면 때로는 신체적으로 정신적으로 커다란 위해를 가져오기도 하며 계속적 스트레스는 병을 초래하는 것도 있다. 또 사람들 가운데에는 운동이나 오락활동을 통하여 자신들이 가진 스트레스를 해결하려 하면서도 반대로 거기서 스트레스를 해소하기보다는 그로 인하여 스트레스를 더하고 있기도 하며, 또 어떤 이는 그러한 스트레스를 통하여 만족감을 느끼기도 한다.

이렇게 스트레스는 생활의 일부지만 적절히 해소하거나 대처하지 못하여 스트레스가 쌓이게 되면 만병의 근원이 될 뿐만 아니라 의사결정의 효율성이라든지, 원만한 대인관계, 작업능률이나 생산성 등에 나쁜 영향을 가지고 있다는 것은 잘 알려진 사실이다. 따라서 우리는 스트레스의 징후를 알고 적절히 관리하기 위해서 이에 대한 지식을 습득해야 한다. 스트레스란 무엇이며 그것을 일으키는 원인은 무엇인지, 우리가 어떻게 효과적으로 대처해 나아갈 것인지를 이해하는 것은 보다 만족한 삶을 영위하기 위해서 매우 중요한 일이 될 것이다.

1. 스트레스의 개요

1) 스트레스의 개념

스트레스(stress)라는 말은 이미 대중화된 말이지만, 과거에는 압력(pressure), 물리적 압박(physical strain)등으로 사용된 물리학, 공학의 전문 용어였으며 이와 함께 어려움, 곤란, 역경 등으로도 사용되었다. 그 후 생리학에서 외부 자극에 대한 생명체의 반응이라는 개념을 통해, 현재는 정신 건강 혹은 질병과 연관된 의미로 널리 쓰인다. Hans Selye는 스트레스를 "어떤 요구에 대한 신체의 비 특이적 반응"이라고 정의하였는데, 즉 우리가 극복하기 어려운 상황에 노출되었을 때 생기는 정신적, 신체적인 반응 혹은 외부의 자극에 대한 생체반응이라고 할 수 있다. 즉, 스트레스란 외부환경으로부터 오는 새로운 요구나 변화에 대응해야 할 때 우리에게 발생하는 긴장이나 불안 같은 것을 의미한다. 아주 일상적인 일에서부터 커다란 사건까지 우리가 스트레스를 받는 일은 매우 다양하다.

적당한 스트레스는 오히려 삶에 도전과 의미를 제공해서 활력을 줄 수도 있지만 지나치게 많은 스트레스는 정신적 신체적 건강에 큰 해를 끼치게 된다. 많은 스트레스를 장기간 받게 되면 집중력이 떨어지고 무기력해져 학업이나 업무에도 지장을 받게 되고, 예민하고 짜증이 많아져 대인관계에서도 갈등이 많아지기 쉽다. 또한, 면역기능이 떨어져 감기에도 자주 걸리게 되며 두통, 만성 피로, 소화불량, 불면증 같은 신체적인 증상도 경험하게 된다. 따라서 수영이나 에어로빅 같은 운동을 배우듯이 건강하게 살기 위해서는 누구나 스트레스를 예방하고 조절하는 방법도 배워야 합니다. 스트레스를 잘 관리하게 되면 몸과 마음을 건강하게 지키게 될 뿐 아니라 학업, 업무, 대인관계에서도 자기능력을 충분히 발휘하고 만족스런 삶을 꾸려가게 될 수 있다.

2) 스트레스에 대한 반응

모든 정상적인 활동은 스트레스를 유발한다. 따라서 스트레스로부터 자유롭게 된다는 것은 죽은 상태를 의미하며 일상생활에서 스트레스를 완전히 피할 수는 없을 것이다. 어떻게 생각하면 스트레스 없는 삶은 살 가치가 없는 것이라고 할 수도 있다. 사람의 삶에서 스트레스는 전구의 불을 밝게 해 주는 전류에 비유할 수 있는데 스트레스가 없다면 우리 인생의 불은 켜지지 않을 것이며, 적당한 스트레스가 있을 때만이 가장 적절한 효율성과 생산성을 가지고 인생의 불을 밝힐 수 있고, 스트레스가 과도하게 지속되면 전류가 지속적으로 과도하게 흐를 때 전구의 필라멘트가 끊어지듯 사람도 여러 가지 스트레스 반응을 나타내며 육체 및 정신적 질병에 걸리게 된다. 병원에서 신체의 이상을 발견할 수 없는데도 많은 갖가지 증상을 호소하는 사람이 많다.

우리의 몸은 어떤 손상을 받는 상황에서 3단계의 반응을 보이는데, 첫번째는 경보 반응으로 신체가 아직 적응해 본 적이 없는 자극에 노출되었을 때 대부분의 신체 조직의 활동이 증가되는 단계이고, 두번째는 저항기로 증상의 유발 없이 신체가 적응하는 단계이며, 세번째는 탈진기로 신체가 적응하는 능력, 즉 에너지가 고갈되어 스트레스의 증상을 유발하는 단계를 말한다. 따라서 과도한 스트레스가 지속되면 어떤 일정 시간 동안만 견딜 수 있으며 그 후에는 질병이 생기거나 사망하게 된다.

스트레스를 받게 되면 다음과 같은 몸과 마음의 증상을 겪을 수 있다.

① 기분 - 불안, 신경과민, 근심걱정, 우울, 분노, 좌절감

② 생각 - 집중력과 판단력 저하, 기억력 저하, 우유부단, 비관적 생각

③ 행동 - 안절부절못함, 손톱 깨물기, 다리떨기, 흡연, 폭음, 폭식, 화를 잘 내게 됨

④ 신체 - 두통, 근육통, 만성피로, 불면증, 식욕부진, 소화불량, 가슴이 답답하고 두근거림.

인체에는 중추신경계(뇌와 척수)와 말초신경계 이외에 자율신경계가 있는데, 자율신경계는 교감신경계와 부교감신경계로 나뉘어져 있고 이들은 서로 상호작용을 통하여 항상 균형을 이루고 있다. 스트레스를 받으면 중추신경계는 감각신경(예 "시각)을 통해 인지한 후 자율신경계(교감신경계)로 하여금 스트레스를 이길 수 있는 생리적 대비를 하게 하는데 이러한 생리적 반응은 자율신경계의 직접적인 조절에 의해 맥박이 빨라지고 혈압이 상승하며, 동공 확대, 호흡수의 증가, 근육 긴장, 산소 소비율 감소 등의 반응이 나타나게 되지만[1] 다른 한편으로는 관련

된 호르몬의 분비를 조절하여 수행하기도 한다.

- 갑상선 호르몬(thyroxine)의 증가
- 엔돌핀(endorphin)의 소진
- 성호르몬(sex hormone)의 감소
- 소화기관(digestive tract)의 활동감소
- 포도당과 인슐린의 증가
- 콜레스테롤(cholesterol)의 증가
- 심장박동수의 증가
- 감각기관이 예민해짐[2)]

3) 스트레스와 질병

스트레스와 관계있는 질병의 종류는 아래와 같다.

〈표 9-1〉 스트레스와 관련된 질병

심혈관계	빈맥(頻脈), 부정맥(不整脈), 고혈압, 협심증, 심근경색증 등
소화기계	식욕부진, 신경성 구토, 위경련, 가슴앓이, 딸꾹질, 위궤양, 십이지장궤양, 변비, 설사, 과민성대장증후군, 궤양성 대장염 등
호흡기계	신경성 기침, 기관지 천식, 과호흡 증후군 등
내분비계	당뇨병, 비만증, 갑상선 질환 등
비뇨생식기계	빈뇨(頻尿), 발기 부전, 불감증, 조루증, 월경불순, 불임증 등
신경계	긴장성 두통, 편두통, 수전증, 뇌졸중 등
근육계	근육통, 만성적 요통, 류머티스 관절염 등
면역계	저항력 감소, 자가면역성질환
피부계	여드름, 두드러기, 습진, 원형탈모증, 가려움증, 신경성 피부병, 다한증(땀이 많이 남) 등
정신계	불면증, 우울증, 불안증, 약물남용, 알코올중독, 신경증, 정신분열증, 자살 등
기 타	피로 및 무기력, 각종 암, 돌발적인 사망 등

*자료 : http://www.healthpro.or.kr/health/viewC.

1) http://www.healthpro.or.kr/health/viewC.
2) http://www.pion-tech.com/knowledge/stress.

2. 연령 별 스트레스 특징

1) 아동스트레스

흔히 스트레스는 어른들이나 겪는 것으로 알고 있다. 그러나 성인 못지않게 어린 아이들도 스트레스에 시달리고 있으며 나이가 어릴수록 스트레스로 인한 악영향을 많이 받는다. 아이들은 성인과 달리 스트레스를 스스로 해결하는 방법을 모르기 때문에 정신적, 신체적 질환 및 이상 현상으로 나타나 일생에 큰 지장을 줄 수도 있다.

(1) 아동스트레스의 원인

아동 스트레스를 유발하는 요인들은 도처에 널려있다. 처음 놀이방이나 어린이집에 가는 날과 재롱잔치와 같은 행사 전날은 물론, 학령기에 들어 어린이의 기대수준과 발달과제를 수행하는 것이 스트레스로 작용한다.

또한 부모 또는 가족의 사망, 부모이혼, 부모간의 갈등, 맞벌이 부부의 증가, 부모의 정신적·신체적 학대, 형제간의 차별 등 가정문제는 어린이들에게 심리적 장애를 유발케 한다. 잦은 이사 등으로 인한 가까운 친구의 상실, 친구 관계의 붕괴, 친구 사귀기의 어려움, 또래에서의 따돌림 등 또래와의 문제도 간과할 수 없다.

(2) 아동스트레스질환

① 외상 후 스트레스 장애

범죄에 노출되거나 유괴, 골수 이식과 같은 큰 수술, 심한 화상 등을 경험한 경우에 발생률이 높으며, 주요 증상으로 어둠, 부모로부터의 격리, 혼자 있는 것, 밖으로 나가는 것, 낯선 사람에 대한 두려움, 동물이나 괴물에 대한 공포심 등의 전반적 불안과 사건과 연계된 상황의 회피, 야경증, 몽유증 또는 잠꼬대 같은 수면장애가 많이 나타난다.

② 적응장애

흔한 적응장애의 요인으로는 전학, 이사, 친구관계의 변화, 급격한 성적저하, 부모의 이혼 등의 가족 내 환경변화 등이 있으며, 불안과 우울, 파괴적·공격적 행동의 증가, 무단결석 등의 비행 등을 보이거나 복통, 마비, 졸도 등의 증상을 보인다.

③ 불안 장애

가족들의 과잉 기대로 인해 민감해진 아동들에게 많이 생기며 특히 학업성적에 관심이 많고 타인의 인정을 받으려는 욕구가 강해서 자존심에 상처를 입을 상황이 예측될 때 심한 불안을 보인다. 만성적 긴장으로 인하여 불면, 소화불량, 두통, 식욕부진, 흉부 압박감이 동반되기 때문에 신체 질환으로 오인하기 쉽다.

④ 사회 공포증

가족 이외의 낯선 사람을 피하고 두려워하는 대인공포 증세로 사회 활동을 피하고 친구도 잘 사귀지 못한다. 심한 경우 집밖 외출도 피하고 심지어는 외부인과는 대화를 못하기도 한다.

⑤ 분리 불안 장애

과거 학교 공포증, 혹은 학교 거부증이라고 불리던 이 장애는 학교 가기를 싫어하고 거부하는 증세이다. 등교 거부사유를 말로 표현하지 않고 두통, 복통, 구토 등 신체 증상을 호소해 표현한다. 대개 학교 자체에 문제가 있기 보다는 부모와 떨어지는 것에 대한 두려움이 등교 거부의 원인이 된다.

(3) 아동스트레스 대처방안

어린이들은 자신의 감정을 언어로 표현하지 못하는 경우가 대부분이다. 따라서 부모들의 관심이 매우 중요하다. 충분한 수면과 적절한 영양섭취, 규칙적인 운동도 권장되며, 스트레스로 인해 심각한 불안 및 우울 증상이 동반된 경우에는 소아정신과 전문의와의 상담 및 진료를 통해 인지 행동치료 등 치료적 도움을 받아보는 게 좋다.

2) 청소년 스트레스

청소년기는 신체적, 심리적 측면의 급격한 변화로 갈등과 불안정에 의한 스트레스를 경험하는 시기이다. 우리나라 고등학생의 90%정도가 한 가지 이상의 적응곤란(가정, 학교, 대인관계 등)을 호소하고 있으며, 30% 정도는 다양한 심리적인 부적응(신경증, 우울증, 성격장애, 정신분열 등)으로 인한 극심한 스트레스를 받고 있다. 이러한 심리적인 부적응으로 인한 스트레스는 단순한 행동뿐만 아니라 심각한 수준의 청소년 비행으로 표출되기도 한다.

(1) 청소년 스트레스의 원인

청소년 자체의 정상 발달 과정 중에 생기는 내적 갈등이나 자기인식(identity) 형성의 갈등, 학업 및 진로 문제와 입시 경쟁 등이 스트레스로 작용한다.

또한 가족의 사망, 부모간의 갈등, 부모의 정신적 · 신체적 학대, 형제간의 차별 등의 가정문제와 가까운 친구의 죽음, 동성이나 이성친구 간 문제, 학내 폭력, 학습부진, 선생님과의 관계 등 학교와 관련된 문제, 뜻하지 않은 신체적 폭행이나 성폭행, 대형사고 등의 사고나 질병 등이 심리적으로 나타난다.

(2) 청소년 스트레스질환

① 외상 후 스트레스 장애

대부분의 사람들에게 일상적 스트레스의 양보다 엄청난 스트레스를 경험했을 때 나타나는 장애이다. 주요 증상으로는 위협적이었던 사고나 사건의 반복적 회상, 악몽에 시달림, 외상을 상기시키는 환경의 회피, 감정둔화 혹은 과민상태, 불면증, 자율신경계 항진으로 인해 호흡 맥박의 증가, 신체마비가 있다.

② 적응 장애

스트레스를 받은 지 3개월 이내에 일어나는 비적응적 반응으로 환자는 스트레스의 정도에 비해 지나 친 정도의 기능 장애를 나타내며, 주요 증상으로 불안과 우울증상, 파괴적, 공격적 행동의 증가, 무단결석, 약물 남용, 신체적 통증이나 기능 장애를 호소한다.

③ 신체형 장애

스트레스로 인한 정신적 갈등이 불안이나 우울 같은 정신 증상보다는 신체 증상으로 전환되어 나타날 때 이를 신체형 장애라 하며, 전환 장애, 신체화 장애, 건강 염려증, 신체 변형 장애, 심인성 통증 장애를 나타낸다.

이 외에도 불안 장애, 시험 불안, 과잉 불안 장애, 회피 장애, 사회 공포증, 이별 불안 장애, 강박 장애 등을 나타난다.

(3) 청소년스트레스 대처방안

또래 집단과의 대화요법을 통한 스트레스 해소방법이 있으며, 심할 경우 전문의와의 상담과 함께 정신, 약물 치료를 함께 병행한다.

3) 산모스트레스

스트레스가 미치는 영향은 개인에 따라 그 의미가 다르므로 임신과 출산자체만으로도 때로는 더 큰 스트레스가 될 수 있다. 특히 산모의 정신건강이 새로운 생명의 성장에 정신적, 육체적으로 미치는 영향은 매우 중요하다.

(1) 산모스트레스의 원인

여러 가지 호르몬 수치의 변화나 신체·정신·사회 경제적 변화, 출산에 따르는 흥분과 공포의 해소, 산후 불편감과 통증, 수면장애, 피로, 육아에 대한 불안감 등이 강한 스트레스로 작용한다.

(2) 산모스트레스 질환

① 산욕기 정신장애

정신적으로 건강하던 산모에게서 출산 후에 나타나는 장애를 말한다.

② 산후 우울증

출산 후 산모에게 생기는 감정의 변화로 약간의 기분 변화부터 병적인 상태에 이르기까지 근심, 침울함, 실패감, 무력감 및 무가치감을 나타내는 정서장애다. 출산 후 6주 이내에 발생하는 경우가 가장 흔하지만 사람에 따라서는 1~2년 이상 계속되기도 한다.

③ 산후 정신병

가장 심한 상태의 산모 스트레스 질환으로 천명에 하나 둘 꼴로 발생하며, 예고 없이 갑작스레 발병하는 경우가 흔하고 출산 후 1개월 이내에 발병한다. 불면, 급작스런 불안 초조, 급속한 기분 변동, 예측이 불가능한 심리 상태의 변동, 비현실적인 의심, 환각, 망상, 의식혼란 등이 흔하다. 자살 충동이 흔하며 영아살해 충동을 일으키기도 한다. 위험한 결과를 초래하므로 즉각적인 치료 개입이 필요하며 즉각적인 약물 치료를 요한다.

(3) 산모스트레스 대처방안

임신 출산으로 호르몬의 변화가 올 수 있는 산후 질환을 예방하고 원래의 상태로 빨리 회복하도록 증상에 따라 약물 또는 정신치료 등으로 스트레스나 불안, 우울증, 불면증, 두통, 편두통과 같은 정신, 신경장애를 관리한다.

4) 성인 · 직장인 스트레스

복잡한 현대사회는 모든 사람들에게 스트레스로 작용할 요인들이 너무나 많다. 대인관계에서 오는 스트레스부터 직장의 상하관계, 경제적 어려움, 자녀의 교육문제 등은 현대인들에게 가장 큰 스트레스로 작용하여 성인의 대부분의 스트레스는 본인 내부의 요인 보다 외부요인에 의해 생기는 것이 많기 때문에 스트레스 개선이 쉽지 않다.

(1) 성인 · 직장인 스트레스의 원인

경기침체가 이어지면서 스트레스를 호소하는 직장인이 늘고 있다. 과거 직장인의 스트레스는 과도한 업무량이나 인간관계로 인한 스트레스가 많았으나, 최근 스트레스는 직업의 안정성이나 장래성에 대한 우려, 미래에 대한 불투명에서 오는 스트레스로 긴장감, 불안감, 우울증 등 정신적 압박감을 호소한다.

(2) 성인 · 직장인 스트레스질환

스트레스로 인한 증상을 크게 4가지로 나눌 수 있다.

① 신체적 증상

피로 · 두통 · 불면증 · 근육통이나 경직(특히 목, 어깨, 허리), 심계항진(맥박이 빠름), 흉부통증, 복부통증, 구토, 전율, 사지냉감, 안면홍조, 땀, 자주 감기에 걸리는 증상이 나타난다.

② 정신적 증상

집중력이나 기억력 감소, 우유부단, 마음이 텅빈 느낌, 혼동이 오고 유머감각이 없어진다.

③ 감정적 증상

불안, 신경과민, 우울증, 분노, 좌절감, 근심, 걱정, 불안, 성급함, 인내부족 등의 증상이 나타난다.

④ 행동적 증상

안절부절, 손톱 깨물기 · 발 떨기 등의 신경질적인 습관, 먹는 것, 마시는 것, 흡연, 울거나 욕설, 비난이나 물건을 던지거나 때리는 행동이 증가한다.

(3) 성인 · 직장인 스트레스의 대처방안

규칙적이고 건전한 생활 리듬을 유지하며, 자신에게 맞는 취미생활, 오락, 스포츠 등으로 심신의 스트레스를 해소한다. 적극적인 대인관계와 대화를 통해 정서적 안정을 취하는 것이 좋으며, 자신이 맡은 일에 주인의식을 갖고 즐겁게 충실하려는 노력과 습관을 갖는다. 필요한 경우에는 전문가와 상담하고 지도를 받는 것도 도움이 된다.

5) 노인스트레스

노년은 생활사건과 일상의 혼란뿐만 아니라 노화과정에 따른 심리적, 신체적변화도 큰 스트레스로 느끼고 있다. 하지만 노인스트레스의 경우 가족들조차도 스트레스나 스트레스정도에 대하 잘 알지 못하고 있어 숨겨진 질병이 되어 치명적이거나 더 큰 질환을 부르기도 한다.

(1) 노인스트레스의 원인

노년은 변화로 가득 찬 인생의 시기이다. 즉, 노년기의 건강상태의 변화, 사회적 고립, 경제적 빈곤, 만성질환 위험성, 가까운 사람의 죽음, 이전의 역할과 직위 상실 등은 정신사회적인 스트레스 요인이 된다.

또한 노화과정에 의한 변화도 노인에게 신체·심리적인 반응을 유발하며, 이러한 스트레스 반응은 신체적 질병과정에 매우 큰 영향을 미친다.

(2) 노인스트레스 질환

노인 스트레스는 복합적인 반응을 초래하는데 긴장, 신경 예민, 근심, 자율신경계 활동 등의 불안이 특징적이며, 가장 일반적으로 나타나는 증상은 우울과 불안이다. 궁극적으로는 신체적인 피로와 여러 신체기관에 장애를 일으켜 중추신경계군, 우울증상군, 불안증상군, 인식력장애군 등 각종 질환을 초래하며 두통이나 가슴통증, 당뇨, 중풍, 신경증, 심신증 등의 질병에 노출될 확률이 높다.

(3) 노인스트레스의 대처방안

퇴직 전처럼 규칙적인 생활과 간단한 취미활동을 통해 생활의 무기력함을 줄이고, 단체 활동이나 집단 간의 교류를 통해 대인관계를 활발하게 하는 것이 좋다.

노인 스트레스의 경우 이전의 역할과 직위 상실에 따른 자아상실 등이 많은 부분을 차지하기 때문에 퇴직 후 스스로 처리할 수 있는 소일거리를 갖는 것도 좋은 방법이며, 가족들의 깊은 관심과 많은 대화를 통해 소외감을 느끼지 않도록 하는 것 또한 중요하다.

3. 스트레스관리

산업화에 따라 인간의 생활 방식이 복잡해지면서 스트레스에 대한 관심과 논의가 최근 들어 많이 증가하였다. 스트레스가 심리적인 건강뿐만 아니라 신체적인 건강에까지 영향을 끼친다는 사실에 대한 과학적인 증거가 입증되면서, 연구자와 일반인의 관심이 확산되는 추세이다. 스트레스는 인간이 살아가면서 항상 느끼는 정신적 갈등으로 태어나면서부터 죽음에 이르기까지 지속되는 삶의 일부라 할 수 있다. 스트레스는 20세기의 세균이라 할 수 있으며, 인간의 삶이 복잡해지면 복잡해질수록 그 요인이 더욱 다양해지고 그 강도도 강해지고 있다. 대학생활도 스트레스의 연속이다. 대학 생활은 중간고사, 기말고사, 보고서 작성, 취업 준비, 다양한 인간관계 형성 등을 통해 자신이 원하는 사회 분야로 진출하기 위해 부단히 노력해야 하는 생활의 연속인데, 이러한 과정이 스트레스를 준다. 스트레스는 전염되는 질병과 마찬가지로 전염성이 강하다. 친하게 지내는 친구가 스트레스로 인해 기분이 나빠지면, 주변의 사람들도 같이 스트레스를 느끼게 되는 일이 종종 있다.

1) 스트레스 공통점

스트레스는 느끼는 정도가 개인마다 차이가 있을 수 있으나, 일반적으로 다음의 공통점을 가지고 있다고 여겨진다.

- 첫째, 스트레스는 정도의 차이가 있지만 심리적이고 신체적인 반응이 동시에 일어난다. 신체적인 위협감으로 시작된 스트레스도 심리적 스트레스를 동반한다. 반면에 심리적인 요인으로 인한 스트레스도 신체적인 반응을 수반한다. 즉, 심리적 스트레스와 신체적 스트레스는 중복되는 경향이 있으며 많은 경우 상호 작용을 한다.
- 둘째, 스트레스에 대한 반응 양식이 개인마다 다르듯이 대처 방안에도 개인차가 있다. 동일한 상황에서 유사한 정도의 스트레스를 받는 사람들이 각기 다른 반응 또는 대처 방안을 보인다. 바꿔 말해, 스트레스를 대처하는 방법이 개인마다 나름대로 준비되어 있다. 이러한 대처 방법은 학습의 결과이다.

운동을 통해 또는 폭식 등을 통해 대처하는 방법조차도 행동주의 심리학자들의 견해에 따르면 학습의 결과이다. 즉, 이전에 한번 해결했던 방법이 개인에게 편안하게 느껴졌을 때 유사한 심리적 상황이 다시 발생하면 같은 방법으로 해결을 시도한다.

- 셋째, 스트레스를 느끼는 사람들은 스스로 스트레스를 만들어 내는 경향이 있다. 갑작스런 신체적인 상해나 주변 사람들의 사고 등으로 인한 스트레스를 제외하고, 사람은 스스로 스트레스를 받을 만한 상황을 만들어 낸다. 자신에 대한 기대감이 비현실적으로 큰 사람일수록 이러한 경향이 크게 나타난다.
- 넷째, 스트레스는 발생할 때마다 해결하지 않으면 누적된다. 우리는 학교생활 등의 일상생활을 통해 스트레스를 계속 받고 있다. 말하기 싫거나 보기 싫은 사람을 매일 마다 대해야 하는 경우, 그 사람과의 관계를 해결하지 않으면 불편함이 누적되어 심리적 압박감과 정서적 불안 상태로까지도 발전될 수 있다.[3)]

스트레스를 경험하는 모든 사람에서 질병이 생기는 것은 아니다. 또한 스트레스가 적은 삶이 건강을 보장해 주지는 못한다.

2) 스트레스 반응

스트레스는 개인차, 대응 및 주위의 환경과 영향에 따라 그 반응이 다르다.

(1) 개인차

스트레스를 경험하는 개인의 반응 스타일과 성격에 따라 그 결과는 달라진다. 배짱있는 성격(hardy personality) 즉, 자신 스스로가 환경을 조절할 수 있다는 믿음과 삶에 대한 열정이 있고 환경의 변화를 자신을 위한 기회로 받아들이는 경우에는 질병의 발생 가능성이 낮다.

3) http://mentor.hallym.ac.kr/life/view.

(2) 대응

스트레스에 효과적으로 대처하는 전략을 가지고 있은 경우는 그 결과가 달라진다.

(3) 주위 환경의 영향

스트레스를 공감하고 염려해 주며 도움을 주는 사회적 지지 체계가 좋은 사람은 스트레스를 극복하기 쉽다.

대체로 스트레스를 잘 이겨내는지 아닌지에 대한 차이를 보면 다음의 〈표 9-2〉와 같다.

〈표 9-2〉 스트레스반응과 성격유형

스트레스를 정복하는 유형	스트레스에 정복당하는 유형
* 문제해결에 낙천적이고 좌절에도 불구하고 사기가 높다. * 근본적 혹은 이상적인 해결책을 구하기 전에라도, 해결해야만 될 즉각적 문제와 장애물에 초점을 맞추어 행동한다. 큰 문제를 해결 가능한 작은 문제로 나누어 본다. * 가능한 많은 전략과 전술 중에서 해결책을 선택하고 결코 배수진을 쓰지 않는다. 삼국지의 제갈공명 스타일이다. * 가능성이 있는 다양한 결과를 생각해 보고 대응책을 세운다. * 남의 제안에 개방적이고 융통성이 있다. 하지만 최종 결정권은 가진다. 내 자신의 문제이니 내가 나서겠다는 식이다. * 판단력이 흐려질 수 있으므로 극단적인 감정을 피하려 노력하여 매우 침착하다.	* 자신에 대한 기대가 과도하고, 경직된 시야를 가지고 있다. 판단의 기준에 융통성이 없고, 타협이나 남에게 도움을 구하는 것을 꺼린다. * 어떤 상황에서는 마땅히 어떻게 행동해야 한다는 식으로 견해가 좁고 절대적이어서 관용적일 여지가 없다. * 편견에 사로잡혀 있고, 그럴 듯한 견해에 충동적으로 따르거나 매우 피 암시성이 강하다. * 지나치게 부정을 하거나 합리화를 사용하고, 당면한 문제에 초점을 맞추지 못한다. 문제를 덮어두려고 하는 사람들이다. 손바닥으로 태양을 가리려 한다. * 알맞은 대안(차선책)을 찾지 못하기 때문에, 수동적이고 스스로 행동을 시작하지 못한다. 우유부단하다

*자료 : http://drchoi.pe.kr/STRES2.htm

4) 스트레스의 예방

- 원만한 가정, 직장, 학교생활을 유지하도록 노력하고 사교모임, 종교생활, 취미활동에 적극적으로 참여하여 자신을 위한 사회적 지지 체계를 강화한다.
- 자신이 환경을 다스린다는 신념과 배짱을 가진다.
- 시간 관리에 힘쓰고 현실적 목표를 설정하여 행동하고, 일의 우선순위를 설정하는 식으로 자신의 생활을 조직화한다.
- 규칙적 운동을 한다.
- 스트레스가 될 만한 사건을 미리 대비한다.

5) 스트레스 극복 방법

(1) 일상생활에서 스스로 할 수 있는 것

① 카페인 섭취 줄이기

많은 사람이 카페인(커피, 차, 초콜릿, 콜라)이 신체에 스트레스 반응을 일으킬 수 있는 강력한 자극제라는 사실을 간과하고 있다. 실제로 스트레스를 많이 받는 사람이 카페인의 섭취를 중단하면 신경이 덜 과민해지며 덜 불안하고 편한 수면을 취할 수 있다. 또한 속이 덜 쓰리고 근육통이 상당히 감소하는 것을 알 수 있다. 카페인을 줄이거나 끊고 난 후에 사람들이 극적으로 좋아지는 것을 느낀다. 그러나 한 가지 주의할 점은 서서히 줄여 나가야 한다는 점이다. 편두통 같은 금단 현상이 생길 수 있기 때문이다.

② 규칙적인 운동

스트레스 에너지를 발산시킬 수 있는 방법에는 운동이 있다. 사람들은 흔히 학교나 직장에서의 압박감, 상사의 명령, 교통 혼잡 등이 스트레스라고 생각한다. 그러나 이는 스트레스 반응을 일으키는 유발인자이며 스트레스란 위험시기에 그것을 방어하기 위해 각성이 증가되어 있는 고에너지 상태이다. 즉 스트레스 반응은 밖에 있는 것이 아니고 우리 몸 안에서 일어나므로 운동은 이러한 과도한 에너지를 분산시키는 가장 합리적인 방법이다. 신체적 운동은 스트레스가 몸에 쌓이는 것을 막아준다. 걷기나 달리기, 수영, 요가 등 자기에게 맞는 운동을 정기적으로 하는 것이 큰 도움이 된다. 또한 좋은 식습관과 숙면 역시 우리 마음을 건강하게 유지하게 한다. 우리의 마음과 몸은 서로 연결되어 있기 때문에 자기 몸을 건강하게 잘 돌보는 것이 스트레스를 잘 견디는데 도움이 되고 스트레스를 잘 조절하면 신체건강도 잘 유지할 수 있다. 규칙적인 운동은 스트레스에 대한 배출을 할 수 있게 하고 신체 조절이 가능하게 한다. 운동은 하루나 이틀 간격으로 계속해야 하는데 적어도 한 번에 30분씩 일 주일에 3번 이상 하는 것이 좋다.

③ 심호흡 · 근육이완 · 명상

스트레스에 대하여 우리의 몸은 자동적이고 즉각적인 반응을 보이지만, 우리의 몸은 또한 의지에 의해서 스트레스 반응의 효과를 반전시킬 수 있다. 이를 이완반응이라고 하는데, 이완 반응은 맥을 느리게 하고, 혈압을 하강시키고, 호흡을 감소시키고 근육을 이완시킨다.

스트레스를 받게 되면 우리는 호흡을 얕게 하거나 자기도 모르게 멈추고 있게 되는데 그러면 우리 몸에 산소 공급도 줄고 근육긴장을 일으켜 두통을 일으키게 된다. 스트레스를 받는다고 느끼면 잠시 몇 분이라도 느긋하게 앉아서 깊고 천천히 숨을 들이쉬고 내쉬는 것을 반복한다. 하루 중 일정한 시간을 이렇게 긴장을 푸는 시간으로 쓰면서 눈을 감고 편안하고 안락한 장소에 있다고 느끼면서 심호흡을 해본다. 조용한 호수가나 벽난로 가에 앉아 있는 다든지 애완동물을 가볍게 쓰다듬는다든지 흔들의자에 앉아 휴식을 취할 수 있는 등의 이완 방법이 있다. 또한 명상이나 자기 최면 등을 통한 깊은 이완 상태는 수면보다 실제적으로 편안함을 제공한다. 운동이 불가능한 날에는 이완 방법으로 신체의 스트레스 정도를 낮출 수 있다. 운동은 스트레스 에너지를 분산시키고 이완 방법은 스트레스를 중화하여 진정하는 효과를 가져다준다. 하루에 한 번이나 두 번식 적어도 20분 정도가 몸에 유익하다.

④ 수면

일반적으로, 수면은 스트레스 해소에 매우 중요하다. 만성 스트레스 환자에게는 대부분 스트레스로 인한 불면 증세와 피곤을 느끼는 악순환이 반복된다. 스트레스 환자의 경우 숙면은 피로 회복에 도움을 주어 보다 원활하게 일상생활에 적응할 수 있게 하는 원동력이 된다. 대부분 사람들은 자신의 필요 수면량(평균 7~8시간)을 잘 알고 있지만 의외로 많은 사람이 만성적으로 수면이 부족한 상태이다. 먼저 보통 때보다 30~60분 먼저 수면을 취하고 수일이나 수주 후 결과를 본 뒤 그래도 피곤하면 그보다 30분 더 빨리 자도록 한다. 너무나 많은 잠 역시 좋지 않다. 낮잠은 짧게 오전에 취하는 것이 좋다. 30분 이상의 낮잠은 몸을 오히려 나른하게 만들 수 있으며, 특히 불면증이 있으면 낮잠을 피해야 한다.

※ 효과적인 수면을 취하는 방법

- 얼마나 잠자야 될지 알아내라
- 수면을 자연 리듬에 맞추려면 일어나는 시간을 일정하게 하라
- 점심 먹고 노곤해질 땐 활동적인 일을 해라
- 커피나 술은 수면의 적
- 잠자리에서 딴 짓 하는 것 손해
- 운동이 수면제

⑤ 휴식 및 여가

일을 할 때, 일의 속도를 조절하는 것과 일과 휴식의 균형을 이루는 것이 중요하다. 일을 할 때 먼저 스트레스와 에너지 상태를 점검하고 이에 따라 자기 자신이 속도를 조절한다. 속도 조절에 있어서 중요한 열쇠는 주기적인 휴식이다. 나쁜 스트레스를 받을 때 가장 먼저 나타나는 증상이 피로인데, 사람들이 이를 무시하는 경향이 있다. 그러나 극도의 피로감을 느끼는 것은 반드시 피해야 한다. 잠을 자더라도 깊은 잠과 꿈을 꾸는 잠이 약90~120분 간격으로 이루어지는 것과 마찬가지로 하루를 통해 에너지와 집중력이 최고조에 달하기까지에는 저 에너지와 비능률 상태가 되는 주기가 있다. 따라서 2시간 일에 20분 정도의 휴식이 필

요하다고 할 수 있다. 일과 여가의 균형에 있어서 여가 시간과 스트레스 수준은 반비례한다. 여가가 적으면 더 많은 스트레스를 받는다. 여가란 라틴어로 허가를 뜻한다. 충분한 여가를 갖지 못하는 사람은 자신에게 여가를 즐길 수 있는 시간을 허락하지 않는다는 의미이다. 여가란 가장 즐거운 스트레스 해소책의 하나이다.

⑥ 시간 관리

많은 경우 스트레스는 지나치게 많은 일을 하려고 하거나 시간 관리를 잘 못했을 때 오게 된다. 욕심을 부리지 말고 미리 자기에게 적절한 스케줄을 정하고 자기가 할 수 있는 한계를 아는 것이 제일 중요하다. 해야 할 일의 목록을 먼저 만든 다음 하나씩 해결해 나가는데 이때 중요도를 정해서 가장 중요한 것을 가장 먼저 하도록 한다.

⑦ 대화

스트레스를 받으면 긴장도가 올라가는데 긴장도를 낮춰주지 않으면 엉뚱한 곳에서 터질 수가 있다. 긴장도를 낮추는 방법 중 하나는 다른 사람에게 얘기를 하는 것이다. 가장 믿을 수 있는 가족이나 친구, 부모님, 교수님이나 동료가 될 수도 있다. 얘기를 하는 동안 긴장이 풀리면서 스스로 문제의 핵심을 이해하게 되기도 하고 다른 사람들의 새로운 견해를 듣게 되면 생각보다 문제가 쉽게 풀리기도 한다.

⑧ 금연 · 금주

스트레스를 받게 되면 술이나 담배를 더 하게 되는 경우가 많다. 술이나 담배는 스트레스의 원인을 해결해주지는 않는다. 일시적으로는 마음이 편안해진다고 느낄 수 있지만 문제를 잠시 가려둘 뿐이다. 괴로워서 술이나 담배를 오랫동안 사용하거나 의존하게 되면 이로 인해 오히려 더 많은 문제들이 발생하고, 악순환이 생기면 스스로도 빠져나올 수 없게 된다.[4]

4) 서울대학교 정신건강센터, http://wellbeing4u.snu.ac.kr/html/stress

2) 사고의 변화

(1) 현실적 기대

일반적으로 스트레스는 비현실적인 기대로부터 생긴다. 사람은 태어날 때부터 긴장하고 있지는 않는다. 성장하면서 자기가 어떤 일에 기대했던 것과 일치하지 않을 때 당황하고 긴장한다. 실제로 주어진 상황의 문제 해결은 직면해서 하는 것보다 시간적 여유를 확보해서 대처하는 것이 능률적이다. 사람들에게 그들의 예상이나 기대가 비현실적이라는 것을 알려주는 것이 매우 큰 도움이 될 수 있다.

(2) 재구성하기

독창적이고 효율적인 스트레스 해소법 가운데 하나가 재구성이다. 재구성이란 어떤 일에 대해 더 좋은 방향으로 사물을 볼 수 있도록 방법을 변화시키는 기술이다. 재구성하기는 똑같은 상황을 해석하는 데 여러 방법이 있다는 것에서부터 시작한다. 보는 관점에 따라 대답만 다를 뿐 상황은 똑같다. 물이 반밖에 남지 않았다고 인지하는 것과 물이 아직도 반이나 남아있다고 인지하는 것에는 심리적으로 큰 차이가 있다. 즉, 재구성하기란 같은 사물을 보는 많은 방법 중에서 나은 것을 선택하는 것이다.

재구성은 외부의 사실을 변화시키는 것이 아니고 단순히 어떠한 일을 새로운 각도에서 보도록 도와주는 것이다. 경우에 따라 어떤 어려운 문제를 오히려 자기에게 주어진 좋은 기회로도 활용할 수 있다.

(3) 관념의 방식

많은 스트레스가 관념으로부터 생긴다. 우리가 사실상 진실이라고 믿고 있는 것은 수많은 전제와 가설을 바탕으로 한다. 우리들이 가지고 있는 관념의 대부분은 자기도 모르는 사이에 무의식적으로 형성되고 지켜지고 있다. 관념이 스트레스를 일으키는 경우는 두 가지가 있다. 첫째는 관념의 결과로 생긴 행동이다. 예를 들어, 즐기기 전에 일을 해야만 한다고 믿는다면 결과적으로 여가를 적게 갖게 된다. 관념이 스트레스를 일으키는 두 번째 경우는 다른 사람들의 관념과 갈

등이 있을 때이다. 자기 아이가 옷을 갈아입지 않고 몇일 동안 같은 옷을 입고 다녀 그 아이를 나무라는 부모가 있었다. 그 부모에게 왜 참지 못하고 야단을 치냐고 물었더니, 사람은 매일 옷을 갈아입어야 한다고 자기 어머니가 가르치셨다고 대답하였다. 이는 진실이라고는 할 수 없고 단지 자기가 자라온 방법에 기본을 둔 의견일 뿐이다.

이러한 갈등의 문제는 옷이 아니라 단지 의견의 차이일 뿐이다. 사람은 자신의 믿음이 진실이 아니라는 것을 알게 되면 분노가 사그라지는 것을 느끼는 경향이 있다. 즉, 마음을 여는 연습을 하면 할수록 스트레스가 감소될 수 있다.

(4) 감정의 표출

흥분이 된 상태에서 자신의 문제를 남에게 이야기하고 나면 좀 나아지는 것을 느낄 수 있다. 상대방이 이야기하거나 울거나 자백할 때, 믿고 명확히 들어준다면 상대방의 불안감이 상당히 줄어든다. 듣는 사람은 말을 많이 해서는 안 되며 정중하게 듣고 관심을 보여주어야 한다. 감정을 표출하게 하고 보조를 잘 해주는 것이 매우 도움이 된다. 감정 표출의 또 하나의 방법은 화가 났을 때 화를 나게 한 사람에게 편지를 쓰는 것이다. 물론 이 편지는 보내서는 안 되며 한 번 쓴 다음에는 읽지 않고 없애버려야 한다. 그 편지를 다시 읽게 되면 다시 혼란스러워지고 분노의 불길이 되살아나는 것이 되기 때문이다. 글을 씀으로서 자기의 감정을 표출할 수 있어서 당면한 스트레스를 벗어날 수 있다.

(5) 유머

유머는 훌륭한 스트레스 억제제이며 개인적인 훈련에 의해 습득할 수 있는 능력이다. 어떤 사람에게는 재미있는 이야기가 다른 사람에게는 상처를 줄 수도 있다. 만약 도움이 될 수 있을 것 같은 우스운 얘기가 생각났다면, 이 얘기가 상대방의 긴장을 풀어줄 것 같거나 상처를 주지 않을 것이라고 느낀다면 그것을 이야기하는 것이 좋다. 유머는 여유 있는 마음으로부터 시작되며, 유머를 통해 긴장이 이완되고 불안 상태를 벗어 날 수 있다.

(6) 건전한 자존심 높여주기

건전한 자존심 수준은 스트레스를 감소시키는 데 결정적이다. 자존심을 향상시켜야 한다면, 언제나 따라다니면서 부정적인 영향을 미칠 수 있는 독백을 제거하고, 성공했던 경험을 되새겨 보는 시간을 마련해 보도록 하라.

(7) 내적 통제감 갖기

내적 통제감이란 자신의 삶이 외부 요인에 의해 결정되는 것이 아니라 스스로의 힘으로 일구어질 수 있다는 믿음을 말한다. 자존심을 높이게 되면 내적 통제감이 늘어나는데, 높은 통제감은 신체적 건강과 정신 상태에 유익한 효과를 미칠 수 있다.

3) 스트레스에 대한 자극강도 줄이기

- 현실적이고 구체적인 목표를 설정한다. 원대한 목표를 달성하기 위해 우선 현재 할 수 있는 일들을 구체적으로 계획하여 한 단계씩 진행한다.
- 인생과 삶에 대해서 좀 더 낙관적 견해를 갖도록 노력한다. 낙천성은 스트레스의 나쁜 영향을 경감시켜 준다. 항상 긍정적인 마음으로 자신과 남의 좋은 점들을 발견하도록 애쓰며 그 점을 칭찬한다.

4) 반드시 지녀야 할 마음자세

- 아무리 조그만 것이라도 좋은 일이 있으면 감사하는 마음을 가진다.
- 항상 웃는 얼굴을 가져라.
- 주변에 넓고 깊은 사회 지지망을 가져라. 정서적 지지망 중에 대표적인 것은 가정으로 가족과의 따뜻한 애정, 다양한 계층의 사람들과의 교류는 삶을 살찌게 하고 쌓인 스트레스를 해소하는 좋은 기회가 된다.
- 대화를 즐겨라.
  마음을 연 대화야말로 쌓인 스트레스를 해소하는 가장 좋은 방법이다. 정신과적으로는 이를 '환기(ventilation)'라고도 하는데, 비단 자신에게 쌓인 불만을 털어놓을 때만 스트레스 해소의 효과가 있을 뿐 아니라, 서로 일치되고 이해하고 공감하는 대화야말로 평소에 쌓인 스트레스를 없애주는 가장 좋은 청량제가 된다. 특히 부부간의 대화가 중요하다. 누구보다도 가장 쉽게 자신의 마음을 이해할 수 있는 사람은 배우자로 부부는 결혼 초부터 서로 대화하는 방법을 익혀야 한다. 나이가 들수록 주위의 사람들은 멀어져가고 부부간의 원활한 의사소통이 스트레스를 예방하고 해소할 수 있는 가장 손쉬운 방법이다.

- 즐거운 마음으로 일을 해야 한다.
  물론 자신에게 적합하지 않은 임무나 적당히 거절해도 좋은 일들은 피하는 것이 좋으나 이 바쁘고 복잡한 사회생활을 하다보면 그것이 그리 용이하지 않다. 이럴 때는 짜증을 내고 화를 내가며 일하는 것보다는 이왕에 처리해 내야 할 일들이라면 긍정적인 자세로 적극적으로 일을 처리해 나가야 한다. 사실 일하는 것만큼, 또 어떤 일을 완수해 냈을 때만큼 마음의 충족감을 얻을 수 있는 경우도 많지 않다.[5)]

5) 스트레스 관리 지침

- 부정적인 스트레스 반응을 예방하는 방법은 업무 세계에서 자신에게 적절한 분야를 찾는 것이다.
- 생활에서 스트레스를 정직하게 인정한다.
- 당신 업무와 가치사이의 적합성을 살펴본다. 당신이 중요하다고 여기는 활동에 시간과 에너지를 쓰고 있는가? 예를 들어 당신이 가족과 친구에 가치를 둔다면, 그들과 함께 있을 수 있는 선택을 하겠는가? 반대로 당신이 일에서의 생활이 개인적 혹은 가족생활보다 더 재미있다고 생각한다면 그것도 정직하게 직면해야 한다. 일반적으로 사람들은 실제로 하기 원하는 것과 진심으로 가치를 두는 것을 위해 시간을 낸다. 스트레스 관리는 가치 있게 여기는 것을 명확히 하는 것이다.
- 개인적 그리고 직업적 생활 모두에서 긍정적인 부분을 인식하고 즐기는 시간을 갖는다. 당신의 업무에서 부족한 것과 부정적인 부분에 집착하지 않는다. 유머 감각을 키운다. 일을 열심히 하고 최선을 다해서 하지만 너무 지나

---

5) http://www.kfta.or.kr/board/pds/view.

치게 떠맡지는 않는다.

- 일과는 매우 다른 활동에 참여할 수 있는 외부 관심과 취미를 개발한다. 무언가 다른 일을 하는 것은 작은 휴가와 같다. 일상생활의 단순한 일로부터 얻을 수 있는 진정한 즐거움을 과소평가하지 않는다.
- 운동, 양질의 영양섭취, 적절한 수면을 통해 스트레스의 해로운 영향으로부터 자신을 보호할 수 있다. 알코올, 니코틴, 카페인 등 다른 약물사용을 줄이거나 끊는다. 정기검진을 받고 고혈압, 비만, 우울 등을 치료 가능한 상태로 유지하게 위해 필요한 조치를 취한다. 복잡하고 분화된 건강관리 체계에서 자신의 건강에 책임을 지는 것이 필수적이다.
- 일하는 동안에 여러 차례의 휴식을 취한다. 간단하지만 즐거운 휴식을 취한다. 예를 들어 점심시간에 산책하는 것, 계절의 변화를 알아차리는 것, 유머책을 읽는 것, 놀고 있는 아이를 바라보는 것 등이다. 서류 작업 동안 간단한 신체적 운동도 휴식을 가져온다. 혹은 계단을 몇 개 오른다.
- 시간 관리를 배운다. 결과적으로 시간관리는 스트레스 관리이다. 적절히 시간을 관리할 때, 보다 많은 것을 성취하고 효과적일 수 있다. 이것은 업무에 대한 만족감에도 기여한다.
- 통제할 수 없다는 느낌은 스트레스의 주요 원인이다. 당신이 업무에서 통제력을 잃게 된다면, 자신이 하는 일을 즐기는 것처럼 보이는 경험 있는 사회복지사에게 자문을 구한다. "당신이라면 무엇을 하겠는가?" 변화를 시도하지 않으면 문제는 더욱 나빠질 것이다. 우선순위를 정하는 것이 첫 단계이고, 다음은 우선순위에 따라 시간과 에너지를 투자한다.
- 당신의 좌절을 공유할 수 있는 동료 혹은 친구로 지지 집단을 마련한다. 함께 시간을 보낼 즐거운 방법(외식, 영화보기, 산책하기, 여행 등)을 찾는다.
- 업무와 관련된 대부분의 과업에서, 완전함을 요구하지 않음을 인식한다. 당신과 다른 사람 모두는 실수를 했고 앞으로도 계속할 것임을 인정한다. 이전의 성취를 생각하는 것은 실수 혹은 패배로부터의 회복을 돕는다.
- 장거리 선수와 같이 지치지 않고 지속할 수 있는 속도로 페이스를 조절한다. 대부분의 사람의 경우, 많은 일을 못하는 것보다 몇 가지 일을 잘하는 것이 더 낫다. 적어도 매일 한 가지의 중요한 일을 달성하기 위해 업무 활동을 배

치한다. 이것이 놀랄 만한 만족감을 가져다 줄 것이다.

- 개인적 문제가 있을 때 믿을 만한 친구 혹은 전문가로부터 도움을 구한다. 도움을 구하지 않은 기간이 길어질수록, 생활의 점점 많은 부분이 부정적인 영향을 받게 될 것이다.
- 특별한 의미를 갖는 생각 혹은 격언, 정신을 고양시키거나 달래 주는 것에 귀를 기울인다. 예를 들면 다음과 같다. "갑작스러운 불행에서 너를 보호할 영적인 힘을 키워라. 그러나 불길한 상상으로 자신을 괴롭히지 말라. 많은 공포는 피곤과 외로움으로부터 나온다. 몸에 좋은 훈련 이상으로, 자신에게 부드러워져라."
- 스트레스 관리기법을 배우고 필요한 변화를 만들기 시작한다. 너무나 빨리 많은 변화를 만들려고 하지 않는다. 작은 단계들이 올바른 방향으로 증가될 것이다. 클라이언트에게 사용하는 기법을 자신에게 적용한다. 예를 들어, 스트레스가 많은 사람들 사이의 과업에 직면할 때 불안감을 줄이고 자신감을 키우기 위해 행동 시연 혹은 역할 연습기법을 사용한다.
- 두려움을 다루는 기법으로 두려움을 매우 과장하도록 한다. 예를 들어, 당황하는 것을 두려워한다면, 홍당무가 되고 땀을 몹시 흘리고 팔목에서 시계가 진동할 정도로 몹시 떨고 있는 자신을 마음속에 그려본다. 우스울 정도까지 자신의 두려움을 과장하는 것은 웃음을 자아내고 두려움을 관조하게 돕는다.
- 대부분의 업무환경에 공통된 스트레스 원인, 즉 열악한 작업조건, 비합리적 마감시간, 과중한 업무량, 방해 등에 문제해결과 조직변화 기법을 적용한다. 심각한 문제는 주의 깊은 분석과 개입을 요구한다. 개입하지 않으면, 스트레스의 원인이 사라지지 않는다. 무엇이든 해야 한다

이러한 특징들이 우리가 경험하는 스트레스를 야기하지만 보통 사람들은 그러한 영향을 인식하지 못한다. 매일 해야만 하는 결정의 수를 줄임으로써 속도를 늦추고 생활을 단순화시키는 방법을 찾는다. 예를 들어, 옷장과 음식을 간단하게 하면 무엇을 입고 무엇을 먹을 것인가에 대한 결정이 줄어들 것이다. 불필요한 소지품, 주의를 요하고 시간과 돈을 소비하지만 기쁨과 여유는 거의 제공하지 않는 활동을 포기한다. 생활에서 '일'을 가족 및 친구와의 의미 있는 관계로 대체한다.[6)]

---

6) http://web.search.daum.net/wsa/search

〈표 9-3〉 스트레스 진단 점검표

◎ 다음은 YMCA 시민 자구 운동 본부에서 활용되고 있는 자가 진단표이다. 현재 자신이 느끼고 있는 스트레스 상태가 어느 정도 인지 점검해 보기 위해 해당 항목에 체크하시오.

문항	스트레스 상태	체크(V)
1	즐겁고 재미있는 일이 있어도 마음으로는 즐길 수 없으며 웃지 않는 일이 있다.	
2	커피, 담배, 술 등이 늘어나고 있다.	
3	사소한 일, 쓸 데 없는 것에 마음이 끌려 어쩔 줄 모른다.	
4	매사에 집중할 수 없는 경우가 있다.	
5	아찔할 때가 있다.	
6	타인의 행복을 부럽게 느끼는 경우가 있다.	
7	기다리는 것을 참지 못할 때가 있다.	
8	욱하거나 신경질을 낸다	
9	잠이 얕고 도중에 잠이 깰 때가 있다.	
10	때때로 머리가 아플 때가 있다.	
11	잠들기가 어렵다.	
12	식욕이 이상할 정도로 떨어진다.	
13	자신감을 가질 수 없고, 이전과 같은 자신감이 사라져 가고 있다.	
14	등, 목덜미, 어깨가 쑤시거나 아프거나 할 때가 있다.	
15	쉽게 피곤하고 늘 피곤한 느낌을 갖고 있다.	
16	타인의 대화가 자신에 관한 일이 아닌가 하고 마음이 쓰인다.	
17	사소한 일에도 식은땀이 나고 가슴이 두근거릴 때가 있다.	
18	뭔가 자신에게 나쁜 일이 일어나지 않을까 하고 불안해지는 경우가 있다.	
19	타인에게 의지하고 싶은 마음이 강해진다.	
20	나는 이제 틀렸다고 생각하는 일이 있다.	
총계(체크 표시한 문항 수)		

※ 체크 표시를 한 항목이 0~6개 일 때 : "심신 상태 양호"
체크 표시를 한 항목이 7~15개 일 때 : "그대로 방치하면 스트레스가 쌓여 몸의 상태를 무너뜨릴 우려가 있다"
체크 표시를 한 항목이 16~20개 일 때 : "스트레스가 상당히 누적되어 건강을 해치고 있는" 상태이며, 전문가와 상담하여 도움을 받는 것이 좋다.

※ 스트레스를 극복하기 위해, 어떤 긍정적인 활동을 하는 지 말해보자. 이러한 활동을 하기 전과 하는 동안에 어떤 기분이 들었는지 말해보자.

* 자료 : http://mentor.hallym.ac.kr/life/view.

❑ 교육목표

○ 스트레스의 개념을 설명한다.

○ 스트레스를 받게 되면 나타나는 몸과 마음의 증상에 대해 설명한다.

○ 스트레스와 관계된 질병에 대해 설명한다.

○ 아동스트레스의 원인과 대처방안에 대해 설명한다.

○ 청소년스트레스의 원인과 대처방안에 대해 설명한다.

○ 노인스트레스의 원인과 대처방안에 대해 설명한다.

○ 스트레스 예방요령에 대해 설명한다.

○ 스트레스 극복방법에 대해 설명한다.

○ 스트레스 관리지침에 대해 설명한다.

제10장

생활제품과 안전

1. 공산품 안전
2. 가전(전기 · 전자)제품 안전
3. 식품첨가물과 안전

Chapter 10 생활제품과 안전

1. 공산품 안전

지역별·국가별 시장의 통합 및 글로벌화, FTA의 확대 등 국제 교역 여건이 개선되면서 저가의 불법·불량 제품과 안전성이 검증되지 않은 신종제품 등의 유통이 증가하고 있다. 이에 따라 미국, EU 등 선진국에서는 소비자의 안전을 확보하기 위하여 수입 소비제품에 대한 안전관리를 강화하고 있으며, 특히 어린이 및 노약자 등 안전 취약계층이 사용하는 제품에 대해서는 높은 수준의 안전을 요구하고 있다. 이러한 안전여건의 변화와 더불어 우리 일상에서 사용되고 있는 제품의 안전성을 확보하기 위해서는 국민 모두가 제품안전에 대해 기본적으로 정보를 알고 사용하여야 함은 물론이지만 사업자는 안전한 제품의 제조·유통·판매와 소비자에 대한 정보제공, 소비자는 제품의 합리적 선택과 사용, 정부는 제품의 안전성 확보를 위한 제도 정비 노력 등 사업자, 소비자, 정부가 각각의 역할을 다하는 것이 무엇보다 필요한 시점이다.[1]

1) 공산품의 개념(工産品:Manufactured Goods)

공업은 농업, 어업, 목축업, 광업 등으로 얻을 수 있는 원료를 가지고 인간 생활에 필요한 물건을 만들어내는 일이다. 공산품(Manufactured Goods)이란 사람(수공업)이나 기계(기계공업)의 힘을 이용해 원료를 이용하여 새로운 제품으로 만들어낸 것을 말하며, 공업적인 과정을 거쳐 만들어지는 제품(생산물)으로 수공업·기계공업·경공업·중공업 등의 공업 생산품을 총칭하는 용어이다.[2]

1) http://www.kats.go.kr/content.do?cmsid=37
2) 다음백과,국방과학기술용어사전, http://100.daum.net/encyclopedia/view/196XXXXX01266

공산품은 크게 경공업 제품과 중공업 제품으로 나눌 수 있는데 경공업 제품에는 대표적으로 통조림과 같은 식품가공 제품, 옷이나 신발 같은 섬유공업 제품, 종이와 같은 펄프공업 제품 등이 있고, 중공업 부분에는 기계공업 제품, 금속공업 제품 등이 있다.[3)]

사람의 의, 식, 주의 모든 일상생활 속에서 다양한 종류의 공산품이 있으며 산업혁명 이후로 향상된 품질로 대량 생산을 할 수 있게 되었고, 시중에 나오는 모든 물품이 공산품이라 해도 무리가 없으며, 공산품 없인 살수 없게 되었다.

예컨대, 벼(쌀)는 공산품이 아닌 농산품이다. 그러나 이 벼를 정미소 또는 가공공장에서 10kg, 20kg 등으로 가공 포장하여 슈퍼나 마트에서 판매하면 공산품이 되는 것이다.

자급자족적 경제제도에서와는 달리 자본주의적 시장경제에서는 생산자와 소비자가 분리되어 있으며, 생산품의 품질은 원칙적으로 국가의 간섭이 배제된 상태에서 수요·공급의 법칙에 따라 자율적으로 규제된다. 그런데 현대의 시장경제에서는 수많은 상품이 쏟아져 나와 소비자가 모든 상품의 품질에 관한 자세한 정보를 갖기란 거의 불가능하기 때문에 생산자가 품질면에서 소비자를 속일 가능성이 높다.

이러한 문제를 해소하기 위해 국가가 시장경제의 원칙을 해치지 않는 범위 내에서 공산품의 품질에 관한 일정한 간섭을 하게 된다.

우리나라는 1967년 법률 제1934호로 '공산품의 품질 향상을 위한 법률'을 이미 제정하였는데, 1986년에 이 법을 개정한 '공산품품질관리법'[4)]을 통해 국가가 품질관리에 개입하고 있다. 이 법의 주요내용은 다음과 같다.

① 공업진흥청장은 소비자가 품질을 식별하기 곤란한 상품(수입상품 포함) 중

---

3) 다음백과, http://100.daum.net/encyclopedia/view/24XXXXX70271

4) 우리나라는 1967년 공산품 품질 향상을 위한 법률을 제정했는데, 1986년 이 법을 개정한 '공산품품질관리법'을 통해 국가가 품질관리에 개입하고 있다. 이 법은 1993년 '품질경영촉진법'으로, 2000년 '품질경영 및 공산품안전관리법'으로 전부 개정되었다. 이 법에 따라 정부는 품질경영을 통해 품질향상, 원가절감, 생산성향상 및 서비스품질개선에 현저한 성과를 거둔 기업 등과 생산현장의 소집단 또는 개인을 대통령령으로 정하는 바에 따라 품질경영우수기업, 서비스품질우수기업 등으로 선정하여 포상하거나 필요한 지원을 할 수 있다. 공산품안전관리에 관한 사항을 심의하기 위해 산업통상자원부에 공산품안전심의위원회를 둔다. 어린이보호포장대상공산품을 제조하거나 수입하는 경우에는 어린이보호포장을 사용해야 한다.

그 품질 표시를 해야 할 상품(품질표시상품)을 정해 고시한다.

② 상품표시업자는 품질표시상품에 허위의 품질표시를 해서는 안 되며, 품질표시상품의 판매업자는 품질표시의 표지를 제거하거나 변경해서는 안 된다.

③ 공업진흥청장은 인명피해나 화재발생의 원인이 되는 등 공공의 이익을 해칠 우려가 있거나 공산품의 품질 향상을 위해 특히 필요하다고 인정하는 상품 중 품질검사를 받아야 할 상품(품질검사지정상품)을 정하여 고시한다.

④ 품질검사의무자 및 품질검사지정상품의 판매업자는 해당 상품의 품질검사를 받아야 한다.

⑤ 품질검사지정상품 중 품질검사를 받지 아니하거나 품질검사에 합격하지 못한 품질검사지정상품을 판매하거나 판매를 위한 진열·보관 및 운반을 할 수 없다.

⑥ 공업진흥청장은 공산품의 품질 향상을 위하여 품질관리의 등급을 사정할 필요가 있는 상품(등급사정상품) 또는 가공기술을 정해 고시해야 한다.

⑦ 공산품의 제조업자는 자신이 제조하는 상품을 공업진흥청장에게 우수상품으로 지정해줄 것을 신청할 수 있다.→ 한국공업규격[5)]

2) 전기용품 및 생활용품 안전관리제도

'공산품 안전 관리 제도'란 '품질경영 및 공산품안전관리법'에 의거 기업의 품질 경쟁력 강화와 신뢰성 회복, 소비자의 이익과 안전을 도모하기 위해 유해환경에 노출될 수 있는 공산품에 대해 공장 출고 전, 또는 수입통관 전에 시험인증기관으로부터 의무적으로 시험검사를 받는 제도로서 소비자에게 가해지는 위해정도에 따라 안전인증, 자율안전확인 및 안전·품질표시 대상 공산품으로 차등하여 관리하는 제도이다.

유해성 등 안전 확인이 입증된 공산품에 대해서만 KC마크와 품질표시를 한 후 유통하여야 한다.

산업통상자원부 산하 국가기술표준원은 전기용품과 공산품의 안전관리 제도를

5) http://100.daum.net/encyclopedia/view/b02g0518a

통일적이고 효율적으로 운영하고자 '전기용품 및 생활용품 안전관리법'을 개정, 공포하여 2018년 7월부터 시행하고 있다.

그동안 유사한 제도로 운영되고 있는 전기용품과 공산품의 안전관리제도를 통일적이고 종합적으로 운영하여 전기용품 등의 위해로부터 국민의 생명·신체 및 재산을 보호하기 위하여 「전기용품안전 관리법」과 「품질경영 및 공산품안전관리법」을 통합하여 하나의 법률로 규정하고, 안전인증을 받은 전기용품 등의 안전성 유지를 확인하기 위한 검사의 종류를 줄이고 주기를 늘려 제조자 등 사업자의 영업활동에 대한 부담을 경감하며, 안전확인신고의 효력상실 처분을 할 수 있도록 하고, 인터넷을 통한 판매업자 등에게 인터넷 홈페이지에 제품안전 관련 정보를 게시하도록 하여 소비자에게 관련 정보를 제공함으로써 안전관리대상제품의 안전성 유지를 위한 감독을 강화하는 등 현행 제도의 운영상 나타난 일부 미비점을 개선·보완하려는 것이다.[6]

전기용품과 공산품은 제품 특성이 서로 달라 2개의 법령으로 분리하여 운영해 왔으나, 최근 양법이 유사한 안전관리 법령체계로 변화되고 있음에도 용어, 관리방식 등 일부 상이한 규정으로 업계 혼동이 증가하고 있고 전기자전거, 온열의류 등과 같이 융복합화 경향에 따라 전기용품과 공산품 안전관리 대상으로 모두 적용받는 제품도 증가하고 있어 제품 안전관리 정책을 일관성 있고 효율적으로 운영하기 위해 양 법령을 통합, 보완하게 되었다.[7]

제품시장 출시 전에는 "전기용품 및 생활용품 안전관리법" 및 "어린이제품 안전특별법"에 따른 제품인증제도를 중심으로 사전 안전관리가 요구되는 일부 제품에 대해서는 사업자가 최소한의 안전요구조건을 만족하는 제품을 시장에 출시토록 의무화하고 있으며, 인증을 받은 제품 및 기타 사전관리 되고 있지 않은 제품에 대해서도 소비자의 안전에 위협을 가한 제품 또는 가할 여지가 있는 제품에 대해서는 "제품안전기본법"을 근거로 안전성조사를 통해 시장 또는 소비자로부터 회수 될 수 있도록 리콜제도를 운영하고 있다.[8]

안전관리대상에서 위해도가 높은 제품부터 낮은 수준의 제품으로 분류해 하기

6) http://dailydisk.tistory.com/11 [일상 디스켓]
7) http://electric-tech.tistory.com/3347 [전기산업]
8) http://www.kats.go.kr/content.do?cmsid=37

4가지 단계로 관리를 한다.

3) 안전인증제도

소비자의 위해도가 높아 생산단계 부터 관리하기 위해 공장심사 및 제품심사를 받은 후 판매하는 제도이다.

즉 안전인증대상공산품의 제조업자 또는 수입업자가 출고 전 또는 통관 전에 모델별로 안전인증기관으로부터 안전인증(제품검사와 공장심사를 하여 공산품에 대한 안전성을 증명하는 것)을 받아야 하는 제도이다.

(1) 안전인증대상 생활용품

- '전기용품 및 생활용품 안전관리법' 제2조제10호 및 동법 시행규칙 제3조제2항
- 구조·재질·사용방법 등으로 인하여 소비자의 생명·신체에 대한 위해, 재산상 피해나 자연환경의 훼손에 대한 우려가 크다고 인정되는 생활용품

〈표 10-1〉 안전인증대상 생활용품

분야	안전인증대상 생활용품(11품목)
화학	자동차용 재생타이어(트레이 고무를 포함한다)
생활용품	가스라이터 물놀이기구 비비탄총
기계금속	조속기 비상정지장치 완충기 상승과속방지장치용 브레이크 승강장문잠금장치 에스컬레이터용 역주행 방지장치 가정용 압력냄비 및 압력솥

*출처:http://www.safetykorea.kr/policy/targetsSafetyCert2

〈표 10-2〉 안전인증대상 어린이제품

안전인증대상 어린이제품(4품목)	적용안전기준
어린이용 물놀이기구	- 어린이제품 공통안전기준 - 어린이용 물놀이기구 안전기준
어린이 놀이기구	- 어린이제품 공통안전기준 - 어린이 놀이기구 안전기준
자동차용 어린이 보호장치	- 어린이제품 공통안전기준 - 자동차용 어린이 보호장치 안전기준
어린이용 비비탄총	- 어린이제품 공통안전기준 - 어린이용 비비탄총 안전기준

*출처: http://www.safetykorea.kr/policy/targetsSafetyCert3

(2) 안전인증표시

표시기준 및 표시방법은 KC 마크가 필수이며 제품시험, 공장심사 및 인증 후 제품 판매가 가능하다.

- KC마크

'전기용품 및 생활용품 안전관리법' 제9조, 시행규칙 제19조제1항과 '어린이제품 안전 특별법' 제17조와 관련하여 안전인증대상 제품 및 어린이제품의 제조업자 또는 수입업자가 출고 전 또는 통관 전에 모델별로 안전인증기관으로부터 안전인증(제품검사와 공장심사를 하여 제품에 대한 안전성을 증명하는 것)을 받은 안전인증대상공산품의 제품 또는 포장에 나타내는 표시

KC 마크

http://www.safetykorea.kr/policy/targetsSafetyCert2

(3) 어린이제품의 주의, 경고표시[9)]

어린이 제품의 주의·경고 표시는 알아보기 쉽도록 해당 어린이제품의 표면에 붙이거나, 인쇄하거나 새기는 방법 등으로 표시하고, 쉽게 지워지거나 떨어지지 않도록 하여야 한다.

어린이제품의 표면에 안전인증표시를 붙이는 것이 곤란하거나 실수요자가 다량을 구입하여 직접 사용하는 어린이제품으로서 시중에 유통될 우려가 없는 경우에는 그 어린이제품의 최소포장마다 붙일 수 있다.

9) 출처:http://www.safetykorea.kr/policy/targetsSafetyCert3

❏ 강제행동 표시 예시

 M002 사용설명서/책자를 참조하시오	 M015 가시성이 높은 옷(반사 조끼)을 착용하시오	 M020 안전벨트를 착용하시오	 M014 머리 보호구를 착용하시오	 M018 안전띠를 착용하시오	 M049 보호용 롤러스포츠 장비를 착용하시오

 9.2002 보호자와 함께 사용하시오	 9.2010 안전 보호 장구를 착용하시오

❏ 금지 표시 예시

 9.2001 입에 넣지 마시오	 9.2004 얼굴과 머리를 향해 쏘지 마시오	 9.2008 눈에 접촉하지 마시오	 9.2011 귀에 가까이 대고 사용하지 마시오	 9.2017 코에 넣지 마시오	 9.2012 직사광선이나 열기에 노출시키지 마시오

 9.2018 3세 이하 사용금지	 9.2019 3세 이상 사용금지	 9.2016 귀에 넣지 마시오

❑ 기타 제품안전 표시

입에 넣지 마시오.

보호자와 함께 사용하시오

위에 올라가지 마시오.

얼굴과 머리를 향해 쏘지 마시오.

물에 넣지 마시오.

마시지 마시오.

질식위험 주의

눈에 접촉시키지 마시오.

피부에 접촉시키지 마시오.

안전보호장구를 착용하시오

귀에 가까이 대고 사용하지 마시오.

직사광선이나 열기에 노출시키지 마시오.

화상위험(증기)

화상위험(화기)

사용 시 충분한 환기를 하시오

귀에 넣지 마시오.

코에 넣지 마시오.

3세 이하 사용금지

3세 이상 사용금지

개조금지

안전 보호 장비로 사용하지 마시오.

뾰족한 모서리 주의

2. 가전(전기 · 전자)제품 안전

1) 가전제품 사고 현황

최근 가정 내 화재 사고가 꾸준히 증가하고 있는 가운데 한국소비자원이 소비자위해감시시스템(CISS)을 통해 수집하는 공산품관련 화재사고는 2010년 이후 감소하다가 최근 다시 증가하는 것으로 조사됐다.

가정 내 화재사고가 많이 발생하는 품목은 '전기장판 · 매트'가 18.4%(413건)로 가장 많았다. 이어 '가정용 세탁기(6.7%, 150건)' '화목보일러(6.0%, 134건)' '가정용 냉장고(3.9%, 88건)' '형광등(3.2%, 71건)' 등의 순이었다. '전기보일러'와 '김치냉장고'는 각각 3.0%(67건)였다.

가정 내 화재사고의 발생 장소를 살펴보면 '침실 · 방'에서의 사고가 23.3%(523건)로 가장 많았다. '주방(5.4%, 345건)' '보일러실(11.7%, 263건)' '거실(7.9%, 178건)' 등이 뒤를 이었다.

화재의 원인이 되는 품목으로는 '침실 · 방'의 경우 전기장판 · 매트(55.3%, 289건), '주방'에서는 가정용 냉장고(20.3%, 70건), '보일러실'에서는 화목보일러(48.3%, 127건), '거실'에서는 전기장판 · 매트(11.8%, 21건), '화장실 · 욕실'과 '베란다'에서는 가정용 세탁기(각각 22.2% 18건, 31.1% 14건)로 나타났다.[10)]

또한 비교적 안전하다고 생각하며 사용하고 있는 TV, 세탁기, 냉장고의 화재가 34%를 차지하고 있었다. TV, 세탁기, 냉장고 등의 화재발생 사고가 많은 이유는 보급률이 높고, 주기적이고 지속적인 사용으로 타 전기제품보다 사고발생 가능성이 높다는 점과 사고발생 가능성에 대한 소비자의 인식이 높지 않다는 점을 들 수 있다.

TV는 무게중심이 앞쪽으로부터 20~30% 지점에 위치하고 있기 때문에 어린이가 TV 위에 있는 장난감 등을 잡기 위해 TV에 오를 경우 TV가 앞으로 넘어져 사고로 이어질 위험이 크다. TV의 경우 전도 방지조치를 하지 않은 경우, TV 위에 꽃병, 화분, 화장품, 약품 등 액체용기가 있는 경우에 사고위험이 높았다. 특

10) http://www.newscj.com/news/articleView.html?idxno=218261

히 문어발식 배선을 하고 있거나 TV가 책장이나 벽장 등 통풍이 나쁜 좁은 공간에 설치된 경우에도 사고위험이 높다. 냉장고의 경우 접지를 하지 않고 냉장고를 사용하는 경우가 많으며 접지단자가 없는 연장콘센트를 사용하거나 벽면콘센트를 주로 사용한다. 이들의 경우에는 제품 이상 발생 시 누전이나 감전 등 사고 발생 우려가 있으며 도어손잡이 및 측면모서리 등에서 인체에 전기를 느낄 수 있을 정도로 미세한 누설전류가 발생할 수 있으므로 반드시 접지를 해야 한다. 냉장고가 평소보다 가동 소리가 이상하게 커졌을 때에도 전문가의 점검을 받는 것이 좋다. 세탁기 화재의 상당수가 화장실이나 욕실 등 습기가 많거나 통풍이 안 되는 곳에서 발생하고 있어 세탁기 설치환경에 대한 주의가 필요하다. 또한 세탁기를 사용하지 않을 때 수도꼭지를 잠그지 않으면 급수호수 연결부위에 나사가 풀어지거나 틈이 생겨 물이 분사될 경우 누전으로 인한 감전, 화재 등으로 인해 신체 재산상의 피해를 입을 수 있다. 에어컨을 보유하고 있는 가정의 대부분이 전원을 전원콘센트에 연결하지 않는 것으로 나타났다. 접지선이 바르게 접속되어 있지 않은 경우도 많고, 실외기를 장애물이 가로막고 있는 경우, 제품을 연장콘센트에 연결하고 있는 경우도 사고의 위험이 높다.

일상생활에 있어 없어서는 안 될 전기는 우리나라 화재발생 원인 중 수위를 점하고 있다. 이런 전기화재는 낡은 전기기구나 부실공사로 인해 발생도 하지만 대부분은 전기용품에 대한 지식이나 상식부족 또는 사용하는 사람의 부주의나 방심으로 인하여 전기기구의 과열 및 탄화상태를 가져와 발생하는 것으로 날로 증가하고 있는 실정에 있으므로 전기용품을 사용 시에는 올바른 사용법의 숙지와 세심한 주의가 필요하다.

1) 일반적인 전기 안전관리 요령

가정용 배전반의 퓨즈는 전기용량이 조금만 넘쳐도 끊어지게 되어 있다. 사람이 무리하면 피곤한 것과 같은 이치다. 정전 시나 사용하지 않는 전기기구는 플러그를 콘센트에서 뽑아두는 것이 좋다. 사고 발생 시에는 119 또는 1588-7500(한국전기안전공사)으로 전화한다.

- 누전이 될 경우 자동으로 전기가 끊어질 수 있게 하는 누전차단기를 부착한다.
- 한 개의 콘센트에 많은 가전제품을 연결하면 화재의 위험이 있으므로, 전기기구를 문어발식으로 사용하지 않는다.
- 젖은 손으로 전기기구를 만지지 않는다.
- 콘센트는 안전덮개가 있는 것으로 설치한다. 가전제품은 사용 후 스위치를 반드시 끄고 콘센트에서 플러그를 뽑아 둔다.
- 콘센트는 반드시 접지 기능이 있는 안전규격을 인정받는 콘센트를 사용한다.
- 전깃줄이 바닥에 끌려 발에 걸리는 것을 피하기 위해 붙박이나 천장에 부착하는 것이 좋다.
- 전선이 꼬이거나 묶어서 사용하면 열이 발생하여 위험하므로 전선이 꼬이지 않도록 한다.
- 비닐전선이나 양탄자 밑으로 전선이 지나지 않도록 한다. 비닐전선은 열에 견디는 힘이 약하다. 따라서 백열전등이나 전열기구 등고열을 발생하는 기구에는 고무코드 전선을 사용한다.
- 전기매트는 자주 밟거나 접어서 사용하면 접힌 부분에 열이 발생하며, 각종 장식용 트리 등에 설치한 소형전구는 너무 오랫동안 사용치 않도록 한다.
  전기기구 구입 시 『전』, 『검』, 또는 『KS』표시가 있는지 확인하고 사용 전에는 반드시 사용설명서를 읽어본다.
- 가전제품 등의 플러그를 뽑을 때에는 선을 잡아당기지 말고 플러그 몸체를 잡고 뽑도록 한다.
- 콘센트에 플러그를 깊숙이 꽂지 않으면 흔들려 열이 발생하므로 완전히 꽂아 사용하도록 한다.
- 각종 전기공사 및 전기시설 설치 시 전문 면허업체에 의뢰하여 정확하게 규정에 의한 시공을 하도록 한다.
- 누전으로 인한 화재를 예방하기 위해서 누전차단기를 습기나 먼지가 없는 사용하기 쉬운 위치에 설치하고 한 달에 1～2회 작동유무를 확인한다.
- 개폐기에 사용하는 퓨즈는 규격퓨즈를 사용하고 퓨즈가 자주 끊어질 경우 근본적으로 그 원인이 무엇인가를 규명, 개선한다.
- 전선이 쇠붙이나 움직이는 물체와 접촉되지 않도록 한다.

2) 에어컨 안전관리

여름철에 집중적으로 발생하는 냉방기기 화재 사고. 특히 에어컨 실외기는 관리가 소홀한 경우가 많아 화재에 더 취약하다. 최근 에어컨에서 발생하는 화재가 잇따르고 있는데 유난히 폭염이 기승을 부리면서 에어컨을 많이 쓰기 때문이다. 에어컨 화재의 60% 이상이 실외기에서 발생하는데 실외기에 대한 관리는 대부분 거의 하지 않고 있다. 에어컨 화재사고의 대부분인 53%가 전기적 요인에 의해서 발생하고 있고 기계적 결함, 부주의 순으로 발생하고 있으며, 실외기 노후 전선이나 거름망에 낀 먼지 방치 등으로 과열, 과부하, 접촉불량, 기기노후화, 절연열화 등이 실외기 화재의 가장 큰 원인이 되고 있다.

(1) 에어컨 사용요령

- 에어컨 실외기를 통풍이 안 되는 곳에 설치하면 열 축적이 쉽게 될 수 있기 때문에 화재의 위험성이 크다. 실외기를 설치할 땐 벽에서 10cm 이상 떨어뜨려야 하고, 전선이 꺾이거나 피복이 벗겨진 곳은 없는지 꼭 확인해야 하며 정기적으로 통풍이 잘되도록 환기를 시켜주는 것이 중요하다.
- 냉방 시 실내온도와 실외온도 차이는 5℃ 이내로 하여야 하며, 지나친 냉방은 여름감기, 두통 등의 냉방병으로 건강을 해치게 된다. 에어컨을 강 대신 약으로 강도를 낮추고 선풍기를 함께 가동하면 종전 소비량의 60%를 절감할 수 있다.
- 에어컨 가동 후 5분 동안은 창문을 열어 환기하도록 한다.

한국소비자보호원에서 1시간 동안 에어컨에서 배출된 곰팡이 양을 1분 단위로 분석한 결과, 작동 후 3분 동안 배출된 곰팡이의 양이 60분 동안 배출된 곰팡이 양의 약 70% 정도였다. 따라서 에어컨을 가동한 후에는 5분 정도 창문을 활짝 열어 에어컨 속 곰팡이가 실외로 나가도록 하는 것이 좋다.

- 에어컨 필터는 2주에 한 번 청소한다.

진공청소기나 솔을 이용해 필터에 쌓인 먼지를 청소하자.

먼지가 너무 많다면 물에 세척해 완전히 물기를 말린 후 다시 설치하면 된다.

- 에어컨 실외기 열을 식히자
  실외기가 있는 다용도실이 밀폐된 공간이면 에어컨에서도 더운 바람밖에 안 나온다. 외부로 송풍될 수 있게 다용도실 창문을 열고 주변에 먼지 등이 있으면 청소하자. 실외기 과열 시 화재의 원인이 될 수도 있다.
- 에어컨 냄새가 걱정된다면 송풍모드로 사용하자
  에어컨 바람이 나오는 곳에 세척제를 뿌린 뒤 송풍모드를 켜면 곰팡이가 번식하는 것을 막을 수 있다.
  에어컨을 끄기 전 10분 정도 송풍모드를 하고 꺼주면 다음 번 사용 때도 쾌적하다.
- 처음에는 바람세기 강/바람방향 위로 틀고 시원해지면 적정 온도로 오랜 시간 가동하자.
  껐다 켰다 하는 것 보다 적정 온도로 꾸준히 트는 게 절세에 도움이 된다.
  바람세기 강/ 바람방향 위로 하면 좀 더 빠르게 공간을 시원하게 만들 수 있다.
- 에어컨 가동 시 실외기 연결부 전선의 훼손 여부 등 상태를 확인한다.
- 실외기 바닥의 방진고무가 부식되거나 파손된 경우 이를 교체한 후 사용한다.
- 실외기 팬이 작동되지 않거나 타는 냄새, 과도한 소음이 발생 할 경우 즉시 점검을 받도록 한다.
- 실외기로 인한 화재발생 시 주변에 있는 가연물을 통해 빠르게 화재가 확산될 수 있으므로 실외기 후면에 누적된 먼지나 낙엽 등 이물질은 주기적으로 제거하고 실외기 주변에는 불에 탈 수 있는 물건들을 두어서는 안 된다.

(2) 에어컨 관리 요령

① 본체 청소 방법

- 전원 플러그를 뽑고 외관을 물걸레나 물티슈로 꼼꼼하게 청소한다.
- 바람 배출구, 송풍구, 틈새 등 먼지가 끼기 쉬운 곳부터 청소한 후 외관을 닦는다. 이 때, 알코올성 세재가 아닌 에어컨 전용 청소 세제를 사용해야 한다.

- 외관을 청소할 때는 에어컨 전원부나 호스가 파손되지는 않았는지, 리모콘 배터리가 남아있는지 함께 체크하도록 한다.

② 에어컨 필터

- 필터에 붙은 먼지를 떼어낼 때는 거친 빗자루나 솔을 사용하면 필터망이 파손되기 때문에 진공청소기나 부드러운 솔을 이용하는 것이 바람직하고 오염이 심하다면 필터를 분리하여 물로 씻어 바람이 잘 통하는 그늘에서 말려준다. (햇빛이 강한 곳에서 필터를 말리면 플라스틱 솔이 손상될 수 있다.)
- 항균, 청정필터는 수명이 제각각이니 계절마다 교체하는 것이 좋다.

③ 내부 부품청소

- 에어컨 필터가 아무리 깨끗해도 공기를 냉각하는 내부 부품이 오염되면 불쾌한 냄새가 나고 건강을 해칠 수 있기 때문에 냉각핀을 비롯한 내부 부품 청소도 중요하다.
- 냉각핀은 베이킹소다 혹은 과탄산소다와 물을 2~3:1 비율로 섞어 만든 친환경 세제를 분무기로 뿌리고 칫솔로 꼼꼼하게 청소하는 방법이 좋다.

④ 실외기

- 실외기 청소를 소홀히 하면 먼지가 쌓여 에어컨 효율이 떨어지고, 과열로 인한 화재까지 일어날 수 있다. 실외기는 기본적으로 비를 맞아도 동작되기 때문에 빗자루나 걸레 등으로 먼지를 탈탈 털어준 뒤 물을 뿌려 마무리하면 된다.
- 에어컨 부품을 분해할 때는 모든 과정마다 사진을 찍어두면 이후에 다시 조립할 때 편리하다.

〈표 10-3〉 에어컨 안전점검 리스트

NO.	항 목	예	아니오
1	가동해도 시원해지지 않고, 따뜻해지지 않는다.		
2	가동 시 소리가 이상하게 커졌다.		
3	실내 부품에서 물이 샌다.		
4	에어컨을 받치고 있는 받침대나 부품이 부패하거나 구부러져 있다.		
5	전원 코드나 플러그가 이상하게 뜨겁다.		
6	타는 냄새가 난다.		
7	전류 차단기나 퓨즈가 가끔 꺼진다.		
8	가동램프가 점멸한다.		
9	에어컨을 만지면 찌릿찌릿하고 전기를 느낀다.		

*참고: 학교안전교육 7대 표준안, 교사용지도안, 2016, p.36.

3) 선풍기 안전관리

- 선풍기 내부에 먼지가 쌓이지 않도록 주의해야 한다.
  선풍기 화재 원인의 대부분은 내부에 많은 먼지가 쌓여 모터과열로 인한 화재로 이어진다.
- 취침 시에는 질식사를 예방하기 위해 창문을 열어 사용하고, 타이머를 설정하여 장시간 사용을 자제한다.
- 선풍기 위에 옷이나 천등을 올려놓지 말고, 커튼 가까이에서 사용하지 않는다.
- 외출 시에는 반드시 전원을 끄고, 플러그를 뽑아둔다.
- 안전을 위해 문어발식으로 전원플러그를 많이 연결해 사용하지 마십시오.
- 선풍기를 2~3시간 이상 계속 사용하면 피부 수분이 증발되어 건강에 해로우며 기기 자체에 무리를 주기 때문에 20~30분 간격의 타이머를 사용하는 것이 바람직하다. 자연풍과 같은 방향으로 틀고 잠들기 전에 반드시 끄도록 한다.

❑ 선풍기 청소요령

- 먼저 플러그를 빼고 날개를 분해하여 중성세제를 묻힌 헝겊으로 물기를 닦아 말린다. 이때 알코올이나 신나 등의 휘발성 약품을 사용하게 되면 광택이 없어지므로 피해야 한다.
- 후면의 모터 플라스틱 커버를 분리하여 커버의 통풍구와 모터에 쌓여 있는 먼지를 진공청소기를 이용하여 깨끗이 청소하고 날개에 쌓여 있는 먼지는 물로 씻어낸 후 잘 건조한 후 사용한다.
- 날개와 연결되는 모터 축 부분에 기름(미싱기름)을 뿌려 녹스는 것을 방지한다.

〈표 10-4〉 선풍기 안전점검 리스트

NO.	항 목	예	아니오
1	스위치를 켜도 날개가 회전하지 않는다.		
2	회전하는 것이 늦거나 회전이 불규칙하다.		
3	회전할 때 이상한 소리가 난다.		
4	타는 냄새가 난다.		
5	모터부분이 이상하게 뜨겁다.		
6	모터 커버가 열로 변형되었다.		
7	전원 코드를 만지거나 구부리면 전기가 나왔다가 들어왔다가 한다.		
8	전원 코드의 일부가 이상하게 뜨겁다.		
9	전원 코드에 상처가 있거나 녹아 있다.		
10	전원 코드를 만지면 찌릿찌릿 전기가 느껴진다.		

*참고: 학교안전교육 7대표준안, 교사용지도안, 2016, p.37.

4) 냉장고

뜨거운 음식은 반드시 식힌 다음 보관한다. 냉장고 안의 음식물은 냉장고 용량의 60%를 넘지 않는 것이 좋다. 냉장고는 뒷면 벽과 10㎝ 이상, 윗부분의 차폐물로부터는 30㎝ 이상 떨어뜨려 설치하는 것이 좋다.

〈표 10-5〉 냉장고 안전점검 리스트

NO.	항 목	예	아니오
1	급수호스나 본체 밑바닥에서 물이 샌다.		
2	본체가 기울어져 있거나 흔들이는 등 불안정하다.		
3	본체를 만지면 찌릿찌릿하면 전기를 느낀다.		
4	타는 냄새가 나거나 가동 중에 이상한 소리, 진동이 있다.		
5	탈수조가 잘 멈추지 않는다.(뚜껑을 열고 15초 이내에 멈추면 정상)		
6	조작판이 평소보다 뜨겁다.		
7	배수 시간이 평소보다 길다.		

*참고: 학교안전교육 7대표준안, 교사용지도안, 2016, p.37.

5) 세탁기

(1) 설치요령

- 세탁기 설치장소는 마음대로 정하기는 쉽지 않지만 무엇보다도 사용하기가 편해야겠고, 햇볕이 들지 않고 통풍이 잘되는 곳에 설치하는 것이 좋다.
- 세탁기는 진동이 있으므로 설치 장소는 바닥이 단단하고 수평한 곳에 하되 열의 차단이 잘 되고 급, 배수가 용이 한 곳이어야 한다.
- 벽에 붙여 설치하게 되면 진동음이 나오므로 5㎝ 정도 떨어지게 하는 것이 좋고 반드시 접지를 한 다음 사용해야 감전사고를 예방할 수 있다.
- 세탁 후에는 아기들이 없는 가정에서는 세탁기 문과 세제 통을 열러 두는 것

이 좋다.

- 비닐 등을 덮어두면 세탁기 내부가 통풍이 되지 않아서 세탁기 부속들이 빨리 부식되어서 세탁기 수명을 단축하고 무엇보다도 곰팡이가 심하게 생기고 오염 또한 심하게 된다.
- 전기와 물을 효율적으로 사용하는 포인트는 세탁물은 섬유의 종류, 유색물과 흰색 등으로 분류하여 1회 세탁 분량만큼 모아서 실시한다. 세탁은 10분 이상 하면 더 이상 때가 빠지지 않고 옷감만 손상된다. 헹구기 전에 반드시 탈수를 하고, 탈수시간은 3분 이내가 적당하다.
- 습기가 많은 곳도 부식의 우려가 있으므로 피한다.

(2) 사용 요령

- 세탁하기 전 세탁물이 세탁기 세탁에 적합한 것인지 확인한다.
  부드러운 옷은 나일론 망에 넣어 세탁기에 빨고 기름이나 물감이 묻어있는 세탁물은 별도 로 세탁한다.
- 세탁 중 옷에서 떨어진 단추, 동전, 장식물 등이 세탁기 내부로 들어가면 고장의 원인이 되므로 미리 살핀다.
- 탈수할 세탁물은 균등히 넣고 탈수조 주변에 이물질이 있어도 소음이 심하므로 미리미리 살핀다.
- 회전하고 있을 때는 위험하므로 어떤 경우라도 손을 넣지 않는다.
- 급수밸브에 달려 있는 여과망에 이물질이 끼면 고장의 원인이 되므로 수시로 점검한다.

(3) 관리요령

- 물을 항상 사용하는 세탁기는 스위치 부위에 물이 들어가지 않도록 항상 주의한다. 본체의 때는 부드러운 헝겊으로, 세탁조 상부의 세세한 부분은 부드러운 칫솔로 세제액을 묻혀 가볍게 닦는다.
- 내부에 달려있는 찌꺼기 주머니는 떼어내 뒤집은 다음 깨끗한 칫솔로 찌꺼기를 제거하고 다시 끼운다. 곰팡이가 생겨 있을 땐 엷게 탄 염소계 표백제에

잠시 담갔다가 헹군다.

- 배수 호스에 심한 때가 끼기 쉬운데 이때는 염소계 곰팡이 제거액을 스프레이통에 넣어 분무한 다음 씻어낸다. 한 달에 한번쯤 식초 한 컵으로 되도록이면 세탁조에 많은 물을 받아서 공회전 시키면 식초가 물때를 없애는 작용을 하므로 세탁기가 상당히 깨끗해진다. 주의할 점은 세탁기에 락스는 피하는 것이 좋다.

❑ 겨울철에 얼지 않게 하려면

- 탈수버튼으로 1분간 탈수한 후 세탁기의 배수호스에 남아 있는 물도 완전히 제거한다.(배수가 안 되는 증상의 원인)
- 수도꼭지를 잠그고 급수호스를 빼내 호스속의 물을 뺀다.
- 전원플러그를 뽑아 둔다.

❑ 얼었을 경우

- 수도꼭지에 50도 정도의 더운 물을 부어 급수호스를 빼 준다.
- 분리한 급수호스를 50도 정도의 더운물에 담가 둔다.
- 50도 정도의 더운물을 세탁통에 넣어서 10분간 그대로 둔다.
- 다시 급수호스를 연결하여 세탁기를 동작시킨 다음 50도의 더운물을 급수호스에 직접 조심해서 넣는다.
- 급수호스를 수도꼭지에 연결한 후 배수여부를 확인한다.

6) 전기매트종류

우리나라 국민은 온돌문화에 익숙해져 있으나 값비싼 난방비 부담으로 상대적으로 저렴한 전기장판이나 전기매트를 사용하는 경우가 많다. 전기장판은 다른 전열기와 달리 이불 위나 아래에 넣고 사용하면서 인체와 직접 닿을 수 있기 때문에 불량품을 사용할 경우 화상을 입거나 화재사고가 발생할 수 있어 각별한 주의가 함에 따라 안전한 제품과 불량제품을 구분할 수 있는 지혜가 필요하다.

최근 4년 동안 한국소비자원 소비자위해감시시스템에 접수된 전기장판(매트) 관련 안전사고는 총 1366건으로, 전기제품 안전사고 중 발생비율이 가장 높다. 특히 대부분의 전기장판(매트) 안전사고가 화상/화재(77.7%)로 피해규모 또한 심각하다.

국내 유통 중인 전기장판(매트) 129개 제품 중 22개가 안전성 문제로 리콜된 사례를 참고할 때 불량제품에 의한 안전사고 발생 우려도 심각한 것을 알 수 있다.

- 구입 시에는 반드시 안전인증(KC)이나 전자파 합격여부를 확인 할 수 있는 EMF 마크가 있는지 확인한다. 마크를 확인 후 온도조절기의 상태 및 작동을 해 보고 파손여부도 꼼꼼히 살펴본다. 대부분 많이 접어 보관하기 때문에 얇은 것은 열선에 충격이 가해지므로 약간 두꺼운 것을 고르는 것도 요령이 되겠다.
- 전기매트 온도조절기는 작은 충격으로도 손상될 수 있으므로 조심하며 온도조절기를 잘 맞추어 과열되지 않도록 한다.
- 사용 시에는 최고 온도로 장시간 사용을 금지하고 기온만 높고 습도가 부족하면 감기 및 열 피로가 올 수 있으니, 환기도 필요 하겠습니다. 조금 춥다고 생각되시면 내복이나 수면양말 등 착용하시고 아기가 있는 경우는 수시로 과열되지 않도록 살펴봐야 하겠습니다.
- 또 전기 매트를 사용할 때 위에 가능한 한 물건을 올려놓지 않는 것이 좋다. 무거운 물체를 올려놓았을 경우, 무거운 물체가 누르는 부분으로 열이 집중되는데, 집중된 물체 밑 부분이 과열이 되면 그곳이 녹아서 불이 나는 사고가 발생하는 경우가 많기 때문이다.
- 전기매트 밑에 두꺼운 요를 깔면 열 손실이 적고 보온이 잘 된다.
- 어린이, 노약자, 환자의 경우 저온화상 방지를 위해 장시간 사용하지 않도록 한다.
- 반듯하게 펴서 사용하고 사용하지 않을 때는 반드시 전원플러그를 빼놓도록 한다. 전기히터는 방의 용도에 맞추어서 적정온도(거실17~19℃, 침실 14~16℃)를 유지해야 하고 최소 30cm 이상 떨어져 사용한다.
- 전기장판·매트를 사용할 때는 두꺼운 이불이나 요, 라텍스 재질의 침대 매트리스 등과 함께 사용하지 말아야 한다.

- 전기매트를 접을 때는 접히는 부분의 전선이 무리가 가면서 감열선이 끊어진다든가 혹은 피복이 벗겨지는 현상이 발생할 수 있으니, 전선에 무리가 가지 않게 전선의 결대로 접어주는 것이 좋다.
- 보관 시 습기를 피하고 꺾이지 않은 상태로 보관한다.
- 사용하지 않고 보관 시에는 이불사이에 끼워두면 이불무게로 열선이 손상되니 접지 말고 사이사이에 신문지등 완충제를 끼워서 넉넉하게 말아서 비닐로 씌우고 장롱위에 올려놓거나 한 쪽에 세워서 보관한다.

〈표 10-6〉 전기매트(장판) 안전점검 리스트

NO	항 목	예	아니오
1	전원코드, 플러그에 상처나 부풀어 오름이 있다.		
2	전원코드를 만지거나 구부리면 전기가 들어왔다가 나갔다가 한다.		
3	전원코드의 일부, 플러그가 평소보다 뜨겁다.		
4	타는 냄새가 난다.		
5	모포자체의 안을 비춰보면 히터선이 고리모양으로 말려 있다.		
6	「약」으로 맞춰도 이상하게 뜨겁다.		
7	제어장치에 물이나 차를 흘린 적이 있다.		
8	본체 표면이 부분적으로 변색되었다.		
9	본체를 바늘이나 핀으로 찌르거나 날카로운 물건으로 상처를 낸 적이 있다.		
10	전기모포가 찢어져 있다.		

*참고: 행정자치부(행정안전부), 안전생활 길잡이 지도서(2012)
학교안전교육 7대표준안, 교사용지도안, 2016, p.38.

7) 난방기구

겨울철 필수품 난방 기구는 우리 생활에 도움을 주는 유용한 제품인데 잘못 사용하면 대형 화재의 원인으로 이어지고 있어 오히려 안전을 위협할 수 있어 세심한 주의가 필요하다. 난방기구의 종류가 다양해지고 있어 안전사고도 매년 증가하고 있다. 실제로 전열기기 안전사고는 2011년 259건에서 2012년 310건, 2014년 464건으로 증가했고, 2011~2014년 5년간 발생한 안전사고는 1,366건으로, 화재 933건(68.3%), 과열 192건(14%), 화상129건(9.4%) 순으로 나타났다.

겨울이 되면 우리 모두가 사용하는 난방기구는 제대로 사용하지 않으면 큰 피해를 주기 때문에 올바른 사용법과 안전수칙을 지키는 것이 중요하다.

- 난방 기구는 구매 전 전문기관의 "안전인증 마크"와 "소비전력"을 체크하고 구매해야 한다.
- 난방 기구는 사용 중에 기름을 넣어서는 안 되며 급유 시 흘린 기름은 반드시 닦아내야 한다. 난로를 켠 채 이동하는 것은 위험하며, 잠자리에 들 때는 난방 기구를 끄고 잔다.
- 전기난로, 전기온풍기 등 전열기구는 사용 전 먼지제거는 물론 플러그의 파손 및 코드선 피복 손상여부, 그리고 온도조절장치 등이 정상적으로 작동하는지를 사용 전 미리 점검해야 한다.
- 난방기구 사용의 기본은 콘센트 관리를 철저히 해야 한다.
  - 콘센트 주변의 발화물질을 정리한다.
  - 플러그는 콘센트에 완전히 접촉되도록 한다.
  - 멀티 탭에 너무 많은 플러그를 연결하지 않는다.
- 누전차단기는 한 달에 1회 정도 정상작동 여부를 시험해야 하며, 정기적으로 전기배선의 누전여부 등 전기안전 점검을 전문기관에 의뢰해 점검 후 이상 없을 때 사용하는 것이 좋다.
- 난로와 히터는 이동성을 갖춰 편리하지만 취급 시 가장 주의해야 하는 난방기구이다. 모든 난로와 히터는 쓰러지지 않도록 평평한 곳에 설치해야 하며 피부나 옷감이 직접 닿지 않게 해야 한다.
- 주위에 가연성 물질과 함께 두는 것은 위험하며, 습기가 찬 곳에서 사용하면 난방기구가 손상되어 화재의 위험이 있으니 삼가 해야 한다.
- 특히, 전기를 사용하는 난로와 히터는 전력소비량이 높아 과부하를 꼭 주의

해야 한다.

- 전기히터와 가스히터는 복사열이 발생하기 때문에 히터 주변에 가연물이 없도록 안전거리를 충분히 확보토록 한다.
- 화재 발생 시 초기소화에 필용한 소화기를 꼭 비치한다.
- 가스나 석유를 사용하는 난방기구(난로 & 히터 등)의 장시간 사용을 금하며 주기적으로 실내공기를 환기해야 한다.
- 온도는 적절히 설정한다.
- 무거운 물건과 전자제품을 올려두지 않는다.

이상과 같은 사항은 우리가 주변에서 생활하면서 가장 쉽게 접할 수 있는 것들이므로 꼭 체크하여 안전에 만반의 준비를 하도록 한다.

〈표 10-7〉 난방기구 안전점검 리스트

NO.	항 목	예	아니오
1	전원코드, 플러그에 상처나 부풀어 오름이 있다.		
2	전원코드를 만지거나 구부리면 전기가 들어왔다가 나갔다가 한다.		
3	전원코드의 일부, 플러그가 평소보다 뜨겁다.		
4	타는 냄새가 난다.		
5	「약」으로 맞춰도 난방기구가 이상하게 뜨겁다.		
6	본체 내부에 물이나 이물질이 들어간 적이 있다.		
7	난방기구의 조립이 헐겁거나 흔들거린다.		
8	본체가 기우뚱하다.		
9	가동 중에 이상한 소리나 진동이 있다.		
10	타이머 스위치가 도중에 정지할 때가 있다.		

*참고: 행정자치부(행정안전부), 안전생활 길잡이 지도서(2012)
학교안전교육 7대표준안, 교사용지도안, 2016, p.38.

8) 텔레비전

(1) 텔레비전 설치 시 주의사항

- 직사광선(햇빛)이 비치지 않는 곳에 설치한다.
- 습기나 먼지가 많은 곳은 피한다.
- 온도가 너무 높거나 낮은 곳은 피한다.
- 자석을 이용하여 만든 장난감, 스피커, 전화기 등은 제품에서 멀리한다. (자석은 색을 분산시키는 작용을 한다.)
- 불안정하고 흔들리지 않는 평평한 곳에 설치하도록 한다.
  또 벽으로부터 10cm이상 떨어지게 설치하는 것이 좋으며 가급적이면 방바닥이나 융단위에 바로 놓아두는 것은 피하고 텔레비젼 설치대위에 올려두어야 한다.
- TV를 켠 상태에서 제품의 방향을 변경하면 화면에 색 얼룩이 발생할 수 있으니 제품을 제 위치에 정확히 설치한 후 전원플러그를 꽂아준다.
- 화면에 색 얼룩이 발생했을 경우에는 전원플러그를 뽑고 1시간 이상 경과한 후 전원플러그를 꽂아 동작시킨다.

(2) 텔레비전 사용 시 주의사항

- TV 위치는 적절한 시청거리를 유지해야 시력을 해치지 않는다.(이상적인 시청거리는 화면 인치수의 5~7배 정도)
- 전원플러그의 코드를 잡고 빼지 않는다.
- 전원플러그 부근에 열기구를 놓지 않도록 한다.(화재 위험)
- 무거운 물건을 올려놓거나 덮개로 통풍을 막지 않는다.(내부의 온도가 상승)
- 천둥, 번개가 칠 때나 장시간 사용하지 않을 때에는 전원플러그를 뽑아둔다.
- 천둥이나 번개가 칠 때 안테나선은 위험하므로 절대 만지지 않는다.
- 청소 시, 벤젠이나 신나 등의 휘발성 물질을 사용하지 않는다.(변색의 원인이)
  스피커에 먼지나 오물 등이 묻었을 때에는 크린타올을 사용
- 제품을 분해하지 않는다. 고장의 원인이 되며, 감전의 위험이 있다.

- TV, VTR에 습기, 물기는 치명적이다. 물이 들어가거나 머리핀, 성냥, 동전 등 이물질이 들어가면 치명적인 고장의 원인이 된다.
- 보기 좋게 한다고 덮개를 씌워서는 안 된다. 통풍, 방열구가 막혀 고장의 원인이 된다.

(3) 손질요령

- 브라운관 표면에는 정전기 현상으로 먼지가 많이 붙기 때문에 가끔 부드러운 천으로 닦아준다.
- VTR 겉면도 깨끗한 헝겊으로 닦아준다.
- 때가 심하게 묻었을 경우 세제를 묻혀서 닦은 다음 물수건으로 닦고 반드시 마른 천으로 닦아 물기를 없앤다.
- 휘발성이 강한 휘발유, 시너, 벤젠 등으로 닦아서는 절대 안 되며 함부로 기계 내부를 열어 청소하지 않는다.
- 최근의 텔레비전은 대형화 및 음성 다중, 리모컨 제어, 타이머 제어, 위성 방송 수신회로 내장 등으로 인한 소비전력이 증가하고 있다. 텔레비전의 전원 코드를 뽑지 않고 리모컨으로 ON/OFF 하게 되는 상태에서는 텔레비전이 꺼져 있어도 항상 1～3 W 정도의 전기(대기전력)가 사용되고 있다.

최근에는 대기 전력이 적은 제품도 나오고 있지만 외출 시나 취침 시에는 전원 코드를 뽑아두는 것이 절전의 방법이라 하겠다. 또 음을 크게 하거나 화면을 밝게 하게 되면 소비전력이 크게 되므로 적절히 조절하여 사용할 필요가 있다.

3. 식품첨가물과 안전

모든 가공식품에는 식품첨가물이 들어있다고 생각하면 되는데, 우리가 잘 알지 못하는 이유는 바로 원료에 들어가 있기 때문이다. 조금만 관심을 가지면 제품의 포장지에 명시되어 있는 식품첨가물을 나와 가족의 건강을 위해 세밀히 살펴보는 노력을 기울여야 할 것이다.

1) 식품첨가물(food additives)의 정의와 구비조건

(1) 식품첨가물의 정의

일반적으로, 식품첨가물이라 함은 식품을 가공하고 조리할 때 식품의 품질을 유지 또는 개선시키거나, 맛을 향상시키기고 색을 유지하게 하는 등의 목적으로 식품 본래의 성분 이외에 첨가하는 물질을 식품첨가물(food additives)이라고 한다.

각 나라 기관별 정의를 정리하며 다음과 같다.

- 한국의 '식품위생법' 제2조 제2호에는 식품을 제조·가공·조리 또는 보존하는 과정에서 감미(甘味), 착색(着色), 표백(漂白) 또는 산화방지 등을 목적으로 식품에 사용되는 물질을 말한다. 이 경우 기구(器具)·용기·포장을 살균·소독하는 데에 사용되어 간접적으로 식품으로 옮아갈 수 있는 물질을 포함한다.
- USA(미국), EU(유럽연합), CODEX[11](국제식품규격위원회)의 정의
  식품첨가물은 일반적으로 그 자체를 식품으로서 섭취하지 않고, 영양적 가치에 상관없이 식품의 일반 성분으로서 사용되지 않는 물질을 의미하며, 식품의 제조, 가공, 조리, 처리, 포장 및 보관 시에 기술적인 목적을 달성하기 위해 식품에 첨가하여 효과를 나타내거나, 직접 또는 간접적으로 식품에 효과를 나타낼 것으로 기대되거나, 그 부산물이 식품의 구성성분이 되거나, 식품의 특성에 영향을 끼칠 수 있는 물질을 말함. 다만, 오염물질, 영양적 품질 개선을 목적으로 첨가하는 물질은 제외됨.

(2) 식품첨가물의 구비조건

- 인체에 유해한 영향을 미치지 않을 것.

11) 국제 식품 규격 위원회(Joint FAO/WHO Codex Alimentarius Commission)는 1962년에 소비자 건강보호 및 식품의 공정한 무역을 보장할 목적으로 설립된 기관이다. 현재 회원국은 150개국이며, 사무국은 이태리 로마의 식량 농업 기구(FAO) 본부내에 위치하며 5명의 전문가가 활동하고 있다. 설립 목적은 소비자의 건강보호와 식품의 공정한 무역의 달성에 있으며, 각국 정부의 채택을 위해 권고될 수 있는 식품기준의 개발, 정부 또는 비정부기관에서 추진하는 모든 식품기준작업의 국제적인 조화 및 조정작업을 담당하고 있다. Codex 기준 제정 실적(2007년 기준)으로는, 237종 식품기준 설정, 3,274종 농약잔류허용기준 설정, 25종 오염물질 잔류허용기준 설정, 41종 Codex of Practice 제정, 76종 식품첨가물 안전성 평가, 185종 농약 안전성 평가, 54종 동물약품 안전성 평가이다.
*출처: 위키백과, https://ko.wikipedia.org/wiki/%EA%B5%AD%EC%A0%9C_%EC%8B%9D%ED%92%88_%EA%B7%9C%EA%B2%A9_%EC%9C%84%EC%9B%90%ED%9A%8C

- 사용목적에 따른 효과를 소량으로도 충분히 나타낼 것.
- 식품의 제조가공에 필수불가결할 것.
- 식품의 영양가를 유지할 것.
- 식품에 나쁜 이화학적 변화를 주지 않을 것.
- 식품의 화학분석 등에 의하여 그 첨가물을 확인할 수 있을 것.
- 식품의 미관을 좋게 할 것.
- 식품을 소비자에게 이롭게 할 것.

2) 식품첨가물의 종류와 특성

세계 여러 나라에서 식품첨가물에 대하여 법적 규제를 하고 있으며 우리나라에 있어서는 1962년 1월 20일 식품위생법, 그리고 1962년 6월 12일에 각령 제 811호로서 식품위생법 시행령이 공포됨으로서 217종의 식품첨가물이 지정되었는데, 그 후 시행령에서 시행규칙으로 편입되었다.

우리들의 식탁에서 자주 보는 햄, 소시지, 맛살, 생선묵 따위에 가장 많이 들어있는 첨가물로 색깔을 내는 '아질산나트륨'과 방부제인 '소르빈산칼륨', '피로피은나트륨' 등을 들 수 있다.

'아질산나트륨'의 경우는 음식을 먹음직스럽게 하기 위해서 넣는 화학물질인데, 고기를 만드는 가공식품에 제일 많이 쓰이고 있다. 고기류는 시간이 지남에 따라 썩으면 붉은색이 갈색으로 변하게 된다. 바로 이런 현상을 막기 위하여 쓰이는 물질이다. 아질산나트륨이 고기의 단백질과 결합하여 만들어지는 '니트로조아민'이라는 물질이 바로 우리가 염려하는 발암물질이며, 암의 원인이 될 뿐 아니라 빈혈, 구토, 호흡기능 약화 따위들을 생기게 한다.

'소르빈산칼륨'은 음식물이 썩지 않고 오랫동안 둘 수 있도록 하는 방부제이다. 이것 역시 오랫동안 많이 먹으면 암을 일으킬 수 있다. 이것은 고기류의 가공식품에 많이 쓰이며, 음식에서 세균이 크는 것을 줄이거나 없앰으로써 보존 기간을 늘이기 위하여 모든 가공식품에 거의 예외 없이 사용되는 식품첨가물이다.

식품첨가물은 제조방법 또는 사용 목적에 따라 몇 가지로 분류된다.

(1) 제조 방법에 따른 분류

화학적합성품과 천연첨가물로 나눌 수 있는데, 화학적합성품은 동물·식물·광물 등 천연물이나 그 추출물을 원료로 하여 화학반응을 일으키거나 화학물질로부터 합성하여 얻는다. 반면, 천연첨가물은 천연의 동식물 및 광물을 추출한 다음 첨가물로서의 유효한 성분만을 얻어서 사용한다. 식품첨가물의 이러한 구분은 '화학적 수단으로 생겨난 물질'이라는 편견으로 자칫 천연첨가물보다 화학적합성품이 더 건강에 나쁘다고 생각할 수 있는데 그렇지 않다. 시중에 나와 있는 화학적합성품과 천연첨가물은 단순히 제조방법의 차이일 뿐 모두 국제적으로 안전성이 확인된 것이다.

(2) 사용목적에 따른 분류

〈표 10-8〉 식품첨가물의 분류

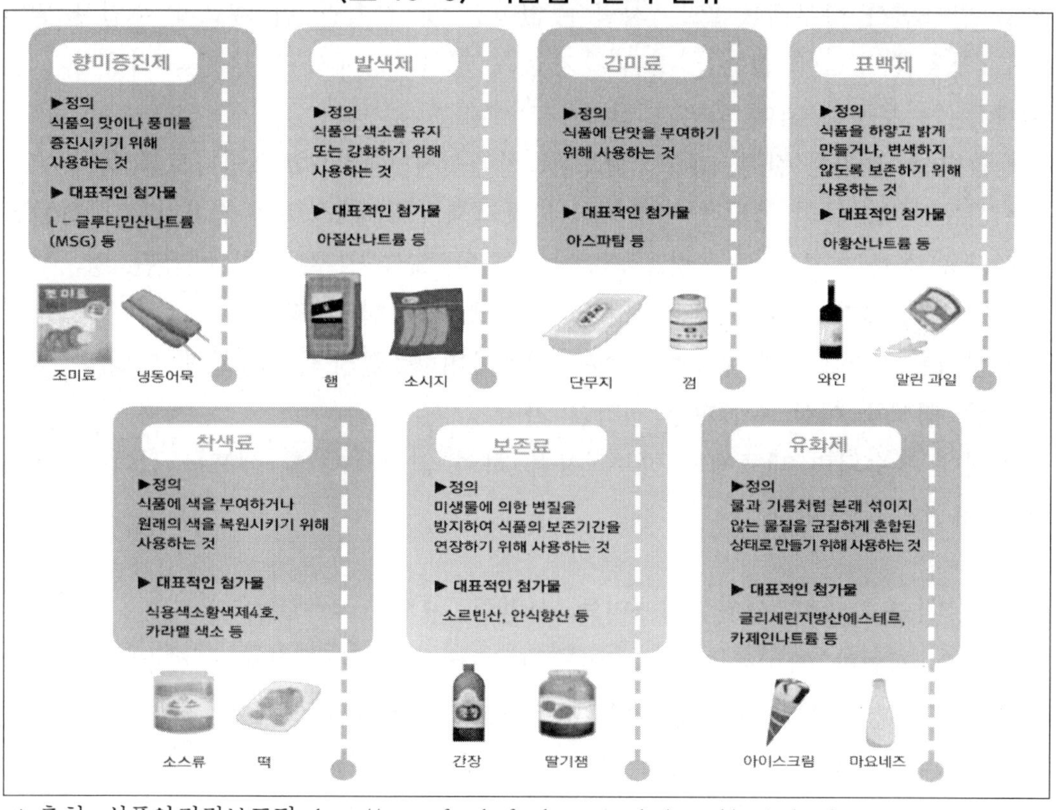

* 출처: 식품안전정보포털, http://www.foodsafetykorea.go.kr/portal/main.html

① 방부제(합성보존료)

소비자들의 의식이 높아짐에 따라 요즘은 국내에서 생산 유통되는 많은 식품들에서 '무방부제'라는 표식을 발견할 수 있다. 하지만 장기간 보관이 필요한 식품들이나 수입되는 식품의 경우 방부제에서 벗어나기는 불가능하다. 밀가루가 영양만점의 좋은 식품인 것은 부정할 수 없는 사실이지만 우리가 사용하는 밀가루가 미국의 식당이나 가정에서 사용되고 있는 것과 같은 상태의 밀가루라고 생각한다면 큰 오산이다. 곡류를 오래 보관하면 벌레가 생기기 마련이지만 수입산 밀가루에 벌레를 집어넣으면 벌레가 통통하게 살이 찌는 것이 아니라 바로 죽어버린다. 생산지에서 우리나라 소비자들의 손에 들어오기까지 길게는 2년씩이나 걸리는 기나긴 기간 동안 습하고 더운 기후를 견디면서, 더구나 통곡물류도 아닌 밀가루가 부패하지 않고 버틸 수 있는 비결은 오로지 방부제에 의지하는 것이다. 빵을 만들면서 방부제를 쓰는 사람은 없어진 것 같지만 원 재료가 수입산 밀가루를 사용할 수밖에 없는 실정이니 제품의 생산과정에서 '방부제을 사용하지 않았다."라는 문구는 이미 의미가 없다.

- 솔빈산, 솔빈산 칼륨, 벤조산나트륨, 살리실산, 데히드로초산나트륨 등
- 기능 ; 세균류의 성장을 억제하거나 방지하기 위해 식품에 첨가하는 화학물질
- 사용 식품 ; 치즈, 초콜릿, 음료수, 칵테일, 고추장, 짜장면, 마가린, 빵, 어육, 단무지, 케찹, 발효유, 유산균, 오이지, 생선물, 햄, 간장
- 부작용 ; 아소산과 반응하여 중추신경마비, 출혈성 위염, 간에 악영향, 발암성, 염색체 이상, 눈, 피부 점막을 자극

체내에 흡수되면 세포에도 방부작용을 하여 없어져야 할 세포를 잡아둠으로서 암을 유발하기도 한다.

② 감미료 : 둘신, 사이클레메이트, 사카린, 나트륨

당질을 제외한 감미를 가지고 있는 화학적 제품을 총칭해서 합성감미료라고 한다. 이는 영양가는 거의 없으며, 많은 량을 섭취하면 인체에 유해하므로 특별한 경우를 제외하고는 사용하지 않는 것이 좋다. 천연물을 재결정하여 얻은 설탕은 과잉섭취하면 당뇨병, 심장장애 등 성인병을 일으키는 것으로 알려지고 있다.

합성감미료의 개발이 필요한 데, 이는 감미의 강도나 급성중독 외에도 발암성, 치기성, 유전인자에 미치는 영향 등을 검토하여야 할 것이다. 사카린 나트륨은 흔히 사카린으로 불리며 물에 잘 녹으며 그 감미는 설탕의 250~500배이다.

- 기능 ; 단맛을 내며 설탕의 수백배 효과를 내는 물질
- 사용 식품 ; 청량음료, 간장, 과자, 빙과류
- 부작용 ; 소화기, 콩팥장애, 발암성, 흰쥐 경구에 투여하면 뇌 등에 중상, 자궁암, 방광암, 토끼의 경구에 투여하여 골격 이상 등을 발견 함.

③ **화학조미료** : MSG L-글루타민산, L-글루타민산나트륨 등

인공적인 맛을 위해 화학물질을 합성한 것이다. 감칠맛을 내기도하지만 입 안 세포의 감각을 마비시키기도 한다.

식품첨가물의 대표적인 화학조미료의 성분인 MSG(Monosodium L-glutamate)는 버섯, 육류, 김, 토마토 등 자연 식품에 단백질의 일부분으로 존재한다. 그러나 이러한 자연 식품을 섭취했을 때 부작용이나 병적 증세가 보고된 예는 없다. 다만 식품 첨가제로 만들어진 화학조미료의 경우 독성을 나타낸다.

글루탐산은 흥분성 신경전달물질로 과량의 글루탐산이 신경조직에 흡수될 경우 신경 세포막을 파괴한다. 유아의 대뇌는 어른과 달리 극소량이라도 뇌하수체가 파괴될 가능성이 있으며 성장은 물론 일반 대사에 이상을 불러올 수 있다는 보고가 있다. 이밖에 글루탐산은 산혈증의 원인이 되면서 신장에서의 칼슘 흡수를 막고 뼈속에 저장됐던 칼슘까지 떨어져 나가게 해 골다공증을 일으킨다고 한다. 감칠맛을 내는 화학조미료인 MSG는 일본의 이케다 박사에 의해 다시마 추출물에서 발견된 물질인데, 일반 음식점에서 가정에 이르기까지 맛을 내기 위해 많이 사용되고 있다. 다량의 MSG를 섭취했을 때 10-20분 후 후두부의 작열감과 함께 불쾌감, 근육 경직, 메스꺼움 등의 증상이 얼마간 나타나기도 한다. 특히 중국음식에 이 MSG가 많은데 중국음식을 먹고 난 후 이런 증상을 호소하는 사람이 많아 '중국음식점증후군(Chinese Restaurant Syndrome)' 이라는 말이 있을 정도이다. 중국 음식점뿐만 아니라 거의 모든 식당과 많은 가정에서 맛을 내기 위해 화학조미료를 사용하고 있는 것은 우리의 건강에 심각한 문제이다. 가정에서부터

화학조미료의 사용을 줄이고 천연조미료를 사용해야 하며, 우리나라에서 생산되는 천연식품자원으로 고유의 천연조미료를 개발하는 것도 시급한 문제이다.

- 기능: 식품에 존재하지 않던 맛을 내거나 전재하던 맛을 더욱 강하게 혹은 바꾸고 없애는 물질
- 사용 식품: 과자, 통조림, 음료수, 캐러멜, 다시마, 맛소금, 다시다, 감치미
- 부작용: 중국음식증후군(중국음식을 먹고 나면 나타나는 증상 때문에 붙여진 이름으로 얼굴경직, 가슴 압박감, 불쾌감을 일으킴), 어린이 뇌손상, 천식, 우울증, 현기증, 손발저림, 두통, 어린이 입의 신경세포 파괴, 두뇌장애, 성장장애, 대사장애, 발열, 무력감, 구토 등을 일으킬 수 있다.

④ **착색제** ; 타르색소(황색4호, 합성착색료 등)

식품의 색은 맛이나, 향과 같이 식품에 매력을 느끼게 하며 기호 상 대단히 중요한 요소이기 때문에 인공적으로 식품을 착색시킨다. 식품가공 상 식품에 착색료를 첨가할 경우가 인체에 해가 없는 천연색소를 사용하는 것이 바람직하지만, 여러 가지 이유 때문에 합성 착색료가 많이 쓰인다.

15종의 타르 색소와 기타 7종의 착색료가 지정되어 있다. 타르색소는 석탄에서 얻은 콜타르로부터 제조된 것으로서, 그 종류가 매우 많은데 그 중에서 비교적 독성이 적은 것만이 식용색소로 지정되어 있다. 색소는 일광이나 열에 의해서 변화되는 것과 산과 알칼리에 의하여 변화되는 것이 있기 때문에 그 성질을 참작하여 식품에 따라 적당한 색소를 선택 할 필요가 있다.

❑ 타르계 : 식용색소 녹색 3호

과자, 청량음료 등에 5～10 ppm을 사용한다. 멜론색은 황색 4호 87%에 녹색 3호 12%를 혼합한다. 흰쥐 경구투여 LD50은 2g/kg 이며, 흰쥐(5% 함유사료), 개(2%), 마우스(2%)의 2년간에 걸친 사육시험에서 현저한 영향을 인정할 수 없었다. 사람의 ADI는 12.5 mg/kg이다.

❑ 비타르계 : 황산동

황산동은 착색료라고 하는 것보다 발색제로 보는 것이 좋다. 황산동은 독성이

강하므로 소량이라도 사람의 위점막을 자극하여 구토나 설사를 일으킬 수 있다. 쥐의 경구투여 LD50 = 300 mg/kg이다.

북유럽에서는 타르계 색소의 사용을 전면 금지하고 있다. 적색2호는 발암논란 때문에 미국에서는 1970년대부터 사용이 금지되었지만 우리나라는 사용이 허가되어 있다.

- 기능 : 소비욕구 충족을 위해 색을 내게 하는 화학물질
- 사용 식품 : 치즈, 버터, 아이스크림, 과자류, 캔디, 소시지, 통조림, 푸딩
- 부작용 : 간, 혈액, 콩팥 장애, 발암성

타르계 색소는 알레르기성 비염, 결막염, 천식을 일으키고 과다 섭취하게 되면 암을 유발하는 물질로 알려져 있다.

⑤ **발색제:** 아질산나트륨, 아초산나트륨

발색제 그 자체에는 색이 없으나 식품 중의 색소와 작용해서 색을 안정시키거나 발색을 촉진시킨다.

- ❑ **육류발색제:** 고기의 헤모글로빈(hemoglobin)과 미오글로빈(myoglobin)에 의하여 붉은 색으로 보인다. 식품 주의 2급 아민은 아질산염과 반응하여 나이트로소 아민을 생성하므로 제2급 아민이 많은 수산 제품에는 질산염의 사용을 금하고 있다. 특히 아질산나트륨은 WHO에서 어린이용 식품에는 사용을 삼가도록 권장하고 있다.
- ❑ **식물성 발색제:** 황산 제1철은 산성에서 적색, 알칼리성에서는 청색을 나타낸다. 야채, 과실의 발색제로 사용한다. 결정형은 기타철의 강화제로서 사용된다.

- 기능 : 색을 선명하게 하는데 사용하는 물질
- 사용 식품 : 햄, 소시지, 어류제품
- 부작용 : 빈혈증, 호흡기는 악화, 급성 구토, 발한, 의식 불명, 간장암 유발

⑥ **팽창제 :** 명반, D-주석산수소칼륨 등

빵이나 카스테라 등을 만들기 위해 밀가루를 부풀게 하여 조직을 향상시키고 적당한 형체를 갖추게 하기 위하여 사용되는 첨가물

• 기능 : 빵이나 과자를 부풀리는 화학물질
• 사용 식품 : 빵, 비스킷, 초콜릿
• 부작용 : 카드뮴, 납 등의 중금속 함량이 높다.

⑦ **산화방지제 :** 부틸히드록시아니졸(BHA), 부틸히드록시톨류엔(BHT) 등

지방의 산화를 지연시키거나 산화에 의한 변색을 지연시킬 목적으로 첨가되는 첨가물

• 기능 : 지방성 식품과 탄수화물식품의 변색을 방지하는데 사용하는 물질
• 사용 식품 : 크래커, 수프, 쇼트닝, 쥬스 등
• 부작용 : 콜레스테롤 상승, 호르몬제에서 발암성 유발, 유전자 손상, 염색체 이동, 흰쥐 체중 저하, 신생아 무뇌증 사례

⑧ **표백제 :** 아황산나트륨

유색물질을 화학적 분해에 의하여 탈색시키는 것을 표백이라고 한다. 식품을 표백시키기 위해서는 일반적으로 환원제나 산화제를 사용하여 색소를 분해시킨다. 이 때 영양소를 파괴시키거나, 그 자신이 독소를 가지고 있는 것이면 안된다. 특히 산화제로 쓰이는 과산화수소는 최종제품완성 전에 분해 제거하여야 한다.

• 기능 : 색깔을 희게 하는데 사용
• 사용 식품 : 과자, 빵, 빙과류
• 부작용 : 순환기 장애, 위점막 자극, 천식유발, 호흡기 점막, 눈 자극, 유전자의 손상, 염색체 이상

⑨ **살균제 :** 표백분과 고도 표백분, 차아염소산나트륨

음식물용 용기, 기구 및 물 등의 소독에 사용하는 것과 음식물의 보존 목적으로 첨가하는 것이 있다. 살균제의 구비조건은 부패원인균, 또는 병원균에대한 살균력이 강해야하며 그 이외의 조건은 보존료와 같다.

• 기능 : 어육제품을 살균하는데 사용하는 화학물질
• 사용 식품 : 두부, 어육제품, 햄, 소시지
• 부작용 : 피부염, 고환 위축, 발암성

⑩ **향신료(합성착향료)** : 바닐린, 락톤류 등(표기: 딸기향, 포도향 등)

코를 자극하는 향기를 발산하여 식욕을 느끼게 하는 첨가물질이다. 향료는 식품의 기호적 가치를 증가할 목적으로 냄새를 강화, 또는 변화시키거나, 좋지 않은 냄새를 없애기 위하여 사용된다.

향료성분에 부가적으로 사용되는 용제와 유화제, 안정제, 부형제 등은 안정성이 검증되지 않은 게 대부분이다. 유럽연합에서는 2004년부터 착향료 사용을 규제하고 있으며, 미국과 일본도 같은 추세이다. 하지만 우리나라에서는 조미용 향료 사용이 증가하고 있다.Hanning은 향을 화향, 과실향, 향신료향, 수지향, 차향, 부패향 등으로 분류하였다.[12)]

〈표 10-9〉 주요 첨가물의 종류와 용도

첨가물	용도	독성
소르빈산 소르빈산칼륨	어육제품, 단무지, 간장, 케첩, 발효유, 유산균음료, 곡류가공품(팥앙금 등), 치즈, 된장, 잼, 해조류 절인제품, 어패류가공 건제품(오징어채, 진미포 등)	아소산과 반음, 발암물질 유발, 중추신경마비, 간 손상 등
데히드로초산 데히드로나트륨	치즈, 버터, 마가린	간에 영향, 염색체 변형
데히프로피온산 프로피온산칼슘 프로피온산나트륨드로초산 데히드로나트륨	치즈, 햄, 과자, 초콜릿	눈과 피부점막 자극
벤조산나트륨	마가린, 잼, 과일통조림	
소르브산 소르브산염	치즈	
아질산나트륨	육류	

12) http://tip.daum.net/question/39293829?q=%EC%8B%9D%ED%92%88%EC%B2%A8%EA%B0%80%EB%AC%BC%EC%9D%98+%EC%A2%85%EB%A5%98

인식향산 인식향산나트륨 파라옥시안식향산에틸 파라옥시안식향산부틸 파라옥시안식향산이소부탈 파라옥시안식향산프로필	간장, 화장품, 청량음료, 드링크류(약제), 과일, 식초	
EDTA2나트륨 EDTA나트륨 EDTA칼슘	마요네즈, 통조림	칼슘부족증, 혈압강화, 위장장애. 뇌손상, 기형아
에르소르빈산 에르소르빈산나트륨	생선, 생선절임, 냉동식품, 주류, 주스, 버터, 치즈	명이원성, 염색체이상

*출처: http://koras.tistory.com/156

위의 표에서 보았듯이 성장기에 있는 어린이나 노약자가 식품첨가물이 들어간 식품을 반복적으로 과다하게 섭취했을 경우 심각한 신체적 질병을 일으킬 수 있다. 따라서 100% 첨가물을 없앨 수는 없지만 그래도 최소한의 식품첨가물 섭취로 우리의 건강을 지킬 수 있도록 식품첨가물에 대한 올바른 이해와 식품첨가물의 종류와 함량을 확인하고 식품 구입, 특정식품만을 과다섭취하지 않도록 주의, 식품첨가물표시가 제대로 되어 있지 않은 식품은 구입하지 않는 등 일상에서의 제거 방법을 위한 작은 실천과 노력은 식품들에 포함된 여러 유해한 물질들로부터 우리 가족 및 국민의 건강을 지킬 수 있을 것이다.

〈표 10-10〉 첨가물의 종류에 따른 위해와 제거방법

식품종류	식품첨가물	인체에 미치는 영향	식품첨가물 제거방법
 단무지	사카린나트륨	소화기, 콩팥장애, 발암성	찬물에 5분정도 담가둔다
 어묵	소르빈산칼슘	중추신경마비/출혈성 위염 간에영향/발암성 눈/피부점막 자극	뜨거운물에 헹군다 또는 뜨거운물을 뿌려준다
 맛살	착색제 산도조절제	간/혈액/콩팥 장애 발암성/생식기 저하	찬물에 담가둔다
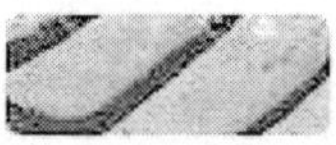 햄	아질산나트륨 발색제	구토 호흡곤란 어린이 집중력 결핍/분노 어린이 뇌손상/천식/우울증	뜨거운물에 2~3분 데친다
 햄(캔용)	아질산나트륨 MSG 타르색소	구토 호흡곤란 어린이 집중력 결핍/분노 어린이 뇌손상/천식/우울증	캔을 개봉하면 위에 노란 기름을 잘라내고 요리한다
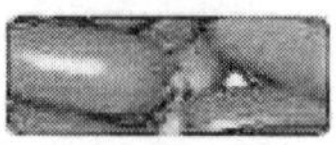 비엔나햄	아질산나트륨 MSG 타르색소	구토 호흡곤란 어린이 집중력 결핍/분노 어린이 뇌손상/천식/우울증	칼집을내어 뜨거운물에 2~3분 데친다
 베이컨	아질산나트륨 산화방지제 인공색소	구토 호흡곤란 어린이 집중력 결핍/분노 어린이 뇌손상/천식/우울증	끓는물에 데친뒤 키친타올에 올려 기름을 제거한다
 통조림 옥수수	방부제 산화방지제	중추신경마비/출혈성 위염 발암성/피부점막 자극 콜레스테롤 상승	체에 받쳐 찬물에 행군다
 두부	응고제 소포제 살균제	피부염/고환 위축/발암성	찬물에 헹군다 남은것은 찬물에 담가 유리용기 넣어 냉장 보관한다

*출처: http://koras.tistory.com/156

3) 제조업계의 식품첨가물의 올바른 사용과 안전성

식품위생법으로 허가되지 않은 불법 식품첨가물을 사용하거나 기준 및 규격으로 정해진 사용기준을 위반해 사용할 경우는 사람에게 해를 줄 수 있는 화학적 위해요소가 된다.

(1) 유통기한 준수

생산 현장에선 식품첨가물 역시 예상 못하는 상황이 발생해 문제가 야기될 가능성이 존재한다. 이중 식품첨가물을 잘 알고 있는 사람도 실수하기 쉬운 것 중 하나가 '유통기한'이다. 식품첨가물 중 화학적 합성품도 우유나 소스처럼 유통기한을 갖고 있다. 화학물질도 시간 경과에 따라 성분 변화가 일어난다. 보관 중 열, 습기, 햇빛 등 외부 자극에 노출되면 화학적 변화가 일어난다.

때문에 식품첨가물을 보관 시에는 유통기한을 준수하면서 식품첨가물의 품질 및 안전에 영향을 미치는 온도, 습도, 빛 등에 노출되지 않도록 관리해야 한다. 특히 식품첨가물을 소량씩 나눠 사용하는 경우는 습기가 들어가지 않도록 밀봉 관리에 각별한 주의를 기울여야 한다.

(2) 식품첨가물 사용기준 준수(계량관리)

식품첨가물 관리에서 유의할 점은 법으로 정해진 식품첨가물 사용기준 준수와 직결되는 '계량 관리'다. 식품첨가물을 정확히 계량 관리하기 위해 먼저 할 일은 생산할 제품의 양을 정확히 파악하는 것이다. 그리고 제품에 필요한 식품첨가물 양을 계산해 계량하는 것이다. 의외로 단순한 절차이지만 품질 관리자나 계량 담당자가 실수할 경우 법적 문제를 야기할 수 있는 심각한 문제다.

따라서 식품첨가물의 사용량 계산, 식품첨가물의 계량 작업이 실수 없이 이뤄지도록 추가 확인 또는 교차점검을 해야 한다. 한 예로 제품을 만드는데 필요한 안식향산이 10g이라면 계량 담당자는 10g을 측정한 뒤 재차 무게를 측정해야 한다. 이렇게 계량한 것은 잘 밀봉한 뒤 '안식향산, 10g'이라고 표시해 누구나 어떤 식품첨가물이 얼마큼 있는지를 알 수 있도록 해야 한다.

(3) 식품첨가물의 혼합 관리

식품첨가물은 생각보다 적은 양을 사용하기 때문에 다른 원료들과 섞을 때 주의해야 한다. 만약 식품첨가물이 고르게 섞이지 않으면 어떤 제품에는 식품첨가물이 많고, 어떤 제품에는 적은 결과가 발생할 수 있다.

식품첨가물이 잘 분산되지 않고 많이 들어간 제품은 법으로 정한 사용기준을 위반하는 결과를 초래해 행정처분 또는 사법 처리될 수 있다. 그리고 식품첨가물이 적게 들어간 경우 역시 제품 보존성 등에 문제가 발생할 수 있기 때문에 혼합 관리는 각별히 주의해야 한다.

식품첨가물 혼합공정은 적은 양과 많은 양이 편중되지 않도록 하는 것이 중요하다. 그러므로 식품첨가물의 첨가 순서, 혼합 방식, 혼합 속도, 혼합 시간 등을 잘 고안해야 한다. 특히 현장 담당자는 작업일지에 이들 조건이나 과정을 다 기록하고, 관리자는 현장 담당자의 기록 및 작업 상황을 정기적으로 점검해야 한다.

(4) 처분 · 사법 처리 대상

다시 한 번 강조하지만 법적으로 사용기준이 정해져 있는 식품첨가물의 사용기준을 위반한 경우에는 다른 것보다 엄한 처분을 받는다. 식품첨가물 사용기준이 개정된 사실을 모르고 사용하다가 행정처분뿐 아니라 형사처벌까지 받을 정도로 식품첨가물의 위반은 매우 엄격하게 다루기 때문에 정기적으로 관보 또는 식약처 홈페이지를 확인하는 것도 필요하다.

결론적으로 식품첨가물은 유통기한을 관리하고 온도, 열, 빛 등의 영향을 받지 않도록 보관하며, 식품첨가물을 계량·혼합할 때는 철저하게 교차 점검해야 한다. 또한 식품첨가물의 사용기준을 정기적으로 확인해야 한다.[13]

13) 출처: 식품음료신문, http://www.thinkfood.co.kr/news/articleView.html?idxno=81872

4) 식품안전관리인증

(1) 식품안전관리인증제도

식품안전관리인증(HACCP) 마크
(해썹(HACCP) 심벌과 지정업소 현판 견본)

*출처: Korea Institute for Food Safety Management Accreditation,

'식품안전관리인증'이란 안전한 식품관리를 국가기관에서 인증하는 제도로서 안전한 식품 생산과 관리에 대한 표준을 제시하고, 이를 인증하여 식품에 의한 위해 요소를 사전에 예방하는 제도이다. 한국의 대표적인 식품안전관련 인증으로는 해썹(HACCP)이 있다. 생산설비와 작업기준, 위생관리기준 등에 대한 표준을 제시하고 이를 한국식품안전관리인증원에서 심사하여 인증한다. 인증을 받은 제품과 업소는 인증마크를 부착할 수 있다. 이밖에 어린이 기호식품에 대한 인증제도가 있으며, 식품의 생산, 제조, 유통 경로를 추적하는 이력추적관리제도가 마련되어 있다. 식품을 만드는 과정에서 생물학적, 화학적, 물리적 위해요인들이 발생할 수 있는 상황을 과학적으로 분석하고 사전에 위해요인의 발생여건들을 차단하여 소비자에게 안전하고 깨끗한 제품을 공급하기 위한 제도이다.

해썹(HACCP)은 위해방지를 위한 사전예방적 식품안전관리체계이며, '위해요소분석(Hazard Analysis)'과 '중요관리점(Critical Control Point)'의 약자를 사용하여 해썹(HACCP) 제도라고 약칭한다.

2007년 해썹지원사업단이 발족되었고, 2009년 〈식품위생법〉에 관련 규정이 제정되면서 식품안전관리에 대한 통합적인 인증제도로 만들어졌다. 2013년 한국식품안전관리인증원이 개원하면서 인증절차를 주관하고 있다. 해썹(HACCP)을 적용하고자 하는 업체의 영업자는 식품위생법 등 관련 법적 요구사항을 준수하면서, 위생적으로 식품을 제조·가공·조리하기 위한 기본시스템을 갖추고, 작업기준 및 위생관리기준을 포함하는 선행요건 프로그램을 먼저 개발하여 시행하여야 한다.

선행요건 프로그램에 포함되어야 할 사항은 영업장·종업원·제조시설·냉동설비·용수·보관·검사·회수관리 등 영업장을 위생적으로 관리하기 위한 기본적이고도 필수적인 위생관리 내용이다. 관련규정의 주요 내용은 〈식품위생법〉의 관련조항과 〈식품안전관리인증 기준〉 및 〈위생분야 종사자의 건강진단규칙〉 등에 상세하게 제시되어 있다.

인증을 받은 생산자는 해썹(HACCP) 적용 제품의 특성과 포장 재질 또는 디자인에 적합하게 다양한 색상과 크기를 적용하여 해썹 심벌을 사용할 수 있다. 식품 또는 축산물 구분이 필요한 경우에는 심벌 내부에 "식품안전관리인증 또는 축산물안전관리인증", "안전관리인증식품 또는 안전관리인증축산물"로 표시할 수도 있다. 또한 해썹 지정업소는 사용 장소에 맞게 인증마크 현판을 제작, 부착할 수 있다.

식품에 대한 다른 인증제도로는 어린이식생활관리 특별법에 의한 '어린이 기호식품 품질인증' 제도가 있다. 인증제도 외에도 국가에서는 안전한 식품의 제조와 유통을 위한 다양한 관리 제도를 운영하고 있다. '식품이력추적관리제도'는 식품의 제조가공단계부터 판매단계까지 각 단계별로 정보를 기록 관리하여 해당 식품이 안전성 등에 문제가 발생할 경우 해당 식품을 추적하여 신속하게 유통을 차단, 회수할 수 있도록 한 제도이다. 일반 식품과 건강기능식품으로 나누어 관리하며, 등록 품목에는 별도의 표시를 부착하도록 하고 있다.[14)]

〈표 10-11〉 식품안전표시 7가지 확인 요소

1	위생을 약속하는 유통기한
2	안전한 재료성분
3	건강관리를 도와주는 영양성분
4	믿을 수 있는 식품이력
5	안전한 사용 식품용기포장
6	건강을 챙기는 건강기능식품표시
7	안심하고 구입하는 인증마크

(2) 어린이기호식품 품질 인증제도

① 기호식품의 이해

사람 몸에 필요한 영양소가 들어 있는 것은 아니지만, 독특한 향기나 맛 따위가 있어 즐기고 좋아하는 식품으로 영양소의 공급보다는 심리적이나 생리적 욕구를 충족시키기 위한 식품을 말한다. 술, 담배, 차(茶), 커피 등이 있다.

우리들이 평소에 먹는 식품 가운데서 곡류·육류·채소류와 같은 것은 그 속에 함유되어 있는 단백질·지질·탄수화물·무기질·비타민 등의 영양소를 이용하고자 하는 것으로, 생명 유지를 위해 필수적인 식품이다. 그러나 차·커피 등과 같

14) http://100.daum.net/encyclopedia/view/47XXXXXXb273

은 식품은 함유되어 있는 영양소의 종류나 함량에 관계없이 다만 향기와 맛을 즐기기 위한 기호식품이다. 그런데 이들은 서로 구별하기 어려울 때가 많다. 즉 설탕이나 소금 등은 제각기 당질과 무기질을 공급하는 영양식품인 동시에 기호식품인 것이다. 알코올음료도 기호식품인 동시에 에너지공급원으로서의 가치를 가지고 있다. 기호식품의 종류는 매우 다양한데 대표적인 것으로는 음료 · 과자 · 조미식품 등을 들 수 있다. 기호음료는 알코올성음료와 비 알코올성음료로 크게 나눌 수 있다. 알코올성음료에는 곡류 · 과일 등을 원료로 하여 만든 약주 · 탁주 · 맥주 · 포도주와 이것을 다시 증류한 소주 · 위스키 · 진 등이 있다. 비 알코올성음료는 알코올 이외의 특수성분이 들어 있어서 기분을 상쾌하게 하고 식욕을 증진시키는 것이다. 비 알코올성음료에는 알칼로이드음료인 차 · 커피 · 콜라와 탄산가스를 품고 있는 사이다 · 광천수와 같은 청량음료, 천연과즙을 이용하여 만든 음료, 젖산균을 이용하여 만든 음료 등이 있다. 과실 · 꽃 · 감미료 등을 섞어 맛과 청량감을 아울러 즐기는 화채나 수정과, 또는 구기자차 · 오매차 · 인삼탕과 같은 차 종류도 우리 고유의 기호음료이다. 과자류에는 쌀 · 콩 · 벌꿀 및 여러 과일을 써서 만드는 조과와 우유 · 녹말 · 달걀 · 지방 · 과즙 · 젤라틴 등을 재료로 하여 만든 양과가 있다. 설탕 · 천연감미료 · 인공감미료 · 소금 등도 기호식품에 소속시킬 수도 있다.[15]

② 어린이기호식품 품질인증제도

어린이기호식품 품질인증제도란 안전하고 영양을 고루 갖춘 어린이 기호식품의 제조 · 가공 · 유통 · 판매를 권장하기 위해, 식품의약품안전처장이 정한 품질인증기준에 적합한 어린이 기호식품에 대한 품질인증을 해주는 제도.

품질인증식품은 안전기준, 영양기준 및 식품첨가물 사용기준에 적합하여야 하며, 가공식품과 조리식품 모두에 적용된다. 공통적으로 식품안전이 보장된 업소에서 제조, 조리하여야 하고, 고열량 저영양 식품은 제외되며, 단백질 · 식이섬유 · 비타민 · 무기질이 강화된 식품이어야 한다. 어린이 기호식품 품질인증 식품으로 인증을 받은 식품에는 품질인증 마크가 표시된다.

---

15) 다음백과, http://100.daum.net/encyclopedia/view/14XXE0008485

식품의약품안전처 고시 〈어린이 기호식품 품질인증기준〉에 의해 2009년부터 시행되고 있다.16)

어린이 기호식품 품질인증식품 마크

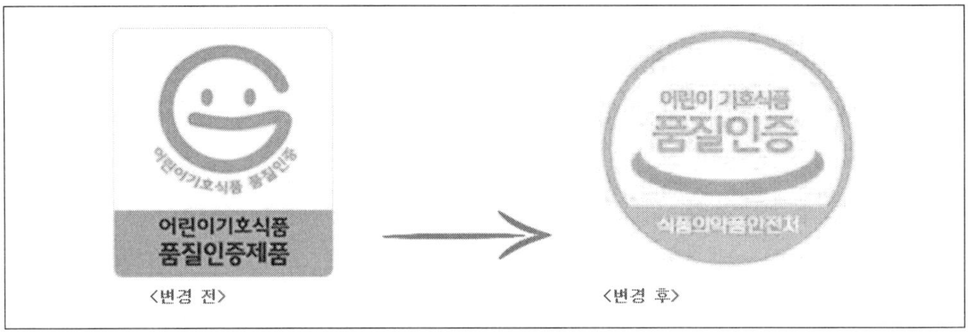

*출처:식품의약품안전처(Ministry of Food and Drug Safety)공식블로그

③ 그린푸드존(Green Food Zone, 식품안전보호구역)

그린푸드존(Green Food Zone) 또는 어린이 식품안전보호구역(食品安全保護區域)은 안전하고 위생적인 식품판매 환경의 조성으로 어린이를 보호하기 위하여 시장·군수 또는 구청장과 같은 지자체 장이 학교와 해당 학교의 경계선으로부터 직선거리 200미터의 범위 안에 지정하여 관리하는 구역이다. 여기서 상인들은 불량식품, 패스트푸드, 탄산음료, 지방이 많이 들어있는 과자를 판매할 수 없다. 어린이 식품안전보호구역에는 어린이 식품안전보호구역의 표지판 등을 설치하고, 어린이 기호식품을 조리 또는 진열·판매하는 즉석판매제조·가공업, 식품자동판매기영업, 휴게·일반음식점영업 등은 “어린이 기호식품 조리·판매업소”로 관리된다. 보호구역으로 지정되면 정기적으로 어린이 기호식품 전담 관리원이 어린이 기호식품 조리·판매업소의 식품위생에 관한 지도 및 계몽, 어린이 식품안전보호구역에서 고열량·저영양 식품, 고 카페인 함유 식품 및 정서저해식품 판매 여부 등을 확인 점검한다.17)

---

16) http://100.daum.net/encyclopedia/view/47XXXXXXb274

17) 위키백과, https://ko.wikipedia.org/wiki/%EC%96%B4%EB%A6%B0%EC%9D%B4_%EC%8B%9D%ED%92%88%EC%95%88%EC%A0%84%EB%B3%B4%ED%98%B8%EA%B5%AC%EC%97%AD

(3) 식품안전관리 관련기관 및 사이트

① **식품안전정보포털** : http://www.foodsafetykorea.go.kr
- 식품안전 관련 홈페이지 및 식품안전정보를 통합하여 식품안전정보포털 서비스

② **잔류물질정보** : http://www.foodnara.go.kr/residue
- 일반인을 위한 잔류농약 잔류동물용의약품 정보제공. 전문가를 위한 농약 DB. 동물용의약품 DB 정보제공

③ **주류 안전 정보 사이트** : http://foodnara.go.kr/alcohol_safety
- 주류안전정보 및 영업등록절차. 건강한 음주문화 조성을 위한 적정음주량 가이드 홍보자료

④ **식품이력추적관리시스템** : http://www.tfood.go.kr
- 식품이력추적관리 등록신청 및 등록. 식품이력추적관리 정보 조회. 식품이력추적관리 제도 소개 등

⑤ **식품의 유통기한 설정 프로그램** : http://foodnara.go.kr/foodshelf
- 식품의 유통 기한을 예측하는 프로그램

⑥ **농산물 이력제** : http://www.farm2table.kr

⑦ **쇠고기 이력제** : http://mtrace.go.kr

⑧ **수산물 이력제** : http://fishtrace.go.kr

5) 식품포장용기 안전사용 요령

포장요기의 올바른 사용법으로 환경호르몬과 유해물질을 차단 및 예방에 노력하여야 한다.

(1) 합성수지제 젖병류

❑ **재질** : 합성수지제 젖병은 폴리아미드, 폴리에틸렌설폰, 폴리카보네이트 재질이 사용되고 있다.

❑ 사용 시 주의사항

- 젖병 제품에 표기된 사용상 주의사항을 반드시 확인한다.
- 식기세척기에서 젖병과 젖꼭지를 세척하는 경우 제품의 수명이 단축될 수 있다.
- 사용 전에 깨끗이 세척한 후 소독한다.
  (끓는 물 소독 시 젖병은 2~3분간, 젖꼭지 및 뚜껑은 30초간 소독)
- 젖병 안쪽표면이 긁히거나 손상되어있다면 즉시 교체한다.
- 분유는 전자레인지를 이용하여 데우지 않도록 한다.

(2) 합성수지제 밀폐용기류

❑ 재질 : 식품용 기구인 합성수지제 밀폐용기류는 주로 폴리카보네이트, 폴리프로필렌 재질이 사용되고 있습니다.

❑ 사용 시 주의사항

- 탄산음료 또는 발효식품을 상온에서 장기보관 시 가스팽창으로 밀폐력이 떨어질 수 있으므로 단기간 보관한다.
- 반드시 전자레인지용 용기로 표기되어 있는 지 확인한 후 사용한다(PP, PC전자레인지 사용 가능).
- 전자레인지에 사용 시 식품을 데우는 용도로만 사용하고 조리용으로는 사용하지 않도록 한다.
- 빈 용기는 전자레인지에 사용하지 않도록 한다.

(3) 레토르트식품 용기 · 포장

❑ 재질 : 레토르트식품 용기포장은 단층 플라스틱 필름이나 금속박 또는 이를 여러 층으로 접착하여 서용한 용기 또는 파우치를 말한다.

❑ 조리 시 주의사항

- 레토르트식품 용기포장의 조리방법은 반드시 제품에 표기된 조리방법을 확인한 후 조리한다.
- 절대 오븐이나 오븐토스터를 사용하지 않는다.

- 전자레인지 사용 시 조리시간은 사용하는 전자레인지에 따라 달라지므로 반드시 조리시간을 확인한다.
- 파우치를 잘라 그릇에 옮겨 전자레인지에 조리할 경우에는 반드시 깊이가 있는 전자레인지용 용기에 옮겨 사용한다.
- 증기배출기가 있는 제품의 경우 반드시 파우치를 세워서 가열해줍니다.

(4) 랩, 일회용 장갑,팩

❑ 재질 : 랩은 크게 가정용 랩과 식품접객업소 등에서 사용되는 업소용 랩으로 나눌 수 있는데 일회용 장갑 및 팩은 주로 폴리에틸렌 재질이 사용되고 있다.

❑ 사용 시 주의사항

- 랩을 식품 포장용으로 사용할 때는 100℃를 초과하지 않은 상태에서 사용하고 지방 성분이 많은 식품이 직접 접촉되지 않게 사용한다.
- 일회용 장갑 및 팩은 재질이 변형되지 않도록 100℃를 초과하지 않은 상태에서 사용하도록 한다.

(5) 뚝배기

❑ 재질 : 뚝배기는 내열성 1차점토를 원료로 성형한 후 표면에 유약을 도포하여 1000℃이상에서 구운 도기이다.

❑ 세척 시 주의사항

- 뚝배기를 세척액으로 세척할 경우에는 희석세척액을 적신 수세미로 5초 이내에 닦아준 다음 즉시 흐르는 물에 10초 이상 충분히 헹구어 세척액이 잔류하지 않도록 해준다.
- 뚝배기에 묻은 음식찌꺼기 제거가 어려워 물에 불리조자 할 경우에는 희석세척액에 담가 두지 말고 반드시 맑은 물에 충분히 담가두었다가 세척한다.
- 세척제는 반드시 제품에 표기된 표준사용법에 따라 희석하여 사용한다.

6) 유통기한

(1) 유통기한의 개념

유통기한이란 특정 제품이 제조 후 시중에 유통될 수 있는 기한으로 소비자에게 판매가 허용되는 기한을 뜻하며, 따라서 이 기간이 넘은 이후에도 해당 상품을 계속 판매하는 것은 위법 행위에 해당한다.

일반적으로 식품 따위에 많이 붙으며, 이것을 통해 식품의 신선도를 나타내기도 한다. 일본어로는 賞味期限(상미기한), 영어로는 Expiration Date이라 통칭하고, 표현은 여러 가지가 있는데 그중 가장 많이 사용되는 것으론 Sell by, Best by, Use by 등의 표현이 있다. 셋의 의미가 조금씩 다른데, 정확히는 첫 번째는 "이때까지 안 팔리면 폐기처분"이란 뜻, 즉 한국의 유통기한과 동일한 뜻이고 두 번째는 "(맛이나 영양분을 고려하였을 때) 이날까지 섭취하는 것을 추천함"이란 뜻, 그리고 세 번째는 "이때까지는 안전을 보증함" 또는 "이때까지 사용 바람"이란 뜻이다.

한국의 의약품에는 사용기한이라고 표기되어 있는데 식품의 유통기한과 크게 다르지 않다. 의약품의 효과가 잘 나오게 사용 가능한 기한을 보증하는 의미로 사용기한이라고 쓰지만 소비자 입장에서는 식품의 유통기한과 다른 것은 없다고 보면 된다. 영어로는 식품이든 약이든 Exp. Date라고 똑같이 쓴다.

식품위생법에 따르면 제품을 시판하기 전에는 반드시 식품의 제조·가공업자가 제품의 원료, 제조방법, 유통방법 등을 모두 고려해 실험을 진행한 뒤 제품의 보존 가능 기간을 설정하여 이를 식품의약품안전청장에게 보고해야 한다. 이 실험을 통해 얻은 데이터 상의 보존 기간에 안전 계수인 0.7을 곱해서 유통기한을 설정하므로, 유통기한은 실제 품질이 유지되는 기간보다 약 30% 정도 더 짧다고 할 수 있다. 그리고 빵같이 유통기간이 짧은 식품은 제조사에서 소매점까지 배분되는데 걸리는 시간+판매에 걸리는 시간을 고려해서 유통기간이 며칠 남아있더라도 판매하기에는 짧은 재고는 그냥 폐기한다. 그래서 삼립식품이나 샤니 물류센터에 가보면 유통기간이 며칠 남은 빵이 폐기품으로 분류되어있는 것을 볼 수 있다.

덕분에 제품에 따라선 하루 정도 지난 걸 먹어도 큰 문제가 없는 경우도 있으며, 실제로 유통기한이 막 지난 상품은 편의점 알바들의 좋은 야식이 되기도 한다. 물론 그렇다고 해도 유통기한이 지난 지 오래된 음식물의 섭취는 복통, 설사, 식중독의 원인이 되는데다 심할 경우에는 사망에까지 이른 사례도 있으므로 방심은 절대 금물이며, 제품을 살 때는 가장 먼저 유통기한부터 확인하고, 이에 맞춰서 상품을 사는 습관을 들이는 편이 좋다.

제품 설명을 보면, '직사광선을 피해서', '서늘한 곳에', '냉장/냉동 보관', '섭씨 OO도 이하 보관', '개봉 후 즉시 섭취' 등의 문구가 적힌 걸 확인할 수 있는데, 유통기한은 이러한 조건을 만족시켰을 때를 기준으로 작성되는 것이기에 해당 조건을 만족시키지 않으면, 유통기한 이전에도 얼마든지 제품이 변질될 수 있다는 점을 유념해야 한다. 특히나 유제품과 조리되지 않은 수산물은 보관 상태가 나빠지면 매우 쉽게 변질되는 특징이 있으니 구매 전에 반드시 유통기한과 제품 상태를 확인해 둘 필요가 있다.

그런데, 레토르트 처리가 된 즉석식품 류를 제외한 많은 제품들이 종종 이러한 유통기한을 제대로 표기하지 않는다. 주로 소비자들이 찾아보기 힘든 곳에 유통기한을 표기하는 수법을 사용하는데, 예를 들면 '상단별도 표기일까지', '묶음 팩에 표기', '포장 비닐에 표기' 등으로 적어 두고, 정작 제품 자체로는 유통기한을 확인할 수 없도록 만들어 놓는 경우가 비일비재하다. 물론, 이 자체로는 불법이라고 할 수는 없겠지만 법의 허술한 점을 교묘하게 악용한 셈이다. 또한, 심지어 일부 악덕 업자는 이미 유통기한이 지난 식품을 숫자만 바꿔서 버젓이 판매하는 짓을 벌이기도 한다.

(2) 유통기한을 표시하지 않는 식품 및 식품첨가물들

아이스크림은 상시 냉동 보관되기 때문에 유통기한이 없다. 단, 제조일자는 찍혀 나온다. 그래서 구멍가게 등에서 아이스크림을 사면 1년 이상 심지어 3년 이상 묵은 아이스크림이 나올 때도 있다.

국내 유통기한 표기법에 따르면 당일 매장에서 제조한 식품을 24시간 이내에 판매할 경우에는 별도의 유통기한을 표기하지 않아도 상관없다. 이에 해당하는 대표적인 사례가 바로 식당 밥, 제과점과 대형마트의 즉석조리 코너 등이다.

이 외에도 유통기한 품질유지기한 표시 가이드라인에 따르면 자연 상태의 농·임·수산물, 설탕, 빙과류, 식용얼음, 껌류(소포장 제품에 한함), 식염, 주류(맥주, 탁주 및 약주 제외) 및 품질유지기한으로 표시하는 식품은 유통기한 표기가 이루어지지 않아도 된다.

소금 또한 높은 염도로 인해 Halophile(호염균)이 아닌 이상 Bacteria(박테리아)나 Protist(원생생물)[18]가 번식하기 어려운 환경이라서 그런지 유통기한 표기가 없다. 단, 인위적으로 무언가를 첨가한 소금 같은 경우라면 유통기한을 표기하는 경우도 있다. 설탕 역시도 같은 원리로 일반적인 정제설탕들은 유통기한이 없다.

❑ 식품

- 빙과류, 식용얼음(ex, 아이스크림)
  항상 냉동보관이 이루어져 유통기한 표시에서 제외한다.
- 매장 제조 판매 제품(ex, 베이커리 빵)
  당일 매장에서 제조해서 24시간 이내 판매할 경우
- 자연상태의 농·임·수산물
  투명하게 포장되어 관능(시각, 후각)으로 판단하여 구매할 수 있을 경우
- 주류(맥주, 탁주 및 약주 제외)
  소주 같은 증류주들은 알코올 산패 우려(초산화)가 없기 때문이다.
- 껌(소포장 제품)
  방부제가 많이 들어있고 고무재질이라 미생물이 생길 우려가 없다.

❑ 식품 첨가물

- 소금
  높은 염도(100%)로 인해 미생물이 번식하기 힘든 환경이다.

18) 원생생물계에 속하는 생물들. 원생생물이라는 개념은 중간생물, 특히 단세포 동물 및 식물과 비슷한 생물들(각각 원생동물과 조류[藻類])을 지칭하기 위해 생겨났다. 이 용어는 1866년 독일의 동물학자 에른스트 헤켈에 의해 처음 제안되었다.http://100.daum.net/encyclopedia/view/b17a0118a

- 설탕
  높은 당도(100%)로 인해 미생물이 번식하기 힘든 환경이다. 단 설탕, 소금 둘 다 인위적인 첨가물이 있을 시 유통기한을 표기한다.
- 그 외 품질 유지기한으로 표시하는 식품

❑ 유통기한 이외 표시

- 품질 유지기한: 표시한 날짜 까지 적정한 상태로 보과한 채 섭취하면 최고 품질을 보장할 수 있다는 뜻.
- 소비기한: 미 개봉이나 냉장 보관 상태라는 가정 하에 인체에 위해한 변질 없이 소비할 수 있는 최종기한 이라는 뜻, 주로 우리나라에선 소비가한을 유통기한과 동일시하는 오해가 널리 퍼져있다.
  이 두 가지가 다른 나라에서 이름만 조금 다르게 변형되어 쓰이는 경우가 있다.

(3) 유통기한 표기 읽는 방법

우리나라의 경우는 연.월.일 순으로 유통기한을 표기하지만, 나라마다 다르거나 혼용하는 경우가 있다. 여러 나라에서 팔리는 상품은 헷갈리기 쉽기에 대부분 MM.DD.YYYY 식으로 읽는 법을 표시한다.

- 한국 및 아시아 : 연.월.일 순서가 가장 일반적이다.
- 일본 : 소비기한, 상미기한을 연.월.일로 표시한다. 일본 내에서만 소비되는 상품은 상미기한(賞味期限)[19]을 연호로 쓰기도 한다. 지금은 주로 헤이세이력 원년인 1989년이 기준이고 헤이세이(平成)[20]력임을 표시하기 위해 앞에 H(H28년 10월 31일)를 붙이기도 하고 안 붙이는 경우도 있다.
- 미국 : 제품 특성에 따라 표시가 다양하다.
  주로 4가지로 표기한다.
  - 최상품질기한(Best If Used by Date, 이후에도 먹을 수 있지만 최상의 품질

19) 품질 변화 속도가 느려 보존 조건만 갖출 경우 품질이 유지 가능한 식품
20) 헤이세이 시대(일본어: 平成, へいせい)는 일본의 시대 구분으로 1989년 1월 8일부터 현재까지 이어지고 있다. 아키히토 천황이 2019년 4월 30일 퇴위함에 따라 2019년 5월 1일부로 이 연호가 끝난다.

을 유지해서 먹을 수 있는 기한)

- 사용기한(Use by Date, 인체에 위해하지 않는 수준까지 제품을 보존할 수 있는 최종 기한)
- 판매기한(Sell by Date, 판매를 위한 진열 기한)
- 포장일자(packaging date, Closed Date Coded Date, 식품을 포장한 날짜)

그 외에도

- 소비만료일(expiration date)
- 최소보존기한(best before date)
- 신선도기한(freshness date)
- 품질보증기한(quality assurance date)

  구분자가 있을 경우 주로 월.일.연(08.16.77)으로 표기되나, 구분자가 없고 월을 알파벳으로 표시할 경우에는 일.월.연도 널리 쓰인다.(03FEB59)

- 캐나다
  - 품질유지기한(품질 변화 속도가 느려 보존 조건만 갖출 경우 품질이 유지 가능)
  - 포장일자
- 유럽, 영국, 호주 : 섭취 가능한 기간을 의미하는 소비기한과 적절한 보관, 저장 온도 등 품질유지기한을 함께 주로 표기하며 일, 월, 연 순으로 표기한다.

❑ 교육목표

○ 공산품의 개념을 설명한다.

○ 공산품 안전관리제도와 안전인증제도에 대해 설명한다.

○ 어린이제품의 주의, 경고표시에 대해 숙지하고 설명한다.

○ 에어컨 사용 및 관리요령에 대해 설명한다.

○ 전기매트 사용 및 관리요령에 대해 설명한다.

○ 세탁기 사용 및 관리요령에 대해 설명한다.

○ 에어컨 사용 및 관리요령에 대해 설명한다.

○ 식품첨가물의 정의와 구비조건에 대해 설명한다.

○ 공산품관련 법 규정을 검색, 분석하고 설명한다.

○ 식품첨가물의 종류에 따른 위해와 제거방법에 대해 설명한다.

○ 식품안전관리인증에 대해 설명한다.

○ 식품안전표시 7가지 확인 요소에 대해 설명한다.

○ 기호식품의 개념과 특성을 이해하고 설명할 수 있다.

○ 기호식품의 유해성을 알고 설명할 수 있다.

○ 그린푸드존(Green Food Zone)에 대해 설명한다.

○ 유통기한에 대해 이해하고 생활 속에서 꼭 확인, 실천한다.

○ 식품안전 관련 기관 및 사이트에 대해 조사, 분석하고 설명한다.

○ 식품포장용기의 종류별 안전사용 요령에 대해 설명한다.

○ 식품안전에 관한 사회적 이슈나 사례를 조사, 분석하고 설명한다.

제11장

폭염 안전

1. 폭염의 이해
2. 폭염대비 행동 요령
3. 온열 질환과 대처요령

Chapter 11 폭염 안전

1. 폭염의 이해

1) 폭염의 정의

폭염의 한자는 햇볕쪼일 폭(暴), 불탈 염(炎)으로 매우 더운 날씨를 말하는데, 특정 온도를 기준으로 기상청에서는 폭염 주의보와 폭염 경보를 발령하고 있다.

우리나라는 장마가 끝난 후 북태평양 기단의 가장자리에 드는 시기에 고온 다습한 날씨가 며칠 혹은 몇 주 동안 계속되는 경우가 종종 발생하는데, 주로 이때 폭염이 발생한다.

일반적으로 일 최고기온이 33℃이상일 때를 폭염이라고 하며, 국내에서는 일 최고기온이 33℃이상이 2일 이상 지속될 때는 주의보, 35℃이상이 2일 이상 지속될 때는 경보를 발령하고 있다. 이외에도 고온 다습한 환경을 고려하기 위해 열지수 정보를 사용하기도 한다.

우리나라의 경우 기상청에서 발표하는 최고기온인 열파지수가 100이상인 날이 3일 이상 지속되는 경우를 폭염이라고 정의할 수 있다.

기온과 습도로 표현하면 기온이 30도 이상이며 상대습도가 75%인 경우 열파지수가 95 정도로 예측 가능

- 기상청에서는 여름철 고온현상을 최고기온을 예보하여 폭염, 불볕더위 등으로 예보
- 실제 생활기상의 경우 선진국에서의 경우와 같이 extreme heat의 정의보다는 열대야(밤의 최저기온이 25℃를 웃도는 경우)를 주요 더위의 기준으로 활용하고 있음
- 그러나 기상청은 웹페이지를 통하여 선진국과 유사한 기준인 폭염을 열파

(Heat Wave)라는 측정 기준으로 정의하고 이 수치를 발표하고 있음
열파란 "비정상적이고 불쾌한 느낌을 주는 덥고 습한 날씨가 지속되는 기간"을 말함.

- 최근 여름의 기간이 길어지고 온난화, 열섬 현상의 원인으로 최고기온이 30℃를 넘어 40℃를 기록하는 날이 증가되고 있는 현상을 보이고 있음[1)]

폭염으로 인해 매년 평균('11~'16년) 1,059명의 온열질환자와 11명이 사망하고, 가축 2,103천여마리와 어류 5,675천여마리가 폐사하는 피해가 발생하였다. 폭염은 물 부족, 전력사용 급증 등으로 인한 1~3차 산업에 직접적인 피해는 물론 불쾌지수 상승으로 사회적 문제 야기 등 많은 피해를 유발한다.

이와 같은 경우에는 햇볕을 쬐는 것만으로도 인체에 해가 될 수 있으므로 야외 활동을 자제하는 것이 좋으며 충분한 수분을 섭취하는 것이 중요하다.

2) 폭염의 원인과 특징

기후변화의 가장 대표적인 특징은 기온상승이다.

기후변화로 인한 여름철 평균기온의 상승은 폭염일수의 빈도와 강도를 증가시킨다. 폭염의 주요 원인은 지구 온난화, 엘니뇨 현상, 티벳 고원의 적설량 감소, 열섬 현상 등이다. 온실가스 배출을 감소시키려는 노력에도 불구하고 기온상승은 계속되어 21세기 말까지는 평균 기온이 1.8~6.4℃ 정도 증가할 것으로 예상되고 있다.

폭염으로 인해 건강에 많은 위협이 되고 있다. 특히, 65세 이상 노인이나 5세 이하의 어린이, 고혈압 · 심장병 · 당뇨병 · 정신질환 등 만성질환자, 알코올에 중독된 사람, 저소득층, 독거노인 등 사회적 · 경제적으로 열악한 사람들은 폭염으로 인한 건강피해를 많이 받을 수 있다

1) 행정안전부 국민재난안전포털, http://www.safekorea.go.kr/idsiSFK/593/menuMap.do?w2xPath=/idsiSFK/wq/sfk/cs/csc/bbs_conf.xml&bbs_no=9&viewtype=read&bbs_ordr=664

3) 건강에 미치는 영향 및 관련 질환

(1) 폭염에 대한 인체반응

인체는 37℃의 일정한 체온을 유지하고 있다. 인체의 온도가 이 범위를 넘으면 다양한 체온조절기전에 의해 항상성을 유지할 수 있다. 체온은 열 생산과 열손실의 균형에 의해 조절되며, 대사과정에 의한 생화학적 열 생산, 피부와 호흡기를 통한 수분증발에 의한 열손실, 전도와 대류에 의한 열 이동 및 열복사 등에 의해 조절한다. 체온은 시상하부에 위치한 체온조절중추를 통해 조절된다. 또한, 피부와 심부조직은 한랭 및 온열 수용체를 가지고 있어 체온조절의 보조적인 역할을 한다.폭염에 노출되면 체내의 열 생산 기전은 모두 억제되고 피부혈관의 확장이나 발한, 호흡촉진 등을 통한 열 발산이 증가한다. 폭염에 노출되었을 때는 다음의 세 가지 기전에 의해서 체온조절이 이루어진다.

① 심혈관계 조절(cardiovascular regulation)

폭염 속에서 매우 중요한 체온조절 기능이다.

폭염 하에서 피부혈관 확대가 일어나 피부온도를 높여서, 복사에 의한 체열방출을 크게 한다.

심장에서는 피부표면의 혈액량을 증가시키기 위해 맥박이 빨라지고 심박출량을 증가시킨다.

② 화학적 조절(chemical regulation)

폭염 속에서는 기초대사에 의한 체열발생이 감소하는데 식욕부진이 오고 섭취량이 감소한다.

③ 물리적 조절(physical regulation)

폭염 속에서 발한에 의한 증발열을 통해 체열방출을 하는데, 1 cc의 땀은 0.58 kcal의 증발열을 체외로 방출시킬 수 있다. 특히 환경온도가 34℃ 이상이 되면 모든 체열방출은 증발에만 의존한다. 따라서 온열질환 특히 열사병의 발생에는 증발의 역할이 매우 중요하다.

(2) 폭염에 위험한 개인별 특성

사람은 열에 다르게 반응하기 때문에 온열질환에 걸릴 기회를 증가시킬 수 있는 공통적인 위험 요소를 아는 것이 중요하다.

- 적응 부족 : 인체를 폭염환경에 적합하게 조절하는 것이 적응이다. 폭염에서 규칙으로 활동하는 사람은 그렇지 않은 사람보다 온열질환 위험이 낮다.
- 허약한 육체 : 육체적으로 건강한 사람은 일반적으로 열 스트레스를 더 잘 극복하며 온열 질환을 겪을 가능성이 적다. 걷기, 달리기, 자전거 타기 및 수영과 같은 규칙적 유산소 운동은 육체적 건강 수준을 높일 수 있다.
- 비만 : 지나친 지방은 단열을 증가시키고 열손실을 줄인다. 체중이 과다한 사람은 활동 중에 더 많은 열을 생산할 수도 있다.
- 연령 증가 : 나이가 든 사람(40세 이상)은 일반적으로 폭염을 극복하는 능력이 낮다. 나이 든 성인은 심장기능의 효율이 떨어져 발한이 늦게 시작하고 속도가 느리다.
- 기존 질환 및 치료 : 일부 기존 질환 및 치료는 열 스트레스를 극복하는 개인의 능력을 감소시킬 수 있다. 예를 들면, 저염 식단은 과잉 열을 효과적으로 제거하는 인체의 능력을 약화시킨다. 심장질환은 폭염에 의해 악화될 수 있다. 온열 질환의 위험을 증가시킬 수 있는 기존질환에는 당뇨병, 낭포성 섬유증 및 갑상선 기능 항진증이 포함된다.
- 단기적 장애 및 가벼운 질병 : 설사나 구토는 과다한 수분 손실을 초래하며, 폭염을 극복하는 능력을 감소시킬 수 있다. 몸이 불편한 근로자는 다시 건강이 좋아질 때까지 폭염에서 작업하지 말아야 한다. 수면부족도 온열 질환의 위험을 증가시킬 수 있다.
- 만성 피부 질환 : 발진, 피부염, 치료된 화상 흔적 및 피부에 넓게 퍼진 피부질환은 땀을 흘리는 인체의 능력을 제한할 수 있다. 피부 문제 또한 열에 노출될 때 악화될 수 있다.
- 약물사용 : 폭염 속에서 작업할 때 문제를 일으킬 수 있는 일부 약물은 다음과 같다.

– 항콜린성 약물

- 항히스타민제
- 항정신성 페노티아진(신경안정제)
- 베타 차단제
- 칼슘 통로 차단제
- 환계 항우울제
- 이뇨제
- 리튬
- 모노아민 산화효소 억제제

위 목록은 전체 목록이 아니며, 폭염 속에서 활동하는 사람은 약물 부작용을 주치의와 상의해야 한다.

- 알코올과 위법 약물 : 알코올 섭취는 수분 손실을 증가시키며 심지어 적응된 근로자의 탈수를 초래할 수 있다. 일부 위법 약물은 내부 체열은 증가시키고 열손실 능력을 감소시킨다.
- 과거의 열사병 : 이전에 열사병을 겪은 근로자는 재발 위험이 높다.온열질환은 온열인자 등의 환경적 인자 뿐 아니라 사람의 복장, 수분공급 여부, 고온 순화도 및 활동량 등 여러 요인에 의해 발생한다.

2. 폭염대비 행동 요령

1) 사전준비

- 여름철에는 항상 기상상황에 주목한다.
  - 여름철에는 TV, 라디오, 인터넷 등을 통해 무더위와 관련한 기상상황을 수시로 확인한다.
- 열사병 등 온열질환의 증상과 가까운 병원 연락처 등을 사전에 파악한다.
  - 집에서 가까운 병원연락처를 알아두고, 본인과 가족의 열사병 등 증상을 확인한다.
  - 어린이, 노약자, 심뇌혈관질환자 등 취약계층은 더위에 약하므로 건강관리

에 더욱 유의해야 합니다.
- 더위로 인한 질병(땀띠, 열경련, 열사병, 울열증, 화상)에 대한 증상과 대처 방법을 사전에 알아둡니다.

- 폭염예보에 맞추어 무더위에 필요한 용품이나 준비사항을 확인한다.
  - 에어컨, 선풍기 등을 사용할 수 있도록 사전에 정비한다.
  - 집안 창문에 직사광선을 차단할 수 있도록 커튼이나 천, 필름 등을 설치한다.
  - 외출 시를 대비하여 창이 긴 모자, 햇빛 가리개, 썬크림 등 차단제를 준비한다.
  - 정전에 대비하여 손전등, 비상 식음료, 부채, 휴대용 라디오 등을 미리 확인해 둔다.
  - 단수에 대비하여 생수를 준비하고, 생활용수는 욕조에 미리 받아 둔다.
  - 오래된 주택은 변압기를 사전에 점검하여 과부하에 대비한다.
  - 장거리 운행계획이 있다면 도로, 철도의 궤도 변형 등으로 교통사고 등이 발생할 수 있으므로 신중히 판단한다.
- 무더위 안전상식을 알아 둔다
  - 높은 기온, 열대야 등 발생 시 고농도 오존이 발생할 수 있으므로 주의한다.
  - 냉방기기를 사용하는 경우에는 실내·외 온도차를 5℃내외로 유지하여 냉방병을 예방하도록 한다.(건강 실내 냉방온도는 26℃~28℃가 적당)
  - 무더위에 카페인이 들어간 음료나 주류는 삼가고, 생수나 이온음료를 마시는 것이 좋다.
  - 여름철 오후2시에서 오후5시 사이에는 가정 더운 시간으로 실외 작업은 되도록 피한다.
  - 여름철에는 음식이 쉽게 상할 수 있으므로 외부에 오랫동안 방치된 것은 먹지 않는다.

2) 폭염발생 시

(1) 일반 가정

- 야외활동을 최대한 자제하고, 외출이 꼭 필요한 경우에는 창이 넓은 모자와 가벼운 옷차림을 하고 물병을 반드시 휴대한다.
- 물을 많이 마시고, 카페인이 들어간 음료나 주류는 마시지 않도록 한다.
- 냉방이 되지 않는 실내는 햇볕을 가리고 맞바람이 불도록 환기를 한다.
- 창문이 닫힌 자동차 안에는 노약자나 어린이를 홀로 남겨두지 않도록 한다.
- 거동이 불편한 노인, 신체허약자, 환자 등을 남겨두고 장시간 외출할 경우에는 친인척, 이웃 등에 보호를 부탁한다.
- 현기증, 메스꺼움, 두통, 근육경련 등의 증세가 보이는 경우에는 시원한 곳으로 이동하여 휴식을 취하고 시원한 음료를 천천히 마십니다.
- 외부에 외출 중인 경우나 자택에 냉방기가 설치되어 있지 않은 경우 가장 더운 시간에는 인근 무더위쉼터로 이동하여 더위를 피합니다. 무더위 쉼터는 각 시청, 구청 홈페이지에서 확인할 수 있으며 평소에 위치를 확인해 둔다.

(2) 직장

- 휴식시간은 장시간 한 번에 쉬기보다는 짧게라도 자주 가지는 것이 좋다.
- 야외행사, 스포츠경기 등 각종 외부행사를 자제한다.
- 점심시간 등을 이용하여 10～15분 정도의 낮잠으로 개인건강을 유지한다.
- 직장인들은 편한 복장으로 출근하여 체온을 낮추도록 노력한다.
- 냉방이 되지 않는 실내에서는 햇볕이 실내에 들어오지 않도록 하고, 환기가 잘 되도록 선풍기를 켜고 창문이나 출입문을 열어둔다.
- 건설현장 등 실외 작업장에서는 폭염안전수칙(물, 그늘, 휴식)을 항상 준수하고, 특히, 취약시간(2～5시)에는 '무더위 휴식시간제'를 적극 시행 한다.

(3) 학교

- 초 · 중 · 고등학교에서 에어컨 등 냉방장치 운영이 곤란한 경우에는 단축수

업, 휴교 등 학사일정 조정을 검토하고, 식중독 사고가 발생하지 않도록 주의한다.
- 냉방이 되지 않는 실내에서는 햇볕이 실내에 들어오지 않도록 하고, 환기가 잘 되도록 선풍기를 켜고 창문이나 출입문을 열어둔다.
- 운동장에서 체육활동 및 소풍 등 각종 야외활동을 자제한다.

(4) 축사 · 양식장

- 축사 창문을 개방하고 지속적인 환기를 실시하며, 적정 사육밀도를 유지한다.
- 비닐하우스, 축사 천장 등에 물 분무 장치를 설치하여 복사열을 낮춘다.
- 양식어류에 대해 꾸준히 관찰하고, 얼음을 넣는 등 수온 상승을 억제한다.
- 가축 · 어류 폐사 시 신속하게 방역기관에 신고하고 조치에 따른다.[2)]

3. 온열 질환과 대처요령

폭염에 의한 건강문제는 햇볕에 의한 피부화상, 열사병, 열탈진, 열경련, 열피로 등이 발생할 수 있다.

폭염에 대한 인체의 순응은 5~6일이 지나면 가능하나 완전한 순응은 5~6년이 걸린다. 그러나 높은 기온에 장시간 노출되면 체온조절이 잘 되지 않으면서 건강장애가 일어난다. 무더위는 식욕 저하와 혈관 팽창으로 인한 혈액순환 속도를 빠르게 하며, 땀을 많이 흘리게 한다.

장시간 폭염에 노출되었을 때 생리적 영향과 반응을 살펴보면, 세포 손상으로 효소의 변성 또는 비활성화, 세포막 파괴로 단백질 합성장애, 열 스트레스로 인한 심장부담 증가 등이 있다. 열사병, 열탈진, 열경련, 열피로 등에 걸리게 되며 심하면 사망에 이른다. 온열 질환으로 인한 사망은 최고 기온이 나타난 1~2일 후에 가장 많이 발생하고, 열지수로 인한 사망은 최고 열지수 2~4일 후에 가장

2) 행정안전부 국민재난안전포털, http://www.safekorea.go.kr/idsiSFK/593/menuMap.do?w2xPath=/idsiSFK/wq/sfk/cs/csc/bbs_conf.xml&bbs_no=9&viewtype=read&bbs_ordr=664

많이 발생한다. 기온의 경우 평균값의 변화만이 아니라 건강 피해를 일으킬 수 있을 정도로 기온이 높은 날의 횟수가 중요하다.

1) 땀띠

- 땀을 많이 흘려 피부가 자극을 받으면 붉은색이나 무색의 좁쌀같은 발진이 생기는 것을 말한다. 긁으면 땀구멍이 막혀서 피부상태가 나빠지고 화상이나 습진으로 악화될 수 있다.
- 일단 환자를 시원한 곳으로 옮기고, 땀에 젖은 옷을 마른 옷으로 갈아입히고 상처부위를 잘 닦아 주어야 한다. 환자가 가려움증을 호소할 경우에는 의사의 진료에 따라 항히스타민을 처방할 수 있다.

2) 열사병(heat stroke)

- 열사병은 고온·다습한 환경에 노출되거나 바람이 통하지 않는 뜨거운 방에 오래 있을 때 체온조절기능의 이상으로 갑자기 발생하는 체온조절장해를 말하며 갑자기 의식상실에 빠지는 경우가 많지만, 전구 증상으로서 현기증, 두통, 경련 등을 일으키며 땀이 나지 않아 뜨거운 마른 피부가 되어 체온이 41℃ 이상 상승하기도 한다.
- 사망률이 매우 높아 치료를 하지 않는 경우는 100% 사망하고, 치료를 하더라도 심부체온이 43℃ 이상인 경우는 약 80%, 43℃ 이하인 경우는 약 40% 정도의 치명률을 보인다. 특히, 혼수상태가 지속되면 예후가 매우 불량한 것으로 알려져 있다.
- 주요 증상은 중추신경 장해이며 현기증, 오심, 구토, 두통, 발한 정지에 의한 피부건조, 허탈, 혼수상태, 헛소리 등 여러 가지 증상을 보인다.
- 즉시 119에 신고하고, 환자를 그늘로 옮겨 겉옷을 벗기고, 미지근한 물로 몸을 적셔 체온이 내려가도록 한 후 의사·의료기관 등의 지시에 따른다.
- 응급조치로 기도확보, 호흡확인, 순환확보가 되었다면, 정맥 내 주입선을 확보한 후 찬 생리식염수를 공급하여 심부체온을 39℃까지 떨어뜨려야 한다.

39℃ 이하로 체온을 하강시키는 경우 저체온증 우려도 있으므로 주의해야 한다. 환자가 발생한 경우, 지체 없이 입원시키는 것이 중요하며 구급차를 기다리는 동안 환자를 서늘한 장소로 옮긴 후 환자의 옷을 벗기고 선풍기 등을 이용하여 공기의 흐름을 원활하게 해준다. 체온을 떨어뜨리면서 발작이 생기는 경우는 디아제팜(diazepam), 떨림은 페노티아진(phenothiazine) 등으로 조절할 수 있다.

3) 열경련(heat cramps)

- 폭염 하에서 심한 육체 활동을 함으로써 수의근에 통증이 있는 경련을 일으키는 질환을 말하며 땀을 많이 흘렸을 때 우리 몸에 꼭 필요한 수분과 염분이 부족해서 생기는 것으로 주로 근육 중심으로 경련이 일어나는 증상이다. 심하면 현기증과 구토를 유발한다.
- 일반적으로 근육경련이 30초 정도 일어나지만 심할 때에는 2~3분 동안 지속되기도 한다.
- 경련은 어느 근육에나 일어나지만 다리 및 복부 근육과 같이 활동을 할 때 가장 많이 사용하여 피로한 근육에 주로 일어난다. 피부는 습하고 차가운 것이 특징이며 체온은 정상이거나 약간 상승한다.
- 의사의 진료에 따라 조치한다. 휴식이 가장 좋은 치료법이며 환자를 시원한 곳에 눕히고 생리식염수를 정맥주사하거나 먹인다. 경련이 일어난 근육은 마사지로 풀어준다. 고온 순화 여부는 주요한 발생요인 중 하나이다. 예방을 위해서 땀을 많이 흘린 후에는 반드시 수분과 염분을 함께 보충해주는 것이 중요하다.

4) 열실신(heat syncope)

- 폭염 속에서 피부의 혈관확장으로 인해 정맥혈이 말초혈관에 저류되고 저혈압, 뇌의 산소 부족으로 실신하거나 현기증이 나며 피로감을 느끼게 하는 증상을 말한다.

- 심한 육체 활동을 한 후 2시간 이내에 나타날 수 있다. 피부는 차고 습하며 맥박은 약하다.
- 일반적으로 수축기 혈압이 100 mmHg 이하를 보이게 된다. 시원한 환경에서 휴식을 취하고 수액을 보충하는 것이 중요하다.

5) 울열증

- 태양열 아래 오랜 시간 노출되었을 경우 체온은 매우 높지만 땀이 나지 않는 상태가 되고 두통과 구토증세를 동반하며 심할 경우 의식을 잃기도 할 수 있다.
- 그늘로 옮겨 겉옷을 벗기고 미지근한 물로 옷을 적셔 물이 증발하며 체온을 낮출 수 있다. 의식이 있을 경우 물을 주고, 체온이 돌아오면 옷이나 담요로 몸을 따뜻하게 하여 냉기를 없애준다.

6) 화상

- 태양열로 인해서 피부가 그을리거나 수포까지 발생할 수 있다. 신체의 3분의 2이상 화상을 입으면 생명이 위험할 수 있다.
- 그늘로 환자를 이동시켜 햇빛에 노출되지 않게 하고 피부에 수포가 생긴 경우에는 거즈를 이용 덮어 주되 세균 감염 위험이 있으므로 수포를 터뜨려서는 안 된다.[3]

3) [네이버 지식백과] 기후변화에 의한 폭염 (국가건강정보포털 의학정보)

❏ 교육목표

○ 폭염의 정의에 대해 설명한다.

○ 폭염의 원인과 특징을 설명한다.

○ 폭염에 위험한 개인별 특성에 대해 설명한다.

○ 폭염발생 시 행동요령에 대해 설명한다.

○ 온열질환과 대처요령에 대해 설명한다.

○ 폭염발생 및 예방과 관련된 기관의 사이트를 조사 분석한다.

제12장

생활 속의 응급대처

1. 응급처치의 개요
2. 응급의료
3. 응급을 요하는 증상
4. 외상처치
5. 응급질환
6. 위험환경 및 위험물에 의한 응급처치
7. 기본 인명구조술

Chapter 12 생활 속의 응급대처[1)]

1. 응급처치의 개요

1) 응급처치의 개념

응급처치란 응급환자에게 행하여지는 기도의 확보, 심박의 회복, 기타 생명의 위협이나 증상의 현저한 악화를 방지하기 위하여 긴급히 필요로 하는 처치를 말하며 일반인도 어느 정도 할 수 있지만 이를 위하여 응급처치에 대한 교육을 받아야만 한다. 이러한 응급처치 또는 응급의료의 목적은 급한 신체적 이상에 대해 환자의 생명을 구하고 환자의 상태를 최단시간 내에 정상 내지는 이에 가까운 상태로 회복시켜 계속 요구하는 치료의 효과를 높이는데 있는 만큼 응급처치만으로 모든 것을 해결하려 들면 안 되고 신속하게 의료기관으로 이송하는 것도 중요하다.

응급환자란 응급의료에 관한 법률에 질병, 분만, 각종사고 및 재해로 인한 부상이나 기타 응급상태에서 즉시 필요한 처치를 받지 아니하면 생명을 보존할 수 없거나 기타 심신상의 중대한 위해가 초래될 것으로 판단되는 환자라고 되어있다.

그러나 일반적으로 일반인이 응급환자인지 아닌지 정확히 구별하기는 쉽지 않으므로 상식적으로 급하다고 생각되는 환자는 일단 응급환자로 생각하고 응급처지를 준비하는 것이 좋다. 여기서 우리가 응급처치를 시행하여야 하는 이유는 생명을 유지시키고, 상태의 악화를 방지하고 회복을 촉진시키는 것임을 명심해야 한다.

1) http://www.emergency.or.kr/sens/html/emer01_02.htm(검색일: 2012.01.07)

2) 응급처치의 중요성

현장에서 응급처치를 하는 목적은 사망률과 불구가 될 확률을 감소시키자는 것이다. 병원 도착 전의 응급처치여부에 따라서 사망률과 불구가 될 확률에 많은 차이가 있음은 이미 선진국에서 증명된 바 있다.

(1) 사망원인

최근 10여 년 간 통계청의 사망원인 상 뇌혈관질환을 포함하여 고혈압성 질환, 동맥경화증, 심장질환과 같은 순환기계 질환으로 숨진 이가 사망자 전체의 1위를 차지하였고, 암으로 인한 사망이 2위, 교통사고와 자살과 같은 각종사고사가 3위였다. 이 들 3대 사망 원인 중 응급처치가 필요한 경우는 순환기계 질환과 각종사고이다. 순환기계 질환은 식사 및 생활방식의 변화, 현대화된 환경으로 증가할 것으로 예상되며, 각종 사고는 다양화된 사회환경으로 지속적으로 발생하고 있어 응급처치의 중요성이 강조된다.

이 목적을 달성하지 못한다면 현장에서 응급처치를 해야 할 이유가 없다.

주요 심혈관 질환의 발병률을 보면 뇌졸중이나 관상동맥질환은 고혈압에 비하여 대단히 적게 발생한다. 그에 반하여 사망숫자는 심장마비와 뇌졸중이 대부분을 차지하고 있다. 관상동맥질환이나 뇌졸중은 발생률에 비하여 사망률이 매우 높다는 것이다. 이러한 급성 부정맥 사망의 주요원인은 급성심근경색증과 같은 관상동맥질환이다. 따라서 사망은 이미 병원 밖에서 발생하기 때문에 병원 전 응급처치에 대한 대책이 절실히 필요하다.

(2) 사망의 감소 예

미국의 경우 1960년경에 심폐소생술이 도입되었다. 관상동맥질환에 의한 사망률을 비교해보면 심폐소생술이 도입된 1960년 이후 급격하게 떨어져서 1984년에는 사망률이 35%가량 감소하였음을 보여주었다. 특히 뇌졸중에 의한 사망은 50%까지 감소하였다. 뇌졸중은 심장이 아닌 호흡정지나 의식상실이 원인이 되어 기도폐쇄로 사랑하는 수가 많아 기도유지와 인공호흡만으로 소생이 가능하기 때문이다. 심폐소생술은 현장에서 즉시 하지 않으면 그 효과가 전혀 없기 때문에 현장응급처치의 중요성을 단적으로 잘 보여주는 대표적인 예라 하겠다. 따라서 국민들은 이러한 현장응급처치방법과 응급의료체계의 이용방법 등에 대하여 잘 알아야 한다.

우리나라에서도 병원에서의 진료의 질은 좋아졌으나, 신속하고 효과적인 응급처치가 병원도착 전에 체계적으로 충분하게 이루어지지 않고 있는 실정이다. 만일 병원 전단계 응급처치가 충분히 이루어진다면 선진국의 예에서처럼 사망률을 현저하게 감소시킬 수 있을 것이다 .

(3) 소생의 고리

비정상적 심장박동으로 인한 심장정지를 일반인도 교육만 받으면 시행할 수 있는 기본심폐소생술과 전문가에 의한 전문심장소생술을 실시하게 되면 43%의 생존율을 나타내지만 기본심폐소생술과 전문심장소생술이 늦어지면 생존확률은 점점 떨어져서 12분이 경과하게 되면 100% 사망하게 된다.

심장이 정지된 환자가 현장에서 즉시 심폐소생술을 하면서 구급차를 불러 전문소생술을 실시한다면 30~40%가 살아날 수 있다. 즉시 구급차호출, 심폐소생술, 제세동술에 이어 전문소생술을 하는 과정이 잘 연계되면 환자는 최대의 생존확률을 가질 수 있다. 이때 만일 아무런 처치도 하지 않는다면 100%가 사망하게 된다. 최대한의 생존율을 보장하기 위해서는 신고, 심폐소생술, 제세동술, 전문소생술의 이 4가지 과정이 연쇄적으로 신속하게 이루어져야한다. 이 4가지 과정을 응급처치에서 가장 중요한 개념으로 소생의 고리(Chain of Survival), 혹은 생존의 사슬 등으로 부른다.

(4) 시민정신의 중요성

응급환자가 살 수 있는 방법은 현장에서 즉시 응급처치가 이루어지면서 신속히 전문적 처치와 연계되어야 한다. 그러나 사람이 살아가다 보면 어느 상황에서나 응급상황을 겪을 수 있는데 이러한 경우 주위의 사람이 응급처치와 신고를 해 주어야 한다. 따라서 여기에 필요한 것은 응급처치 교육이라는 기본적 지식, 능력의 배양과 타인을 응급상황에서 구해주고자 하는 시민정신이다. 선진국에서는 선한 사마리아인법이라고 하여 응급상황에 처한 사람에 대한 응급처치를 시행하면 일반인이 하여도 그 결과에 대하여 면책 받을 수 있도록 응급처치자에 대하여 법적 보호가 되어 있다. 우리나라도 응급처치에 대한 인식과 교육 참여가 높아지고는 있지만 아직도 시민정신이 강조되고 절실한 부분이다.

2. 응급의료

1) 응급의료체계의 개요

응급의료체계란 일정지역 내에서 응급환자 치료를 위한 양질의 응급의료 서비스를 제공하는데 필요한 인력, 장비, 자원 등의 모든 요소를 효과적으로 운영하기 위하여 조직화한 체계라고 볼 수 있다. 그러나 일반인이나 환자가 실제적으로 느끼는 응급의료체계는 응급환자가 발생하였을 때 신속히 조직적으로 누군가가 도움을 주는 체계일 것이다. 예를 들어 가정에서 간단한 상처가 나서 스스로 소독을 하고 지혈을 했다면 여기서 응급의료체계란 말을 이야기 할 필요는 없을 것이다. 그러나 스스로나 가까운 일반인의 힘으로 어떤 응급환자에 대하여 해결하려 하면 꼭 응급의료체계가 필요하며 이에 대하여 접근, 이용하는 방법에 대하여 국민 누구나 알고 있어야 한다. 아무 지식은 없더라도 적어도 119에 신고하면 응급환자에 대한 도움을 받을 수 있다는 것만 알더라도 응급의료체계로의 접근은 가능하다

2) 응급의료체계의 내용

응급의료체계는 환자 발생에서 의료기관으로 도착 전까지의 병원전단계, 의료기관에서 진료를 시행하는 병원단계로 대략 단계를 구분할 수 있는데 실제로 국민들이 더 급하게 느끼고 제대로 못하는 단계가 병원전단계이다. 이러한 체계 내

에서 도움을 줄 수 있는 사람은 의사, 간호사, 응급구조사, 소방구급대원, 신고접수자, 경찰, 구조대원, 안전관리자 등 다양하다. 그러나 가장 중요한 것은 자신의 동료, 가족이 신속히 현장에서 응급처치와 신고를 하여 도움을 주어야 한다는 것이다. 이것이 응급의료체계의 출발이다. 이것이 없이 잘못된 응급환자를 갖고 누구를 탓할 필요가 없다. 우리나라에서는 모든 현장 응급환자의 처치, 이송 신고는 119번호로 통일되었고 병원정보, 상담, 등은 1339를 이용할 수 있다. 게다가 이러한 이용이 현재까지는 무료라서 선진국조차도 없는 무료이송을 하고 있다는 것을 참고하기 바란다.

3) 응급의료체계의 이용

주변에서 응급상황이 발생한 경우에는 119나 1339로 전환하여 응급처치를 위하여 빨리 도움을 요청한 후 그 다음 누구라도 간단한 응급처치를 시행하는 것이 중요하다. 119에 전화를 하면 환자 이송 및 응급처치의 도움을 받을 수 있으며, 응급환자 정보 센터인 1339에 연락 시에는 응급처치 요령, 병원안내, 질병상담 등 전화로 도움을 받을 수 있다. 응급상황이 발생하면 증상이 경미한 경우에는 인근의 의료기관(병 · 의원)을 직접 방문하는 것이 바람직하며, 증상이 매우 심하다고 판단되는 경우에는 친지나 주위사람보다 바로 응급의료체계 즉 소방서의 119구급대에 즉시 연락하여 도움을 요청해야 한다. 119로 전화가 연결되면 119상황실 통신 근무자(전화상담원)에게 기본적인 사항을 정확히 구두로 전달하여야 하며, 구급차가 현장에 도착할 때까지 연락체계를 계속 유지함으로써 간단한 응급처치법 등에 대한 조언을 받아가며 위급한 상황에 대처해야 한다. 다음과 같은 상황은 반드시 119 연락하여 빨리 도움을 받아야 하는 응급 상황들이다.

〈표 12-1〉 빠른 도움을 받아야 할 응급상황(반드시 119로 연락)

1	기도폐쇄	8	경련 환자
2	호흡곤란이나 무호흡	9	마비환자
3	심장마비	10	물에 빠졌을 때(익수)
4	심장질환이나 흉통	11	중증도 이상의 화상(火傷)
5	의식이 없는 경우	12	전기손상
6	심한 출혈	13	자살기도
7	척수 손상이 의심되는 경우	14	분만

〈표 12-2〉 응급환자 신고 시 반드시 전달해야 할 사항

1	환자가 발생한 위치, 주소 및 전화번호를 정확히 알려 준다
2	응급상황이 발생할 경위와 환자상태
3	주위의 위험요소 유무 : 화재, 사고, 위험물질 등
4	환자의 수

〈표 12-3〉 경미한 증상이라도 반드시 응급진료가 필요한 경우

1	기침 시 혹은 가래에 피가 섞여 나오는 경우
2	소량이라도 피를 토하는 경우
3	흉통(가슴에 갑자기 통증을 느낀 경우)이 발현한 경우
4	잠시라도 의식을 잃었던 경우
5	신체에 마비증상이 일시적이라도 나타났던 경우
6	기타(갑자기 숨이 찬 경우)

4) 응급상황에 대비한 준비

응급상황 발생 시를 위한 최소한의 필요한 준비를 반드시 하여야 하며, 몇 가지 준비물품들을 비롯하여 신고할 전화번호 등도 알아두어야 한다. 그러나 가장 기초적인 준비는 기본적인 응급처치법에 대한 교육을 받아두는 것이다. 또한 평소에 응급물품들을 점검하여 예기치 못한 상황에서 오는 응급상황을 미리 준비해야 한다.

준비물품으로는 전화기, 반창고, 핀셋, 거즈, 방부제, 거즈패드, 운동화, 신고 전화 손전등, 예비 건전지, 물수건, 구급함, 일회용 장갑, 마스크, 다양한 크기의 밴드 및 얼음주머니 등이 있다.

준비하는 방법으로 일단 구급함부터 준비하도록 한다. 여러 물품이 여기저기 흩어져 있으면 응급상황 시 대처하기 어렵고 같이 모아져 있어도 손에 들고 달려갈 수 있어야 한다. 구급함이 준비되어 있으면 들어갈 물품의 목록을 적고 구급함에다 붙여둔다. 여기에는 비상 시 연락할 수 있는 연락처들도 적어야 한다. 응급의료체계의 접근 전화번호가 가장 중요하지만 의료기관, 도움을 줄 수 있는 동료, 친지 등의 연락처도 급할 때 유용하다. 아직 우리나라의 응급의료체계가 완벽하게 구비되지 않았기 때문에 의료적인 도움 외의 사회적인 도움을 구할 수 있는 전화번호도 유용할 수 있다.

5) 기본 응급처치함의 상비품목

〈표 12-4〉 기본 응급처치함의 상비품목

기구	붕대 및 상처처치 물품
가위, 주머니칼, 소독장갑, 핀셋, 체온계, 얼음주머니, 손전등, 면봉, 안전핀, 신호탄, 다용도 부목, 흡입기, 넓은 은박지(보온용), 마스크	거지, 패드, 반창고, 거즈붕대, 압박붕대, 일회용 반창고, 일회용 소독거즈, 알코올 처리패드, 화상처치용 수용성 소독패드, 소독수건
연고류	**구급약**
일회용 얼음팩, 항생제 연고, 항진균 연고, 스테로이드 연고, 칼라민로션, 자외선 차단 크림, 벌레 물린 곳 통증 제거용 연고	진통제(아스피린, 이부로펜, 아세트아미노펜), 항히스타민제, 소화제, 변비약, 멀미약, 기침약, 먹고 있던 약

6) 응급처치의 우선행동

- 환자에게 다가가지 전에 자신이나 환자에게 위험한 요인이 없는지 반드시 현장의 안전을 먼저 확인하고 필요하면 소방, 경찰서 등에 먼저 연락 하여야 한다.
- 환자를 응급처치 할 때에는 위험물질이나 전염성 질환으로부터 자신과 환자를 보호하기 위한 준비를 하여야 한다. 가능하면 장갑, 보호경, 마스크 등을 착용하도록 하며 사용한 거즈 등은 비닐봉지에 담아 처리해야 한다.
- 119에 신고하여 도움을 요청해야 한다. 119에 신고함으로써 응급의료체계를 활성화시켜 구조대원, 응급구조사, 응급의학과 전문의 등 전문가의 도움을 받을 수 있도록 해야 한다.
- 흔들거나 자극을 주어 의식을 확인한다. 의식이 없으면 즉시 도움을 요청하고 환자의 생명과 직결되는 문제 즉, 기도(숨길)는 유지되는지, 호흡은 있는지, 순환(맥박)은 유지 되는지 심한 출혈은 없는 지를 먼저 확인하여야 한다.
- 일차평가 후에는 머리에서 발끝까지 살펴야 한다. 다친 경우에는 상처가 있는지, 변형이 있는지, 만지면 아픈 곳은 없는지 붓지는 않았는지를 살핀다.
- 일차평가를 시행하는 동안 환자가 숨을 쉴 수 있는지, 숨을 쉬고 있는지 확인 하여야 합니다. 호흡이 없다면 인공호흡을 시행해 주어야 한다.
- 의식 확인, 구조요청(119), 기도유지, 인공호흡, 순환(맥박)의 확인, 흉부압박으로 이루어지는 심폐소생술은 환자의 생명을 구할 수 있다.
- 과민반응, 출혈 등으로 쇼크증상(불안, 찬 피부, 식은 땀, 어지러움, 힘 빠짐 등)이 있으면 다리를 높여주고 체온을 유지해 주어 쇼크의 진행을 늦추어 주어야 한다.
- 연부 조직이나 피부의 손상, 출혈에 대한 올바른 처치는 환자의 고통을 덜어주고 상처의 회복이 빠르게 해줄 수 있다.
- 근육이나 뼈의 손상이 의심되면 골절에 준해서, 다친 부위를 올바른 방법으로 고정하고, 차게 해주고, 압박해 주고, 올려 줄 수 있어야 한다.
- 모든 외상환자는 척추(특히 목뼈)손상을 주의해야 한다. 간단한 주의로 예방

할 수 있지만 잘못하면 등골이 손상되어 전신 마비, 하반신 마비 같은 평생 장애를 남길 수 있다.

- 어려움에 처한 사람을 도와주는 것은 당연 하지만 응급처치팀을 기다리지 않고 환자를 옮기거나 승용차 등을 이용하여 병원으로 이송하는 것은 매우 위험하다.

3. 응급을 요하는 증상

1) 의식변화

(1) 혼수상태

의식의 변화는 간단한 사고의 장애로부터 완전히 의식이 없는 상태까지 매우 다양하게 나타나며, 혼수상태는 아무리 강력한 외부 자극을 주었을 지라도(예 : 환자를 꼬집어보는 등) 전혀 반응하지 않고 깨어나지 못하는 경우를 말한다. 일반적으로 의식변화는 다음과 같은 원인들로 오게 된다.

① 구조적 병변 : 외상, 뇌종양, 간질, 두 개내 출혈 등
② 대사성 : 무산소증, 저혈당, 당뇨성 케토산증, 간부전, 신부전
③ 약물
④ 심혈관계 : 고혈압성 뇌증, 쇼크, 과민성 쇼크, 부정맥, 심정지, 신부전
⑤ 감염

원인이 이와 같이 다양하므로 일반인들이 이를 감별하기란 어렵다. 그러나 이런 상태에 있는 사람을 발견했을 경우 가장 먼저 확인해야 할 상황은 그 사람이 숨을 쉬고 있는지에 대한 여부이다. 원인이 어떠하건 간에 의식이 없는 사람은 혀가 목구멍 뒤로 쳐지기 쉬우며 기도를 막아서 숨을 쉬지 못하여 생기는 것이 가장 시급하게 해결해야 되는 사항이다. 만일 호흡이 좋지 못하다면 기도를 유지하여 환자의 호흡이 가능하도록 한다. 만일 환자가 호흡이 없다면 기도유지를 다시 하고 인공호흡을 통하여 그 사람에게 산소를 공급할 수 있도록 한다.

또한, 이런 경우에 처해 있는 사람의 주변인들은 다음과 같은 것에 주의하여 정보를 모아 처치자가(예: 응급구조사, 119 구급대원 등) 도착하였을 때 정보를 제공하는 것이 중요하다. 처치자가 여유시간이 좀 있다면 환자를 더욱 자세히 관찰하여야 하는데 이때에는 자극에 반응하는지, 호흡의 상태나 횟수, 깊이 정도를 알아보아야 한다. 또한 가능하다면 다음도 확인하는 것을 잊지 않도록 한다.

① 의식변화의 기간이 얼마나 되는가?

② 갑자기 시작 되었는가 혹은 서서히 시작되었는가?

③ 최근 4주 이내에 두부외상이 있었는가?

④ 현재 치료 중인가?

⑤ 술을 마셨다거나 약을 먹었는가?

⑥ 변화이전의 특별한 행동이 있었는가?

⑦ 현재 먹고 있는 약이 있는가?

- 이때 행할 수 있는 처치는 다음과 같다.

① 기도를 열어주기 위해 고개를 들어준다.

② 호흡이 없다면 인공호흡을 실시한다.

③ 만일 경추(목)손상이 의심되는 사람이라면 함부로 건드리지 말고 전문 처치사에게 조언을 받아서 행동 할 수 있도록 한다.

환자의 머리와 신체가 정중앙에 오게 한 후 환자의 이마는 눌러주고 턱은 검지와 중지 두 손가락으로 들어준다.

기도유지를 해준 상태에서 환자의 얼굴에 구조자의 얼굴을 가져가대고 구조자의 눈은 환자의 가슴을 보며 환자의 10초간 호흡유무를 확인한다.

a. 구강 대 비강법 : 구조자는 손으로 환자의 입을 막고 환자의 코에 구조자의 입을 댄 후 공기를 불어넣는다.

b. 구강 대 구강법 : 구조자의 손가락으로 환자의 코를 마고 환자의 입에 구조자의 입을 댄 후 공기를 불어넣는다.

(2) 경련

경련은 흔히 간질이라고 이야기되는 대발작부터 소아의 열성 경련, 그 외, 다양한 형태로 나타나므로 평소 경험이 없던 일반인들은 당황하기 십상이다. 어른은 간질이 원래 있던 사람은 평소에 약을 잘 복용하는 것이 중요하고 갑자기 처음으로 생기는 경련은 의료 기관에 가서 궁극적으로 원인을 알아서 처치해야 한다. 소아는 열이 심하게 날 때 경련이 생기기 쉬우므로 해열제나 옷을 벗기고 물로 닦아주는 노력을 해야 한다.

경련의 증상은 갑자기 이상한 행동이 나타나는데 눈이 뒤집힌다던가, 온 몸을 부르르 계속하여 떨고 거품을 물며 신체가 비정상적인 행동이 반복하는 등이다. 물론 이러한 증상 중의 일부는 진짜 경련이 아니고 정신적인 문제 때문에 나타날 수도 있어 겉으로만 급한 것 같고 내용적으로는 응급환자가 아닐 수도 있다. 이는 일반인으로서는 감별하기 힘들다.

① 처치

무엇보다도 숨을 쉴 수 있도록 기도확보가 중요하다. 원인적 치료는 의료기관에 이송하여 실시할 수 있지만 도착하기 전까지 숨을 쉴 수 있도록 기도확보를 잘 실시하여야 한다. 대발작 환자 중에는 쓰러져서 다른 물체에 부딪히기 쉽고 혀를 깨무는 동시에 혀와 구강 내 손상을 최소화 할 수 있도록 경구기도기를 입속에 삽입하도록 하며 없을 때에는 임시로 딱딱하고 부드러운 막대같은 물체로 이를 대신할 수 있다.

소아는 이와 더불어 열성경련이 많으므로 미지근한 물로 몸을 닦아주도록 하며 이에 앞서 옷을 전부 벗겨서 수분의 증발 시 체온이 떨어질 수 있도록 한다.

② 주의

대발작 시는 환자가 발작하며 다칠 수 있으므로 주위에 부딪혀서 다치거나 찔릴만한 물건을 치워주어야 한다.

무엇보다도 경련 자체보다도 기도확보를 통하여 숨을 계속 쉴 수 있게 하여야 하며 경련 중에는 호흡이 멈출 수도 있으므로 인공호흡을 하며 신속히 이송한다.

2) 통증

(1) 복통

복통은 흔히 오심(구토할 것 같은 느낌), 구토, 배 근육의 수축, 다른 부위의 통증과 같이 나타나는 경우가 많으며, 어떤 경우는 배가 아픈 상황이 수술에 의해 치료 받지 않는다면 치명적일 수도 있으므로 심한 통증 호소의 정도를 평가하고 그냥 지나치지 않는 것이 필요하다. 계속되는 복통은 꼭 응급실에 이송되어 진찰되도록 해야 한다는 것도 잊어서는 안 된다.

배 아픈데 대한 민간요법도 많은 것이 사실이나 배 아픈 원인이 수백 가지 이상 있을 수 있고 그에 대한 치료도 조금씩 다를 수 있다는 것을 이해해야 한다. 중요한 것은 단순 배앓이가 아닌 상황을 가볍게 넘기지 말아야 한다는 것이다. 배가 아픈 환자들은 때로 토하거나 춥다고 하고, 설사나 변비, 소변이나 대변에 피가 섞여 나오거나, 열이 나기도 하며 환자의 자세는 다양하게 나타나는데 움츠리는 행동을 하거나 움직이지 않으려고 할 수도 있다. 또한 배가 아플 때 위험한 것 중 하나는 신체 내에서 일어나는 출혈인데 피가 나는 정도를 눈으로 알 수 없기 때문에 혈액량의 감소를 생각하고 쇼크가 일어나는지 주의 깊게 관찰해야 한다. 피를 토한다던지 변이 붉게 나오면 출혈이 같이 있는지 알지만, 짜장 색깔 같은 검은 변이 나와도 상부위장관의 출혈이 있다는 신호이므로 철저히 점검되어야 한다.

이런 사람에게 병원으로 가기 전 취해 줄 수 있는 처치로는 편안한 체위를 취해 주며, 어떤 음식도 주지 않고 또, 그 통증부위를 배꼽을 경계로 하여 4부위로 나누어 어느 쪽에 통증이 있는지도 조사해두어 처치자가 도착했을 때 정보를 주면 도움이 되며, 혈액을 토하거나 또는 변에 섞여 나왔는지 그 양과 색깔을 알아두고 그 증거물을 처치자가 도착할 때까지 보존할 수 있으면 그렇게 하도록 한다.

그러나 이런 사람을 병원으로 이송하기 전에 현장에서 할 수 있는 처치는 그리 많지도, 효과적이지도 못하므로, 너무 오랜 시간을 끄는 것은 도움이 되지 않으므로, 병원으로 빠르게 이송할 수 있도록 신고하는 것이 중요하다.

(2) 두통

두통의 흔한 원인은 축농증, 감기, 긴장, 눈의 피로, 수면부족, 배가 고플 때 등 다양하다. 그러나 머리나 척추에 손상이 있을 때도 역시 두통을 유발한다. 그 증상은 머리의 아무 부분이나 지속이거나 가끔씩 통증이 오는데, 처치는 환자의 이마에 찬 것이나 뜨거운 물을 담은 병을 싸서 누르며, 환자로 하여금 어두운 방에 누워 있도록 권한다. 만약 두통이 계속되고, 구역질 구토, 열, 목이 뻣뻣해지거나, 시력이 혼란스럽거나, 두부손상, 혼란, 점진적인 의식의 소실이 동반된다면, 의학적 도움을 요청하여야 한다. 평소 느끼던 두통과 느낌이 다르고 너무나 심하고 오래간다던지, 상기한 다른 심한 증상이 같이 있을 때는 뇌수막염, 뇌졸중, 뇌출혈 등 다양한 뇌의 병변이 동반될 수 있을 가능성이 있다. 이는 응급상황이므로 빨리 이송하여야 한다.

(3) 치통

치통의 가장 흔한 원인은 이빨의 에나멜질의 부식에 의한 것이다.(즉, 이빨이 썩는 것) 그러나, 농양, 잘못 깨물어서 가해진 압박에 의해서 유발될 수도 있으며, 안면신경의 염증으로 인해 유발된 통증이 방사되어 치통을 유발할 수 있다. 그 증상은 치아와 턱의 통증이 있으며 지속적이거나 가끔 통증이 있고, 치통은 찬 것이나 뜨거운 것을 먹거나 하면 더 심해진다. 치료는 심하고 지속적인 통증이 있으면 뜨거운 물을 넣은 병을 싼 것이나 뜨거운 헝겊으로 상한 이가 있는 쪽의 얼굴에 댄다. 만약 증상이 계속되면, 혹은 그 이 주위로 열이 나고 부으면 지체하지 말고 의사나 치과의사를 찾아가도록 한다.

(4) 귀의 통증

귀의 통증은 그 통증이 굉장히 심하다. 이것은 귀 안이나 귀 주위의 감염에 의해 초래되다. 즉, 귀의 종기나 농양 등에 의해 초래된다. 그러나 가장 흔한 이유는 특히 어린아이에 있어서 목을 통해 세균이 귀로 퍼져 유발된 중이염에 의한 것이다. 이런 종류의 감염은 편도선염, 홍역, 감기 등을 앓고 나서 잘 온다. 귀의 통증은 귀지가 너무 많을 때 또는 비행기 여행이나 잠수 시 갑자기 고막에 가해지는 압력의 변화가 있을 때도 잘 나타나며, 그 증상은 지속적이거나 가끔 귀의 통증이 생기고, 치료는 심하고 지속적인 통증을 해소하기 위하여 아픈 쪽 귀에 뜨거운 것을 다물고 침을 삼키거나 양 볼이 불룩해지도록 불게하며, 통증이 지속적이건, 분비물·열·청각의 이상이나 들리는 정도가 다를 때는 즉시 의학적 도움을 구하도록 한다.

(4) 목이 아플 때

가벼운 통증이나 경직이 목의 근육에 발생하는 경우로는, 장시간 한 자세로 앉아 있거나 누워있는 경우나 장기를 두거나 정신적 긴장이 계속될 때 생길 수 있지만 바이러스성 질환이나 타박에 의해서도 유발 될 수 있다. 그 증상은 목 부위의 통증이 있고 움직이면 심해진다는 것이고, 치료는 통증을 해소하기 위해서 아픈 부위에 뜨거운 것으로 찜질을 하고 목을 부드럽게 움직이도록 한다. 증상이 계속되거나, 목이 붓고 구역질이나 구토, 두통, 혼란, 의식의 상실, 명백한 목의 외상이 있을 때 의학적 도움을 구하도록 한다.

3) 기절 · 절도

기절이란 잠깐 동안 의식을 잃는 것이다. 흔히 뇌로 가는 혈액의 일시적 감소로 인해 생기는 현상으로 회복은 빠르고 완전하게 된다. 통증이나 공포에 대한 신경반응이 올 수 있으며 혹은 감정적 혼란의 결과, 탈진, 굶었을 때도 일어날 수 있다. 그러나 실제로 오랫동안 움직임이 없었을 때 신체의 다리에 많은 양의 피가 고이게 되어 다른 부분의 순환을 감소시킬 때가 더 흔하다. 이런 사람의 특징적인 증상은 매우 창백해 보이고 맥박이 느리고 약한 것을 알 수 있으며 그 처치는 다음과 같다.

(1) 처치

- 만일 환자가 불안정해 하면 앉히고 두 무릎 사이에 머리를 앞으로 기울이게 하여 심호흡을 하도록 한다.

- 목이나, 가슴, 허리의 쪼이는 옷을 풀어 준다.
- 의식을 찾으면 환자를 안심시키고 점차 앉은 자세로 일으킨다.
- 의식을 완전히 찾을 때까지는 입으로 아무것도 주지 말고 회복 후 찬물을 조금씩 마시도록 한다.

(2) 주의

일반인들은 졸도한 것과 다른 심각한 질병으로 인하여 의식을 잃은 것과 구별하기 힘들다. 따라서 기절한 현장에서 회복을 바라고 너무 오래 시간을 끌지 않도록 하며 의료기관에서 확인하는 과정이 필요하다. 중간에 환자의 호흡과 맥박은 계속 확인하고 없으면 신속히 그에 대한 조치를 해야 한다.

4) 이물질 삽입

(1) 눈의 이물 - 귀나 눈의 이물질, 낚시 바늘, 못

① 처치

눈에 가해지는 손상은 모두 심각할 가능성이 있다. 왜냐하면 이물이나 조각들이 안구에 손상을 주고 그 결과 안구 내부의 손상과 감염을 일으킬 가능성이 있기 때문이다. 눈은 자극적인 이물질을 씻어내기 위하여 눈물의 생성과 분비가 증가하여 계속 눈물을 흘리는데, 대부분의 경우에 눈물로 이물을 제거 될 수 있다.

환자의 대부분은 눈에 이물이 들어가면 눈을 비비게 되는데, 그것을 멈추게 하고 환자를 의자에 앉힌 후 불빛을 마주보게 하고 뒤로 기대게 한다. 환자의 뒤에서서 손가락으로 환자의 눈을 상하로 벌린 후 가능한 눈의 모든 부위를 살펴본다. 만약 눈 속의 이물이 보이면 소독된 물이나 생리식염수를 이용하여, 머리를 이물이 들어간 눈 쪽으로 기울여서 눈을 씻어낸 물이 다른 쪽 눈으로 가지 않고 뺨을 따라 흘러내리도록 한다. 만약 이것이 어렵거나 물이 없고, 또 이물이 눈에 박혀있지 않으면 젖은 솜이나 깨끗한 손수건의 구석을 적셔 이물을 제거한다. 만약 이물 제거가 실패하면 상처받은 눈에 안대나 거즈를 대고 그 반대편 눈도 가려 병원으로 신속히 온다.

② 주의

눈에 들어간 이물질 중에서 날카로운 것은 절대로 물로 닦거나 문지르지 않도록 한다. 예를 들어서 유리조각이 튀어 들어갔을 때 눈이 입는 손상은 유리조각의 오염보다는 유리조각에 긁히거나 찔리는 것이 더 심각할 것이다. 이러한 상황에서 물로 씻던지 비비면 눈의 상처만 더 증가시킬 뿐이다. 이는 의료기관에서 전문 장비를 갖고 해결해야 할 문제이다.

(2) 코의 이물

① 처치

코의 이물은 자갈이나, 공기돌, 또는 가지고 놀던 장난감 등을 코에 집어넣을 수 있는 어린아이들에게서 흔히 일어 날수 있는 일이다. 부드러운 것은 코 안에서 꽉 끼게 되지만 날카로운 것은 코의 조직에 손상을 줄 수 있다. 이때 환자는 코로 숨쉬는 게 힘들고 코가 붓게 되는데, 입으로 숨을 쉬고 코로 공기를 밖으로 배출하게 한다. 이것으로 이물이 밖으로 빠져 나오면 좋지만, 그렇지 못할 경우 당황해져서 코의 이물을 가정에서 흔히 집게나 기타 도구로 제거하려는 시도를 많이 하게 되는데 이 방법은 코의 이물을 코 속으로 더욱 깊이 들어가게 할 수 있다. 그러므로 환자를 입을 통해 숨 쉬게 하고, 안심시킨 후 병원으로 빠르게 이송한다.

② 주의

이물질이 겉에서 보인다고 억지로 잡아빼려고 너무 노력하지 않는다. 쉽게 나오는 것은 괜찮지만 반복하고 힘을 가할 때는 코에 상처를 주게 된다. 특히 날카로운 물질이 들어갔을 때에는 이러한 노력을 시도하지 말고 병원에서 처치받아야 한다.

(3) 귀의 이물

귀의 이물은 어린 아이들에게 있어서 가장 흔한 형태이다. 귀의 이물은 일시적으로 귀가 들리지 않지만, 깊은 침투는 고막의 손상을 유발한다. 예를 들어 벌레나 파리 또는 작은 곡식 알갱이 등이 귀에 들어가는 경우가 그것이다. 귀에 이물이 들어가면 환자는 귀의 통증을 호소하고 벌레가 들어간 경우에는 귀 속에서 진동을 느끼게 되거나 이물이 들어간 쪽의 청각에 이상을 호소한다. 벌레가 들어가서 움직일 때에는 그 통증은 매우 심하다.

우선 환자를 안심시킨 후 만약 벌레가 들어갔으면, 미지근한 물을 귀에 부어 흘러 넘치게 한다. 미지근한 물을 사용하는 것은 환자에게 차가운 물로 귀를 씻어 낼 경우 환자가 떨림이나, 어지러움을 호소할 수 있기 때문이다. 다른 이물이 들어갔을 때 애써 가정의 도구로 제거하려 할 경우에 이물이 더욱 깊이 들어갈 수 있으므로 제거하려 하지 않도록 하고 병원으로 빠르게 이송한다.

5) 기타 응급증상들

(1) 흉통(가슴이 아플 때)

① 처치

흉통이나 흉부에 불편함이 있다고 하는 것은 심장질환에서는 흔한 증상이다. 흉통은 심근경색의 가장 흔한 증상이다. 흉통을 호소하는 환자와 마주친다면, 병력에 대한 다음 것들을 알아두어 처치자가 도착하였을 때 자료를 제공해 주어야 한다.

a. 흉통의 특별한 위치
b. 통증이 옮겨가는 위치(예 : 턱, 등 또는 어깨)
c. 통증의 시간
d. 통증이 나타나게 된 이유(예 : 운동, 스트레스 등)
e. 통증의 양상이나 질 (예: 둔함, 심함)
f. 통증에 따라 오는 현상(예: 메스꺼움, 호흡곤란)
g. 통증을 심하게 하는 행동이나, 약화시키는 행동
h. 유사한 통증이 예전에 있었는가?

가슴이 아프다고 하여 이것이 꼭 심장에 이상이 있는 것은 아니다. 그러므로 병력을 조사하여 처치자에게 정보를 주는 것은 중요하다는 것을 알아야 한다. 이런 사람에게 해 줄 수 있는 응급처치는 통증을 경감시킬 수 있는 자세를 취해주거나, 그 사람이 그럴 때 먹는 약이 있다고 하면, 그 약을 먹을 수 있도록 도와주고, 옷을 느슨하게 하여 호흡하기 편할 수 있도록 도와준다.

② 주의

심장질환으로 인한 흉통은 갑자기 사망에 이를 수 있는 위험한 것이다. 이러한 경우 갑자기 심장마비가 생길 수도 있으므로 증상이 시작된 시간부터 얼마나 빨리 응급실에 도착하고 정확한 치료가 신속히 되었는가가 중요한 향후 전망을 결정짓는 요소이다. 상기한 설명은 신고하고 기다릴 때 해당되는 것이지 신고하지 않고 시간을 지체하라는 뜻은 아니다. 앞가슴이 뻐근하게 짓누르는 듯이 아프고 더불어 식은 땀, 메스꺼움, 어깨나 목 또는 등의 통증이 같이 있을 때는 지체 없이 119에 신고하여 응급실로 가도록 한다.

4. 외상처치

1) 상처의 소독 · 보호-드레싱

드레싱은 상처를 덮어주어 균으로부터 보호하고 지혈과정을 돕는다. 가능하면 치료용도로 포장된 소독붕대를 사용한다. 만일 소독된 것이 없으면 깨끗하고 보풀이 없는 삼각건이나 손수건으로 붕대를 대신할 수 있다. 보풀이 있는 천은 상처에 붙어 오염시킬 수 있으므로 사용하지 않는 것이 좋다.

드레싱의 일반수칙은 다음과 같다.

- 상처 부위에는 소독거즈를 두텁게 덮어야 한다.
- 거즈는 상처 위에 직접 놓는다. 옆에서 밀어 놓지 않도록 하고 비껴진 것은 제자리에 놓는다.
- 만일 소독된 붕대가 하나밖에 없으면 그것을 상처 위에 놓고 다른 깨끗한 물품으로 덧댄다.

- 처치자는 장갑을 착용하고, 붕대는 바깥쪽이 상처부위에 닿도록 한다.
  또한 처치자의 호흡이나 손에서 상처부위로 균이 옮는 것을 최소화하기 위해서는 다음 사항을 지키는 것이 좋다.
- 가능하면 1회용 장갑을 착용한다.
- 처치 전 손을 깨끗이 씻는다.
- 상처에 손을 대거나 닿은 때는 붕대를 건드리지 않는다.
- 상처에 대고 이야기 하거나 기침을 하지 않는다.

(1) 멸균드레싱

- 이 드레싱은 붕대가 달린 드레싱 패드를 말한다. 멸균된 드레싱은 다양한 크기가 있고 낱개로 잘 포장되어 있다. 만일 포장이 파손되면 그 드레싱은 더 이상 무균상태가 아니다.
- 포장을 벗기고 붕대 끝을 찾아 들어 놓는다. 멸균된 패드를 펴놓되 과정 중 닿아서 오염되지 않게 조심한다.
- 패드 양쪽의 붕대를 잡고 상처 위에 바로 패드를 놓는다.
- 붕대의 짧은 쪽을 팔이나 다리에 한번 돌려 잘 고정한다.
- 붕대의 긴 쪽으로 상처부위를 감싸고 있는 거즈의 전체를 고정하며 감는다.
  만일 드레싱이 벗겨 나가면 제거하고 새 드레싱을 사용한다.
- 붕대 끝을 매듭으로 묶고 고정한다. 매듭은 상처부위 위에 묶어 압력을 가할 수 있게 하고 만일 출혈이 새어 나오면 그 위에 다른 드레싱을 덧댄다.
- 피가 잘 통하는지 점검한다.

(2) 거즈 드레싱

- 멸균된 드레싱이 없으면 거즈 패드를 사용할 수 있다. 이것은 거즈를 몇 겹으로 접어서 만들며 부드럽고 유연하게 상처를 감쌀 수 있다.
- 거지패드의 가장자리를 잡고 상처 위에 곧바로 놓는다.
- 거즈 위에 몇 겹을 덧댄다.
- 반창고로 고정하거나 감은 붕대로 잡는다.

(3) 접착 드레싱

- 흔히 반창고(밴드)를 이용하는 것으로 작은 상처에 사용한다.
- 포장을 벗기고 패드를 아래로 향하게 하영 보호대를 잡는다.
- 보호막을 벗기되 완전하게 떼어내지 않는다. 드레싱패드는 만지지 않도록 하면서 상처 위에 놓는다.
- 보호막을 떼어 내어 끝을 눌러 붙인다.

(4) 냉찜질

- 타박상이나 삔 곳은 차갑게 하면 부식와 통증을 줄일 수 있다. 다친 부위를 흐르는 찬물에 대고 있거나 물 안에 담글 수 있다. 상처 부위가 머리나 가슴 같이 다루기 힘든 부위이거나 장시간 냉각시켜야 하는 경우는 얼음주머니나 냉습포를 이용한다.
- 비닐주머니에 절반이 넘을 정도로 얼음을 채운다. 주머니 끝을 묶고 수건 같은 헝겊으로 싼다.
- 부상부위에 얼음주머니를 놓는다.
- 20-30분간 상처부위를 냉찜질 하고 얼음을 보충한다.

(5) 냉습포 대기

- 수건이나 천을 아주 찬물에 담갔다가 건져 찬 기운과 물기가 남아 있을 만큼만 짜내고 상처부위에 갈다 댄다.
- 같은 방법을 5분 동안 반복하여 냉기를 유지시킨다.

(6) 붕대감기

붕대를 감는 데는 여러 가지 목적이 있다. 드레싱을 제자리에 고정시키고, 출혈을 억제하며, 부상부위를 지지 고정시키고, 붓기를 감소시키는 것이다.

① 붕대감기 전

- 부상자에게 무엇을 하려는 지 설명한다.
- 가능하면 앉거나 눕는 자세로 부상자를 편하게 한다.
- 항상 부상자 앞에, 가능하면 부상 입은 쪽으로 서 있는다.

② 붕대 감을 때

- 멈추고 드레싱을 고정시킬 수 있도록 단단히 감아야 하나 혈액순환에 지장이 없도록 한다.
- 다친 부위를 받쳐준다.
- 가능하면 손가락이나 발가락이 붕대 끝으로 나오게 하며 혈액순환 상태를 점검할 수 있게 한다.

③ 다리고정을 위한 붕대감기

- 다리 사이에 부드러운 패드를 대준다. 넓은 붕대로 무릎 위를 고정하고 좁은 폭의 붕대로는 발과 발목을 팔자붕대로 하여 고정한다.

④ 혈액순환상태를 식별하는 법

다음과 같은 경우에는 혈액순환 상태가 좋지 않을 가능성이 있다. 물론 신경, 근육 등이 같이 손상되었을 수도 있다.

- 손발의 피부가 차고 창백하다.
- 나중에는 피부가 거무스레한 회색이나 푸른색을 띤다.
- 저리거나 따끔거린다.
- 그 부위를 움직일 수 없다.

(7) 롤붕대 감는법

- 붕대 꼬리를 부상 부위 아래에 대고 안쪽에서 바깥쪽으로 두 번 머리를 똑바로 돌려 감는다.
- 사지를 나선형으로 감아나간다. 전 층의 1/2-2/3를 덮는다.

- 끝날 때는 한번 똑바로 감고 끝을 고정한다.
- 팔 다리의 순환을 점검한다.

(8) 팔꿈치와 무릎에 붕대감기

- 부상 입은 팔을 약간 구부린 자세로 유지한다.
- 붕대꼬리를 팔꿈치 안쪽에 댄 뒤 관절주위를 한번 반쯤 감아 돌려 팔꿈치를 덮는다.
- 붕대머리를 팔꿈치 뒤에서 상박 쪽으로 가져가 한번 돌리되 그 전 층의 절반을 덮도록 감는다.
- 붕대머리를 팔꿈치 관절 바로 아래로 가져와 아래쪽 팔을 한번 돌려 감되 처음에 똑바로 돌려 감은 것의 절반을 덮도록 한다.
- 이런 식으로 양쪽 계속 감아 나가는데 항상 전 층의 2/1내지 3/2를 덮으면서 감는다.
- 붕대감기를 끝내려면 두 번 똑바로 감은 뒤 끝을 고정한다.
- 혈액순환 상태를 점검하고 붕대가 너무 꼭 조이면 손의 혈액순환이 회복될 때 까지 붕대를 풀었다가 느슨하게 다시 감는다.

(9) 삼각붕대

① 붕대 접기

- 삼각붕대를 수평으로 밑변에 닿게 한다.
- 붕대를 다시 반으로 접는다.

② 삼각붕대로 손, 발에 감기

- 붕대의 밑변을 따라 가장자리를 한번 접는다. 드레싱을 위로 오게 하여 부상자의 손을 붕대 위에 얹고 정점을 손목 위에 오게 덮는다.
- 두 끝을 손목 주위에 오게 하여 엇갈리게 하고 매듭으로 묶는다. 정점을 끌어당겨 붕대가 단단히 되게 한 다음 매듭위로 덮어서 그 밑에 밀어 넣는다.

③ 삼각붕대로 머리 감기

- 붕대 밑변의 중앙부를 부상자 이마에 맞추어 눈썹 바로 위에 오게 한다. 정점은 머리 뒤로 떨어지게 한다.
- 양끝을 귀 바로 위로 하여 뒤쪽 머리를 감는다. 목덜미에서 정점 위로 양끝을 교차 시킨다.
- 양끝을 돌려 앞으로 오게 한 뒤 이마 가운데서 매듭으로 묶는다.
- 부상자의 머리를 흔들리지 않게 하면서 붕대 정점을 잡아당겨 탄탄히 한 뒤 머리 정수리로 올리고 안전핀으로 고정한다.

④ 삼각건을 이용한 걸대

- 붕대를 팔과 가슴사이에 놓는다. 한끝을 목 위로 돌려 다친 쪽으로 잡아당긴다.
- 붕대의 아래쪽 끝은 부상자의 아래팔을 넘어서 위로 올려 어깨에서 다른 끝과 만나게 한다.
- 부상 측 쇄골 위 오목한 곳에서 맞매듭으로 묶고 끝을 그 밑으로 집어넣는다.
- 고정하기 위해서 정점을 팔꿈치 앞으로 당긴다. 붕대의 느슨한 부분은 모두 정점 밑으로 밀어 넣고 안전핀으로 팔꿈치 위에서 고정한다. 만일 안전핀이 없으면 걸대가 팔꿈치에 편안하게 맞을 때까지 정점을 비틀어 꼬아서 정점을 팔 앞부분에서 걸대 안으로 밀어 넣는다.

⑤ 임시 팔걸이 만들기

- 환자가 자켓을 입고 있다면 자켓 자락을 위로 올려 손상된 팔을 놓고 자켓 가슴에 핀으로 고정한다.
- 환자가 자켓이나 코트를 입고 있다면 단추를 풀고 손상된 쪽의 손을 넣고 단단히 잠근다.
- 환자의 소매를 반대쪽 셔츠나 자켓의 가슴부위에 핀으로 고정한다. 임시팔걸이를 높게 하려면 소매를 더 올려 어깨를 고정한다.
- 벨트 타이 부목 또는 타이즈를 이용해 목걸이형 걸대 지지대로 만들 수 있다. 그러나 팔의 골절이 의심되는 경우에는 이 방법을 사용하지 않는다.

(10) 폐쇄성 손상

- 넘어지거나 무딘 물체로 맞았을 때 생기며 타박상 또는 반상출혈(즉 멍)을 유발.
  폐쇄성 손상이 심하면 혈압이 저하되어 의식을 잃을 수도 있다. 손상 직후에 얼음물 찜질이나 상처부위를 압박하여 조직 안의 출혈을 조절하고 부목으로 고정하여 심장보다 위쪽으로 상처를 올려준다.

(11) 개방성 손상

① 베인 상처 : 칼이나 면도칼 혹은 날카로운 종이의 끝으로 상처를 입는 것
② 찢어진 상처 : 철조망, 기계 혹은 동물이 발톱등과 접촉하여 피부가 불규칙하게 찢긴 상처
③ 찔린 상처 : 못, 바늘, 압정 등에 의한 상처로 깊이 다칠 수 있다.
④ 벗겨진 상처 : 보통 미끄러져 넘어지는 것이 원인

(12) 총상

총알이 몸에 박혀있거나, 뚫린 상처를 말하며 처지(지혈, 오염방지, 부목고정)는 다음과 같다.

- 상처에 소독 거즈를 덮고 손으로 압박하여 지혈시킨다.
- 누르고 있던 상처를 들어 올리고 압박붕대로 감는다.
- 출혈이 계속되면 압박붕대 위에 다시 소독 거즈로 덧대어 압박한다.
- 상처 부위를 부목으로 고정한다.

2) 출혈 시의 처치

(1) 외부 출혈의 조절

출혈이 심하면 즉시 상처부위를 지혈하고 출혈부위를 심장 높이 보다 놓게 해야 한다. 상처가 크거나 출혈이 심한 경우에는 병원에서 수술을 받게 될 수도 있

기 때문에 부상자에게 물을 주어서는 안 된다.

① 지혈 방법은 직접압박, 간접압박, 지혈대 사용 등의 방법이 있다.

a. 직접압박: 압박붕대나 손으로 출혈부위를 직접 압박.

b. 간접압박(선택적 동맥 압박) : 국소 압박으로도 지혈되지 않을 때 출혈부위에서 몸통 쪽으로 가까이 위치한 동맥부위를 압박한다.

c. 지혈대 : 지혈의 마지막 수단으로 이용된다.

- 출혈부위 가까운 곳에 7-10cm넓이의 띠를 2번 감는다.
- 띠를 묶어서 매듭을 짓고, 그 위에 막대를 놓는다.
- 막대를 매듭하고 출혈이 멈출 때까지 막대를 감는다.
- 출혈이 멈추면 막대 감는 것을 멈추고, 막대를 다시 고정한다.

(2) 코의 출혈

피나 액체가 흘러나오도록 손상 받은 쪽으로 귀를 기울인다. 소독 거즈로 귀를 덮고 접착성 테이프로 살짝 붙인다. 이때 귀를 마개로 막거나 혈액이 흐르는 것을 방해 하지 말 것.

(3) 내부 출혈의 지혈

내부출혈은 겉에서는 출혈이 보이지 않지만 신체 내부에서 출혈이 되는 것을 말한다. 출혈 시에는 직접적으로 시행할 수 있는 지혈법이 아무것도 없으므로 빨리 병원으로 이송되어져야 한다. 이송 시 다음과 같은 점에 유의한다.

- 이송 시 다리를 들어 준다.
- 목이나 가슴을 쪼이는 의복은 느슨하게 풀어주고 환자를 안심시킨다.
- 다른 손상이 없는지 확인하고 필요하면 처치를 한다.
- 부상자에게 입으로 어떤 것도 주지 않도록 한다.

3) 골절(삐거나 뼈가 부러진 경우)의 처치

(1) 골절의 종류

① 폐쇄 골절 : 손상 뼈의 주위 피부가 찢어지지 않은 골절이다.

② 개방 골절 : 골절로 피부 표면이 상처가 나거나 깨진 뼈가 피부를 뚫은 경우의 골절로 외부 출혈 뿐 아니라 세균이 살과 깨진 뼈로 들어갈 수 있기 때문에 감염의 위험이 심각하다.

③ 골절이 있음을 의심할 수 있는 경우

- **변형**

본래의 상태에 위치하지 않고 짧아지거나, 각이 지거나 사지가 회전하게 되는 것을 말한다. 변형상태를 검진할 때에는 반드시 손상 받은 사지와 반대편의 정상적인 사지를 비교해야 한다.

- **압통**

그 부위를 부드럽게 압박하면 골절부위에 통증이 있다.

- **운동제한**

손상부위를 움직이면 통증을 느끼므로 움직이려 하지 않고 움직임이 어렵거나 제한된다.

- **부종 및 반상출혈**

골절부위에서 부어오르거나 피부 밑으로 출혈된 것이 피부색 변화로 보인다.

- **마찰음**

골절부위에서 골절된 양측 뼈의 면이 맞부딪힐 때 마찰을 감지할 수 있다.

- **가성 운동**

관절이 아닌 부위에서 관절처럼 골격의 움직임이 관찰되기도 한다.

④ 골절환자의 일반적 처치 원칙

- 골절 환자를 함부로 옮기거나, 다친 곳을 건드리어 부러진 뼈끝이 신경, 혈관 또는 근육을 손상시키거나 피부를 뚫어 복잡골절이 되게 하는 일이 없도

록 조심한다.

- 골절 부위에 출혈이 있으면 직접압박으로 출혈을 방지하고 부목을 대기 전에 드레싱 먼저 시행한다.
- 뼈가 외부로 노출된 경우 억지로 뼈를 안으로 밀어 넣으려 하지 말고, 만약 뼈가 안으로 다시 들어간 경우에는 반드시 의료진에게 알려 주어야 한다.
- 골절 환자를 가능한 한 움직이지 말아야 한다. 환자를 편안하게 해주고 손으로 지지하여 더 이상의 이상과 통증을 유발시키지 말아야 하다.

⑤ 부위별 골절 처치

- **척추 골절** : 환자를 움직이지 말고 손으로 머리를 고정하고 감은 옷을 따라 대어 환자를 지지한다. 모포로 환자를 덮고 의료 지원을 기다린다.
- **팔 골절** : 상처 입은 쪽의 팔을 가슴에 대고 가슴과 팔 지지해준다. 가슴과 팔 사이에 부드러운 헝겊 조각 같은 것을 끼워준다.
- **골반 골절** : 다리를 펴준 채로 환자를 눕히거나 무릎을 구부리는 것이 더 편안하다고 하면 무릎 밑에 담요를 말아서 대준다. 골반 골절 시에는 과다의 출혈로 쇽에 빠질 수 있으므로 주의해야 한다.
- **발의 골절**
  환자를 눕히고 구두와 양말을 조심스럽게 벗긴다.
  아픈 쪽의 발을 들고 발바닥에 헝겊을 대고 부목을 받쳐준 후 고정한다.
- **쇄골 골절**
  환자를 앉히고, 손상된 쪽 팔을 가슴을 지나 반대쪽으로 가게 한다.
  넓은 천으로 다친 쪽 팔을 가슴에 고정시키고 병원으로 이송한다.(삼각건으로 고정)
- **골반 골절** : 자동차 사고나 추락 사고로 흔히 발생한다. 다리를 펴고 등으로 눕도록 도와주며, 묶어서 다리를 고정하는데 관절 사이에는 패드를 넣는다.

(2) 탈구

- 탈구는 관절에서 원래 있던 뼈가 빠져 나가는 것이다. 탈구는 어깨, 팔꿈치, 손가락, 턱 등이 자주 발행한다. 탈구와 골절을 구별하기 힘들 때의 처치는 골절과 같은 치료를 한다.
- 베개나 쿠션을 사용하여 부상자를 가장 편한 자세로 유지해 준다. 가능하면 붕대나 삼각붕대로 고정시켜 준다.

(3) 염 좌

- 관절 주위의 인대나 조직이 갑자기 뒤틀렸을 경우 발행하는 손상으로 예를 들어 걷거나 뛸 동안 발이 예기치 않은 방향으로 뒤틀렸을 경우 발목에서 발생한다. 흔히 삐었다고 이야기 하는 것이 이에 해당된다.
- 부상자가 가장 편한 자세로 관절을 지탱해주고 손상 받은 부분을 높게 해준다. 찬 얼음으로 부은 것과 통증을 감소시켜주면 효과적이다. 그리고 골절과 같은 처치로 부목을 대준다.

(4) 부목법

부목은 통증을 감소시켜 줄 뿐만 아니라 부러진 뼈끝이 움직이지 않도록 하여 근육·신경·혈관이 더 이상 손상되지 않도록 방지해 준다. 따라서 폐쇄골절이 개방골절로 되는 것을 예방할 수 있다. 부목사용 시 원칙 및 주의사항은 다음과 같다.

- 다친 부위가 보일 수 있도록 해야 한다.
- 부목 대기 전에 다친 곳 아래를 만져보아 감각이 있는지, 맥박을 만져 피가 잘 통하는지, 사지를 움직이게 하여 운동 능력이 있는지 확인한다.
- 개방된 상처는 부목 대기 전에 깨끗하게 드레싱 해주고 부목은 개방 상처의 반대편에 대어준다.
- 부목의 사용 시는 손상 받은 곳의 위·아래의 관절을 함께 고정하여 움직이지 않도록 한다.
- 골절이나 탈구가 의심되는 곳은 가능한 부목을 대준다.

4) 수지절단 시 대처법

(1) 절단 부위의 처치

- 환자를 안정시키고 절단부 상태를 살펴본다.
- 절단 부위를 직접 압박하고 올려준다. 불완전 절단 시에는 절단 부위와 연결 부위를 같이 드레싱하고 올려준다.
- 압박드레싱을 시행한다.
- 출혈의 정도를 확인하고 지혈이 안 되면 지혈점을 찾아 압박한다.
- 계속 출혈이 되면 마지막 방법으로 절단 부위 5cm 이내에서 고무줄 등으로 묶어 압박을 시행하며 이 때 압박을 시작한 시각을 기록한다.

(2) 절단된 신체 부분의 관리

- 절단된 부위를 생리식염수로 깨끗이 씻은 후에 젖은 멸균 거즈로 싸서 물이 새지 않는 비닐봉투나 플라스틱 용기에 넣는다.
- 이를 다시 다른 비닐 봉투에 넣고 주위에 물을 채운 후 얼음을 몇 조각 넣는다.

(3) 주의점

- 얼음이 직접 절단 피검물에 닿지 않도록 유의한다.
- 드라이아이스는 사용하지 않는다.
- 절단 부위를 직접 물속에 넣지 않는다.

5) 환자를 옮기는 방법

(1) 환자를 옮길 때 고려 사항

- 구조자가 하고자 하는 일을 환자에게 설명하여 환자가 협조하도록 한다.
- 도움이 가능하면 환자를 혼자 옮기지 않으며 돕는 사람들에게 할 일을 미리 설명하여 각각이 충분히 협조하도록 해야 한다.
- 여러 사람들이 환자를 움직일 때는 한 사람만이 말로 지시해야 한다.

- 환자를 들어서 움직이는 경우 척추 손상에서 보호하기 위해 항상 정확한 이송 방법을 사용해야 한다.

(2) 담요로 들기

- 담요의 반을 길이로 말아서 평행하게 놓는다. 환자를 담요가 있는 반대쪽으로 굴린 후 환자의 등에 담요말이를 놓는다.
- 환자를 담요 위 반대쪽으로 굴린다. 담요말이를 펴고 환자를 편안히 다시 눕힌다.
- 펴진 담요자락을 환자 쪽으로 단단히 다시 감는다. 이것은 운반자가 손잡이로 사용한다.
- 환자의 몸통과 다리 쪽에 한편에 2명씩 운반자가 앉아 담요말이를 단단히 잡는다.
- 신호에 맞춰 4명의 운반자가 등을 기울인 채 무릎을 피는 동작으로 환자를 들어올린다.

(3) 들것 옮기기

- 들것의 네 손잡이마다 1명씩 운반자가 선다. 운반자가 3명뿐일 경우 2명이 머리 쪽에 선다.
- 운반자들의 앉아 손잡이를 잡는다. 신호에 따라 같이 일어나 들것의 평행을 맞춘다.
- 신호에 따라 보폭을 짧게 하여 바깥쪽의 발부터 걷기 시작한다.
- 환자를 내려놓을 때는 신호에 의하여 정지한다. 신호에 따라 앉고 들것을 땅에 조심스럽게 내려놓는다.

5. 응급질환

1) 심각한 응급질환

(1) 뇌졸중

뇌졸중은 뇌에 있는 혈관이 터지거나(뇌출혈) 막혀서(뇌경색) 생기는 병이다. 흔히 중풍이라 말하지만 그 결과는 다양하다. 멀쩡해 보이는 사람이 어느 날 갑자기 쓰러져 사망하거나 반신불수가 되는 등 치명적인 결과를 가져올 수 있기 때문에 공포의 대상이다. 실제로 50대 이후 사회적으로 어느 정도 성취하여 중추적인 역할을 할 시기에 뇌졸중을 포함한 뇌혈관 질환이 사망 원인 중 수위를 차지하고 있어 그 예방과 처치를 잘 알아두어야 한다. 뇌졸중은 사망하지 않더라도 평생, 혹은 오랜 기간 동안 식물인간, 반신불수, 언어장애 등 그 후유증이 심각하기 때문에 사회적으로 미치는 손실은 실로 크다 할 것이다. 뇌졸중과 관련하여 식사, 운동, 담배 등 생활 전반이 규칙적이고 합리적이라야 한다. 이로 인한 고혈압, 심장질환, 고지혈증 등으로 뇌졸중 발생의 확률을 높일 수 있기 때문이다. 예를 들어 고혈압 환자는 혈압 조절, 식사, 운동, 적절한 투약으로 뇌졸중의 발생을 최소화할 수 있다. 또한 심한 뇌졸중은 종종 치명적이지만, 많은 사람들이 미소뇌졸중으로부터 성공적인 회복을 한다. 따라서 나이 드신 분들이 잠시 행동이 이상하거나 마비 증상을 겪으면 가벼이 보지 말고 의료기관으로 가서 치료에 임하여야 한다.

① 증상

- 갑작스럽고 심한 두통이 있다.
- 심한 구토를 한다.
- 환자는 방향감각을 잃고 혼동하며, 불안해하기도 한다.
- 현기증과 의식소실도 가능하다.
- 입가가 밑으로 처지고 침을 흘리며, 말을 더듬거나 발음이 어눌해진다.
- 한쪽 내지 양쪽 사지가 약해지거나 움직이지 못한다.

- 몸의 감각이 이상해지거나 없어진다.
- 눈동자는 한쪽만 확장될 수 있고 동공이 좁아질 수도 있다.
- 방광과 장 조절이 약해질 수 있어 소변을 잘 보지 못하고 변비가 생긴다.
- 의식이 없어진다.

② 치료

뇌졸중은 시간이 경과함에 따라 급격히 악화될 수 있다. 따라서 환자의 의식 상태와 관계없이 즉시 응급의료체계에 도움을 요청한다. 호전될 수 있는 환자가 상태가 안 좋아지는 상황의 많은 수가 뇌졸중인지 모르고 집에서 방치하고 있다가 치료시기를 놓치는 것이다. 뇌혈관이 막힌 경우에는 증상 발생 후 빨리 치료에 임하게 되면 적절히 막힌 혈관을 뚫어주는 약물요법을 사용할 수도 있지만 시간이 지나면 약물을 사용해도 소용없게 되고, 뇌출혈인 경우에는 신속히 수술 등의 치료를 해야 할 상황인데도 적절한 수술시기를 놓칠 수 있다. 일반적으로 일반인이 병원 도착 전 할 수 있는 뇌졸중의 응급치료는 보완적인 것이다. 그러나 그러한 처치가 없어 사망할 수도 있다. 치료의 원칙은 간단하고 일반적이다. 기도를 확보하고 심폐소생술이 필요하면 시작한다. 그러면서 가능한 빨리 병원에 후송한다. 뇌졸중 환자는 의식이 떨어진 상태에서 구토를 하게 되는 경우가 많다.

이런 경우에 기도가 막혀 제대로 된 치료도 못해보고 숨을 못 쉬어 사망하게 되는 수도 많다. 병원에 도착할 때까지 의식이 없는 뇌졸중 환자는 기도를 확보하여 숨을 잘 쉬게 해 주는 것이 가장 중요한 것임을 명심하여야 할 것이다.

③ 병원 도착 전의 구체적 처치

- 의식이 있다면 환자의 머리와 어깨를 약간 올리고 지지한 채로 환자를 눕힌다.
- 머리를 한쪽으로 기울인 상태로 이물이 입으로 흘러나오게 한다.
- 목이나 가슴을 쪼이는 옷을 풀어 순환과 호흡을 원활하게 한다.
- 환자에게 입으로 아무것도 주지 않는다.
- 환자가 의식을 잃으면 회복자세로 둔다.
- 호흡과 심박동이 멈추면, 즉시 심폐소생술을 시행한다.
- 치료 자세를 유지하면서 즉시 병원으로 이송한다.

(2) 심근경색

사람은 어떤 원인이든 사망 시에 심장이 정지되어 사망하게 된다. 따라서 심장 자체에 문제가 있어 갑자기 심장이 멎어버리고 다시 돌아오지 않으면 그 사람은 신속히 사망에 이르게 되는데 이렇게 되는 흔한 원인이 심근경색증이다. 심장은 심장 내의 관상동맥이라는 혈관을 통하여 혈액을 공급 받아 에너지를 얻는데 이 관상동맥이 어떤 원인으로 막혀버려 혈액을 받지 못하고 시간이 지나 심장이 썩게 되는 것이 심근경색증이다. 이러한 원인으로는 담배, 스트레스, 고혈압, 비만, 당뇨나 콜레스테롤이 높은 경우 등 다양하므로 심근경색증의 예방을 위하여 식사, 운동, 생활습관의 조절 등을 통하여 갑작스러운 심근경색증 발현을 막아야 한다. 심근경색증은 식사 습관의 서구화, 사회 발전으로 인한 스트레스의 증가 등으로 증가 일로에 있으므로 모든 응급질환 중에 가장 주목해서 알아두어야 한다.

① 증상

- 갑작스럽게 짓누르는 쪼이는 것 같은 통증이 앞가슴 중앙에 있으며 팔이나 목과 턱 혹은 어깨 등이 같이 아프기도 하다. 증상 중에는 앞가슴의 통증이 가장 중요하다.
- 갑작스러운 어지러움이나 현기증으로 주저앉거나 벽에 기대게 된다.
- 피부는 잿빛 같고 입술이나 사지는 푸르러 진다.
- 토하고 싶거나 식은땀이 나기도 한다.
- 숨이 차서 헐떡거릴 수도 있다.
- 의식이 없어질 수 있다.
- 갑자기 호흡과 맥박이 정지할 수 있다.

② 치료

갑자기 앞가슴의 통증을 호소하는 모든 이는 신속히 응급실로 가야 한다. 증상 시작 시간부터 전문 치료의 시작 시간이 그 환자의 장래를 결정짓는 중요한 요소이다. 이 시간이 그 환자의 장래를 결정짓는 중요한 요소이다. 이 시간이 짧을수록 환자가 생존할 확률은 높아지며, 그 사회의 응급의료체계가 제대로 되어 있는지의 평가 기준이 되기도 한다.

③ 병원 도착 전 구체적 처치

환자를 적절한 안정 자세로 하여 이송한다.

환자가 움직이거나 여러 어지러운 환경적 요인에 의하여 스트레스를 받게 되면 심근경색증을 악화시키게 되므로 조용하게 움직이지 않도록 하여 즉시 병원으로 옮기도록 한다. 산소를 줄 수 있는 상황이면 산소를 흡입하도록 한다. 의식이 있으면 부드럽게 받쳐주고 머리와 어깨를 지지하고 무릎을 구부린 반쯤 앉은 자세로 유지한다. 또한 목이나 가슴, 허리를 쪼이는 옷을 풀어준다.

때로 갑자기 환자가 의식을 잃으며 심박동이 정지할 수 있으므로 이때는 즉각 심폐소생술을 실시한다. 이러한 경우에 119 구급차를 통해 이송중이라면 자동제세동기를 통하여 응급구조사가 전기쇼크를 주어 처치할 수도 있다.

(3) 협심증

심장근육으로의 산소공급이 결핍되면 환자는 가슴에 통증을 느끼게 되는데 이것을 협심증이라 한다. 이는 심장으로 혈액을 공급하는 관상동맥이 좁아지거나 막히는 것 때문에 나타나며 때로는 심근경색증으로 갈 수도 있다. 정신적 스트레스, 과다한 식사, 흥분상태 등에서 잘 유발된다.

① 증상

급작스럽게 발생하고 가슴을 쥐어짜는 고통 등을 호소하며 다음과 같은 특징을 갖고 있다.

- 휴식을 취하면 통증이 없어지기도 한다.
- 통증이 3-8분(드물게 10분) 지속된다.
- 호흡곤란, 메스꺼움, 식은땀이 동반되기도 한다.
- 환자에게 휴식을 취하기도 한다.
- 편안한 자세를 취하도록 한다.
- 니트로글리세린을 환자의 혀 밑에 넣는다.(복용하고 있는 약)
- 여전히 통증이 계속되면 병원으로 이송한다.

2) 일상적 응급질환

(1) 급성 복통

급성 복통은 흔한 배앓이로 쉽게 생각할 수도 있지만 다양한 질환이나 손상에 의하여 발생될 수 있으므로 증상이 복통을 유발하는 원인에 따라 다르게 나타날 수 있다.

① 급성복통의 증상

- 국소적 또는 전반적인 복통.
- 국소적 또는 전반적인 복부 압통(배를 누르면 통증이 생김.)
- 식욕감퇴, 메스꺼움, 구토.
- 움직이면 통증이 심해지므로 환자가 반듯이 누워있는 경우도 있다.
- 복통 때문에 빠르고 얕은 호흡을 한다.
- 복부강직, 복부팽만
- 전이통(등이나 옆구리 등이 같이 아프기도 한다)
- 열
- 변비 혹은 설사.

② 급성복통 환자의 응급처치

- 환자의 증상만으로 특정한 질환으로 추정하지 않는다.
- 기도를 유지한다.
- 구토에 대비한다.
- 입으로 아무것도 투여 하지 않는다.
- 진통제나 진정제를 무조건 복용하면 안 된다.
- 편안한 자세를 취해주며, 병원으로 이송한다.

(2) 당뇨병

당뇨병은 혈속의 당을 조절하는 능력이 약화되어 에너지원으로서 당을 이용하지 못하게 되는 질병을 말한다. 당뇨가 있는 사람은 근본적으로 당뇨를 없애기는 어려우나 평소에 식사, 운동, 생활습관, 적절한 처치에 의해 문제없이 살아갈 수 있다. 그러나 평소에 할 일을 게을리 했다든지 당뇨 자체가 심해져 응급상황을 맞이할 수도 있는데, 당뇨가 있는 환자는 당뇨성 혼수와 저혈당증이라는 두 가지 응급상황에 빠질 수 있다. 이는 하나는 혈당치가 높고 또 하나는 혈당치가 낮은 대비되는 상황이지만 실제로 둘 다 혼수상태로 발견되기 쉬우므로 혈당치를 측정하여 감별할 수 있다. 따라서 당뇨가 있는 분은 집 안에 혈당측정기를 갖고 있는 것이 좋으며 가족들에게도 혈당 측정법을 가르쳐주어야 한다.

(3) 당뇨성 혼수

고혈당에 의한 당뇨성 혼수는 실제 의학적으로는 케톤성, 비케톤성이라 하여 두 가지로 다시 구분되나 일반인이 쉽게 구별하기는 어렵고 그것보다는 빨리 발견하여 기도, 호흡을 제대로 유지하면서 이송하도록 하는 것이 더 중요하다.

① 원인

- 당뇨에 대한 치료를 받지 않은 경우
- 과식, 식사조절을 하지 않은 경우
- 인슐린 투여량이 심하게 적은 경우
- 당뇨환자로 다른 질환이 발생한 경우

② 징후

- 깊은 호흡을 하고 호흡 시에 달콤하고 향긋한 냄새가 난다(케톤성 혼수의 특징)
- 맥박은 약하고 빠르게 뛰고, 의식 장애가 있다.
- 혈압은 정상이거나 약간 저혈압인 경우가 있다.

③ 처치

- 기도, 호흡의 유지가 가장 중요하다.
- 혈당측정기로 혈당을 측정해본다.

- 혈당이 높다고 무조건 인슐린을 투여하지 않는다.
- 혼수상태인 사람에게 먹을 것을 주지 않는다. 5. 신속히 병원으로 이송한다.
- 혼수상태에 있다가 깨어났다고 해도 혈당 조절 및 기타 문제의 처치를 위하여 병원으로 이송해야 한다.

(4) 저혈당증

저혈당증은 보통 당뇨 환자는 자기 자신이 그 증상으로 보아 어느 정도 느끼는 것이 보통이나 그 느낌이 항상 맞는 것은 아니다. 게다가 심한 저혈당증으로 혼수상태가 되었을 때 주위 사람들이 의식이 없어진 이유를 제대로 알지 못하기도 한다. 따라서 가까운 사람이 환자가 당뇨가 있음을 알고 대처해야 하며 혈당측정기 사용을 할 줄 알아야 한다. 혈당 측정기가 없는 경우에 설탕물이나 사탕 같이 당분을 섭취하면 증상의 호전이 있을 수 있다. 그러나 완전히 의식이 없어진 사람에게는 기도 확보 문제가 더 시급하므로 오히려 당분 섭취는 금해야 한다.

① 원인

- 너무 많은 인슐린을 투여한 경우
- 식사를 거르거나 적게 한 경우
- 과다한 운동이나 스트레스로 혈액 내의 당이 고갈된 경우

② 징후

- 정상이거나 빠른 호흡을 한다.
- 창백, 차고 축축한 피부, 식은 땀, 어지러움과 두통, 실신, 발작, 혼수 드이 있을 수 있다.
- 신경이 날카로울 수 있고 술에 취하거나 정신이상처럼 보일 수도 있다.

③ 처치

- 식사 여부를 묻는다.
- 의식이 있는 경우 : 각설탕, 가루설탕, 꿀, 과일시럽, 음료수, 초콜릿 등을 먹

인다.

- 의식이 없는 경우 : 입으로는 아무것도 먹이지 말고, 병원에 이송하여 계속적 처치를 받아야 한다.

(5) 쇼크

이것은 체내의 혈액이나 체액의 부피가 감소하는 손상이나 병으로부터 오는 전체 신체의 약화된 상태이다. 더 정확히 이야기하면 여러 원인으로 심장혈관계통이 정상적인 혈압, 맥박 등의 유지를 하기 힘든 상태라고도 이야기할 수 있다. 정신이 아찔한 상태부터 졸도까지 다양한 증상이 나타나나 이 정도로 쇼크라고 하지는 않고 몸에서 정상상태를 유지하려고 해도 그러한 보상 작용이 잘 일어나지 않는 상태이다. 쇼크는 대표적으로 혈액이나 체액손실에 의하여 일어날 수 있지만 균에 감염되어 전신에 염증이 심하거나 척추를 다쳤을 때, 심장에 문제가 생겼을 때도 일어날 수 있다.

① 원인 및 증상

- 전신이 약해지고, 아찔하며, 현기증이 나고 불안하여 안정을 취하지 못한다.
- 환자는 아프거나 토한다.
- 갈증을 느낄 수도 있다.
- 피부가 창백해지고 차갑고 땀이 난다.
- 호흡이 약해지고 빨라지며, 환자는 하품을 하거나 한숨을 쉰다.
- 맥박수가 증가하나 약해지고 때로 혈액이나 체액의 부피가 감소함에 따라 불규칙해진다.
- 의식이 없어질 수도 있다.
- 외부나 내부손상과 연관된 증거가 있을 수도 있다.

② 치료

- 즉각 안정시키고 환자를 편안하게 한다.
- 만일 환자의 상태가 허락하면 환자를 모포 위에 눕힌다.

- 혈압계가 있다면 혈압을 측정하여야 한다.
- 다리골절이 의심되지 않으면 다리를 든다.
- 환자를 따뜻하게 한다.
- 꽉 쪼이는 옷은 풀어주어 순환과 호흡이 용이토록 한다.
- 환자가 갈증을 호소하면 물로 입술을 적셔주되 절대로 마시게 해서는 안 된다.
- 만일 호흡이 어려워지거나 토할 것 같으면 회복자세로 둔다.
- 호흡과 맥박이 정지하면 즉시 심폐소생술을 실시한다.
- 치료 자세를 유지하면서 즉각 병원으로 이송한다.

(6) 과호흡증후군

흔히 사람들은 놀라거나 심한 정신적 충격을 받았을 때 실신하거나 온몸을 떨거나 주위 사람들이 놀랄만한 증상을 보일 때가 있다. 때로는 진짜로 심한 질병이 있어서 온 몸을 어쩔 줄 몰라 하는 경우도 있지만 정신적인 원인이 처음에 작용하여 숨을 가쁘게 몰아쉬고 온 몸이 마비되는 증상을 호소하는 경우가 많다.

이럴 때에 사람들은 '쇼크 먹었어요'라고 흔히 표현하지만 실제로 이는 의학적 용어가 아니고 과호흡증후군인 경우가 많다. 이러한 과호흡증후군은 숨을 가쁘게 쉬다보니 몸 안의 이산화탄소를 숨을 내쉴 때 과도하게 배출시켜 몸의 산·염기의 균형이 깨지게 되는 것이 근본적 문제이므로 이러한 균형을 교정하는 것이 치료의 원칙이 된다.

① 원인

- 정신적인 충격
- 심장, 폐, 신경계 질환
- 과도한 운동이나 스트레스
- 불분명한 경우도 있음.

② 증상

- 숨을 매우 가쁘게 쉰다.

- 손발이 마비되는 느낌이 들며 저리다.
- 손발이 뒤틀리고 움직이지 않는 경우도 있다.
- 가슴이 답답하다.
- 숨이 막혀 죽을 것 같은 느낌이 든다.

③ 처치

- 비닐봉지로 입, 코를 중심으로 얼굴을 느슨하게 덮어주어 자기가 내쉰 숨을 도로 들이 마실 수 있게 해주어야 한다. 너무 비닐봉지를 얼굴에 꽉 밀착시켜 질식을 시킬 정도가 되어서는 안 되니 주의하여야 한다.
- 환자를 최대한 안정시켜야 한다.
- 신속히 병원으로 이송한다.

6. 위험환경 및 위험물에 의한 응급처치

화재가 발생하였을 때 현장에서의 응급처치를 환자의 생명을 좌우할 만큼 중요하다. 따라서 숨을 쉬고 맥박이 뛸 수 있게 하는 처치가 우선되어야 하고 더불어서 화상에 대한 간단한 상식과 처치를 알면 도움이 된다. 화상은 원인에 따라 열상화상, 화학화상, 전기화상으로 분류할 수 있다. 일반적으로 지칭되는 화상은 열상화상을 의한다. 열상화상은 다시 화재에 의한 피부손상 혹은 기도 화상(Flame burn이라함), 끓는 물에 의한 조직손상(scalding burn이라 함) 및 주전자나 온돌방등과 같은 뜨거운 물질에 접촉하여 발생하는 화상(Contact burn)이 있다.

화상은 환자의 피부손상 이외에도, 기도가 부어서 생기는 기도 폐쇄, 기관지염이나 폐부종, 쇼크, 근육 파괴에 의한 신부전증, 부정맥 등이 발생할 수 있다. 인체의 피부는 표피, 진피, 피하조직으로 되어 있으며 세균침입 방지와 체온조절, 수분의 침투와 증발을 방지한다. 따라서 화상으로 인해 피부 소상 시엔 감염과 체액손실, 온도 조절 장애 등으로 죽음을 초래할 수도 있다.

1) 일반적인 화상의 진단

화상의 정도와 인체의 피해를 고려하여 다음과 같은 상황을 생각하여야 한다.

(1) 화재장소

화재장소가 막힌 공간인지, 열린 공간인지? 화재장소에 독극물이 있는가? 환자가 호흡기에 문제가 있는가?

(2) 화상범위

화상이 심한 정도는 몸의 표면적 가운데 화상을 입은 부위의 비율에 따라 큰 영향을 받는다. 따라서 대략 그 비율을 알아두는 것이 좋다.

- 성인 : 얼굴 18%, 배18%, 팔 각각9% 다리 각각18%, 성기 1%
- 소아 : 얼굴 18%, 배18%, 팔 각각9% 다리 각각13.5%, 성기 1%

(3) 화상의 깊이

- 1도 화상 – 화상을 입은 부위가 붉게 변하지만 물집은 생기지 않고 붓고 경미한 통증을 동반하며 병원치료 시 후유증 없이 치유된다.
- 2도 화상 – 약간 더 깊이 침범한 화상으로 물집이 생기고 붓고 심한 통증이 발생하며 병원에 입원하여 전문적인 치료를 받아야 된다.
- 3도 화상 – 피부 전체 층이 화상을 입은 상해를 말하며 피부가 탄 것처럼 보이기도 하고 신경이 죽음으로 통증이 없기도 한다.

2) 화상의 종류

(1) 열화상

화재나 뜨거운 증기, 기름, 물, 주방기구, 등에 의해서 화상을 입으며 주로 어린이들에서 많이 발생한다.

① 처치

환자를 안전한 곳으로 옮기고 타고 있거나 그을린 옷은 먼저 제거한 다음 찬물이나 얼음물을 이용하여 물수건으로 30분 이상 식혀준다. 만약 환자가 심한 화상으로 인해서 정신을 잃거나 맥박과 호흡이 희미해지면 쇼크로 인해 위험하므로 빨리 119나 큰 병원으로 옮겨야 한다.

② 주의

물집은 세균에 감염을 일으키므로 벗기거나 터드리지 않는다. 어린아이들은 체온손실로 인한 저체온증에 빠질 수 있으므로 화상부위를 찬물에 10분 이상 담그지 마십시오. 로션, 된장, 간장, 소주 등은 감염을 일으킬 수 있으므로 바르지 않는다.

모든 환상은 병원으로 이송하여 치료를 받아야 한다.

(2) 화학 화상

화학반응을 일으키는 물질이 피부와 접촉할 때 발생한다. 때로는 화학물질의 연기가 호흡기나 눈에 화상을 일으키기도 한다. 예를 들면 수산화나트륨, 수산화칼륨, 페놀 등 화합물은 매우 조심하여 다루어야 한다.

① 피부와 접촉되었을 때

a. 처치

환자의 손상된 부위를 물로 씻어주며 옷은 제거하고 통증이 사라진 후에도 10 이상 씻어준다. (옷을 벗긴 상태에서 샤워기 등을 이용하여 물로 씻어준다).

마른 고형 화학물질은 (생석회, 소다회)물과 합쳐지면 더욱 심한 조직 손상을 유발하므로 씻기 전에 고형물질을 털어 낸 후 씻어준다.

b. 주의

안전을 위해 장갑을 착용한다. 씻을 때는 높은 압력의 물을 사용하지 않는다. 때로는 화학물질이 피부 깊숙이 침투할 수 있다.

② 눈에 들어갔을 때

a. 처치

눈 손상은 짧은 시간의 노출로 영구적인 실명을 초래할 수도 있으므로 빨리 물로 씻어준다. 이때 눈꺼풀을 벌려주어 세척이 잘되도록 하고 다른 눈으로 오염물질이 들어가지 않도록 주의한다.

b. 주의

눈을 비비거나 만지지 못하게 한다.

최소한 15분 이상 씻어낸다.

양쪽 눈에 보호대를 대고 즉시 병원으로 이송한다.

③ 기체를 마셨을 때(흡입손상)

순식간에 호흡부전을 일으킬 수 있으므로 가능한 빨리 병원으로 이송한다. 인공호흡과 산소투여를 해 주어야 한다.

(3) 전기 화상

감전 사고는 전기 에너지에 의해 부정맥을 유발시켜 심장정지를 발생시킬 수 있고 근육을 수축시켜 뼈가 부러지거나 빠질 수 있고, 또한 외견상 보이는 화상보다 조직 안쪽에 손상을 주기 때문에 매우 위험하다. 이때도 현장에 구조자가 감전당할 수 있는지 확인하는 것이 매우 중요하며 안전한 곳에 기본소생술에 의거하여 환자를 처치한다. 실제로 가정용 전기에 노출될 때에도 심장 정지가 올 수 도 있으며 고압전기 감전은 안전한 곳으로 환자를 일단 구출한 후 소생을 시행하여야 한다.

3) 고온이나 저온에 의한 손상 응급처치

(1) 고온에 의한 손상

열손상은 신체가 견뎌낼 수 있는 한계보다 더 많은 열에너지에 노출되었을 때 발생하는 것으로 종류에는 열경련, 열피로(일사병), 열사병 등이 있다.

① 열경련

더운 기후나 심한 운동 후에 주로 나타나며 땀을 많이 흘림으로 신체의 전해질을 변화 시켜서 손과 발, 복부에 경련을 일으킨다고 생각되고 있고 때로는 어지러워 쓰러질 수도 있다.

환자를 그늘지고 시원한 장소로 옮겨서 편안한 자세를 해주고 의식이 있는 경우 입으로 이론 음료를 마시게 한다. 만약 없다면 물을 먹여도 좋다. 경련이 있는 부위는 압력을 주어 마사지하거나 찬 수건을 대어주는 것이 좋다. 만약 경련이 계속된다면 병원으로 이송한다.

② 일사병(열피로)

열 손상 중에 가장 흔히 발생하는 것으로 더운 곳에서 열심히 운동을 하였거나 장시간 햇볕을 쬐면 일어나는 것으로 토할 것 같은 느낌과 어지러움, 두통, 경련, 일시적으로 쓰러질 수도 있다.

시원한 장소로 옮긴 후 편안한 자세로 하여주고 옷을 벗겨준다. 부채질을 해주거나 이온 음료 또는 물을 준다. 단, 의식이 없다면 입으로 아무것도 주지 않는다.

일사병은 보통 시원한 곳에서 안정시키면 좋아지는 경우가 많으나 주위가 덥고 의식이 없어졌다고 하여 다 일사병은 아니다. 따라서 의식이 없는 환자는 의료기관에서 확인하는 것이 중요하다.

③ 열사병

흔히 일어나지는 않지만 치료하지 않으면 매우 위험한 병이다. 격렬한 신체활동이 있으면서 밀폐된 공간에서 자주 발생하고 때론 잠겨 진 차량 안에서도 어린이에게서 많이 발생한다. 또한 우리나라보다는 열대지방, 사막지방에서 더 흔히 발생할 수 있다. 이런 환자들은 피부가 뜨겁고 건조하며 붉은 색을 띠고 땀을 흘리지 않을 수 있는 것이 특징이다.

시원한 장소로 환자를 옮긴 후 옷을 벗기고 젖은 수건이나 담요를 덮어주고 부채질을 해준다. 가장 중요한 것은 체온을 내려주는 것이다. 그리고 병원으로 이송하여 신속히 치료를 받는다.

열사병 환자는 몸의 표면보다 중심체온이 상승한 것이 근본적인 문제이다. 따라서 겉의 피부만 시원하여서는 근본적 처치가 되지 않는다. 즉 얼음물로 환자를 식혀 체온을 놓이려고 하였다가는 몸 표면의 혈관이 수축되어 몸 안의 열이 잘 발산되지 않는다. 따라서 혈관이 수축되지 않을 정도의 너무 차지 않은 물로 자꾸 닦아주고 바람을 일으켜 열이 증발할 수 있도록 도와주어야 한다. 열사병은 앞에서 언급한 일사병과 달리 사망에 이를 수 있는 응급 상황이므로 신속한 이송도 중요하다.

(2) 저온에 의한 손상

① 저체온증

차가운 물에 감겼을 때 또는 여러 시간 추운 환경에 노출되었을 때 발생하며 체온이 35C이하로 떨어지면 신체의 중요 장기들의(심장, 폐, 뇌 등) 기능이 저하되고 열을 생산하는 방어기전이 상실하게 된다.

a. 처치

먼저 따뜻한 장소로 옮기고 움직임을 최소화 시키고 젖은 옷은 벗겨 담요를 덮어 보온하여서 병원으로 이송한다. 환자는 평평한 자세를 처치나 이송 시 유지하여야 하고 경증의 환자에게는 따뜻한 물, 당분을 공급할 수도 있다. 가능하면 처치, 이송 시에 따뜻한 환경을 만들어주도록 하여야 한다. 의료기관에서는 전문적인 가온법을 사용하여 환자를 처치하게 된다.

b. 주의사항

저체온증은 몸의 표면도 체온이 하강하지만 그 보다 중심체온이 하강한 것이 근본적인 문제이다. 따라서 겉의 피부만 따뜻하게 하여서는 근본적 처치가 되지 않는다. 또한 급히 열을 공급하면 환자의 신체가 온도의 급격한 변화로 적응하지 못하는 경우도 있다. 따라서 천천히 환자를 안정시키며 보온을 해 주어야 하며, 특히 심한 저체온증 환자는 환자에 대한 약간의 기계적 자극으로 심장이 멈출 수도 있기 때문에 조심해서 다루어야 한다. 저체온증에 오래 빠진 사람은 심폐소생술을 오래 하여도 돌아오지 않는다고 포기하지 말고 계속 시행하는 것이 원칙이다. 포기 여부는 체온이 정상화되고 의료기관에 이송된 다음 상황에 따라 의사가 결정하여야 한다.

② 동상(동창)

동상은 신체의 일부분이 추운 환경에 노출 시 발생하며 노출된 신체의 부분이 냉각되어 조직이나 세포의 수분이 얼어버린 상태를 말한다. 비슷한 것으로 참족병이란 것이 있는데 주로 발쪽에서 찬물이나 차가운 환경에 지속적으로 노출된 경우 나타난다. 주로 도보 여행자, 사냥꾼, 군인들에게서 자주 발생하며 피부에 주름이 잡히고 창백하고 차게 되다가 그 부분이 썩게 될 수도 있다. 흔히 귀나 코끝처럼 신체의 말단 부분이 혈액 순환이 미약하여 낮은 온도에 취약할 수 있는데 겨울에 귀, 코끝이 시린 것은 그곳의 결빙 상태는 아니나 저온으로 인해 통증을 느끼는 것이다.

* **처치**

① 환자를 따듯한 장소로 옮기고 따뜻한 물체에 접촉시켜 손상부위를 따뜻하게 한다. 이 때 자극을 주거나 문지르지 않게 하고 걷는 것도 못하게 된다. 동창이나 참족병은 젖은 신발이나 양말을 벗기고 점차적으로 따뜻하게 한다. 동창은 신속하게 손상된 부위를 가온시키는 것이 가장 효과적인 치료이기는 하나 무조건 가온하는 것보다 차라리 따뜻하게 보온시키면서 병원에서 전문적인 가온을 하는 것이 환자의 통증도 경감시키고 안전할 수 있다. 만약 이러한 상황에서 의료기관을 빨리 이용 할 수 없을 때는 38-42℃정도 되게 깨끗한 물을 가온하여(꼭 온도계로 정확한 온도를 측정하여야 한다) 손상된 발을 담가야 한다. 동창부위가 따뜻해지면서 붉은 색이 돌아올 때까지 계속 한다. 이렇게 할 수가 없을 때는 보온하면서 신속히 의료기관으로 이송하는 것이 더 좋다.

② 주의사항: 38-42℃의 적당한 물의 온도를 지키기가 힘들 때에는 현장에서 가온을 하지 말아야 한다. 특히 50℃ 이상의 뜨거운 물을 사용하게 되면 환자는 고온으로 인한 손상을 더 입게 되고 조직 손상도 커져서 환자에게 해를 끼치게 된다.

4) 위험물 중독

중독으로 일어나는 응급상황은 어떤 물질이 적은 양이라도 체내로 들어와 인체조직에 기능의 장애를 주는 것을 말하며, 신체에 그러한 물질이 들어올 수 있는 방법은 먹거나(복용), 기체를 마시거나(흡입), 찔리거나(주사) 또는 피부나 점막을 통하여(흡수) 가능하다. 여기서 말하는 중독은 마약중독처럼 약물을 끊지 못하는 경우나, 몇 십 년 동안 노출되는 만성 중독은 아니고 갑자기 어떤 물질이 체 내에 들어와 발생시키는 변화를 말한다.

(1) 복용에 의한 중독

① 처치

약물, 음료수, 오염된 음식물이나 독성식물을 먹었을 때는 먼저 한 두 컵의 우유나 여러 잔의 물을 마시게 하여 독물을 희석시키고 손가락으로 목구멍을 자극해서 토하게 한 후 병원으로 신속히 이송한다. 구급함에 들어갈 수 있는 약물 중에는 시럽으로 되어 있는 구토유발제가 있는데 억지로 토하기 힘들 때 이 약을 먹으면 구토가 쉽게 유발될 수 있다.

② 주의

환자가 의식이 없을 때는 먹이거나 토하게 하지 않는다. 오히려 기도를 막아 호흡을 방해할 수 있다. 만약 구토물이 호흡기로 들어가면 심각한 화학성 폐렴을 유발시킬 수도 있다. 강산(염산, 황산 등), 강알카리(양잿물 등), 세척액, 석유화학제품, 광택제 등은 토하게 하지 않는다. 이러한 물질은 접촉 자체만으로 자극을 주어 토하면 위나 식도에 자극을 더 주게 되는 셈이 된다.

(2) 흡입에 의한 중독

천연가스, 일산화탄소, 연소가스 등의 기체를 흡입하여 생긴 중독 시엔 저산소증, 기도폐쇄 등이 나타날 수 있다.

① 처치

신선한 공기가 있는 곳으로 환자를 옮긴다. 보통 이러한 중독이 일어나는 상황은 주위에 유독 가스가 많은 상황인 경우가 많다. 구조가 자신의 안전이 문제될 수 있으므로 구조자도 유독가스에 노출되지 않도록 한다. 즉 구조를 위하여 현장에서 오래 처치할 필요가 없이 빨리 안전한 곳으로 환자를 이송한다. 이후 인공호흡 등의 기본 소생술을 시행한다.

② 주의

독성가스 유출이 심한 곳에는 환자가 있더라도 함부로 접근하지 않도록 한다. 인공호흡자체로도 구조자에게 독성가스의 피해가 있을 수 있다. 가능하면 전문처치팀에게 많은 처치를 맡겨도 일단 안전한 곳으로 환자를 옮기는 것을 먼저 해야 한다.

(3) 피부를 통한 중독

양잿물이나 세척액 등과 같이 부식성 물질이 피부나 눈 등에 직접 접촉됨으로써 손상을 입을 시엔 감염, 화상이나 발작을 동반한다.

① 처치

흐르는 물에 씻어 준다. 눈 오염 시엔 20분정도 세척하여 준다.

② 주의

산이나 알칼리에 피부가 노출되었다고 해서 중화를 시키려고 반대되는(예를 들어 산에 노출되었을 때 알칼리 사용) 성분을 이용하여 닦아내면 절대로 안된다. 오히려 다른 성분에 의한 손상만 받을 뿐이며 깨끗한 물을 갖고 많이 씻어냄으로써 희석시켜야 한다. 자극성 물질이 아니더라도 물로 씻어 내면 흡수되는 양을 줄일 수 있다.

5) 물에 빠졌을 때의 응급처치

물에 빠진 사람을 발견하였을 때는 무조건 뛰어들면 안 된다. 왜냐하면 물에 빠져 겁에 질린 사람으로 인해 구조하러 들어간 사람까지도 위험해 질 수 있다. 물에 빠진 사람은 급하여 아무 것이나 손에 잡히는 것은 붙잡기 마련인데 구조자가 환자에게 잡혔다가 행동이 제한되면 같이 위험하다.

(1) 처치

구조 시 제일 좋은 것은 줄이나 긴 막대, 튜브를 이용하거나 배로 다가가야 한다. 하지만 이 방법으로 구조할 수 없을 때는 환자의 앞이 아닌 뒤로 접근해서 구조하여야 한다. 만약 환자가 숨을 쉬고 있지 않다면 수면에서라도 인공호흡을 하여야 한다. 물에서도 인공호흡은 가능하나 흉부압박은 되지 않으므로 신속히 육지로 인공호흡을 하며 이송하여야 한다.

환자의 체온이 낮다면 담요로 보온을 해주어야 한다. 그러나 가장 중요한 것은 숨을 쉬고 맥박이 뛰는 것이므로 기본 심폐소생술에 의거하여 처치를 시행한다. 그리고 환자가 토한다면 얼굴을 한 쪽으로 돌리게 한다. 환자가 물을 마셨다고 하여 물을 빼는 것은 도움이 되지 않고 산소 공급이 더 중요하다.

(2) 주의

물에 빠진 사람을 구조한 다음에 흔히 배를 눌러 마신 물을 토해내는 것이 필요하다고 생각하기 쉬운데 하지 말아야 할 행동이다. 물에 빠져 의식이 없는 사람에게 배를 눌러 위 속의 내용물이 역류하여 올라오면 기도 유지가 되지 않아 숨을 못 쉬게 될 수도 있고 이러한 구토물로 인하여 화학성 폐렴이 생겨 환자가 살아도 중하게 될 가능성이 있다.

6) 감전되었을 때의 대처

(1) 감전 시 대처

전기 손상 즉, 감전은 가정에서 쉽게 일어날 수 있는 사고이다. 물에 젖은 손으로 전기 제품을 만진다거나 아이들의 장난으로 생길 수 있다.

사고가 일어나면 환자에게 바로 접근하지 말고 전원을 차단하는 등 환자 주변의 위험 물질을 없애야 한다.

만약 전원을 차단할 수 없다면 전기가 통하지 않는 막대나 고무장갑 등으로 위험 물질을 환자의 주변에서 치운다. 특히 고압전선에 감전된 사람에게는 구조자가 절연물질로 구조하는 지혜가 필요하며 구조자가 감전되지 않도록 주위의 환경, 안전에 신경 써야 한다.

환자가 위험에서 벗어나면 119에 신고하여 구조 요청을 하고 정신이 드는지, 숨은 쉬는지 맥박이 뛰는지 살핀다. 환자를 안전한 장소로 옮겨서 다시 의식, 호흡, 맥박을 확인하고 즉시 병원으로 옮겨야 한다. 만약 환자가 숨을 쉬지 않고 심장이 뛰지 않는다면 심폐소생술을 시행한다.

(2) 낙뢰(번개)에 의한 손상

엄청난 에너지를 발생하기 때문에 신체내의 신경, 심장, 현관 등에 손상을 주며, 심정지를 초래할 수 있다. 낙뢰 손상은 전기가 지나가는 것이지만 일반 감전과 달리 몸의 표면으로 지나가는 경우가 많고, 엄청난 에너지와 열을 발산하므로 물이 갑자기 수증기로 변화하면서 부피의 팽창으로 옷이 터지고 호상의 흔적이 있다. 따라서 비 오는 날 번개가 치고 이러한 환자가 의식이 없이 발견되면 한번쯤 낙뢰 손상을 의심할 수도 있다. 번개에 맞아 모두 죽는 것은 아니며 기억 상실, 시력 상실, 말을 할 수 없게 되는 경우도 있다. 이런 증상들은 일시적으로 나타났다가 사라지지만 부정맥(심장이 불규칙하게 뛰는 것)을 유발하는 경우가 있다. 또한 뼈에 손상을 입을 수 있기 때문에 함부로 옮기지 말고 119에 신고한다.

보통 현장에서 심정지에 이르는 사람이 많고, 그렇지 않더라도 큰 손상을 입기 쉬우므로 기본소생술에 입각하여 처치하게 된다. 꽉 끼는 옷가지는 제거하고 신속히 의료기관으로 이송한다. 번개에 맞는다고 다 사망하는 것은 아니므로 조기에 처치에 임하고, 최선을 다한다.

7) 벌레나 동물에 의한 손상

(1) 뱀에 물렸을 때

뱀에 물린 사고가 많지만 독사의 종류는 세 종류 정도이다. 생물학적 분류 상 논란은 있지만 대략 우리나라에는 살모사, 까치살모사, 불독사의 세 가지 독사가 있는 것으로 알려져 있다. 독사는 머리가 위에서 보았을 때 삼각형 모양으로 생겼고 일반적으로 독이 없는 뱀과 구별되므로 독사에 물렸을 때는 확인을 위해 뱀을 잡아 나중에 치료방침을 결정하는 데 도움이 되기도 한다.

① 처치

환자를 안정시킨다. 물린 부위를 물로 씻어내고 깨끗한 넓은 천 같은 것으로 물린 부위의 위, 아래쪽에 적당한 압력으로 묶는다. 이 때 너무 꽉 묶어 전혀 피가 통하지 않게 하면 안 되고, 정맥피는 몸으로 되돌아가는 것을 막고, 동맥피는 어느 정도 흐를 수 있는 적당한 압력이 좋다. 몸을 고정시키고 손상부위를 심장보다 낮게 한 다음 빨리 병원으로 이송한다. 단 입으로 어떤 것도 주지 않는다. 환자를 안정시키고 움직이지 않게 하는 것이 중요하며 자꾸 움직이면 독이 몸으로 더 퍼질 수 있다.

② 주의

뱀에 물린 상처를 빨아내는 것은 도움을 줄 수도 있지만 아직 확인된 사항은 아니다. 특히 입에 상처가 있는 상태에서 시행하면 구조자의 몸에도 독이 흡수될 수 있다는 것을 명심한다.

상처 자체의 처치에는 여러 민간요법이 내려오지만 가능하면 된장 등 다름 물질을 상처에 바르는 것은 결코 도움이 되지 않는다. 오히려 상처를 자극하고 더럽히는 결과가 되기 쉽고, 또한 칼로 상처를 절개하는 경우도 있는데 학문적으로 반드시 도움이 되지 않는다고 이야기 되는 부분이므로 처치를 절대적으로 할 필요는 없다. 오히려 이러한 처치 때문에 의료기관으로의 이송시간이 늦어지는 것이 환자에게 해로울 수 있다는 것을 명심하고, 전문가의 처치에 따라야 한다.

(2) 개에 물렸을 때

개한테 물린 사고는 겉보기에 작은 상처라도 이빨에 찍힌 상처라 좁고 깊은 상처가 생긴다. 개나 동물의 입안은 세균 등으로 파상풍 및 기타 감염에 걸릴 수 있어 주의해야 한다. 파상풍 말고 조심해야 할 질병은 광견병인데 광견병 예방 접종을 했는지 알아보고 만약 확인이 되지 않으면 의료기관에 향후 치료를 상의한다.

① 처치

입 속에는 세균이 많으므로 심한 감염이 발생 할 수 있으며 우선 환자를 안심시킨 후 비누나 물고 씻고 난 후 깨끗한 거즈로 덮어 주고 병원으로 이송한다.

② 주의

개에 물린 상처에 된장을 바르거나 피가 난다고 지혈가루를 뿌린다면 상처 치료에 도움이 되지 않으므로 바르지 않는다. 아기들은 피부 조직이 부드럽고 두께가 얇아 개에 심하게 물리면 목숨이 위험할 수도 있다. 따라서 현장에서 얼른 개와 격리하고 단순히 상처만 보지 말고 숨 쉬고 맥박 뛰는 것은 확인하는 것이 급선무이다.

(3) 벌에 쏘였을 때

벌에 쏘이면 그 부위는 붓고 아프다. 벌에는 꿀벌과 말벌이 있어 침을 쏘는 방식이 다른데 꿀벌은 침이 계속 살에 꽂히는 반면 말벌은 그냥 찌르기만 한다. 어떤 벌이든 쏘인 자리가 붓고, 가렵고, 아픈 경우가 대부분이고 때로는 두통, 어지럼증, 구토, 호흡곤란 및 심하면 쇼크 증세까지 보인다. 몰론 이러한 전신 증상까지 보이면 신속히 의료기관으로 이송하여야 한다.

① 처치

벌에 쏘인 자리는 얼음주머니를 대주면 독에 의한 붓기를 가라앉히고, 아픔이 가시는데 도움이 된다. 꿀벌은 침이 박혔나 살펴 침을 제거해 주는 것이 좋은데 침제거는 바늘로 살살 긁어 주어 시행한다. 여러 곳을 쏘인 후 온 몸이 붓고 가렵고 숨쉬기가 힘들어지면 빨리 병원으로 가서 치료를 받는 것이 좋다.

② 주의

벌침이 박힌 자리는 핀셋이나 손톱으로 제거하다 보면 벌침이 더 들어가는 경우가 많다. 바늘이나 칼로 긁어주는 것이 좋으며 없으면 신용카드 등으로도 긁어서 제거할 수 있다.2)

7. 기본 인명구조술

1) 기본 인명구조술의 기본 개념

심장마비에 의한 사망이 전체 사망원인 중 가장 높은 비중을 차지하고 있어 이에 대한 예방과 대책 마련이 요구되고 있다. 심장마비는 심장이 원인인 경우 이외에도 물에 빠진 경우나 질식, 감전, 약물 중독 등에 의해 나타날 수 있다. 그러나 심장마비가 일어난 경우에도 부상자가 주위로부터 심폐소생술의 훈련을 받은 자의 즉각적인 도움을 받을 수만 있다면 심장마비에 의한 사망은 크게 줄어들 수 있을 것이다. 심정지환자를 소생시키려면 심정지가 발생한 후부터 빠른 시간 내에 호흡을 유지하고 혈액 을 순환시켜서 조직으로 산소(혈액)를 공급해 주어야 한다.

호흡이 정지되거나 심장이 멈추게 되면 4-6분 이내에 심폐소생술이 시행되지 않으면 환자를 생존의 가능성이 낮다. 구급차가 환자에게 도착하기까지 적어도 4-5분 이상 소요되므로 일반인들도 심폐소생술을 시행할 수 있어야 한다.

환자의 연령이 9세 이상이거나 체중이 30kg 이상인 경우에는 아래의 심폐소생술의 단계에 따라 심폐소생술을 시행하지만, 8세 이하의 어린이의 경우에는 성인의 심폐소생술 시행 방법과는 차이가 있다. 일반적인 심폐소생술의 주요 단계별 처치는 다음과 같다.

---

2) http://www.emergency.or.kr/sens/top.htm

〈표 12-5〉 심폐소생술의 단계별 처치

의식 확인	▶	119 신고	▶	기도 유지	▶	호흡 확인	▶	인공 호흡	▶	맥박 확인	▶	흉부 압박

2) 기도유지 및 기도폐쇄의 처치

(1) 기도 유지

사람이 의식이 없을 때 가장 흔히 기도폐쇄의 원인은 혀가 뒤로 말려서 기도를 막는 경우이다. 막힌 기도를 열기 위해서는 기도를 유지시켜야 한다.

① 두부후굴 하악거상법

- 환자의 머리 쪽에 있는 처치자는 환자의 이마에 손바닥을 얹고 머리를 뒤로 젖혀 준다.
- 다른 손의 손가락을 환자의 아래턱뼈 밑에 대고 끌어 올린다.
- 턱 선과 바닥면이 수직이 되도록 한다.
- 턱밑에 손가락을 댈 때 연한 조직을 누르면 기도가 막힐 수 도 있으므로 주의한다.

② 하악 견인법

- 처치자는 환자의 머리 위쪽에 위치하여 두 손으로 환자의 하악골을 잡고 밀어 올린다. 이때 구조자의 팔꿈치는 바닥에 닿도록 한다.
- 목에 손상이 의심되는 환자에게 하악 견인법은 기도확보를 위해 처음 시도되는 안전한 방법이다.
- 이 방법을 시도할 때 머리를 뒤로 젖히거나 옆으로 뒤틀리지 않게 조심스럽게 지지해야 한다.

(2) 기도폐쇄

일반적인 상황에서는 기도가 막히는 경우(기도폐쇄)가 발생하지 않지만, 다음의 경우에는 기도가 폐쇄 될 수 있으므로 유의해야 한다.

❑ 기도가 폐쇄되는 경우

- 소아나 고령자 : 이물질(사탕, 고기, 땅콩 등)을 삼키다가 기도가 막히는 경우
- 외상/사고 : 입안이 손상되어 부러진 치아나 출혈 등에 의해 기도가 막히는 경우
- 의식이 없는 경우 : 혀가 뒤로 말리는 바람에, 또는 구토물에 의해 막히는 경우

❑ 기도가 폐쇄될 때에 나타나는 증상

- 완전기도폐쇄 증상
  기도가 완전히 막히면 말을 하지 못하면서 양쪽 손으로 목을 쥐는 '촉킹-싸인(Chocking-sign)'이 나타나면서 얼굴과 입술이 파랗게 변하는 청색증이 관찰된다.
- 촉킹싸인 : 기도폐쇄 환자에서 일반적으로 나타나는 현상 양손으로 목을 쥐는 경우도 있고 한손으로 목을 감싸 쥐는 경우도 있다.
- 부분기도폐쇄 증상
  환자는 기침과 말을 하며 안전부절 못하는 행동을 나타낸다. 청색증은 나타나는 경우와 나타나지 않는 경우도 있다

(3) 기도 폐쇄 처치

호흡상태가 정상이고 의식이 있는 경우에는 계속 기침을 하도록 유도하며, 지속적으로 기침을 해도 이물질이 배출되지 않을 때에는 즉시 응급의료체계(전화 119)로 연락을 취한다.

① 부분기도폐쇄

- 기도 폐쇄에 대한 처치 중 의식이 있고 기침을 할 수 없는 경우에는 하임리히법을 시행한다. 환자의 뒤에 서서 환자의 허리를 팔로 감싸고 한 쪽다리를 환자의 다리 사이에 지지한다.
- 구조자는 한손을 주먹 쥐고 주먹 쥔 손의 엄지를 배꼽과 검상돌기 중간에 위치한다.
- 다른 한 손으로 주먹 쥔 손을 감싸고 빠르게 위로 밀쳐 올린다.
- 이물질이 밖으로 나오거나 환자가 의식을 잃을 때까지 계속한다.

② 완전기도폐쇄

- 의식이 없는 완전 기도폐쇄 환자의 변형된 하임리히법을 시행한다.
- 환자는 바닥에 반듯이 눕힌다.
- 구조자는 환자의 허벅지 쪽에 무릎은 꿇고 앉는다.
- 한 손을 이용하여 환자의 배꼽과 명치 사이에 손 꿈치를 놓고 다른 한 손을 포갠다.
- 4~5회를 빠르게 밀친다.
- 구조자의 위치는 환자의 복부 중앙에 위치하여 좌, 우 어느 쪽으로도 치우치지 않게 해야 한다.
- 밀쳐 올리기는 4~5회를 실시한 후 입안의 이물질을 꺼낸다.

4) 성인과 어린이의 이물질에 의한 기도 폐쇄(하임리히 응급처치법)

기도에 이물이 걸려 있으면 기도가 부분적으로 막히거나 완전히 막히게 된다.

이물질이 기도를 부분적으로 막고 있으면 호흡이 가능한 경우도 있으나 경우에 따라 호흡을 제대로 할 수 없다. 호흡이 가능한 경우 질식한 사람은 억지로 기침을 해서 이물질을 뱉어내려고 할 수 있다. 이런 경우 질식한 사람이 기침을 계속하라고 독려한다. 호흡이 어느 정도 가능하다가 아주 힘들어지는 경우도 가끔 발생한다.

호흡이 어려운 경우는 기침이 약하고 제대로 할 수 없기 때문에 숨쉬기가 더욱 힘들어진다. 이때 피부나 손톱, 그리고 입안이 청회색으로 변한다. 숨을 들이쉬면 날카롭고 높은 소리가 난다.

기도가 부분적으로 막혀 호흡이 어려운 경우는 기도가 완전히 막힌 경우와 같은 방법으로 처치해야 한다. 질식 상태이지만 의식이 있는 경우로서 완전히 기도가 막히는 경우는 보통 식사 중 흔히 발생한다. 목에 무엇인가 걸린 사람은 말을 제대로 못하고 숨을 헉헉거리며 기침을 하지 못한다. "말할 수 있겠어요? '라고 물어도 대답을 하지 못한다. 이물에 의한 완전 기도 폐쇄 환자는 본능적으로 목을 길게 빼고 손으로 목을 감아쥐며 숨이 막혔다는 것을 알리려는 태도를 한다. 이러한 모습이 나타나면 주위 사람들은 숨통이 막혀 위험하다는 것을 알아야한다. 질식한 사람은 당황하여 어쩔 줄을 모르고 피부가 창백하게 변한다. 완전히 기도가 막히면 공기가 폐로 들어가지 못하기 때문에 몇 분도 채 안되어 산소부복 현상이 나타난다.

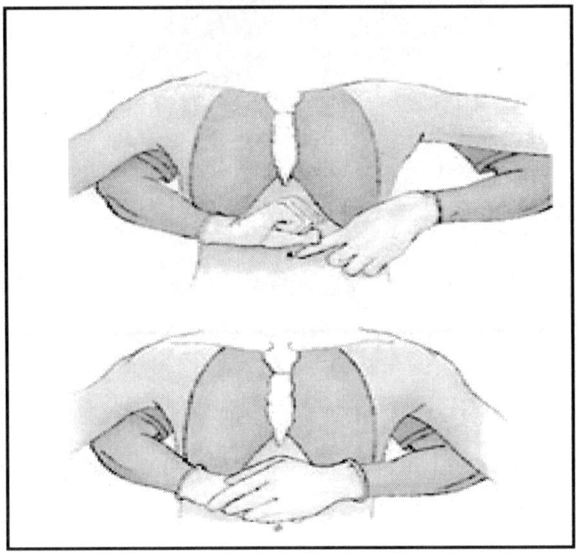

처치자는 부상자의 등 뒤에 선다. 한 팔로 부상자의 허리를 감싼다(이때 팔뚝이 갈비뼈에 닿지 않도록 주의한다.)

• 한 손으로 주먹을 쥐고 엄지를 부상자의 배꼽 바로 위와 흉골의 바로 아래

에 둔다.

- 다른 한 손으로 주먹 쥐 손을 감싼다.
- 주먹으로 부상자의 복부를 누르면서 빨리 위로 밀어 올린다. 5회 반복한다.
- 이물을 제거하기 위해서는 매 번 동작이 분명하고 분리되어야 한다.
- 매 5회 실시한 수 부상자의 처치 방법을 점검한다.
- 주의: 부상자가 임신 말기나 비만일 경우는 가슴 밀기를 실시한다.
  부상자가 이물을 뱉어내거나 다음의 상황이 일어날 때까지 복부 밀쳐 올리기를 5회씩 반복한다.

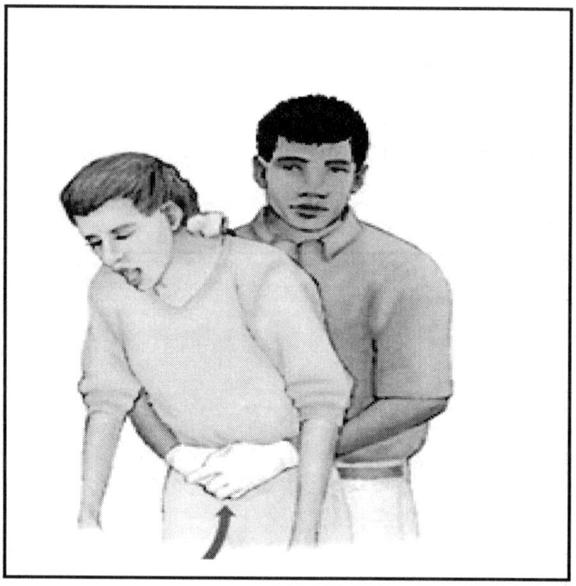

- 부상자가 호흡이나 기침을 힘차게 시작할 때까지
- 부상자가 의식을 잃게 될 때 119에 구급 요청을 하고 손가락을 사용하여 이물을 제거한다.
- 응급구조원이나 다른 훈련된 사람이 올 때까지 계속한다.
- 매 5회 실시 후 부상자의 상태와 처치방법을 다시 확인 한다.

5) 심폐소생술(cardiopulmonary resuscitation : CPR)

심폐소생술(cardiopulmonary resuscitation : CPR)이 도입되기 이전에는 병원 이외의 장소에서 심정지가 발생한다는 것은 곧 죽음을 의미하였다. 그러나 1960년대 초에 현대적인 방법의 심폐소생술이 도입되어 환자가 발생한 장소에서부터 심폐소생술이 시행됨으로써, 병원 이외의 장소에서 심정지가 발생한 환자를 소생시킬 수 있게 되었다. 그 후로부터 심폐소생술은 의료인뿐만 아니라 일반인도 반드시 익혀 두어야 할 중요한 응급처치술이 되었고, 심폐소생술이 광범위하게 보급되면서 병원 이외의 장소에서 심정지가 발생한 환자 중에서 상당수가 생존할 수 있게 되었다.

심폐소생술이란 심정지환자를 소생시키기 위하여 환자의 흉부를 압박하고 인공호흡을 시행하는 치료술기로 정의되어 왔지만 점차 심정지환자의 치료방법이 발달하면서 흉부압박과 인공호흡만을 시행하는 기본 인명구조술과 전문적인 의료기술(전문 심장구조술)을 모두 포함하는 용어로 정의되고 있다. 심폐소생술은 심정지로 인한 주요 장기의 비가역적 손상을 막기 위하여 인공순환과 인공호흡을 시행하여 조직으로의 산소 공급을 유지하고, 궁극적으로는 환자의 심박동을 회복시켜서 심정지 환자를 소생시키기 위한 치료기술이다.

일반인이 심폐소생술을 시행하면 의료법에 저촉되는가?

주위에 의료진이 없는 경우에는 법에 저촉되지 않는다. 의사나 간호사 등이 있는데도 일반인이 심폐소생술을 독자적으로 시행한다면 의료법에 저촉되지만, 주위에 의료진이 없는 경우에는 일반인이 심폐소생술을 시행한다 해도 법적인 책임은 없다. 선진국에서는 일반인이 하는 심폐소생술을 보호하는 법적 방안으로 소위 '선한 사마리아인법'이라고 하여 응급상황에서 주위의 사람이 구조자로서 한 응급처치 행위에 대한 책임을 법적으로 면책하여 주는 장치가 되어 있기도 하다.

전문의료인이 아닌 일반인이 심폐소생술을 시행한다면 별로 효과가 없을까?

효과는 매우 크다. 심폐소생술을 시행하면 뇌로 피가 흐르기 때문에 시행하지 않는 것보다는 효과가 매우 큰 것이다. 특히, 심장병(심근경색 등)에 의해 심장마비가 발생한 경우에 일반인이 심폐소생술을 정확히 시행한다면 환자가 생존할 확률은10배 이상 높아진다. 심폐소생술을 정확히 시행하기 위해서는 6개월-1년마다 실습을 해보는 것이 바람직하다.

(1) 의식 확인

쓰러져 있는 사람을 발견하면 가볍게 어깨를 두드리며 "여보세요. 괜찮으세요?"라고 말한 다음 반응을 살핀다. 환자는 지나차게 자극하면 목뼈를 다칠 수 있어 주의해야 한다.

(2) 구조요청

의식이 없으면 소방서 119전화에 즉시 신고하여 장소, 전화번호, 환자 발생 상황, 필요한 응급처치 등을 알려주어야 한다.

(3) 기도유지

의식을 잃은 환자는 혀가 뒤로 말리는 바람에 기도가 막힐 수도 있으므로 환자의 머리를 뒤로 제치고 턱을 들어주어 기도를 유지한다(두부후굴 하악거상법). 그러나 사고에 의한 경우에는 경추손상(목뼈가 부러짐)이 있을 가능성이 있으므로 턱만 살며시 들어준다(하악견인법). 소아에서도 턱만 살며시 들어준다(하악거상법).

(4) 호흡확인

기도를 유지한 상태에서 눈으로 가슴의 움직임을 관찰하고, 귀로는 호흡음을 들으며, 뺨의 촉감을 이용하여 호흡유무를 3~5조 이내에 확인한다. 3~5초 동안 관찰한 후에도 호흡이 없거나 공기의 흐름이 느껴지지 않으면, 우선 환자를 바르게 누인 후에 입안의 이물질(부러진 치아나 구토물 등)을 제거한다.

그 다음에는 2회의 인공호흡을 시행해서 이물질에 의한 기도폐쇄가 있는지 확인한다.

(5) 회복자세

호흡이 있으면 환자를 왼편으로 눕힌 다음 한 팔을 머리 아내 넣고 환자의 다리를 굽혀주어 기도 안으로 토한 것이 침이 흘러 들어가지 않게 한다.

(6) 인공호흡법

부상자가 의식이 없는 경우 회복 자세로 눕혀놓는다. 그러나 호흡이 정지된 경우라면 구강대 구장, 구강대 비강, 구강대 기공, 구강대 보호대 중 어느 한 방법으로 인공호흡을 실시하여야 하는데 가장 많이 쓰는 방법은 구강 대 구강 이공호흡법으로 다음과 같이 시행한다.

a. 이마를 누르면서 턱을 들어 기도를 유지한 다음 환자의 입을 벌린다.
b. 환자의 코를 막고 자신의 입을 환자의 입에 밀착시킨다.
c. 공기를 서서히(성인 ; 1.5-2초, 소아 1-1.5초)불어 넣는다.
d. 잡았던 코를 놓고 입을 떼어 불어 넣은 공기가 밖으로 배출될 수 있도록 한다.
e. 입으로 인공호흡을 할 수 없을 때는 입을 막고 코로 인공호흡을 할 수 있다.

■ 인공호흡법의 종류

① 구강 대 구강 인공호흡

구강 대 구강 인공호흡법은 응급상황에서 실시되는 가장 빠르고 간단하며 효과적인 방법이다. 인공호흡 시행 시 인공치아(틀니)는 인공호흡에 장해가 되는 경우를 제외하고는 제거하지 않는 것이 좋다. 헐렁하게 끼워져 있는 틀니라도 부상자의 입 모양을 유지해 주는데 도움을 주기 때문이다.

② 구강 대 비강 인공호흡

대부분의 경우 구강 대 구강 인공호흡법이 가장 효과적이지만 입으로 숨을 불어 넣을 수 없는 경우가 있으니 즉, 입을 벌릴 수 없거나, 이를 꽉 다물고 있거나, 부상자의 입에 처치자의 입을 완전히 밀착시키기가 어려울 때와 입 주위가 심하게 다쳤을 때, 그리고 치아가 전혀 없을 때와 부상자의 입이 너무 클 때는 코를 통하여 구강 대 비강 인공호흡을 할 수 밖에 없다.

방법은 한 손으로 부상자의 턱 끝을 들어 올리면서 입을 막고 코로 숨을 불어넣는다. 다음 단계는 부상자의 폐에서 공기가 나가는데 방해가 되지 않도록 부상자의 입을 벌린다. 기타 시술은 구강 대 구강법에서와 같다.

③ 구강 대 기공 인공호흡

성대와 관련된 질환이나 암 환자는 대개 후두 제거 수술이 필요하다. 이들에게는 기공이라는 작은 구멍을 만들어 숨을 쉬게 한다. 기공은 목의 앞쪽 아랫부분에 위치하며 기관과 연결되어 있다.

구강 대 기공 인공호흡에서는 기공을 통해서 공기가 폐로만 전달되는 것이 아니라 후두를 통해서 기도 위쪽으로도 흘러가기 때문에 숨을 불어넣을 때 부상자의 코와 입을 막아야 한다.

응급처치자는 한 손으로 부상자의 코와 입을 막고, 부상자의 기공을 관찰하고 소리를 들어보고 느끼면서 인공호흡을 하여야 한다. 이때 부상자의 머리와 목은 수평으로 유지한다.

④ 보호기구를 이용한 인공호흡

보호기구를 이용한 인공호흡법은 처치자를 보호하기 위하여 부상자의 얼굴에 보호기구를 얹은 후 이를 통한 인공호흡법을 말한다. 이러한 인공호흡용 보호기구에는 안면 마스크형과 안면보호형 두 가지가 있다.

- **안면 마스크형**

이는 부상자의 입과 코를 덮고 대부분의 종류는 공기가 한쪽으로 통하도록 밸브가 있기 때문에 부상자가 내쉬는 숨이 처치자의 입안으로 들어가지는 않는다. 안면 마스크형이 안면 보호형보다 인공호흡 시 더 효과적이다.

- **안면보호형**

처치자가 숨을 불어 넣을 수 있는 부분이 장착된 투명한 플라스틱 관이다. 부상자의 혀 위로 삽입 할 수 있는 짧은 공기 통로가 부착된 종류도 있으니 안면 마스크형 보다 부피가 작고 값이 싸다.

그러나 안면 보호형은 그 주위로 공기가 새어나올 수 있으면 보호형을 사용할 때에는 코를 막아주어야 한다. 장비를 사용한 인공호흡 시 턱을 충분히 들어주고 목을 뒤로 신전시켜 실시한다. 방법은 구강 대 구강호흡과 같다.

(7) 심정지 확인

심정지의 확인하기 위해서는 목의 양측에 있는 동맥(경동맥)을 손으로 만져서 맥박의 유무를 확인하는데, 10초 이내에 확인해야 한다. 맥박은 성인의 경우 목에 있는 경동맥이, 소아에서는 팔꿈치에 있는 상완동맥이 잘 만져진다.

* 주의 : 심정지를 확인하기 위해 10초 이상 허비해서는 안 된다.

맥박이 뛰는 것이 확인되면 인공호흡만 계속 시행하면서 1분마다 맥박을 다시 확인하며, 맥박이 만져지지 않거나 맥박이 확실하지 않으면 흉부압박을 시작한다.

(8) 흉부 압박 위치 찾기

쉽게는 흉골의 가운데를 압박하면 되지만 좌, 우의 갈비뼈가 만나는 곳(검상돌기)에서 두 손가락 넓이만큼 위쪽이 정확한 위치이다.

(9) 흉부압박

맥박이 뛰지 않으면(경동맥박이 만져지지 않으면) 흉부(가슴)를 압박해야 하는데, 압박하는 위치와 압박하는 깊이를 정확히 알고 있어야 한다. 압박할 위치 위에 한 손을 올려놓고 그 위에 다른 손을 올려놓거나 깍지를 낀다(소아는 한 손만 사용). 이때 환자는 바닥이 평평하고 단단한 곳에 수평자세에서 흉부 압박을 시작하여야 한다.

① 흉부(가슴)를 압박하는 자세

- 흉골의 하부 1/2에 한 손을 올려놓고 그 위에 다른 손을 겹쳐서 깍지를 껴서 손가락이 흉벽에 닿지 않도록 한다.

- 흉부를 압박하는 동안에 손가락이 가슴에 닿으면 늑골(갈비뼈)이 골절되어 합병증이 발생할 수 있기 때문이다.
- 팔꿈치는 곧게 펴고 어깨와 손목이 팔과 일직선이 되게 한다.
- 흉골 위에 수직으로 구조자의 체중을 실리도록 한 다음 압박해야 한다.

② 흉부(가슴)를 압박하는 방법

- 성인의 경우에 흉부가 압박하는 깊이는 가슴이 4-5cm정도 함몰되도록 압박한다.
- 압박하는 속도는 1분에 100회 정도이다.
- 압박과 이완의 비율은 50:50 정도가 바람직하다.

③ 흉부를 압박하는 방법

- 압박지점 : 흉골의 하부 1/2 지점
- 압박깊이 : 4~5cm
- 압박속도 : 100회/분 (5회/3초)
- 압박주기 : 압박 : 이완 = 50: 50

(10) 재평가(순환과 호흡의 재확인)

1분 동안 심폐소생술을 시행한 후에 다시 맥박과 호흡을 평가한다. 회복되지 않았을 경우 구조자가 도착할 때까지 계속한다.

인공호흡과 흉부압박을 지속적으로 시행하는 일련의 행위를 심폐소생술이라고 하는데, 심폐소생술의 방법은 현장에 있는 사람의 수에 따라서 다르다.

① 한 사람인 경우

구조자가 한 사람밖에 없는 경우에는 흉부압박을 15회 계속한 후에 이공호흡을 2회 시행하는 15:2의 비율로 시행하여, 1분 동안에 8번의 호흡과 60번의 흉부압박이 이루어지게 한다. 이와 같은 방법(15:2)으로 4차례 반복한 후에는 다시 맥박을 손으로 만져보아 환자상태를 평가한다. 즉, 6초 이내에 2회 인공호흡과 9초 이내에 15회의 흉부압박을 시행하는 것은 1사이클로 하여 4사이클을 시행한 후에 다시 맥박과 호흡을 확인한다.

② 두 사람인 경우

2명의 구조자가 있을 경우에는 환자의 양쪽에 1명씩 위치한 다음 마주본다. 1명은 환자의 머리 쪽에 위치하여 인공호흡을 시행하며, 다른 1명은 환자의 가슴 쪽에 위치하여 흉부를 압박한다. 흉부압박을 5회 시행한 후에 이공호흡을 1회 시행하는 5:1의 비율로 반복하는데, 흉부압박을 시행하는 사람이 구령과 함께 5회의 흉부압박을 한 후에 다른 사람이 인공호흡을 1회 시행한다.

(11) 심폐소생술 종료

- 환자의 맥박과 호흡이 회복된 경우
- 심폐소생술 교육을 받은 사람과 교대 할 때
- 의사나 의료인이 도착하여 응급처치를 시행 할 때
- 지쳐서 더 이상 심폐소생술을 시행 할 수 없을 때
- 의사가 사망 선언을 할 때
- 사망의 증거가 명백할 때[3]

3) http://www.emergency.or.kr/sens/html/emer01_01.htm

❑ 교육목표

○ 응급처치의 개념과 목적에 대해 설명한다.

○ 응급처치의 중요성에 대해 설명한다.

○ 응급환자 신고 시 반드시 전달해야 할 사항에 대해 숙지하고 설명한다.

○ 빠른 도움을 받아야 할 응급증상 대해 설명한다.

○ 응급처치의 우선행동에 대해 설명한다.

○ 출혈 시의 처치방법에 대해 숙지하고 설명한다.

○ 심각한 응급질환과 일상적 응급질환에 대해 숙지하고 설명한다.

○ 화상의 종류에 따른 응급처치요령을 숙지하고 설명한다.

○ 물에 빠졌을 때의 응급처치에 대해 설명한다.

○ 심폐소생술(CPR)의 단계별 처치방법에 대해 숙지하고 설명한다.

○ 이물질에 의한 기도 폐쇄 시 응급처치법(하임리히법)에 대해 설명한다.

제 13 장

화재안전

1. 화재의 개념
2. 화재현상
3. 화재의 특수현상
4. 소화(消火)의 원리
5. 화재 시 행동요령
6. 화재예방대책

Chapter 13 화재안전[1]

현대생활에 있어 불의 사용량 증가와 더불어 화재발생 가능성은 대단히 높다. 또한 화재란 일단 발생하면 평생 동안 모은 귀중한 재산을 순식간에 태워 버림은 물론 소중한 인명마저 앗아가는 무서운 재난중의 하나이다. 사람들은 화재의 무서움은 인식하면서도 그것을 예방하고 경계하는 면에서는 적극적이지 못하며 소방업무를 시민들의 일상생활과는 전혀 무관한 기술적인 전문업무로 생각하는 경향이 많다. 따라서 사람들의 잘못된 인식을 바꾸어 스스로 화재예방의 중요성을 자각하고 우리의 안전한 생활을 위해선 화재예방을 생활화하여야 한다.

1. 화재의 개념

1) 화재(火災)의 정의

화재란 사람의 의도에 반하여 발생 혹은 확대되거나 또는 방화에 의하여 발생하여 소화의 필요가 있는 연소현상이다. 이것을 소화하기 위하여 소방시설 또는 그것과 같은 정도의 효과가 있는 것의 사용을 필요로 하는 경우와 그와 같은 것을 사용하지 않는 경우에도 화재로 취급하는 것도 많이 있다.

화재는 건물 기타 가연물이 연소에 의해 소실되는 것이지만 사용목적과 해석 등에 따라서 반드시 일정하지는 않다.

1) http://www.ad119.go.kr

2) 화재의 분류

일단 화재가 발생하면 5분 이내에 진화해야만 한다. 그 이유는 화재가 발생하고 5분 정도 지난 다음부터는 불길이 커져 막을 수 없을 만큼 빠른 속도로 번지는 힘이 생기기 때문이다. 이러한 불이 얼마나 많은 피해를 가져오는가 하는 것은 바람의 속도, 기압 또는 나무와 같이 불에 잘 타는 물질 등 여러 가지 조건에 의해 좌우된다. 화재를 그 특성에 따라 구분하면 다음과 같다.

(1) 대상별에 의한 분류

- 건물화재(건조물포함)
- 차량화재
- 선박화재
- 항공기화재
- 임야화재
- 위험물화재

(2) 소실정도에 의한 분류

① 전소화재

전체의 70%이상이 소실된 것. 그 이하라 할지라도 보수를 행하여도 재사용할 수 없는 것을 말한다.

② 반소화재

전체의 30%이상 70%미만 소실된 것을 말한다.

③ 부분소화재

전소, 반소, 즉소화재에 해당하지 않는 것을 말한다.

④ 즉소화재

화재발생 즉시 소화된 화재로 인명피해가 없고 피해액이 경미한(동산, 부동산을 포함하여 30만원이하) 화재로서 화재건수에 포함시킨다.

(3) 원인별에 의한 분류

① **실화** : 과실에 의해 화재가 발생하여 물건 등이 소손한 것을 말한다.

② **방화** : 의도적으로 화재를 발생시킨 것을 말한다.

③ **자연발화** : 산화, 약품혼합, 마찰 등에 의해 발열, 발화한 것을 말한다.

④ **천재(天災)발화** : 지진, 낙뢰, 분화 등에 의해서 발화한 것을 말한다.

(4) 가연물에 의한 분류

① 일반(보통)화재(A급화재-백색)

연소 후 재를 남기지 않고 냉각효과, 발생건수가 많다. 목재, 섬유류, 종이, 나무 플라스틱처럼 다 타고 난 이후에 재를 남기는 화재를 말하며 이런 화재를 일반화재 또는 보통화재라 한다.

② 유류화재(B급화재-황색)

연소 후 재를 남기지 않음, 연소열이 크고 연소성이 좋음, 포 등을 이용한 질식소화. 휘발유 또는 석유와 같이 불에 타기 쉬운 가연성 액체는 프로판 가스와 같은 가연성 가스 류 화재 또는 가스 화재라 한다.

③ 전기화재(C급화재-청색)

전기기기가 설치되어 있는 장소에서의 화재, 소화 시 물 등의 전기전도성을 가진 약제를 사용하면 위험. 변압기, 전기다리미, 두꺼비집 등 전기기구에 전기가 통하고 있는 기계나 기구 등에서 발생하는 화재를 말한다.

④ 금속화재(D급화재)

가연성 금속류(칼륨, 나트륨, 마그네슘, 알루미늄)가 가연물이 되는 화재, 폭발성이 강한 수소발생, 수계소화기 사용불가.

2. 화재현상

1) 연소의 3요소

연소라 함은 일반적으로 공기 중 또는 산소 속에서 물질이 심하게 산화반응을 일으키면서 열과 빛을 발생시키는 산화현상이다.

(1) 불(연소)의 3요소

불은 연료(가연물), 열(점화원), 산소 등 3가지 조건이 갖추어 져야만 불의 발생이 가능한 것이다. 그래서 우리는 이 3가지를 "불의 3요소"라 부른다. 다시 말해서 불이 일어나기 위해서는 불의 3요소 중 한 가지라도 없으면 불은 일어나지 않는다.

〈표 13-1〉 불의3요소

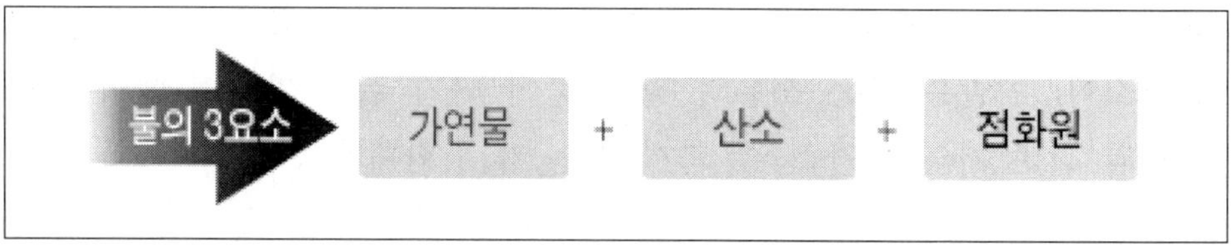

① 연료(가연물)

불에 탈 수 있는 물건을 말하며 이는 고체, 액체, 기체연료의 3가지로 구분된다.

- 고체연료 : 연탄, 나무, 종이, 옷, 고무, 플라스틱 등
- 액체연료 : 석유, 휘발유, 알코올, 방커C유 등
- 기체연료 : 프로판가스, 메탄가스, 부탄가스 등

② 열(점화원)

물질이 타서 불붙기 위해서는 반드시 열이 있어야 하는데, 이 열은 높은 열이어야 하며 그 양도 적당히 있어야 한다.

예를 들어, 성냥불의 불꽃은 보통 가연물에 불을 붙이기에는 충분한 온도를 가졌으나 그 양이 적은 까닭에 통나무와 같은 큰 부피의 물체를 태울 수는 없다.

그러나 수천 개비의 성냥불을 동시에 가져다 댄다면 그 양이 많기 때문에 통나무를 능히 태울 수 있다.

③ 산소(공기)

물질이 열을 받아서 타려면 산소가 있어야 하며 산소가 없으면 불이 일어나지 않는다. 우리가 호흡할 때 들이 마시는 공기 중의 약 21%는 산소이며 연소하기 위해서 필요로 하는 산소의 양은 가연물질의 종류에 따라 서로 다르다. 대부분의 액체는 공기 중 산소 함량이 15% 이하로 줄어들면 불붙기 어려우며, 고체의 경우에는 6% 이하로 줄어들지 않으면 불은 계속 붙거나 그을면서 탄다.

2) 연소범위

- 가연성 가스와 공기의 혼합물은 항상 연소하는 것이 아니고 양자가 어느 비율의 범위 내에서 혼합되어 있을 때 연소가 일어난다.
- 혼합물중 가연성가스의 농도가 너무 희박해도 또는 농도가 너무 농후해도 연소는 일어나지 않는다.
- 이 희박한 측의 한계를 연소하한계라하고 농후한 측의 한계를 연소상한계라 하며 양한계의 농도범위를 연소범위라 한다.
- 불연소되는 이유 : 가연성가스의 분자와 산소와의 분자 수가 상대적으로 한쪽이 많으면 유효충돌횟수가 감소하여 충돌했다 하더라도 충돌에너지가 주위에 흡수·확산되어 연소반응의 진행이 방해되기 때문이다. 수소, 일산화탄소

를 제외하고 온도와 압력이 상승함에 따라 연소범위는 확대되어 그 위험성이 증가한다.

3) 인화점과 발화점

(1) 인화점(인화온도)

- 인화점은 착화원이 있을 때 가연성액체나 고체의 표면에 연소하한계 농도의 가연성 혼합기가 형성되는 최저온도로 하부인화점 이라 한다.
- 가연성액체나 고체가 인화점 이상의 온도로 유지될 때 발화의 위험성이 존재한다→착화의 위험성을 평가하는 중요한 지표이다.
- 일반적으로 가연성의 액체 또는 고체의 온도가 상승하면 그 표면의 가연성가스의 농도는 상승되어 먼저 연소하한계에 도달하고 더욱 온도가 상승하면 연소상한계에 도달한다.

  이보다 온도가 상승하면 연소범위를 초과하게 되므로 착화원의 존재의 유무와 관계없이 발화의 위험성이 없어진다.
- 상부인화점

  가연성액체나 고체의 표면에 연소상한계 농도의 가연성혼합기를 형성하는 온도를 말한다.
- 인화점이 낮은 액체나 고체일수록 점화원과 접촉하여 인화할 위험성이 대단히 높다.

(2) 발화점(발화온도)

- 발화점은 착화원이 없는 상태에서 가연성물질을 공기 또는 산소 중에서 가열하였을 때 발화되는 최저온도를 말한다.
- 발화점은 물질을 가열하는 용기의 표면상태, 가열속도 등에 의한 영향을 받는데 측정조건에 따라 값이 달라진다.
- 가연성액체중 이황화탄소, 에틸에테르, 아세트알데히드는 200℃이하의 낮은 온도에서 발화하므로 취급 시 주의해야 한다.

- 일반적으로 산소와의 친화력이 큰 물질일수록 발화점이 낮고 발화하기 쉬운 경향이 있다.

4) 연소의 확대(불의 성장과 확산)

불의 원리에서 말한 바와 같이 일단 불이 나면 불은 외부 공기로부터 산소를 공급받아서 불꽃으로부터 되돌아온 열에 의해 재 점화, 확산하여 다른 가연물질을 태우면서 확대해 나가는데 이러한 확대 현상은 직접 물질이 화염에 접촉하면서 진행하는 것이 대부분이나 일부열의 이동이나 불꽃(불티)이 날아가는 현상(비산), 이 두 가지 물리적인 상태가 단독 또는 중복해서 불이 진행하게 된다. 이 중에서 특히 열의 이동에 의해서 확대되는 경우에는 전도, 대류, 복사의 세 가지 작용에 의하여 진행된다.

(1) 전도(conduction)

전도는 열이 물질을 매체로 하여 고온 측에서 저온 측으로 이동하는 현상을 말한다. 열전도도는 금속이 가장 높으며 공기는 열전도가 아주 낮다. 따라서 열전도도가 높은 물질일수록 열전달은 빨라진다.

(2) 대류(convection)

대류는 유체의 분자가 이동하여 고온유체와 저온유체가 혼합함으로써 열전달이 일어나는 현상으로 액체 또는 기체의 온도를 높이면 비중이 가벼워져 상승함으로써 열이 전달된다.

연소되는 불에 스친 공기는 따뜻해지고 가볍게 되어 상승하는 반면에 주위의 차가운 공기는 흘러 들어와서 가열되어 상승한다.

이와 같은 회전이 빨라지면 바람이 일게 되는데 화재현장에 바람이 불고 화염이 불똥(비화)를 일으키게 되는 것은 이와 같은 현상이다.

(3) 복사(radiation)

모든 물체는 온도에 따라 그 표면으로부터 모든 방향으로 열에너지를 전자파로 복사한다. 이 복사에너지가 물체에 일부 흡수되면 그 물체의 온도는 상승한다. 이와 같은 열전달 현상이 복사이다.

겨울철에 난로주위에 있을 때 따뜻한 것을 느낄 수 있는 것은 복사열을 받기 때문이며 화재현장에서 주위의 건물을 연소시키는 것은 복사가 주원인이다.

특히, 바람이 부는 방향의 상층부나 좌우부의 연소는 대개 복사열에 의하여 이루어진다.

(4) 비화(불똥)

비화는 수㎜에서 수㎝정도의 크기를 갖는 화염덩어리를 말한다.

대화재는 비화에 의하여 연소되는 경우가 많으며 불똥은 기류를 타고 타 건물의 가연성물질에 옮겨 붙어서 착화하게 한다.

3. 화재의 특수현상

1) 플래시오버(Flash Over)현상

실내에서 화재가 발생하는 경우 온도변화는 화원의 크기, 종류, 내장재의 종류, 실내의 개구부의 크기에 따라 좌우되지만, 일반적으로 다음과 같이 변화한다.

발화점은 담배를 이불속에 방치하거나 쓰레기통에 던져 버린다든가, 점화되고 있는 석유스토브에 급유를 하다가 인화되거나, 튀김기름에 불이 붙어 화재가 발생했을 때 등이 해당된다.

그 후 발화원인인 화원이나 착화물의 종류에 따라 시간적 경과는 각기 다르며, 비교적 낮은 온도에서 번져가지만 일단 벽체의 내장재나 가구 등에 착화하여 불이 커져 천장에 이르면 급속도로 수평방향으로 불이 번져 연소면적이 넓어짐과 동시에 복사열에 의해 실내에 있는 가연물의 열분해가 한층 촉진되어 가연성가스와 공기가 혼합되면서 연소범위에 들어가게 되며 연소중의 불에 인화하여 급속히 화재가 확대, 실내 전체가 불길에 휩싸여 온도는 상승하기 시작한다.

이 현상을 플래시오버(FO)라 부르며 이후 화재장소의 온도는 상승하여 최고점에 도달하게 된다. 발화원이 성장하여 내장재에 착화된 후 이 FO가 발생할 때까지의 시간은 방의 창이나 개구부의 크기, 내장재, 화원의 크기에 따라 다소 달라지겠으나 내장재가 가연성 재료인 경우에는 3~4분, 난연재료인 경우에는 5~6분, 준불연재료의 경우에는 7~8분으로 화재실험 등에 의해 밝혀져 있다.

플래시오버(FO)가 실내에서 발생했다면 그 실내는 불꽃 때문에 사람이 생존할 수 없고, 유독가스를 포함한 짙은 연기가 분출되어 복도는 검은 연기로 가득 차게 되어 복도를 통한 피난이 불가능해지며 화재는 최성기를 맞아 더더욱 많은 연기를 뿜어댄다.

2) 백 드래프트현상(back draft:hot air explosion, smoke explosion)

적절하게 배연이 되지 않는 상태에서 화재로 인하여 산소가 결핍된 실내에 산소가 급격하게 유입되었을 때 발생하는 고열(화재)가스의 폭발 또는 급격한 연소를 말한다. 지하실, 창고, 선박 등에서 장시간 연소되면 실내에 다량의 일산화탄소, 기타 가연성가스가 발생, 체류하여 백드래프트 현상을 일으키는데 이것을 연기폭발이라고도 한다.

백 드래프트 현상은 일산화탄소 12.5~74.2%의 범위에서 온도 600℃이상일 때에 새로운 공기가 들어가면 발생한다. 미국에서는 이 현상을 '소방관 살인현상'으로 불려진다.

3) 유류화재 현상

(1) 열파(heat wave)현상

원유나 중유와 같은 중질유는 상당히 넓은 비점 범위를 갖고 있어 이와 같은 중질유의 탱크 화재 시에는 고열의 열유질을 유면에서 밑쪽으로 전달하며 그 층의 두께는 연소시간의 경과에 따라 증대한다. 이와 같이 밑 부분으로 전도하는 열유층(熱油層)을 열파라고 한다(원유:50~200℃, 중유:250℃이상, 전파속도:0.4~1.3m/h).

(2) 보일오버(boil over)현상

석유탱크 화재 시에는 발화된 액체위험물 밑 부분에 비점이 낮은 불순물(물 또는 습기를 다량으로 포함한 찌꺼기 등)이 있어 연소에 수반하여 고열의 열파가 내려가게 되면 급격한 기화로 인해 다량의 기름이 탱크 밖으로 넘치는 현상을 말한다. 이러한 보일오버 현상의 조건은 다음과 같다.

① 열파를 형성하는 유류일 것

② 탱크 밑 부분에 물 또는 습도를 함유한 찌꺼기 등이 있을 것

③ 거품을 형성하는 고점도의 성질을 가진 유류일 것

보일오버 현상을 예측하기 위해선 탱크측판에 시온도료 사용, 변색현상 주시, 분무방수에 의한 수증기 증발현상 등에 의한다. 보일오버 현상 발생 예측은 화염이 갑자기 높아지는 경우, 화염이 갑자기 빛나는 경우, 유면 밑에서 기화소음을 발생하는 경우 등이다.

(3) 슬롭오버(slop over)현상

액체위험물이 화재 시 계속되는 연소로 연소물은 계속 가열되고 고온화하여 더욱 가연성 가스를 활발하게 생성시킨다. 이때 물이나 수분을 포함한 소화약제를 방사하게 되면 물의 비점(100℃0이상일 경우 급작스러운 기화로 1700배 정도의 부피로 확장되어 이로 인해 열유를 교란시켜 탱크 밖으로 밀어 올리거나 비산시키는 현상을 말한다. 보일오버 현상에 비하면 그 규모는 작다.

(4) 화이어볼(fire ball)현상

용기 내에 액화석유가스 등이 저장된 상태에서 화재가 발생하면 그 열에 의하여 용기가 계속 가열하면 액체는 빠른 속도로 기화하여 내부압력을 증대시킨다.

그리하여 내압을 견디지 못한 용기는 파열 또는 폭발하고 가연성가스 덩어리가 분출되고 공기와 혼합 확산한다.

이때 착화하게 되면 거대한 화염 덩어리가 되는데 이 경우 파괴력을 수반하여 폭굉을 발하는 경우도 있으며, 특히 복사열이 강하여 수열(受熱)피해와 화염피해, 원거리 연소 등의 현상이 나타나기 때문에 각별한 주의가 필요하다.

이와 같은 현상을 브레비현상 또는 비등액체 팽창증기폭발(boiling liquid expanding vapor explosion)이라고도 한다.

4) 화재 시 연기의 위험성

화재와 연기의 위험성에 대한 상관성은 크게 산소의 부족(공기 중 8%이하)과 유독가스(일산화탄소. 이산화황, 암모니아, 시안화수소 등)의 발생현상으로 압축할 수 있는데 공기 중에 포함된 산소의 농도는 보통 21%이지만, 화재 시 연소에 의해 산소가 소비되면 사람의 호흡에 필요한 산소의 부족현상과 아울러 산화탄소와 이산화탄소의 농도는 증가한다. 사람이 당황하게 되면 평소의 3배 호흡량이 많아 다량의 유독가스를 흡인하게 된다. 실제로 연소가스 중에는 2~3%의 산소가 함유되어 있을 뿐이므로 이러한 저농도 산소는 사람이 1회의 호흡만으로도 의식불명이 될 수 있다고 연구되고 있다.

최근 화학제품의 보급이 확산됨에 따라 화재 시에는 엄청난 유독가스가 발생하고 있다. 화학제품이 탈 때는 보통 목재류가 탈 때보다 10~25배 이상의 연기가 발생하고 그 외 청산, 염화수소, 포스겐 등의 유독가스를 발생시킨다.

이 가스는 극히 미량으로도 호흡장애나 마비를 일으켜 죽음으로 몰고 간다. 보통 사람은 일산화탄소 1% 포함한 공기를 약 2분 정도 호흡하면 질식으로 생명을 잃게 된다. 연기가 이동하는 속도는 수평방향으로 1초에 약 1~2 m 정도로 보통 사람이 걷는 속도와 같고, 수직방향으로 상승하는 속도는 1초에 약 3~5 m 정도이다. 그러므로 화재 시 막혀있는 장소의 높은 곳은 극히 위험하다.

(1) 산소농도의 저하와 인간의 반응

① 산소농도 21～18% : 긴급탈출 가능
② 산소농도 16～14% : 두통과 맥박이 증가하고 현기증, 구역질
③ 산소농도 12～10% : 의식불명, 구토와 실신
④ 산소농도 8～7% : 의식불명, 실신, 7～8분 이내에 사망에 이름
⑤ 산소농도 6%이하 : 호흡정지, 경련, 6분 이내에 사망에 이름

(2) 연기의 이동속도

인간의 보행속도를 1～1.2m/sec로 가정하였을 경우 수평방향(복도 등)으로는 0.5m/sec인 반면, 수직방향으로는 화재초기에는 1.5m/sec, 중기이후에는 3～4m/sec로서 사람의 보행속도 보다 훨씬 빠르다(발화10～15분이면 복도·계단 등의 공용부분은 통행이 불가능 하다) 따라서 화재 시 계단을 통해서 대피할 경우에는 신속히 아래층으로 대피하고, 아래층으로 대피하기 어려울 때에는 상층으로 대피하되 반드시 옥상으로 탈출하여 구조를 기다려야 한다. 그렇지 않고 상층부에 머무를 때는 다량의 연기가 상층부에 집중되므로 매우 위험한 상황에 처할 수 있다.

4. 소화(消火)의 원리

화재의 소화는 연소의3요소 즉 가연물, 산소 및 열(발화에너지)의 세가지중에서 어느 한 가지 이상을 제거함으로써 연소반응을 중지시키는 것이며 그 방법은 다음과 같이 분류할 수가 있다.

1) 소화(消火)의 분류

(1) 질식소화법

가연물의 연소에는 보통 산소의 공급을 필요로 하므로 이것을 차단하면 연소는 중단한다. 이것을 질식소화법이라 하며 다음과 같은 방법이 있다.

① 불연성기체로 덮는 방법

무거운 불연성의 기체를 연소물의 위에서 덮으면 그 기체와 산소가 희석 또는 차단되어 소화할 수가 있다. 현재 사용되고 있는 것으로는 이산화탄소(CO_2), 질소(N_2) 등의 기체와 할로겐화합물 등이 있다.

② 불연성의 홈(foam)으로 연소물을 덮는 방법

연소하고 있는 물질을 공기나 이산화탄소, 질소 등으로 발포시킨 홈(foam)으로 덮으면 소화할 수 있다. 유지류 등의 소화에 가장 많이 사용되고 있는 홈으로는 화학포, 공기포가 있으며 이들 홈으로 연소물을 덮은 경우 홈에 섞여있는 수분은 열에 의하여 증기로 되고 또 파괴되지 않은 홈은 공기를 차단한다. 따라서 이러한 의미에서 질식과 동시에 냉각작용도 하고 있다고 말할 수 있다.

③ 고체로 연소물을 덮는 방법

화면(火面)이 작은 경우는 담요 등으로 연소물을 덮으면 소화할 수 있다. 후라이팬의 화재 시에 주위에 있는 타올을 사용하는 경우 등으로서 이 방법은 초기 소화에는 유효하다. 또, 불연성 가스나 물속에서도 연소가 계속될 때는 건조사(마른모래)로 소화하는 것도 이 방법이다.

④ 연소실을 완전 밀폐하여 소화하는 방법

창고나 선실 등을 밀폐하여 산소를 단절하여 소화할 수 있다.

(2) 희석소화법

가연성 기체가 연소하기 위해선 그것이 산소와 연소범위에 있는 혼합기를 만들어야 한다. 따라서 산소농도가 가연물의 조성을 연소범위 이하로 희석시켜 소화할 수가 있다. 이와 같이 기체, 액체, 고 체에서 나오는 분해가스의 농도를 엷게 하여 연소를 중지시키는 방법을 희석소화법이라 한다.

① 액체의 농도를 희석하여 소화하는 방법

연소중인 액체를 불연성의 다른 액으로 엷게 희석하면 액면상의 가연성 증기량이 감소하고 연소 하한계 이하 로 되어 연소하지 않게 된다. 예를 들면 메탄올, 아세톤 등의 수용성액체가 연소하고 있는 경우에 물을 대 량으로 쏟아 넣으면 소화할 수 있다.

② 강한 바람으로 불어서 소화하는 소화법

연소물에 강한 바람을 대면 가연성의 증기가 바람에 날려 농도가 엷어지게 되어 소화할 수 있다.

③ 연성의 기체에 의한 희석소화법

연성의 기체를 불꽃 속에 넣으면 산소농도가 엷어지게 되므로 소화할 수가 있다. 질식소화와 거의 같으며 이것을 이용하여 이산화탄소, 질소가스등의 불활성가스를 연소실에 불어넣어 산소농도를 10%이하로 하여 소화한다.

통상 공기 중에는 약21%의 산소가 포함되어 있다. 이것을 더욱 엷게 하면 불꽃의 발생은 점점 약해지게 되고 결국에는 꺼진다. 이것을 응용한 것으로서 지하주차장등의 소화설비에 이산화탄소를 사용하거나 또는 드라이아이스를 창고, 선실에 넣고 소화하는 방법이 있다

(3) 제거소화법

연소물이나 화원을 제거하면 소화할 수 있다. 이것을 제거소화법이라 한다. 이 방법은 가연성물질을 파괴, 제거, 이동 등을 하여 수열면을 작게하여 연소를 저지시키는 방법이다. 화재현장에서 복도를 파괴 하 거나 대형화재의 경우 어느 범위의 건물을 제거하여 방어선을 만들어 연소를 방지한다. 또 산림화재를 미리 예상하여 평소에 방화선을 설정하고 있는 것은 이곳에서 차단시키기 위한 것이다.

(4) 냉각소화법

소화제(물을 포함한다)의 냉각효과에 의하여 연소물을 냉각시키고 그 온도를

발화점이하로 내려 소화할 수가 있다. 이것을 냉각소화법이라 한다. 소화제에는 기체의 연소에 대한 고체의 냉각작용과 주수(홈냉각을 포함)의 냉각작용이 있다. 물에 의한 소화는 가연물을 발화점 이하로 냉각하는 데에 가장 실용 적이고 일반적이라고 말할 수 있다. 보통 가연물의 발화점은 각각 다르지만 대개 250℃이상이기 때문에 주수로 그 이하가 되게 하면 소화할 수 있다.

그러나 주수기피 물질이나 금수성물질 등과 같이 물과 반응을 심하게 일으키는 것은 소화 작업 시 충분히 주의하여야 한다. 물은 고체, 액체, 기체의 세 가지 형태로 변화하지만 액체에서 기체로 변화할 때 흡수하는 경우의 열량은 최대의 냉각효과를 얻을 수가 있는 것이다. 1g의 물이 증발하는 데는 538cal의 열을 흡수하고 약1,700배의 수증기가 되어 공기 중에 체류하며 연소물 등의 냉각과 함께 산소를 희석시킨다. 그래서 소화에 있어서는 주수한 물이 전부 수증기화 하는 것이 가장 이상적이다.

2) 소화기 분류 · 사용법

화재는 무엇보다 그 발생초기에 진압을 하는 것이 가장 중요하며, 화재를 초기에 진압할 수 있는 기구가 소화기이다. 또한 소화기는 화재발생시 건물 내에 있는 사람이 가장 손쉽게 사용할 수 있는 소방기구 중의 하나로써 화재를 초기에 진압하는 데 중요한 역할을 담당한다.

소화기는 화재가 발생할 경우 단 한번 사용하게 되는 것이므로 그 중요성을 잊어버리고 방치해 두는 일이 많으나 만일의 경우를 대비하여 항상 소화기를 양호하게 관리하여 사용에 지장이 없도록 해야 한다.

(1) 소화기의 분류

A. 소화능력단위에 의한 분류

① 소형소화기 : 능력단위 1단위 이상이면서 대형소화기의 능력단위 미만인 것

② 대형소화기 : 능력단위가 A급소화기는 10단위, B급소화기는 20단위 이상인 것

B. 가압방식에 의한 분류

① 축압식

소화기의 용기 내부에 소화약제와 압축공기 또는 불연성가스(질소,CO2등)를 축압시켜 그 압력에 의해 약제가 방출되며, CO2소화기와 할론1301 소화기외에는 모두 지시압력계가 부착되어 내부의 압력을 지시하고 있으며 압력계의 지시침이 적색부분을 지시하면 비정상압력, 녹색부분을 지시하면 정상압력 상태이고 8.1~9.8kg/㎠정도로 축압시킨다.

② 가압식

수동펌프식, 화학반응식, 가스가압식으로 분류되며 수동펌프식은 펌프에 의한 가압으로 소화약제가 방출되고 화학반응식은 소화약제의 화학반응에 의해서 생성된 가스의 압력에 의해 소화약제가 방출되며 가스가압 식은 소화약제의 방출을 위한 가압가스용기가 소화기의 내부나 외부에 따로 부설되어 가압가스의 압력에 의해서 소화약제가 방출된다.

C. 소화약제에 의한 분류

소화기 내부에 저장된 소화약제에 따라서 물소화기, 산알카리소화기, 강화액소화기, 할로겐화합물소화기, 이산화탄소소화기, 분말소화기 등으로 분류된다.

① 분말소화기

현재 우리나라에서 가장 많이 보급되어 있는 소화기로 인산암모늄이 주성분이며, 방사 된 약제는 연소면의 피복에 의한 질식, 억제작용에 의해 일반화재, 전기화재 등 모든 화재에 효과적이나 소화약제는 다른 종류의 분말 소화약제와는 화학성질이 다르므로 혼합되지 않도록 해야 한다.

이 소화기는 건조된 분말을 주성분으로 하고 분말상태가 장기간 유지되도록 방습제 등을 첨가하여 용기본체에 충전하고 분말약제를 방사할 수 있도록 압축가스를 봉입한다. 이 압축가스의 봉입방법에 따라 용기 본체에 직접 봉입하는 축압식과 별도의 용기에 충전하여 소화기 본체에 부착하는 가압식이 있다.

이 소화기는 안전핀을 제거하고 손잡이를 누르면 봉판이 파괴되고 이 때 압축가스에 의해 약제를 방사하게 된다.

② 이산화탄소(CO_2)소화기

이산화탄소는 고압으로 압축되어 액상으로 용기에 충전되어 있으며, 고압가스 용기를 사용하기 때문에 중량이 무겁고 고압가스의 취급이 용이하지 못하다는 단점이 있으나 소화약제에 의한 오손이 적고 전기절연성도 크기 때문에 전기화재에 많이 사용된다.

③ 하론 소화기

하론소화기는 할로겐화합물로 충전되어 있으며 화재가 발생하면 소화기의 노즐을 발화지점을 향해 소화하면 된다.

할로겐화합물은 쉽게 변질되지 않으므로 소화기 자체에 붙어있는 사용범위를 알려주는 압력계를 관찰하여 사용범위 내에 있으면 충전할 필요가 없이 사용 가능하다. 또 소화용도로 사용한 때에는 용기에 재충전하여 쓸 수 있으며, 주로 전자계산실이나 중요한 서류, 문서실, 귀금속을 보관한 장소에서 사용된다.

D. 소화기의 화재적응성

소화기의 화재 적응성에 따라 화재의 종류는 3가지(A,B,C급 화재)로 구분할 수 있다.

① A급화재 – 목재, 섬유류, 종이, 플라스틱처럼 타고나서 재를 남기는 일반화재
② B급화재 – 기름, 알코올 등과 같이 타고나서 재가 남지 않는 유류나 가스화재
③ C급화재 – 전기설비 또는 기구에서 일어나는 전기화재를 말한다.

(2) 소화기 사용법

화재를 발견하면 소화기를 들고 화재장소 가장 가까운 직선거리로 이동한다.

① 안전핀을 뽑는다. 이때 손잡이를 누른 상태로는 잘빠지지 않으니 침착하도록 한다.

② 호스걸이에서 호스를 벗겨내어 잡고 한손으로 노즐(호스)을 화재가 발생한 쪽으로 향한다.
③ 다른 한손으로 손잡이를 움켜쥐면 약제가 방사되어 소화된다.
④ 불의 아래쪽에서 비를 쓸 듯이 차례로 덮어 나간다.
이때 바람을 등진 쪽에서 비로 쓸 듯이 좌우로 뿌리는 것이 효과적이며 당황하지 말고 침착하게 소화기를 사용해야 한다.
⑤ 불이 꺼지면 손잡이를 놓는다(약제 방출이 중단된다)

(3) 소화기 관리 및 점검요령

평소 소화기는 눈에 잘 띄는 곳에 비치하고 언제라도 사용가능한 상태로 유지하여야 하며 다음과 같은 방법으로 수시로 점검을 하여야 한다.

① 가압식소화기의 점검방법

안전핀과 노즐을 확인하여 이상 유무를 확인하고, 소화기를 거꾸로 들어 약제의 유동여부(소리)를 귀로 확인 한다. 이때 약제가 유동되는 소리가 들리지 않는 경우는 응고되어 사용이 불가능한 상태이므로 약제를 교환하여야 한다.

② 축압식소화기의 점검방법

안전핀과 노즐을 확인하여 이상 유무를 확인하고, 압력게이지를 확인하여 바늘이 녹색부분에 위치하고 있는 경우는 정상상태이다.

바늘이 적색부분에 위치하고 있을 때는 과충전 상태이며, 황색부분에 위치하고 있을 때는 압력이 충분하지 못한 상태이므로 소화기판매점이나 소방설비업체 등에 의뢰하여 가스와 약제를 재충전하여야 한다.

5. 화재 시 행동요령

불이 나면 누구든지 당황하고 공포감에 싸이게 되며 때로는 흥분하여 평상시보다 판단력이 떨어져 우왕좌왕하다 연기에 질식되거나 높은 데서 뛰어내려 귀중한 인명피해가 발생하기도 한다. 이런 경우 혼자 불을 끄려고 노력하다 불이 확대되어 미처 피난하지 못하는 경우도 있다. 화재가 발생하면 최초 발견자는 큰 소리로 다른 사람에게 화재가 발생했다는 사실을 알려야 하고 즉시 소화기나 모래, 옥내소화전 등을 이용하여 소화 작업에 임해야 한다. 이때 주의해야 할 사항은 불 쓰는 일에만 정신이 팔려 연기에 질식하거나 불길에 갇히는 일이 없도록 하고 소화약제는 화염이나 연기에 방사하는 것이 아니라 화원에 방사해야 한다.

화재는 무엇보다 그 발생초기에 진압을 하는 것이 가장 중요하며, 화재를 초기에 진압할 수 있는 기구가 소화기다.

또한 소화기는 화재발생시 건물 내에 있는 사람이 가장 손쉽게 사용할 수 있는 소방기구 중의 하나로써 화재를 초기에 진압하는 데 중요한 역할을 담당한다.

소화기는 화재가 발생할 경우 단 한번 사용하게 되는 것이므로 그 중요성을 잊어버리고 방치해 두는 일이 많으나 만일의 경우를 대비하여 항상 소화기를 양호하게 관리하여 사용에 지장이 없도록 해야 한다.

초기소화가 불가능하다고 판단되면 지체 없이 소방관서에 신고를 하고 대피해야 하는데 이때는 연소속도를 늦추기 위하여 반드시 출입문을 닫고 대피하여야 한다.

따라서 화재 시 행동요령을 평상시 염두에 두고 훈련하여 항상 대비해야 한다.

1) 화재신고요령

(1) 화재 시 119 신고요령

어른들이 119신고를 하면서 소방교육을 받은 어린이만큼도 못하게 당황하여, 주소도 알리지 못하고 전화를 끊는 경우가 많다. 119신고 시 정확한 주소나 찾기 쉬운 주변건물을 알려야 한다.

과거의 예를 볼 때 화재를 당하게 되면 당황한 나머지 우왕좌왕 하게 되어 신고가 지연됨에 따라 피해가 확대되는 사례가 많았는데 화재를 당했을 경우에는 침착함을 잃지 말아야 한다.

일반 화재가 발생하면 최초발견자는 큰소리로 "불이야"를 외치거나 비상벨을 누르거나 소리 나는 물건을 두드려 다른 사람들에게 화재사실을 알려야 한다.

소방관서에 화재신고를 할 때에는 침착하게 화재발생 장소, 주소, 주요건축물 또는 목표물, 화재의 종류 등을 상세하게 설명하여야 하며 침착한 신고를 위해서는 평소에 유사시를 예상한 마음자세와 훈련이 필요하다.

또 만일의 경우를 대비하여 전화기 가까운 곳에 집주소나 주요건축물 또는 목표물 등을 적어서 부착시켜 놓고 유사시 이것을 보고 신고하면 효과적이다.

(2) 초기소화

전기화재는 전기스위치를 내린다. 분전반이나 차단기 등 석유난로 등에 의한 화재일 때는 담요나 이불을 물에 적셔서 뒤집어씌우며, 가스화재는 용기의 밸브를 잠근다. 기본적인 조치가 끝나면 소화기나 물을 이용하여 불을 끌 수 있을 때까지 노력해야 하며 이때 주의해야 할 점은 전기화재에 물을 사용하면 안 된다.(감전 위험) 또한 기름 종류의 화재에 물을 사용하면 불을 키우는 경우가 있으며, 가스화재는 폭발성이 있으므로 갑자기 문을 열거나 전기스위치 등을 조작하면 안 된다.

2) 대피유도 및 긴급피난

(1) 피난 유도

불이 나면 물질이 연소할 때 연기 속에 독성이 강한 가스 등이 많이 포함되어 있다. 연기는 짧은 시간에 쉽게 건물의 수직부분으로 올라가므로 연기의 피해로 인명피해가 증가하는 것이 최근 화재의 특징이다(연기의 이동속도: 1초당 수직으로 3~5m, 수평으로 1m) 또한 불특정 다수인이 출입하는 백화점이나 고층복합건물 등에 화재가 발생하였을 경우 건물구조를 상세하게 알지 못하는 사람들은 당황하거나 겁을 먹게 되어 이성을 잃고 무분별한 행위를 하게 되므로 화재 시에는 그 건물구조에 익숙한 사람이 적절한 피난유도를 해야 한다.

① 만일의 경우를 생각하여 실험실이나 연구실의 피난계획을 세워둔다.

② 과거 수많은 대형 참사가 적절한 피난유도가 이루어지지 않아 발생했다는 사실을 직시할 때 평소 피난통로의 확보와 피난유도 훈련을 철저히 실시한다.

③ 평소에 가급적 엘리베이터 사용을 자제하고 계단이나 피난 통로를 걸어서 이용하는 습관을 들여 유사시 신속하게 대피할 수 있도록 지형지물에 익숙해지도록 노력을 한다.

④ 피난 유도 시에는 큰 소리로 외치는 것보다 가급적 불안감을 느끼지 않도록 차분하고 침착하게 행동하여야 한다.

(2) 안전한 긴급대피 요령

- 화재가 나면 엘리베이터의 이용은 위험하다(정전 시 갇히게 된다). 소방시설은 정전 후 20분 이상 비상전기가 공급되므로 피난할 시간은 충분하다.
- 모포, 수건을 적셔 얼굴을 가리고 몸을 보호한다.
- 피난할 때는 열기나 연기의 방향을 보고 불이 난 반대쪽의 비상구, 비상계단을 찾아 1층 또는 옥상 중 가까운 쪽을 선택한다.
- 연기, 열기 속을 움직일 때는 자세를 최대한 낮추고 행동을 최소한으로 하여 산소소모를 줄여 숨을 적게 쉬도록 노력한다.
- 닫힌 문을 통과할 때는 문을 열기 전에 먼저 손으로 만져본다. 문짝이나 손잡이가 뜨거울 때는 문 반대편에 강한 화연이 있다는 뜻으로, 이럴 때는 문을 열지 말고 다른 방향을 찾아야 한다.
- 엘리베이터는 정전으로 갇힐 위험이 있으므로 반드시 계단을 이용한다.
  숙박시설, 유흥업소에는 화재 시 피난통로 유도표지와 비상전등이 비치되어 있으니, 평소 미리 눈여겨보아 두는 습관을 갖는다.
- 공포감을 극복하고 주변상황을 정확히 판단한다.
- 실내에 갇혀 있을 때에는 갑자기 문을 열면 안 된다.
- 상황판단 없이 높은 데서 뛰어내리면 안 된다.

- 피난 시 화장실이나 통로의 막다른 곳은 위험하다.
- 고립되면 각종 수단을 동원하여 자기가 있는 곳을 알려야 한다.
- 연기가 많은 곳에서는 팔과 무릎으로 기어서 이동하되 배를 바닥에 대고 가지 않도록 한다.
- 옷에 불이 붙었을 때에는 두 손으로 눈과 입을 가리고 바닥에서 뒹굴어 준다.

(3) 불길에 갇혀 피난이 불가능한 경우 대응요령

- 소방대원의 지시가 없이 창문으로 뛰어내리는 등 무모한 행동을 하지 않아야 한다.
- 열기, 연기에 갇혀 비상구를 찾지 못할 경우에는 문을 닫은 다음, 문틈을 최대한 막고 물을 뿌려 연기의 침입을 방지한다.
- 화재 시 카펫, 가구 등이 탈 때는 강한 유독가스가 발생하므로 연기를 마시지 않도록 호흡과 신체활동을 적게 하여 산소 소모를 줄여야 한다.
- 창문이나 문밖에 수건을 걸어 놓거나, 외부에 사람의 기척이 있을 경우, 수건 등을 흔들어 구조요청을 한다.
- 아래층에서의 화염이나 연기가 창문을 통하여 위층으로 올라올 수도 있으니, 계속 문을 열고 있지 않는 것도 중요하다.
- 소방대가 도착해도 구조준비에 약간의 시간이 소요되므로, 조급히 서두르지 않아야 한다.

6. 화재예방대책[2)]

1) 원인별 화재예방요령

A. 전기화재 예방요령

(1) 주요원인

일상생활에 있어 없어서는 안 될 전기는 우리나라 화재발생 원인 중 수위를 점하고 있다. 전기화재는 낡은 전기기구나 부실공사로 인해 발생도 하지만 대부분은 전기용품에 대한 지식이나 상식부족 또는 사용하는 사람의 부주의나 방심으로 인하여 전기기구의 과열 및 탄화상태를 가져와 발생하는 것으로 날로 증가하고 있는 실정에 있으므로 전기용품을 사용 시에는 올바른 사용법의 숙지와 세심한 주의가 필요하다.

① 전선의 합선 또는 단락에 의한 발화

전선이나 전기기구의 절연체가 파괴되거나 두 가닥의 전선이 어떤 원인에 의해 서로 접촉하면서 순간적으로 큰 전류와 많은 열을 발생하는 현상

② 누전에 의한 발화

전선이나 전기기구 등이 낡아 절연불량 등의 원인으로 전류가 건물 내의 금속체를 통하여 흐르게 되어 이로 인한 저항열에 의해서 발열을 일으키는 현상

③ 과전류(과부하)에 의한 발화

전선의 허용 전류를 초과한 전류를 과전류라 하며 에어컨, 전기다리미, 전자레인지, 동력 등을 동시에 사용할 시 적정용량을 초과하여 불이 붙는 현상

④ 기타 원인에 의한 발화

규격미달의 전선 또는 전기기계기구 등의 과열, 배선 및 전기기계기구 등의 절연불량 상태, 또는 정전기로부터의 불꽃

---

2) http://www.kfsa.or.kr/info/information/fireprotection4.htm?pgid=117_118_307_311/ (검색일: 2012.01.07)

(2) 예방요령

- 전기기구를 사용하지 않을 때에는 스위치를 끄고 플러그를 뽑아 둔다.
- 가전제품의 플러그를 뽑을 때에는 선을 잡아당기지 말고 플러그 몸체를 잡고 뽑도록 한다.
- 개폐기(두꺼비집)는 과전류 차단장치를 시설하고 습기나 먼지가 없는 사용하기 쉬운 위치에 부착한다.
- 개폐기에 사용하는 퓨즈는 규격퓨즈를 사용하고 퓨즈가 자주 끊어질 경우 근본적으로 그 원인이 무엇인가를 규명, 개선한다.
- 각종 전기공사 및 전기시설 설치 시 전문 면허업체에 의뢰하여 정확하게 규정에 의한 시공을 하도록 한다.
- 콘센트에 플러그를 깊숙이 꽂지 않으면 흔들려 열이 발생하므로 완전히 꽂아 사용하도록 한다.
- 누전으로 인한 화재를 예방하기 위해서 누전차단기를 설치하고 한 달에 1~2회 작동유무를 확인한다.
- 전선이 꼬이거나 묶어서 사용하면 열이 발생하여 위험하므로 전선이 꼬이지 않도록 한다.
- 전기담요는 자주 밟거나 접어서 사용하면 접힌 부분에 열이 발생하며, 각종 장식용 트리 등에 설치한 소형전구는 너무 오랫동안 사용치 않도록 한다.
- 한 개의 콘센트나 소켓에서 여러 선을 끌어 쓰거나 한꺼번에 여러 가지 전기기구를 꽂는 문어발식 사용을 하지 않는다.
- 비닐전선은 열에 견디는 힘이 약하다. 따라서 백열전등이나 전열기구 등 고열을 발생하는 기구에는 고무코드 전선을 사용한다.
- 비닐전선이나 양탄자 밑으로 전선이 지나지 않도록 한다.
- 전기기구 구입 시 『전』, 『검』, 또는 『KS』표시가 있는지 확인하고 사용 전에는 반드시 사용설명서를 읽어본다.
- 전선이 쇠붙이나 움직이는 물체와 접촉되지 않도록 한다.

B. 유류화재 예방요령

유류는 인화성 물질로서 주로 석유류 등을 말하며 우리생활에 많은 도움을 주지만 화재위험이 높고 불이 붙으면 순식간에 확대되므로 그 취급에 세심한 주의를 기울여야 한다.

(1) 주요원인

- 석유난로에 불을 끄지 않고 기름을 넣을 때
- 주유 중 새어나온 유류의 유증기가 공기와 적당히 혼합된 상태에서 불씨가 닿을 경우
- 유류기구를 사용도중 이동할 때
- 불을 켜놓고 장시간 자리를 비울 때
- 난로 가까이에 불에 타기 쉬운 물건을 놓았을 때
- 튀김요리 중 튀김기름이 가열되어 넘치는 경우

(2) 예방요령

- 유류는 이외의 다른 물질과 함께 저장하지 않도록 하고, 유류저장소는 환기가 잘 되도록 하고 가솔린 등 인화물질은 용도에 맞게 사용한다.
- 급유 중 흘린 기름은 반드시 닦아 내고 난로 주변에는 소화기나 모래 등을 준비해 둔다.
- 석유난로, 버너 등은 사용 도중 넘어지지 않도록 고정시켜 둔다.
- 튀김기름은 가열을 시작하여 15분 정도 지나면 발화하게 되므로 튀김요리 도중 절대로 자리를 비우지 말아야 한다.
- 석유난로 주변은 늘 깨끗이 하고 불이 붙어있는 상태로 이동하거나 주유를 해서는 안 된다.
- 보일러나 난방기구에 이상이 있을 때에는 즉시 수리해서 사용 한다.
- 휘발유 또는 신나(희석제)는 휘발성이 극히 강해 낮은 온도(겨울철)에서도 조그마한 불씨와 접촉하게 되면 순식간에 인화하여 화재를 일으키기 때문에 절대로 담뱃불이나 불씨를 접촉시켜서는 안 된다.

- 열기구 가까이에 가연성 물질을 놓아서는 안 되며, 한 방향으로 열기가 나가도록 되어 있는 열기구의 경우에는 가연물이 그 방향으로부터 적어도 1m이상은 떨어져 있도록 해야 한다.
- 석유난로를 사용할 시 주전자의 물이 끓어 넘쳐흐르면 불꽃이 튀기 때문에 위험하다.
- 열기구의 받침은 열을 전달받는 금속체를 피하고 석면과 같이 열을 받지 않는 것을 사용하여야 한다.
- 주유소나 기타 위험물취급 장소에서는 절대로 담배를 피우지 않도록 하고 불조심에 대한 교육을 실시한다.
- 실내에 페인트, 신나 등으로 도색작업을 할 경우에는 창문을 완전히 열어 충분한 환기를 시켜준다.

C. 가연성 가스화재 예방

현대생활에 있어 가스는 사용하기에 편리할 뿐더러 열량이 높고 공해가 적어 가정이나 직장 등에서 주 에너지로 사용되고 있으나 잘못 다루면 가스중독 또는 폭발을 동반한 대형화재를 유발시킨다. 따라서 가스배관과 연소기 등에 대한 정기점검을 철저히 실시하고 가스사용 안전수칙을 준수하여야 한다.

(1) 연료가스의 종류와 특성

① 액화석유가스(LPG : Liquefied Petroleum Gas)

- 프로판과 부탄이 주성분으로 공기보다 1.5배~2배 정도 무거워 누설되면 낮은 곳에 체류하게 된다.
- 주로 용기에 충전하여 사용하며 수도권 이외 지역의 도시가스로도 공급되고 있다.
- 화학공업의 원료로도 사용된다.
- 순수한 LPG는 아무런 냄새나 색깔이 없으나 가정이나 영업소에서 사용하는 LPG는 누설을 쉽게 감지하기 위하여 마늘 썩는 냄새가 나는 부취제가 섞여 있다.

② 액화천연가스(LNG : Liquefied Natural Gas)

- 메탄이 주성분으로 공기보다 0.65배 가벼워 누설되면 높은 곳에서부터 체류하게 된다.
- 액체온도가 -162℃ 이하로 냉열산업에 이용하고, 기화시켜서 전국적으로 청정 연료인 도시가스로 공급되며 주로 화력발전 연료로 사용된다.

③ 도시가스

도시가스는 LPG, LNG, 납사 등을 주원료로 혼합가스를 만들어 파이프라인을 통하여 계획도시의 수요자에게 공급되는 가스연료로 현재 도시지역에서는 천연가스, 기타 지역에는 LPG에 공기를 혼합한 가스를 사용하고 있다.

(2) 가스화재의 주요 원인

〈표 13-2〉 가스화재의 주요 원인

공 급 자	사 용 자
*용기밸브의 오조작 *용기교체 작업 중 *잔량 가스처리 및 취급미숙 *가스충전 작업 중 누설폭발 *고압가스 운반기준 미 이행 *배관내의 공기치환작업 미숙 *용기보관실 화재(연탄 등) 사용 *배달원의 안전의식 결여	*실내에 용기보관 가스누설 *점화 미확인으로 누설폭발 *환기불량에 의한 질식사 *가스사용중 장기간 자리이탈 *성냥불로 누설확인 중 폭발 *호스 접속불량 방치 *조정기 분해 오조작 *코크 조작 미숙 *인화성물질(연탄 등) 동시 사용

(3) 예방요령

① 사용 전

- 가스 불을 켜기 전에 새는 곳이 없는지 냄새를 맡아 확인한다.
- 가스 연소 시에는 많은 공기가 필요하므로 창문을 열어 실내를 환기시킨다.
- 가스레인지 주위에는 가연물을 가까이 두지 않도록 한다.

② 사용 중

- 점화용 손잡이를 천천히 돌려 점화시키고 불이 붙어 있는지 꼭 확인한다.
- 요리 시에는 자리를 뜨지 않도록 한다.
- 가스 연소 시에는 파란 불꽃이 되도록 공기 조절기를 조절하여 사용토록 한다.

③ 사용 후

- 가스사용 후에는 코크와 중간밸브를 반드시 잠근다.
- 장기간 집을 비울 때에는 용기밸브(LPG 경우)나 메인밸브(도시가스)까지 잠궈두는 것이 안전하다.
- 가스레인지는 자주 이동하지 말고 한곳에 고정하여 사용한다.

④ 평상시

- 연소 시 불구멍(버너헤드)이 막히지 않도록 항상 깨끗이 청소를 하고 호스(배관)와 이음새 부분에서 혹시 가스가 새지 않는지 비눗물이나 점검액 등으로 수시 누설여부를 확인한다.
- 이사할 경우 가스시설의 철거나 설치는 반드시 관할도시가스 대행업자에게 의뢰하여 철거나 설치를 하도록 한다.
- LPG용기는 직사광선을 피해 보관하도록 한다.
- 휴대용 가스레인지를 사용할 경우 그릇의 바닥이 삼발이보다 넓은 것을 사용하지 않도록 하고 다 쓰고 난 캔은 반드시 구멍을 뚫어 잔류가스를 제거하고 버리도록 한다.

⑤ 가스 누설 시

- 가스누설을 발견한 즉시 코크와 중간밸브, 용기밸브(도시가스는 메인밸브)까지 잠근다.
- 주변의 불씨를 없애고 전기기구는 조작하지 말아야 한다.
- 창문과 출입문 등을 열어 환기시키며, 빗자루나 방석, 부채 등으로 쓸어낸다.

D. 담뱃불 화재예방요령

담뱃불로 인한 화재가 전체화재의 큰 비중을 차지하고 있다. 담뱃불의 온도는 약 섭씨 500℃이고 피우고 있을 때에는 약 섭씨 800℃나 되는 열을 지니고 있다. 따라서 담배는 지정된 장소에서 흡연하는 습관을 가져야 하며 담배꽁초는 불씨를 완전히 제거한 후 재떨이에 버려야 한다. 새로 제정 공포된 '국민보건증진법'에도 다중 출입장소, 공공장소, 일정규모 이상의 건축물에는 반드시 흡연 장소를 지정하여 흡연토록 지정하고 있다.

(1) 주요원인

- 술에 취한 채 잠자리에서 흡연
- 어른들의 무심코 버린 담배꽁초가 발화
- 담배 불씨를 완전히 끄지 않은 채 휴지통에 버려서 발화
- 재떨이의 담배 불씨를 완전히 끄지 않은 채 재떨이를 쓰레기통에 비우고 퇴근하여 발화

(2) 예방요령

- 휘발유, 가스, 화학약품 등 인화성이 강한 물질이 있는 장소나 실내에서는 금연을 하며, 이러한 곳에는 "금연구역" 표시판을 붙여 주의를 환기시켜 준다.
- 잠자리에서는 담배를 피우지 않도록 한다.
- 보행 중에는 흡연을 삼가고 꽁초는 아무데나 버리지 않는다.
- 흡연은 지정된 장소에서 하도록 하고 담배꽁초는 반드시 재떨이에 버리도록 한다.
- 불씨가 튀지 않도록 재떨이에 약간의 물을 부어 놓는다.
- 담배를 피울 수 있는 장소는 편리하고 안전한 곳을 택하여 "흡연구역"으로 지정한다.
- 담배를 피우다가 급한 용무로 잠깐 자리를 비울 경우 반드시 담뱃불을 끄고 나가야 한다.

E. 불장난화재

어린이는 놀기를 좋아하며 호기심이 많아 하고 싶은 일이 있으면 서슴없이 행하는 습성이 있다.
따라서 어린이들은 성냥, 라이타, 촛불, 모닥불, 폭죽놀이 등 손에 닿기 쉬운 것이면 무엇이던 가지고 불장난을 하게 되므로 어린이들에 대한 어른들의 각별한 주의가 필요하다

(1) 주요원인

성냥, 라이터, 난롯불, 아궁이불, 전기다리미, 촛불놀이, 폭죽놀이, 화약놀이 등에 의해 발화되며 불장난하는 어린이들은 6세에서 13세 미만의 어린이가 가장 많고 부모가 외출중인 토요일 오후나 일요일, 공휴일 등 학교수업이 없는 날에 많이 발생하고 있다.

(2) 예방요령

- 성냥, 라이터 등은 어린이들의 손에 닿지 않는 곳에 보관한다.
- 성냥, 라이터, 폭죽놀이, 깡통놀이 등을 하지 않도록 단속한다.
- 어린이들에게 불에 대한 올바른 인식을 갖도록 교육시킨다.
- 어린이들에게 석유난로 등을 켜거나 끄도록 심부름을 시키지 않는다.
- 외출 시에는 모든 화기의 안전점검을 하고 어린이들에게 불조심에 대한 주의를 환기시킨다.
- 어린이들에게 119허위신고(장난전화)를 하지 못하도록 교육시킨다.

F. 방화(放火)

강력범죄인 동시에 공공안전에 관한 범죄인 방화(放火)는 최근 들어 계속적으로 증가하고 있는 실정이다. 더욱이 방화에 의한 화재는 의도적으로 발생하기 때문에 초기진압이 어려워 많은 재산과 인명피해를 가져오는 화재이다.

(1) 주요원인

방화의 원인으로는 가정불화가 가장 많고 부부 또는 친구 등과의 싸움, 비관자살, 주벽, 정신이상 등으로 비정상적인 심리 상태에서 발생하며, 주요 방화장소는 차량, 주택, 음식점, 점포, 작업장 순이다.

특히 사회의 발달에 따라 보험과 관계된 방화는 더욱 지능화, 전문화되는 양상을 보이고 있다.

(2) 예방요령

- 차량방화를 예방하기 위해서 주택가나 도로상에 주차하지 않는다.
- 빈집 또는 건물의 화재예방을 위해 시건장치 후 외출한다.
- 주변의 정신질환자에 대한 행동을 항상 예의주시하고 보호자는 성냥이나 라이타 등의 보관에 유의한다.
- 실내청소 후 내다버린 쓰레기 중 타기 쉬운 물건을 방치하지 않도록 하며 항상 깨끗이 정리정돈 한다.

2) 장소별 화재예방요령

A. 주택 · 아파트 화재 예방

사람들의 주 생활공간인 주택은 소방행정력이 미치지 못하는 관계 등으로 화재발생 위험요소가 가장 많이 상존하고 있으며, 최근 5년간 주택화재 발생 추세는 년 평균 11%로 화재가 가장 많이 발생하는 장소이다.

주택화재의 주요원인은 전기로 인한 화재가 가장 많고 불장난, 방화, 가스 등의 순서로 나타나 있다.

(1) 주요원인

- 용접 부주의로 불티가 가연물에 떨어져 화재 발생
- 용접물체가 가열되어 주위의 가연물에 착화되어 화재 발생

- 모닥불, 소각장 등의 불티가 바람에 날려 화재 발생
- 배관의 용접, 절단 시 배관의 보온 재료에 불티가 옮겨 붙어 화재 발생
- 용접작업장 인근에 방치되어 있는 위험물, 가연물 등에 불티가 튀어 화재 발생

(2) 예방요령

- 용접작업이나 쓰레기를 소각할 때는 소화기나 소화수 등을 비치한 후 작업에 임한다.
- 용접작업장 부근의 연소위험이 있는 위험물 및 가연물을 제거 후 작업한다.
- 천정 부근에서 용접작업 시 불티가 떨어져 화재위험이 없는지 확인한다.
- 모닥불 등의 처리는 충분히 소화하고 재연소의 발화 위험을 없애기 위해서 땅속에 완전히 묻는다.
- 쓰레기나 문서 등을 소각할 때는 감시인의 책임 하에 안전하게 한다.
- 모든 화기는 사용 시 취급상의 안전수칙을 반드시 준수하도록 한다.
- 전열기구 사용 시에는 하나의 콘센트에 여러 개의 전기기구 플러그를 접속시켜 사용하지 않도록 한다.
- 외출할 때에는 집 안팎을 반드시 점검하며, 동일유형의 다세대 주택에서는 반상회 등을 통하여 주민 스스로가 화재에 대비한다.
- 성냥이나 라이터, 양초 등은 어린이들의 손이 닿지 않는 곳에 보관하고 어린이들에게 불에 대한 무서움을 일깨워준다.
- 난로 곁에는 가연성 물질을 치우고 세탁물 등을 널어놓지 않는다.
- 잠자리에 들기 전에는 전기, 가스, 석유, 전기기구 등의 안전을 확인하는 습관을 생활화하고 휴지통에는 불씨가 남아있는 담배꽁초 등을 버려서는 안 된다.
- 식용유를 사용하는 튀김냄비 등을 불에 올려놓은 채 주방을 장시간 떠나지 않도록 한다.
- 가정에 적합한 소화기를 비치하고 그 사용법을 익혀둔다.

B. 차량화재 예방

(1) 주요원인

생활경제가 윤택해짐에 따라 차량의 보유가 급속하게 증가함에 따라 차량으로 인한 화재가 계속적으로 증가하여 주택화재 다음으로 많은 화재 발생율을 기록하고 있다. 자동차 화재의 특징은 유류를 사용하고 통풍이 좋기 때문에 순식간에 확대되어 인명피해의 위험이 높다는 점이다. 자동차 화재의 발생형태는 일시에 폭발하는 경우와 불길이 보이면서 서서히 타오르는 두 가지 형태로 나타나는데 엔진에서 새어나온 가솔린이 전기배선의 합선이나 피복이 벗겨진 곳에서 일어난 스파크에 의해 화재가 발생하거나 점화계통의 스파크로 인해 일어나는 경우가 많다.

차종별로는 승용차, 화물차, 승합차, 버스에서 많이 발생하는데 소화기 비치 의무차량이 아닌 차량의 화재 발생율이 높이며, 자동차화재 발화의 주요원인별 추세는 방화에 의한 화재가 가장 많으며 전기, 담뱃불, 불장난, 이동탱크의 유류누출 순이다.

(2) 예방요령

- 평상시 배선의 상태, 연료계통, 점화장치의 일일점검을 철저히 한다.
- 주행 중 차내에서 흡연을 삼가고 담배꽁초를 밖으로 버리지 않는다. 무심코 버린 담배꽁초에 의해 뒤따라오던 화물차량의 적재물에 화재가 발생하기 때문이다.
- 어린이들의 불장난 화재를 예방하기 위해서 차내에 라이터나 성냥을 방치하지 않도록 한다.
- 야간 주차 시에는 주차장에 안전하게 주차하여 사전에 차량방화를 예방한다.
- 만일의 사태에 대비하여 모든 차량에 자동차용 소화기를 비치하고 그 사용법을 익혀둔다(차량용 소화기 비치 의무차량 : 위험물 운송차량, 가스운송 화물차, 7인승 이상의 승합자동차).

C. 공장 · 작업장 화재

(1) 주요원인

산업사회의 발달에 따른 대단위 공장의 증가는 화재발생 우려를 가중시키고 있다. 특히 공장에서 발생한 화재는 대형화재로 번질 가능성이 높고 실제로 대형화재가 많이 발생하여 재산피해가 다른 장소에서의 피해보다 훨씬 높다.

그리고 공장화재는 화재로 인한 직접적인 손실 즉 물적 손실은 물론 생산중단으로 인한 간접적인 손실은 실로 측정하기가 어렵다. 지금까지 발생한 공장화재의 원인별 분석은 전기로 인한 화재가 가장 많고 유류, 가스, 담배 등이 주요원인이 되고 있다.

(2) 예방요령

- 소방시설을 완비하고 자체점검을 철저히 하며, 소방시설 사용요령 등에 관한 교육과 훈련을 정기적으로 실시한다.
- 전기시설을 함부로 설치하거나 무질서한 전기배선을 하지 않는다.
- 중앙공급식 난방을 설치하여 겨울철에 이동식 석유난로를 사용하지 않도록 한다.
- 화재 시 연소 확대를 방지하기 위하여 내장재는 단열재를 사용하고 방화구획, 자동방화셔터 등을 설치한다.
- 상품은 정리정돈을 철저히 하고 손님들의 담뱃불에 주의를 기울인다.
- 화재 시 소방차의 진입을 원활히 하기 위해 소방차의 진입로에 상품을 진열하거나 좌판을 설치하지 않도록 한다.
- 화재가 발생하지 않도록 예방대책을 강구하고 철저히 관리한다.
- 대규모 시장건물에는 스프링클러 설비 등 반드시 적합한 자동소화설비를 충분히 설치해야 한다.

D. 시장(점포)화재

(1) 주요원인

시장은 불특정 다수인이 출입하고 대량의 상품들이 진열 전시되기 때문에 화재의 위험성이 높아 소방관서에 의해 화재취약대상으로 특별관리 되고 있다.

시장화재의 특징은 일단 발화하게 되면 밀집된 점포와 대량으로 적재된 상품 등으로 인하여 급격하게 연소가 확대될 뿐만 아니라 석유화학제품은 짙은 연기와 유독가스를 발생시켜 진압이 어려워 대형화재로 확대된다.

시장화재의 발생요인은 무질서하게 연결해서 사용하는 전기배선, 즉 전기로 인한 화재가 가장 많고 수 없이 드나드는 상인이나 손님들이 버린 담뱃불, 겨울철 난방을 위해서 사용하는 난로 등이 주요원인이다.

(2) 예방요령

- 자위소방활동을 원활히 수행할 수 있도록 자위소방조직을 편성하고 유사시 각자 맡은바 임무를 철저히 수행할 수 있도록 정기적인 교육과 훈련을 실시한다.
- 공장이나 창고 등에 제품을 적재할 때에는 정리정돈을 철저히 하고 발화위험물질은 따로 분리하여 정리한다.
- 공장이나 작업장에서 화재위험지역으로 판단되는 곳은 "화기금지" 구역으로 설정하고 방화에 대한 철저한 확인 감독을 실시한다.
- 공장규모에 맞는 소방시설을 철저히 완비하고 그 사용에 관한 교육과 훈련을 실시한다.
- 화재 시 화재확대의 최소화를 위하여 내부시설의 단열내장재 처리와 방화구획의 설정 및 방화문을 설치한다.
- 담뱃불로 인한 화재의 예방을 위해서 종업원들의 흡연 장소를 안전한 곳에 설치한다.

E. 고층건물 화재예방

(1) 주요원인

현대사회의 특징은 건축물의 고층화, 주거지역의 밀집화, 인구의 과밀화 등으로 나타나고 있다. 최근의 고층건물은 사무실용도 뿐만 아니라 식당을 비롯하여 각종 점포, 쇼핑센터 등으로 구성되어 있고 내부의 유동인구가 수천명이 넘어 하나의 도시를 형성하고 있다.

따라서 그만큼 화재의 위험에 노출되어 있는 상태이며 일단 화재가 발생하면 막대한 재산과 인명피해가 뒤따르는 것이 보통이다.

또한 이러한 화재는 사무실용 건물보다도 호텔이나 복합건물 등에서 많이 발생하고 있으며 고층건물 화재 시 소방차의 고가사다리가 미치지 못하는 고층건물이 많고 건물이 밀집되어 있어 헬기조차도 접근하기 어려워 화재 시 구조작업의 문제점으로 나타나고 있다.

(2) 예방요령

- 고층건물에는 화재에 대한 신속한 감지를 위하여 건물전체에 자동화재탐지설비를 설치하여 집중적인 감시를 한다.
- 화재발생 가능성이나 발화시 유독가스로 인한 인명피해를 최소화하기 위하여 건물내장재를 불연화하고 연소가 용이한 수납물을 적재하지 않는다.
- 화재 시 계단 및 기타 수직개구부는 연소 확대의 통로가 될 뿐만 아니라 연소를 돕는 작용을 하므로 모든 계단은 층별 발화구획이 되도록 피난계단 또는 특별피난계단 구조로 하고 냉난방닥트 등에는 방화 댐퍼와 같은 유효한 방화설비를 설치한다.
- 화재의 성장을 한정된 범위로 억제하기 위하여 층별, 면적별 방화구획을 설정하고 또한 방연구획도 병행하도록 한다.
- 고층건물이나 백화점 등의 대규모 건축물을 계획할 경우에는 반드시 구조계획서 및 방재계획서를 작성 비치하도록 한다.
- 화기를 사용하는 기구나 시설에 대해서는 사용상의 안전수칙을 철저하게 주지시켜야 한다.

3) 계절별 화재예방 요령

A. 봄철 화재

(1) 주요원인

화재는 자연발생적으로 일어나는 경우도 있지만 대부분이 사람들의 사소한 부주의에 의해 발생하고 있으며 이러한 화재가 발생하는 데는 기상조건과 밀접한 관계가 있다.

화재발생과 밀접한 관계가 있는 기상요소는 습도와 바람으로서 습도는 공기 중의 수분 함유량을 나타내는 상대습도보다 물체의 건조도를 나타내는 실효습도를 가르키는데, 일반적으로 실효습도가 50% 이하가 되면 인화되기 쉽고 40% 이하에서는 불이 잘 꺼지지 않고 30% 이하일 경우에는 자연발생적으로 불이 일어날 가능성이 커지게 된다.

봄철이라 함은 3월에서 5월 사이를 말하는데 봄철에는 이동성 고기압의 영향으로 실효습도가 50%이하로 떨어지는 일수가 많고 바람도 강하게 불어 조그마한 불씨라도 삽시간에 큰 불로 확대될 수 있는 위험한 연소조건을 형성하고 있다.

이러한 연소조건과 더불어 화창한 봄 날씨로 인해 사람들의 긴장이 해이되면서 화기취급상의 부주의, 태만, 관리 소홀이 주된 원인이 되고 있다.

또한 행락 철을 맞아 산이나 야외로의 나들이 기회가 많아지는데 이때 함부로 버린 담뱃불이나 불법 취사행위, 어린이들의 불장난으로 인하여 산림화재(산불)가 많이 발생하고 있으며, 일단 발화한 불은 건조한 날씨와 강한 바람으로 삽시간에 대형화재로 번진다.

중앙기상대에서는 화재와 깊은 관계가 있는 특보로서 건조주의보와 건조경보를 발표하고 있는데 건조주의보는 실효습도가 50% 이하이고 당일 최소습도가 30% 이하이며 최대 풍속이 7m/sec 이상의 상태가 2일 이상 계속될 것이 예상될 때 발표한다. 건조경보는 실효습도 40% 이하이고 당일 최소습도가 20% 이하이며 당일 최대 풍속이 10m/sec 이상의 상태가 2일 이상 계속될 것이 예상될 때 발표한다. 건조주의보와 건조경보는 화재경보를 알리는 적신호로서 이 기간 중에는 각별한 방화관리가 필요하다.

(2) 예방 요령

- 봄철 화재의 취약대상을 파악하여 집중적인 방화관리와 지도로 화재발생 위험요소를 제거한다.
- 행락 철, 집을 비울 때에는 사용하지 않는 전기기구의 플러그를 뽑고 가스기구의 중간밸브를 잠그도록 한다.
- 소방시설의 안전점검을 철저히 하고 소방교육 및 훈련을 통하여 방화에 대한 경각심을 고취시킨다.
- 산이나 야외에서는 불법 취사행위를 하지 않도록 하고 특히 산에 오를 때에는 라이터나 성냥 등 화기물질을 소지하지 않도록 한다.
- 어린이들의 불장난을 예방하기 위하여 성냥이나 라이타 등 불을 일으킬 수 있는 물건들은 어린이들의 손이 닿지 않는 곳에 보관한다.
- 논두렁이나 밭두렁, 기타 농산폐기물을 소각할 때에는 바람이 없는 날을 택하여 하고 주의와 감시를 철저히 한다.
- 일 년 사계절 중 산불이 가장 많이 발생하는 계절이 바로 봄철이다. 봄철에는 날씨가 건조하여 낙엽들이 바싹 말라있기 때문에 조그마한 불씨라도 가해지면 눈에 띄지 않고 순식간에 번져나간다. 그래서 봄에 일어나는 불을 여우불이라 하며, 세심한 주의가 필요하다. 산림화재의 원인은 대부분이 입산자들의 사소한 부주의로 인한 실화, 한식날을 전후한 성묘객들의 담뱃불, 논·밭두렁 또는 농산폐기물 소각 중 실화, 어린이들의 불장난 등이다.

B. 여름철 화재

(1) 주요 원인

여름철은 고온다습하고 장마기간 동안 비가 많이 내리기 때문에 다른 계절에 비해 화재 발생율이 낮지만 최근에는 냉방을 위하여 에어컨이나 선풍기 등 전기제품의 사용이 증가함에 따라 이를 사용하는 사람들의 부주의나 제품불량으로 인한 화재가 점차 늘어가고 있는 실정이다. 그리고 LNG나 LPG가 취사연료로 보급되면서 가스사용 중 가스누설로 인한 가스폭발 화재사고가 발생하고 있다. 또한 여름철에는 잠자리에서 모기향을 피워놓고 자다가 모기향불이 이불에 옮겨 붙어 화재가 종종 발생하고 있다.

(2) 예방요령

- 주택에서 물기가 있는 장소에 공급하는 전로에는 반드시 누전차단기를 설치하여 누전으로 인한 화재를 예방한다.
- 개폐기에 사용하는 퓨즈는 과부하나 합선 시 자동으로 끊어질 수 있도록 반드시 규격퓨즈를 사용한다.
- 하나의 콘센트에 여러 개의 전기제품을 사용하지 않도록 하고 기존배선을 연결하여 늘려서 사용하고자 할 경우에는 전선의 허용전류를 초과하지 않도록 각별히 주의한다.
- 장마기간 동안 가스용기의 부식으로 가스누출의 위험이 있으므로 가스용기는 바람이 잘 통하고 비나 직사광선이 닿지 않는 외부의 장소에 보관한다.
- 여름휴가로 장기간 집을 비울 때 LPG의 경우에는 중간밸브 뿐만 아니라 용기밸브까지 잠그도록 하고 도시가스는 메인밸브와 중간밸브, 코크를 잠근 다음 관리사무소에 연락을 하여 필요한 조치를 취해 놓도록 한다.

C. 겨울철 화재

(1) 주요원인

겨울철에는 차가운 계절풍이 불고 습도도 낮아 주위의 물체들은 매우 건조한 상태로 놓이게 된다.
더구나 일 년 중 가장 기온이 낮아 난방 기구를 많이 사용하게 됨에 따라 난방기구 취급부주의로 인한 화재가 많이 발생하고 있다. 사계절 중 겨울철 즉 12월에서 2월 사이에 화재는 가장 높은 발생율을 기록하고 있다.

석유난로에 불이 붙었을 경우에는 난로를 절대로 옮기지 말고 소화기나 물에 적신 담요 등을 덮어 질식소화를 하여야 한다. 그리고 가스스토브의 경우에는 가스공급을 차단하여 소화하고, 전기스토브에 불이 붙었을 경우에는 스위치를 끄거나 플러그를 뽑아 전류를 차단하고 소화하면 된다.

(2) 예방요령

- 사용하지 않는 전열기구는 반드시 플러그를 뽑아두도록 하고 콘센트에서 플러그를 뽑을 때에는 몸 전체를 잡고 뽑는다.
- 두꺼비집의 퓨즈는 정격용량의 규격퓨즈를 사용하고 고온의 절연기구에는 반드시 절연 고무코드를 사용한다.
- 석유난로는 불이 붙어 있는 상태에서 주유하거나 이동하지 않는다.
- 전기난로 및 가스기구 등은 충분한 거리를 유지하여 설치하고 주변의 인화성 물질을 제거한다.
- 난로 주위에서는 절대로 세탁물을 건조하지 않도록 하고 특히 커튼이나 가연물질이 난로에 닿지 않도록 각별히 주의한다.
- 난로 주위에는 항상 소화기나 모래 등을 비치하여 만일의 상황에 대비한다.
- 난로 주변에 어린이들만 남겨둔 채 자리를 뜨거나 외출하는 것을 삼가고 특히 성냥이나 라이터 등 화재를 일으킬 수 있는 물건들은 어린이들의 손이 닿지 않는 안전한 장소에 보관하며, 불에 대한 무서움을 인식시켜 불장난을 하지 않도록 한다.[3)]

3) http://www.kfsa.or.kr/info/information/fireprotection4.htm?pgid=117_118_307_311/(검색일: 2012.01.07)

❑ 교육목표

○ 화재의 정의와 분류에 대해 설명한다.

○ 연소의 3요소와 확대(성장과 확산)현상에 대해 설명한다.

○ 화재 시 연기의 위험성에 대해 설명한다.

○ 소화(消火)의 원리와 분류 대해 설명한다.

○ 소화기 사용법과 관리요령에 대해 설명한다.

○ 화재 시 행동요령에 대해 설명한다.

○ 전기화재 예방요령에 대해 설명한다.

○ 유류화재 예방요령에 대해 설명한다.

○ 차량화재 예방요령에 대해 설명한다.

○ 계절별 화재예방 요열에 대해 설명한다.

○ 다양한 화재사고사례를 분석하고 문제점을 설명한다.

제 14 장

교통안전

1. 교통사고의 개요
2. 교통사고와 인간의 특성
3. 자동차 안전관리 및 점검요령
4. 안전운전과 방어운전요령
5. 교통사고 시 처리요령
6. 교통사고 예방대책

Chapter 14 교통안전

1. 교통사고의 개요

1) 교통사고의 개념

도로교통법 상 교통사고는 차의 교통으로 인하여 사람을 사상하거나 물건의 손괴한 것을 말한다(교통사고처리지침 제2조 제1호). 여기서 차라 함은 자동차·건설기계·원동기장치 자전거·자전거 또는 사람이나 가축의 힘에 의하여 도로에서 운전되는 것으로서, 철길 또는 가설된 선에 의하여 운전되는 것과 유모차 및 신체장애자용 의자차외의 것을 말한다(道路交通法 제2조 제 13호). 그러나 도로교통법 상 교통사고의 개념은 도로에서 발생한 사고를 전제로 한 것이므로, 도로가 아닌 개인 주택의 정원, 자동차 교습소, 역구내, 경기장, 주차장, 차고 등에서 일어난 사고는 도로 교통법상 교통사고라 할 수 없다. 도로교통체계를 구성하는 요소는 운전자 및 보행자를 비롯한 도로사용자, 도로 및 교통신호등 등의 환경, 차량들로 이 요소들이 제 기능을 다하지 못할 때 체계의 이상이 초래되고 그 결과는 교통사고를 비롯한 갖가지 교통문제로 연결된다.

2) 교통사고의 요인

교통사고에는 반드시 원인과 요인이 있다. 교통사고의 원인이란 반드시 사고결과를 초래한 그 어떤 것을 말하며, 사고의 요인이란 교통사고원인을 초래한 인자를 말한다. 따라서 요인이 반드시 결과(교통사고)로 연결되는 것은 아니다.

교통사고의 요인은 아래 그림과 같이 간접적 요인·중간적 요인·직접적 요인 등 3가지로 구분된다. 여기서는 사고의 요인 중 사람(운전자)에 대한 것만 살펴보기로 한다.

(1) 간접적 요인

간접적 요인은 교통사고 발생을 용이하게 한 상태를 만든 조건으로 운전자에 대한 홍보활동결여 또는 훈련의 결여 차량의 운전 전 점검습관의 결여 안전운전을 위하여 필요한 교육태만, 안전지식 결여 무리한 운행계획 직장이나 가정에서의 인간관계불량 등이 있다.

(2) 중간적 요인

중간적 요인만으로 교통사고와 직결되지 않는다. 직접적 요인 또는 간접적 요인과 복합적으로 작용하여 교통사고가 발생한다. 중간적 요인은 운전자의 지능 운전자 성격 운전자 심신기능 불량한 운전태도 음주 · 과로 등과 관계있다.

(3) 직접적 요인

직접적 요인은 사고와 직접 관계있는 것으로 사고 직전 과속과 같은 법규위반 위험인지의 지연 운전조작의 잘못, 잘못된 위기대처 등이 있다. 경찰 통계에 따르면 매년 운전자가 제1당사자(가해자)가 되어 발생한 교통사고 비율이 90% 이상이다. 따라서 교통사고 방지대책을 마련하고 시행할 때에는 직접적 요인만큼이나 간접적 요인도 고려하여야 한다. 교통사고가 인적요인에 의할 때는 운전자의 심리적-생리적 배경을 분석하여 교통사고예방활동을 전개하는 것이 효과적이다.

(4) 심리적 요인

교통사고 관련자(운전자, 보행자 등)는 그들만이 갖는 특성 혹은 특유의 심리가 있는 것으로 전문가들은 분석하고 있다.

교통사고를 유발한 운전자의 특성은 선천적 능력(타고난 심신기능의 특성)부족, 후천적 능력(학습에 의해서 습득한 운전에 관계되는 지식과 기능)부족, 바람직한 동기와 사회적 태도(각양의 운전 상태에 대하여 인지, 판단, 조작하는 태도)결여, 불안정한 생활환경 등이다.

착각의 정도는 사람에 따라 다소 차이가 있지만, 착각은 사람이 태어날 때부터 지닌 감각에 속한다.

① 크기의 착각

어두운 곳에서는 가로 폭보다 세로 폭의 길이를 보다 넓은 것으로 판단한다.

② 원근의 착각

작은 것은 멀리 있는 것 같이, 덜 밝은 것은 멀리 있는 것으로 느껴진다.

③ 경사의 착각

- 작은 경사는 실제보다 작게, 큰 경사는 실제보다 크게 보인다.
- 오름 경사는 실제보다 크게, 내림경사는 실제보다 적게 보인다.

④ 속도의 착각

- 좁은 시야에서는 빠르게 느껴진다. 비교 대상이 먼 곳에 있을 때는 느리게 느껴진다.
- 상대 가속도감(반대방향), 상대 감속도감(동일방향)을 느낀다.

⑤ 상반의 착각

- 주행 중 급정거 시 반대방향으로 움직이는 것처럼 보인다.
- 큰 것들 가운데 있는 적은 것을 적은 것들 가운데 있는 같은 것 보다 적어 보인다.
- 한쪽 곡선을 보고 반대방향의 곡선을 봤을 경우 실제보다 더 구부러져 있는 것처럼 보인다.

이와 같은 맥락에서도 유추할 수 있는 것과 같이 교통사고의 3대 요인은 인적요인(운전자, 보행자 등), 차량요인, 도로·환경요인이다. 도로·환경요인을 도로요인과 환경요인으로 나누어 4대 요인으로 분류하기도 한다.

인적요인은 신체, 생리, 심리, 적성, 습관, 태도 요인 등을 포함하는 개념으로 운전자 또는 보행자의 신체적 생리적 조건, 위험의 인지와 회피에 대한 판단, 심리적 조건 등에 관한 것과 운전자의 적성과 자질, 운전습관, 내적태도 등에 관한 것이다.

차량요인은 차량구조장치, 부속품 또는 적하(積荷) 등이다.

쉬운 이해를 위하여 도로·환경요인을 도로요인과 환경요인으로 나누어 보면 다음과 같다.

도로요인은 도로구조, 안전시설 등에 관한 것이다. 여기서 도로구조는 도로의 선형, 노면, 차로 수, 노폭, 구배 등에 관한 것이며 안전시설은 신호기, 노면표시, 방호책 등 도로의 안전시설에 관한 것을 포함하는 개념이다.환경요인은 자연환경, 교통환경, 사회환경, 구조환경 등의 하부요인으로 구성된다.

- 자연환경은 기상, 일광 등 자연조건에 관한 것
- 교통환경은 차량교통량, 운행차의 구성, 보행자교통량 등 교통상황에 관한 것
- 사회환경은 일반국민·운전자·보행자 등의 교통도덕, 정부의 교통정책, 교통단속과 형사처벌 등에 관한 것
- 구조환경은 교통여건변화, 차량점검 및 정비관리자와 운전자의 책임한계 등

일부 교통사고는 위 3대 요인(또는 4대 요인) 중 하나의 요인만으로 설명될 수 있으나 대부분의 교통사고는 둘 이상의 요인들이 복합적으로 작용하여 유발된다. 이들 요인들을 중심으로 좀 더 자세히 다루고자한다.

2. 교통사고와 인간의 특성

1) 운전자 특성

자동차를 운행하고 있는 운전자는 교통상황을 알아차리고(인지), 어떻게 자동차를 움직여 운전할 것인가를 결정하고(판단), 그 결정에 따라 자동차를 움직이는 운전행위(조작)에 이르는 "인지-판단-조작"의 과정을 수 없이 반복한다. 운전자 요인에 의한 교통사고는 이 3 과정의 어느 특정한 과정 또는 둘 이상의 연속된 과정의 결합에서 비롯된다.

먼저 운전자라고 하여 외부정보를 받아들이고 처리하는 과정이 보통의 다른 사람과 다를 바 없다는 점을 밝혀 두고 본론으로 들어간다.

운전자의 정보처리과정은 다음과 같다. 감각기관의 수용기로부터 입수되는 차량 내·외의 교통정보(운전정보)는 구심성 신경을 통하여 정보처리부인 뇌로 전

달된다. 이렇게 전달된 교통정보는 당해 운전자의 지식 · 경험 · 사고 · 판단을 바탕으로 의사결정과정을 거쳐 다시 원심성 신경을 통해 효과기(운동기)로 전달되어 운전조작행위가 이루어진다.

이 같은 과정은 매우 짧은 순간마다 행해지며, 동시에 수정 · 보완되는 피드백(Feed-Back) 과정을 끊임없이 반복한다.

'내외의 교통환경을 인지하고 이에 대응하는 의사결정과정'과 '운전행위로 연결되는 운전과정'에 영향을 미치는 운전자의 신체적 · 생리적 조건은 피로 · 약물 · 질병 등이며, 심리적 조건은 흥미 · 욕구 · 정서 등이다. 이들은 인간-기계(차량)의 정보처리과정 또는 행동을 촉진하거나 억제한다.

이 같은 운전특성은 일정하지 않고 사람 간에 차이(개인차)가 있다. 개인 내에 있어서도 그의 신체적 · 생리적 및 심리적 상태가 항상 일정한 것은 아니어서 인간의 운전행위를 공산품의 공정처럼 일정하게 유지시킬 수 없다. 환경조건과의 상호작용이 매우 가변적이기 때문이다. 이러한 인간의 특성은 운전뿐 아니라 인간행위, 삶 자체에도 큰 영향을 미친다.

인간의 뇌는 약 100,120억 개의 뉴런이라는 전문화된 세포로 구성되어 있다. 뉴런은 학습과 정신기능의 비밀을 간직하고 있는데 그 메카니즘에 관해서는 이제 겨우 실마리를 풀기 시작했을 뿐이다. 이 실마리가 좀 더 풀리면 인간의 운전특성을 포함한 인간행동 전반에 대한 한 차원 높은 이해를 바탕으로 보다 안전하고 편리한 교통생활을 영위할 수 있을 것이다.

(1) 시각(視覺)특성

운전자가 운전에 필요한 정보의 약 80~90%는 눈을 통해 시각적으로 얻어지는데 시각과 관련된 인간공학적 요소는 가시거리, 시야, 암순응과 명순응, 현혹 등이 있다.

① 가시거리(可視距離)

운전자가 전방의 물체 또는 대상물을 볼 수 있는 거리로 가시거리는 기본적으로 주위의 밝기에 의해 제한되며 차량속도, 대상물의 반사율 등에 영향을 받는다. 따라서 어두운 야간에 반사율이 낮은 검은색계통의 물체는 발견이 용이하지 않다. 또한 시력(視力)은 운전자 또는 대상물이 정지되어 있는 때보다 이동하고 있을 때 더 낮아지기 때문에 주행속도가 높을수록 운전자가 볼 수 가시거리는 짧아지게 된다.

② 시야(視野)

일반적으로 양쪽 눈으로 볼 수 있는 좌·우의 범위를 시야라고 하는데 정상적인 시력을 가진 사람의 양안 시야는 보통 약 180～200° 정도이며, 한쪽 눈의 시야는 좌·우 각각 약 160°정도, 양쪽 눈으로 색체를 식별할 수 있는 범위는 약 70°정도이다. 시야는 눈의 이동속도에 영향을 받게 되는데 예를 들어 정지 상태에서 정상인의 시야는 약 200°정도이나 약 40km/h에서 운전자의 시야는 100°정도, 100km/h일 때는 40°정도로 좁아진다. 또한 시야의 범위는 한곳에 주의가 집중되어 있을 때에는 인지할 수 있는 시야범위가 주의집중정도만큼 좁아지는 특성이 있다.

〈그림 14-1〉 눈의 이동속도에 따른 시야특성

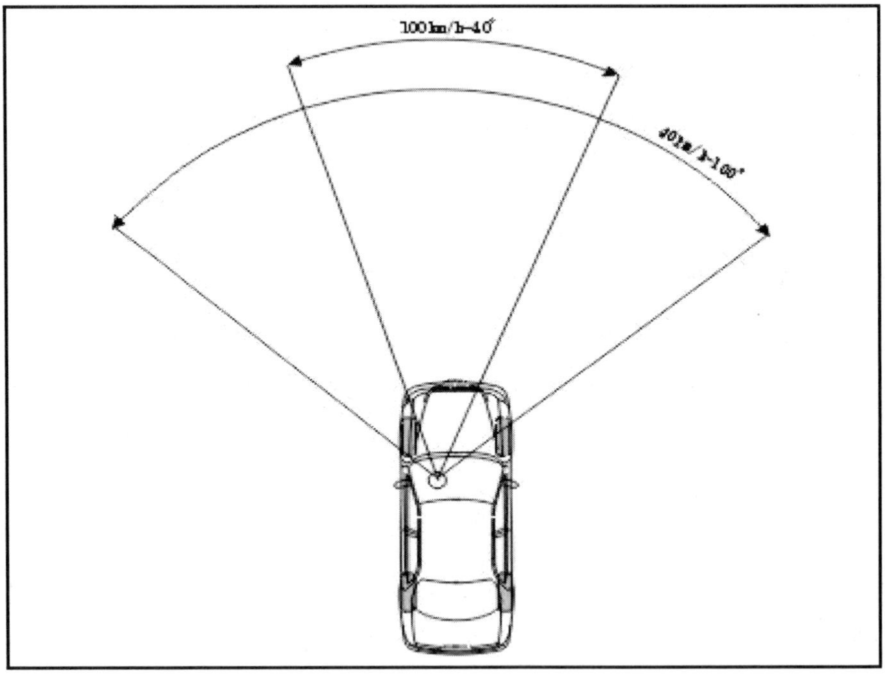

③ 암순응(暗順應)과 명순응(明順應)

밝은 장소를 주행하던 운전자가 터널 등의 어두운 장소로 진입하게 되면 일시적으로 심한 시력저하가 발생하는데 이것을 암순응이라고 하며 암순응의 반대현상으로 터널 등 어두운 장소에서 밝은 장소로 진입할 때 일시적으로 눈이 부셔 일시적으로 시력저하가 발생하는 현상을 명순응이라고 한다. 암순응과 명순응에 의한 시력저하가 발생하게 되면 다시 시력을 회복하기까지는 일정의 시간이 필요하게 되는데 일반적으로 시력의 회복시간은 명순응에 비해 암순응이 상대적으로 매우 느리다.

④ 눈부심(glare)

상대방의 전조등 불빛, 햇빛 등에 의해 일시적으로 시각장애를 일으키는 현상이다. 눈부심은 전방의 강한 광원에 의해 눈이 부셔 일시적으로 앞을 볼 수 없는 현상으로 때때로 가로등 불빛, 앞 차량의 후미 등 불빛, 브레이크 등 불빛 등에 의해 나타나기도 한다.

(2) 인지반응특성

운전자의 인지반응특성은 아래의 4단계로 구분할 수 있다.

- 지각(perception) : 상황 또는 위험을 시각적으로 인식
- 확인(identification) : 시각적으로 인식한 상황 또는 위험을 식별 · 이해
- 의사결정(emotion) : 식별 또는 이해한 상황(위험)에 대한 반응의 결정
- 반응(volition & reaction) : 의사결정에 대한 동작의 수행

교통사고공학에 있어 제동과정의 인지반응특성을 살펴보면 일반적으로 운전자가 전방의 위험을 인지하고 오른발을 가속페달에서 떼어 제동의 행동에 들어가기까지의 인지 · 반응시간은 약 0.4~0.5초, 오른발을 가속페달에서 떼어 브레이크페달로 옮기는 시간이 약 0.2~0.3초, 브레이크페달을 밟아 실제제동이 이루어지기까지는 약 0.1~0.2초가 소요된다. 여기에서 운전자가 전방의 위험을 인지하고 브레이크를 조작하여 바퀴(타이어)에 실제제동이 걸리기까지의 시간을 공주시간이라고 하며, 공주시간 동안의 주행거리를 공주거리로 정의한다. 공주시간은 차

량의 구조, 운전자의 반응특성 등에 따라 개인차가 있으나 보통 약 0.7~1.0초 정도이다.

(3) 음주운전

경찰청 발표 교통사고통계에 따르면 음주운전 발생하는 교통사고는 최근 몇 년간 매년 전체의 약 10%를 점한다. 음주운전 교통사고가 미치는 개인적 사회적 악영향을 고려할 때 하루 빨리 감소시켜야 할 사고유형 중의 하나이다.

술을 마시게 되면 생리적으로 지각·반응시간이 연장되고 시야가 좁아지며 시력저하·감각둔화·동작의 불안정 등의 운전능력이 저하된다. 또한 정신적·심리적으로 판단력과 자제력이 떨어지게 된다. 술의 알코올 성분은 주로 인체의 소장에서 흡수되며 혈액 중의 알코올 농도는 개인차가 있으나 섭취 후 1~2시간 내에 최고농도에 이르고, 그 이후 술을 마시지 않으면 점차적으로 감소하게 된다.

음주운전 교통사고와 신체의 변화를 요약하면 아래와 같다.

① 음주운전 시 신체반응의 변화

- 가속페달조작, 핸들조작, 브레이크조작 등의 운전조작능력이 떨어진다.
- 거리판단, 속도판단, 상대 물체와의 간격 등 상황인식능력이 저하된다.
- 청력과 평형감각이 저하되며 기계적인 오조작의 가능성이 커진다.
- 좌우시력, 특히 야간시력이 저하된다.
- 정서의 불안정, 감정억제력이 저하된다.
- 주의력부족, 위험대처능력이 떨어진다.

② 음주운전 교통사고의 특징

- 주차 중인 자동차와 같은 정지 물체 등에 충돌한다.
- 전신주, 가로시설물, 가로수 등과 같은 고정물체와 충돌한다.
- 대향차 전조등에 의한 현혹현상 발생 시 정상운전보다 교통사고 위험이 증가.
- 치사율이 높다.
- 차량단독사고의 가능성이 높다(차량단독 도로이탈사고 등)

(4) 졸음운전

졸음운전은 만성적인 피로, 수면부족, 장시간의 운전 등 운전자 심신의 내적상태에 의해 유발되는 피로형 졸음운전과 도로환경이나 운전조작의 단조로움 등에서 유발되는 단조감형 졸음으로 구분할 수 있다.

피로형 졸음운전은 심신의 기능과 대뇌의 기능이 저하되면서 피로가 축적되어 인지지연, 판단 및 조작의 착오빈도가 늘어나 졸음으로 연결되는 경우가 많고, 단조감형 졸음운전은 고속도로와 같이 선형의 변화와 운전조작의 변화가 적어 긴장감이 둔화되고, 주의력이 떨어지면서 최면상태를 유발시키게 된다.

(5) 운전피로

운전 작업에 의해서 일어나는 신체적인 변화, 신체적으로 느끼는 피로감, 객관적으로 측정되는 운전기능의 저하를 총칭한다. 순간적으로 변화는 운전환경에서 오는 운전피로는 신체적 피로와 정신적 피로를 동시에 수반하지만, 신체적인 부담보다 오히려 심리적 부담이 더 크다.

① 운전피로의 특징

피로의 증상은 전신에 걸쳐 나타나고 이는 대뇌의 피로(나른함, 불쾌감 등)를 불러온다. 피로는 운전작업과 요인의 생략이나 착오가 발생할 수 있다는 위험신호이다. 단순한 운전피로는 휴식으로 회복되나 정신적 심리적 피로는 신체적 부담에 의한 일반적 피로보다 회복시간이 길다.

② 운전피로의 요인

운전피로는 수면·생활환경 등 생활요인, 차내 환경·차외환경·운행조건 등 운전작업 중의 요인, 신체조건·경험조건·연령조건·성별조건, 성격·질병 등의 운전자 요인 등 3요인으로 구성된다.

③ 피로와 교통사고

운전자의 피로가 지나치면 과로가 되고 정상적인 운전이 곤란해진다. 대체로

운전피로는 운전조작의 잘못, 주의력 집중의 편재, 외부의 정보를 차단하는 졸음 등을 불러와 교통사고의 직접-간접원인이 된다.

가. 피로의 진행과정

- 피로의 정도가 지나치면 과로가 되고 정상적인 운전이 곤란해진다.
- 피로 또는 과로 상태에서는 졸음운전이 발생될 수 있고 이는 교통사고로 이어질 수 있다.
- 연속운전은 일시적으로 급성피로를 낳게 한다.
- 매일 시간상 또는 거리상으로 일정 수준 이상의 무리한 운전을 하면 만성피로를 초래한다.

나. 장시간 연속운전

장시간 연속운전은 심신의 기능을 현저히 저하시킨다. 운행계획에 휴식시간을 삽입하고 생활 관리를 철저히 해야 한다.

다. 수면부족

적정한 시간의 수면을 취하지 못한 운전자는 교통사고를 유발할 가능성이 높다. 예로써, 오후 9시 이후에 사고를 일으킨 운전자 가운데 피로나 수면부족을 호소하는 운전자가 많다는 연구보고가 있다.

④ 피로와 운전착오

피로가 운전기능에 미치는 영향의 정도는 확실치 않지만, 피로가 발생되면 운전자의 정보수용기구(감각, 지각), 정보처리기구(판단, 기억, 의사결정), 그리고 정보효과기구(운동기관)의 각 기구에 어떤 부정적인 영향을 주는 것은 확실하다.

그 중 몇 가지를 요약하면 다음과 같다.

- 운전작업의 착오는 운전업무 개시 후 · 종말 시에 많아진다. 개시직후의 착오는 정적 부조화, 종말시의 착오는 운전피로가 그 배경이다
- 운전시간 경과와 더불어 운전피로가 증가하여 작업타이밍의 불균형을 초래한다. 이는 운전기능, 판단착오, 작업 단절현상을 초래하는 잠재적 사고로 볼

수 있다.

- 운전착오는 심야에서 새벽사이에 많이 발생한다. 각성수준의 저하, 졸음과 관련된다.
- 운전 피로에 정서적 부조나 신체적 부조가 가중되면 조잡하고 난폭하며 방만한 운전을 하게 된다.
- 더욱이 피로가 쌓이면 졸음상태가 되어 차외, 차내의 정보를 효과적으로 입수하지 못한다.

2) 보행자의 특성

(1) 보행자 사고의 요인

우리나라 보행 중 교통사고 사망자 구성비는 미국, 프랑스, 일본 등에 비해 1.53배이며, 특히 어린이는 45배 정도 높다.

차대 사람의 사고가 가장 많은 보행유형은 어떻게 도로를 횡단하였든 횡단 중(횡단보도횡단, 횡단보도부근횡단, 육교부근횡단, 기타 횡단)의 사고가 가장 많다.

다음으로 어떤 형태이든 통행중의 사고가 많으며, 연령층별로는 어린이와 노약자가 높은 비중을 차지한다.

- 교통사고를 당했을 당시의 보행자 요인은 교통상황 정보를 제대로 인지하지 못한 경우가 가장 많고, 다음으로 판단착오, 동작착오의 순서로 많다. 일본의 사례연구에 따르면 보행자가 교통상황 정보를 제대로 인지하지 못한 경우가 58.6%, 판단착오 24.5%, 동작착오가 16.9%였다.
- 보행자의 인지결함, 판단착오, 동작착오 중 교통사고와 가장 큰 관련이 있는 교통정보 인지결함의 원인을 살펴보면 대체로 다음과 같다.

① 술에 많이 취해 있었다.
② 등교 또는 출근시간 때문에 급하게 서둘러 걷고 있었다.
③ 횡단 중 한쪽 방향에만 주의를 기울였다.
④ 동행자와 이야기에 열중했거나 놀이에 열중했다.
⑤ 피곤한 상태여서 주의력이 저하되었다.

⑥ 다른 생각을 하면서 보행하고 있었다.

횡단보도를 두고도 비 횡단보도를 횡단하는 보행자 상태는 대체로 다음과 같다.

- 횡단거리 줄이기 : 횡단보도로 건너면 거리가 멀고 시간이 더 걸리기 때문.
- 평소습관 : 평소 교통질서를 잘 지키지 않는 습관을 그대로 답습
- 자동차가 달려오지만 충분히 건널 수 있다고 판단해서.
- 갈 길이 바빠서.
- 술에 취해서 등이다.

(3) 보행속도

일반적으로 사람의 보행속도는 각 개인의 운동능력, 신체적조건, 보행의 목적, 주변의 환경, 교통밀도 등에 따라 달라지나 약 1.1~1.5m/s의 속도범위에 있으며 장년층 보다는 청년층이, 여자보다는 남자의 보행속도가 빠르며, 특히 인도 또는 자유보행 시 보다는 횡단보도에서의 보행속도가 상대적으로 더 빠르게 나타나는 것으로 조사되고 있다.

3) 교통약자와 안전

(1) 고령자(노인층) 교통안전

① 고령자의 교통행동

고령자는 오랜 사회생활을 통하여 풍부한 지식과 경험을 가지고 있으며, 행동이 신중하여 모범적 교통생활인으로서의 자질을 갖추고 있다. 그러나 신체적인 면에서 운동능력이 떨어지고 시력 · 청력 등 감지기능이 약화되어 위급 시 회피능력이 둔화되는 연령층이다. 특히 교통안전과 관련하여 움직이는 물체에 대한 판별능력이 저하되고 야간의 어두운 조명이나 대향차가 비추는 밝은 조명에 적응능력이 상대적으로 부족하다.

고령자는 교통 생활인으로서의 건전한 자질에도 불구하고 이러한 신체적인 취약 조건들로 인하여 어린이, 신체허약자와 함께 교통사고 피해자의 상당수를 점하고 있다.

② 고령 운전자의 태도 및 의식관계

가. 고령 운전자의 의식

- 고령자의 운전은 젊은 층에 비하여 상대적으로 신중하며, 과속을 하지 않는다.
- 또한 고령자의 운전은 젊은 층에 비하여 상대적으로 반사 신경이 둔하고, 돌발사태시 대응력이 미흡하다. 이는 재빠른 판단과 동작능력이 젊은 층에 비하여 뒤진다는 것을 의미한다.

나. 고령 운전자의 불안감

- 고령 운전자의 「급 후진」, 「대형차 추종운전」등은 고령 운전자를 위험에 빠뜨리고 다른 운전자에게도 불안감을 유발시킨다.
- 고령에서 오는 운전기능과 반사기능의 저하는 고령 운전자에게 강한 불안감을 준다.
- 좁은 길에서 대형차와 교행할 때, 연령이 높을수록 불안감이 높아지는 경향이 있다. 특히 60세를 넘으면 불안감은 더해진다.
- 전방의 장애물이나 자극에 대한 반응은 60대 70대가 된다 해도 급격히 저하되거나 쇠퇴해지는 것은 아니지만, 후사경을 통해서 인지하고 반응해야 하는 「후방으로부터의 자극」에 대한 동작은 연령의 증가에 따라서 크게 지연된다.

다. 고령자 교통안전 장애 요인

고령의 운전자 또는 보행자를 막론하고 교통안전 장애 요인은 다음과 같이 요약된다.

- 자동차 주행속도와 거리의 측정능력 결여
- 시력 약화
- 위험한 교통상황에 대처함에 있어서 이를 회피할 수 있는 능력의 부족
- 청력 약화
- 기동성 결여
- 자동차 교통의 주행속도와 교통량(자동차 대수)의 증대
- 반사 동작의 둔화

- 노화에 따른 전반적인 체력약화
- 도로 횡단시간이 부족함에 대한 두려움
- 주의 · 예측 · 판단의 부족

라. 고령 보행자 교통안전 계몽 사항

- 필요시 안경착용
- 단독, 다수 또는 부축을 받아 도로를 횡단하는 방법
- 야간에 운전자들의 눈에 잘 보이게 하는 방법 (의복, 야광재의 보조)
- 필요시는 보청기 사용
- 도로 횡단 시 2륜 자동차(모터사이클)를 잘 살피는 것
- 필요시 주차된 자동차 사이 통과방법
- 기타 필요한 사항

마. 노인 보행자 안전수칙

- 안전한 횡단보도를 찾아 멈춘다.
- 횡단보도 신호에 녹색불이 들어와도 바로 건너지 않고 오고 있는 자동차가 정지했는지 확인한다.
- 자동차가 오고 있다면 보낸 후 똑바로 횡단한다.
- 횡단하는 동안에도 계속 주의를 기울인다.
- 횡단보도를 건널 때 젊은이의 보행속도에 맞추지 말고 천천히 건너면서 손을 들어 자동차에 양보신호를 보낸다.
- 횡단보도 신호가 점멸중일 때는 늦게 진입하지 말고 다음 신호를 기다린다.
- 주차 또는 정차된 자동차 앞뒤와 골목길, 코너는 운전자가 볼 수 없는 지역이므로 일단 정지하여 확인한 후 천천히 이동해야 한다.
- 음주 보행은 신체적, 정신적 능력을 저하시키므로 최대한 삼가야 한다.
- 생활 도로를 이용할 때 길 가장자리를 이용하여 안전하게 이동해야 한다.
- 야간 이동시에는 눈에 띄는 밝은 색 옷을 입어야 한다.

(2) 어린이 교통안전

A. 어린이의 일반적 특성과 행동능력

어린이 교통사고 사상자는 연령이 낮을수록 많이 발생한다. 그 이유는 인간 발달의 일반적인 특성에서 찾을 수 있는데 이는 출생에서 청소년기에 이르는 인간의 행동과 능력을 4단계로 분류한 아동 발달의 일반적 특성과 행동 능력과의 관계를 알아보는 것으로 쉽게 이해할 수 있다.

① 감각적 운동단계(0～2세)

자신과 외부 세계를 구별하는 능력이 매우 미약하다. 따라서 교통장면에 대처할 능력도 전혀 없다. 전적으로 보호자에게 의존하는 단계이다.

② 전 조작 단계(2～7세)

직접 존재하는 것에 대해서만 사고(思考)하며, 이 사고도 고지식하고 자기중심적이어서 한 가지 사물에만 집착한다. 다시 말하면 2가지 이상을 동시에 생각하고 행동할 능력이 매우 미약하다.

③ 구체적 조작단계(7～12세)

이 시기에 접어들면 추상적 사고의 폭이 넓어지고, 개념의 발달과 그 사용이 증가한다. 따라서 교통장면을 충분히 인식하며, 추상적 교통규칙을 이해할 수 있는 수준에 도달한다. 이 시기에 잘 지도하고 습관화시킴으로서 현재와 미래의 올바른 교통사회인을 육성할 수 있다.

④ 형식적 조작단계(12세 이상)

대개 초등학교 6학년 이상에 해당한다. 논리적 사고가 발달하고 다소 부족하지만 성인 수준에 근접해 가는 수준을 갖추고 보행자로서 교통에 참여할 수 있다.

B. 어린이 교통사고의 특징

최근 10년간 어린이를 대상으로 사고를 분석한 결과 다음과 같은 몇 가지 특징을 보였다.

- 어릴수록 그리고 학년이 낮을수록 교통사고를 많이 당한다. 어릴수록 그리고 학년이 낮을수록 교통사고가 많다. 따라서 중학생 이하 어린이 교통사고 사상자 구성비는 취학 전 아동, 초등학생, 중학생의 순서로 높다.
- 보행 중 교통사고를 당하여 사상당하는 비율이 절반 이상으로 가장 높다.
- 시간대별 어린이 사상자는 오후 4시에서 오후 6시 사이에 가장 많다.
- 보행 중 사상자는 집에서 2km이내의 거리에서 가장 많이 발생되고 있다. 중학생 이하 어린이 교통사고 예방을 위해서는 무엇보다 보행안전을 확보해야 한다는 사실을 알 수 있다.

C. 어린이의 교통행동 특성

어린이들은 연령의 증가에 따라 점차 추상적 사고의 폭이 넓어지고 개념의 발달과 그 사용이 증가한다. 그러나 사고의 폭이나 개념의 인식정도에는 개인차가 큰 경우가 있다. 어린이의 일반적인 교통행동 특성은 다음과 같다.

- 교통상황에 대한 주의력이 부족하다
  한 가지 일에 몰두하게 되면 다른 일에 대한 주의력이 급격히 떨어진다. 예를 들면, 공놀이를 하다가 공이 도로로 굴러가게 되었을 때 자동차 등에 주의를 기울이지 못하고 공을 따라 무심코 도로에 뛰어들어 위험을 자초하는 경우이다.
- 판단력이 부족하고 모방행동이 많다
  어른의 행동을 모방한다는 것은 성장하고 있다는 바람직한 증거이다. 문제는 옳고 그름에 대한 판단력이 부족하여 옳지 못한 것도 금방 모방하는 경우이다. 예를 들면, 신호를 무시하고 횡단하는 어른의 행동을 보았을 때 그것이 잘못인줄도 모르고 그대로 따라서 무단 횡단하는 사례가 그것이다. 어른이 먼저 교통질서를 준수하는 올바른 행동을 보여줌으로써 어린이의 부족한 판단력을 보완 해주고 어린이들이 옳은 모방행동을 보이도록 해야 한다.
- 사고방식이 단순하다
  사물이나 현상을 단순하게 이해하는 경향이 있다. 손이나 깃발을 들고 도로를 횡단하면 자동차가 멈추어 줄 것으로 생각하고 행동하는 경우가 그 좋은 예이다.

- 추상적인 말은 잘 이해하지 못하는 경우가 많다
  대상물에 대한 개념의 형성이 미약하기 때문이다. 이 결과 '위험하다', '주의해라' 등 구체성이 없는 말은 왜 위험한지, 무엇에 왜 주의해야 하는지 잘 이해할 수 없게 된다. 이런 경우는 더욱 구체적으로 그 이유를 잘 설명해 주고 위험을 잘 피할 수 있는 방법을 행동으로 보여주거나 이해시켜 주어야 한다.
- 호기심이 많고 모험심이 강하다
  이것은 어린이들의 일반적인 현상으로 무엇인가에 직접 접촉해보고 직접 해결해 보고자 하는 욕구에서 출발한다. 달리는 자동차에 가까이 가보고자 한다거나 움직여보고 싶어 하는 것이다. 어린이들의 호기심과 모험심은 키워주되 지나친 호기심과 모험심을 발휘하여 뜻밖의 교통사고를 당하지 않도록 주의시켜야 한다.

D. 어린이들이 당하기 쉬운 교통사고 유형

어린이 교통사고는 성인의 교통사고 유형과 다른 특성이 있다. 어린이 교통사고는 대체로 통행량이 많은 낮 시간에 주로 집 부근에서 발생하며, 또한 보행자 사고가 대부분이고 성인에 비하여 치사율도 대단히 높다. 어린이가 당하기 쉬운 교통사고 유형을 살펴보면 다음과 같다.

① 도로에 갑자기 뛰어들기

어린이 보행자 사고의 대부분(약 70% 내외)은 도로에 갑자기 뛰어들기로 인하여 발생되고 있다. 특히 뛰어들기 사고는 주거지역내의 폭이 좁고 보도와 차도가 구분되지 않은 이면도로에서 많이 발생하고, 어린이의 정서적·사회적 특성과도 관계가 있다. 예를 들면 시야가 나쁜 골목이나 대문 밖이 바로 도로인 집 앞에서 그대로 도로에 뛰어들어 달려오는 차와 부딪치는 경우, 길 건너편에서 어머니가 부르거나 공이나 풍선 등을 잡기 위하여 도로에 뛰어드는 경우 등이다.

② 도로 횡단 중의 부주의

어린이는 몸이 작기 때문에 주차 또는 정차한 차량 바로 앞뒤로 도로를 횡단하면 차를 운전하는 운전자는 어린이를 볼 수 없는 경우가 있으며, 어린이 역시 주차나 정차된 차에 가려 다른 차를 볼 수 없는 경우가 있다.

③ 도로상에서 위험한 놀이

어린이들이 길거리나 주차한 차량 가까이서 놀다가 당하는 사고도 자주 발생한다.

예를 들면 어린이들이 노는 것에만 열중하다 자신도 모르게 달려오는 자동차에 뛰어들어 사고를 발생되기도 하고, 집 앞에 주차되어 있는 차의 뒤나 옆에서 놀던 어린이가 운전자가 확인하지 않고 차를 후진하거나 움직이는 바람에 사고를 당하는 경우가 있다.

④ 자전거 사고

차도에서 자전거를 타고 놀거나 골목길에서 일단 멈추지 않고 그대로 넓은 길로 달려 나오다가 자동차와 부딪치는 사고가 발생하기도 한다.

어린이들이 자전거를 사달라고 한다고 그냥 사 줄 것이 아니라 자전거의 안전장치가 이상이 없는지에 대한 점검과 안전하게 자전거를 탈 수 있는 장소와 타서는 되지 않는 장소 등에 대한 지도가 필요하다.

⑤ 차내 안전사고

자동차가 빠른 속도로 달리다 급정지 할 경우에는 관성에 의해 몸이 앞으로 쏠리면서 차 내부의 돌출물에 부딪치게 된다. 그렇기 때문에 반드시 안전벨트를 착용하게 하고 차안에서 장난치거나 머리나 손을 창밖으로 내밀지 않도록 해야 한다. 간혹 운행 중에 차문을 여는 경우도 있으므로 안전장치의 확인에도 신경을 써야 한다.

E. 어린이가 승용차에 탑승했을 때 주의점

① 안전띠 착용

자동차의 시트와 안전띠는 어른의 체격에 맞도록 되어 있으므로 어린이를 그냥 앉히고 안전띠를 착용시키면 위험하므로 가급적 어린이는 뒷좌석 2점 안전띠의 길이를 조정하여 사용한다.

② 여름철 주차 시

여름철, 햇볕 속에 주차시켜둔 차의 실내 온도는 50 이상이 되며, 때에 따라서는 더 높은 온도까지 올라가기도 한다. 이럴 때 차내에 어린이를 혼자 태우고 방치하면 탈수현상과 산소부족으로 생명을 잃는 경우가 있으므로 주의하여야 한다.

③ 문은 어른이 열고 닫는다.

어린이가 문을 열고 닫을 때 부주의하여 손가락이나 다리를 다칠 경우도 있고 주위의 다른 차량이나 자전거 등에 부딪칠 경우도 있으므로 반드시 어린이는 제일 먼저 태우고 제일 나중에 내리도록 하며, 문은 어른이 열고 닫아야 안전하다.

④ 차를 떠날 때는 같이 떠난다.

어린이가 차안에 혼자 남아 있으면 차의 시동을 걸거나 각종 장치를 만져 뜻밖의 사고가 생길 수 있으므로 어린이와 같이 차에서 떠나야 한다.

⑤ 어린이는 뒷좌석에 앉도록 한다.

어린이가 앞좌석에 앉으면 운전 장치나 물건 등을 만져 운전에 지장을 줄 수 있고 사고의 위험도 있다. 반드시 뒷좌석에 태우고 도어의 안전잠금장치를 잠근 후 운행한다.

3. 자동차 안전관리 및 점검요령

1) 일상점검

매일 그날 최초의 운행을 개시하기 전에 각종 장치의 기능이 정상상태인가를 운전자가 점검하는 일종의 안전관리이며 운전자는 반드시 일상점검을 의무화하여야 한다. 일상점검 유의사항은 다음과 같다.

- 눈으로 똑똑히 보고 확인한다(시각)
- 손으로 대어보고 확인한다(촉각)
- 냄새를 맡아보고 확인한다(후각)
- 차에 일정량의 충격을 주어 그 상태를 보고 확인한다(청각).
- 계기 등으로 기준 치수와 무게 등의 차이를 확인한다.

(1) 시동 전 점검사항

① 후드(본네트)를 열고

- 엔진오일, 냉각수, 브레이크 오일, 와셔액 등이 충분한 지, 새는 곳은 없는지를 점검한다.
- 각종 벨트, 특히 발전기벨트의 손상유무 및 장력을 점검한다.
- 배터리 충전상태와 배터리 액을 점검한다.

② 자동차 둘레를 돌며

- 타이어의 외관이 손상되지 않았거나 또는 타이어의 접지 면에 이물질이 끼었는지, 타이어와 노면의 접지상태를 보고 공기압이 적당하지를 점검한다.
- 진행하려는 방향 쪽에 장애물은 없는지, 차 밑에 장애물이 없는지 또는 차 밑바닥에 냉각수나 오일이 떨어져 있지 않은지 살핀다.

③ 운전석에 앉아

- 조향핸들을 잡을 때 자연스럽게 잡을 정도로 시트위치 및 등받이를 조정한다.

- 브레이크 및 클러치페달 유격을 점검한다.
- 전면유리가 깨끗한지 점검한다.
- 외부 후사경의 위치를 알맞게 조정한다.

(2) 시동 후 점검사항

① 차량 밖에서

- 스위치를 작동시켜 각종 램프류의 작동상태를 점검.
- 엔진 작동음 및 배기가스의 색깔을 점검.
- 자동변속기 오일 수준을 점검.

② 운전석에 앉아

- 계기판에 있는 각종 계기 및 경고등의 작동상태를 점검.
- 키를 II단 'ON'위치에 놓았을 때 오일경고등, 충전경고등, 브레이크 경고등(주차 브레이크를 채운 경우), 엔진정비지시등의 점등되었다 시동 후에는 꺼지는지 확인.
- 취급설명서를 참고하여 각종 스위치 위치와 작동방법을 익혀 둔다.
- 연료가 목적지까지 운행하는데 충분한지 확인.
- 안전벨트를 바르게 착용.
- 초행길의 경우 출발 전에 지도를 보고 목적지 근처의 지명을 숙지한 후 출발

(3) 운행 중 점검 사항

- 자동차 어느 부분에선가 이상한 소리가 나지 않는가?
- 이상한 냄새가 나지 않는가?
- 계기판 경고등에 불이 들어오지 않는가?
- 냉각수 온도계기는 정상을 가리키는가?
- 브레이크, 엑셀레이터, 핸들 조작 시 이상한 감각이 느껴지지는 않는가? 등이며, 이상 시에는 확인 점검과 함께 응급조치 후 출발해야 한다.

(4) 운행 후 점검 사항

- 핸드 브레이크의 정확한 작동
- 언덕길 주차 시 굄목 삽입이나 기어 변속
- 각종 전기 장치 스위치를 끈 후 다시 한 번 확인
- 문(Door)의 잠김 상태 확인
- 차체 외관과 타이어 상태 확인

2) 점검 시 유의사항

(1) 진동과 소리로 구분할 수 있는 고장

① 엔진의 점화 장치 부분

주행 중 차체에 이상한 진동이 느껴질 때는 엔진에서의 고장이 주원이다. 플러그 배선이 빠져있거나 플러그 자체가 나쁠 때 이런 현상이 나타난다.

② 엔진의 이용

엔진의 회전수에 비례하여 쇠가 마주치는 소리가 날 때가 있다. 거의 이런 이음은 밸브 장치에서 나는 소리로, 밸브 간극 조정으로 고쳐질 수 있다.

③ 팬벨트

가속 페달을 힘껏 밟는 순간 '끼익!' 하는 소리가 나는 경우가 많은데, 이때는 팬벨트 또는 기타의 V벨트가 이완되어 걸려 있는 풀리와의 미끄러짐에 의해 일어난다.

④ 클러치 부분

클러치를 밟고 있을 때 "달달달" 떨리는 소리와 함께 차체가 떨리고 있다면, 이것은 클러치 릴리스 베어링의 고장이다. 이것은 정비공장에 가서 교환하여야 한다.

⑤ 브레이크 부분

브레이크 페달을 밟아 차를 세우려고 할 때 바퀴에서 "끽!" 하는 소리가 나는 경우를 많이 경험할 것이다. 이것은 브레이크 라이닝의 마모가 심하거나 라이닝에 오일이 묻어 있을 때 일어나는 현상이다.

⑥ 조향 장치 부분

핸들이 어느 속도에 이르면 극단적으로 흔들린다. 특히 핸들 자체에 진동이 일어나면 앞바퀴 불량이 원인일 때가 많다. 앞 차륜 정렬(휠얼라인먼트)이 흐트러졌다든가 바퀴 자체의 휠 밸런스가 맞지 않을 때 주로 일어난다.

⑦ 바퀴 부분

주행 중 하체 부분에서 비틀거리는 흔들림이 일어나는 때가 있다.

특히 커브를 돌았을 때 휘청거리는 느낌이 들 때는 바퀴의 휠 너트의 이완이나 공기 부족일 때가 많다.

⑧ 현가장치 부분

비포장도로의 울퉁불퉁한 험한 노면을 달릴 때 "딱각딱각" 하는 소리나 "킁킁" 하는 소리가 날 때에는 현가장치인 쇽업쇼버의 고장으로 볼 수 있다.

(2) 냄새와 열로 구분할 수 있는 고장

① 전기 장치 부분

고무 같은 것이 타는 냄새가 날 때는 바로 차를 세워야 한다. 대개 엔진실 내의 전기 배선 등의 피복이 녹아 벗겨져 합선에 의해 전선이 타면서 나는 냄새가 대부분인데, 보닛을 열고 잘 살펴보면 그 부위를 발견할 수 있다.

② 브레이크 장치 부분

치과 병원에서 이를 갈 때 나는 단내가 심하게 나는 경우는 주브레이크의 간격이 좁든가, 주차 브레이크를 당겼다 풀었으나 완전히 풀리지 않았을 경우이다.

또한 긴 언덕길을 내려갈 때 계속 브레이크를 밟는다면 이러한 현상이 일어나기 쉽다.

③ 바퀴 부분

바퀴마다 드럼에 손을 대보면 어느 한쪽만 뜨거울 경우가 있는데, 이때는 브레이크 라이닝 간격이 좁아 브레이크가 끌리기 때문이다.

(3) 배출 가스로 구분할 수 있는 고장

자동차 후부에 장착된 머플러(소음기) 파이프에서 배출되는 가스의 색을 자세히 살펴보면, 엔진의 건강 상태를 알 수 있다.

① 무색

완전 연소 시 배출 가스의 색은 정상 상태에서 무색 또는 약간 엷은 청색을 띤다.

② 검은색

농후한 혼합 가스가 들어가 불완전 연소되는 경우이다. 초크 고장이나 에어 클리너 얼라이먼트의 막힘, 연료 장치 고장 등이 원인이다.

③ 백색

엔진 안에서 다량의 엔진 오일이 실린더 위로 올라와 연소되는 경우로, 헤드 개스킷 파손, 밸브의 오일 씰 노후 또는 피스톤 링의 마모등 엔진 보링을 할 시기가 됐음을 알려준다.[1)]

- 엔진 냉각 펜은 엔진온도가 상승되면 자동으로 회전하는 전동식 팬이다. 팬이 불시에 회전하여 사고를 당하는 일이 없도록 항상 시동을 끄고 점검하도록 한다.
- 엔진이 회전하는 상태에서 점검을 해야 할 경우에는 회전부위에 옷자락이나

1) http://tong.nate.com/dowong/39236378

넥타이 등이 접촉되지 않도록 주의한다.

- 시동을 켠 상태에서는 절대로 점화 계통을 손으로 만지지 않는다.
- 잭으로 차량을 받친 상태에서는 차량 밑으로 들어가지 않는다.
- 연료장치, 배터리 근처에서는 불꽃을 멀리해야 한다.
- 엔진을 회전시키면서 점검을 해야 할 경우는 반드시 통풍이 잘되는 곳에서 실시
- 고장이 잦은 부분

고장은 반드시 전조 현상을 가져온다. 따라서 평소에 운전하면서 이상하게 느꼈다면 어느 곳에서, 무엇이, 언제, 어떠한 현상으로 나타나는가를 잘 파악해야 한다. 만약, 이 전조 현상을 느끼고도 그대로 방치한다면, 결국 고장을 불러일으킬 수밖에 없다. 흔히 말하는 오감이란 시각 · 청각 · 촉각 · 후각 · 미각을 말하는데, 이 다섯 가지 감각을 잘 활용한다면 자동차의 고장을 사전에 충분히 예방하거나 빨리 발견하여 조치할 수 있다.

4. 안전운전과 방어운전요령

1) 방어운전이란

운전자는 자동차를 운전함에 있어서, 안전운전과 방어운전을 별도의 개념으로 양립시켜 운전할 수는 없다. 두 가지 중 어느 것 하나라도 소홀히 하면 곧 바로 교통사고로 연결되어 사람의 귀중한 생명과 재산상의 손실을 초래할 수 있기 때문이다

.

(1) 안전운전

"안전운전"이란 운전자가 자동차를 그 본래의 목적에 따라 운행함에 있어서 운전자 자신이 위험한 운전을 하거나 교통사고를 유발하지 않도록 주의하여 운전하는 것을 말한다.

(2) 방어운전

“방어운전”이란 운전자가 다른 운전자나 보행자가 교통법규를 지키지 않거나 위험한 행동을 하더라도 이에 대처할 수 있는 운전자세를 갖추어 미리 위험한 상황을 피하여 운전하는 것, 위험한 상황을 만들지 않고 운전하는 것, 위험한 상황에 직면했을 때는 이를 효과적으로 회피할 수 있도록 운전하는 것을 말한다.

방어운전이란 다른 사람의 잘못이나 불리한 교통상황에도 불구하고 이에 빠져들지 않고 사고를 피해 가는 운전, 즉 적극적인 자기보호 운전법을 말한다. 방어운전은 예측이 가장 중요하며 어떤 조건하에도 사고의 발생 가능성을 예견하여 미리 대비하는 것이 기본이다. 사고발생 가능성의 예견이나 실제 교통 상황 하에서 발생 가능한 모든 사고를 미리 생각해 둔다는 것인데 이러한 생각자체만으로도 상당히 중요한 의미를 갖는다. 사고발생 가능성을 미리 생각해두면, 교통상황을 다시 한번 확인하게 되고, 불확실성을 간과하거나 요행을 바라는 등의 모험을 하지 않게 되며, 항상 방어운전을 생각해두고 있어 자기의 안전을 철저히 지킬 수 있기 때문이다.

2) 방어운전의 기본

(1) 능숙한 운전 기술

적절하고 안전하게 운전하는 기술을 몸에 익혀야 한다.

(2) 정확한 운전지식

교통표지판, 교통관련 법규 등 운전에 필요한 지식을 익힌다.

(3) 세심한 관찰력

자신을 보호하는 좋은 방법 중이 하나는 언제든지 다른 운전자의 형태를 잘 관찰하고 타산지석으로 삼는 것이다.

(4) 예측능력과 판단력

① 예측력

앞으로 일어날 위험 및 운전 상황을 미리 파악하는 안전을 위협하는 운전 상황의 변화요소를 재빠르게 파악하는 등 예측 능력을 키운다.

② 판단력

교통 상황에 적절하게 대응하고 이에 맞게 자신의 행동을 통제하고 조절하면서 운행하는 능력이 필요하다.

(5) 양보와 배려의 실천

운전할 때는 자기중심적인 생각을 버리고 상대방의 입장을 생각하며 서로 양보하는 마음의 자세가 필요하다. 운전자 상호간에도 서로 상대방의 입장에서 운전해야 한다.

운전은 자기 혼자만 하는 것이 아니라 주위에서 같이 달리는 자동차의 운전자와 길을 건너고자 하는 많은 보행자를 같이 생각해야 하는 것인 만큼 양보와 배려가 습관화 되도록 한다.

(6) 교통상황 정보수집

변화무쌍한 교통상황에서 방어운전을 제대로 하기 위해서는 유용한 정보가 요구된다. TV, 라디오, 신문, 컴퓨터, 도로상의 전광판 및 기상예보 등을 통해 입수되는 다양한 정보는 안전운전에 긴요하다. 그러나 운전 중이라면 그 교통현장의 정확하고 빠른 교통정보인지가 더욱 중요하다.

(7) 반성의 자세

운전의 세계에서 흔히 볼수 있는 현상은 다른 차의 잘못에 대해서는 신경과민이지만 자기 자신의 독선적인 운전 따위에 대해서는 그것을 느끼지 못하고, 비록 느꼈다고 하더라도 반성하지 않는 경향이 강하다.

자신의 운전행동에 대한 반성을 통하여 더욱 안전한 운전자로 거듭날 수 있다.

(8) 무리한 운행 배제

사람이나 자동차 모두가 건강하여야 안전운전 방어운전이 가능하다. 졸음상태, 음주상태, 기분이 나쁜 상태 등 신체적 심리적으로 건강하지 않은 상태에서는 무리한 운전을 하지 않는다. 또한 자동차 고장이나 이상이 있는 경우에는 아무리 사소한 것이라도 수리·정비한 다음이 아니면 무리하게 차를 운행하지 않는다.

3) 방어운전 실천요령

- 운전자는 앞차의 전방까지 시야를 멀리 둔다. 장애물이 나타나 앞차가 브레이크를 밟았을 때 즉시 브레이크를 밟을 수 있도록 준비 태세를 갖춘다.
- 뒤차의 움직임을 룸미러나 사이드미러로 끊임없이 확인하면서 방향지시등이나 비상등으로 자기 차의 진행방향과 운전 의도를 분명히 알린다.
- 교통신호가 바뀐다고 해서 무작정 출발하지 말고 주위 자동차의 움직임을 관찰한 후 진행한다.
- 보행자가 갑자기 나타날 수 있는 골목길이나 주택가에서는 상황을 예견하고 속도를 줄여 충돌을 피할 시간적 공간적 여유를 확보한다.
- 일기예보에 신경을 쓰고 기상변화에 대비해 체인이나 스노우타이어 등을 미리 준비한다. 눈이나 비가 올 때는 가시거리 단축, 수막현상 등 위험요소를 염두에 두고 운전한다.
- 교통량이 너무 많은 길이나 시간을 피해 운전하도록 한다. 교통이 혼잡할 때는 조심스럽게 교통의 흐름을 따르고, 끼어들기 등을 삼가한다.
- 과로로 피로하거나 심리적으로 흥분된 상태에서는 운전을 자제한다.
- 앞차를 뒤따라 갈 때는 앞차가 급제동을 하더라도 추돌하지 않도록 차간거리를 충분히 유지한다. 4-5대 앞차의 움직임까지 살핀다. 대형차를 뒤따라갈 때는 가능한 앞지르기를 하지 않도록 한다.
- 뒤에 다른 차가 접근해 올 때는 속도를 낮춘다. 뒤차가 앞지르기를 하려고 하면 양보해 준다. 뒤차가 바짝 뒤따라올 때는 가볍게 브레이크 페달을 밟아 제동등을 켠다.

- 진로를 바꿀 때는 상대방이 잘 알 수 있도록 여유있게 신호를 보낸다. 보낸 신호를 상대방이 알았는지 확인한 다음에 서서히 행동한다.
- 교차로를 통과할 때는 신호를 무시하고 뛰어나오는 차나 사람이 있을 수 있으므로 반드시 안전을 확인한 뒤에 서서히 주행한다. 좌우로 도로의 안전을 확인한 뒤에 주행한다.
- 밤에 마주 오는 차가 전조등 불빛을 줄이거나 아래로 비추지 않고 접근해 올 때는 불빛을 정면으로 보지 말고 시선을 약간 오른쪽으로 돌린다. 감속 또는 서행 하거나 일시 정지한다.
- 밤에 산모퉁이 길을 통과할 때는 전조등을 상향과 하향을 번갈아 켜거나 껐다 켰다 해 자신의 존재를 알린다. 주위를 살피면서 서행한다.
- 횡단하려고 하거나 횡단중인 보행자가 있을 때는 속도를 줄이고 주의해 진행한다. 보행자가 차의 접근을 알고 있는지 확인 한다
- 어린이가 진로 부근에 있을 때는 어린이와 안전한 간격을 두고 진행한다. 서행 또는 일시 정지한다.
- 다른 차의 옆을 통과 할 때는 상대방 차가 갑자기 진로를 변경할 수도 있으므로 미리 대비한다. 충분한 간격을 두고 통과한다.
- 대형 화물차나 버스의 바로 뒤를 소형차로 뒤 따라서 진행할 때에는 전방의 교통상황을 파악할 수 없으므로, 이럴 때는 함부로 앞지르기를 하지 않도록 하고, 또 시기를 보아서 대형차의 뒤에서 이탈 해 진행한다.
- 신호기가 설치되어 있지 않은 교차로에서는 좁은 도로로부터 우선순위를 무시하고 진입하는 자동차가 있으므로, 이런 때에는 속도를 줄이고 좌우의 안전을 확인한 다음에 통행한다.

4) 충돌사고 방어운전법

(1) 앞차와의 충돌사고 예방운전법

앞차의 사전예고 없는 급정거나 급회전을 예견해야 한다. 그러면 차간거리를 저절로 유지하게 되며 앞차의 통행을 수시로 확인하게 됨과 동시에 멀리 전방상

황의 파악에도 게으르지 않게 된다. 또, 다급한 상황에 처해서야 급제동을 거는 것은 사고의 유발 가능성이 높은 운전습관이므로 위험이 예견될 때에는 항상 미리 브레이크를 사용하는 것을 습관화 되도록 해야 한다.

(2) 뒤차와의 충돌사고 예방운전법

천천히 부드럽게 정지하여 뒤차에게 시간적 여유를 주고 정지 시 차간거리를 유지할 수 있도록 한다. 그리고 감속하거나 정지하기 전에는 반드시 미리 브레이크 등을 밝히거나 수신호를 하여 뒤차에게 신호를 주도록 한다. 따라서 브레이크 등이 들어오지 않거나 더렵혀져 불빛이 희미해지지 않도록 늘 살피는 습관을 가져야 한다.

(3) 정면충돌 사고 예방운전법

상대가 중앙선에 접근하여 위협적으로 다가오거나 자신의 차로를 침범한 채 다가올 경우 우측으로 붙어야 한다. 최악의 경우 우측으로 도로를 이탈하는 한이 있더라도 섣불리 다가오는 차를 피해 반대로 중앙선을 넘어서지 말아야 한다. 잔신의 차로를 침범해 계속 달려오는 차는 다시 자기 차로로 되돌아갈 가능성이 많으며 또한 뒤따라오는 차도 있을 것이기 때문이다.

만일의 경우에도 상대 차와의 정면충돌보다는 개울에 빠지거나 전복되는 경우의 피해가 적을 수 있으며 자기 차의 단독 사고의 경우가 생명을 건질 가능성이 더 높다. 커브 길에서는 브레이크를 밟지 않음으로써 미끄러짐을 최소화해야 한다. 또한, 비보호 좌회전지역 또는 신호 없는 좌회전 지역에서는 마주 오는 차와 충돌하지 않을 확신이 선후 주행해야 한다.

(4) 교차로 사고 예방 운전법

교차로를 통과할 때 자신이 우선이라거나 상대가 양보해 줄 것이라고 생각해서는 안 된다. 교차로에 접근할 때는 항상 액셀러레이터 페달에서 발을 떼고 브레이크 페달을 밟을 준비를 하는 습관을 가져야 한다. 교차로에 접근하면 먼저 좌측을 그리고 우측을 확인해야 하며 예상치 못한 위험이나 보이지 않는 위험이 항상 도사리고 있기 때문에 건너기 전에 확실히 확인해야 한다.

(5) 추월당할 때의 운전법

무리하게 추월하는 차가 있더라도 그 차의 추월을 도와주어 자신을 보호해야 한다. 추월을 용이케 해줌으로써 사고를 방지할 수 있어야 한다. 그리고 행동하기 전에 신호하고 상대가 충분히 뜻을 알아들었는지 확인한 후에 행동해야 한다. 좌·우회전을 하기 위해 적정한 차로에 다가설 때는 충분히 이루어진 후 안전에 확신이 선 때에 행동해야 한다.

※ 우연 사고를 가장한 고의충돌 테러 및 범죄가 늘어나고 있으며 차량 결함을 은밀히 만들어 놓아 사고를 유발케 하는 범죄도 늘어나고 있다. 따라서 주행시에는 방어운전법에 최선을 다해야 하며 주행 전에는 차량점검을 하여 차체결함 여부를 확인 후 주행해야 한다.(차체점검 수시로)

5) 상황별 안전운전요령

(1) 교차로

교차로는 자동차, 사람 이륜차 등의 엇갈림(교차)이 발생하는 장소로써, 교차로 및 교차로 부근은 횡단보도 및 횡단보도 부근과 더불어 교통사고가 가장 많이 발생하는 지점이다. 교차로에서의 차대차 또는 차대사람 등의 엇갈림(교차)으로 인한 교통사고를 예방하고 교통의 원활한 소통을 도모하는 방법은 신호기를 설치하거나 교차로 자체를 입체화(입체교차로 설치)하는 것이다. 이때 신호기는 교통 흐름을 시간적으로 분리하는 기능을 하며 입체교차로는 교통 흐름을 공간적으로 분리하는 기능을 한다.

A. 사고발생유형

교차로 교통사고의 대부분은 운전자가 다음과 같이 운전한 경우이다.

- 앞쪽(또는 옆쪽) 상황에 소홀한 채 진행진호로 바뀌는 순간 급출발

- 정지신호임에도 불구하고 정지선을 지나 교차로에 진입하거나 무리하게 통과를 시도하는 신호무시
- 교차로 진입 전 이미 황색신로임에도 무리하게 통과시도

B. 교차로 안전운전, 방어운전

- 신호등이 있는 경우 : 신호등이 지시하는 신호에 따라 통행
- 교통경찰관 수신호의 경우 : 교통경찰관의 지시에 따라 통행
- 신호등 없는 교차로의 경우 : 통행우선순위에 따라 주의하며 진행
- 섣부른 추측운전은 하지 않는다.
  통행하는 차량이나 사람이 없으니까, 혹은 잘 아는 곳이니까 하는 생각으로 일시정지나 서행을 무시하거나 형식적으로 통과하면 위험하므로 반드시 자신의 눈으로 안전을 확인하고 주행한다.
- 언제든 정지할 수 있는 준비태세를 갖춘다.
  교차로에서는 자전거 또는 어린이 등이 뛰어 나올 수 있다는 것을 염두에 두고 이에 대처할 수 있도록 언제든지 정지할 수 있는 마음의 준비를 하고 운전해야 한다.
- 신호가 바뀌는 순간을 주의한다.
  교차로 사고의 대부분은 신호가 바뀌는 순간에 발생하므로 반대편 도로의 교통 전반을 살피며 12초의 여유를 가지고 서서히 출발한다.

C. 교차로 황색신호

황색신호는 전 신호와 후 신호 사이에 부여되는 신호로, 전 신호 차량과 후 신호 차량이 교차로 상에서 상충(상호충돌)하는 것을 예방하여 교통사고를 방지하고자 하는 목적에서 운영되는 신호이다.

① 황색신호시간

- 교차로 황색신호시간은 통상 3초를 기본으로 운영한다. 교차로의 크기에 따라 46초까지 연장 운영하기도 하지만, 지극히 부득이한 경우가 아니라면 6초

를 초과하는 것은 금기로 한다.

- 교차로 황색신호시간은 이미 교차로에 진입한 차량은 신속히 빠져나가야 하는 시간이며 아직 교차로가 진입하지 못한 차량은 진입해서는 안 되는 시간이다. 그러나 현실적으로는 무리하게 진행하는 차량이 많은 실정이다.

② 황색신호 시 사고유형

교차로 황색신호시간에 일어날 수 있는 교통사고는 크게 다음과 같은 4가지 유형으로 구분할 수 있다.

- 교차로 상에서 전 신호 차량과 후 신호 차량의 충돌
- 횡단보도 전 앞차 정지 시 앞차 충돌
- 횡단보도 통과 시 보행자, 자전거 또는 이륜차 충돌
- 유턴 차량과의 충돌

③ 교차로 황색신호 시 안전운전 방어운전

- 황색신호에는 반드시 신호를 지켜 정지선에 멈출 수 있도록 교차로에 접근할 때는 자동차의 속도를 줄여 운행한다. 교차로 내는 물론 교차로 부근에 걸쳐 위험요인이 산재하므로 교차로에 무리하게 진입해서는 안 된다. 교차로 또는 교차로와 접해 있는 횡단보도 및 그 부근, 유턴구간 및 그 부근 등 사고다발지점인 경우가 많기 때문이다.
- 교차로에 무리하게 진입하거나 통과를 시도하지 않는다. 황색신호 진입 시 마주 오는 차로의 차량도 황색신호에 출발할 수 있기 때문에 만일 사고가 일어난다면 대형사고가 될 가능성이 높다.

(2) 커브길

커브길은 도로가 왼쪽 또는 오른쪽으로 굽은 곡선부를 갖는 도로의 구간을 의미하는데 곡선부의 곡선반경이 길어질수록 완만한 커브길이 되며 곡선반경이 극단적으로 길어져 무한대에 이르면 완전한 직선도로가 된다. 곡선반경이 짧아질수록 급한 커브길이 된다. 곡선부의 곡선반경이 극단적으로 길어져 무한대에 이르

면 완전한 직선도로가 된다. 커브길은 주로 다음과 같은 교통사고 요인을 갖고 있다.

- 도로 이탈의 위험이 뒤따른다.
- 중앙선을 침범하여 대향차와 충돌할 위험이 있다.
- 시야불량으로 인한 사고의 위험이 있다.

A. 커브길 주행요령

① 완만한 커브길

다음과 같은 순서로 주의하여 주행한다.

- 커브길의 경사도나 도로의 폭을 확인하고 가속 페달에서 발을 떼어 엔진 브레이크가 작동되도록 하여 속도를 줄인다.
- 엔진 브레이크만으로 속도가 충분히 떨어지지 않으면 풋 브레이크를 사용하여 실제 커브를 도는 중에 더 이상 감속할 필요가 없을 정도까지 줄인다.
- 커브가 끝나는 조금 앞부터 핸들을 돌려 차량의 모양을 바르게 한다.
- 가속 페달을 밟아 속도를 서서히 높인다.

② 급커브길

다음과 같은 순서로 주의하여 주행한다.

- 커브의 경사도나 도로의 폭을 확인하고 가속 페달에서 발을 떼어 엔진 브레이크가 작동되도록 하여 속도를 줄인다.
- 풋 브레이크를 사용하여 충분히 속도를 줄인다.
- 후사경으로 오른쪽 후방의 안전을 확인한다.
- 저단 기어로 변속한다.
- 커브의 내각의 연장선에 차량이 이르렀을 때 핸들을 꺾는다.
- 차가 커브를 돌았을 때 핸들을 되돌리기 시작한다.
- 차의 속도를 서서히 높인다.

③ 커브길 핸들조작

커브길에서의 핸들조작은 슬로우 인 패스트 아웃(Slow-in, Fast-out) 원리에 입각하여 커브 진입직전에 핸들조작이 자유로울 정도로 속도를 감속하고, 커브가 끝나는 조금 앞에서 핸들을 조작하여 차량의 방향을 안정되게 유지한 후, 속도를 증가(가속)하여 신속하게 통과할 수 있도록 하여야 한다.

B. 커브길 안전운전 및 방어운전

- 커브길에서는 미끄러지거나 전복될 위험이 있으므로 부득이 하지 않으면 급핸들 조작이나 급제동은 하지 않는다.
- 핸들을 조작할 때는 가속이나 감속을 하지 않는다.
- 중앙선을 침범하거나 도로의 중앙으로 치우쳐 운전하지 않는다.
- 주간에는 경음기, 야간에는 전조등을 사용하여 내 차의 존재를 알린다.
- 항상 반대 차로에 차가 오고 있다는 것을 염두에 두고 차로를 준수하며 운전한다.
- 커브길에서 앞지르기는 대부분 안전표지로 금지하고 있으나 금지 표지가 없더라도 절대로 하지 않는다.
- 겨울철에는 빙판이 그대로 노면에 있는 경우가 있으므로 사전에 조심하여 운전한다.

(3) 차로 폭에 따른 상황

차로 폭이란 어느 도로의 차선과 차선 사이의 최단거리를 말하며, 차로의 폭은 차선의 중심선에서 인접한 차선의 중심선까지로 한다. 차로 폭은 아래 〈표 14-2〉와 같은 관련 기준에 따라 도로의 설계속도, 도로의 구분, 지형조건 등을 고려하여 달리할 수 있으나 대개 3.0m~3.5m를 기준으로 한다. 다만, 교량 위, 터널 내, 유턴차로(회전차로) 등에서 부득이한 경우 2.75m로 할 수 있다.

〈표 14-2〉 차로의 최소 폭(미터)

도로의 구분	지방지역			도시지역
고속도로	3.50			3.50
일반도로	설계속도(Km/h)	80 이상	3.50	3.25
		70 이상	3.25	2.25
		69 이상	3.25	3.00
		60 미만	3.00	3.00

A. 차로 폭에 따른 사고 위험

① 차로 폭이 넓은 경우

운전자가 느끼는 주관적 속도감이 실제 주행속도 보다 낮게 느껴짐에 따라 제한속도를 초과한 과속사고의 위험이 있다.

② 차로 폭이 좁은 경우

차로 폭이 좁은 도로의 경우는 차로수 자체가 편도 1-2차로에 불과하거나 보차분리시설이 미흡하거나 도로정비가 미흡하거하고 자동차, 보행자들이 무질서하게 혼재하는 경우가 있어 사고의 위험성이 높다.

B. 차로 폭에 따른 안전운전 방어운전

① 차로 폭이 넓은 경우

주관적인 판단을 가급적 자제하고 계기판의 속도계에 표시되는 객관적인 속도를 준수할 수 있도록 노력하여야 한다.

② 차로 폭이 좁은 경우

보행자, 노약자, 어린이 등에 주의하여 즉시 정지할 수 있는 안전한 속도로 주행속도를 감속하여 운행한다.

(4) 언덕길

운전자는 오르막 내리막으로 구성되는 언덕길에서 차량을 운행할 경우 평지운행에 비하여 보다 많은 주의를 기울여야 한다.

A. 내리막길 안전운전 방어운전

- 내리막길을 내려가기 전에는 미리 감속하여 천천히 내려가며 엔진 브레이크로 속도를 조절하는 것이 바람직하다. 엔진 브레이크는 자동차에 별도로 장착된 제동장치가 아니라 기어와 엔진 회전수 사이의 상호 관계를 활용한 속도 조절 방법이다.
- 엔진 브레이크를 사용하면 페이드(fade) 현상을 예방하여 운행 안전도를 더욱 높일 수 있다.
- 도로의 오르막길 경사와 내리막길 경사가 같거나 비슷한 경우라면, 변속기 기어의 단수도 오르막 내리막을 동일하게 사용하는 것이 적절하다. 이는 앞서 사용한 기어단수가 적절하였다는 가정 하에서 적용하는 것이다.
- 커브 주행 시와 마찬가지로 중간에 불필요하게 속도를 줄인다든지 급제동하는 것은 금물이다.
- 비교적 경사가 가파르지 않은 긴 내리막길을 내려갈 때 시선은 통상 먼 곳을 바라보는 경향이 있기 때문에 가속 페달을 무심코 밟게 되어 자신도 모르게 순간 속도가 높아질 위험이 있으므로 조심해야 한다.
- 내리막길에서 기어를 변속할 때는 다음과 같은 요령으로 한다.

- 변속할 때 클러치 페달을 밟고 떼는 속도와 변속 레버의 작동은 신속하게 한다.
- 변속 시에는 머리를 숙인다던가 하여 다른 곳에 주의를 빼앗기지 말고 눈은 교통상황 주시상태를 유지한다.
- 왼손은 핸들을 조정하며 오른손과 양발은 신속히 움직인다.

B. 오르막길 안전운전 방어운전

- 정차할 때는 앞차가 뒤로 밀려 충돌할 가능성을 염두에 두고 충분한 차간 거

리를 유지한다.

- 오르막길의 사각 지대는 정상 부근이다. 마주 오는 차가 바로 앞에 다가올 때까지는 보이지 않으므로 서행하여 위험에 대비한다.
- 정차 시에는 풋 브레이크와 핸드 브레이크를 동시에 사용한다.
- 출발 시에는 핸드 브레이크를 사용하는 것이 안전하다.
- 오르막길에서 앞지르기 할 때는 힘과 가속력이 좋은 저단 기어를 사용하는 것이 안전하다.
- 좁은 언덕길에서 대향차와 교차할 때 우선권은 내려오는 차에 있다.

C. 언덕길 교행

언덕길에서 올라가는 차량과 내려오는 차량의 교행시에는 내려오는 차에 통행 우선권이 있다. 올라가는 차량이 양보한다. 이것은 내리막 가속에 의한 사고위험이 더 높다는 점을 고려한 것이다.

(5) 앞지르기

앞지르기란 뒤차가 앞차의 좌측면을 지나 앞차의 앞으로 진행하는 것을 의미하며 다음과 같은 사고의 위험을 갖고 있다.

가. 앞지르기는 앞차보다 빠른 속도로 가속하여 상당한 거리를 진행해야 하므로 앞지르기할 때의 가속도에 따른 위험이 수반된다.

나. 앞지르기는 필연적으로 진로변경을 수반한다. 진로변경은 동일한 차로로 진로변경 없이 진행하는 경우에 비하여 사고의 위험이 높다.

A. 앞지르기 사고의 유형

- 앞지르기 위한 최초 진로변경 시 동일방향 좌측 후속차 또는 나란히 진행하던 차와 충돌
- 좌측 도로상의 보행자와 충돌, 우회전차량과의 충돌
- 중앙선을 넘어 앞지르기하는 때에는 대향차와 충돌

  중앙선이 실선인 경우 중앙선침범이 적용되고, 중앙선이 점선인 경우 일반

과실 사고로 처리된다.

- 진행 차로 내의 앞뒤 차량과의 충돌
- 앞 차량과의 근접주행에 따른 측면 충격
- 앞지르기 당하는 차량의 좌회전 시 충돌
- 경쟁 앞지르기에 따른 충돌

B. 앞지르기 안전운전 방어운전

① 자차가 앞지르기 할 때

- 과속은 금물이다. 앞지르기에 필요한 속도가 그 도로의 최고속도 범위이내일 때 앞지르기를 시도한다.
- 앞지르기에 필요한 충분한 거리와 시야가 확보되었을 때 앞지르기를 시도한다.
- 앞차가 앞지르기를 하고 있는 때는 앞지르기를 시도하지 않는다.
- 앞차의 오른쪽으로 앞지르기하지 않는다.
- 점선의 중앙선을 넘어 앞지르기 하는 때에는 대향차의 움직임에 주의한다.

② 다른 차가 자차를 앞지르기 할 때

- 자차의 속도를 앞지르기를 시도하는 차의 속도이하로 적절히 감속한다. 앞지르기를 시도하는 차가 안전하고 신속하게 앞지르기를 완료할 수 있도록 함으로써 자체와의 사고 가능성을 줄일 수 있기 때문이다.
- 앞지르기 금지 장소나 앞지르기를 금지하는 때에도 앞지르기하는 차가 있다는 사실을 항상 염두에 두고 주의 운전한다.

(6) 철길 건널목

철도와 도로법에서 정한 도로가 평면 교차하는 곳을 의미한다. 제1종 건널목, 제2종 건널목, 제3종 건널목으로 구분한다.

A. 건널목의 종류

① 1종 건널목

차단기, 경보기 및 건널목 교통안전 표지를 설치하고 차단기를 주·야간 계속하여 작동시키거나 또는 건널목 안내원이 근무하는 건널목

② 2종 건널목

경보기와 건널목 교통안전 표지만 설치하는 건널목

③ 3종 건널목

건널목 교통안전 표지만 설치하는 건널목

B. 철길 건널목 사고원인

- 운전자가 건널목의 경보기를 무시하거나, 일시정지를 하지 않고 통과하다가 주로 발생한다.
- 일단 사고가 발생하면 인명피해가 큰 대형사고가 주로 발생하게 된다.

C. 철길건널목 안전운전 방어운전

- 일시정지 후, 좌·우의 안전을 확인한다.
  건널목 직전에서 일시정지 후 확인하며, 차단기가 내려졌거나, 내려 는 중이거나, 경보음이 울릴 때에는 진입하지 않는다.
- 건널목 통과 시 기어는 변속하지 않는다.
  엔진이 정지되지 않도록 가속 페달을 조금 힘주어 밟고 건널목을 통과하고 있을 때는 기어 변속 과정에서 엔진이 멈출 수 있으므로 가급적 기어 변속을 하지 않고 통과한다(수동변속기).
- 건널목 건너편 여유 공간 확인 후 통과
  앞 차량을 따라 계속 건너갈 때는 앞 차량이 건너간 맞은편에 자기 차가 들어갈 여유 공간이 있을 때 통과한다.

D. 철길 건널목 내 차량고장 대처요령

- 즉시 동승자를 대피시킨다.
- 철도 공무원에게 알리고 차를 건널목 밖으로 이동시키도록 조치한다.
- 시동이 걸리지 않을 때는 당황하지 말고 기어를 1단 위치에 넣은 후 클러치 페달을 밟지 않은 상태에서 엔진 키를 돌리면 시동 모터의 회전으로 바퀴를 움직여 철길을 빠져 나올 수 있다.

(7) 야간

야간에는 주간에 비해 시야가 전조등의 범위로 한정되어 노면과 앞차의 후미 등 전방만을 보게 되므로 주간보다 속도를 20%정도 감속하고 운행해야 한다.

커브 길이나 길모퉁이에선 헤드라이트를 비춰도 회전하는 방향이 제대로 비춰지지 않아 앞이 제대로 보이지 않으므로 더욱 속도를 줄여 주행해야 한다.

야간에는 운전자가 좁은 시계로 인해 앞차의 위치를 확인할 수 있도록 근접거리까지 차간거리를 좁혀 주행하게 되는데 이렇게 한정된 시계로 주행하다 보면 안구동작이 활발치 못해 자극에 대한 반응이 둔해지게 되고 심하면 근육이나 뇌파의 반응도 저하되어 졸음까지 오게 되니 주의한다

특히 마주 오는 대형차가 전조등을 상향등 상태로 주행하게 되면 조명 빛으로 인해 보행자의 모습을 볼 수 없게 되는 증발현상과 운전자의 눈 기능이 순간적으로 저하되는 현혹현상 등으로 인해 교통사고를 일으키게 된다. 이럴 때는 상대방의 불빛을 무시하고 약간 오른쪽을 보며 상대방의 전조등을 정면으로 보지 않도록 한다.

(8) 안개길

안개로 인해 시야의 장애가 발생되면 우선 차간거리를 충분히 확보하고 앞차의 제동이나 방향 전환등의 신호를 예의 주시하며 천천히 주행해야 안전하다.

운행 중 앞을 분간하지 못할 정도로 짙은 안개가 끼었을 때는 차를 안전한 곳에 세우고 잠시 기다리는 것이 좋다. 이때에는 지나가는 차에게 내 자동차의 존재를 알리기 위해 미등과 비상경고등을 점등시켜 충돌사고 등에 미리 예방하는 조치를 취한다.

(9) 빗길

비가 내려 물이 고인 길을 통과할 때 물의 깊이가 자동차의 범퍼보다 깊을 경우 자동차의 바닥 매트와 차체 철판 사이의 물기가 스며들게 되고 그 후에도 제거되지 않아 곰팡이와 이상한 냄새가 지속되므로 주의하여 통과한다.

빗물 고인 곳을 벗어난 다음 주행 시 브레이크가 듣지 않을 경우에는 브레이크를 여러 번 나누어 밟아 마찰열로 브레이크 패드나 라이닝의 물기를 제거하거나 기어를 저단으로 하여 엔진 브레이크상태를 만든 다음 왼발로 브레이크 페달에 저항이 걸릴 정도로 밟고, 오른발은 가속페달을 밟아 물기를 제거한다.

(10) 비포장 도로

깨끗하게 포장된 도로와는 달리 울퉁불퉁한 비포장도로는 노면 마찰계수가 낮고 매우 미끄럽다. 이런 길에서는 브레이킹, 가속페달 조작, 핸들링 등을 부드럽게 해야 한다.

모래, 진흙 등에 빠졌을 때 주의할 점은 엔진을 고속 회전시키지 않는다는 것이다. 몇 차례의 시도로 차가 밖으로 나오지 못하면 변속기의 손상과 엔진의 과열을 방지하기 위해 견인을 한다.

6) 계절별 안전운전요령

(1) 봄철

봄은 겨우내 잠자던 생물들이 기지개를 켜고 새롭게 생존의 활동을 시작한다. 겨울이 끝나고 초봄에 접어들 때는 겨울 동안 얼어 있던 땅이 녹아 지반이 약해지는 해빙기이다. 특히 날씨가 온화해짐에 따라 사람들의 활동이 활발해지는 계절이다.

대륙성 고기압의 활동이 약화되고 대륙에서 분리된 고기압과 기압골이 통과함에 따라 날씨의 변화가 심하며, 기온이 상승하고 낮과 밤의 일교차가 커지며 강수량은 증가한다. 특히 추운 겨울이 물러가고 본격적인 봄 날씨로 접어들면서 일기 변화가 심하게 나타나 환절기 환자가 급증하고 새벽에는 찬 공기가 옷 속까지 스며들면서 한낮에는 영상 20도까지 오르는 날씨가 되기도 한다.

또한 흙먼지가 날려 운행에 불편을 주고 중국에서 발생한 황사가 강한 편서풍을 타고 우리나라 전역에 미쳐 운전자의 시야에 지장을 준다.

A. 봄철 교통사고의 특징

보행량 및 교통량의 증가에 따라 특히 어린이 관련 교통사고가 겨울에 비하여 많이 발생한다. 춘곤증에 의한 졸음운전 교통사고에 주의해야 한다.

① 도로조건

날씨가 풀리면서 겨우내 얼어있던 땅이 녹아 지반 붕괴로 인한 도로의 균열이나 낙석의 위험이 크며, 특히 포장된 도로를 운행할 때 노변을 통하여 운행하는 것은 노변의 붕괴 또는 함몰로 인한 대형 사고의 위험이 높다. 또한 바람과 황사 현상에 의한 시야 장애도 종종 사고의 원인으로 작용한다.

② 운전자

기온이 상승함에 따라 긴장이 풀리고 몸도 나른해진다. 춘곤증에 의한 졸음운전으로 전방주시태만과 관련된 사고의 위험이 높다.

③ 보행자

추웠던 날씨가 풀리면서 도로변에 보행자가 급증하기 때문에 모든 운전자들은 때와 장소의 구분 없이 보행자 보호에 많은 주의를 기울어야 한다.

특히 교통상황에 대한 판단능력이 부족하고 어린이와 신체능력이 약화된 노약자들의 보행이나 교통수단이용이 겨울에 비해 늘어나는 계절적 특성으로 어린이 노약자 관련 교통사고가 늘어난다. 주택가나 학교 주변 또는 정류소 등 보행자가 많은 지역에서는 차간 거리를 여유 있게 확보하고 서행하여야 한다.

B. 봄철 안전운행 및 교통사고 예방

① 교통 환경 변화

봄철 안전운전을 위해 중요한 것은 무리한 운전을 하지 말고 긴장을 늦추어서는 안되며, 도로의 지반 붕괴와 균열로 인하여 도로 노면 상태가 1년 중 가장 불안정하여 사고의 원인이 되므로 시선을 멀리 두어 노면 상태 파악에 신경을 써야 한다.

도로 곳곳에 용해 노면이 있어 큰 사고에 직면할 수 있으므로 도로 정보를 사전에 파악하고, 변화하는 기후 조건에 잘 대처할 수 있도록 방어운전에 힘써야 한다.

② 주변 환경 대응

포근하고 화창한 외부환경 여건으로 보행자나 운전자 모두 집중력이 떨어져 사고 발생률이 다른 계절에 비해 높으며, 특히 신학기를 맞아 학생들의 보행 인구가 늘어나고 각 학교의 소풍이나 수학여행 그리고 본격적인 행락철을 맞아 교통수요가 많아져 통행량도 증가하게 된다.

이런 때일수록 들뜬 마음이나 과로 운전이 원인이 되어 교통사고로 이어질 가능성이 크다는 점에 유의하여 충분한 휴식을 취하고 운행 중에는 주변 교통 상황에 대해 집중력을 갖고 안전 운행하여야 한다.

③ 춘곤증

봄이 되면 낮의 길이가 길어짐에 따라 활동 시간이 늘어나지만 휴식·수면 시간이 줄고, 신진대사 기능이 활발해지지만 야채나 과일류 섭취 부족으로 비타민의 결핍을 가져와 무기력해지는 춘곤증이 생기게 된다.

춘곤증은 피로·나른함 및 의욕저하를 수반하여 운전하는 과정에서 주의력 집중이 안되고 졸음운전으로 이어져 대형 사고를 일으키는 원인이 될 수 있다. 시속 60km로 달리는 자동차의 운전자가 1초를 졸았을 경우 무의식중의 주행거리가 약 16.7m나 되어 대형 사고의 원인이 될 수 있으므로 무리한 운전을 피하고 장거리 운전 시에는 충분한 휴식을 취해야 한다.

C. 봄철 자동차관리

봄철 자동차관리는 해빙기라는 계절적 변화에 착안하여 기본적인 사항에 대한 점검을 실시한다.

① 세차

자동차를 물로 자주 씻는 것은 그리 바람직하지 못하나 겨울을 보낸 다음에는 전문 세차장을 찾아 차체를 들어 올리고 구석구석 세차를 해야 한다. 노면의 결빙을 막기 위해 뿌려진 염화칼슘이 운행 중에 자동차의 바닥부분에 부착되어 차체의 부식을 촉진시키기 때문이다.

② 월동장비 정리

겨울을 나기 위해 필요했던 스노우타이어, 체인 등 월동장비를 잘 정리해서 보관한다. 관리의 잘못으로 기껏 장만한 비싼 장비를 한철도 쓰지 못하거나 재사용이 불가능해지는 경우가 많기 때문이다.

③ 엔진오일 점검

주행거리와 오일의 상태에 따라 교환해 주거나 부족시 보충해야 한다. 오일을 교환할 때는 다른 오일과 혼합해서 사용하지 말고 동일 등급의 오일을 사용하며 반드시 오일 필터도 함께 교환하도록 한다.

④ 배선상태 점검

전선의 피복이 벗겨진 부분은 없는지, 소켓 부분이 부식되지는 않았는지, 등을 살펴보고 낡은 배선은 새것으로 교환해주어 화재발생을 예방할 수 있도록 한다.

(2) 여름철

봄철에 비해 기온이 상승하며, 6월말부터 7월중순까지 장마전선의 북상으로 비가 많이 오고, 장마 이후에는 무더운 날이 지속되며, 저녁 늦게까지 기온이 내려가지 않는 열대야 현상이 나타난다.

태풍을 동반한 집중 호우 및 돌발적인 악천후, 본격적인 무더위에 의해 기온이 높고 습기가 많아지며 한밤중에도 이러한 현상이 계속되어 운전자들이 짜증을 느끼게 되고 쉽게 피로해지며 주의 집중이 어려워진다.

A. 여름철 교통사고의 특징

여름철에 발생되는 교통사고는 무더위, 장마, 폭우로 인한 교통환경의 악화를 운전자들이 극복하지 못하여 발생되는 경우가 많다.

① 도로조건

돌발적인 악천후 및 무더위 속에서 운전하다 보면 시각적 변화와 긴장·흥분·피로감 등이 복합적 요인으로 작용하여 교통사고를 일으킬 수 있으므로 기상 변화에 잘 대비하여야 한다. 장마와 더불어 갑자기 소나기가 내리는 변덕스러운 기상 변화 때문에 도로 노면의 물은 빙판 못지않게 미끄러워 교통사고를 유발시킨다는 점도 유의하여야 한다.

② 운전자

기온과 습도 상승으로 불쾌지수가 높아져 적절히 대응하지 못하면 이성적 통제가 어려워져 난폭운전, 불필요한 경음기 사용, 사소한 일에도 언성을 높이며 잘못을 전가하려는 행동이 나타난다. 또한 수면부족과 피로로 인한 졸음운전 등도 집중력 저하 요인으로 작용한다.

③ 보행자

장마철에는 우산을 받치고 보행함에 따라 전·후방 시야를 확보하기 어렵고, 장마 이후엔 무더운 날씨로 낮에는 더위에 지치고 밤에는 잠을 제대로 자지 못해 피로가 쌓여 불쾌지수가 증가하여 위험한 상황에 대한 인식이 둔해지고 안전수칙을 무시하려는 경향이 강하게 나타난다.

B. 여름철 안전운행 및 교통사고 예방

① 뜨거운 태양 아래 오래 주차 시

기온이 상승하면 차량의 실내 온도는 뜨거운 양철 지붕 속과 같이 되므로 출발하기 전에 창문을 열어 실내의 더운 공기를 환기시키고 에어컨을 최대로 켜서 실내의 더운 공기가 빠져나간 다음에 운행하는 것이 좋다.

② 주행 중 갑자기 시동이 꺼졌을 때

기온이 높은 날에는 운행 도중 엔진이 저절로 꺼지는 일이 발생하기도 한다. 이 같은 현상은 연료 계통에서 열에 의한 증기로 통로의 막힘 현상이 나타나 연료 공급이 단절되기 때문으로, 자동차를 길 가장자리 통풍이 잘되는 그늘진 곳으로 옮긴 다음, 보닛을 열고 10여분 정도 열을 식힌 후 재시동을 건다.

③ 비가 내리는 중에 주행 시

비에 젖은 도로를 주행할 때는 건조한 도로에 비해 마찰력이 떨어져 미끄럼에 의한 사고 가능성이 있으므로 감속 운행해야 한다.

도로교통법령에서도 비가 내려 노면에 습기가 있을 때(노면에 눈이 20mm 미만 쌓인 때 포함)에는 최고속도의 100분의 20을 줄인 속도로, 폭우(폭설 · 안개포함)로 인해 가시거리가 100m 이내인 경우 최고 속도의 100분의 50을 줄인 속도로 운행하도록 하고 있다.

C. 여름철 자동차관리

여름철에는 무더위와 장마, 그리고 휴가철을 맞아 장거리 운전하는 경우가 있다는 계절적인 특징이 있으므로 이에 대한 대비를 해야 한다.

① 냉각장치 점검

여름철에는 무더운 날씨 속에 엔진이 과열되기 쉬우므로 냉각수의 양은 충분한지, 냉각수가 새는 부분은 없는지, 그리고 팬 밸트의 장력은 적절한지를 수시로 확인해야 하며, 팬벨트는 여유분을 휴대하는 것이 바람직하다.

② 와이퍼의 작동상태 점검

장마철 운전에 없어서는 안 될 와이퍼의 작동이 정상적인가 확인해야 하는데, 유리면과 접촉하는 부위인 브레이드가 닳지 않았는지, 모터의 작동은 정상적인지, 노즐의 분출구가 막히지 않았는지, 노즐의 분사각도는 양호한지, 그리고 워셔액은 깨끗하고 충분한지를 점검해야 한다.

③ 타이어 마모상태 점검

마모 타이어는 빗길에서 잘 미끄러질뿐더러 제동거리가 길어지므로 교통사고의 위험이 높다. 노면과 맞닿는 부분인 트레이드 홈 깊이가 최저 1.6밀리미터 이상이 되는지를 확인하고 적정 공기압을 유지하고 있는지 점검한다.

④ 차량 내부의 습기 제거

차량 내부에 습기가 찰 때에는 습기를 제거하여 차체의 부식과 악취발생을 방지한다, 폭우 등으로 물에 잠긴 차량의 경우는 각종 배선에서 수분이 완전히 제거되지 않아 합선이 일어날 수 있으므로 시동을 건다든지 전기장치를 작동시키지 않고 전문가의 도움을 받는다.

(3) 가을철

천고마비의 계절 가을은 아침저녁으로 제법 선선한 바람이 불어 즐거운 느낌을 주기도 하지만, 심한 일교차로 건강을 해칠 수도 있다. 대륙성 이동성 고기압의 영향으로 맑은 날씨가 계속되고 기온도 적당하여 학교 소풍이나 수학여행, 직장 또는 지역 단위의 교통수요가 많다. 연중 가장 심한 일교차가 일어나기 때문에 안개가 집중적으로 발생되어 대형 사고의 위험도 높아진다.

해양성 고기압의 세력이 약해져 대륙성 고기압 전면에 들거나 이로부터 분리된 고기압이 자주 통과하여 기온이 낮아지고 맑은 날이 많으며 강우량이 줄고, 아침에는 안개가 빈발하며 일교차가 심하다. 특히 하천이나 강을 끼고 있는 곳에서는 짙은 안개가 자주 발생한다.

A. 가을철 교통사고의 특징

① 도로조건

추석 교통량 증가로 전국 도로가 모살을 앓기는 하지만 다른 계절에 비하여 도로조건은 비교적 좋은 편이다.

② 운전자

추수철 국도 주변에는 경운기·트랙터 등의 통행이 늘고, 높고 푸른 하늘, 형형색색 물들어 있는 단풍을 감상하다보면 집중력이 떨어져 교통사고의 발생 위험이 있다.

③ 보행자

맑은 날씨, 곱게 물든 단풍, 풍성한 수확, 추석, 단체여행객의 증가 등으로 들뜬 마음에 의한 주의력 저하 관련 사고가능성이 높다.

B. 가을철 안전운행 및 교통사고 예방

① 이상기후 대처

안개가 발생되는 날은 예측하기가 어렵고, 예고 없이 발생하기도 하며 발생 지역의 범위도 매우 다양하다. 안개 속을 주행할 때 갑작스럽게 감속을 하면 뒤차에 의한 추돌이 우려되고 반대로 감속하지 않으면 앞차를 추돌하기 쉽다. 안개 지역에서는 처음부터 감속 운행한다.

또한 늦가을에 안개가 끼면 노면이 동결되는 경우가 있는데, 이때는 엔진 브레이크를 사용하면서 감속한 다음 브레이크를 밟아야 하며, 급 핸들 및 급브레이크 조작을 삼가 한다.

② 보행자에 주의하여 운행

사람들은 기온이 떨어지면 몸을 움츠리는 등 행동이 부자연스러워진다. 보행자도 교통 상황에 대처하는 능력이 저하되므로 보행자가 있는 곳에서는 보행자의 움직임에 주의하여 운행한다.

③ 행락철 주의

행락철인 가을에는 각 학교의 수학여행·가을 소풍, 회사나 가족단위의 단풍놀이 등 단체 여행의 증가로 행락질서를 문란케 하고 운전자의 주의력을 산만하게 만들어 대형 사고를 유발할 위험성이 높으므로 과속을 피하고, 교통법규를 준수하여야 한다.

④ 농기계 주의

추수시기를 맞아 경운기 등 농기계의 빈번한 사용도 교통사고의 원인이 되므로, 농촌지역 운행 시에는 농기계의 출현에 대비하여야 한다. 농촌 마을 인접 도로에서는 농지로부터 도로로 나오는 농기계에 주의하여 서행한다. 도로가에 심어져 있는 나무 등에 가려 간선 도로로 진입하는 경운기를 보지 못하는 경우가 있으므로 주의해야 한다.

그리고 경운기에는 후사경이 달려있지 않고, 운전자가 비교적 고령이며, 자체 소음이 매우 커서 자동차가 뒤에서 접근한다는 사실을 모르고 급작스럽게 진행 방향을 변경하는 경우가 있으므로, 안전거리를 유지하고 경적을 울려, 자동차가 가까이 있다는 사실을 알려주어야 한다.

C. 가을철 자동차관리

가을철의 자동차 관리는 여름철의 연장으로 생각하면 되고 여행이나 추석 귀향 등 장거리 운행을 할 경우가 있으므로 출발 전에 자동차 점검을 철저히 해서 고장 없이 운행할 수 있도록 한다. 또한 겨울철을 앞두고 월동준비에도 많은 신경을 써야 한다.

① 세차 및 차체 점검

바닷가로 여행을 다녀온 차량은 바닷가의 염분이 차체를 부식시키므로 깨끗이 씻어내고 페인트가 벗겨진 곳은 부분적으로 칠을 해서 녹이 슬지 않도록 한다. 그리고 진공청소기를 사용해서 차 내부 바닥에 쌓인 먼지를 제거한다.

② 서리제거용 열선 점검

기온의 하강으로 인해 유리창에 서리가 끼게 되므로 열선의 연결부분이 이탈하지 않았는지, 열선이 정상적으로 작동하는지를 미리 점검한다.

③ 장거리 운행 전 점검사항

여행, 추석 귀향 등으로 장거리 여행을 떠날 때는 출발 전에 점검을 철저히 하여야 한다.

- 타이어의 공기압은 적절하고, 상처 난 곳은 없는지, 스페어타이어는 이상 없는지를 점검한다.
- 본넷을 열어보아 냉각수와 브레이크액의 양을 점검하고, 엔진오일은 양 뿐 아니라 상태에 대한 점검을 병행하며, 팬벨트의 장력은 적정한지, 손상된 부분은 없는지 점검하고 여유분 한 개를 더 휴대한다.
- 헤드라이트, 방향지시등과 같은 각종 램프의 작동여부를 점검한다.
- 운행 중의 고장이나 점검에 필요한 휴대용 작업등, 손전등을 준비한다.
- 출발 전 연료를 가득 채우고 지도를 휴대하는 것도 필요하다.

(4) 겨울철

겨울철은 차가운 대륙성 고기압의 영향으로 북서 계절풍이 불어와 날씨는 춥고 눈이 많이 내리는 특성을 보인다. 교통의 3대요소인 사람, 자동차, 도로환경 등 모든 조건이 다른 계절에 비하여 열악한 계절이다.

겨울철은 습도가 낮고 공기가 매우 건조하다. 또한 한랭성 고기압 세력의 확장으로 기온이 급강하하고 한파를 동반한 눈이 자주 내린다. 이상현상으로 기온이 올라가면 겨울안개가 생되기도 하지만 눈길, 빙판길, 바람과 추위는 운전에 악영향을 미치는 기상특성을 보인다.

A. 겨울철 교통사고의 특징

① 도로조건

겨울철에는 눈이 녹지 않고 쌓여 적은 양의 눈이 내려도 바로 빙판이 되기 때문에 자동차의 충돌·추돌·도로 이탈 등의 사고가 많이 발생한다. 또한, 노면이 평탄하게 보이지만 실제로는 얼음으로 덮여있는 도로 구간이나 지점도 접할 수 있다. 폭설이 도로조건을 열악하게 하는 가장 큰 요인이 된다.

② 운전자

한 해를 마무리하고 새해를 맞이하는 시기로 사람들의 마음이 바쁘고 들뜨기 쉬우며 각종 모임으로 인한 음주운전이 사고가 우려된다.

추운 날씨로 인해 방한복 등 두꺼운 옷을 착용함에 따라 움직임은 둔해져 위기상황에 대한 민첩한 대처능력이 떨어지기 쉽다.

③ 보행자

겨울철 보행자는 추위와 바람을 피하고자 두터운 외투, 방한복 등을 착용하고 앞만 보면서 목적지까지 최단거리로 이동하고자 하는 경향이 있다. 이런 욕구가 더 강해지면 안전한 보행을 위하여 보행자가 확인하고 통행하여야 할 사항을 소홀히 하거나 생략하여 사고에 직면하기 쉽다.

B. 안전운행 및 교통사고 예방

① 빙판길 출발 시

노면에 눈이 쌓였거나 결빙되어 미끄러운 곳에서 출발할 때는 차가 나가지 못하고 바퀴가 헛돌기만 하는데, 이때는 출발 방법을 달리해야 한다.

가. 승용차의 경우 평상시에는 1단기어로 출발하는 것이 정상이지만, 미끄러운 길에서는 기어를 2단에 넣고 반클러치를 사용하는 것이 효과적이고, 만일 핸들이 꺾여 있는 상태에서 출발하면 앞바퀴의 회전각도 자체가 브레이크 역할을 해서 바퀴가 헛도는 결과를 초래하므로 앞바퀴를 직진 상태에서 출

발한다.

나. 눈이 내린 후 차바퀴 자국이 나 있을 때에는 선(앞)차량의 타이어 자국위에 자기 차량의 타이어 바퀴를 넣고 달리면 미끄러짐을 예방할 수 있고, 눈이 새로 내렸을 때는 타이어가 눈을 다지는 기분으로 주행하고, 기어는 2단 혹은 3단으로 고정하여 구동력을 바꾸지 않는 방법으로 주행한다.

다. 눈이 쌓인 미끄러운 오르막길에서는 주차 브레이크를 절반쯤 당겨 서서히 출발하며, 자동차가 출발한 후에는 주차 브레이크를 완전히 푼다.

② 전·후방 주시 철저

겨울철은 밤이 길고, 약간의 비나 눈만 내려도 물체를 판단할 수 있는 능력이 감소하므로 전·후방의 교통 상황에 대한 주의가 필요하다. 특히 미끄러운 도로를 운행할 때에는 돌발 사태에 대처할 수 있는 시간과 공간이 필요하므로 보행자나 다른 자동차의 흐름을 잘 살피고 자신의 자동차가 다른 사람의 눈에 잘 띌 수 있도록 한다.

③ 주행 시

빙판이나 눈길같이 미끄러운 도로를 주행할 때에는 다양한 운전 기술을 필요로 한다. 미끄러운 도로에서의 제동시 정지거리가 평소보다 2배 이상 길기 때문에 충분한 차간거리 확보 및 감속이 요구된다.

가. 미끄러운 오르막길에서는 앞서가는 자동차가 정상에 오르는 것을 확인한 후 올라가야 하며, 도중에 정지하는 일이 없도록 밑에서부터 탄력을 받아 일정한 속도로 기어 변속 없이 한 번에 올라가야 한다.

나. 주행 중 노면의 동결이 예상되는 그늘진 장소도 주의해야 한다. 햇볕을 받는 남향 쪽의 도로는 건조하지만 북쪽 도로는 동결하는 경우가 많다. 교량위·터널 근처가 동결되기 쉬운 대표적인 장소인데, 교량은 지면에서 떨어져 있어 열기를 쉽게 빼앗기고 터널 근처는 지형이 험한 곳이 많아 풍량이 강해서 동결되기 쉬우므로 감속 운행해야 한다.

다. 눈 쌓인 커브 길 주행 시에는 기어 변속을 하지 않는다. 기어 변속은 차의 속도를 가감하여 주행 코스 이탈의 위험을 가져온다. 또한 커브 진입 전에 충분히 감속해야 하며, 햇빛·바람·기온 차이로 커브길의 입구와 출구 쪽의 노면 상태가 다르므로 도로 상태를 확인 및 감속하여야 한다.

④ 장거리 운행 시

장거리 운행을 할 때는 목적지까지의 운행 계획을 평소보다 여유 있게 세워야 하며, 도착지·행선지·도착시간 등을 타인에게 고지하여 기상악화나 불의의 사태에 신속히 대처할 수 있도록 한다. 특히, 비포장도로나 산악 도로를 운행 시에는 월동 비상 장구를 휴대하도록 한다.

C. 겨울철 자동차관리

자동차도 사람처럼 추위를 타기 때문에 차량관리에 각별히 유의하지 않으면 사고의 위험성이 커진다.

① 월동장비 점검

겨울철의 눈길이나 빙판길을 안전하게 주행하기 위해 스노우타이어로 교환하거나 체인을 장착해야 하고, 체인은 구동 바퀴에만 장착해야 하며, 시속 50km이상을 주행하면 심한 진동과 소음이 생기고 체인이 벗겨질 위험도 있으므로 과속하지 않도록 한다.

② 부동액 점검

냉각수의 동결을 방지하기 위해 부동액의 양 및 점도를 점검한다.

③ 정온기 상태 점검

엔진의 온도를 일정하게 유지시켜 주는 역할을 하는 정온기를 점검하여 엔진의 워밍업이 길어지거나, 히터의 기능이 떨어지는 것을 예방할 수 있다.[2]

2) http://cafe212.daum.net/_c21_/bbs_search_read

D. 겨울철 운전 10대 요령

- 여유 있는 마음으로 임한다.
- 시동은 두 번에 나누어 한다.
- 워밍업은 필수요건으로 한다.
- 액셀은 약하게, 클러치는 서서히 밟는다.
- 앞바퀴의 출발 방향은 직진으로 향한다.
- 변속은 평소보다 낮은 rpm에서 시작한다.
- 엔진브레이크와 병행으로 주행한다.
- 브레이크는 짧게 여러 번 나누어 밟는다.
- 눈 쌓인 언덕길 2단 스타트로 출발한다.
- 코너링 도중 브레이크는 삼가 하여야 한다.
- 운전 중 흔히 부닥치는 사고위험 상황
- 겨울철 새벽에는 노면이 쉽게 얼어 매우 미끄럽다.
- 터널출구나 다리 위는 초겨울에도 결빙되는 수가 많다.
- 야간에는 앞에 오는 차의 불빛 때문에 길옆 보행자·자전거·경운기 등이 보이지 않는다.
- 터널을 나올 때 앞에 고장차량이 서있는 경우가 많다.
- 앞서가던 자전거나 오토바이가 갑자기 넘어지는 경우가 있다.
- 안전 기준 보다 높고 표시도 안 된 과속 방지턱이 갑자기 나타날 수 있다.
- 야간 간선도로변에 주정차 표시도 없이 고장 난 차량이 서있는 경우가 있다.
- 지하철공사 현장의 복공판은 아스팔트 노면보다 상당히 미끄럽다.
- 도로중간에 검문·검색을 위한 바리케이드가 안보일 경우가 많다.
- 골목길에서 갑자기 보행자·자전거·자동차 등이 튀어 나온다.
- 차도와 인도의 구분이 없는 도로에서 보행자가 갑자기 차도로 뛰어 들 수도 있다.
- 앞서가는 차량을 추월하려 할 때 앞창의 옆에서 갑자기 보행자가 튀어나온다.
- 반대쪽 차량이 갑자기 중앙선을 침범하며 달려오는 경우가 있다.
- 심야에 택시를 잡는 보행자들이 도로 중앙까지 나와 있다.

- 도로의 차선이 갑자기 줄어들거나 경사·곡선 등이 갑자기 나타날 경우를 대비해야 한다.
- 대형차의 사이에 끼여 있을 겨우 대형차는 시야가 높고·멀기 때문에 앞의 소형차를 못 볼 수도 있다.
- 신호가 없는 교차로에서 갑자기 좌·우에서 차가 나타나기도 한다.

5. 교통사고 시 처리요령

1) 교통사고 관계자가 유의할 사항

교통사고란 항공기, 선박, 자동차 등 모든 교통수단에 의하여 발생하는 사고를 말하는 것이지만 여기서는 주로 도로상에서 발생하는 자동차사고에 관하여 설명하기로 한다.

(1) 구호의무

교통사고가 나면 사고차량의 운전자나 승무원은 자기에게 과실이 있건 없건 즉시 차를 세우고 사상자를 구호하는데 필요한 조치를 취하여야 한다. 구호조치를 취하지 아니하면 설사 수사 결과 교통사고 자체에 과실이 없다고 판단되더라도 처벌을 받게 된다. 뿐만 아니라 현장에서 도주해 버리면 수사상 과실이 많은 것으로 불리한 취급을 받게 되고, 일단 도주차량의 혐의가 인정되면 일반 교통사고와 달리 징역1년 이상 사형까지 엄중한 법의 심판을 받게 된다.

(2) 신고의무

교통사고의 내용이 인적피해, 물적피해 어느 쪽이든 간에 전술한 구호조치가 끝난 다음 즉시 가까운 경찰관서에 신고를 하여야 한다. 설사 피해자가 신고하지 않기를 원한다고 하더라도 신고의무를 위반하면 처벌받게 된다. 다만, 자동차만 손괴한 것이 분명하고, 사고 후 또 다른 사고가 나지 않게 함은 물론 교통소통에도 장애가 없도록 필요한 조치를 한 때에는 신고의무가 면제된다.

2) 사고운전자의 사고처리 요령

인사 또는 접촉 사고가 발생했을 때는 도로교통법 제50조(사고발생시의 조치) 규정에 의하여 다음과 같은 의무를 진다.

(1) 즉시 정차하여야 함

이 조치를 취하지 않고 운전을 계속 하다가는 사고야기 도주로 간주되어 후일 몹시 불리하게 처리되는 수가 있음.(다만 운전자가 판단하여 다른 교통에 방해가 되지 않도록 사고지점 부근의 도로 측면에 정차시킨다던가, 부상자의 이송을 위하여 즉시 현장을 떠나도 법적으로는 현장 이탈의 책임을 지지 않음)

(2) 부상자를 구호함

이러한 의무는 사고 운전자가 취해야 할 준수사항 중에서 가장 중요한 의무이며, 이 의무의 위반은 뒤에서 볼 신고의무의 불이행과 병합하여, 이른바 뺑소니 행위도 적용되어 교통사고처리특례법에서 규정한 형사면책혜택에서 제외될 뿐만 아니라 특정범죄가중처벌법에 의하여 큰 벌을 받게 됨.(또 운전자가 피해자를 사고장소로부터 옮겨 유기하고, 피해자를 치사 후 도주하거나 도주 후 피해자 사망의 경우는 가중처벌 되며, 형법상의 유기죄와도 경합)

(3) 위험방지 조치를 취함

부상자가 없고, 접촉사고 등의 경우는 현장보존을 위해 정차한 장소부근의 교통의 지장이 없도록 경고등이나 표시기재를 사용한 교통정리로 더 큰 사고의 발생을 미연에 예방하여야 한다.

(4) 경찰관서에 신고

인적, 물적 사고를 막론하고, 사고발생 3시간 내에 이행하여야 하며, 그 이후의 신고는 지연신고로 규정되어 행정처분을 받는 경우가 있다(다만 학교운동장이나 정비공장 등 일반공장 내, 공원, 부대의 연병장 등 도로가 아닌 곳에서의 차에 의한 사고는 행정상의 교통사고로 분류되지 않으므로 신고의무 없음)

(5) 경찰관의 지시를 받는다

필요한 긴급조치가 끝나면 신고를 받고 현장에 출동한 경찰관의 지시를 받는다. 이때 유의점은 사고운전자가 당황하여 자신의 과오를 인정하는 듯한 주관적인 경솔한 말을 하여서는 안 된다. 이는 후일 불리하게 이용될 때가 있다.

(6) 보험회사나 차주에게 즉시 통고함

사고운전자의 과실이 교통사고처리특례법의 8대 과실에 해당되지 않은 부상사고의 경우에는 차량이 종합보험 등에 가입되어 있을 경우나 피해자와 합의가 성립되었을 경우는 "공소권 없음"처분으로 일단 석방된다.

(7) 인사사고의 증거확보

교통사고가 나면 교통계와 형사계 직원은 현장에 나가 스키드마크를 비롯한 현장 약도나, 현장의 유기물, 차량의 파손상태 등을 조사하여 사고발생 과정과 피해경위를 추리하는데 필요한 객관적인 자료를 수집하여 일건 서류에 첨부한다. 사고운전자들은 대부분 이런 조사에 별로 주의를 하지 않고 방관하고 있는 것이 상례이다. 그러나 이러한 자료들은 후에 사실의 진부를 가리는데 결정적인 열쇠가 되므로 운전자는 자기에게 유리한 증거가 있을 때는 꼭 기억해 두었다가 후에 진술해야 한다. 한편 물적 증거뿐만 아니라 인적 거도 중요하므로 목격자의 확보가 무엇보다 중요하다.

3) 인사사고 운전자의 사고대응 요령

(1) 경찰조사 대응 요령

초동수사를 비롯하여, 구속기간의 수사과 직원에 의한 진술조서 작성 때 운전자는 정신을 똑바로 차려, 자신이 도로교통법을 위반하였는지, 업무상 주의의무를 다하였는지, 자신의 진술이 조서에 그대로 반영되었는지, 자신에게 유리한 증거는 확보되어 있는지 등에 세심한 주의가 필요하다.

흔히 세간에서는 돈을 써야 나온다는 말이 있는데 이를 진실로 알고 수사관을 매수하여 사건을 유리하게 해결하려고 안간 힘을 다 쓴다. 그러나 이는 수사관의 취조태도의 완화정도나 기대할 수 있을 뿐, 사건 브로커의 이익을 채워주는 결과밖에 되지 않음을 명심.

사고 운전자는 자신이 절대로 무죄라고 생각되면 끝까지 과실인정을 거부하고 정식재판 청구의사를 표명하고 스티커 발부도 거부해야 한다(운전자가 스티커에 서명, 날인 하는 것은 자신의 범칙행위를 인정하는 것이고, 그에 따른 민, 형사, 행정상의 책임을 승복하겠다는 의사표시가 되는 것이다)

(2) 불구속운전자의 대응요령

사고운전자가 특례법의 형사면책 사유에 해당되면 '공소권없음'으로 행정처분만 받고 석방되거나 그것도 면책되어 무혐의로 석방되어 나온다. 또 피해정도가 경미한 사건 등 사안에 따라서는 비록 사고원인이 운전자의 10대 과실에 해당되는 경우라도 검사의 재량권에 의해 불구속입건이 되어 석방되는 경우도 있다. 그러나 불구속이라고 안심하지 말고 피해자에게 도의적인 책임이 있으므로 찾아가 진심으로 사과 위로하여 성의를 표명하는 한편, 피해자 측의 대응 자세를 살펴보고 심상치 않다고 느껴지면 이에 대응하는 준비를 게을리 하면 안 된다.

4) 구속운전자 가족의 유의사항

사건의 진상을 정확하게 알아보고 이에 대한 대처방안을 연구해야 한다.

피해자나 그 가족을 찾아가 운전자의 석방을 청원하는 진정서나 형사합의서를 얻어 오도록 노력하는 것이 중요하다.

사고운전자의 과실이 10대 과실에 해당하거나 사망사고, 뺑소니사고 등의 경우에는 비록 사고차량이 종합보험 등에 가입됐거나 피해자와 합의했더라도 사고운전자는 일단 구속 입건된다. 그러나 교통사고는 반의사불벌죄 개념을 원칙으로 하고 있기 때문에 피해자가 가해 운전자의 처벌을 원하지 않을 경우에는 사안에 따라 검사가 기소유예 또는 불구속기소 혹은 약식명령 청구 등 관대하게 처분할 수 있고, 구속재판의 경우라도 판사의 선고유예 또는 집행유예 등의 은전을 기대할 수 있다. 변호사를 찾아가서 피해자와 가해자의 주장과 경찰의 수사내용을 사실대로 설명하고 객관적인 법률상담을 청하는 것이 좋다. 대부분의 가족은 가해자에게 유리한 주장만을 말하여 변호사의 판단을 그르칠 경우가 있는데 이런 자세는 오히려 운전자에게 이익이 되지 못한다.

5) 인사사고 피해자의 사고처리 요령

- 즉시 가족 또는 친지에게 피해사실을 연락하여 줄 것을 요청하고, 전화번호 또는 주소, 성명을 알려 주어야 한다.
- 병원관계자에게 가해자의 신원과 사고차량의 소속이나 차량번호 등을 정확히 파악하여 줄 것을 요청해야 한다.
- 가해자의 신원이 파악 됐으면 종합보험이나 공제조합에 가입하였는지 여부를 알아봐야 함. 또한 종합보험에 가입하였어도 보험료의 미납으로 보험계약이 실효가 된 경우가 있으므로 이런 점도 철저히 알아 두어야 한다.
- 가해자의 재산 상태를 조사한다. 가해자에게 동산이나 부동산의 소재가 파악되면 피해의 정도를 감안한 손해액을 대강 산출하고 이들 재산에 가압류 조치를 취한다.
- 경찰에 연락한다. 교통사고의 신고의무는 사고야기 운전자에게만 있는 것이 아니라 피해운전자나 피해자에게도 있다고 봐야 한다.
- 어떤 경우에는 가해운전자가 자신의 성의와 능력을 다하여 피해자에게 억울함이 없도록 책임을 다 할 것이니 신고를 하지 말아 달라고 요청해 오는 경우가 있다. 이런 때에는 운전자의 신원을 확실히 파악하고 보호자와 상의하여 손해배상 방법이 합리적이라고 생각되면 피해자의 요청을 받아들이는 것도 좋다.

6) 형사합의 요령

(1) 피해자가 유의할 사항

보통의 합의서에는 흔히 "앞으로 쌍방이 민, 형사상 일체의 책임을 묻지 않기로 합의한다."는 내용을 기재한다. 그런데 이런 합의서는 이 교통사고에 대한 민·형사상 일체의 조건이 합의 되었을 때의 말이고 형사합의서는 운전자의 형사문제에 대해서만 우선적으로 합의하여 주는 것이므로 절대로 위와 같은 문장이 기재된 합의서에 서명, 날인해서는 안 된다.

합의금은 민사배상 문제의 종합보험처리나 차주와의 직접 합의일 때에는 공제되지 않지만, 소송을 통한 손해배상청구일 경우에는 청구액에서 공제받는다.

피해자 측은 소송까지 가지 않고 보험처리 혹은 차주와의 직접 합의할 의사가 있는 경우에는 가해자 측에서 형사합의를 제의하여 오면 가해자 측이 도저히 감당할 수 없는 무리한 합의금을 요구하지 말고 적정한 수준의 합의금으로 합의를 하는 것이 좋음

(2) 가해자가 유의할 사항

특례법의 입법취지는 "피해자의 명시한 의사에 반하여 가해자를 처벌하지 않는다."는 반의사불벌죄의 개념을 교통사범에 적용시킨 것이다. 따라서 형사합의서에는 이점을 분명히 하여 "피해자 측은 사고운전자의 형사상 처벌을 원하지 않는다."는 문장을 꼭 기재해 두어야 한다.

형사합의는 빠를수록 좋다. 대부부의 경우 합의금액을 놓고 흥정의 줄다리기를 하여 시일을 끄는데, 이것은 구속운전자에게 좋지 않다. 합의서는 1심판결 이전에 제출되어야 한다.

피해자가 무리한 합의금의 요구를 하면 가해자 측은 적정선을 제시하여 관례를 설명하고, 가정형편을 이해시켜 여러 번 설득을 시도하다가 그래도 합의가 안되면 검사의 조사기간이 끝나고 법원에 송치되기 전에 "할 수 없다. 몸으로 떼우라고 할 수 밖에 없다."하고, 합의포기를 선언하고 자리를 뜨는 모션을 써 보기도 한다. 그러면 의외로 합의가 잘되는 수도 있다.

합의 시에는 피해자 측 당사자의 신분을 확인하는 것이 중요하다. 피해자와 직접 합의할 때에는 별 문제가 없으나, 친족대표나 교통사고처리에 능숙한 대리인 등을 교섭 대표로 앞세우는 경우가 있는데 이 경우 피해자나 그 배우자가 합의에 불복하고 합의의 무효를 주장하는 수도 있다. 따라서 될 수 있으면 피해자의 직계상속권자와 합의하고 그렇지 못할 때는 이들의 위임장과 인감증명서를 받아놓고 합의하는 것이 안전하다.

합의서외에 진정서를 함께 받아 두면 더욱 좋다. 진정서도 호소력을 가질 수 있다.

형사합의는 어디까지나 법관의 양형결정의 참작 사유가 될 뿐 뺑소니사건 등 죄질이 워낙 악질이거나 전과가 많을 때에는 효과를 얻지 못하는 경우도 있을 수 있음에 유의.

7) 공탁제도

(1) 피해자와의 형사합의 교섭과정에서

- 피해자 측에서 합의금액에 관계없이 강력히 가해자의 처벌을 원할 경우,
- 피해자 측이 관행이나 상식을 벗어나는 과대한 합의금을 요구할 때,
- 관행상 합당한 금액을 피해자 측에서 요구하지만 가해자 측이 능력이 없을 때 등의 경우 가해운전자의 불구속이나 형사처벌의 완화를 바라는 가해자 측 가족은 공탁제도를 이용하는 방법이 있다.

(2) 가해자 측의 공탁제도 이용

- 피해자와의 형사합의가 결렬된 가해자 측은 자신이 상당하다고 생각하는 합의금을 법원이 지정하는 은행에 공탁하고, 공탁증명서를 발급받아 형사사건이 계류 중인 관청에 제출한다.
- 이 공탁서로서 합의가 된 것으로 간주하여, 가해자에 대한 형자처리에 참작 사유로 반영시켜 주고, 피해자 측에게는 공탁금입금을 통고하여 준다.
- 가해자의 형사법원 1심판결 선고 전까지 피해자 측에서 공탁금을 찾아가지

않을 때는 공탁금의 효력은 소멸하고 공탁자가 공탁은행에서 환불 받을 수 있고, 피해자측의 민사소송을 받을 수밖에 없다.

8) 형사면책에서 제외된 교통사고 12대 중대과실

① 신호위반 또는 안전표지 위반
② 중앙선 침범 사고
③ 제한속도 시속 20킬로미터 초과 운전
④ 앞지르기 및 끼어들기 금지위반
⑤ 철길건널목 통과방법 위반
⑥ 횡단보도에서의 보행자 보호의무 위반
⑦ 무면허 운전
⑧ 음주운전 및 약물중독 운전
⑨ 보도(步道) 침범
⑩ 승객의 추락 방지의무 위반
⑪ 어린이 보호구역 내 어린이 사고
⑫ 자동차 화물이 떨어지지 않도록 필요한 조치를 하지 않고 운전

6. 교통사고 예방대책

1) 교통안전표지

교통안전표지는 도로를 이용하는 사람과 자동차를 운전하는 사람의 안전을 위해 약속한 표지이다. 도로 표지라고도 하며 도로교통법에 의해서 교통안전표지의 종류나 양식 따위의 구분이 정해져 있다. 본 표지와 보조 표지가 있다. 본 표지에는 주의 표지 · 규제 표지 · 지시 표지 따위가 있다.

(1) 본 표지

① 주의 표지

주의 표지는 걸어가는 사람이나 자동차를 운전하는 사람에게 도로의 표면 상태나 도로에서 주의할 점 따위를 미리 알려 주거나 도로의 상태, 어린이 보호 구역 등도 알려 주는 것이다.

② 규제 표지

규제 표지는 도로를 걸어가는 사람이나 자동차를 운전하는 사람이 해서는 안 될 일들을 미리 알려 주는 것이다. 규제 표지에는 사람이나 자동차 모두, 또는 부분 통행을 금지하는 여러 가지 통행금지 표지와 우회전이나 좌회전을 금지하는 표지 등이 있다. 최고 속도와 최저 속도를 제한하는 속도 제한 표지, 걸어가는 사람들의 횡단이나 보행을 금지하는 표지도 규제 표지이다.

③ 지시 표지

지시 표지는 도로를 이용하는 사람이 도로에서 지켜야 할 일을 알려 준다. 지시 표지에는 자동차 전용 도로·자전거 전용 도로·우회전·좌회전·일방통행 등이 있다.

자동차 전용 도로 자전거 전용 도로 직진 및 우회전 양측방 통행 경음기 사용

(2) 보조 표지

보조 표지는 앞에 설명한 여러 가지 규제 표지와 지시 표지 등의 내용을 보충하기 위해 세운 표지이다. 그 밖에도 도로 표면에 기호나 문자를 적어서 여러 가지 내용을 알려 주는 노면 표지가 있다.

거리 구역 안전속도 노면상태 견인지역

2) 보행자의 필수 규칙

(1) 안전한 도로횡단 규칙

- 우선 멈추어 좌우를 살피는 습관을 가져야 한다.
- 횡단보도가 아닌 곳을 무단으로 횡단하는 일은 금해야 한다.
- 횡단보도에서 신호가 바뀌더라도 차량의 진행유무를 반드시 확인한다.
- 어린이나 노약자는 보호자와 함께 건너야 한다.
- 처음부터 건너기시작한 사람이 아니면, 파란신호가 끝나지 않았더라도 건너

지 않아야 한다.

- 신호등이 없거나 점멸신호가 있는 횡단보도에서는 차량이 완전히 멈추었거나 운전자의 수신호가 있을 때 건너도록 한다.
- 운전자는 사람이 내리고 있는 차량 옆으로 지나가거나 추월하지 않도록 한다.
- 차에서 내리는 사람은 지나가는 자전거, 오토바이, 차량에 주의해야 한다.

(2) 안전한 도로보행 규칙

- 사람은 인도로 다니고 차는 차도로 다녀야 한다.
- 인도와 차도가 구분이 안 된 도로의 경우에는 '길 가장자리' 즉 한쪽으로 다니도록 한다.
- 운동은 운동장이나 놀이터와 같은 안전한 장소에서 해야 한다.
- 비가 오는 날에 우산을 숙여 쓰면 앞을 살필 수 없으니 똑바로 쓰고 차도에서 떨어진 길의 가장자리로 걷도록 한다.
- 운전자의 눈에 잘 띄게 하기 위해 밝은 색 옷을 입어야 합니다.
- 좁은 길이나 골목길에서 넓은 도로로 나올 때에는 아무리 급한 일이 있더라도 일단 멈추어 서서 좌우를 잘 확인하고 나서야 한다.

3) 안전한 자전거 도로주행 요령

자전거 인구는 지속적으로 늘어 2017년 1300만명을 넘어섰다고 발표되었지만 안전의식은 아직도 미흡하다. 도로교통공단에 따르면 2016년 한 해 동안 발생한 자전거 교통사고는 1만 4937건으로, 2007년에 비해 71.2%가 증가했다. 자전거 사고로 가장 다치기 쉬운 부위가 머리이기 때문에 모든 연령대가 자전거 헬멧을 착용하도록 도로교통법을 개정했으며, 2018년 9월부터는 자전거 헬멧이 '의무 착용'이다.

도로는 다양한 변수가 발생하는 공간이기 때문에 돌발상황에 안전하게 대처하기 위해서는 시선과 소리에 집중해야 할 필요가 있다. 자전거를 탈 때 시선은 진행 방향을 바라보면서 살짝 노면을 향하는 것이 중요하다. 도로에 생긴 함몰, 침하 등 파손 부분이나 턱을 미리 발견하지 못할 시, 바퀴가 걸리게 되면 큰 부상으로 이어질 수 있기 때문이다.

또 양 옆이나 뒤쪽 등 시야 밖에서 들리는 소리에도 집중해야 위험 요소를 미리 감지하고 대처할 수 있다. 블루투스 스피커나 이어폰으로 음악을 크게 들으면서 라이딩을 한다면 뒤따라오는 자동차나 구두 또는 자전거벨로 추월을 알리는 소리 등을 감지하지 못해 큰 사고가 날 수 있다.

보행자들과 함께 이동하는 인도·횡단보도에서는 꼭 자전거에서 내려야 한다. 도로교통법 상 자전거는 '차'로 분류되기 때문이다. 도보로 길을 건너다 사고가 날 경우에는 보행자로 인정받아 과실을 덜 수 있으나, 자전거를 탄 채로 건너다 사고가 나면 자전거 이용자에게 과실 책임이 더 커진다.

전조등과 후미 등은 본인과 타인의 안전을 위해 반드시 장착해야 한다. 라이트는 야간 주행 시 전방의 상황을 파악할 수 있게 해주는 동시에 차량 운전자와 보행자에게 자신의 위치를 알리는 역할도 한다. 단 전조등은 마주 오는 상대방의 눈부심과 그로 인한 사고 방지를 위해 앞바퀴 바로 앞 정도 거리를 비출 수 있도록 각도를 하향 조정해야 한다.[3)]

앞으로 자전거를 이용하거나 이로 인한 사고는 점점 증가할 수 있으므로 자전거 안전주행에 필수적인 다음의 자전거 안전수칙은 반드시 지키도록 한다.

- 교통신호를 지켜라
  자전거도 차이기 때문에 교통법규를 지켜야 한다.
- 절대 역주행은 금지
  차량운전자는 자전거가 역주행하리라고 예측하지 못하기 때문에 사고로 연결되기 쉽다.
- 수신호를 사용하라
  수신호를 사용함으로서 운전자가 예측이 가능하게 해야 안전한 주행이 보장된다.
- 직선으로 주행하라
  가급적 직선으로 주행하되 주차된 차량문의 폭만큼 이격해서 주행하라

3) 아시아경제 2018.6.17, http://www.asiae.co.kr/news/view.htm?idxno=2018061712185866345(검색:2018.8.7.)

- 주차된 차량사이로 지그재그 주행 금지
  주차된 차량사이로 지그재그로 주행하게 되면 뒤따르는 차량운전자에게 보이지 않을 수 있다.
- 교통량이 많은 곳에서는 저속차량 가운데에 위치
  교통량이 많은 교차로에서 신호대기 중일 때 저속차로의 중간에 위치하고 같은 속도로 주행할 때도 마찬가지.
  (독일에서는 30km/h 존을 설치하여 차량과 자전거가 같은 차로를 사용)
- 노면표시대로 주행하라
  교차로에서 우회전 전용차로에서 갑자기 직진차로로 뛰어들지 말고 사전에 직진차로로 주행하라.
- 적절한 방법으로 좌회전하라
  차량과 같이 회전하는 방법과 직진을 한 후에 건너편 횡단보도를 이용하는 방법이 있다.
- 저속차량의 우측으로 앞지르기 금지
  차량운전자는 우측으로 자전거가 앞지르기 할 것을 예상하지 못한다.
- 보도에서는 천천히
  보도에서 통행의 우선권은 보행자에게 있다. 따라서 보행자가 있는 곳에서는 보행자의 속도로 주행하라.
- 튀어나오는 차량에 주의하라
  항상 운전자와 눈을 맞춰야 한다. 눈을 맞추기 이전에는 자전거를 보지 못한 것으로 간주하라.
- 뒤쪽도 주의하라
  균형을 잃지 않는 상태에서 뒤를 쳐다 볼 수 있어야 한다. 후사경을 사용하는 방안도 있다.
- 노면 장애물에 주의하라
  노면에 있는 복공판 틈새, 기름끼, 미끄러운 맨홀뚜껑, 잔돌 등에 주의하고 철도건널목은 직각으로 횡단하라.

- 항상 두 손은 제동할 수 있는 위치에

  한 손으로 제동할 경우 거리가 길어지거나 넘어갈 수 있다. 노면에 습기가 있을 때는 제동거리가 더 길어진다.

- 개가 따라올 때

  무시해도 계속 따라오면 물통의 물을 뿌리거나 소리쳐라. 계속 따라오면 내려서 자전거를 개의 방향으로 위치하라.

- 간단한 준비운동을 잊지 말자

  거리에 관계없이 출발 전 몇 분간은 스트레칭을 통해 근육을 이완시켜야 한다.

- 야간에는 전조등과 후미등을 켜라

  야간에는 밝은 전조등과 번쩍거리는 후미 등을 달고 주행하라. 주간에도 경음기나 호각 등을 준비하라.

- 안전 보호 장구를 착용하고 기후에 맞는 복장을 하라

  헬멧 등 안전 보호 장구를 반드시 착용하고 밝은 색 계통의 복장을 하라. 장거리 주행 시에는 갈아입을 옷도 준비하라.

- 시건장치를 이용하라

  자물쇠는 좋은 것을 구입하라. 비싸봐야 자전거보다는 싸다. 자물쇠는 U자형이 효과적이며 뒷바퀴와 프레임을 고정시켜라.

- 철저한 정비는 기본

  좋은 공구를 이용해서 항상 자전거의 정비점검을 잊지 말아야 한다.

  도로를 횡단할 때에는 반드시 건널목(횡단보도)을 이용하여, 오른쪽으로 내려서 천천히 끌고 갑시다.

- 골목길에서 큰길로 나갈 때에는 반드시 정지한 후 자동차가 있는지 확인
- 우측통행을 지키고 차량과 같은 방향으로 주행함을 원칙
- 보도나 골목길을 달릴 때 보행자가 우선임을 잊지 말고 천천히 가야한다.
- 좌우로 왔다 갔다 하거나 손을 놓고 운전하지 말며, 과속을 하지 말 것
- 바지는 아랫부분이 너풀거리지 않도록 하며, 신발은 끈이 풀어지지 않도록 한다.
- 짐을 지나치게 싣거나, 뒷자리에 다른 사람을 태우면 핸들조작에 중심을 잃

게 되어 위험

- 우산을 쓰거나 손에 물건을 들고 타지 말며, 슬리퍼를 신고 타는 일이 없도록 한다.
- 밤에 탈 경우에는 눈에 잘 띄는 밝은 색 계통의 옷을 입거나, 반사체 또는 전조등을 켜야 한다.
- 내리막길에서 과속으로 주행 때 급정거를 하면 자전거에 무리를 주어 넘어질 염려가 있어 매우 위험[4)]

4) 철도 사고에 대비 요령

철도안전을 위한 일반적인 요령은

- 철길이 파손되었거나 선로에 큰 돌 등이 떨어져 있는 것을 발견하면 즉시 신고(080-850-4982, 1544-7788, 119, 112)한다.
- 철길(교량, 터널 등)로 다니지 않는다.
- 건널목을 건널 때에는 일시정지 후 반드시 좌·우를 확인하고 횡단한다.
- 철길 가까이에서 어린이들이 놀거나 가축을 풀어 놓지 않는다.

자동차로 건널목 통과 시에는

- 건널목 통과 시에는 반드시 일시정지 후, 좌·우 방향의 열차운행 여부를 확인
- 경보종이 울리거나 차단기가 하강 중일 때는 건널목으로 진입하지 말 것
- 앞차가 건널목을 완전히 빠져나가기 전에 건널목으로 진입하지 않도록 함
- 건널목에서 차가 멈추면, 자동변속기 차량은 기어를 중립에 놓고 차를 밀고 수동변속기 차량은 기어를 1단에 놓고 클러치를 밟지 않은 상태에서 키로 시동모터를 돌리면 차를 움직일 수 있다. 차량을 밀어야 할 때는 여러 사람이 도와주도록 한다.

---

4) 자료: bicyclela.org

5) 항공기 사고 발생에 대비 요령

(1) 비상상황 발생 시

- 비행 전 승무원의 브리핑에 귀를 기울이고 상황발생시 승무원의 안내에 따른다.
- 어린이나 노약자(환자)를 위한 별도의 비상장비가 있는지 승무원에게 문의한다.
- 만일 비행 중 비상용 산소마스크가 내려올 경우에는 보호자가 먼저 마스크를 착용하고 어린이나 노약자를 도와주어야 한다.
- 비상탈출용 슬라이드 이용 시, 굽이 높은 구두나 모서리가 날카로운 장신구와 소지품을 기내에 남겨두고 탈출
- 충돌 전 좌석등받이를 앞으로 세우고 안전벨트를 착용한 후 부상을 최소화할 수 있는 자세를 취한다.

(2) 항공기 여행 시 주의사항

- 기내 수화물은 유사시 신속한 탈출에 방해되지 않도록 지정된 부피와 무게 준수
- 복장은 유사시 화상을 방지하기 위해 가급적 합성소재가 아닌 면과 같은 천연소재 의류를 이용
- 난기류 등에 의한 기체요동에 대비하여 비행 중 좌석에서는 항상 안전벨트 착용
- 만일 어린이나 노약자에게 비행 중 발생 가능한 신체 · 의학적 문제가 있다면 항공사 직원이나 승무원에게 탑승 전에 반드시 주지시켜 준다.
- 출발 전 배정된 좌석에 착석. 배정된 좌석을 임의로 변경하는 것은 항공기의 비행에 문제를 야기할 수 있다.

6) 선박 사고 발생에 대비 요령

- 소화기와 유리창을 깨는 망치가 어디에 있는지 확인
- 구명조끼가 어디에 있는지, 유사시 탈출로가 어디인지 확인

- 화재가 발생하면 큰 소리로 외치거나 경보기를 눌러 주변 사람들에게 신속하게 알리고, 소화기를 이용하여 불을 끄고 유리창을 깨서 환기를 시켜야 한다.

화재 등으로 위험한 상황이 되었을 때에는

- 의자 밑 또는 선실 내에 보관된 구명조끼를 입고 물속에서 행동이 용이하도록 가능한 한 신발을 벗는다.
- 선장 등 승무원의 안내에 따라 질서를 유지하면서 침착하게 탈출
- 출입문 쪽에 화염이 있거나 문이 열리지 않을 경우, 선내에 비치된 망치로 유리창을 깨고 탈출
- 구명조끼를 착용하고 물속에 뛰어든 사람은 신속하게 육지 쪽으로 이동하여 안전한 장소에서 거적, 낙엽 등으로 덮거나 서로 몸을 맞대거나 체온이 떨어지지 않도록 한다.

모터보트 등 소형 선박은

- 반드시 구명조끼를 착용하고 타야 합니다.
- 선내에서 장난을 치거나 한쪽으로 몰리는 것은 위험
- 음주자는 소형선박을 이용해서는 안 된다.[5)]

7) 퍼스널 모빌리티(Personal Mobility)

퍼스널 모빌리티(Personal Mobility)는 전동 휠, 전동킥보드, 전기 자전거, 초소형 전기차 등 첨단 충전·동력기술이 융합된 1인용 전동이동수단을 통칭한다. 공해를 내뿜지 않고 공간을 많이 차지하지 않아 이동수단 및 레저용품으로써 입지를 늘려나가고 있으며, 가격이 점점 떨어지고 충전 용량이 개선되면서 미래형 교통수단으로 주목받고 있다. 한국의 도로교통법 상 퍼스널 모빌리티에 해당하는 이동수단들은 원동기장치 자전거로 분류된다. 매년 확대되는 퍼스널 모빌리티 시장

5) 행정안전부 국민안전처 국민재난포털, http://www.safekorea.go.kr/idsiSFK/593/menuMap.do?w2xPath=/idsiSFK/wq/sfk/cs/csc/bbs_conf.xml&bbs_no=9&viewtype=read&bbs_ordr=507(검색:2018.8.02)

과 그 수요에도 불구하고 관련 법안은 미흡하다하지만 관련 법안과 인프라는 갖춰지지 않아 불법과 안전 우려가 커졌다.

국내에서는 도로교통법에서 정격출력 0.59kW 미만의 원동기가 달린 전동 휠 등은 원동기 장치 자전거로 분류되기 때문에 인도와 자전거 도로 운행이 금지되며, 현행법에 따르면 퍼스널 모빌리티는 자전거 도로, 인도, 공원에서 탈 수 없다. 차도를 달릴 경우에도 안전장치는 필수다.

한편, 일본에서는 퍼스널 모빌리티를 탈 수 있는 특구나 주요 공원을 주행 허용 구역으로 지정해 놓았으며, 독일은 퍼스널 모빌리티를 전기보조 이동 수단으로 분류하여 일정 조건을 만족하면 자전거 도로 주행을 허용하고 있다.

하지만 아직 우리나라에서는 퍼스널 모빌리티 관련 규제나 법이 확립되지 않아서 이용에 많은 어려움이 있지만 아직 확립되지 않은 규제 속에서도 퍼스널 모빌리티를 이용하기 위해서 꼭 지켜야하는 것들이 무엇인지 알아보고자 한다.

(1) 면허 필수

대부분의 퍼스널 모빌리티는 도로교통법 제 2조(정의), 제 19호에 따라 1인 또는 2인의 사람을 운송하기에 적합하게 제작된 이륜의 자동차 및 그와 유사한 구조로 되어있는 자동차 가운데 배기량이 125cc이하의 이륜차와 배기량 50cc미만, 전기를 동력으로 할 때는 정격출력 0.59kW미만의 원동기를 단 차로 분류되어 있다. 법적으로 '차'로 분류되기 때문에 원동기장치자전거 면허나 운전면허가 필요하다.

따라서 도로교통법 제154조(벌칙) 제 2호에 따르면 원동기장치자전거 면허를 받지 아니하고 원동기장치자전거를 운전한 사람은 30만원 이하의 벌금이나 구류에 처할 수 있다.

또한 도로교통법 제 92조(운전면허의 결격사유) 제1호에 따라 원동기장치자전거 면허는 16세 미만이 취득할 수 없으므로 위 조건을 충족하는 퍼스널 모빌리티는 16세 미만의 청소년들이 이용할 수 없다.

(2) 안전 장비 필수!

도로교통법 제 50조(특수 운전자의 준수 사항)에는 이륜자동차와 원동기장치자전거의 운전자는 행정안전부령으로 정하는 인명보호 장구를 착용하고 운전하여야한다고 명시하고 있다.

이를 위반할 경우에는 도로교통법 시행규칙 별표28에 따라 2만원의 범칙금이 부과된다.

❑ 인명보호장구(도로교통법 시행규칙 제32조)

① 법제50조제3항에서 "행정안전부령이 정하는 인명보호장구"라 함은 다음 각 호의 기준에 적합한 승차용 안전모를 말한다.

- 좌우, 상하로 충분한 시야를 가질 것
- 풍압에 의하여 차광용 앞창이 시야를 방해하지 아니할 것
- 청력에 현저하게 장애를 주지 아니할 것
- 충격 흡수성이 있고, 내관통성이 있을 것
- 충격으로 쉽게 벗어지지 아니하도록 고정시킬 수 있을 것
- 무게는 2킬로그램 이하일 것
- 인체에 상처를 주지 아니하는 구조일 것
- 안전모의 뒷부분에는 야간운행에 대비하여 반사체가 부착되어 있을 것

(3) 퍼스널 모빌리티 주행도로

퍼스널 모빌리티는 도로교통법상 원동기장치자전거로 오토바이와 같은 취급을 받기 때문에 차도에서 달려야한다. 그러나 모든 차선을 이용할 수 있는 것은 아니다.

도로교통법 제20조(진로 양보의 의무)에 따라 도로 우측 가장자리를 이용해 다른 차의 진로를 방해하면 안되기 때문이다.

속도가 느린 차와 특수한 차는 우측 차선을 이용해야 한다는 사실에 따라 자동차만큼 속도가 나오지 않는 스마트 모빌리티는 우측 가장자리를 이용해야 한다.

(4) 속도 제한

2017년 8월 1일부터 적용된 전안법(전기용품 및 생활용품 안전관리법)에 의한 KC 안전 확인의 시행으로 스마트 모빌리티 판매 산업에는 제동이 걸렸다. 전동 기능이 있는 보드류는 안전 확인을 거쳐야 하는데, 확인 기준 중 하나가 최고속력이 25km/h를 넘지 않아야 한다는 것이다.

현재 법안은 제품 구매 후 소비자가 튜닝을 하는 것에 대한 규제가 마련되어 있지 않은 상태이다. 따라서 속도 제한을 해제한다고 해도 처벌할 수 있는 방법은 없지만, 과속으로 인한 사고, 과도한 배터리 사용으로 인한 고장, 튜닝으로 인한 A/S 불가능 등 불이익을 감수하고 어떤 선택을 할 것인지는 소비자의 판단과 책임이 뒤따르기 때문에 특별히 안전에 고나한 주의를 소홀히 해서는 안 된다.

❑ 교육목표

○ 교통사고의 개념에 대해 설명한다.

○ 교통사고의 요인에 대해 설명한다.

○ 교통사고와 운전자 특성에 대해 설명한다.

○ 교통약자의 안전에 대해 설명한다.

○ 어린이 교통행동 특성에 대해 설명한다.

○ 자동차 일상점검요령에 대해 설명한다.

○ 안전운전과 방어운전요령에 대해 설명한다.

○ 계절별 안전운전요령에 대해 설명한다.

○ 교통사고 시 사고운전자의 사고처리 요령에 대해 설명한다.

○ 교통안전표지에 대해 숙지하고 설명한다.

○ 1인용 전동이동수단인 퍼스널 모빌리티(Personal Mobility) 사용 요령에 대해 설명한다.

○ 교통관련법 규정을 검색하고 설명한다.

○ 다양한 교통사고 사례를 분석하고 문제점을 설명한다.

제15장

해외에서의 안전

1. 해외여행경보제도
2. 위험 상황별 행동 요령
3. 해외여행 시 응급상황 대처법

Chapter 15 해외에서의 안전

1. 해외여행경보제도

1) 개요

해외여행경보제도는 국가별 안전수준을 고려하여 지정하며, 해외여행을 하는 우리국민에게 특정 국가(지역) 여행·체류 시 특별한 주의가 요구되는 국가 및 지역에 경보를 지정하여 위험수준과 이에 따른 안전대책(행동지침)의 기준을 안내하는 제도이다. 우리국민의 안전에 대한 위험(위협)을 중요한 기준으로 해당 국가(지역)의 치안정세와 기타 위험요인을 종합적으로 판단하여 안전대책의 기준을 판단할 수 있도록 중·장기적 관점에서 여행경보를 지정·공지하고 있다. 이미 미국, 영국, 캐나다, 호주, 뉴질랜드 등의 국가에서 유사한 제도를 운영하고 있어, 안전한 해외여행에 기여하고 있다.

2) 대상

여행경보는 해외 주재원, 출장자, NGO요원, 선교사, 여행자 등 해외에 체류할 예정이거나 체류하고 있는 모든 우리국민들을 대상으로 하고 있다. 해외로 나가는 국민들은 목적지 국가의 여행경보단계를 사전에 확인하시고, 단계에 따른 행동지침을 따르는 것이 안전여행의 지름길임을 유념하여야 한다.

3) 지정절차

외교부는 해외에서 치안정세, 테러위협, 정정불안, 자연재해 등 다양한 사건사고의 위험이 인지되거나 발생하여 여행경보의 지정이 필요하다고 판단하는 경우에는 해당국가의 여행경보를 조정하여 국민들에게 해당 국가의 위험수준과 행동지침을 안내하고 있다. 외교부는 재외공관으로부터 국가별 안전과 치안에 관한 정보를 지속적으로 보고받고 있으며, 우리국민의 안전에 영향을 미치는 전반적인 해외동향을 포함하여 해외에서 발생하고 있는 사건·사고를 다양한 경로를 통해 상시 모니터링하고 있다.

외교부는 해외 우리국민의 안전을 최우선으로 그 안전에 위협을 줄 수 있는 상황이 발생하게 되면 수시로 여행경보단계를 변경하고 있다. 아울러 여행경보가 지정된 국가들의 경보수준에 따라 정기적으로 짧게는 월, 길게는 반기별로 이미 지정된 여행경보단계의 적정성을 검토하고, 필요시 변경하고 있다.

4) 여행경보단계별 행동지침

외교부는 여행경보제도를 통해 해외 방문예정이거나 체류 중인 우리 국민들에게 4가지 여행경보단계별 행동요령을 제공하여 안전한 해외여행을 도모하고 있다. 여행경보 1단계부터 3단계까지 지정된 국가들에 여행을 계획하고 있거나 체류국민들은 단계에 따른 권고사항을 참고하여 필요한 안전대책을 마련하여야 한다. 그리고 여행경보 4단계 여행금지국가에 여행을 계획하거나 체류자들은 여권법에 의해 정부의 허가 없이 무단 입국하게 되면 관련법에 의거하여 처벌(1년 이하 징역 또는 1000만 원 이하 벌금)을 받게 된다.[1)]

1) 외교부 해외안전여행, http://www.0404.go.kr/walking/walking_intro.jsp(검색: 2018.8.2)

〈표 15-1〉 해외여행 경보단계별 행동지침

여행경보단계		해외체류자	해외여행 예정자
1단계: 남색경보	여행유의	신변안전 유의	
2단계: 황색격보	여행자제	신변안전 특별유의	여행필요성 신중검토
3단계: 적색경보	여행제한	긴급용무가 아닌 한 철수	가급적 여행취소 · 연기
4단계: 흑색경보	여행금지	즉시 대피 · 철수	방문금지
• 특별여행주의보	철수권고	긴급용무가 아닌 한 철수	가급적 여행취소 · 연기
• 특별 여행경보	즉시대피	즉시대피	방문금지

*참고:외교부 해외안전여행, http://www.0404.go.kr/walking/walking_intro.jsp

여행경보가 지정되어 있지 않다고 해서 특정 국가나 지역이 반드시 안전하다는 사실과 직결되는 것은 아니다.

특히, 9. 11테러 사건 이후 세계 각국에서 테러사건이 빈발하고 있고, 세계 도처에서 그 가능성이 지속적으로 지적되고 있는 것을 보아도'세계에서 100% 안전한 곳은 없다'라는 전제하에 해외에서는 '자신의 안전은 스스로 지킨다' 는 의식을 갖고 안전대책을 상시 갖추는 것이 중요하다. 외교부는 여행경보제도 외에도 홈페이지 [안전정보]-[국가별 안전소식]을 통해 사건 · 사고, 테러 위협, 자연재해 등에 관한 정보 외에도 국가별 치안정세, 관습 등 관련정보를 게재하고 있으니, 안전한 해외여행을 위해 활용하도록 한다.

5) 특별여행경보제도

여행자들에 대한 중 · 장기적인 여행안전정보 제공에 초점을 둔 "여행경보"와는 달리 "특별여행경보"제도는 단기적인 위험 상황이 발생하는 경우에 발령하고 있다.

(1) 경보 단계

① 특별여행주의보(특별여행경보 1단계)

여행경보가 지정되어 있지 않거나, 1·2단계인 경우 해당 국가 전역에 여행경보 3단계 "여행제한"(긴급용무가 아닌 한 귀국, 가급적 취소 혹은 연기)에 준하는 효과가 발생한다.

② 특별여행경보(특별여행경보 2단계)

여행경보단계와 관계없이 해당 국가 전체 또는 일부 지역에 "철수 권고"에 해당하는 효과가 발생한다.

(2) 발령 요건

해당국가의 치안이 급속히 불안정해지거나, 전염병이 창궐하거나, 재난이 발생하는 경우 등에 발령하며 "특별여행경보" 발령 국가에 대한 "여행경보" 단계 조정을 별도로 실시하지는 않는다.

발령 기간은 기본 1주이며, 상황이 종료될 때까지 자동 연장된다.

6) 여행금지제도

외교부는 우리 국민을 보호하기 위해 여권법 등 관련 규정에 따라 우리 국민들의 방문 및 체류가 금지되는 국가를 지정하고 있다.

여행금지 국가·지역은 흑색경보단계인 "여행금지"로 지정된 국가·지역으로써, 방문이 금지되며 이미 체류하고 있는 경우 즉시 대피·철수가 요구되고 있다.

(1) 법적근거

• 여권법 제17조(여권의 사용제한 등)

외교부장관은 천재지변·전쟁·내란·폭동·테러 등 대통령령으로 정하는 국외 위난상황(危難狀況)으로 인하여 국민의 생명·신체나 재산을 보호하기 위하여 국민이 특정 국가나 지역을 방문하거나 체류하는 것을 중지시키는 것이 필요하다고 인정하는 때에는 기간을 정하여 해당 국가나 지역에서의 여권의 사용을 제한하거나 방문·체류를 금지 (이하 "여권의 사용제한 등"이라 한다)할 수 있다. 다만, 영주(永住), 취재·보도, 긴급한 인도적 사유, 공무 등 대통령령으로 정하는 목적의 여행으로서 외교부장관이 필요하다고 인정하면 여권의 사용과 방문·체류를 허가할 수 있다.

- 여권법 제26조

제17조제1항 본문 및 제2항에 따라 방문 및 체류가 금지된 국가나 지역으로 고시된 사정을 알면서도 같은 조 제1항 단서에 따른 허가(제14조제3항에 따라 준용되는 경우를 포함한다)를 받지 아니하고 해당 국가나 지역에서 여권 등을 사용하거나 해당 국가나 지역을 방문하거나 체류한 사람은 1년 이하의 징역 또는 1000만 원 이하의 벌금에 처한다.

(2) 여행금지국가 지정 현황

외교부는 우리 국민의 생명·안전을 보호하기 위하여 여권법 등 관련규정에 따라 아래의 국가들은 지정된 기간 동안 여행금지국으로 지정하여 우리 국민들의 방문 및 체류를 금지하고 있다

- 이라크 (2007년 8월 7일~2019년 1월 31일까지)
- 소말리아·아프가니스탄 (2007년 8월 7일~2019년 1월 31일까지)
- 예멘 (2011년 6월 28일~2019년 1월 31일까지)
- 시리아 (2011년 8월 20일~2019년 1월 31일까지)
- 리비아 (2014년 8월 4일~2019년 1월 31일까지)
- 필리핀 일부지역(잠보앙가, 술루 군도, 바실란, 타위타위 군도)
  (2015년 12월 1일~2019년 1월 31일까지)[2]

2) 외교부 해외안전여행, http://www.0404.go.kr/walking/prohibition_system.jsp(검색: 2018.8.2)

2. 위험 상황별 행동 요령

1) 도난/분실

(1) 여권

해외 어디를 여행하든지 여권은 지갑과 별도로 보관해 여권과 지갑을 함께 분실하지 않도록 주의한다. 만일 여권을 분실·도난당했을 때에는 위·변조되어 악용될 가능성이 있고 본인에게 피해가 갈수도 있으므로 즉시 신고해야 한다.

여권 분실의 경우를 대비해 여행 전 여권을 복사해 두거나, 여권번호, 발행연원일, 여행지 우리 공관 주소 및 연락처 등을 메모해둔다. 여권 분실·도난에 대비해 여권번호·발행연월일, 여행지 우리 공관 주소 및 연락처 등을 메모해 두거나 여권사본, 사진2매(여권용 칼라사진)를 별도로 보관하면 여행증명서 발급 등에 큰 도움이 된다.

- 피해발생 시 행동 요령

여권 분실 시, 분실 발견 즉시, 가까운 현지 경찰서를 찾아가 여권분실 증명서를 만든다. 재외공관에 분실 증명서, 사진 2장(여권용 컬러사진), 여권번호, 여권발행일 등을 기재한 서류를 제출한다. 급히 귀국해야 할 경우 여행증명서를 발급받는다.

재외공관(대사관 혹은 총영사관)에서 사건 관할 경찰서의 연락처와 신고방법 및 유의사항을 안내받는다.

의사소통의 문제로 어려움을 겪을 경우, 통역 선임을 위한 정보를 제공받는다.

(2) 현금 및 수표 분실

- 여행경비를 분실·도난당한 경우, 신속해외송금지원제도를 이용(재외공관 혹은 영사콜센터 문의)
- 여행자 수표를 분실한 경우, 경찰서에 바로 신고한 후 분실 증명서를 발급받는다.

- 여권과 여행자수표 구입 영수증을 가지고 수표 발행은행의 지점에 가서 분실 신고서를 작성하면, 여행자 수표를 재발행 받을 수 있습니다. 이 때, T/C의 고유번호, 종류, 구입일, 은행점명, 서명을 알려줘야 한다.
- 그러나 수표의 상, 하단 모두에 사인한 경우, 전혀 사인을 하지 않은 경우, 수표의 번호를 모르는 경우, 분실 시 즉시 신고하지 않은 경우에는 재발급이 되지 않으므로 주의해야 한다.

(3) 항공권 분실

- 항공권을 분실한 경우, 해당 항공사의 현지 사무실에 신고하고, 항공권 번호를 알려준다.
- 분실에 대비해 항공권 번호가 찍혀 있는 부분을 미리 복사해 두고, 구입한 여행사의 연락처도 메모해둔다.

(4) 수하물 분실

- 화물인수증(Claim Tag)을 해당 항공사 직원에게 제시하고, 분실신고서를 작성한다. 공항에서 짐을 찾을 수 없게 되면, 항공사에서 책임을 지고 배상한다.
- 현지에서 여행 중에 물품을 분실한 경우, 현지 경찰서에 잃어버린 물건에 대한 신고를 하고, 해외여행자 보험에 가입한 경우 현지 경찰서로부터 도난신고서를 발급받은 뒤, 귀국 후 해당 보험회사에 청구.

(5) 도난 · 분실 예방책

- 여권이나 귀중품은 호텔 프론트에 맡기거나 객실 내 금고 또는 안전박스에 보관합니다. 그 날 사용할 만큼의 현금만 가지고 다닌다.
- 현금은 지갑과 가방, 호주머니에 나누어 지닌다.
- 식당에서는 의자에 가방을 걸어두지 말고 식사하는 동안에는 가방을 본인 무릎 위에 두는 것이 안전하다.
- 뒷주머니에는 절대로 지갑을 넣지 말고 바지 앞주머니나 코트 안주머니에 넣

는 것이 안전하다.

- 가방을 가지고 걸을 때는 어깨로부터 가슴에 가로질러 X자로 맨다.
- 사람이 많은 출퇴근 시간의 기차나 버스 안에서 가방이나 지갑을 조심한다.
- 모르는 사람이 시간이나 길을 묻는 등 말을 걸어 올 때에는 조심한다.
- 호텔 프론트에서 체크인 및 체크아웃 시 수하물은 반드시 시선이 닿는 곳에 놓거나 일행이 있을 경우 한사람은 수하물을 지키도록 한다.[3)]

2) 부당한 체포 및 구금

- 당황하지 말고 침착하게 현지 사법당국의 절차에 따른다.
- 우리 공관에 구금 사실을 알리도록, 현지 사법당국에 요청한다.

※ 해외에서 사건·사고가 발생할 경우, 그 나라의 법과 절차에 따라 수사와 사건 처리가 진행된다. 재외공관은 자국민이라는 이유로 현지 사법당국에 특별한 대우를 요구하거나, 직접 해당사건을 담당할 법적 권한이 없음을 기억해야 한다.

- 현지 언어가 능통하지 않을 경우, 사법당국에 통역 지원이 가능한지 문의한다.
- 본인이 모르는 외국어로 작성된 문서나 내용을 정확하게 이해하지 못할 경우, 함부로 서명하지 않는다.
- 영사와의 면담 시 향후 진행될 사법절차, 현지 법체계에 대한 일반적인 정보를 제공받을 수 있다.
- 국내 가족과 연락을 하고 싶을 경우, 사법당국 또는 담당영사에게 협조를 구합니다.
- 체포·구금 당시 부당한 대우, 가혹 행위, 반인권적인 사항이 있었을 경우, 영사와의 면담 시 관련 사실을 알려 관계 당국에 시정을 요청할 수 있도록 합니다.
- 변호사비, 보석, 소송비를 지불하기 위해 필요한 경우, 신속해외송금 지원제도를 활용한다.

---

3) 외교부 해외안전여행, http://www.0404.go.kr/country/manual.jsp

- 전문적인 법률 자문을 구하고 싶을 경우, 변호사 선임에 필요한 정보를 제공받는다.

❑ 비엔나 협약

- 영사관계에 관한 비엔나 협약 제36조(파견국 국민과의 통신 및 접촉) 1항 (b) 파견국의 영사관할구역내에서 파견국의 국민이 체포되는 경우, 또는 재판에 회부되기 전에 구금 또는 유치되는 경우, 또는 기타의 방법으로 구속되는 경우에, 그 국민이 파견국의 영사기관에 통보할 것을 요청하면, 접수국의 권한있는 당국은 지체없이 통보하여야 한다.
- 체포, 구금, 유치 또는 구속되어 있는 자가 영사기관에 보내는 어떠한 통신도 동 당국에 의하여 지체없이 전달되어야 한다.
- 동 당국은 관계자에게 본 세항을 따를 그의 권리를 지체없이 통보하여야 한다.[4)]

3) 인질 · 납치상황

납치와 관련된 오해 중의 하나는 납치되면 살해될 위험이 높다고 생각하는 것이다. 사실 납치된 자들이 납치범에 의해 살해되는 경우는 드물다. 납치된 경우 먼저 납치범들이 죽이려고 하였다면 인질로 납치하지 않았을 것이라는 사실을 이해하는 것이 중요하다.

또한 인질 자신이 어떻게 행동하느냐가 생사에 크게 영향을 미친다. 납치된 순간이나 감금기간 중 감정을 어떻게 통제하느냐가 중요하다. 납치 시 가장 위험한 순간은 최초의 몇 분간과 구조작전 때이다. 이때 저항과 격렬한 감정을 보이는 것은 절대 금물이다.

4) 외교부 해외안전여행, http://www.0404.go.kr/country/manual.jsp

(1) 납치의 기본적 세 단계

① 포획(Capture)의 단계: 납치되면 일단 순응하라.

지시받은 것은 그대로 하고 지시받지 않은 것은 하지 말아야 한다. 말도 먼저 걸지 말고 허락된 경우에도 부드럽고 존중하는 태도로 말해야 한다. 결론적으로 피랍자는 무리 가운데 한 이름 없는 사람이 되어 납치범들의 주의를 끌지 않도록 주의해야 한다.

② 억류(Detention)의 단계: 규칙적인 생활을 통해서 건강을 유지하라.

이때 억류자들은 피랍자들을 심문하며 절망감을 주려고 노력하지만 크게 위험한 기간은 아니다. 이때 가능한 한 동료들에게 관심을 가지면서 서로 의사전달을 하려고 노력해야 한다. 또한 억류자들과 다양한 화제로 대화할 수 있고 일상 생활용품을 요청할 수 있다. 이때 논쟁의 소지나 억류자의 자존심을 건드리는 대화는 하지 말아야 하며 건강을 무시하거나 자포자기에 빠져서는 안 된다. 동료를 배반하는 말이나 일을 해서는 안 된다.

③ 구조(Rescue) 또는 석방(Release) 단계: 끝까지 신중하라.

인질들이 석방되었다고 해서 상황이 완전히 종료되었다고 생각해서는 안 된다. 재난후유장애(post-traumatic stress disorder)의 처리 등 사후처리 사항들이 남아있다는 것을 염두에 두어야 한다.

(2) 해외여행 시 인질 납치에 대한 유의사항

- 필리핀 · 콜롬비아 · 인도네시아 등 인질납치가 빈번한 국가를 여행할 때에는 분쟁 또는 치안 불안지역을 사전에 파악하여 여행을 자제하는 것이 안전하다.
- 여행불안지역을 여행할 때에는 사전에 현지 한국공관(대사관, 영사관)에 신고하여 비상 시 도움을 받도록 한다. 해외 90일 이상 체류하는 경우에는 '재외국민등록'을 해야 위급 상황 시 긴급연락 등의 조치를 받을 수 있다.
- 여행 중 납치가 될 가능성은 희박하지만 일단 납치가 되어 인질이 될 경우에는 자제력을 잃지 말고 납치범과 지속하며 우호적인 관계를 형성하도록 한다.

(3) 인질 납치 시 행동 요령

- 놀라거나 자제력을 잃지 말고 침착해야 한다.
- 외부에서 모든 구출수단을 강구하고 있다는 점을 잊지 말아야 하며, 휴대폰을 켜 두면 위치추적이 가능하여 구출활동에 크게 도움이 될 수 있다.
- 경우에 따라서 살해될 위험이 있으므로 함부로 저항하지 말고 감시가 엄격할 경우에는 절대 도망치려 해서는 안 된다.
- 눈이 가려지면 주변의 소리 · 냄새 · 범인의 억양 · 이동시 도로상태 등 특징을 기억하려고 노력한다.
- 납치범을 자극하는 언행은 삼가고, 몸값요구를 위한 서한이나 육성녹음을 원할 경우 응하도록 한다.
- 버스나 비행기 탑승 중 인질이 된 경우, 순순히 납치범의 지시에 따르고 섣불리 범인과 대적하려 들지 말아야 한다. 섣부른 행동은 자신의 생명은 물론 다른 인질 들의 생명도 위태롭게 할 수 있다.

(4) 감금 상태 시 마음가짐

① 평상심을 갖도록 노력한다.

감금되었을 때의 최대의 적은 납치범이 아니라 자기 자신의 태도이다. 공포감과 절망감을 이겨 극복할 수 있도록 노력을 해야 하며 단단히 정신을 차려야 한다.

가족이나 회사가 석방을 위하여 노력하고 있다는 것을 항상 잊어서는 안 된다.

감금 중에는 자기 자신에 대하여 자신감을 잃고 때로는 자기의 운명을 신에게 맡기고 종교적이 되기도 하는데 신을 의지하여 기도를 하면 공포에서 구원될 것이라는 일말의 희망으로 마음의 편정을 찾을 수도 있다.

② 처음 몇 일간을 잘 참아낸다.

최초의 몇 일간은 매우 견디기 어려운 시간이 될 것이다. 이 기간 동안 납치범은 인질들에게 고통을 가하게 된다. 납치범들은 잔인할 정도로 흉포하게 굴다가도 갑자기 양같이 순해지면서 친절하게 접근하는 등 인질들의 정신 상태를 이상하게 만들려고도 한다. 비록 지금은 최악의 상태라고 할지라도 시간이 지나면 사태가 점점 개선될 것이라는 믿음을 가져야 한다. 인질을 시험하는 첫 단계에서는 인질들이 아무리 눈물을 흘리고 사정을 하여도 납치범은 여전히 폭력을 휘두를지 모르므로 치욕적인 상태에 놓일 수 있다는 각오를 충분히 하여야 한다. 자존심이 높은 사람이나 여러 사람의 면전에서 모욕적인 취급을 당하는 것에 익숙지 못한 사람에게는 오히려 수치심을 주는 공격방법을 사용하게 되는 것이다. 벌거벗겨 여러 사람 앞에 세워 놓는다거나 하면 견딜 수 없는 치욕감으로 사람이 공포스러운 상태에 빠지기 쉬우나 이것은 테러리스트들이 즐겨 사용하는 전술이라고 생각하고 이를 정신적으로 극복해야 한다.

③ 규칙적인 생활

납치를 당하여 감금이 되면 어떤 형태로든 지금까지 감금 중에 시간을 보냈던 내용 즉 매일의 일기 등을 테러리스트들이 알지 못하도록 기록을 남겨 놓는다. 암호를 써 놓거나 상황에 따라 벽, 나무 조각 등 주변의 물건을 이용하여 기록하도록 하고 스스로 하루 생활을 계획하여 그것을 규칙적으로 계속해 나가도록 노력하여야 한다.

④ 정신적 운동

일정한 시간에 잠이 들도록 하며 정해진 시간에 일어나는 규칙적인 생활과 일정한 원칙에 따라 좁은 공간에서 할 수 있는 '아이소메트릭스(Isometrics-정지한 채로 2,3초간 몸체의 어느 한 부분에 힘을 주는 운동으로 부위를 바꿔가면서 반복한다)를 한다. 이런 운동을 매일 하면 정신운동이 되는데 이렇게 하면서 한편으로는 납치 전 가정에서나 직장에서 일상적으로 해 왔던 일들에 관해서도 생각을 해 본다. 혹은 이제까지 해보려고 생각했던 일이 있으며 그것을 이 기회를 이용하여 구체적으로 정리해 본다든지 하여 무료하게 시간을 보내지 말아야 한다.

감금상태에 있더라도 장기적으로 목표를 세우고 활력과 지적 관심을 지속시키도록 노력해야 한다. 예를 들면, 납치를 주제로 책을 쓴다든지, 자기가 좋아하는 취미활동을 상상하며 나름대로 이에 대한 연구를 해보든지 감정적이 되어 우울해하는 것보다 특별한 상황을 일상생활처럼 보내도록 억지로라도 노력해야 한다.

⑤ 끼니를 거르지 않고 잘 먹는다.

감금 중에는 형편없는 식사라도 가리지 않고 먹어야 한다. 단식하는 것은 아무런 도움이 안 되며 오히려 자기의 건강만 해치게 된다. 건강을 유지할 수 있도록 충분한 영양공급은 안되겠지만 억지로라도 먹는 것이 현명하다.

⑥ 화내지 말며 비굴하지도 말아라

항상 자존심을 잃지 않도록 하며 어떠한 경우에도 비굴해 져서는 안 된다. 때때로 그들은 자신들의 과격성을 발휘하여 그들의 정치적 혹은 종교적 이념을 주입시키려고 온갖 수단을 가할지도 모른다. 이럴 때는 그들의 말을 성의 있게 들어주는 것이 좋다. 불필요하게 그들의 주장을 반박하여 그들의 감정을 자극해서는 안 된다. 조용히 경청하면서도 동요되거나 두려워하지 않는 침착성을 유지하는 것이 중요하다.

그들과 진실하게 대화를 나누고 될 수 있는 대로 그들과 우호적인 관계를 구축해 두며, 공적인 부분보다 개인적인 부분을 나누며 신뢰를 쌓는 것이 좋다.

4) 테러/폭발 상황

최선의 예방책은 습격·폭파 등 테러가 빈발하는 치안불안지역이나 분쟁 중인 국가에 대한 여행이나 접근을 자제하는 것이다.

여행을 계속할 때 여행지역이 여기에 해당하는지 사전에 파악하고 해당되면 여행지를 변경하는 것이 좋다.

- 여행 중 습격·폭파의 위험에 직면하게 되면, 당황하지 말고 자신의 신체를 보호하기 위해 주의 깊게 행동하여야 한다.
- 휴대폰을 켜두면 위치추적이 가능하여 구출활동에 크게 도움이 될 수 있다.
- 엎드릴 때는 양팔과 팔꿈치를 옆구리에 붙여 폐·심장·가슴 등을 보호하고 양손으로 귀와 머리를 감싸 보호한다.
- 통상 폭발사고가 발생한 경우 얼마 후 2차 폭발이 있으므로 절대 미리 일어나서는 안 되며 이동시에는 낮게 엎드린 자세로 이동한다.

- 총기에 의한 습격일 때는 자세를 낮추어 적당한 곳에 은신하고 경찰이나 경비요원의 대응사격을 방해하지 않도록 한다.
- 독가스 등 생화학 가스가 살포된 경우, 눈물과 경련, 피부가 화끈거리거나 호흡곤란, 균형감각 상실 등의 증상 등이 나타나므로 손수건 등으로 코와 입을 막고 호흡을 중지한 채 바람이 불어오는 방향(독가스 반대쪽)으로 속히 현장을 이탈하도록 한다.
- 사건발생 후 경미한 부상을 입은 경우, 경찰과 구급차를 부르고 부상자를 도우며 현재 재외공관에 알려 우리 국민의 피해 사실을 파악할 수 있도록 한다.
- 병원균이나 생물학적 물질에 의한 테러의 경우 호흡기, 피부에 난 상처, 음식물 복용 등을 통해 감염되고 전염병을 발생시킨다. 주요 증상으로는 고열, 복통, 설사, 콧물, 인후염, 피부발진, 안구출혈, 무기력 등의 증상이 나타나게 된다. 인근에 의심물질 누출되었을 경우 손수건을 여러 겹으로 접어서 코와 입을 가린 채 신속히 현장에서 대피하고 물과 비누로 노출된 피부를 조심스럽게 씻고 관계당국에 신고하여 특이증상이 없는지 살펴봐야 한다.
- 방사능 테러는 폭발을 감지해도 특수 장비가 없다면 방사능 물질로 인한 오염이 발생했는지 감지하기 어렵다. 핵 폭발지역에 있을 경우, 비상대피소로 대피하거나, 실내에 있을 경우 모든 출입문과 창문을 빈틈없이 닫아두어야 한다.

현지 경찰서에 해당 건을 신고하고, 우리 재외공관(대사관 혹은 총영사관)에도 연락을 취하여 우리 국민의 안전을 파악할 수 있도록 한다.

5) 교통사고

- 재외공관(대사관 혹은 총영사관)에서 사건 관할 경찰서의 연락처와 신고방법 및 유의사항을 안내받는다.
- 의사소통의 문제로 어려움을 겪을 경우, 통역 선임을 위한 정보를 제공받습니다.

※ 스마트폰 사용자의 경우, 외교부 해외안전여행 어플리케이션을 다운받아두도록 한다(현지 경찰서 번호 안내 및 사건장소 촬영과 녹취기능 등 포함)

- 사고 후 지나치게 위축된 행동이나 사과를 하는 것은 자신의 실수를 인정하는 것으로 이해될 수 있으므로 분명하게 행동하도록 한다.
- 목격자가 있는 경우 목격자 진술서를 확보하고, 사고 현장 변경에 대비해 현장을 사진 촬영한다.
- 장기 입원하게 될 경우, 국내 가족들에게 연락하여 자신의 안전을 확인시켜 주고, 직접 연락할 수 없는 경우 공관의 도움을 요청한다.
- 사안이 위급하여 국내 가족이 즉시 현지로 와야 하는 경우, 긴급 여권 발급 및 비자관련 협조를 구한다.
- 급작스러운 사고로 의료비 등 긴급 경비가 필요할 경우, 해외공관이나 영사콜센터를 통해 신속해외송금 지원제도를 이용한다.
- 피해보상 소송을 진행할 경우, 그 나라의 일반적인 법제도 및 소송을 제기하기 위한 절차에 대해 문의하고, 현지 또는 통역사 선임에 필요한 정보를 제공받는다.

6) 소매치기

소매치기는 세계의 모든 국가의 거리 · 역 · 쇼핑센터 · 관광지 등에서 가장 광범위하게 발생하는 범죄이며, 일반적으로 치안이 양호하다는 북미 · 서유럽의 대도시에서도 발생빈도가 매우 높으므로 각별히 주의한다.

통상 소매치기범은 말을 걸거나 옷에 케첩, 아이스크림 등을 묻히거나, 동전을 떨어뜨리는 등의 수법을 이용하여 주의력을 분산시킨 후 순식간에 지갑을 빼내간다.

따라서 여행 도중 가끔 지갑 · 여권 등이 이상 없는지 확인하고 자기 주변을 항상 주의 깊게 살펴보는 것이 좋다. 범행자는 옆이나 뒤에서 범행기회를 노리기 때문에 주의하면 피해를 예방할 수 있다.

소매치기 우범지역인 공항이나 역 · 호텔로비 등 사람들로 북적되거나 혼잡한 장소에서는 가방이나 짐을 손에서 놓지 말아야 한다. 특히 버스나 지하철 등의 혼잡한 대중교통 이용 시에는 수시로 소지품을 체크하는 것이 좋다.

만일의 경우를 대비하여 여행경비는 나누어 소지함으로써 위험을 분산시키는 것도 좋은 방법이다.

7) 해외에서의 사기 · 호객 · 악질택시

- 해외여행 시 '한국에 대해 배우고 싶다'며 가짜물건을 비싸게 팔거나 사기도박으로 유인해 여행경비를 탕진케 하는 경우가 많다. 따라서 영어나 한국어를 구사하며 친절히 말을 걸어오는 사람을 쉽게 믿어서는 안 되며 겉모양만 보고 주의를 게을리 하지 말고 신뢰할 수 없으면 'No'라고 의사를 분명히 밝히는 것이 좋다.
- 러시아 · 중국 · 동유럽국가 등에서는 택시기사가 강도로 돌변하는 경우도 있으므로 조심해야 하며 탑승 시 택시번호를 기어하거나 메모해 두면 좋다.
- 유렵, 특히 동유럽 일대에서는 침대열차(Eurail)를 이용할 때 현지인 탑승객이 권하는 음료수는 가급적 사양하는 것이 좋다. 음료수에 수면제가 들어 있어 잠든 사이에 금품을 빼앗기는 피해가 자주 발생하고 있다.
- 중국 · 러시아 등지에서는 여성 호객꾼에게 유인되어 금품을 털리는 사례도 있으므로 술집 등에서 친절하게 다가와 유혹하는 사람에 대해서는 경계하여야 한다.

◆ 피해발생 시 행동 요령

- 현지 경찰관서에 신고한다.
- 현지 재외공관(대사관 · 영사관)에 피해사실을 신고하고 필요한 도움을 받도록 한다.
- 사기피해를 당한 경우, 사기범의 인적사항, 연락처, 피해정도 등을 현지 경찰과 재외공관 영사에게 알려 범인검거에 도움이 되도록 한다.
  악질택시 피해의 경우에는 택시회사 · 택시번호 등을 현지 경찰이나 재외공관에 제보한다.
- 술집 접대부 등 호객꾼에 꾀어 피해를 당한 경우, 신체위협을 받을 수도 있

으므로 실랑이를 벌이지 말고 술집의 이름과 위치 등을 확인 후 인근 경찰서에 신고하는 것이 좋다.

8) 마약운반·소지

- 마약에 대한 규제는 점점 강화되어 전 세계의 대부분의 국가에서 마약범죄를 중범죄로 다루고 있으며, 단순 소지 사실만으로도 중형에 처하는 나라가 있으므로 특히 주의해야 한다(중국은 헤로인 50g, 아편 1Kg을 운반소지만 해도 사형에 처할 수 있도록 하고 있다)
- 마약을 '고급차', '살 빼는 약' 등으로 사칭해 팔기도 하고 무료해외여행 등 선심성 관광(특히 중국)을 제의하고 귀국 시 휴대가방이나 서류봉투 등의 운반을 요청하는 경우도 많이 있다.
- 공항에서 승객을 가장하여 접근한 후 긴급한 용무로 탑승이 어렵게 되었다면서 국내가족이나 친구에게 줄 선물을 대신 전달해 달라고 요청하는 수법도 자주 사용하고 있다. 이는 대부분의 마약 운반일 가능성이 크므로 낯선 사람의 부탁을 받을 경우 의심해 보고 정중히 거절하는 것이 좋다. 특히 중국이나 태국 · 필리핀 등의 마약 취약국가를 여행할 때에는 본의 아니게 마약과 관련되지 않도록 특히 조심하여야 한다.
- 귀하가 운반한 가방에서 마약이 발견되었을 경우, 외국 수사당국은 귀하가 악의가 있었는지 여부에 관계없이 마약사범과 동일하게 처벌하기 때문에 본의 아니게 억울하게 일을 당하지 않도록 본인 스스로 유의해야 한다. 이 경우 우리공관이 도와 줄 수 있는 부분이 거의 없음을 숙지해야한다.
- 자신도 모르는 사이에 마약이 자신의 수하물에 포함될 수 있으므로 수하물이 단단하게 잠겼는지 확인한다.
- 공항이나 호텔 프론트에서 자신의 수하물을 항상 가까이에 둡니다.
- 자신이 모르는 사람과 도보나 히치하이킹을 통해 국경을 같이 넘지 말아야 한다.
- 복용하는 약이 있는 경우 의사의 처방전을 항상 소지해 불필요한 입국 심사

를 받지 않도록 한다.

- 아이들의 장난감 등을 통해 마약이 운반되기도 하므로, 모르는 사람에게서 선물을 받지 말아야 한다.

9) 대규모 시위 및 전쟁

- 군중이 몰린 곳에는 함부로 접근하면 위험하다.
- 대규모시위가 일어났을 경우, 특정 시위대를 대표하는 색상의 옷을 입거나 시위에 참여하는 행동은 매우 위험한 행동이니 삼가야 한다.
- 시위대의 감정이 고조되어 무력충돌(총기난사, 폭력 등)로 이어질 가능성을 대비해 긴급 출국하는 편이 좋다.
- 당장 출국하지 못할 경우에는 영사콜센터 혹은 재외공관(대사관 혹은 총영사관)에 여행자의 소재와 연락처를 상세히 알려 비상시 정부와의 소통이 가능하도록 해야 한다.
- 긴급하게 귀국 또는 제3국으로 이동해야하는 경우 재외공관(대사관 혹은 총영사관)에서는 비자발급, 여행증명서 발급 등의 출국절차를 지원받도록 한다.
- 현지 관계당국에 해당 건을 신고하고, 우리 재외공관(대사관 혹은 총영사관)에도 연락을 취하여 우리 국민 안전을 파악할 수 있도록 한다.[5]

10) 해외에서의 자연재난 시 대처요령[6]

재외공관에 연락하여 본인의 소재지 및 여행 동행자의 정보를 남기고, 공관의 안내에 따라 신속히 현장을 빠져나와야 한다.

지진이 일어났을 경우, 크게 진동이 오는 시간은 보통 1~2분 정도이다. 성급하게 외부로 빠져나갈 경우, 유리창이나 간판·담벼락 등이 무너져 외상을 입을 수 있으니 비교적 안전한 위치에서 자세를 낮추고 머리 등 신체 주요부위를 보호한다.

---

5) 외교부 해외여행안전, http://www.0404.go.kr/country/manual.jsp(검색: 2018.8.02.)
6) http://www.0404.go.kr/contentView.do?menuNo=2030500 (검색:2012.02.12)

지진 중에는 엘리베이터의 작동이 원활하지 않을 수 있으므로, 가급적 계단을 이용하고, 엘리베이터 이용 중에 지진이 일어날 경우에는 가까운 층을 눌러 대피한다.

해일(쓰나미)가 발생할 경우, 가능한 높은 지대로 이동한다. 이 때, 목조건물로 대피할 경우 급류에 쓸려갈 수 있으므로 가능한 철근콘크리트 건물로 이동해야 한다.

태풍 · 호우 시 큰 나무를 피하고, 고압선 가로등 등을 피해 감전의 위험을 줄인다.

자연재해 발생시, TV · 라디오 등을 켜두어 중앙행정기관에서 발표하는 위기대처방법을 숙지하고, 유언비어에 휩쓸리는 일이 없도록 주의해야 한다.

현지 관계당국에 해당 건을 신고하고, 우리 재외공관(대사관 혹은 총영사관)에도 연락을 취하여 우리 국민 안전을 파악할 수 있도록 한다.

(1) 화산폭발

- 콘택트렌즈 대신 안경을 착용하는 것이 좋고, 외출하고 숙소로 돌아와서 반드시 옷을 털어 준다.
- 얼굴과 손발은 즉시 깨끗이 씻어 몸과 옷에 붙어 있는 화산재와 먼지들을 털어낸다.
- 화산으로 인해 발생하는 화산재의 미세입자가 호흡기를 통해 체내로 들어가 건강을 해칠 수 있어 만성호흡기 질환자들은 여행 일정 내내 반드시 흡입기나 치료제를 챙긴다.
- 눈이 가렵다면 손으로 비비지 말고 인공눈물로 세척해 주어야 한다.
- 뿌연 먼지에서 황이나 썩은 계란, 강한 산성 등의 냄새가 나면 가급적 바깥출입을 하지 않도록 하고, 실외에 있다면 차량이나 건물 안으로 즉시 대피한다.
- 화산폭발은 지진이나 테러보다 더 무서운 자연재해 및 대형재난사고에 속하므로 유독가스를 내 뿜는 지역으로부터 멀리 피신하는 것이 안전하다.
- TV나 라디오 등의 안내방송에 귀를 기울인다.

(2) 지진

최근 몇 년간 발생한 가장 큰 자연재해중의 하나로 쓰나미를 동반하여 수많은 목숨을 앗아 간 일본지진에 이어 터키에서도 7.3규모의 지진이 발생하여 발견 된 사망자만 500명 가까이 이른다고 한다. 해외에 체류 중에 지진에 대한 대처요령을 살펴보면 다음과 같다.

- 지진은 상황에 따라 짧게는 몇 초부터 수분에 이르기는 하지만 지진해당지역이 아닌 한 멀리 대피하려 하지 말고 일단은 있던 장소에서 안전한 위치를 찾는 것이 중요하다.
- 급하게 외부로 빠져나갈 경우, 유리창이나 간판 · 담벼락 등이 무너져 외상을 입을 수 있으니 비교적 안전한 위치에서 자세를 낮추고 머리 등 신체 주요부위를 보호합니다. 지진 중에는 엘리베이터의 작동이 원활하지 않을 수 있으므로, 가급적 계단을 이용하고, 엘리베이터 이용 중에 지진이 일어날 경우에는 가까운 층을 눌러 대피한다.
- 인화성물건은 사용하지 말아야 한다.
- 여진에 주의하되 비상상황을 확인할 수 있을 정도의 간격은 두고 온다는 것도 알아 둘 필요가 있다.
- 지하시설물들은 지상보다 비교적 안전한 편이지만 침수, 정전 등에 주의한다.
- 지진해일 특보가 발령되면 학교 등 주위의 높고 안전한 곳으로 즉시 대피한다.
- 뉴스와 안내방송에 귀를 기울이고 침착함을 잃지 않도록 한다.

(3) 태풍, 호우

- 해일(쓰나미)가 발생할 경우, 가능한 높은 지대로 이동하고, 이 때, 목조건물로 대피할 경우 급류에 쓸려갈 수 있으므로 가능한 철근콘크리트 건물로 이동해야 한다.
- 태풍 · 호우 시 큰 나무를 피하고, 고압선 가로등 등을 피해 감전의 위험을 줄인다.
- 홍수가 발생하면 높은 곳을 재빨리 피한다.
  흐르는 물은 종아리 반만 잠겨도 쓸려 내려갈 수 있으므로 절대 들어가지 않는다.
홍수가 지나간 지역은 도로나 지반이 약해져 무너질 수 있으니 조심한다.

- 숙소나 건물 등에 도착한 후에는 바로 들어가지 말고 붕괴위험을 살핀다.
- 홍수 발생 시에는 특히 오염에 주의한다.

3. 해외여행 시 응급상황 대처법

여행 중 일어날 수 있는 응급 상황은 아주 다양하다. 일반적으로 뼈가 부러지는 골절 사고, 기도가 막혀 숨을 못 쉬는 기도 폐쇄, 심한 운동으로 인한 심장마비, 더운 날씨에 체온이 심하게 올라가는 열사병, 추운 곳에 오래 방치된 경우 체온이 떨어지는 저체온증 등 일어날 수 있는 상황은 상당히 많다. 따라서 평소에 생각하지 못하는 예기치 못한 응급상황에 대처하기 위하여 일반적 응급처치법과 아울러 예방도 중요하다.

1) 항공기 탑승 중 응급

항공여행 중에 발생하는 응급상황은 전문인의 도움을 구하기 어려운 경우가 많다. 그러나 통계에 의하면 일반 여객기 내에는 탑승자 중에 의료인이 동승하는 경우가 많으므로 일단 항공사 직원에게 도움을 청하는 동시에 기내의 의료인을 찾을 수 있도록 부탁해본다. 또한 항공여행 도중의 상황은 지상에서의 상황과 다른 경우가 많으므로 미리 위험요소가 있는 사람은 자문을 구하여 탑승할 지를 결정해야 하며 여행에 앞서 몸 상태를 점검해보아야 한다.

(1) 해외 항공여행 건강안전 10대 수칙

- 출발 전 과음을 삼가자.
- 과중한 업무로 출발 전 과로를 하지 말자.
- 목적지 지역의 풍토병을 예방 하자.

- 기내에서 충분한 수분을 섭취하자.
- 기내에서 혈액순환 촉진을 위해 운동하자.
- 도착시간에 맞추어 음식섭취를 조절하자.
- 건강과 쾌적한 기내환경을 위해 금연하자.
- 첫출발부터 시차극복을 위한 노력을 하자.
- 무리한 수면유인을 위해 과음을 피하자.
- 끓인 물을 마시고 평소 개인위생을 실천하자.

(2) 병약 승객에 대한 항공 의학적 지침

항공여행을 함에 있어 여객의 신체적, 정신적 적합여부를 판정함에는 아래와 같은 기준이 있다. 허약한 승객은 항공기 객실 내에서 아래와 같은 상태가 야기된다는 점을 명심하여야 할 것이다.

- 비교적 산소분압이 떨어짐
- 비교적 기압이 떨어짐(내장내의 Gas가 팽창될 수 있음)
- 거친 기류(불안을 초래할 수 있음)
- 타 여객에 대한 안전과 쾌적성을 염두에 두어야 함.

상기한 여러 조건에도 불구하고 때에 따라서는 여객의 생명을 구하기 위하여 이송치 않으면 안 될 경우가 있다. 물론 개별적으로 각 항공사에 재량에 따라 다르나 아래에 속하는 경우에는 원칙적으로 항공여행에 부적합한 것으로 되어 있다.

(3) 항공여행에 부적합한 자

- 대단히 심하고 중태에 빠져있는 심장질환, 예컨대 심한 대체 불능성 심부전 환자, 또는 최근 심근경색으로 관상동맥폐색을 일으켰던 환자, 상기의 경우에는 그 상태가 중하지 않더라도 보통 발병 후 약 6주 이내에는 적합지 않다.
- 생후 14일 미만의 신생아
- 32주(8개월) 이상 된 임신부
- 중증 중이염환자.
- 최근에 기흉 또는 뇌실조영으로 뇌신경 계통에 공기주입 등 체강 내에 기체

가 포함되어 있는 환자
- 거대한 종격실 종양, 또는 처치되지 않는 거대한 탈장증, 장폐색증, 뇌압상승을 수반하는 두부질환, 두개골 및 비골골절, 또는 하악골절로 최근 하악을 금속으로 영구식 고정을 한 환자
- 다량의 진정제 사용을 요하는 정신질환 또는 명백히 알코올, 약품 등의 중독상태에 있는 자
- 창상 치료에 충분한 시간을 못 가진 최근 수술환자(흉부 및 복부수술 후 10일 미만인 자)
- 발병 후 1개월 미만의 소아마비환자, 연수성 소아마비환자의 경우에는 특수한 조치를 하지 않는 한 항상 부적합함
- 급성감염성 질환 또는 전염병 환자.
- 감염성을 가진 또는 타 승객에게 혐오감을 일으키게 하는 피부질환환자.

2) 식중독 발생 시 조치 요령

먼저 가고자 하는 여행목적지에는 어떤 질병이 많은지, 예방접종은 필요한지 기타 예방방법은 무엇인지에 대해 의사의 조언을 구하는 것이 좋다. 또한 탈수보충용 염류제제(Oral Rehydration Salts, ORS : 설사 시 깨끗한 물에 녹여서 마심)와 식수소독약을 다른 구급약품과 함께 반드시 준비한다.

다음의 사항은 노상의 간이음식점에서 뿐만 아니라 호텔에 있는 고급 음식점에도 지키도록 한다.

- 조리 된 음식이라 하더라도 실온에서 3-5시간 이상 방치되면 식중독을 일으킬 위험이 대단히 높아진다.
  따라서 드시는 음식이 완전히 조리 된 것인지, 먹을 때 아직 뜨거운 상태인지 아닌지를 확인한다.
- 껍질을 벗기거나 깎을 수 있는 과일과 채소 이외에는 조리 되지 아니한 어떠한 음식도 피하도록 한다. 또한 껍질이 손상된 과일도 피한다. “익히거나, 껍질을 벗길 수 없으면 버리시오”라는 격언을 기억해야 한다.

- 제조회사 또는 제조 원료가 확실하지 않은 아이스크림은 보통 오염되어 있어 질병을 일으킬 수 있으므로 의심이 되면 먹지 않는다.
- 어떤 나라에 있는 특별한 어패류는 충분히 가열된 경우에도 치명적인 독을 가지고 있을 수 있다.
- 현지 사람에게 조언을 구하도록 한다.
- 살균 안된 우유는 반드시 끓여서 먹는다.
- 음용수의 안전성이 의심되면 끓이거나 식수소독약으로 소독하여 먹는다. 식수소독약은 약국에서 구입할 수 있다.
- 안전한 물로 만들어졌다고 확신 되지 않는 얼음은 먹지 않는다.
- 뜨거운 홍차, 커피 등 음료와, 병 등에 포장된 포도주, 맥주, 탄산음료, 과일주스는 일반적으로 안전하므로 마셔도 된다.

3) 설사 시 대처법

대부분의 설사는 자연 치유되어 2-3일 안에 낫는다. 중요한 것은 탈수증상이 나타나지 않도록 하는 것이다. 설사가 시작되면 바로 병 포장된 것, 끓인 것 또는 처리된 음용수나 약하게 탄 홍차를 많이 먹는다. 안전한 물로 희석한 과일주스나 스프를 먹어도 좋다. 만약 설사가 하루 이상 지속되면 탈수보충용 염류제제용액을 아래와 같이 마시고, 식사는 정상적으로 한다.

* 탈수보충용 염류제제용액 또는 섭취하여야 하는 수분량

- 2세 미만의 어린이 : 매 설사 시마다 1/4-12컵(50-100ml)
- 2-10세 어린이 : 매 설사 시마다 1/2-1컵(100-200ml)
- 10세 이상의 어린이 및 성인 : 제한 량 없음

설사가 3일 이상 지속되면서, 물 같은 설사가 자주 나오거나, 대변에 피가 섞여 나오거나, 구토가 반복되거나 열이 있을 경우에는 의사의 도움을 구한다. 대변에 피가 섞여 나오는데 의사의 치료를 받을 수 없으면 Contrimoxnzole을 5일간 복용한다.

예방을 위하여 항생제를 복용하는 것은 필요하지 않다.

지사제(예를 들어 loperamide)의 복용은 필요하지 않지만, 성인에 한하여 증세를 완화시킬 목적으로 물이나 스프와 같이 복용할 수 있다. 어린 아이에게는 어떠한 경우에도 지사제를 사용하여서는 안 된다. 만약 다른 증상이 나타나면 의사의 도움을 구한다.[7)]

4) 안전한 식사법

다음의 사항은 노상의 간이음식점에서 뿐만 아니라 호텔에 있는 고급 음식점에도 지키도록 한다.

- 조리된 음식이라 하더라도 실온에서 3∽5시간 이상 방치되면 식중독을 일으킬 위험이 대단히 높아진다. 따라서 음식이 완전히 조리된 것인지, 먹을 때 아직 뜨거운 상태인지 아닌지를 확인한다.
- 껍질을 벗기거나 깎을 수 있는 과일과 채소 이외에는 조리되지 아니한 어떠한 음식도 피해야 하며 껍질이 손상된 과일도 피한다. "익히거나, 껍질을 벗길 수 없으면 버리시오"라는 격언을 기억해야 한다.
- 제조회사 또는 제조 원료가 확실하지 않은 아이스크림은 보통 오염되어 있어 질병을 일으킬 수 있으므로 의심이 되면 먹지 않아야 한다.
- 어떤 나라에 있는 특별한 어패류는 충분히 가열된 경우에도 치명적인 독을 가지고 있을 수 있으므로 현지 사람에게 조언을 구하도록 한다.
- 살균 안 된 우유는 반드시 끓여서 먹는다.
- 음용수의 안전성이 의심되면 끓이거나 식수소독약으로 소독하여 먹는다. 식수소독약은 약국에서 구입할 수 있다.
- 안전한 물로 만들어졌다고 확신되지 않는 얼음은 먹지 않는다.
- 뜨거운 홍차, 커피 등 음료와, 병 등에 포장된 포도주, 맥주, 탄산음료, 과일주스는 일반적으로 안전하므로 마셔도 된다.

위의 소개된 식사요령들은 노상의 포장마차에서 뿐만 아니라 호텔에 있는 고급 음식점일지라도 꼭 지키도록 한다.

7) http://hosp.ajoumc.or.kr/emc/program/aid_read.asp?c_idx=358

❑ 교육목표

○ 해외여행경보제도에 대해 설명한다.

○ 해외여행경보 단계별 행동지침에 대해 설명한다.

○ 여행금지국가에 대해 설명한다.

○ 해외에서 여권분실 시 행동요령 대해 설명한다.

○ 해외에서 부당한 체포 및 구금 시 행동요령에 대해 설명한다.

○ 해외에서 인질, 납치 시 행동요령에 대해 설명한다.

○ 해외여행 시 식중독 발생했을 때 행동요령에 대해 설명한다.

○ 해외에서 안전한 식사요령에 대해 설명한다.

○ 해외안전 관련 기관 상트를 조사하고 여러 가지 정보를 설명한다.

○ 해외 한국인의 다양한 사고사례를 조사 분석하고 설명한다.

○ 해외 안전에 관한 최근 사회적 이슈에 대해서 조사하고 설명한다.

참고문헌

1. 단행본

강영숙 · 김재호 · 김영훈 · 정준식, 「안전관리론Ⅱ」, 도서출판 진영사, 2018.

경찰공제회, 「일반경비」, 일반경비교재, 2011.

고성혜 외, 「청소년 문제행동의 이해」, 서울특별시 자녀안심운동서울협의회, 2000.

권봉안 · 정순광, "청소년 수련원의 실태조사를 통한 안전교육 필요성의 고찰", 「청소년 안전교육 실천방법모색」, 201년도 하계학술세미나, 2001.

김두현 · 김상철, 「생활과 안전」, 도서출판 동화기술, 2003.

김수근 · 정동혁, 「사이버시대의 건강관리」, 대경출판사, 2001.

김용국, 「현대인의 건강과 스포츠」, 한올출판사, 2002.

김용수 · 김창은 · 심종칠, 『안전공학론』, 한올출판사, 1998.

김천수, 「성희롱예방과 대책」, (주)중앙경제, 2002.

박영규, 「성폭력 예방, 처벌의 법률지식」, 청림출판, 1998.

박경식, 「스토킹 : 새롭게 인식되는 범죄행위」, 경찰대학교 논문집 제19집.1999.

서진석, 「현대사회와 안전」, 문형출판사, 2004.

신정호 외, 「인간과 행동」, 연세대학교출판부, 1997.

신동운, 「형법총론」, 법문사, 2001.

오영근, 「형법총론」, 대명출판사, 2002.

이경순 외, 「정신건강간호학」, 현문사, 2000.

이상원, 「범죄예방론」, 대명출판사, 2005.

이소우 외, 「정신간호총론(제3판)」, 수문사, 1994.

이시형 외, 「현대사회와 스토킹」, 삼성생명 사회정신건강연구소, 1998.

이원숙, 「성폭력과 상담」, 학지사, 2003.

이윤근, 「민간경비론」, 엑스퍼트, 2004.
이윤희, '성폭력의 사회적 통념과 피해영향에 관한 연구', 인천대학교, 2001.
박영규 · 서광호, 「성범죄예방 · 처벌의 법률지식」, 청림출판사, 1998.
전대양, 「현대사회와 범죄」, 형설출판사, 2002.
정준식 · 강영숙 · 김재호 · 함우형, 「안전관리론 I 」, 도서출판 진영사, 2018.
최선우, 「민간경비론」, 도서출판 진영사, 2008,
최인범 · 정용승, 「안전교육」, 도서출판 21세기교육사, 1997.
청소년폭력예방재단 편저,「학교폭력 고통받는 아이들을 위해 무엇을 할 것인가?」, 한울림, 1996.
청소년폭력예방재단, 「폭력은 싫어요: 학교폭력의 예방과 지도」, 1996.
충남청소년종합상담실,「청소년과 폭력」, 1994.
한국성폭력상담소, 「성폭력 해결을 위한 진단과 전망」, 1994.
한국청소년개발원, 「청소년인권보고서」, 인간과복지, 1997.
현송자, 백승국, 「운동과 건강」, 동아대학교 출판부, 1998.
Mullen, Pathé, Purcell, Stalkers and Their Victims, 2000.
Lamplugh, D., Infield, P., "Harmonising Anti-stalking Laws", George Washington International Law Review 2003.

2. 논문·보고서

강대형 · 이태원, "수사경찰의 의식에 관한 연구", 한국형사정책 연구원, 1991.
강선미 외, "천황제 국가와 성폭력", 『한국여성학』제9집, 한국여성학회, 1993.
경찰대학, 「경찰경비론」, 1998.
공미혜, "가족주의와 가부장적 테러리즘으로서의 아내구타", 한국사회학회, 1997.
김성언, "나이와 범죄", 『형사정책연구소식』, 한국형사정책연구원, 1990.
김성천, "한국에서 성차별적 가족문제에 대한 페미니스트 가족치료의 수용가능성에 관한 연구", 중앙대학교 사회복지학과 박사학위논문, 1992.

김성천, "신용카드의 소비자문제와 법제개선방안" 한국소비자보호원. 2000.
김윤수, "지역사회 범죄예방활동과 민간경비의 역할에 관한 연구", 용인대학교 경영대학원 석사학위논문, 2001.
김준호 외, "청소년 범죄피해에 대한 연구", 한국형사정책연구원, 1991.
김준호, 김선애, "한국인의 폭력에 대한 태도 연구", 한국형사정책연구원, 1992.
김준호, 노성호, 곽대경, "한국의 청소년 비행집단에 관한 연구", 한국형사정책연구원, 1992.
김철주, "아파트 단지 범죄에 관한연구", 건국대학교, 2000.
문영호 외, "조직폭력의 실태와 대책", 한국형사정책연구원, 1993.
박병식, "침입범죄와 주거안전", 한국안전교육학회지 제1권 제1호. 2000.
박선숙, "한국여성의 성역할 특성과 우울 및 불안의 관계에 대한 연구", 이화여자대학교석사학위논문, 1988.
박철현 · 이상용 · 진수명, "스토킹의 실태와 대책에 관한 연구", 한국형사정책연구원, 2000.
신성자, "직장에서 발생하는 성적 성가심의 유형, 부정적 영향, 그리고 피해여성의 개인적 상황적 특성에 관한 연구", 『사회과학연구』제5집, 경남대학교 사회과학연구소, 1993.
심영희 외, "성폭력의 실태 및 대책에 관한 연"』, 한국형사정책연구원, 1990.
심영희, "몸의 권리와 성 관련법의 개선안 : 권력과 성의 관계를 중심으로", 『한국여성학』 제11집, 한국여성학회, 1995.
송광성 외, "정학/퇴학 청소년 선도방안", 한국청소년연구원, 1992.
송철호, 대규모행사 시 안전관리 작성 방법, 서울특별시 시민안전대책 워크샵, 2001.
이건호 · 김은경 · 황지태, "스토킹 피해실태와 입법쟁점에 관한 연구", 형사정책연구원, 2002.
이건호, "스토킹행위에 대한 형사법적 대응과 그 한계", 형사정책 제16권 제2호, 2004.
이영란, "성폭력범죄의처벌및피해자보호등에관한법률", 수사연구, 1994.

이명선, "강간에 대한 여성학적 접근", 이화여자대학교 석사학위 논문, 1989.
이영자, "성일탈과 여성", 『한국여성학』제5집, 한국여성학회, 1989.
이민희 외, "청소년폭력 대책 모델 개발", 한국청소년개발원, 1998.
이호준, "성범죄의 대처방안에 관한 연구", 한양대학교 석사학위논문, 1993.
전겸구, "스트레스 시대에 건강하게 사는 법(건강박람회강의안)", 대구대학교 재활심리학과, 2000.
전명기, "청소년 문제행동의 이해", 자녀안심운동 서울협의회 연구보고서, 2000.
조구이, "성폭력의 실태 및 대책에 관한 연구", 영남대학교 행정대학원 석사학위논문, 1992.
청소년폭력예방재단, "청소년 폭력실태와 예방대책에 관한 한/일 국제세미나", 1996.
최윤진 외, "소년교정기관에서의 상과 벌: 비행청소년 교정프로그램의 실태와 개선방안 연구", 한국청소년개발원, 1994.
최인섭 · 전영실, "강간범죄의 실태에 관한 연구", 한국형사정책연구원, 1992.
최환영, "아파트 형태에 따른 범죄유형과 범죄예방 방법모색", 경북대학교, 2006.
황선영, "GIS 활용한 범죄의 공간패턴 분석 - 주거침입절도를 사례로", 경희대학교, 2001.
허경미, "노인의 범죄피해 특징 및 대책에 관한 연구", 한국공안행정학회지 제17호, 2004.

3. 기타

경찰청 통계 연보(1995-1999)「범죄분석」
행정안전부 국민안전처, 재난포털사이트
한국성폭력상담소(1991-1997), 『나눔터』,1991년 7월 창간호-1997년 6월 제22호
법무연수원, 범죄백서, 2006.
보건복지부 운영 건강길라잡이(http://healthguide.kihasa.re.kr)

대한심신산부인학회(http://www.simsin.org/index.asp)

건강매거진(http://healthguide.kihasa.re.kr)

소방방재청, 공연 · 행사장 안전매뉴얼, 2007

외교부, 해외안전여행, http://www.0404.go.kr

정현민, 우리나라 안전교육 동향과 과제,
http://cafe.daum.net/skinscubahq/MVky/53?q=%EA%B5%AD%EB%AF%BC%EC%95%88%EC%A0%84%EC%B2%98%20%EC%83%9D%EC%95%A0%EC%A3%BC%EA%B8%B0%EB%B3%84%20%EC%95%88%EC%A0%84%EA%B5%90%EC%9C%A1(검색: 2019.7.19)

방송통신위원회, "2018년 사이버폭력 실태조사 결과 발표"
https://tip.daum.net/question/109420350?q=%EA%B0%80%EC%A0%95%ED%8F%AD%EB%A0%A5+%EC%8B%A4%ED%83%9C%EC%A1%B0%EC%82%AC+%EA%B2%B0%EA%B3%BC

여성가족부, http://www.mogef.go.kr/cs/wvs/cs_wvs_f002.do

http://www.msn.com/ko-kr/?pc=U453&ocid=U453DHP&osmkt=ko-kr

미디어이슈 : 사이버 폭력의 종류와 예방법|작성자 배재대학교,
http://blog.naver.com/PostView.nhn?blogId=paichaiuniv&logNo=221300262501(검색: 2019.7.27)
https://tip.daum.net/question/110804368?q=%EC%82%AC%EC%9D%B4%EB%B2%84+%ED%8F%AD%EB%A0%A5+%EC%98%88%EB%B0%A9%EB%B2%95

정보통신윤리위원회, www.kiscom.or.kr.

http://blog.etnews.co.kr/seipy/117629

http://cafe.naver.com/presidentt.cafe

http://cafe220.daum.net/_c21_/bbs_search

http://deungdae.hihome.com/jetech-26.htm

http://drchoi.pe.kr/STRES2.htm

http://economyplus.chosun.com/special/special_view3

http://hoff.hihome.com/effect/physical7.htm

http://ikismain.ikis.re.kr/search
http://ikc.korea.ac.kr/~bmkang/britanica_murder.htm
http://joynews.inews24.com/php/news_view
http://k.daum.net/qna/view.html
http://kuic.kyonggi.ac.kr/~yhlee/crime-3.html
http://movsvr.sportal.or.kr/jidoja/html/2_climb_c_06.html
http://news.media.daum.net/politics/administration/200708/30/govpress
http://newsmaker.khan.co.kr/khnm.html
http://wellbeing4u.snu.ac.kr/html/stress
http://www.ad119.go.kr
http://www.ddorang.com/board/jobpds_view
http://www.e-payworld.com/cgi-bin/read.cgi
http://www.emergency.or.kr/sens/html/emer01_02.htm
http://www.gunbuk.ms.kr/edus/edus_22.htm
http://www.hani.co.kr/arti/society.
http://www/medcity.com/julbyung/faq/stresslink.html
http://www.mojra.or.kr/thesis/upload_files
http://www.police.go.kr.
http://moa21.co.kr/www/index.html
http://love.yeungjin.ac.kr/~nursing/cgi-bin/free2/free5/files....
http://www.kams.or.kr/db/su240.hwp
http://www.lawpia.pe.kr/build/board.
http://med.yu.ac.kr/college/html_backup/story02_04_215.html
http://www.hallym.ac.kr/~neuro/mind/5스트레.html
http://www.healthpro.or.kr/health/viewC
http://www.pion-tech.com/knowledge/stress.
http://www.safety.go.kr/community/html/community05
http://user.chollian.net/ ~ gos5410/cf1.htm

http://www.0404.go.kr/safety/danger

http://blog.naver.com/yhkcool/70010998869

http://hosp.ajoumc.or.kr/emc/program/aid_read.asp?c_idx=358

세계일보, 2001. 4. 23.

동아일보, 1993. 11. 27

시니어저널, 2000.07.24.

중앙일보, 헬스케어, 2002. 10. 5.

저자소개

❑ 최 기 남 (崔 基 男, KEENAM CHOI, 경호안전학 박사)

- 충남 서산 출생
- 삼포초/ 대전 중앙중/ 제물포고/서울대/고려대 석사/ 경기대 박사/ 국방대학원 안보과정
- 대한민국 제1호 경호안전학 박사
- ROTC 17기 임관/ 수도경비사 소대장
- 대통령경호실 27년 6개월 재직/ 경호1부장, 교수/이사관 명퇴
- 경찰대보안수사연구원 외래교수
- 익산건설대표/ 정림 ENG회장
- G20 서울, 대통령실 경호처 자문위원
- 세계핵안보정상회담 대통령실 자문교수
- 한국시큐리티정책학회 회장 역임
- 현 세명대학교 경찰행정학과 교수
- 대통령표창/ 근정포장/ 홍조근정훈장/(2001년) 등
- 테러리즘, 경호경비. 경찰학 관련 저서 및 논문 다수

❑ 강 영 숙 (경호학 박사)

- 학 력
  - 중부대학교 안전경호학과 졸업(경호학전공)
  - 건국대학교 대학원 졸업
  - 용인대학교 일반대학원 경호학 박사졸업

- 경 력
  - 검도4단, 합기도3단
  - 여성부 사이버멘토링 대표멘토(2008, 여성부장관 위촉)
  - 여성인재 데이터베이스 등록
  - 한국테러학회, 한국경호경비학회, 한국치안행정학회, 한국경찰연구학회 外 활동
  - 경비지도사(일반경비, 기계경비)
  - 경비협회(대전충남지부) 교육강사
  - 용인대학교, 중앙경찰학교 외래강사
  - 경운대학교 경호학부 연구교수
  - 경운대학교 경호학부 외래교수

- 저서, 논문

  (논문)
  - 한국의 공인탐정제도 도입에 관한 연구
  - 미국의 탐정제도에 관한 연구
  - 일본의 탐정제도에 관한 연구
  - 한국인의 해외 인질납치테러에 관한 연구
  - 일본 탐정업계의 운용현황과 문제점 분석
  - 극단주의 이슬람 테러조직 IS(Islamic State) 위험 실태 外 다수

  (저서)
  - 테러의 이해
  - 생물테러
  - 테러리즘의 이해
  - 프로탐정의 테크닉
  - 안전관리론
  - 탐정학
  - 테러학
  - 스마트 보안 이론 및 기술
  - 스마트 보안 장비 및 실무
  - 탐정학(민간조사)개론
  - 탐정(민간조사)실무 外 다수